APRENDIZAGEM MOTORA
CONCEITOS E APLICAÇÕES

Blucher

Richard A. Magill
Universidade do Estado da Louisiania, EUA

APRENDIZAGEM MOTORA
CONCEITOS E APLICAÇÕES

Tradução da 5.ª edição americana

Tradução
Dr.ª Aracy Mendes da Costa

Revisão técnica
Dr. José Fernando Bitencourt Lomônaco
Professor Associado (Livre–Docente) do
Instituto de Psicologia da Universidade de São Paulo

Título original
MOTOR LEARNING: CONCEPTS AND APPLICATIONS
A edição em língua inglesa foi publicada pela
THE MCGRAW-HILL COMPANIES, INC.
© 1998 by The McGraw-Hill Companies, Inc.

Aprendizagem motora
© 2000 Editora Edgard Blücher Ltda.
10ª reimpressão – 2022

Blucher

Rua Pedroso Alvarenga, 1245, 4º andar
04531-934 – São Paulo – SP – Brasil
Tel.: 55 11 3078-5366
contato@blucher.com.br
www.blucher.com.br

É proibida a reprodução total ou parcial por quaisquer meios sem autorização escrita da editora.

Todos os direitos reservados pela Editora Edgard Blücher Ltda.

FICHA CATALOGRÁFICA

Magill, Richard A.
    Aprendizagem motora : conceitos e aplicações / Richard A. Magill ; tradução Aracy Mendes da Costa ; revisão técnica José Fernando Bitencourt Lomônaco – São Paulo : Blucher, 2000.

    Título original: Motor learning: concepts and applications.
    Tradução da 5ª edição americana

    Bibliografia.
    ISBN 978-85-212-0263-9

    1. Aprendizagem motora I. Título.

05-0066   CDD-152.334

Índices para catálogo sistemático:
1. Aprendizagem motora : Psicologia   152.334

Prefácio

A preparação da quinta edição deste livro, é uma tarefa estimulante e desafiadora. Estimulante, porque continua a haver interesse no livro e, conseqüentemente, na aprendizagem motora como um assunto importante para o desenvolvimento de estudantes que pretendem se dedicar a profissões que envolvam a aquisição e/ou a reabilitação de habilidades. Desafiadora, porque o crescimento da pesquisa ocorrido desde a quarta edição torna árdua a tarefa da atualização do texto sem estendê-lo em demasia. O desafio é ampliado, pelo crescente interesse demonstrado pelos profissionais de reabilitação em incluir a aprendizagem motora como parte do programa de estudo de seus alunos. Isso significa que o texto precisa ser constantemente revisado para garantir sua relevância junto a esses profissionais, sem contudo, diminuir sua importância para os profissionais ligados ao esporte e treinamento, que no passado foram os primeiros usuários dos cursos de aprendizagem motora.

Para atingir as metas estabelecidas por esses desafios, vários aspectos deste texto foram mantidos das edições anteriores, enquanto outros foram alterados e adicionados. Inicialmente, entre os aspectos que permaneceram inalterados estão as "abordagens de conceitos", destinados a apresentar o conteúdo do texto. Novamente, cada capítulo trata de uma área genérica do estudo da aprendizagem motora. Cada capítulo está subdividido em vários conceitos fundamentais, que representam os pontos-chaves do conhecimento atual sobre a área em questão. A seguir, uma seção de aplicação descreve exemplos de habilidades motoras relevantes para cada conceito, adaptados ao ambiente cotidiano onde vivemos e questões que explicam como o conceito foi formulado. Dentro desse quadro de referência, foi feito uma adequação especial para manter o texto adequado ao nível de compreensão do aluno, a quem este livro se destina.

Como ocorre em cada nova edição, diversas alterações foram feitas e novas informações foram incluídas. Uma alteração importante foi a redução no número de referências citadas no texto. A finalidade dessa alteração foi de redirecionar o enfoque do livro para a discussão e aplicabilidade do conceito, para atender melhor as necessidades dos profissionais. As revisões da última edição evidenciam uma reestruturação no sentido de privilegiar as questões e controvérsias da pesquisa da aprendizagem motora. Entretanto, é importante ter em mente que os conceitos da aprendizagem motora apresentados neste texto são baseados em evidências experimentais e não em opiniões indiscriminadas ou não-abalizadas. Assim, é preciso encontrar o equilíbrio exato de discussões da pesquisa relevante, sem permitir que as questões da pesquisa obscureçam a discussão de um conceito. Dessa forma, as pesquisas incluídas nesta edição têm dupla finalidade: apresentar um exemplo para dar consistência a uma determinada questão e fornecer as referências necessárias para o aluno e/ou instrutor que tiver interesse em obter mais informações sobre um determinado tópico.

Uma outra alteração importante nesta edição é a ampliação dos exemplos de desempenho e aprendizagem de habilidades motoras envolvendo habilidades cotidianas e ambientes clínicos de reabilitação. Apesar da quarta edição ter iniciado esses exemplos, esta edição procura dar maior destaque e aumentar o número de exemplos. A inclusão desses tipos de exemplos de habilidade aumenta a conscientização da importância dos conceitos de aprendizagem motora, estendendo-a a faixas mais amplas de situações de desempenho de habilidades.

Uma outra alteração importante nesta edição é a reestruturação de alguns conteúdos da edição anterior. Em alguns casos, tópicos foram excluídos ou integrados a outros. Por exemplo, foram excluídos dois capítulos da quarta edição sobre memória e motivação. Isto ajudará a manter a quantidade de informação mais adequada para um curso semestral. Além disso, alguns tópicos incluídos em capítulos de edições anteriores não integram os conhecimentos básicos de aprendizagem motora necessários à graduação. Entretanto, o material desses capítulos, considerado fundamental para o conhecimento básico, foi incorporado em outros capítulos.

Os capítulos da quarta edição sobre o controle de movimento e atenção foram reestruturados para reduzir o volume de informação em cada capítulo. A finalidade dessa reestruturação foi a de reforçar os conteúdos mais relevantes para a compreensão da aprendizagem de habilidades motoras. À medida que os cursos de graduação em controle motor se tornaram mais numerosos, diminuiu a necessidade de se discutir mais amplamente esses tópicos. Por outro lado, com a intenção de fornecer visões mais atualizadas dos tópicos, esta edição apresenta uma discussão mais desenvolvida sobre a teoria de sistemas dinâmicos de controle do movimento coordenado.

Para propiciar uma organização mais adequada dos tópicos, as três Unidades da edição anterior foram remanejadas para quatro. Essa nova estrutura aperfeiçoou a apresentação do estudo da aprendizagem motora. Nesta nova edição, o livro permite que o aluno se envolva primeiramente na compreensão das características e medições das habilidades motoras, que são componentes fundamentais para o embasamento do conhecimento de todos os profissionais que se dedicam à aprendizagem de habilidades motoras e reabilitação. Na segunda unidade, o aluno encontrará aspectos teóricos a respeito do funcionamento do sistema nervoso no controle do movimento coordenado e as limitações impostas ao sistema. Na Unidade Três, o enfoque se concentra na aquisição de habilidades motoras e seu efeito na aquisição de várias condições práticas e instrucionais. Finalmente, na quarta unidade, sobre diferenças individuais, são discutidas as possíveis restrições impostas a algumas generalizações apresentadas em capítulos anteriores. Certamente, é importante mencionar que, ao passar deste assunto para o último capítulo, a apresentação dos tópicos nas Unidades 2 e 3 ganha maior fluidez.

Finalmente, é bom destacar um aspecto pedagógico novo que foi incluído nesta edição. Vários quadros sombreados intitulados "Saiba Mais" foram incluídos na discussão de cada Conceito. O título de cada quadro revela o seu conteúdo. Esses quadros foram incluídos basicamente para aumentar ou enriquecer a informação apresentada na discussão de um Conceito, ou ainda, para fornecer mais detalhes sobre uma pesquisa, ilustrar um item específico do texto ou descrever situações em que serão discutidos pontos de interesse aplicados à prática profissional. Assim, o aluno poderá adquirir o conhecimento básico sobre o Conceito sem ler a informação do quadro. Porém, ao lê-la, estará enriquecendo seu conhecimento.

Nenhuma edição de livro-texto pode ser desenvolvida sem levar em conta as sugestões e opiniões de algumas pessoas. Esta edição não é exceção, e eu agradeço particularmente aos leitores das edições anteriores que enviaram suas observações, contribuindo para a concretização de várias alterações. Por isso, merecem especial reconhecimento e agradecimentos: Howie Zelaznik, Sally White, Tim Lee e Kellie Hall. Os revisores selecionados por meu editor para opinar sobre a quarta edição também fizeram sugestões úteis para o desenvolvimento desta nova edição. Agradeço também aos meu colegas da Universidade do Estado da Louisiania pelo apoio e paciência durante meu envolvimento neste processo. Don Franks, meu chefe de departamento, foi uma fonte constante de encorajamento e incentivo impedindo meu esmorecimento. Como fiz em edições anteriores, desejo enfatizar a importância da contribuição dos meus alunos de graduação e de pós-graduação na realização deste livro. Deles fica a lembrança de sua motivação e expectativas sobre o curso de aprendizagem motora. Finalmente, agradeço novamente à equipe de produção e editorial da WCB/McGraw-Hill. Tanto a equipe quanto a empresa sofreram várias mudanças durante o desenvolvimento desta edição, entretanto, foi extremamente agradável a forma como mantiveram suas metas, sua coragem e senso de humor, o que me permitiu completar o trabalho satisfatoriamente.

Richard A. Magill
Baton Rouge, Louisiania

Conteúdo

Unidade I

Introdução à aprendizagem motora 3

Capítulo 1 — Introdução às habilidades motoras. 4

Conceito 1.1   As habilidades motoras podem ser classificadas
em categorias gerais 5

Conceito 1.2   A medida do desempenho motor é crítica para a compreensão
da aprendizagem motora 17

Unidade II

Introdução ao controle motor 35

Capítulo 2 — O controle do movimento coordenado. 36

Conceito 2.1   As teorias que descrevem o controle do movimento coordenado
diferem de acordo com os aspectos centrais e ambientais
de um sistema de controle. 37

Conceito 2.2   A propriocepção e a visão são elementos importantes
nas teorias do controle motor. 57

Conceito 2.3   As teorias do controle motor fornecem as bases para
compreendermos como controlar habilidades
motoras complexas 75

Capítulo 3 — Preparação do controle motor e atenção. 90

Conceito 3.1   O desempenho do movimento coordenado voluntário
exige a preparação do sistema de controle motor. 91

Conceito 3.2   A preparação e o desempenho de habilidades motoras
sofrem os efeitos da nossa capacidade limitada de
selecionar e prestar atenção na informação. 107

Conceito 3.3   A atenção visual seletiva desempenha um papel
importante na preparação de várias habilidades motoras. 122

Unidade III

O ambiente da aprendizagem 133

Capítulo 4 — Introdução à aprendizagem de habilidades motoras. 134

    Conceito 4.1   Pessoas que avaliam a aprendizagem devem fazer inferências a partir da observação do desempenho durante práticas e testes. 135

    Conceito 4.2   Características distintas do desempenho e do executante mudam durante a aprendizagem de habilidades. 149

    Conceito 4.3   A transferência da aprendizagem de uma situação de desempenho para outra é parte integrante da aprendizagem e do desempenho de habilidades. 166

Capítulo 5 — Instrução e *feedback* aumentado. 184

    Conceito 5.1   O método mais eficiente para fornecer instruções que ajudem a pessoa a aprender uma habilidade motora depende da habilidade e da meta instrucional. 185

    Conceito 5.2   O *feedback* aumentado pode melhorar, dificultar ou não afetar a aprendizagem de habilidades. 199

    Conceito 5.3   Os profissionais que se dedicam ao estudo de habilidades motoras podem fornecer o *feedback* aumentado de várias formas. 212

    Conceito 5.4   A aprendizagem de habilidades pode ser afetada por uma grande variedade de características temporais do *feedback* aumentado. 226

Capítulo 6 — Condições de prática. 244

    Conceito 6.1   Para a aprendizagem de habilidades motoras é importante a variabilidade de experiências práticas. 245

    Conceito 6.2   O espaçamento ou a distribuição da prática pode afetar tanto o desempenho quanto a aprendizagem de habilidades motoras. 259

    Conceito 6.3   A quantidade de prática afeta a quantidade de aprendizagem, embora os resultados nem sempre sejam proporcionais ao tempo investido. 269

    Conceito 6.4   As decisões sobre praticar habilidades no todo ou em partes, se baseiam nas características de complexidade e organização das habilidades. 275

    Conceito 6.5   A prática mental pode ser eficiente na aprendizagem de habilidades, principalmente quando associada à prática física. 286

Unidade IV

Diferenças individuais 299

Capítulo 7 — Capacidades. 300

    Conceito 7.1   Uma diversidade de capacidades está subjacente ao sucesso na aprendizagem e no desempenho motores. 301

    Conceito 7.2   A identificação de níveis de capacidades motoras pode ajudar o profissional a predizer o potencial da pessoa para a aprendizagem e o desempenho bem-sucedidos de habilidades motoras. 309

Bibliografia. 320

Glossário. 342

Índice de nomes. 352

Índice. 359

© Jean-Claude Lejeune

UNIDADE

I

Introdução à aprendizagem motora

CAPÍTULO 1

Introdução às habilidades motoras

Conceito 1.1
As habilidades motoras podem ser classificadas em categorias gerais.

Conceito 1.2
A medida do desempenho motor é crítica para a compreensão da aprendizagem motora.

Conceito 1.1
As habilidades motoras podem ser classificadas em categorias gerais.

Termos-chaves

Habilidade

Habilidade motora

Movimentos

Ações

Habilidades motoras grossas

Habilidades motoras finas

Habilidade motora discreta

Habilidade motora serial

Habilidades motoras contínuas

Habilidade motora fechada

Habilidade motora aberta

Condições reguladoras

Variabilidade intertentativas

Aplicação

Quando uma pessoa corre, caminha com uma perna artificial, lança uma bola, atinge uma bola de tênis, toca piano, dança, ou trabalha num torno, a pessoa está utilizando uma ou mais habilidades humanas chamadas de *habilidades motoras*. Neste livro, nosso objetivo consiste em ajudá-lo a entender como as pessoas aprendem e como você pode ajudá-las nessas habilidades motoras.

À medida que você for se envolvendo nesse estudo, perceberá nele utilidade na formulação de conclusões gerais, aplicando o que foi aprendido a uma larga faixa de habilidades motoras e não simplesmente fazendo uma série de afirmações específicas sobre elas. Na seção Discussão, fornecemos um ponto de partida para identificar esses tipos de afirmações genéricas. O ponto de partida situa-se na classificação de habilidades motoras em categorias amplas, que enfatizam mais as semelhanças do que as diferenças.

Por exemplo, a habilidade para manobrar uma cadeira de rodas em uma calçada cheia de transeuntes e aquela para rebater uma bola de beisebol lançada parecem bem diferentes. No entanto, as duas habilidades possuem uma característica em comum. As pessoas devem realizá-las em um ambiente que chamamos de "aberto". Isso significa que, para desempenhar uma habilidade com sucesso, a pessoa precisa adaptar certos aspectos de seus movimentos às características mutáveis do ambiente onde elas são realizadas. Para manobrar a cadeira de rodas, a pessoa precisa ser apta a fazer manobras com sucesso, para se desviar das pessoas paradas ou caminhando na calçada, em diversas direções. Para segurar uma bola, o ambiente em alteração inclui a própria bola, à medida em que ela se desloca na direção da pessoa.

Para essas duas habilidades, o sucesso do desempenho exige que o executante se adapte com rapidez e precisão às condições que estão sendo constantemente alteradas. Em função dessa característica comum, essas duas habilidades, aparentemente diversas, estão relacionadas.

Discussão

Para começar seu estudo em aprendizagem motora, você precisará entender algumas características das habilidades que constituem a sua essência. Para melhorar esse conhecimento, discutiremos dois aspectos importantes das habilidades motoras. Inicialmente definiremos as habilidades motoras, considerando suas diferenças relacionadas a outras habilidades e enquanto isso, definiremos também alguns outros termos comumente utilizados relacionados à *habilidade motora*. Em seguida, discutiremos quatro abordagens diferentes para a classificação das habilidades motoras em categorias que identifiquem as características mais comuns de diversas habilidades. A vantagem de se classificar as habilidades é que podemos estabelecer as diretrizes para as generalizações ou os princípios sobre como realizar e aprender as habilidades motoras. Essa generalização, por sua vez, permite desenvolver teorias sobre o desempenho e a aprendizagem das habilidades. Além disso, nos auxiliam no estabelecimento de normas para instrutores e terapeutas que precisem criar estratégias eficientes a fim de melhorar a aprendizagem e a reabilitação de habilidades motoras.

Habilidades, movimentos e ações

Diversos termos na literatura sobre aprendizagem motora estão relacionados ao termo *habilidades motoras*. São as *habilidades*, os *movimentos* e as *ações*. Cada termo é utilizado de um modo específico. Deveremos compreender e utilizar cada um deles corretamente.

Habilidades. O termo **habilidade** é uma palavra comumente usada, que empregaremos neste texto para designar *uma tarefa com uma finalidade específica a ser atingida*. Por exemplo, costumamos dizer que " multiplicação é uma habilidade fundamental da matemática" ou que "tocar piano é uma habilidade que exige prática". Desses dois exemplos, a habilidade de tocar piano inclui uma **habilidade motora,** porque é de fato *uma habilidade que exige movimentos voluntários do corpo e/ou dos membros para atingir o objetivo*. Analisando sob esse ângulo, a habilidade de tocar piano envolve as atividades de pressionar as teclas corretas na seqüência certa e no tempo correto e exige movimentos de mãos e dedos para atingir o objetivo.

Observe que nessa definição estão implícitas diversas características que são comuns às habilidades motoras. Inicialmente, há *uma meta a ser atingida*. Isso significa que as habilidades motoras visam a um determinado objetivo. Alguns teóricos usam o termo *meta da ação* na literatura da aprendizagem e controle motores para se referir ao objetivo de uma habilidade motora. Em segundo lugar, as habilidades motoras, de interesse neste texto, são *desempenhadas voluntariamente*; ou seja, os reflexos não são considerados como habilidades. Embora um piscar de olhos possa ter uma finalidade e envolva movimento, ocorre involuntariamente e conseqüentemente não é uma habilidade no sentido do termo que estamos utilizando aqui. Em terceiro lugar, uma habilidade motora *requer movimento do corpo e/ou dos membros* para atingir as metas da tarefa. Essa característica indica que, quando utilizamos o termo *habilidade* , estamos nos referindo a um determinado tipo de habilidade. Embora a resolução de problemas matemáticos seja uma habilidade, não exige movimento do corpo e dos membros para atingir seus objetivos. Normalmente nos referimos ao tipo de habilidade utilizada para a solução de problemas matemáticos, como habilidade cognitiva.

Uma característica adicional identifica outros tipos de habilidades motoras de interesse neste texto: elas *precisam ser aprendidas*, para que a pessoa consiga atingir com sucesso os objetivos da habilidade. O exemplo de tocar piano tem claramente essa característica. Suponhamos agora uma outra habilidade, como caminhar. Embora caminhar seja uma habilidade que os humanos desempenham "naturalmente", ela precisa ser aprendida pela criança que tenta se movimentar em seu ambiente através de seu novo e excitante meio de locomoção. Além disso, caminhar é uma habilidade que muitas pessoas podem necessitar reaprender, como aquelas que sofreram derrames ou receberam próteses de articulações dos joelhos ou do quadril, ou ainda pessoas que precisam aprender a andar com pernas artificiais.

Movimentos. Na literatura da aprendizagem e controle motor, o termo **movimentos** se refere a *característica de comportamento de um membro específico ou de uma combinação de membros*. Nesse contexto, movimentos são partes que compõem as habilidades. Pode ocorrer uma diversidade de características de comportamento de membros que capacite uma pessoa a andar satisfatoriamente. Por exemplo, nossos membros se movimentam de forma bastante diferente conforme caminhamos sobre um passeio de concreto, um caminho coberto de lama – ou sobre a areia da praia. Entretanto, apesar de os movimentos serem diferentes, a habilidade desempenhada em cada uma dessas situações diferentes é caminhar.

Ações. Um termo que tem se tornado cada vez mais comum e importante na literatura da aprendizagem e do controle motor, é o termo *ações*. Em nosso caso, usaremos esse termo como um sinônimo de *habilidades* mas diferente de *movimentos*. Isto é, **ações** são *respostas a metas que consistem em movimentos do corpo e/ou dos membros*. Uma ação também pode ser definida como *uma família de movimentos*. Alguns se referem à ação como *uma classe equivalente de movimentos* (consulte Schmidt e Turvey, 1992.)

Um ponto importante a ser considerado, é que uma variedade de movimentos pode produzir a mesma ação, e dessa forma atingir a mesma meta. Por exemplo, subir os degraus de uma escada é uma ação. O objetivo é chegar ao seu topo. Entretanto, para atingir essa meta, uma pessoa pode realizar vários movimentos diferentes: pode subir um degrau de cada vez bem devagar, pode subir cada degrau rapidamente, pode subir de dois em dois degraus, e assim por diante. Em cada situação, a ação é a mesma, mas os movimentos executados para realizá-la são bem diferentes.

Sistemas de classificação unidimensionais

Os teóricos baseiam o processo de classificação das habilidades motoras determinando que características das habilidades são similares às de outras habilidades. A abordagem mais aceita consiste em categorizar as habilidades de acordo com uma característica comum. Os três primeiros dos quatro sistemas de classificação que serão discutidos nesta seção utilizam essa abordagem.

Para cada sistema, a característica comum é subdividida em duas categorias, que representam pontos extremos de um continuum em vez de categorias dicotômicas. Essa abordagem do continuum permite que uma habilidade seja classificada em termos de qual categoria sua característica é mais semelhante, em vez de exigir que a característica se enquadre exclusivamente em uma categoria. Vejamos a seguinte analogia: os conceitos "quente" e "frio" representam duas categorias de temperaturas. Embora normalmente sejam consideradas como categorias distintas, também podemos considerar quente e frio como palavras que descrevem os extremos opostos de um continuum de temperaturas, porque há graus de quente e frio que não se enquadram exclusivamente em uma ou outra categoria. Considerando quente e frio como pontos de extremos do continuum, podemos manter as distinções da categoria, enquanto classificamos simultaneamente com maior precisão os vários níveis de temperatura que não se enquadram somente em uma ou outra categoria.

Dimensões da musculatura envolvida. Uma característica que descreve a maioria das habilidades motoras é o tipo de grupo de músculos necessários para executar uma habilidade. Atividades como caminhar e saltitar não exigem como acionadores primários grupos de músculos das mesmas dimensões que os utilizados para habilidades como tocar piano e costurar. Os pesquisadores estabeleceram, através da distinção de habilidades baseadas nas dimensões dos grupos de músculos envolvidos na realização de uma ação, um sistema de classificação de habilidades motoras em duas categorias, conhecidas como habilidades motoras grossa e fina.

Para atingir os objetivos das **habilidades motoras grossas,** as pessoas precisam utilizar a *musculatura grande,* para produzir as ações. Essas habilidades requerem menor precisão de movimentos do que as habilidades motoras finas. Classificamos habilidades tais como as denominadas *habilidades motoras fundamentais* – caminhar, pular, arremessar, saltar, etc. – como habilidades motoras grossas.

As **habilidades motoras finas** situam-se na outra extremidade desse continuum de classificação. As habilidades motoras finas requerem maior controle de *músculos pequenos,* mais especificamente aqueles envolvidos na coordenação mãos-olhos, e exigem um alto grau de precisão no movimento da mão e dos dedos. Desenhar à mão-livre, digitar, pintar, costurar e abotoar são exemplos de habilidades motoras que se encontram na extremidade da habilidade motora fina do continuum do sistema de classificação de dimensões musculares. Observe que, embora os músculos grandes possam estar envolvidos no desempenho de uma habilidade motora fina, os músculos pequenos são os músculos primariamente envolvidos para atingir a meta da habilidade.

A distinção entre habilidades motoras grossa e fina é comum em inúmeras áreas. Em educação, os currículos e testes de educação especial e educação física adaptada, geralmente fazem a distinção entre as habilidades segundo esses critérios. Também encontramos esse sistema de classificação em ambientes de reabilitação. Os fisioterapeutas trabalham geralmente com pacientes que precisam reabilitar suas habilidades motoras grossas, como andar, enquanto que os terapeutas ocupacionais geralmente cuidam de pacientes que precisam aprender novamente habilidades motoras finas. Pessoas envolvidas com o desenvolvimento de crianças na primeira infância também consideram útil a classificação em categorias fina/grossa e criaram testes de desenvolvimento motor segundo esse critério. Geralmente, os testes de aptidão, aplicados em indústrias e em instituições militares, são desenvolvidos levando em conta a distinção entre habilidades motoras finas e grossas.

A distinguibilidade de movimentos. Os pesquisadores também costumam classificar as habilidades motoras segundo os diferentes movimentos que as pessoas fazem para realizar uma habilidade. Se uma habilidade exigir um movimento diferente que tenha pontos inicial e final bem definidos, ela será classificada como uma **habilidade motora discreta**. Habilidades discretas incluem, p. ex., ligar e desligar interruptores de luz, acionar o pedal de embreagem de um carro, pressionar as teclas de um piano... Cada uma dessas habilidades requer um movimento diferente, que começa e termina em posições claramente definidas.

Às vezes, a pessoa consegue ordenar diversos movimentos discretos em uma série ou seqüência. Quando isso ocorre, a habilidade é considerada como uma **habilidade motora serial**. Dar partida em um carro é um bom exemplo, porque o motorista precisa realizar uma série de movimentos distintos. Primeiro o motorista deve colocar o câmbio em ponto "morto". Em seguida, girar a chave do contato para dar partida no motor. Depois precisa pressionar o pedal da embreagem, colocar a alavanca do câmbio em primeira marcha e soltar o pedal da embreagem ao mesmo tempo em que aperta o pedal do acelerador e o carro finalmente começa a se movimentar. Cada movimento dessa série é diferente, com um ponto inicial e final bem específico. Podemos considerar também a ação de tocar piano como uma habilidade motora serial, pois o pianista precisa executar movimentos discretos para pressionar as teclas do piano numa ordem serial definida.

Na extremidade oposta do continuum desse sistema de classificação se encontram as

habilidades motoras contínuas, constituídas por movimentos repetitivos. Podemos classificar habilidades como guiar carro, utilizar o "mouse" para fazer um desenho na tela de um computador, nadar e caminhar como habilidades contínuas.

Esse sistema de classificação tem sido particularmente privilegiado pelos pesquisadores que desenvolvem estudos em habilidades motoras, focalizados no controle de movimentos. Os pesquisadores perceberam, por exemplo, que certos fenômenos a respeito de como controlamos o movimento são aplicáveis às habilidades discretas, mas não a habilidades contínuas e vice-versa. A distinção entre habilidades contínuas e discretas está sempre presente nas pesquisas daqueles que consideram o desempenho da habilidade motora segundo o ponto de vista da engenharia humana e de fatores humanos.

A estabilidade do ambiente. Esse sistema de classificação tem suas raízes nos setores industriais, educacionais e de reabilitação. Os pesquisadores baseiam esse sistema na estabilidade do ambiente onde a habilidade é desempenhada. (Gentile, 1972; Poulton, 1957). Nesse sistema de classificação, o termo *ambiente* se refere especificamente ao objeto sobre o qual a pessoa está agindo ou às características do contexto no qual a pessoa realiza a habilidade. Por exemplo, se uma pessoa estiver batendo numa bola, a componente crítica do ambiente será a própria bola. Para a habilidade de caminhar, no entanto, as condições ambientais críticas são a superfície onde será feita a caminhada e as características do contexto ambiental onde a pessoa deverá andar.

De acordo com esse esquema de classificação, se o ambiente for estável, isto é, se ele não for alterado enquanto a pessoa estiver desempenhando a habilidade, então esta será classificada como uma **habilidade motora fechada.** Para essas habilidades, *o objeto sobre o qual se age não muda durante a desempenho da habilidade.* Na verdade, o objeto espera pela ação do participante. Por exemplo, pegar uma xícara que está sobre a mesa é uma habilidade motora fechada, pois a xícara não se desloca durante o intervalo desde que você decidiu apanhá-la até o momento de fazê-lo. Andar por um aposento vazio também é uma habilidade motora fechada, porque o contexto ambiental não é alterado enquanto você está andando. Outros exemplos de habilidades motoras fechadas são: atirar uma flecha em um alvo estático, abotoar uma camisa, subir uma escada, atingir uma bola de golfe na primeira tacada. Para cada uma dessas atividades, o participante pode iniciar a ação quando estiver pronto para isso, e realizar a habilidade de acordo com a sua própria vontade.

Inversamente, uma **habilidade motora aberta** é *uma habilidade desempenhada em um ambiente não-estável, onde o objeto ou o contexto varia durante o desempenho da habilidade.* Para realizar com sucesso uma habilidade dessas, o participante deve agir de acordo com a ação do objeto ou das características de alteração do ambiente. Por exemplo, habilidades como dirigir um automóvel, subir por uma escada rolante, fazer caminhadas no mato, rebater uma bola de tênis, apanhar uma bola, são todas habilidades motoras abertas. As pessoas desempenham cada uma dessas habilidades em um ambiente que varia temporal e/ou espacialmente. Por exemplo, durante uma troca de bolas, um jogador de tênis não pode ficar parado num ponto da quadra para decidir quando e como rebater a bola. Para ser bem-sucedido, o jogador precisa se deslocar e agir de acordo com a localização espacial e as características de velocidade da bola. Analogamente, caminhar no meio do mato também é uma habilidade motora aberta, pois as características do caminho variam dependendo da localização de árvores, ramos, pedras e buracos no chão.

Observe que nos dois últimos parágrafos classificamos a habilidade de caminhar tanto como uma *habilidade aberta quanto como uma habilidade fechada.* O aspecto de distinção está na situação na qual o caminhante executa a atividade. Quando a caminhada se realiza em um ambiente vazio, é uma habilidade fechada. Mas quando a pessoa precisa caminhar em um ambiente cheio de obstáculos, a caminhada se torna uma habilidade aberta. Podemos fazer a mesma distinção com outras habilidades. Por exemplo, dar a primeira tacada em uma bola de golfe é uma atividade fechada, mas atingir uma bola já lançada é uma habilidade aberta.

Vejamos como as habilidades abertas e fechadas diferem em função dos requisitos de desempenho impostos à pessoa. A pessoa pode iniciar seus movimentos voluntariamente ao executar uma habilidade fechada. Além disso, a pessoa não precisa ajustar os movimentos às condições variáveis enquanto a habilidade estiver em andamento. Por exemplo, para subir um lance de escadas, a pessoa pode subir o primeiro degrau quando quiser. Entretanto, verifica-se o contrário quando se trata do desempenho de habilidades abertas. Para executar uma habilidade aberta com sucesso, a pessoa precisa sincronizar o tempo de início do movimento de acordo com o movimento do objeto sobre o qual agirá. Se, por exemplo, a pessoa tiver que subir por uma escada rolante, o movimento para dar o primeiro passo precisará ser sincronizado em acordo com a velocidade e posição da escada. Para muitas habilidades abertas, as mudanças podem ocorrer enquanto a ação estiver em andamento, o que exigirá que a pessoa adeqüe seus movimentos às alterações ambientais. Por exemplo, a rotação imposta a uma bola de tênis influirá na direção e no ponto de queda da bola, o que poderá exigir que o jogador replaneje seus movimentos para rebater corretamente a bola depois que ela atingir o solo.

O sistema de classificação aberto/fechado alcançou um alto grau de popularidade no contexto dos métodos de ensino instrumental e um grau crescente de popularidade no contexto de reabilitação. Uma razão provável para isso, é que os profissionais envolvidos conseguem adaptar imediatamente as categorias de habilidades aberta e fechada aos tipos de habilidades motoras envolvidas nesses ambientes. Em cada uma dessas categorias, as habilidades seguem princípios comuns de instrução, que instrutores e terapeutas podem aplicar facilmente em situações específicas. A diferença entre habilidades motoras aberta e fechada também vem se tornando cada vez mais popular na literatura da aprendizagem motora, devido à sua simplicidade e à sua capacidade de atender tanto a habilidades complexas do "mundo real" quanto aquelas desenvolvidas em laboratório.

Taxonomia bidimensional de Gentile

Embora a simplicidade do esquema de classificação constituía uma vantagem na classificação de habilidades motoras baseadas em uma característica comum, ela também pode ser considerada como uma desvantagem. O problema é que a abordagem da característica única não engloba a complexidade de muitas das habilidades que um profissional precisa considerar, ao tomar decisões sobre as rotinas instrucionais ou práticas. Para superar essa limitação, Gentile (1987) ampliou a abordagem unidimensional considerando duas características gerais para todas as habilidades: o *contexto ambiental* no qual a pessoa desempenha a habilidade e a *função da ação* que caracteriza a habilidade. Ela subdivide então essas duas características para criar uma taxonomia ampliada que leva a dezesseis categorias de habilidades descritas na tabela 1.1-1.

Gentile propôs essa taxonomia como um guia funcional para os fisioterapeutas aplicarem em suas atividades clínicas. As diversas categorias de habilidades da taxonomia impõem diferentes exigências ao participante e requerem diferentes condições para a sua prática. Gentile percebeu que essa taxonomia tinha duas finalidades práticas para o terapeuta. Inicialmente, fornecia um *guia de avaliação sistemático e abrangente* para orientar o terapeuta no processo clínico de diagnóstico dos problemas motores que caracterizam os pacientes. Em segundo lugar, a taxonomia fornece as *bases sobre as quais o fisioterapeuta pode selecionar as atividades funcionalmente adequadas* para o paciente, depois de ter feito a avaliação.

Tabela 1.1-1 — Taxonomia de habilidades motoras de Gentile

Contexto ambiental ⇓ / Função da ação ⇒	Transporte corporal: Não / Manipulação do objeto: Não	Transporte corporal: Não / Manipulação do objeto: Sim	Transporte corporal: Sim / Manipulação do objeto: Não	Transporte corporal: Sim / Manipulação do objeto: Sim
Condições reguladoras: Estácionárias / Variabilidade intertentativas: Não	**1** Condições reguladoras estacionárias. Sem variabilidade intertentativas. Sem transporte corporal. Sem manipulação do objeto.	**2** Condições reguladoras estacionárias. Sem variabilidade intertentativas. Sem transporte corporal. Com manipulação do objeto.	**3** Condições reguladoras estacionárias. Sem variabilidade intertentativas. Com transporte corporal. Sem manipulação do objeto.	**4** Condições reguladoras estacionárias. Sem variabilidade intertentativas. Com transporte corporal. Com manipulação do objeto.
Condições reguladoras: Estacionárias / Variabilidade intertentativas: Sim	**5** Condições reguladoras estacionárias. Com variabilidade intertentativas. Sem transporte corporal. Sem manipulação do objeto.	**6** Condições reguladoras estacionárias. Com variabilidade intertentativas. Sem transporte corporal. Com manipulação do objeto.	**7** Condições reguladoras estacionárias. Com variabilidade intertentativas. Com transporte corporal. Sem manipulação do objeto.	**8** Condições reguladoras estacionárias. Com variabilidade intertentativas. Com transporte corporal. Com manipulação do objeto.
Condições reguladoras: Em movimento / Variabilidade intertentativas: Não	**9** Condições reguladoras em movimento. Sem variabilidade intertentativas. Sem transporte corporal. Sem manipulação do objeto.	**10** Condições reguladoras em movimento. Sem variabilidade intertentativas. Sem transporte corporal. Com manipulação do objeto.	**11** Condições reguladoras em movimento. Sem variabilidade intertentativas. Com transporte corporal. Sem manipulação do objeto.	**12** Condições reguladoras em movimento. Sem variabilidade intertentativas. Com transporte corporal. Com manipulação do objeto.
Condições reguladoras: Em movimento / Variabilidade intertentativas: Sim	**13** Condições reguladoras em movimento. Com variabilidade intertentativas. Sem transporte corporal. Sem manipulação do objeto.	**14** Condições reguladoras em movimento. Com variabilidade intertentativas. Sem transporte corporal. Com manipulação do objeto.	**15** Condições reguladoras em movimento. Com variabilidade intertentativas. Com transporte corporal. Sem manipulação do objeto.	**16** Condições reguladoras em movimento. Com variabilidade intertentativas. Com transporte corporal. Com manipulação do objeto.

Embora Gentile tenha desenvolvido a taxonomia voltada para a fisioterapia, ela não se limita a esse contexto. A taxonomia fornece uma base excelente para a compreensão das necessidades do paciente no tocante a uma grande variedade de habilidades motoras. A taxonomia de Gentile satisfaz qualquer profissional envolvido no ensino de habilidades motoras. Trata-se de uma excelente forma de se conscientizar, tanto sobre as características das habilidades que as diferenciam de outras, quanto das características das habilidades que as relacionam com outras, além de ser um guia excelente para se estabelecer programas de práticas e treinamentos.

Contexto ambiental. A primeira dimensão da taxonomia de Gentile pode ser vista na primeira coluna da tabela 1.1-1. Essa dimensão está relacionada ao *contexto ambiental* no qual a pessoa realiza uma habilidade. Isso pode ser visto nos títulos das categorias na primeira coluna da tabela 1.1-1.

A primeira característica ambiental se refere às **condições reguladoras**, isto é, as características do contexto ambiental que controlam ou regulam as características do movimento de uma ação. Isso quer dizer que os movimentos de uma pessoa precisam estar de acordo com essas condições ambientais específicas, para serem bem-sucedidos. Por exemplo, os movimentos que uma pessoa desempenha para caminhar sobre uma superfície depende da natureza dessa superfície. Da mesma forma, no caso de uma pessoa atingir uma bola, o tamanho, a forma e o peso da bola, assim como sua velocidade e localização espacial no vôo, são fatores que determinam como a pessoa deve bater na bola e como devem ser as características do movimento do balanço do corpo.

Uma distinção importante na identificação de habilidades motoras consiste em verificar se as condições reguladoras durante a realização são *estacionárias* ou *em movimento*. Às vezes, as condições reguladoras são estacionárias; por exemplo, quando você caminha por uma calçada ou dá a primeira tacada em uma bola de golfe. Às vezes, as condições reguladoras estão em movimento; isso acontece quando você precisa subir numa escada rolante ou bater numa bola em vôo. Nessa parte da taxonomia de Gentile, podemos notar a aplicação das categorias de habilidades motoras abertas e fechadas. As habilidades para as quais as condições reguladoras são estacionárias são chamadas de habilidades fechadas, enquanto aquelas para as quais as condições reguladoras estão em movimento são chamadas de *habilidades abertas*. Entretanto, essa condição de diferenciação fechada/aberta é muito restrita para englobar a larga faixa de habilidades desempenhadas diariamente pelas pessoas. Por causa dessa limitação, Gentile acrescentou uma outra característica do contexto ambiental.

A segunda característica ambiental na taxonomia é a variabilidade intertentativas que informa se as condições reguladoras durante o desempenho de habilidades são as mesmas ou se variam de um desempenho para outro. Podemos fazer uma distinção das habilidades motoras conforme a variabilidade intertentativas esteja **presente ou ausente**. Por exemplo, quando uma pessoa caminha através de um aposento vazio, não existe variabilidade intertentativas porque as condições reguladoras não variam de um passo para outro. Por outro lado, a variabilidade intertentativas está presente quando uma pessoa caminha por um local cheio de gente, porque cada passo pode ter características diferentes para evitar colidir com outras pessoas.

A função da ação. Observe na tabela 1.1-1, que para cada uma das quatro categorias na primeira coluna, criadas pela combinação das duas características de contexto ambiental, há várias outras categorias ao longo da linha associada à categoria. Gentile criou estas categorias adicionais fazendo a interação das quatro características de contexto ambiental com as quatro características relacionadas à *função da ação*, que é a segunda dimensão em que se baseia a taxonomia.

Gentile especificou que é possível determinar a função da ação decidindo se o desempenho de uma dada habilidade envolve ou não a movimentação do corpo e se o desempenho envolve ou não a manipulação de um objeto. Ela interpretou estas características como parte de duas grandes funções da ação: orientação e manipulação do corpo. A *orientação corporal* determina se a posição do corpo é mantida ou se varia. Na classificação das habilidades, são importantes dois tipos de orientação corporal. Algumas habilidades como ficar parado, sentado, ou atirar com arco e flecha, requerem *estabilidade corporal*. Outras habilidades exigem *transporte corporal*, o que significa mover-se de um lugar para outro. Habilidades como andar, correr e nadar envolvem transporte corporal.

O segundo tipo da função de ação diz respeito à *manipulação do objeto*. Algumas habilidades motoras exigem que *alteremos ou mantenhamos a posição do objeto*, seja ele uma bola, uma ferramenta ou outra pessoa. Entretanto, desempenhamos outras habilidades em que não há manipulação do objeto. É importante notar que, quando uma pessoa precisa manipular um objeto, a habilidade se torna mais difícil e complexa, porque a ela precisa fazer duas coisas de uma vez. Primeiro a pessoa precisa manipular o objeto corretamente e depois deve adequar a postura do corpo, para compensar o desequilíbrio proporcionado pelo objeto.

As dezesseis categorias de habilidades. A interação entre as quatro categorias de contexto ambiental e as quatro categorias de função da ação criam dezesseis categorias de habilidades.

CAPÍTULO 1 ■ INTRODUÇÃO ÀS HABILIDADES MOTORAS **13**

SAIBA MAIS

Influências das condições reguladoras estacionárias e em movimento no controle de habilidades

CONTEXTO AMBIENTAL ESTACIONÁRIO

aspectos espaciais dos aspectos espaciais do controle ambiental da ação; o *timing* da ação é controlado pelo participante

ex. segurar uma xícara
subir lances de escada
dar a primeira tacada no jogo de golfe
lançar dardos num alvo

CONTEXTO AMBIENTAL EM MOVIMENTO

aspectos espaciais e de timing dos aspectos espaciais e de *timing* do controle ambiental da ação

ex. subir por uma escada rolante
ficar em pé num ônibus em movimento
atingir uma bola se aproximando de você
agarrar uma bola em vôo

A tabela 1.1-1 mostra as características críticas dessas categorias. Gentile especificou que cada categoria impõe ao paciente diferentes solicitações, com a *complexidade da habilidade crescendo* da categoria superior mais à esquerda para a categoria inferior mais à direita. Observe que na tabela 1.1-1, foram colocados números nessa taxonomia para identificar cada categoria.

A categoria referente às habilidades mais simples, mostradas no quadro 1 da tabela inclui as habilidades nas quais o contexto ambiental é estacionário, sem variabilidade intertentativas e não há necessidade de transporte corporal ou de manipulação do objeto. Alguns exemplos são ficar em pé e sentar-se. As habilidades dessa categoria são comparáveis àquelas da extremidade das habilidades fechadas do continuum de habilidades aberta/fechada discutidas anteriormente. O próximo passo relativo à complexidade, se refere às habilidades no quadro 2 da tabela, onde tudo permanece igual às habilidades do quadro 1, exceto que o paciente precisa manipular um objeto. Por exemplo, uma pessoa precisa ficar de pé e segurar uma caixa.

A complexidade das habilidades aumenta sistematicamente até o quadro 16 da tabela 1.1-1, que é a categoria mais complexa de habilidades. Para essas habilidades, as condições reguladoras estão em movimento, variam de um desempenho para outro, a pessoa está em movimento e manipulando um objeto. Muitas atividades esportivas se situam nesta categoria, como por exemplo, a corrida para rebater uma bola no beisebol. As habilidades dessa categoria são comparáveis àquelas da extremidade das habilidades abertas do continuum de habilidades aberta/fechada.

Aplicações práticas da taxonomia. Gentile sugere aos terapeutas e professores, duas formas de aplicação prática da taxonomia. A primeira, pode ser considerada como um guia útil na *avaliação de capacidades e limitações do movimento*. O terapeuta ou o professor pode avaliar as deficiências, alterando sistematicamente os contextos ambientais e/ou as funções da ação para identificar características do desempenho de habilidades que impliquem em

SAIBA MAIS

Uma aplicação prática da dimensão contexto ambiental da taxonomia de Gentile na organização de instruções para o ensino de habilidades abertas

Os profissionais que ensinam habilidades motoras podem aplicar a taxonomia de Gentile ao ensino de habilidades abertas, colocando as quatro componentes da dimensão no contexto ambiental da taxonomia em um continuum de habilidades aberta/fechada. De acordo com a figura abaixo, é possível desenvolver uma progressão lógica de habilidades totalmente fechadas para habilidades totalmente abertas a partir dessas componentes.

Exemplo: Objetivo do ensino = ensinar uma pessoa bater numa bola de beisebol atirada por um lançador durante um jogo.
De acordo com a progressão na figura 1.1-1, deveria ocorrer a seguinte seqüência de eventos práticos:

1. A parte prática tem início com uma versão fechada da habilidade aberta; o instrutor ou treinador mantém as condições reguladoras "estacionárias" e "sem" variabilidade intertentativa.
⇒ o aprendiz bate na bola que está sobre um suporte de lançamento mantido sempre com a mesma altura em cada tentativa de prática.

2. Na versão seguinte da habilidade, o instrutor ou o treinador mantém as condições reguladoras "estacionárias", mas "com" variabilidade intertentativa.
⇒ o aprendiz bate na bola que está sobre um suporte de lançamento, mas cuja altura varia em cada tentativa de prática.

3. A prática prossegue com uma versão aberta da habilidade; o instrutor ou o treinador mantém as condições reguladoras "em movimento" mas "sem" a variabilidade intertentativas.
⇒ a bola é colocada em movimento por meio de uma máquina de lançamento que mantêm constante a velocidade e a posição de cada lançamento.

4. Finalmente, o instrutor ou o treinador torna a prática do aprendiz uma habilidade totalmente aberta; as condições reguladoras são "em movimento" e "com" a variabilidade intertentativas.
⇒ um jogador lança a bola aplicando diferentes velocidades e posições de lançamento em cada tentativa de prática.

Observação: Para saber mais sobre as evidências de pesquisa que comprovam a eficiência dessa progressão aplicada à aprendizagem de uma habilidade aberta, consulte Hautala e Conn (1993).

dificuldades para o indivíduo. As dificuldades contextuais versus função da ação sugerem diferentes tipos de problemas. Identificando as características específicas que limitam o desempenho, o terapeuta ou o professor pode determinar o que é preciso fazer para ajudar a pessoa a melhorar suas capacidades de desempenho.

Além da taxonomia fornecer as bases para o profissional poder avaliar os problemas de desempenho, ela se apresenta como uma ferramenta valiosa na *seleção da atividades funcionalmente adequadas* para ajudar as pessoas a superarem suas deficiências. Esse é um aspecto importante da taxonomia, pois enfatiza a complementaridade do processo de treinamento de habilidades ou de reabilitação. É importante avaliar as deficiências de habilidades, mas a eficácia de qualquer programa de treinamento ou de reabilitação depende da implementação de atividades adequadas para atingir metas funcionais para o paciente ou para o aluno. No processo de seleção da atividade, o terapeuta ou o professor começa selecionando atividades relacionadas à categoria da taxonomia na qual a pessoa não tem capacidade, de imediato, de atender às exigências da habilidade. Em seguida, o profissional pode desenvolver um programa de reabilitação ou de instrução trabalhando as categorias numeradas. Cada categoria fornece então, um guia para selecionar as atividades adequadas a fim de ajudar a pessoa a superar suas deficiências e atingir sistematicamente a meta funcional da terapia ou do treinamento.

Resumo

Definimos habilidades motoras como habilidades que exigem movimento voluntário do corpo e/ou dos membros para atingir suas metas. Há uma grande variedade de habilidades motoras, por exemplo, segurar uma xícara, andar, dançar, jogar bola e tocar piano. Freqüentemente nos referimos a essas habilidades como *ações*. Os movimentos são componentes das habilidades e das ações. Como há muitas habilidades motoras diferentes, os pesquisadores desenvolveram sistemas de classificação para organizá-las. Estes sistemas identificam características comuns das habilidades e separam-nas em categorias diferentes, de acordo com suas características. Os sistemas de classificação são importantes para ajudar os professores e terapeutas a aplicar conceitos e princípios da aprendizagem de habilidades motoras em programas de treinamento e reabilitação.

Discutimos três esquemas de classificação que agrupam as habilidades motoras em categorias baseadas em uma característica comum. Um sistema se baseia nas dimensões da musculatura necessária para desempenhar a habilidade e classifica as habilidades em grossas ou finas. O segundo se baseia na distinção entre os pontos inicial e final de uma habilidade e classifica as habilidades em *discretas* ou *contínuas*. O terceiro sistema de classificação se baseia na estabilidade do ambiente onde a habilidade é desempenhada. Se este ambiente for estável, o sistema classifica as habilidades como habilidades motoras fechadas. Se o ambiente for variável, o sistema classifica as habilidades como habilidades motoras abertas.

O quarto sistema de classificação se baseia em duas características comuns das habilidades. Gentile desenvolveu uma taxonomia que apresenta dezesseis categorias de habilidades motoras criadas a partir das características de habilidades: contexto ambiental e função da ação. A taxonomia nos ajuda a aumentar os conhecimentos sobre as exigências fundamentais das diferentes habilidades motoras impostas a uma pessoa no momento em que ela está desempenhado essas habilidades. A vantagem prática dessa taxonomia é que ela fornece um orientação eficiente para os terapeutas e professores utilizarem na avaliação da natureza das deficiências de desempenho de habilidades motoras e, então, selecionar sistematicamente as atividades funcionalmente adequadas para ajudar as pessoas a superar suas deficiências.

Leituras relacionadas

Gentile, A.M. 1987. Skill acquisition: Action, movement, and the neuromotor processes. In J. H. Carr, R. B. Shepherd, J. Gordon, A. M. Gentile, and J. M. Held (Eds.), *Movement science: Foundations for physical therapy in rehabilitation* (pp. 93–154). Rockville, MD: Aspen. (Ler pp. 93–117.)

Mulder, T., and S. Geurts. 1991. The assessment of motor dysfunctions: Preliminaries to a disability-oriented approach. *Human Movement Scienc* 10: 565–74

Newell, K. M. 1985. Coordination, control and skill. In D. Goodman, R. B. Wilberg, and I. M. Franks (Eds.), *Differing perspectives in motor learning, memory, and control* (pp. 295–317). Amsterdam: North–Holland.

Conceito 1.2
A medida do desempenho motor é crítica para a compreensão da aprendizagem motora.

Termos-chaves

Medidas do resultado do desempenho
Medidas da produção do desempenho
Tempo de reação (TR)
Tempo de movimento (TM)
Tempo de resposta
Erro absoluto (EA)
Erro constante (CE)

Erro variável (EV)
Erro quadrático médio (EQM)
Cinemática
Deslocamento
Velocidade
Aceleração
Cinética
Eletromiografia (EMG)

Aplicação

Imagine que você seja um professor de educação física ensinando os alunos como se devolve uma bola no jogo de tênis. Que características de desempenho você mediria para avaliar o progresso de seus alunos? Vamos considerar algumas alternativas. Você poderia contar o número de devoluções que atingissem o solo fora e dentro da quadra. Ou você poderia fazer algumas marcas na quadra, de modo que as "melhores" devoluções, dependendo do ponto onde atingissem o solo, receberiam escores maiores que outras. Ou você poderia estabelecer uma medida relacionada com o tipo de rebatida dos estudantes.

Agora, imagine que você seja um fisioterapeuta que está ajudando um paciente que sofreu um derrame cerebral a aprender a andar novamente. Como você mediria o progresso de seu paciente, para saber se o que você está fazendo está surtindo efeito na reabilitação dele? Você precisa escolher várias características do caminhar. Por exemplo, você poderia contar o número de passos dados ou a distância percorrida em cada tentativa de caminhar; estas medidas poderiam lhe fornecer algumas indicações gerais do progresso. Se você quiser conhecer melhor certas características mais específicas do caminhar, poderia medir o equilíbrio e a estabilidade da pessoa durante a caminhada. Ou você poderia avaliar o progresso biomecânico da pessoa, analisando as características cinemáticas dos segmentos das pernas, do tronco e dos braços. Cada uma dessas medidas pode ser valiosa e contribuir efetivamente para o desempenho da pessoa ao caminhar.

Nessas duas situações de avaliação do desempenho, sua maior preocupação como professor ou terapeuta seria usar adequadamente uma medida ou medidas de desempenho para fazer a avaliação. Como um primeiro passo para equacionar esse problema, você precisará definir que aspectos do desempenho será preciso medir para avaliar corretamente o desempenho. A seguir discutiremos como realizar esse processo de medida em duas etapas, através da descrição de medidas diferentes do desempenho de habilidades motoras. Cada medida será discutida em função dos aspectos do desempenho que ela avalia, de como é obtida e interpretada.

Além de ajudá-lo a entender melhor a medida do desempenho da habilidade motora, essa discussão também deverá ajudá-lo a entender melhor os vários conceitos apresentados neste livro. Ao longo de todo o texto, faremos referência às várias medidas introduzidas nesta seção, e discutiremos como os pesquisadores utilizam estas medidas para investigar diversos conceitos.

Discussão

Há uma grande variedade de formas de se medir o desempenho da habilidade motora. Uma forma útil de organizar os vários tipos de medidas do desempenho motor é através da criação de duas categorias relacionadas a diferentes níveis de observação do desempenho. A primeira categoria será denominada de **medidas de resultados do desempenho**. Nessa categoria estão incluídas as medidas que indicam o resultado ou os efeitos do desempenho de uma habilidade motora. Por exemplo, medidas de quanto uma pessoa consegue caminhar, com que velocidade a pessoa percorre uma certa distância, quantos graus ela consegue flexionar seus joelhos, todas elas baseadas nos resultados do desempenho da pessoa.

Observe que as medidas de resultados do desempenho não contêm nenhuma informação sobre o comportamento dos membros ou do corpo que leva ao resultado observado. Essas medidas também não fornecem nenhuma informação sobre a atividade dos diversos músculos envolvidos em cada ação. Para obter informações sobre essas características, os pesquisadores medem uma categoria denominada **medidas de produção do desempenho**. Essas medidas informam o pesquisador como o sistema nervoso está funcionando, como o sistema muscular está agindo ou como os membros e articulações estão atuando, antes, durante e depois de a pessoa desempenhar uma habilidade.

Embora possam existir outras categorias de medidas do desempenho, estas duas representam as medidas do desempenho de habilidades motoras encontradas neste texto. A tabela 1.2-1 mostra exemplos dessas duas categorias de medidas. Para completar este tópico, discutiremos as medidas mais comuns de desempenho encontradas na literatura sobre a aprendizagem motora.

Tempo de reação

A medida que indica quanto tempo uma pessoa leva para iniciar um movimento é conhecida normalmente como **tempo de reação (TR)**. A figura 1.2-1 mostra que o TR é o intervalo de tempo entre o disparo de um sinal (estímulo) e o *início* de uma resposta de movimento. Observe que o TR inclui não o movimento em si, mas somente o tempo antes de o movimento começar.

O sinal de estímulo (ou de "partida") é a indicação para a resposta. Os pesquisadores podem utilizar vários sinais, como uma luz, campainha, choque ou uma palavra escrita na tela. Dessa forma, ele poderá apresentar o sinal a qualquer sistema sensorial, isto é, visão, audição ou tato. A resposta da pessoa pode ser qualquer tipo de movimento. Por exemplo, pode-se solicitar à pessoa para levantar um dedo de uma chave telegráfica, soltar uma tecla de um teclado, dizer uma palavra ou chutar uma placa. Finalmente, observe que o experimentador, ao medir um TR, pode utilizar ou não um sinal de advertência, que pode ser um indicador qualquer. Entretanto, se o experimentador desejar um TR ótimo, deverá fornecer algum tipo de sinal de advertência antes do sinal do estímulo.

Tipos de situações de TR. A figura 1.2-2 descreve os três tipos de situações de TR mais comuns. Em cada situação mostrada nessa figura, o sinal de estímulo é uma luz e o movimento solicitado é levantar o dedo de uma chave telegráfica.

Quando um experimento utiliza somente um sinal e solicita somente uma resposta, a

CAPÍTULO 1 ■ INTRODUÇÃO ÀS HABILIDADES MOTORAS

Tabela 1.2-1	Duas Categorias de Medidas do Desempenho de Habilidades Motoras	
Categoria	Exemplos de medidas	Exemplos de desempenho
1. Medidas de resultados do desempenho	Tempo para completar uma resposta, ex. segundos (s), minutos (min.), horas (h).	Tempo gasto para: Correr um quilômetro; Digitar uma palavra.
	Tempo de reação (TR)	Tempo entre o disparo de uma arma de fogo e o início do movimento
	Erro cometido no desempenho do movimento, ex. EA, EC, EV.	Número de cm fora do alvo ao reproduzir uma posição dos membros
	Número ou porcentagem de erro	Número de lances livres perdidos
	Número de tentativas bem-sucedidas	Número de vezes que o projétil atinge o alvo
	Tempo dentro/fora do alvo.	Número de segundos em que uma caneta permanece em contato com o alvo ao tentar seguir rotor
	Tempo em/fora de equilíbrio	Número de segundos de permanência na posição de cegonha
	Distância	Altura do salto vertical
	Tentativas a serem completadas	Número de tentativas até que todas as respostas estejam corretas
2. Medidas de produção do desempenho	Deslocamento	Distância percorrida pelos membros para produzir uma resposta
	Velocidade	Velocidade com que os membros se movem durante o desempenho de uma resposta
	Aceleração	Padrão de aceleração/desaceleração durante o movimento
	Ângulo da articulação	Ângulo de cada articulação do braço durante o impacto ao rebater uma bola
	Torque da articulação	Torque efetivo da articulação do joelho ao dar o impulso para um salto vertical
	Eletromiografia (EMG)	Tempo em que o bíceps foi acionado durante um rápido movimento de flexão
	Eletroencefalograma (EEG)	Características do P300 para uma opção de resposta TR.

situação do TR é conhecida como *simples*. No exemplo apresentado na figura 1.2-2, a pessoa deve levantar o dedo da chave telegráfica quando a luz acender. Um outro tipo de situação de TR é o TR de *escolha*, quando a pessoa tiver que optar por mais de um sinal para dar a resposta e cada sinal tiver uma resposta específica. O exemplo da figura 1.2-2 indica que a pessoa deve responder à luz vermelha, levantando o dedo indicador de uma chave telegráfica, à luz azul, levantando o dedo médio e à luz verde, levantando o dedo anular. Se a pessoa não responder à solicitação especificada, o experimentador considera a tentativa como erro e normalmente repete o comando. O terceiro tipo de situação de TR é o TR de *discriminação*, onde também há mais de um sinal, mas somente uma resposta. No exemplo da figura 1.2-2, solicita-se que a pessoa levante o dedo da chave telegráfica, somente quando a luz vermelha acender. Se acender a luz azul ou a verde, a pessoa deve permanecer parada.

Componentes do intervalo TR. O pesquisador pode *subdividir* o TR em duas partes, utilizando a eletromiografia (EMG) para medir o início da atividade muscular em uma

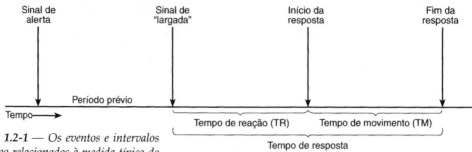

Figura 1.2-1 — *Os eventos e intervalos de tempo relacionados à medida típica do tempo de reação (TR) e do tempo de movimento (TM)*

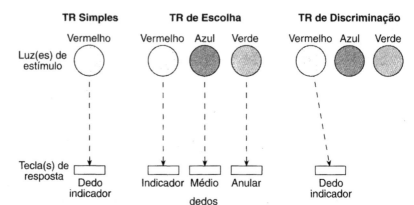

Figura 1.2-2 — *Três tipos diferentes de situações de teste de tempo de reação (TR): TR simples, TR de escolha e TR de discriminação.*

situação de TR. O registro do EMG indicará o instante em que o músculo mostra aumento de atividade após ter sido dado um sinal de estímulo. Entretanto, há um intervalo de tempo entre o disparo do sinal de estímulo e o início da atividade muscular. Esse intervalo "calmo" constitui-se no primeiro componente do TR e é chamado de *período pré-motor*. O segundo componente consiste no intervalo decorrido desde o início da atividade muscular até começar um movimento perceptível da parte solicitada. Esse componente do TR é denominado de *período motor*.

Subdividindo-se o intervalo do TR em duas partes, os pesquisadores interessados em entender o processo de preparação do movimento podem perceber melhor o que acontece quando uma pessoa se prepara para movimentar-se. A maioria dos pesquisadores concorda em que o período pré-motor é um indicador da recepção e transmissão de informação do ambiente, através do sistema nervoso, até o próprio músculo. Esse intervalo de tempo parece ser um indicador do processo de tomada de decisões cognitivas e perceptivas no qual a pessoa se envolve durante a preparação do movimento. O período motor indica que há atividade muscular antes que ocorra o movimento perceptível da parte solicitada. Em geral, os pesquisadores são unânimes em considerar que esta atividade indica o atraso temporal, isto é, o intervalo de tempo que o músculo necessita para vencer a inércia do membro, depois de receber o comando para se contrair.

A utilização do TR em pesquisa. O tempo de reação vem sendo há anos, utilizado pelos pesquisadores como uma medida normal do desempenho de habilidades motoras humanas. Embora o TR seja uma medida de desempenho de habilidades motoras, geralmente é utilizado como base para inferir a ação da pessoa ou qual informação ela utiliza durante sua preparação para realizar uma ação solicitada. Por exemplo, se uma situação de desempenho leva a um TR mais longo do que outra, o pesquisador pode investigar as características das duas situações para determinar o que pode ter levado aos diferentes valores do TR. Assim, além de indicar a rapidez com que uma pessoa responde a um sinal, o TR também permite examinar como a pessoa interage com o ambiente do desempenho enquanto se prepara para executar uma ação solicitada.

Relacionando o TR ao tempo de movimento e ao tempo de resposta. Em qualquer situação de movimento em que a pessoa precise fazer um movimento em resposta a um sinal, os pesquisadores podem avaliar outras duas medidas de desempenho, além do TR. Essas medidas são apresentadas na figura 1.2-1, como tempo de movimento (TM) e tempo de resposta. O **tempo de movimento (TM)** começa quando o TR termina. É o intervalo de tempo entre o início e a conclusão do movimento. O **tempo de resposta** é o intervalo de tempo total que inclui o TR e o TM.

Uma característica importante do TR e do TM é que ambos são medidas relativamente *independentes*, o que significa que a correlação entre elas é bastante baixa. Assim sendo, os pesquisadores não podem utilizar o TR para prever o TM ou vice-versa. Franklin Henry (1961) considerado por muitos como o "pai" da aprendizagem motora moderna, foi o primeiro a fornecer as evidências que sustentam a independência entre TR-TM. Através de uma experiência abrangente, ele comparou os TRs com os TMs de homens e mulheres de idades diferentes e em tarefas de complexidades diferentes. O experimento envolveu 402 pessoas entre oito e trinta anos. Henry utilizou situações de TR simples, de escolha e de discriminação, juntamente com quatro condições diferentes de complexidade de movimento. Para todas as situações, as correlações TR-TM se apresentaram consistentemente próximas de zero. Esses resultados são significativos, pois estabelecem que TR e TR medem diferentes aspectos do desempenho humano e que o treinamento necessário para melhorar um deles não necessariamente melhora o outro.

Medidas de erros

A quantidade de erros que uma pessoa comete como resultado do desempenho de uma habilidade tem ocupado um lugar de destaque na pesquisa de desempenho humano. As medidas de erros nos permitem avaliar o desempenho em habilidades para as quais o objetivo da ação é a *precisão*. Habilidades como segurar uma xícara, lançar uma bola em um alvo, caminhar seguindo um trajeto predeterminado, dirigir um carro no trânsito, exigem que as pessoas executem movimentos que requerem precisão espacial e/ou temporal. Ao avaliar os resultados do desempenho de habilidades como essas, os pesquisadores notaram que a quantidade de erros cometidos por uma pessoa, relativamente ao objetivo, se constituía em uma medida significativa do desempenho.

As medidas de erros não indicam somente a precisão do desempenho. Alguns tipos de medidas de erros também fornecem informações sobre as possíveis causas de problemas de desempenho. Isso vale, particularmente, se o desempenho for avaliado durante mais de uma tentativa. Em uma série de tentativas (geralmente em um treinamento de habilidades esportivas ou de reabilitação), o instrutor ou o terapeuta poderá determinar se a imprecisão dos movimentos observados se deve a problemas associados à *consistência* ou ao *viés*. Essas medidas importantes fornecem ao profissional a base para a seleção da intervenção adequada, a fim de ajudar a pessoa a superar a imprecisão. Os problemas de consistência indicam uma falha na aquisição dos padrões básicos do movimento, enquanto que os problemas de viés indicam que a pessoa adquiriu o padrão de movimento, mas está tendo dificuldades em se adaptar às solicitações impostas pela situação de desempenho.

Avaliando erros para metas de ação unidimensional. Quando uma pessoa tiver que executar o deslocamento de um membro em uma dimensão, como no caso de um paciente

---

Saiba Mais

Sabendo que o TR e o TM são medidas independentes do desempenho, eis um exemplo de como isso pode beneficiar a instrução

Imagine que você esteja trabalhando com uma pessoa em um simulador de direção de carro. Você está tentando a ajudar a pessoa a melhorar o tempo que ela leva para perceber o aparecimento repentino de um obstáculo na rua e parar o carro. Nessa situação, o TR é o intervalo desde o aparecimento do obstáculo até o pé da pessoa começar a soltar o acelerador; o TM é o intervalo de tempo gasto pelo pé para começar a se mover do acelerador até fazer contato com o freio.

Suponha que o tempo de resposta (TR + TM) da pessoa varie ao longo de uma série de situações diferentes. Com base nos TRs e TMs da pessoa para cada situação, é possível determinar se a pessoa apresenta um *problema motor ou um problema de tomada de decisão*. Se o TR aumentar ao longo das várias situações e o TM permanecer relativamente constante, você poderá concluir que basicamente, a pessoa tem um problema de tomada de decisão. Isso o levará a trabalhar mais em problemas relacionados à identificação e conscientização de situações que exijam uma parada imediata do carro. Se os TRs permanecerem relativamente constantes mas os TMs variarem ao longo dessas situações, você poderá concluir que o problema da pessoa está relacionado ao movimento e poderá começar a trabalhar com a pessoa nessa área.

---

que tenta movimentar o joelho de um certo ângulo, será considerado como erro uma certa distância aquém ou além da meta. Analogamente, se um lançador de beisebol estiver tentando atirar uma bola com uma dada velocidade, o erro resultante será uma bola muito lenta ou muito rápida, relativamente ao que se propunha. Para medir o erro nestas situações, basta subtrair o valor conseguido no desempenho (ex.: 15 cm, 5°, 20 s) do valor da meta ou do alvo.

Pode-se calcular pelo menos três medidas de erros para avaliar as características gerais da precisão, sobre uma série de desempenhos sucessivos e para avaliar o problema que pode estar causando a imprecisão. Para se ter uma idéia do sucesso com que a meta foi atingida, calculamos o **erro absoluto (EA)**. Esse erro é interpretado como a diferença absoluta entre o desempenho real em cada tentativa e a meta. Somando essas diferenças e dividindo pelo número de tentativas, teremos o erro absoluto médio para as tentativas dessa sessão. O EA fornece informações úteis sobre o *valor do erro* cometido por uma pessoa ao fazer uma tentativa ou uma série de tentativas. Esse resultado fornece um *índice geral de precisão* da sessão para essa pessoa. Porém, uma avaliação do desempenho baseada somente no EA pode esconder informações importantes sobre a causa do desempenho impreciso dessa pessoa. Para avaliar essas características é preciso dispor de duas medidas adicionais do erro.

Uma característica do desempenho que não pode ser determinada a partir do EA é a predisposição da pessoa de ultrapassar ou ficar abaixo da meta, o que é chamado de *viés do desempenho*. Para obter essa informação, precisamos calcular **o erro constante (EC)**, que é o desvio relativamente à meta, com sinal (+/-). Quando calculado sobre uma série de tentativas, o EC fornece um *índice significativo da predisposição da pessoa de apresentar um viés* ao desempenhar uma habilidade. O cálculo do EC envolve os mesmos cálculos feitos para determinar o EA, com exceção dos sinais algébricos que são mantidos para cada tentativa realizada.

A medida do erro que avalia a *consistência do desempenho* (ou ao contrário, sua

Saiba Mais

Utilizando as avaliações do viés e da consistência do desempenho

Um exemplo que demonstra os valores das medidas de desempenho na avaliação da consistência e do viés, ocorre quando uma pessoa está aprendendo arco e flecha. Nesse esporte, o desempenho total em uma tentativa é avaliado através do resultado total de uma série de seis flechas atiradas no alvo. Esse resultado total se baseia nos círculos concêntricos do alvo onde as flechas se localizaram. Para esse resultado total não interessa como as fechas se distribuíram no alvo. Entretanto, se você estiver querendo ajudar uma pessoa a melhorar seu desempenho, o resultado total, que é um resultado geral do desempenho, não é tão valioso quanto os indicadores de viés e de consistência. Se as marcas que a pessoa produziu no alvo estiverem agrupadas em uma parte do alvo afastada do centro, será um problema de viés.

A correção desse problema é relativamente simples, pois ela requer um melhor apontamento ou um ajuste específico no lançamento em direção ao centro do alvo. Se as marcas das flechas estiverem espalhadas por todo o alvo, então a correção do problema será mais complexa. Nesse caso o problema é de consistência. Essa característica sugere que a pessoa ainda não adquiriu o padrão básico de movimento adequado para desempenhar essa habilidade, e precisa continuar a trabalhar este aspecto da habilidade.

variabilidade) para uma série de tentativas é conhecida como **erro variável (EV)**. Para determinar este índice de consistência, é preciso calcular o desvio padrão dos resultados dos ECs para cada série de tentativas.

Avaliando erros para metas de ação bidimensional. Quando o resultado do desempenho de uma habilidade exige precisão nas direções horizontal e vertical, a pessoa que está avaliando o erro precisa fazer modificações no método de avaliação unidimensional. A medida da precisão geral de uma situação bidimensional é chamada de *erro radial* (ER), que é análogo ao EA do caso unidimensional. Para calcular o ER de uma tentativa, é preciso medir o valor do erro tanto na direção horizontal (eixo X) quanto na vertical (eixo Y). A seguir, calcular o quadrado de cada um desses valores, somá-los e então extrair a raiz quadrada do total. Por exemplo, se o valor do erro na direção X for de 10 mm e de 5 mm na direção Y, o ER será de 11,2 mm (isto é, $\sqrt{100+25}$). Uma outra forma de avaliar o ER é colocar o alvo nas coordenadas 0 X e 0Y. Em seguida determinar as posições X e Y da resposta real, elevar ao quadrado cada um desses valores, somá-los e extrair a raiz quadrada do total. Para determinar o ER médio para uma série de tentativas, basta calcular a média do ER total para a série.

O viés e a consistência no desempenho são mais difíceis de avaliar no caso bidimensional do que no caso unidimensional, pois os sinais algébricos + e – têm pouco significado no caso bidimensional. Hancock, Butler e Fischman (1995) apresentaram uma descrição detalhada do cálculo do viés e da consistência do desempenho em uma situação bidimensional. Em vez de partir para um detalhamento desses cálculos, consideraremos uma aproximação geral para o problema. Para uma série de movimentos bidimensionais, o pesquisador pode obter uma avaliação qualitativa do viés e da consistência, observando o agrupamento real das posições do movimento. Se o agrupamento se concentrar em um dos quadrantes do alvo, fica claro um viés do desempenho, enquanto que se as respostas se espalharem por todos os quadrantes, não indicará nenhum viés aparente de desempenho. Nestes dois exemplos, a consistência seria mais adequada no primeiro do que no último caso. Novamente, como na situação unidimensional, a utilidade prática da avaliação dessas características é que as estratégias utilizadas para melhorar o desempenho devem ser diferentes no caso do viés e da consistência.

Avaliando erros para habilidades contínuas. As medidas de erros descritas nas duas seções anteriores se baseiam em habilidades que têm metas de precisão discreta. Entretanto, as habilidades motoras contínuas também exigem precisão. Por exemplo, quando uma pessoa precisa caminhar ao longo de um trajeto predeterminado, o desempenho da pessoa pode ser avaliado conforme o grau de sucesso demonstrado ao percorrer o trajeto. Ou, se a pessoa estiver em um simulador de direção de auto, e tiver que conduzir o carro por uma estrada que aparece na tela de um monitor, a medida do desempenho pode se basear no grau de sucesso demonstrado pela pessoa para manter o carro dentro dos limites da estrada. As medidas do erro para esses tipos de habilidades devem ser diferentes daquelas utilizadas para avaliar o desempenho de habilidades discretas.

Um tipo de erro comum para as habilidades contínuas é o **erro quadrático médio (EQM)**, que se comporta como um EA para essas habilidades. Para ilustrar como essa medida do erro é determinada e utilizada, consideraremos o seguinte exemplo retirado do desempenho de uma habilidade contínua conhecida como *rastreamento*. Para desempenhar essa habilidade, a pessoa move um *joystick*, um volante ou uma alavanca para fazer um cursor seguir um percurso predeterminado. O percurso padronizado pode ser descrito cinematicamente como uma curva de deslocamento. A figura 1.2-3 mostra um exemplo. Uma curva de deslocamento também pode representar o desempenho da pessoa no rastreamento. Para determinar a precisão com que a pessoa seguiu o padrão, deveremos calcular um valor do EQM.

O EQM é calculado determinando-se o valor do erro entre a curva de deslocamento produzida pelo desempenho da pessoa no rastreamento e a curva de deslocamento do percurso-padrão (consulte a figura 1.2-3). O cálculo real do EQM é complexo e exige programas de computação especiais que utilizam um processo de amostragem e gravam a posição da pessoa em relação ao percurso-padrão em determinados intervalos de tempo, como por exemplo, 100 vezes em cada segundo (100 Hz; observe que 1 Hz = 1 vez/s). Em cada ponto de amostragem, é calculada a diferença entre a posição no percurso-padrão e a posição real da pessoa. No exemplo dos 100 Hz, teremos 100 valores de erro a cada segundo.

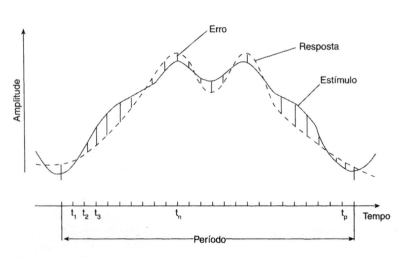

Figura 1.2-3 – A diferença entre a resposta do sujeito e o estímulo em cada intervalo de tempo especificado é usado para calcular o valor do erro quadrático médio (EQM). (De I. M. Franks et al., "The Generation of Movement Patterns During the Acquisition of a Pursuit Tracking Task",em Human Movement Science, 1, 251-272, 1982. Direitos autorais" da Elsevier/North-Holland, Amsterdam, Holanda, 1982. Reprodução autorizada.)

Se a amostragem do padrão for de 5 s, serão obtidos 500 valores de erro para uma tentativa. A partir desse total de valores, o computador calcula um valor de erro médio, o EQM, para o percurso todo.

Medidas cinemáticas

As medidas cinemáticas, tradicionalmente associadas com a biomecânica, tornaram-se elementos importantes na descrição do desempenho na pesquisa de aprendizagem e controle motores. O termo **cinemático** se refere à descrição do movimento sem levar em conta a força ou a massa. Os três elementos mais comuns se referem às variações de posição de um objeto, sua velocidade e às variações na sua velocidade. Os termos utilizados para se referir a essas características cinemáticas são *deslocamento, velocidade* e *aceleração*.

As medidas cinemáticas são medidas da produção de desempenho, que se baseiam na gravação do movimento de segmentos específicos do corpo enquanto a pessoa está desempenhando uma habilidade. Um procedimento normal consiste em marcar primeiro os segmentos de interesse do corpo com fita adesiva, marcador de tinta, placas especiais refletoras de luz ou diodos emissores de luz (LEDs). Em seguida, o pesquisador filma o desempenho da habilidade da pessoa numa fita de vídeo ou usando câmaras especiais de leitura de LED. A seguir, um software desenvolvido para calcular medidas cinemáticas analisa os registros. Esta abordagem é utilizada em sistemas de análise de movimento, disponíveis comercialmente como aqueles produzidos pela Peak Performance®, Motion Analysis Systems®, Optitrack® e Watsmart®.

Uma outra forma de se obter medidas cinemáticas é utilizando a tarefa de rastreamento descrita anteriormente e apresentada na figura 1.2-3. Nesse caso, um computador faz a amostragem e grava os movimentos do dispositivo rastreador. Neste exemplo, uma alavanca horizontal na parte superior de uma superfície plana é o dispositivo do movimento. Um potenciômetro acoplado ao eixo da alavanca fornece as informações relacionadas ao movimento que o computador pode amostrar. Podemos fazer uma amostragem semelhante do movimento usando um *joystick*, um *mouse* ou uma bola deslizante.

Deslocamento. A primeira medida cinemática de interesse é o **deslocamento**, que consiste na posição espacial de um membro ou articulação durante o intervalo de tempo do movimento. O deslocamento descreve as variações nas posições espaciais durante a realização de um movimento. Calculamos o deslocamento usando uma sistema de análise de movimento para determinar onde o dispositivo de movimento, o membro marcado ou a articulação, se encontra no espaço (em função de suas coordenadas X-Y numa análise bidimensional ou de suas coordenadas X-Y-Z numa análise tridimensional) em um dado instante. O sistema determina a localização do membro naquela posição para o próximo intervalo de tempo amostrado. O sistema de análise faz uma amostragem (observa) dessas posições espaciais com uma certa freqüência, que varia de acordo com o sistema de análise utilizado. Por exemplo, uma taxa de amostragem normal de uma fita de vídeo é de 60 Hz. É possível utilizar taxas de amostragem mais rápidas, dependendo do sistema de análise utilizado. Dessa forma, pode ser feito um gráfico da posição espacial de um dispositivo de movimento ou de um membro, em cada instante amostrado, obtendo-se uma curva de deslocamento. As figuras 1.2-3 e 1.2-4 mostram exemplos dessas curvas.

Velocidade. A segunda medida cinemática de interesse é a **velocidade**, que é uma derivada temporal do deslocamento. A *velocidade* se refere à taxa de variação da posição do objeto em função do tempo. Isto é, com que rapidez e em que direção essa posição varia (mais rápida ou mais lenta do que sua taxa anterior). Nos sistemas de análise do movimento, a velocidade resulta basicamente do deslocamento. A velocidade é calculada, dividindo-se

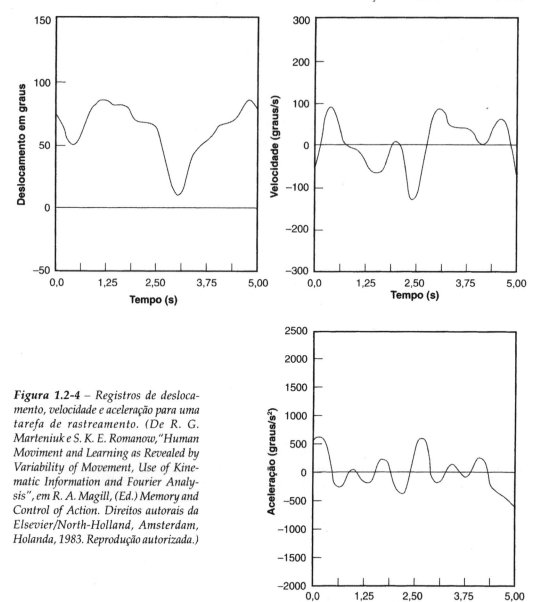

Figura 1.2-4 – *Registros de deslocamento, velocidade e aceleração para uma tarefa de rastreamento. (De R. G. Marteniuk e S. K. E. Romanow,"Human Moviment and Learning as Revealed by Variability of Movement, Use of Kinematic Information and Fourier Analysis", em R. A. Magill, (Ed.) Memory and Control of Action. Direitos autorais da Elsevier/North-Holland, Amsterdam, Holanda, 1983. Reprodução autorizada.)*

a variação na posição (entre o instante 1 e o instante 2) pela variação correspondente do tempo (do instante 1 para o instante 2). A velocidade é sempre representada graficamente como uma curva de posição versus tempo. Observe que na figura 1.2-4, a curva de velocidade se baseia no mesmo movimento que a curva de deslocamento. De uma forma geral, a velocidade é sempre considerada como uma certa distância dividida por um certo intervalo de tempo. O exemplo de rastreamento da figura 1.2-4 representa a velocidade como o número de graus por segundo. Quando a inclinação dessa curva é em aclive, representa uma velocidade crescente, enquanto que uma velocidade negativa é representada por uma inclinação decrescente. Quando não há variação na posição positiva ou negativa da curva, a velocidade é nula.

Aceleração. A terceira medida cinemática a ser discutida é a **aceleração**, que descreve a

Figura 1.2-5 — *Diagramas ângulo-ângulo mostrando as relações entre o joelho e a coxa durante a corrida de um corredor treinado (parte superior) e três pessoas com amputação abaixo do joelho (parte inferior). As abreviações se referem à passada ipsilateral (esquerda) (PI), elevação do pé na passada ipsilateral (EI), passada contralateral (direita) (PC) e elevação contralateral (EC), que são os quatro componentes da passada na corrida. (De R. M. Erika et al., "Below Knee Amputee Running Gait", em American Journal of Physical Medicine and Rehabilitation, 61, 70-78,1978. Direitos autorais da Williams & Wilkins Co, Baltimore, Maryland, EUA, 1982. Reprodução autorizada.)*

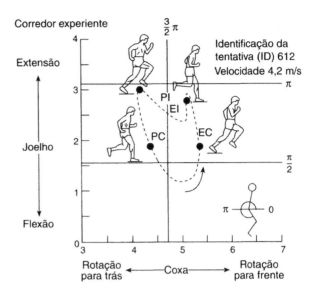

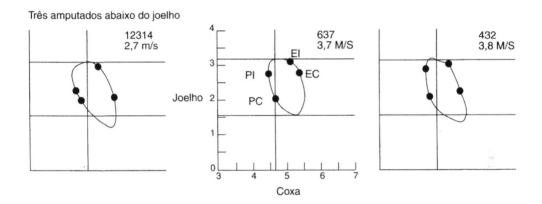

variação na velocidade durante o movimento. Derivamos a aceleração da velocidade dividindo a variação de velocidade pela correspondente variação do tempo. Também descrevemos as curvas de aceleração como uma função do tempo, como mostra o gráfico de aceleração da figura 1.2-4, que se baseia nos gráficos de deslocamento e velocidade que também aparecem nessa figura. A curva de aceleração mostra o aumento e a diminuição de velocidade do movimento enquanto o objeto se move. Uma aceleração rápida significa que ocorreu uma variação repentina de velocidade.

Movimento linear e angular. Nas descrições cinemáticas do movimento, as medidas do deslocamento, velocidade e aceleração podem se referir tanto a movimento linear quanto a movimento angular. A distinção entre esses tipos de movimento é importante na compreensão, e é fundamental na análise do movimento. O *movimento linear* descreve o movimento de todas as partes do objeto em movimento, enquanto que o *movimento angular* se refere ao movimento que ocorre em algumas partes do objeto, mas não em outras. Por exemplo, para descrever a cinemática do caminhar, as descrições do movimento linear são suficientes para caracterizar o movimento de uma posição para outra; o corpo todo se move linearmente. Entretanto, para descrever as características do movimento dos pés durante o caminhar, as descrições do movimento angular serão mais adequadas, porque o pé gira em torno da articulação do quadril durante o caminhar.

A forma mais simples que os pesquisadores encontraram para descrever o movimento angular é comparar o movimento de uma articulação com o segmento do membro em torno do qual ele gira durante a realização do movimento. A figura 1.2-5 mostra dois desses exemplos. Na parte superior da figura aparece um diagrama ângulo – ângulo para um corredor habilidoso, onde o deslocamento da articulação do joelho é comparado com a coxa durante as quatro fases de uma passada na corrida: levantamento dos artelhos, pisada oposta, levantamento dos artelhos opostos e pisada oposta. Observe que o diagrama ângulo – ângulo produz uma configuração em forma de coração, que é o padrão clássico da relação joelho – coxa durante uma passada. A parte inferior da figura mostra diagramas análogos para três pessoas que sofreram amputação abaixo do joelho. O que é notável aqui é que o amputado não flexiona a articulação do joelho no começo do posicionamento como faz um corredor experiente. Esses exemplos demonstram que as medidas cinemáticas apresentam uma vantagem importante. Elas nos permitem descrever as características de componentes críticos de uma habilidade durante o movimento.

Cinética

O termo **cinética** se refere à consideração da força no estudo do movimento. Enquanto a *cinemática* descreve os movimentos sem se preocupar com suas causas, a *cinética* trata a força como uma causa do movimento. Ao se estudar a cinética é preciso levar em consideração que a força tem intensidade e sentido. As leis de Newton para o movimento destacam a importância do papel da força na realização do movimento. A força é necessária para iniciar, alterar ou parar o movimento; ela interfere na taxa de variação do momentum de um objeto e está envolvida na ação e reação que ocorrem como resultado da interação entre objetos.

É possível identificar vários tipos de forças no estudo do desempenho de habilidades motoras humanas; entre elas destacam-se a força de reação do solo, as forças de reação das articulações, a força muscular, resistência viscosa, força elástica e força inercial. Além disso, uma característica importante relacionada à força do movimento humano é que ela envolve a rotação de segmentos do corpo em torno dos eixos das articulações. O efeito da força nessas rotações é chamado *de torque da articulação* ou força de rotação (consulte a figura 1.2-6 que mostra um exemplo de representação gráfica do torque da articulação). Devido à amplitude de efeitos de diferentes tipos de força no movimento humano, os pesquisadores que se dedicam ao estudo da aprendizagem e controle motores têm incluído cada vez mais as medidas de forças em suas investigações.

Algumas forças são medidas diretamente, utilizando dispositivos como placas de força, transdutores de força e medidores de esforço. Pesquisadores utilizam placas de força para medir as forças de reação do solo, que estão presentes na interação entre dois objetos, como uma pessoa e o solo. As placas de força são dispositivos de medida de força muito comuns em laboratórios e clínicas especializadas em pesquisa motora e reabilitação. Os transdutores de força e os medidores de esforço são utilizados para medir forças transmitidas pelos músculos. São comuns em laboratórios e clínicas que se dedicam à determinação da intensidade da força gerada enquanto uma pessoa está desempenhando tarefas de movimento de membros.

A força também pode ser medida indiretamente; podemos calculá-la em relação à velocidade, aceleração ou à massa do objeto. A relação da força com a aceleração é ditada por uma lei física: força = massa x aceleração. Por essa razão, para calcular a força não é necessário usar medidores eletrônicos ou mecânicos de força, se dispusermos de medidas da aceleração deduzidas a partir de uma análise cinemática do movimento.

CAPÍTULO 1 ■ INTRODUÇÃO ÀS HABILIDADES MOTORAS

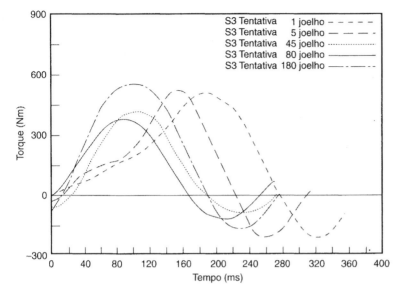

Figura 1.2-6 — *Resultados de um experimento conduzido por Sanders e Allen, que mostram os torques do joelho de um sujeito durante o contato com uma superfície, depois de saltar de uma plataforma e iniciar, em seguida, um salto vertical para atingir a altura máxima. Na parte superior do gráfico a legenda identifica o desempenho em cada tentativa assinalada. (Reproduzido de Human Movement Science, 12, R.H. Sanders e J.B. Allen, pp. 299-326, 1993 por gentileza da Elsevier Science-NL, Sara Burgerharstraat 25, 1055 KV, Amsterdam, Holanda.)*

Medidas de EMG

O movimento envolve atividade elétrica dos músculos, que pode ser medida por meio de uma **eletromiografia (EMG)**. Essa medida geralmente é feita fixando eletrodos superficiais à pele, sobre os músculos. Esses eletrodos detectam a atividade elétrica muscular, que é registrada por um computador ou um registrador gráfico (polígrafo). A figura 1.2-7 mostra alguns registros de EMG de atividade elétrica no femoris do bíceps ipsilateral (FBi) e no fêmoris do bíceps contralateral (FBc) das pernas e no deltóide anterior (DA) do ombro, durante o desempenho de uma tarefa em que a pessoa precisa mover os braços, fazendo um movimento que parte do botão do tempo de reação para uma posição diretamente em frente ao ombro. Os sinais do EMG apresentados para esses músculos mostram o instante em que a atividade elétrica começou nos músculos. Essa atividade pode ser identificada pelo aumento na freqüência e na altura dos traços de resposta para cada músculo. O início real do movimento partindo do botão do TR é indicado no diagrama pela linha vertical no final do registro do TR (linha 5 da figura).

Medida da coordenação

Um dos fenômenos mais interessantes da pesquisa sobre aprendizagem e controle motores é a investigação de habilidades complexas, devido à metodologia. Antes do advento da informatização da análise de movimentos, as medidas cinemáticas de movimentos se constituíam em um processo caro, trabalhoso e demorado, que envolvia uma análise quadro-a-quadro de um filme em câmara lenta. Com o desenvolvimento dos sistemas de análise informatizados, houve um aumento extraordinário nas pesquisas relacionadas a habilidades complexas.

Nesse estudo de habilidades complexas foi desenvolvida uma medida que reflete a melhor forma de se avaliar a coordenação. Como veremos no Conceito 2.1, a coordenação envolve o movimento de segmentos dos membros de acordo com padrões específicos de tempo e espaço. Esses padrões podem ser observados facilmente em gráficos de ângulo-ângulo do movimento de segmentos dos membros, tais como os descritos na figura 1.2-5.

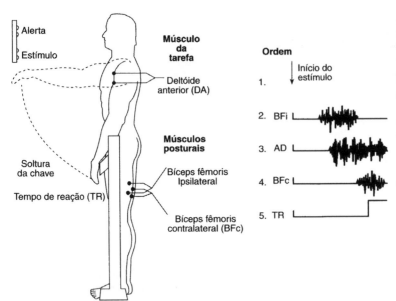

Figura 1.2-7 — *Utilizando registros de EMG para medir uma resposta de movimento. A figura da esquerda mostra a aparelhagem utilizada para medir o tempo de reação e o lugar em que cada eletrodo foi colocado para registrar o EMG de cada grupo de músculos de interesse. As figuras à direita mostram os registros do EMG para cada um dos três grupos de músculos e o intervalo do tempo de reação para a resposta. (De Wynne Lee, em Journal of Motor Behavior, 12:187, 1980. Reprodução autorizada pelo autor.)*

Dos diagramas ângulo-ângulo, surgiu também uma medida interessante. Vários pesquisadores relatam somente suas descrições cinemáticas qualitativas e não informam nada sobre suas avaliações quantitativas. Outros, questionam se a representação de padrões qualitativos das relações dos segmentos dos membros é suficiente para inferir a coordenação e sugerem a necessidade de uma avaliação quantitativa dessas descrições.

O tratamento desse assunto é bastante polêmico. Os pesquisadores discordam quanto à forma de quantificar os padrões de coordenação, como o que aparece na figura 1.2-5. Embora muitos pesquisadores tenham sugerido técnicas diferentes (veja por exemplo, Sparrow et al., 1987; Newell e van Emmerik, 1989; Vereijkrn et al., 1992), cada uma delas implica em problemas inerentes, que contribuem para a atual falta de consenso na aceitação de qualquer uma delas. As tentativas de estabelecer técnicas quantitativas adequadas prosseguem (p.ex., Sidaway, Heise e Schonfelder-Zohdi, 1995). Até que esse impasse seja resolvido, a representação qualitativa das relações dos segmentos dos membros continuará com as mesmas normas para a avaliação da coordenação.

Resumo

Um elemento essencial na compreensão da aprendizagem motora é a medida do desempenho motor. Todos os conceitos apresentados neste texto se baseiam em pesquisas sobre observação e medidas do desempenho motor. A medida do desempenho motor é fundamental na avaliação de deficiências motoras, na avaliação do desempenho pelos alunos ou pacientes à medida que progridem nos exercícios práticos e nos programas terapêuticos. Neste Conceito, focalizamos diferentes formas de medir o desempenho motor, juntamente com as formas com que essas medidas foram utilizadas na investigação da aprendizagem motora e nos procedimentos aplicados. Consideramos duas categorias de medidas de desempenho motor. As medidas dos resultados do desempenho incluem medidas de tempo, erro e intensidade de uma resposta. Discutimos o tempo de reação, o tempo de movimento e várias medidas de erros mais exaustivamente, por serem tradicionalmente incluídos na pesquisa de aprendizagem motora. A segunda categoria, medidas de produção do

> ### Saiba Mais
>
> #### Quantificação de padrões de coordenação
>
> Os pesquisadores de controle motor sugeriram várias técnicas de quantificação de gráficos ângulo – ângulo muito comuns na descrição de padrões de coordenação, como o padrão clássico em forma de coração entre as articulações coxa – quadril ao caminhar. Embora seja fácil observar a regularidade do padrão, esta aproximação qualitativa não permite fazer comparações estatísticas entre os padrões, para determinar diferenças ou semelhanças confiáveis. A seguir, são apresentadas duas aproximações quantitativas desse problema.
>
> - O método mais comum consiste em correlacionar de maneira cruzada as variações de posição em função do tempo envolvidas no ângulo de uma articulação, com as variações observadas em outra articulação (p.ex; Newell e van Emmerik, 1989; Vereijken et al., 1992). O coeficiente de correlação encontrado é interpretado como uma razão que representa até que ponto as duas articulações seguem padrões de movimento. Uma alta correlação indica uma forte coordenação entre as articulações, enquanto que uma baixa correlação indica pouca coordenação.
> - Sidaway, Heise e Achoenfelder-Zohdi (1995), argumentam que a forma de abordagem baseada em correlação é falsa, porque ela pressupõe uma correlação linear entre as articulações. Em contraposição, os diagramas ângulo – ângulo dos padrões do movimento são essencialmente não-lineares. Para contemporizar as duas situações linear e não-linear, eles propuseram uma técnica de desvio quadrático médio normalizado que denominaram No-RMS. Esse método compara o número de ciclos de uma atividade contínua ou uma série de tentativas de uma atividade discreta. Dessa série, calcula-se a média dos gráficos de ângulo – ângulo. A seguir, é determinado o EQM para cada ciclo ou tentativa da série e o total é normalizado relativamente ao número de ciclos ou tentativas.

desempenho, incluiu medidas cinemáticas, cinéticas, de EMG e de EEG, que descrevem as características dos membros, articulações, músculos e atividade cerebral durante o movimento. Finalmente, discutimos a controvérsia referente à avaliação das características da coordenação de movimentos complexos que ainda persiste.

Leituras relacionadas

Clarys, J. P., J. Cabri, B. De Witte, H. Toussaint, G. de Groot, P. Huying, and P. Hollander. 1988. Electromyography applied to sport ergonomics. *Ergonomics* 31: 1605-20.

DeLuca, P.A. 1991. The use of gait analysis and dynamic EMG in assessment of the child cerebral palsy. *Human Movement Science* 10: 543-54. Enoka, R. M. 1994. *Neuromechanical basis of kinesiology*. 2d ed. Champaign, IL: Human Kinetics. (read chapters 1 and 2.)

Mah, C.D., M. Hullinger, R. G. Lee, and A. R. Marchand. 1994. Quantitative analysis of human movement synergies: Constructive pattern analysis for gait. *Journal of Motor Behavior* 26: 83-102.

Reeve, T. G., M. G. Fischman, R. W. Christina, and J. H. Cauraugh. 1994. Using one-dimensional task error measures to assess performance on two-dimensional tasks: Comment on "Attentional control, distractors, and motor performance." *Human Performance* 7: 315-19.

Spray, J. A. 1986. Absolute error revisited: An accuracy indicator in disguise. *Journal of Motor Behavior* 18: 225-38.

Questões para estudo do capítulo 1

1. Discuta como os termos *habilidades, ações* e *movimentos*, embora relacionados, se diferenciam quando se referem às habilidades motoras.
2. Qual a vantagem de desenvolver sistemas de classificação para organizar as habilidades motoras?
3. Descreva, unidimensionalmente, a distinção entre duas categorias em cada um dos seguintes esquemas de classificação de habilidades e dê três exemplos de habilidades motoras para cada categoria; (a) habilidades motoras grossas vs. finas; (b) habilidades motoras contínuas vs. discretas; (c) habilidades motoras fechadas vs. abertas.
4. (a) Quais são as duas características gerais utilizadas para classificar habilidades na taxonomia de Gentile?
   (b) Descreva as quatro características de classificação incluídas em cada uma dessas duas características gerais.
5. (a) A que se refere o termo *condições reguladoras* no sistema de classificação de habilidades de Gentile?
   (b) Porque é importante considerar as condições reguladoras ao classificar as habilidades?
6. Discuta como você implementaria as duas utilizações práticas descritas por Gentile para a taxonomia das habilidades motoras.
7. (a) Descreva as diferenças entre as medidas de resultados do desempenho e as medidas de produção do desempenho.
   (b) Dê três exemplos para cada uma das diferentes medidas do desempenho motor.
8. (a) Descreva as diferenças entre as situações: TR simples, TR de escolha e TR de discriminação.
   (b) O que significa subdividir o TR?
   (c) Quais as diferenças entre o TM e o TR?
9. Que informação se pode obter sobre o desempenho de uma pessoa, ao se calcular o EA, o EC e o EV tendo em vista a precisão do movimento?
10. Como se determina o erro de desempenho para uma habilidade contínua, como o rastreamento?
11. Descreva três medidas cinemáticas do movimento e explique o que cada uma delas informa sobre o movimento.
12. O que significa o termo *cinética* quando relacionado à medida do movimento humano?
13. Que informação pode-se obter sobre o movimento, quando se utiliza o EMG?
14. Como os diagramas ângulo – ângulo podem ser utilizados para nos informar sobre as características de coordenação de dois membros ou de dois segmentos de membros?

© Spencer Grant/Photo Researchers

UNIDADE

II

Introdução ao controle motor

CAPÍTULO 2

O controle do movimento coordenado

Conceito 2.1
As teorias que descrevem o controle do movimento coordenado diferem de acordo com os aspectos centrais e ambientais de um sistema de controle.

Conceito 2.2
A propriocepção e a visão são elementos importantes nas teorias do controle motor.

Conceito 2.3
As teorias do controle motor fornecem as bases para compreendermos como controlar habilidades motoras complexas.

Conceito 2.1

As teorias que descrevem o controle do movimento coordenado diferem de acordo com os aspectos centrais e ambientais de um sistema de controle.

Termos-chaves

Coordenação
Graus de liberdade
Problema dos graus de liberdade
Sitema de controle de circuito aberto
Sistema de controle de circuito fechado

Programa motor
Programa motor generalizado
Aspectos invariantes
Parâmetros
Timing relativo
Esquema
Teoria de sistemas dinâmicos

Estabilidade
Atraidores
Variáveis coletivas
Parâmetros de controle
Auto-organização
Estruturas coordenativas

Aplicação

Para desempenhar com sucesso a grande variedade de habilidades motoras que utilizamos em nossa vida diária, precisamos coordenar o funcionamento conjunto de vários músculos e articulações. Essas combinações de músculos e articulações são diferentes para muitas habilidades. Algumas delas, como sacar uma bola no jogo de tênis, sair de uma cadeira para uma cadeira de rodas, exigem a coordenação de músculos e articulações do tronco e dos membros. Outras habilidades envolvem a coordenação de braços, mãos e dedos; são exemplos: pegar um lápis, tocar violão e digitar um teclado de computador. Ainda há outras habilidades, em que utilizamos somente um braço e uma mão e, nesse caso, é preciso coordenar alguns poucos músculos e articulações. Praticamos essas habilidades ao manipular um *joystick* de computador ou a alavanca de câmbio do carro.

O desempenho de habilidades motoras tem outra característica geral importante, além da coordenação do corpo e dos membros. Por exemplo, desempenhamos alguma habilidade com movimentos relativamente lentos; pense em como posicionamos o arco antes de lançar uma flecha ou seguramos uma xícara para beber seu conteúdo. Outras habilidades, como atirar uma bola ou saltar de um banco no chão, requerem movimentos rápidos e balísticos. Algumas habilidades motoras, como escrever um número ou abotoar uma camisa, são constituídas por poucos componentes; outras como executar passos de dança ou tocar piano, são muito complexas.

Ao passar de uma tentativa de desempenho para outra, podemos também produzir padrões de movimento particularmente precisos e consistentes. Somos capazes de realizar habilidades que foram bastante praticadas, com um considerável grau de sucesso, em uma grande variedade de situações, mesmo que nunca tenhamos estado antes em situações semelhantes. Por exemplo, um jogador de tênis profissional terá que usar uma batida com a empunhadura para a frente em diferentes ocasiões, durante uma partida. As diferentes características em qualquer situação, tais como os padrões de vôo de uma bola, sua velocidade, *rotação* e posição da batida na quadra, assim como a posição do adversário, as condições do vento e do sol etc., praticamente impedem que duas situações quaisquer se repitam exatamente da mesma forma. Um jogador muito experiente tem muita chance de ser bem-sucedido ao rebater uma bola.

Todas essas características peculiares de desempenho intrigam os pesquisadores que estudam como o sistema nervoso controla o desempenho de habilidades coordenadas. As teorias de controle motor discutidas a seguir representam algumas das tendências atuais mais importantes da abordagem dessa questão complexa.

Discussão

Antes de começar a discutir como o sistema nervoso controla o movimento coordenado, explicaremos alguns termos fundamentais para a compreensão dessas teorias.

Coordenação

O desempenho de habilidades motoras envolve a organização dos músculos do corpo, o que permite que a pessoa atinja a meta da habilidade que está sendo desempenhada. É nesse aspecto de organização que se baseia a definição do termo *coordenação*. Neste livro, utilizaremos uma definição já apresentada por Turvey (1990): a **coordenação** é a padronização dos movimentos do corpo e dos membros relativamente à padronização dos eventos e objetos do ambiente.

Essa definição contém duas partes importantes e cada uma delas merece ser tratada adequadamente. Em primeiro lugar, observe que a definição da coordenação implica *em padrões de movimentos do corpo e/ou dos membros*. Alguns padrões de movimento dos membros permitem que a pessoa consiga realizar uma determinada ação proposta, melhor do que outros. Ao aprender uma habilidade, a pessoa precisa desenvolver um padrão adequado de coordenação de movimento dos membros. Geralmente, as pessoas começam a praticar uma determinada habilidade, utilizando o padrão de movimentos dos membros de acordo com sua preferência. Entretanto, à medida que continuam a praticá-la, tornam-se cada vez mais habilidosas, e surge um padrão novo e particular de movimento dos membros.

Uma forma comum de descrever os padrões de movimento dos membros é representar graficamente as relações entre os padrões de deslocamento de cada membro durante o desempenho da habilidade. Um exemplo desse tipo de representação pode ser visto na figura 2.1-1, que mostra a coordenação dos ângulos da articulação joelho – quadril durante um chute em jogo de futebol.

A segunda parte da definição afirma que o padrão de movimento dos membros e do corpo está *relacionado com o padrão dos objetos e eventos do ambiente*. Isso é importante, pois é imprescindível considerar a coordenação da habilidade motora em relação ao contexto no qual a habilidade é desempenhada. As características do contexto ambiental obrigam o corpo e os membros a agirem de forma a atingir os objetivos da ação.

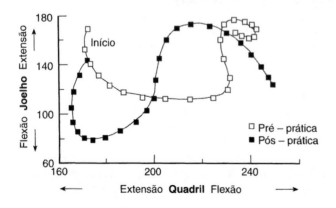

Figura 2.1-1—Diagrama ângulo-ângulo do experimento de Anderson e Sidaway mostrando as mudanças de coordenação resultantes da prática para as relações do quadril e do joelho durante a execução de um chute no futebol. (Reprodução autorizada de Research Quarterly for Exercise and Sport, Volume 65, pp. 93-99, Direitos autorais 1994, da American Association for Health, Physical Education, Recreation and Dance, 1900 Association Drive, Reston, VA 20191.)

Por exemplo, para andar por um caminho, as pessoas precisam adaptar os padrões de movimento do corpo e dos membros às características do caminho. Se a pessoa estiver andando por uma calçada e encontrar um galho de árvore caído no meio do passeio, a pessoa precisará utilizar um novo padrão de coordenação para poder passar por cima do galho. As características do galho definem as características dos padrões de movimento da pessoa. Se for um galho pequeno, a pessoa terá que dar somente um passo mais largo, enquanto que se for um galho grande, a pessoa terá que pular por cima dele, ou contorná-lo.

O problema dos graus de liberdade

Como a coordenação envolve padrões de movimento do corpo e dos membros, surge uma questão importante no estudo do controle motor: Como o sistema nervoso controla os vários músculos e articulações envolvidos na produção de um dado padrão? Para responder a essa questão, é preciso considerar um problema importante, proposto pela primeira vez por Nicolai Bernstein, um fisiologista russo cujo trabalho, produzido aproximadamente de 1930 a 1950, chegou ao conhecimento do mundo ocidental somente em 1967. Bernstein propôs que, para desempenhar um movimento coordenado, o sistema nervoso tinha que resolver o que ele chamou de "problema dos graus de liberdade".

Os **graus de liberdade** de qualquer sistema refletem o número de elementos ou componentes independentes do sistema. O **problema dos graus de liberdade** surge quando um sistema complexo precisa ser organizado para fornecer resultados específicos. O problema de controle pode ser resumido no seguinte: como pode ser criado um sistema de controle efetivo e eficiente, para que um sistema complexo, com muitos graus de liberdade, seja obrigado a agir de uma determinada forma?

Vamos considerar o seguinte exemplo de problema de controle dos graus de liberdade em um sistema mecânico: um helicóptero foi projetado para voar para cima e para baixo, para a direita e para a esquerda, para a frente e para trás, e assim por diante, com diferentes velocidades. O projetista do helicóptero precisa fazer com que o piloto controle os vários mecanismos da forma mais simples possível, para que o helicóptero possa realmente executar todos esses movimentos. Se o piloto tivesse que controlar uma chave ou alavanca para cada dispositivo necessário para fazer o helicóptero voar de um certo modo, o trabalho do piloto seria impraticável. Assim, os engenheiros reduzem a complexidade das tarefas, criando instrumentos (alavancas e pedais) que controlam diversas funções simultaneamente.

Quando o sistema nervoso precisa controlar o corpo humano para que ele desempenhe uma habilidade motora complexa, ele enfrenta um problema de controle dos graus de liberdade semelhante àquele do piloto do helicóptero. Nossa determinação do número real dos graus de liberdade que precisa ser controlado no movimento humano coordenado, depende do nível de controle que estamos considerando. Num nível bem elementar, as unidades motoras são os elementos a serem controlados. Num nível mais alto, poderíamos considerar os músculos como os elementos de interesse. Independentemente do nível de controle considerado, é óbvio que, para qualquer habilidade motora, o problema de controle envolvido na capacitação de uma pessoa para desempenhar uma determinada habilidade é enorme. É essencial que qualquer teoria de controle motor tente explicar como o sistema nervoso resolve esse problema de controle.

Sistemas de controle de circuito aberto e de circuito fechado

A maioria das teorias que tentam explicar como o sistema nervoso controla o movimento coordenado, incorpora dois sistemas básicos de controle. Esses dois sistemas, chamados de **sistemas de controle de circuito aberto** e de **circuito fechado**, se baseiam em modelos de

---

Saiba Mais

Observando o problema dos graus de liberdade no âmbito dos músculos e articulações

Sabemos que no corpo humano há 792 músculos capazes de fazer uma centena de articulações se comportar de formas diferentes. Cada articulação possui características mecânicas que definem seu grau de liberdade no movimento. Baseado nesses aspectos, Turvey (1990), colocou em discussão o problema do controle da coordenação nos seguintes termos: Se todas as articulações fossem do tipo "dobradiça", como o cotovelo, haveria uma centena de graus de liberdade mecânicos a serem controlados nas articulações. Mas se duas características específicas, como posição e velocidade, fossem definidas para que essas articulações realizassem uma dada ação, os graus de liberdade dobrariam.

---

controle de engenharia mecânica. Esses modelos, além de fornecer uma descrição exata do processo de controle do movimento humano complexo, são fundamentais para descrever as diferentes formas utilizadas pelo sistema nervoso central e periférico para iniciar e controlar uma ação. Esses modelos servem de guias, que ilustram alguns componentes básicos envolvidos no processo.

A figura 2.1-2 apresenta diagramas, que ilustram sistemas de controle simples de circuito aberto e de circuito fechado. São diagramas típicos que você encontrará em qualquer apresentação geral desses tipos de sistemas de controle. Observe que cada um destes sistemas tem um *centro de controle*. Às vezes esse centro é denominado de *executivo*. Uma função importante desse centro é gerar e enviar comandos de movimento aos executores, que no ser humano são os músculos e as articulações envolvidas na execução do movimento desejado. Os dois sistemas de controle também contém *comandos de movimento* provenientes do centro de controle e que vão para os executores.

Diferenças entre os sistemas. Esses sistemas possuem duas diferenças básicas. Em

Sistema de controle do circuito aberto

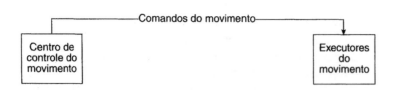

Sistema de controle do circuito fechado

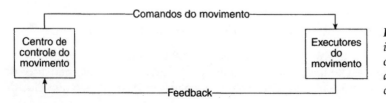

Figura 2.1-2— *Diagramas ilustrativos dos sistemas de controle de circuito aberto e de circuito fechado no controle do movimento.*

primeiro lugar, um sistema de controle de circuito fechado envolve *feedback*, enquanto que um sistema de circuito aberto não. No movimento humano, o *feedback* é a informação aferente enviada pelos vários receptores sensoriais para o centro de controle. A finalidade desse *feedback* é de manter o centro de controle constantemente atualizado sobre a correção com que o movimento está sendo realizado.

Com relação ao envolvimento do *feedback* no controle do movimento humano, a figura 2.1-2 pode ser um tanto enganosa. O diagrama sugere que os "executores", que permitem o movimento do corpo e dos membros, são as únicas fontes de *feedback*. Porém, no movimento humano complexo, o *feedback* pode provir dos receptores auditivos e visuais, como também dos receptores táteis e proprioceptivos.

A segunda diferença importante entre os sistemas de controle de circuito aberto e fechado está relacionada aos *comandos de movimento* enviados pelo centro de controle. No sistema de circuito aberto, como o *feedback* não é utilizado no controle do movimento em andamento, os comandos contêm toda a informação necessária para que os efetores realizem o movimento planejado. Embora o *feedback* seja produzido e esteja disponível, ele não é utilizado no controle do movimento que está sendo realizado. Isso ocorre, porque o *feedback* não é necessário ou porque não há tempo para usar o *feedback* de forma eficiente no controle do movimento depois de ele ter se iniciado. No sistema de circuito fechado, os comandos do movimento são completamente diferentes. Primeiramente, o centro de controle envia aos executores um comando inicial, suficiente apenas para iniciar o movimento. A execução real e a finalização do movimento dependem da informação do *feedback* que chega ao centro de controle. Nesse caso, o *feedback* é utilizado para auxiliar no controle do movimento que está sendo realizado.

Teorias do controle motor

Podemos classificar as teorias sobre como o sistema nervoso controla o movimento coordenado, em função da importância relativa dada à informação fornecida pelos componentes centrais do sistema de controle e pelo ambiente. As teorias que privilegiam o sistema nervoso central no processo de controle são unânimes em considerar alguma forma de memória, como um programa motor, que fornece as bases para a organização, início e realização de determinadas situações pretendidas. Ao contrário, outras teorias dão maior destaque à informação especificada pelo ambiente e à interação dinâmica desta informação com o corpo, membros e sistema nervoso.

É importante observar que as teorias descritas aqui tratam o controle motor através de uma *análise essencialmente comportamental*. Isto é, elas se concentram na explicação do comportamento observado, sem se preocupar com a definição dos aspectos neurais do processo de controle (para mais informações sobre o modelo neural do controle motor, consulte Bullock e Grossberg, 1991). Uma meta importante das teorias de controle motor fundamentadas no comportamento é propor leis e princípios para orientar o comportamento motor coordenado humano. Seria bem-vinda uma teoria de nível neural que descrevesse esses mecanismos neurais ou as interações entre eles, e explicasse como o sistema nervoso está envolvido nesses princípios comportamentais.

Teoria baseada no programa motor

A base das teorias orientadas para o controle central é constituída pelo **programa motor**, uma estrutura fundamentada na memória que controla o movimento coordenado. Diversos pontos de vista teóricos atribuem diferentes graus de controle ao programa motor. Sem dúvida alguma, o enfoque que melhor caracteriza o pensamento atual sobre o programa

> **Saiba Mais**
>
> **Exemplos mecânicos de sistemas de controle de circuito aberto e fechado**
>
> **CONTROLE DE CIRCUITO ABERTO**
> - **semáforos** Cada luz é programada para acender em intervalos de tempo específicos. As condições do trânsito não afetarão os intervalos porque, normalmente, os sinais de trânsito não aceitam esse tipo de *feedback*. (Observe que os semáforos podem ser configurados para que o *feedback* do trânsito substitua a seqüência de *timing* programada).
> - **alarme de rádio-relógio** Ele dispara no momento predefinido, independentemente de você estar ou não acordado, de querer que o rádio seja ligado ou de não estar em casa. A única forma de impedir que isso ocorra, é desligar o alarme.
> - **gravador de videocassete** Pode ser programado para gravar um certo item da programação de TV, mesmo que você não esteja em casa. O videocassete será ligado automaticamente na hora para a qual estiver programado.
>
> **CONTROLE DE CIRCUITO FECHADO**
> - **termostato de uma residência** Controla o sistema de ar-condicionado (e/ou o aquecimento) de uma residência. A temperatura desejada de um aposento é marcada no termostato. A indicação torna-se uma referência que será comparada com as temperaturas dos aposentos. Quando a temperatura sobe mais do que a referência, é enviado um comando para o sistema de ar-condicionado que se liga. Se a temperatura estiver mais baixa que a referência, o sistema permanece desligado.
> - **unidades de controle de velocidade** Em muitos sistemas de toca-discos e de controles de velocidade de cruzeiro em alguns modelos de carros modernos, essas unidades controlam a velocidade do prato do toca-disco ou do carro. O *feedback* atualiza continuamente o centro de controle com a velocidade atual para que, se houver alguma discrepância entre esta e a velocidade programada, o centro de controle possa imediatamente aumentar ou diminuir a velocidade para manter a velocidade desejada.

motor se deve a Richard Schmidt (1987, 1988). Ele mostrou que um sério problema existente nas teorias anteriores era a limitação imposta ao programa motor, no que diz respeito à definição de movimentos ou seqüência de movimentos. Para superar essa limitação, Schmidt formulou a hipótese do **programa motor generalizado,** como um mecanismo que poderia explicar as qualidades adaptativas e flexíveis do comportamento de movimento humano coordenado.

Programa motor generalizado de Schmidt Schmidt propôs que um programa motor generalizado seria responsável pelo controle de uma *classe de ações*, e não um movimento ou uma seqüência específica de movimentos. Ele definiu uma classe de ações como um conjunto de diferentes ações que tem características comuns, mas singulares. Para Schmidt essas características, que ele chamou de **aspectos invariantes**, são a "assinatura" de um programa motor generalizado e formam a base do que está armazenado na memória. Para que uma pessoa realize uma determinada ação que atenda às necessidades de uma situação de desempenho, a pessoa precisa recuperar o programa da memória e depois acrescentar **parâmetros** específicos do movimento.

Em vez de usar o computador, Schmidt preferiu utilizar uma gravação fonográfica como metáfora para descrever as características do programa motor generalizado. Os aspectos invariantes de uma gravação definem o ritmo e a dinâmica (força) da música. Os parâmetros seriam os controles ajustáveis da velocidade e do volume. Mesmo que um disco seja executado com velocidade mais rápida ou volume mais baixo que o normal, a estrutura rítmica e dinâmica da música permanecem inalteradas.

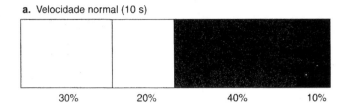
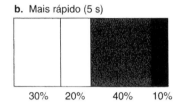
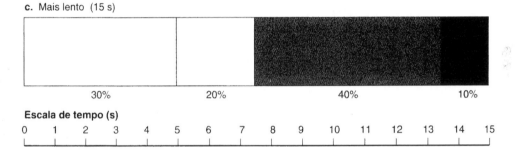

Figura 2.1-3—Uma ilustração do tempo relativo invariante para um habilidade motora hipotética de quatro componentes quando (a) desempenhada normalmente com uma duração de 10 s, (b) desempenhada mais rapidamente com uma duração de 5 s e (c) desempenhada mais lentamente com uma duração de 15 s.

Aspectos invariantes e parâmetros. Embora sejam muitas as características que podem ser consideradas como aspectos invariantes do programa motor generalizado, três delas são propostas com maior freqüência. São o **timing relativo** (análogo ao ritmo) de componentes da habilidade, a força relativa necessária para desempenhar uma habilidade e a ordem ou seqüência dos componentes. O termo *relativo* em *timing relativo* e em *força relativa* indica que o que são invariantes é a porcentagem ou as proporções da força e do *timing* total dos componentes de uma habilidade.

A figura 2.1-3 ilustra a interpretação do conceito de tempo relativo. Imagine que você esteja movendo seu braço o mais rápido possível para apertar quatro botões em seqüência. Agora, suponha que os quatro componentes dessa tarefa resultem nas seguintes proporções de tempo de movimento: componente 1 abrange 30 % do tempo do desempenho total; componente 2, consome 20 %; componente 3, 40 % e componente 4, 10 %. Se o desempenho dessa habilidade sob condições normais tiver uma duração total de 10 segundos (representada na parte (a) da figura), então, independentemente de quanto você possa aumentar ou diminuir essa duração total, o valor real da característica temporal de cada componente variará proporcionalmente. Na figura 2.1-3, as partes (b) e (c) representam a variação proporcional do componente no aumento e na diminuição da velocidade da habilidade, respectivamente. Assim, se normalmente você desempenha essa habilidade em 10 s, então os tempos gastos no desempenho de cada componente devem ser 3, 2, 4 e 1 s respectivamente. Se você desempenhou a habilidade duas vezes mais depressa, isto é, em 5 s, cada componente variará proporcionalmente, sendo então os tempos iguais a 1,5, 2, 3 e 0,5 s respectivamente. Se o seu desempenho foi mais lento, levando 15 s para completar a habilidade, o tempo de cada componente será então de 4,5, 3, 6 e 1,5 s respectivamente.

Embora a teoria do programa motor proponha que os aspectos invariantes do programa

> ### Saiba Mais
>
> **A evolução do conceito do programa motor**
>
> • Os filósofos gregos antigos, como *Platão*, diziam que as pessoas criavam uma "imagem" da ação, anterior à própria ação.
> • *William James* (1890) se referia a Platão, quando declarou que, antes de desempenhar uma ação, a pessoa precisa formar uma "imagem" clara da ação.
> • *Karl Lashley* (1917) é considerado o primeiro a utilizar o termo *programa motor*. Inicialmente ele vislumbrava o programa motor como a "intenção de agir", mas posteriormente o descreveu como o "esquema generalizado da ação que determina a seqüência de atos específicos" (Lashley, 1951, p.122). Lashley propôs que esse esquema fosse organizado para fornecer o controle central dos padrões de movimento.
> • *Sir Frederick Barlett* (1932) deduziu que existe um programa motor, ao utilizar o termo *esquema* para descrever as representações internas e as organizações dos movimentos.
> • *Miller, Galanter e Pribram* (1960) propuseram a noção de um "Plano", que era "essencialmente igual a um programa de computador" (p.16), responsável pelo controle da seqüência de eventos de uma ação.
> • *Franklin Henry* (Henry e Rogers, 1960) conferiu ao conceito do programa motor o caráter conceitual e empírico necessários. Ele supôs que o "padrão neural para uma determinada ação motora bem coordenada é controlado por um programa armazenado que é utilizado para orientar os detalhes neuromotores de seu desempenho" (p.449). O conceito que Henry tinha de programa motor também era de um programa de computador. Ele achava que, uma vez iniciado, o programa controlava os detalhes exatos do movimento, sendo praticamente impossível fazer qualquer modificação durante a execução do movimento.
> • *Stephen Keele* (1968) propôs um enfoque bastante similar ao de Henry, definindo o programa motor como "um conjunto de comandos musculares estruturados antes que a seqüência do movimento seja iniciada, e isso permite. . . que a seqüência completa seja realizada sem ser afetada pelo *feedback* periférico" (p. 387).
> • *Richard Schmidt* (1975) admitia que o programa motor não era constituído por comandos de músculos específicos, mas seria uma representação baseada na memória de uma classe de ações, sendo cada classe definida por aspectos invariantes.

motor generalizado variem pouco de um desempenho para outro de uma habilidade, ela também afirma que há outros aspectos denominados *parâmetros*, que também podem ser alterados. Entre eles estão incluídos a *força total*, o *tempo total* e os *músculos* utilizados no desempenho da habilidade. Os participantes podem facilmente alterar os músculos de uma situação de desempenho para outra, adaptando-os rapidamente às exigências específicas de cada situação. Por exemplo, um indivíduo pode acelerar uma seqüência de movimentos e aumentar a força total, sem alterar as características invariantes do programa motor.

Teoria do esquema de Schmidt. A teoria do esquema de Schmidt (Schmidt 1975a,1988), é uma teoria formalizada que explica como o programa motor generalizado age para controlar o movimento coordenado. Um **esquema** é uma regra ou um conjunto de regras que fornece as bases para uma tomada de decisão. É desenvolvido a partir da abstração de partes importantes da informação acumulada de experiências anteriores e combinadas em um tipo de regra. Por exemplo, o conceito de *cachorro* resulta de se ter visto muitos tipos diferentes de cachorros e de ter desenvolvido um conjunto de regras que lhe permitem identificar corretamente como um "cachorro" um animal que você nunca viu antes.

Schmidt utilizou o conceito de esquema para descrever dois componentes do controle envolvidos na aprendizagem e no controle de habilidades. Os dois se baseiam em regras abstratas. O primeiro consiste no *programa motor generalizado*, que, como acabou de ser

Saiba Mais

Definição do programa motor: uma representação na memória versus um plano de ação preparado imediatamente antes do movimento

Ao longo dos anos, foi muito difícil entender o que é o programa motor e como ele funciona, devido ao aparecimento de uma questão: o termo *programa motor* tem sido usado para descrever diferentes estruturas funcionais. Em algumas discussões, o programa motor se refere à representação na memória de um movimento ou de uma ação. A estrutura do programa motor generalizado na teoria do esquema de Schmidt é um bom exemplo. Os argumentos teóricos sobre o tipo de representação na memória do programa motor se concentram nas características do movimento ou da ação que são armazenadas na memória como uma parte do programa motor. Usamos o termo dessa forma no presente Conceito.

Uma outra definição do termo *programa motor* se refere ao que é construído ou preparado imediatamente antes do início do movimento, mas com a intenção de agir. Essa utilização do termo às vezes mencionado como *programação motora*, é o foco do Conceito 3.1, embora façamos referência a este aspecto da preparação do controle baseado no programa motor no presente Conceito.

---

descrito, é o mecanismo de controle, responsável pelo controle das características gerais de classes de ações, tais como, atirar, chutar, andar e correr. O segundo componente consiste no *esquema de resposta motora*, que é responsável pelo fornecimento das regras específicas que orientam uma ação numa dada situação. Assim, o esquema de resposta motora fornece parâmetros ao programa motor generalizado.

A teoria do esquema procura explicar a capacidade de uma pessoa em desempenhar com sucesso uma habilidade que exige movimentos e que não tenha sido realizada da mesma forma antes. Isso é possível porque a pessoa pode utilizar as regras do esquema de respostas, para gerar as características adequadas dos parâmetros e aproveitá-las no programa motor generalizado para desempenhar a ação.

A teoria do esquema de Schmidt garante resolver o problema dos graus de liberdade na coordenação de movimentos, através de uma operação de controle executivo, que organiza os esquemas e programas motores. Esta abordagem enfatiza a natureza abstrata ou geral do que está armazenado no centro de controle. O programa motor generalizado e o esquema de recuperação trabalham juntos para fornecer as características específicas do movimento necessárias para iniciar uma ação numa dada situação. O início da ação é um processo de controle de circuito aberto. Entretanto, uma vez iniciada a ação, o *feedback* pode influir no seu desenvolvimento, se houver tempo suficiente para processar o *feedback* e alterar a ação.

Argumentos que apoiam o controle com base no programa motor. Os adeptos do programa motor argumentam que certas características do desempenho de habilidades motoras sugerem que a ação é controlada por um mecanismo de comando central, como o programa motor. Quatro tipos de evidências experimentais ilustram as bases empíricas deste argumento.

Um dos tipos mostra que *pode ocorrer controle preciso dos membros na ausência de feedback sensorial*. Por exemplo, algumas experiências mostraram que os membros podem ser posicionados corretamente sem *feedback* visual ou proprioceptivo e que pode ocorrer um direcionamento manual preciso para pequenas distâncias ou breves intervalos de tempo, sem *feedback* visual do braço ou do alvo (p.ex., Bizzi e Polit, 1979; Elliot e Allard, 1985). Esses tipos de argumento favorecem a existência de uma base central para o controle motor, onde os comandos motores são gerados por algum mecanismo que capacita um membro a atingir sua meta na ausência de *feedback* sensorial.

Um outro tipo de evidência mostra que *nós preparamos os movimentos antes de iniciá-los*

Saiba Mais

A dificuldade que temos de parar um movimento planejado

Em um experimento clássico conduzido por A.T. Slater-Hammel (1960), os participantes observaram o movimento do ponteiro de segundos de um cronômetro, em que uma volta era percorrida em um segundo. A tarefa consistia em levantar um dedo de uma tecla de respostas de modo que essa ação coincidisse com a varredura do ponteiro atingindo um alvo no 8 do mostrador do relógio (isto é, 800 ms depois de o ponteiro ter partido). Em algumas tentativas, o ponteiro parava inesperadamente antes de atingir o alvo. Cada pessoa foi avisada de que quando isso acontecesse, ela *não deveria fazer nada*, mantendo o dedo na tecla. Como o ponteiro parava inesperadamente em vários pontos entre 600 e 50 ms antes de atingir o alvo, Slater-Hammel pode observar o intervalo de tempo que a pessoa levava para coibir um movimento preparado.

Os resultados mostraram que, quando o ponteiro parava aproximadamente 140 ms antes de atingir o alvo, os participantes continuavam a pressionar a tecla (conforme foi instruído) cerca de metade das vezes. Quando o ponteiro parava menos de 140 ms antes de atingir o alvo, as dificuldades para não levantar o dedo da tecla eram maiores. De fato, quando o ponteiro parava a 50 ou 100 ms antes do alvo, eles quase sempre levantavam os dedos. Somente quando o ponteiro parava 180 a 220 ms antes de atingir o alvo os participantes quase sempre inibiam o movimento de levantar o dedo.

Esses resultados demonstram que um movimento preparado é iniciado e realizado a menos que haja tempo suficiente para assimilar o *feedback* avisando que o movimento não deve ser feito e assim inibir os comandos de movimento enviados para a musculatura.

---

fisicamente. A pesquisa mostra que o TR varia em função de uma grande variedade de características de movimentos, tais como complexidade e precisão. À medida em que o movimento se torna mais complexo ou exige maior precisão, o TR aumenta por causa das demandas crescentes na preparação do movimento. Evidências relatadas por vários pesquisadores mostraram este efeito de preparação (p.ex., Henry e Rogers, 1906; Sidaway, Sekiya e Fairweather, 1995).

A terceira evidência decorre de experimentos que mostram que os padrões da *EMG são semelhantes, quer a pessoa faça um movimento rápido preparado dos membros, quer se torne inesperadamente incapaz de fazê-lo*. A lógica por trás dessa abordagem experimental é a seguinte: se um mecanismo central de controle envia comandos informando quando os músculos agônicos e antagônicos devem se contrair antes do início do movimento, então os padrões da EMG devem ser semelhantes durante um breve intervalo de tempo, quer o membro se mova ou não. Evidências experimentais mostrando esse tipo de efeito na EMG foram relatadas para o bíceps e o tríceps durante os primeiros 100 ms depois de ter sido dado o sinal para o movimento (p.ex., Young et al., 1988; Wadman et al., 1979).

A quarta evidência mostra *que há um intervalo de tempo mínimo necessário para parar a realização de um movimento desejado*. O argumento aqui é que, se um mecanismo de controle central prepara e inicia um movimento rápido, então este movimento, desde que tenha sido planejado, pode ser iniciado, mesmo que o movimento *não possa* ser realizado. Observe a diferença entre esta situação e aquela descrita no parágrafo anterior. Aqui, a pessoa sabe que o movimento não deve ser realizado em vez de se tornar inesperadamente incapaz de fazê-lo. Por exemplo, você lê a palavra *arder* mas por qualquer razão, ao digitar, você se prepara inconscientemente para escrever *ardil*. Mesmo que você perceba na hora de digitar o *d* e começar o *i*, você provavelmente acabará digitando os dois o *i* e o *l*. Você é incapaz de bloquear suas respostas à digitação no intervalo de tempo mínimo que leva para digitar as duas últimas letras. Evidências experimentais que mostram esse tipo de efeito foram obtidas numa grande variedade de situações (p.ex., Logan, 1982; Slater-Hammel, 1960). Elas reforçam a existência de um mecanismo central que prepara e inicia o movimento.

Testando o aspecto do timing relativo invariante. Os pesquisadores também tem procurado dar um suporte empírico para o controle baseado no programa motor, investigando a afirmação de Schmidt de que um programa motor generalizado controla uma classe de ações definidas por aspectos invariantes específicos. Entre os invariantes propostos, o *timing* relativo despertou o interesse da maioria dos pesquisadores. A confirmação da invariância desse aspecto decorre de vários experimentos que investigaram habilidades diferentes, tais como digitar, escrever à mão, andar, agarrar e pressionar uma seqüência de teclas, etc. (Para obter mais informações sobre estas evidências, consulte Heuer, 1991; Schmidt 1985, 1988).

Os pesquisadores analisaram a invariância do *timing* relativo observando suas variações dentro de uma faixa de valores de um parâmetro associado, a duração total. Um bom exemplo é encontrado no estudo de Shapiro, Zernicke, Gregor e Diestal (1982) no qual as pessoas caminhavam e corriam com velocidades diferentes sobre uma esteira. Os pesquisadores estavam interessados em estabelecer como a porcentagem do tempo total gasto no ciclo do passo (isto é, no tempo relativo) poderia caracterizar cada um dos quatro componentes ou fases do ciclo do passo para cada velocidade da esteira (isto é, o parâmetro de duração total). Se o tempo relativo for invariante para o programa motor generalizado envolvido no controle dos padrões de passos na caminhada e na corrida, então as porcentagens para um componente de uma passada específica deveriam permanecer constantes para diferentes velocidades.

Os resultados foram consistentes com a hipótese da invariância do *timing* relativo (consulte a figura 2.1-4). Eles mostraram que, enquanto o passo aumentava ou diminuía (de pelo menos 6 km/h até no máximo 8 km/h), a porcentagem de tempo considerada para cada componente do ciclo do passo permanecia basicamente a mesma para diferentes velocidades. Observe que, para velocidades da esteira maiores do que 8 km/h, entrava em ação um programa motor *diferente*: havia uma diferença clara nas porcentagens de tempo do ciclo do passo. Curiosamente, nessa velocidade os participantes não estavam mais caminhando, mas correndo. Os investigadores concluíram que há programa motores generalizados diferentes para controlar o caminhar e o correr. Dentro de cada padrão de passo, o parâmetro de duração total pode ser aumentado ou diminuído, embora o *timing* relativo entre os componentes do ciclo do passo seja mantido.

Questões sobre a invariância do timing relativo. Os pesquisadores levantaram duas grandes questões sobre os resultados das pesquisas que demonstram a invariância do *timing* relativo. Primeiramente, eles questionaram os métodos estatísticos utilizados para determinar se o *timing* relativo era invariante ou não. Gentner (1987) apresentou o caso mais expressivo, afirmando que as conclusões da pesquisa se baseavam em médias sobre grupos de pessoas. Ele argumentou que a identificação das características invariantes do programa motor exigia evidências de dados de indivíduos. Gentmer mostrou que, ao fazer uma reavaliação sob esse ponto de vista, a pesquisa não era muito convincente para assegurar a invariância do *timing* relativo.

Entretanto, outros pesquisadores retrucaram afirmando que a abordagem de Gentmer impunha restrições demais. Como a invariância é avaliada no âmbito comportamental e os aspectos invariantes do programa motor se encontram no sistema nervoso central, a análise limitada de Gentmer falhava ao considerar as características de "ruído" inerentes aos sinais neurais durante o desempenho humano. Heuer (1991) argumentou que, embora aparecessem desvios no *timing* relativo, quando analisado segundo o método proposto por Gentmer, esses desvios poderiam ser discrepâncias aceitáveis, uma vez que ocorriam sempre no final do desempenho do processo de controle.

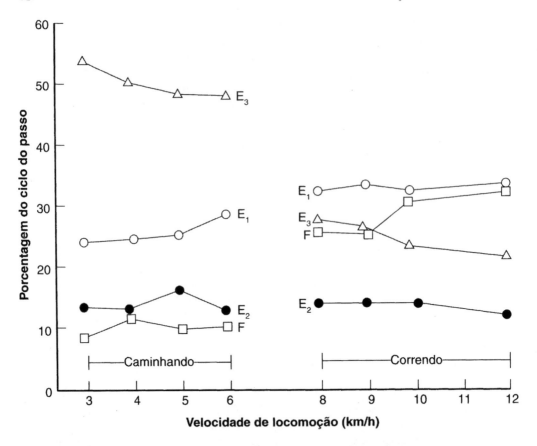

Figura 2.1-4 —*Resultados do experimento de Shapiro et al., mostrando o timing relativo das fases do ciclo de quatro passadas (valores médios), determinado pela comparação das porcentagens de diferentes velocidades da locomoção. (De D. C. Shapiro et al., "Evidence for Generalized Motor Programs Using Gait-Pattern Analysis" em Journal of Motor Behavior, 13, 33-47, 1966. Direitos autorais da Heldref Publications, Inc. Washington DC. Reprodução autorizada.)*

O segundo argumento contra a invariância do *timing* relativo como um aspecto do programa motor, admite que se o *timing* relativo for invariante para uma determinada habilidade, então esta característica estará associada ao programa motor generalizado. O argumento principal aqui é que a invariância do *timing* relativo observada em comportamentos hábeis pode ser um resultado decorrente de aspectos ambientais ou do dinamismo da mecânica envolvida nos movimentos do corpo e dos membros. A invariância do *timing* relativo observada em certas variações comportamentais poderia ser um indicador da estabilidade do padrão de coordenação envolvido na ação e não ser estabelecida por um programa central.

Os pesquisadores observam a invariância do *timing* relativo quando um digitador habilidoso digita uma palavra com diferentes velocidades totais (p.ex., Terzuolo e Viviani, 1980). A invariância do *timing* relativo observada pode ser devida a restrições impostas pelo teclado e não necessariamente às características do programa motor. Isto é, o *timing* relativo pode ser atribuído à própria distribuição relativa das teclas no teclado.

Aqueles que se posicionam contra inferir um mecanismo de controle central, a partir de evidências que demonstram a invariância do *timing* relativo, afirmam que essa inferência não é necessariamente válida. Eles mostram que há muitas situações em que o tempo é uma característica do que é observado e não existe mecanismo interno que o meça. Por exemplo, podemos avaliar o tempo observando uma vela acesa consumir-se, mas a vela em si não contém nenhum mecanismo de controle baseado no tempo.

Teoria dos sistemas dinâmicos

Em nítido contraste com a teoria baseada no programa do controle motor, encontra-se uma abordagem geralmente, conhecida como **teoria dos sistemas dinâmicos**. A base deste ponto de vista teórico consiste numa visão multidisciplinar, que envolve física, biologia,

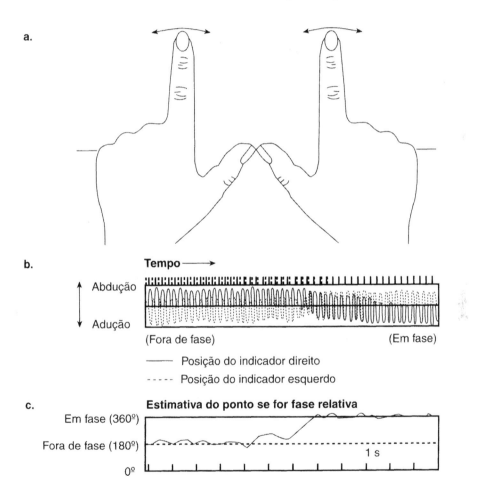

Figura 2.1-5 – *(a) mostra o posicionamento da mão e dos dedos para o desempenho da tarefa do movimento do dedo utilizado nos experimentos de Kelso. (b) e (c) mostram a posição do movimento da ponta dos dedos em função do tempo, com aumento da freqüência durante o movimento. (b) mostra as posições da ponta dos dois dedos indicadores enquanto se desviam do movimento fora de fase para o movimento em fase. (c) mostra a extensão máxima do indicador esquerdo relativamente à extensão máxima do indicador direito, como uma outra forma de descrever a transição de fase apresentada em (b). (Reproduzido de Human Movement Science, Volume 7, J. A. S. Kelso e G. Schoner, "Self-Organization of Coordinative Movement Patterns" pp. 27-46, 1988, por gentileza da Elsevier Science-NL, Sara Burgerhartstraat 25, 1055 KV, Amsterdam, Holanda.)*

química e matemática. Os defensores dessa teoria consideram o controle do movimento humano como um sistema complexo, que se comporta de forma semelhante àquela de qualquer sistema físico ou biológico complexo. Sendo um sistema complexo, o controle motor humano deve ser tratado pela perspectiva da *dinâmica não-linear*; isto é, as variações comportamentais em função do tempo não seguem uma progressão linear. Por exemplo, no mundo físico, quando a velocidade da água ao longo de um cano é aumentada gradualmente, em vez de o fluxo da água simplesmente ter sua velocidade aumentada de forma estável, haverá uma certa velocidade em que o regime da água passará drasticamente de suave para turbulento. Essa variação comportamental não pode ser modelada matematicamente por meio de equações lineares, mas somente por equações não-lineares.

Aqueles que estudam a teoria de sistemas dinâmicos estão particularmente interessados em saber como um sistema varia ao longo do tempo, passando de um estado estável para outro, devido ao efeito de uma variável específica. Embora essa abordagem tenha sido utilizada para modelar vários sistemas complexos no mundo físico (consulte Gleick, 1987), apenas recentemente começou a atrair a atenção dos cientistas interessados em entender como o movimento humano é controlado.

Variações não-lineares no comportamento de movimento. Uma série de experiências feitas por Kelso e colaboradores fornece um bom exemplo de uma variável responsável por uma variação comportamental não-linear no movimento coordenado humano (p. ex. Kelso, 1984; Kelso e Scholz, 1985). O painel superior da figura 2.1-5 ilustra o tipo de tarefa utilizado nessas experiências. Os participantes começaram movimentando seus dedos indicadores direito e esquerdo a uma velocidade tal que seus dedos estivessem *fora de fase*. Isso significa que o grupo de músculos que controla os dedos da mão direita e esquerda estavam agindo simultaneamente, mas de uma forma não-homóloga: quando o dedo direito estava flexionado, o esquerdo estava estendido e vice-versa. Quando os pesquisadores compararam as posições das pontas dos dedos, perceberam que havia 180 graus de diferença de uma ponta para outra, em qualquer instante. Foi solicitado então às pessoas, que aumentassem sistematicamente a velocidade dos movimentos de seus dedos. O resultado foi que os dedos, eventualmente, se desviavam para uma relação *em fase*, onde os dois dedos estavam simultaneamente flexionados ou estendidos (isto é, uma relação de 360 graus entre as pontas dos dedos).

A *transição* entre os estados estáveis fora de fase e em fase era involuntária, e coincidia com uma velocidade crítica do movimento. Em velocidades mais baixas somente ocorriam movimentos fora de fase, enquanto que em velocidades maiores somente ocorriam movimentos em fase. Em uma outra experiência, foi observado um desvio de fase comportamental semelhante, quando os participantes alternavam a batida dos dedos indicadores direito e esquerdo (Kelso e Schöner, 1988). Em cada uma dessas situações, um aumento linear na velocidade do movimento resultou numa variação não-linear no tipo fundamental de movimento.

Estabilidade e atraidores. O conceito de **estabilidade** constituia a essência das abordagens de sistemas dinâmicos. Em termos dinâmicos, a estabilidade nada mais é do que o estado comportamental estacionário de um sistema. Esse conceito é bem diferente do conceito de invariância; a estabilidade engloba a noção de variabilidade, observando que se um sistema estiver ligeiramente perturbado, ele retornará espontaneamente para um estado estacionário.

Através da observação das características de um estado estacionário, os cientistas puderam compreender melhor as variáveis que podem alterar um sistema. Por exemplo, na situação do movimento rítmico dos dedos da experiência feita por Kelso que acabamos de descrever, os pesquisadores observaram estabilidade comportamental, quando os dedos mantinham entre si uma relação de fase de 180 e 360 graus. Estes estados estacionários indicavam padrões de movimento coordenado. À medida em que a velocidade dos dedos aumentava, entre esses estados ocorria uma *transição de fase* durante a qual os padrões de comportamento eram caracterizados pela instabilidade, que persistia até que a velocidade dos dedos atingisse um certo valor, passando espontaneamente para um novo estado estacionário.

Os estados estacionários comportamentais estáveis de sistemas são conhecidos como **atraidores** (ou *estados atraidores*). No que se refere ao movimento coordenado humano, os atraidores são *estados comportamentais* preferenciais, tais como os estados em fase e fora de fase dos movimentos rítmicos dos dedos descritos na experiência de Kelso. Os atraidores representam regiões estáveis de operação, em torno das quais normalmente ocorre o comportamento, quando um sistema puder agir de acordo com suas preferências.

Por exemplo, quando uma pessoa está tamborilando com os dedos de forma rítmica e tenta produzir um movimento de acordo com seu próprio ritmo, normalmente será produzido um padrão com uma relação em fase entre os dedos ou braços. Se o sistema for levemente perturbado, ele retornará ao estado atraidor do comportamento. Além disso, se um sistema for fortemente perturbado pelo aumento contínuo de um parâmetro de controle, o estado atraidor pode se enfraquecer até que um estado atraidor diferente venha influir no comportamento, produzindo um novo padrão comportamental. Vimos um exemplo dessa situação no movimento rítmico dos dedos, em que o aumento contínuo da velocidade dos dedos induziu-os a passar de um padrão de coordenação fora de fase para um padrão em fase. Finalmente, os estados atraidores não são somente estados estáveis caracterizados por uma variabilidade comportamental mínima, mas são caracterizados também por estados ideais de *energia suficiente*. Isso significa que, quando uma pessoa está se movimentando em um ritmo preferencial ou utilizando um padrão de coordenação próprio, ela despende menos energia do que gastaria movendo-se em um ritmo não-preferencial.

Variáveis coletivas e parâmetros de controle. Os adeptos das teorias de sistemas dinâmicos dão prioridade ao desenvolvimento de equações não-lineares formais de movimento, que definem a estabilidade e a perda de estabilidade do desempenho, além das variações que decorrem da aprendizagem e do desenvolvimento (Beek e van Wueringen, 1994). Para desenvolver estas equações, os cientistas precisam identificar as variáveis associadas e responsáveis pela coordenação. Entre elas estão as **variáveis coletivas** ou *parâmetros de ordem*. São variáveis funcionalmente específicas e abstratas que definem o comportamento global de um sistema. Essas variáveis coletivas criam um padrão coordenado de movimento que pode ser reproduzido e diferenciado de outros padrões.

Uma vez que as variáveis coletivas definem um padrão de movimento, é preciso identificá-las de acordo com o tipo de ação. Atualmente, os pesquisadores têm aceito que *a fase relativa* (ilustrada na figura 2.1-3) consiste em uma variável coletiva para os movimentos rítmicos, e que variáveis como *características dos pontos de equilíbrio e rigidez muscular* são variáveis coletivas para o movimento de direcionamento discreto.

Embora as variáveis coletivas definam um padrão de movimento coordenado, os **parâmetros de controle** não-específicos variam livremente, de acordo com as características específicas de uma situação. Entre essas variáveis estão incluídas o tempo (ou velocidade) e a força. Na abordagem dos sistemas dinâmicos para a determinação de princípios de coordenação, um experimentador poderá variar sistematicamente um parâmetro de controle: por exemplo, a velocidade poderá ir de baixa para alta. À medida em que essa variação ocorre, ele observa a variável coletiva de interesse, para determinar quaisquer

> ### Saiba Mais
>
> **Evidências de pesquisa que demonstram estruturas coordenativas**
>
> Em uma série de experimentos investigando o controle da fala, Kelso, Tuller, Vatikiotis-Bateson e Fowler (1984) observaram o que ocorria nos diversos componentes dos articuladores quando os maxilares eram perturbados durante uma expressão verbal. Em dois experimentos, os pesquisadores pediram a cada participante que pronunciasse a sílaba "bab". Em várias tentativas, eles aplicaram uma força inesperada aos maxilares dos participantes durante o movimento ascendente do maxilar para produzir o som do "b" final da sílaba. De acordo com a noção de estrutura coordenada, essa perturbação poderia resultar numa compensação imediata por outras partes do sistema articulador envolvidas na produção desse som, porque todas as partes trabalham como uma unidade funcional para atingir o objetivo comum que é o som almejado. Foi isto, de fato, que o experimentadores observaram. À medida que os maxilares eram forçados para cima, havia uma compensação praticamente imediata dos lábios superior e inferior de modo que a pessoa ainda conseguia produzir o som de forma compreensível. Os pesquisadores aplicaram uma perturbação semelhante enquanto os participantes pronunciavam "baz". Os participantes aplicaram imediatamente uma compensação da língua. Assim, pode-se considerar que os articuladores trabalham em conjunto, como unidades funcionais para atingir metas específicas. Quando um elemento da unidade é perturbado, outros elementos compensam essa perturbação para que o locutor possa atingir a meta. Os elementos envolvidos nessa compensação e a forma como a atingem dependem da meta da ação.

alterações na estabilidade associadas à taxas específicas de **parâmetros de controle**. Procedimentos como estes permitem que os cientistas determinem os estados atraidores de padrões de movimento dos membros.

Auto-organização. Um elemento importante da abordagem de sistemas dinâmicos é o conceito de **auto-organização**. Quando certas condições caracterizam uma situação, surge um padrão específico estável de comportamento. Os adeptos dessa abordagem dinâmica apresentam uma série de exemplos de auto-organização que ocorrem no mundo físico, para ilustrar as aplicações desse conceito no campo do movimento humano. Por exemplo, não há um programa de furacões na Terra, mas os furacões ocorrem com certa freqüência. Entretanto, eles ocorrem somente sob certas condições favoráveis de vento e temperatura. Quando essas variáveis atingem certas características, o furacão se auto-organiza em uma estrutura diferenciada e identificável.

Quando aplicado à coordenação de membros humanos, esse conceito de auto-organização significa que, quando certas condições caracterizam uma situação, surge um padrão específico de movimento de membros. Assim, a ação coordenada se auto-organiza dentro do quadro das características das condições ambientais e dinâmicas dos membros e não é estabelecida por nenhum programa motor. Esse processo de auto-organização segue princípios bem estabelecidos do mundo físico. Por exemplo, a tarefa de movimentar o dedo das duas mãos desempenhada na experiência de Kelso segue princípios estabelecidos para um sistema não-linear de osciladores associados.

Estruturas coordenativas. Um outro aspecto importante dos sistemas dinâmicos está relacionado à unidade de comportamento a ser controlada. Os defensores dessa abordagem asseguram que, quando o sistema nervoso de uma pessoa obriga *sinergias de músculos e articulações* funcionalmente específicas a agir em conjunto, as ações resultantes são muito hábeis e adequadas às necessidades da situação. Uma pessoa pode desenvolver essas sinergias funcionais, chamadas **estruturas coordenativas**, através da experiência, de treinamento ou elas podem existir naturalmente.

CAPÍTULO 2 ■ O CONTROLE DO MOVIMENTO COORDENADO

Saiba Mais

A passada humana como uma ilustração da abordagem de sistemas dinâmicos

O experimento descrito anteriormente nesta discussão, no qual Shapiro e colaboradores (1981) investigaram o caminhar e o correr com velocidades diferentes numa esteira, ilustra bem os vários elementos da abordagem de sistemas dinâmicos do controle motor. Na figura 2.1-4, vimos que o tempo relativo de cada componente do ciclo da passada permanecia relativamente constante para velocidades até 6 km (quando era observada a caminhada), tornava-se então instável de 7 a 9 km (durante a fase de transição) e depois atingia uma nova estabilidade em 10 km (quando a pessoa estava correndo).

Do ponto de vista dos sistemas dinâmicos, os dois padrões de tempo relativo representam dois estados atraidores: um padrão de coordenação da caminhada e um padrão de coordenação da corrida. A velocidade da esteira (um parâmetro de controle) afetava a fase relativa (a variável coletiva) dos componentes do ciclo da passada (passo da caminhada), depois ficava instável em certas velocidades e então se reorganizava (auto-organização) em um novo padrão comportamental (passo da corrida) a uma certa velocidade mais rápida.

Um exemplo de uma estrutura coordenativa são os músculos e articulações (o grau de liberdade a ser controlado) envolvidas na ação de alcançar e segurar um objeto. Os grupos de músculos e articulações que devem agir em conjunto para permitir que a pessoa alcance e segure o objeto com sucesso, são "convertidas" pela prática em um conjunto de tarefas específicas. A ação ocorre quando a pessoa tem a intenção de alcançar e segurar uma xícara. Assim, de acordo com as características restritivas dos membros e do ambiente, a estrutura coordenativa se auto-organiza para realizar a ação.

Percepção e associação de ações. Além de construir modelos matemáticos de ações coordenadas, os adeptos da abordagem de sistemas dinâmicos também enfatizam a interação entre as variáveis de movimento e de percepção. A informação perceptiva crítica abrange invariâncias ambientais que determinam possíveis comportamentos. O estado dinâmico do sistema de controle motor interage com as variáveis motoras e perceptivas para produzir padrões de movimento adequados a atingir o objetivo da ação naquela situação.

Como exemplo de variáveis perceptivas envolvidas nesse tipo de processo de associação temos a variável óptica *tau*, que é uma variável matemática relacionada ao tempo de contato entre um objeto e o olho da pessoa. (Discutiremos mais sobre o *tau* no Conceito 2.2). Já foi demonstrado que o *tau* orienta ações tais como dirigir um carro, apanhar uma bola, rebater uma bola, saltar de uma plataforma e saltar de uma grande altura. À medida que as pessoas adquirem experiência, a variável perceptiva se associa à dinâmica do movimento para reproduzir, quando necessário, um padrão de coordenação distinto.

Argumentos a favor de um tipo de controle por sistemas dinâmicos. Os defensores da teoria de sistemas dinâmicos adotam, geralmente, três linhas de evidência, para argumentar contra a existência de um mecanismo de controle central como o programa motor generalizado. A primeira afirma que, como existem estruturas coordenativas inatas e adquiridas para várias ações coordenadas, o ser humano não necessita de uma estrutura representativa de memória, como um programa motor. Essas estruturas se auto-organizam quando a pessoa tem a intenção de agir numa determinada situação. Os componentes da estrutura se adaptam para compensarem mutuamente, de acordo com as restrições impostas sobre cada componente.

O segundo argumento se baseia em evidências que mostram que certas variações do parâmetro de controle, como velocidade total do movimento, podem alterar drasticamente as características da coordenação. Vimos um exemplo disso na experiência do movimento rítmico dos dedos, descrita anteriormente, em que o aumento da velocidade do movimento dos dedos resultava em um desvio espontâneo de um padrão de coordenação fora de fase, para um padrão em fase. Este tipo de variação dinâmica mostra consistência com muitas variações baseadas em parâmetros, encontradas no mundo físico. Em particular, os movimentos rítmicos dos dedos se comportam exatamente como os osciladores não-lineares associados se comportam no campo físico. Ocorrem também variações não-lineares semelhantes nas características convectivas de fluidos em cilindros, quando se aumenta sistematicamente somente a quantidade de calor aplicada aos cilindros. (Consulte Gleick, 1987, para obter mais exemplos do mundo físico).

O terceiro argumento consiste no seguinte: um sistema de controle baseado em um programa motor não explica muitas das características da ação. Entre elas estão as transições de fase que existem entre os estados estáveis de um padrão comportamental. Por exemplo, entre os padrões de relação dos dedos fora de fase e em fase, na experiência de Kelso descrita anteriormente, apareceu um estado de transição instável, porém claramente transitório. Analogamente, na experiência de Shapiro et al. (1981) envolvendo a caminhada e a corrida sobre uma esteira, foi determinado um estado de transição instável entre os dois padrões estáveis de coordenação do caminhar e do correr. Para essas situações, a abordagem do programa motor considera somente a condição estável e ignora os estágios de transição.

Evidências empíricas que apóiam as previsões de sistemas dinâmicos. O tempo relativo é uma variável crítica tanto na teoria baseada no programa motor quanto na teoria dos sistemas dinâmicos. Uma série impressionante de experiências realizadas por Beek e Turvey (1992) mostra que, no desempenho de malabarismos em cascata, tempo relativo segue as previsões da abordagem de sistemas dinâmicos, mas não aquelas do programa motor generalizado. Nessas experiências, a medida de interesse, isto é, o tempo relativo, consistia na relação entre o tempo em que um participante segurava a bola nas mãos e o tempo total dado por esse mesmo tempo, mais o tempo em que a bola se mantinha no ar, até que fosse apanhada novamente. De acordo com as previsões da invariância do tempo relativo feitas pela teoria do programa motor generalizado, essa razão temporal deveria permanecer invariante para diferentes cadências. Entretanto, quando os participantes faziam malabarismos com três bolas na sua cadência preferencial, abaixo da cadência preferencial ou acima dela, os pesquisadores obtiveram três proporções de tempo relativo diferentes. Curiosamente, para o malabarismo com cinco bolas, as proporções de tempo relativo permaneceram invariantes durante os três tipos de cadência. Beek e Turvey argumentam que a diferença de tempo relativo observado entre as situações, considerando três e cinco bolas no malabarismo, se ajusta bem ao quadro dos sistemas dinâmicos. As restrições impostas às tarefas envolvidas nessas duas tarefas de malabarismo influíram nas possíveis características do tempo relativo para cada tarefa. Como a situação do malabarismo com três bolas apresenta menor grau de dificuldade em relação a possíveis colisões de bolas no ar, os malabaristas hábeis conseguem desenvolver diferentes soluções estáveis (atraidores) para desempenhar cadências de malabarismos auto-selecionadas. Mas a maior dificuldade no malabarismo com cinco bolas não permite tais variações; estas dificuldades impõem uma única solução estável para as diferentes cadências para esse tipo de malabarismo.

O estado atual da questão sobre a teoria do controle

Atualmente, as teorias baseadas no programa motor e nos sistemas dinâmicos constituem as teorias comportamentais dominantes, preocupadas em discutir como os humanos produzem os movimentos coordenados. Os debates e as pesquisas prosseguem, enquanto os cientistas procuram obter respostas mais precisas. Um fator positivo desses debates é que pontos críticos têm sido esclarecidos e as metas futuras se tornando mais evidentes. Sabemos agora, por exemplo, que uma teoria de controle não pode se ater exclusivamente à informação do movimento especificada pelo sistema nervoso central. É preciso considerar também as características das tarefas e do ambiente. Como Newell (1986) afirmou acertadamente, o padrão ideal de coordenação é determinado pela interação entre as restrições especificadas pela pessoa, pelo ambiente e pela tarefa. No momento, os pesquisadores continuam tentando compreender com maior clareza as características individuais, interativas e as contribuições de cada um desses componentes.

Resumo

A coordenação envolve um padrão de movimento do corpo e dos membros que caracteriza o desempenho de uma habilidade. Para adquirir esse padrão, o sistema nervoso precisa resolver o problema dos graus de liberdade, ou seja, a organização dos elementos de um sistema complexo em meios eficientes e reais para atingir uma determinada meta.

A maioria das teorias atuais de controle do movimento coordenado engloba aspectos de sistemas de controle de circuito aberto e de circuito fechado. Os dois sistemas envolvem um centro de comando, comandos e executores. No entanto, o sistema de circuito fechado requer *feedback* durante a ação.

As teorias sobre a produção e controle do movimento coordenado pelo sistema nervoso, atribuem diferentes papéis aos fatores centrais e ambientais. As teorias baseadas no programa motor afirmam que existe um mecanismo elementar de controle baseado na memória central. Essa abordagem, que predomina atualmente, propõe que esse mecanismo seja o programa motor generalizado, isto é, uma representação abstrata da ação armazenada na memória e que pode ser recuperada quando for preciso reproduzir a ação. No programa estão armazenados aspectos invariantes da ação, tais como a ordem dos eventos, o tempo relativo e a força relativa. Quando for preciso produzir uma determinada ação, o programa deverá ser parametrizado com características tais como a duração total, a força total do movimento e a musculatura envolvidas na realização do movimento. Os pesquisadores que investigam os aspectos invariantes do programa motor, bem como aqueles que defendem uma representação central da ação, forneceram evidências que favorecem essa hipótese do controle.

A teoria de sistemas dinâmicos constitui uma abordagem alternativa ao controle baseado no programa motor. Essa abordagem privilegia a idéia de que há uma representação central da ação, propondo que fatores como as invariantes ambientais e a dinâmica dos membros, poderiam ser os responsáveis por boa parte do controle atribuído ao programa motor. A abordagem dos sistemas dinâmicos está claramente relacionada à dinâmica não-linear; seus adeptos consideram que a ação coordenada segue regras e padrões encontrados na dinâmica não-linear. O conceito de estabilidade é um componente fundamental dessa abordagem. A estabilidade é um estado comportamental estacionário preferencial que atrai os comportamentos. As variáveis coletivas, como a fase relativa, definem a estabilidade funcionalmente. Os parâmetros de controle, como a velocidade ou a freqüência, influem na falta de estabilidade do comportamento. A ação coordenada auto-organiza as estruturas coordenativas de acordo com as características do comportamento dos membros e das restrições impostas pelo ambiente. O apoio, de pesquisas a esta abordagem teórica vem das demonstrações de princípios dinâmicos que caracterizam a habilidade coordenada.

Leituras relacionadas

Barton, S. 1994. Chaos, self-organization, and psychology. *American Psychologistic* 49: 5-14.

Bruce, D. 1994. Lashley and the problem of serial order. *American Psychologist* 49: 93- 103.

Kelso, J. A. S. 1994. The informational character of self-organized coordination dynamics.
Human Movement Science 13: 393-413.

Schmidt, R. A. 1988. Motor and action perspectives on motor behavior. In O.G. Meijer and K. Roth (Eds.), *Complex motor behavior: 'The' motor-action controversy* (pp. 3-44). Amsterdam: Elsevier.Scholz, J. P. 1991. Dynamic pattern theory—Some implications for therapeutics. *Movement Science*. Monograph. 75–91. American Physical Therapy Association.

Swinnen, S.1994. Motor control. *Encyclopedia of human behavior*. Vol. 3.229–43. New York: Academic Press.

Wickens, J., B. Hyland, and G. Anson. 1994. Cortical cell assemblies: A possible mechanism for motor programs. *Journal of Motor Behavior* 26: 66–82.

Worringham, C. J., A. L. Smiley–Owen, and C.L. Cross. 1997. Neural basis of motor learning in humans. In H.N. Zelaznik (Ed.), *Advances in motor learning and control* (pp. 67-86). Champaign, IL: Human Kinetics.

Zanone, P. G., and J. A. S. Kelso. 1991. Relative timing from the perspective of dynamic pattern theory: Stability and instability. In J. Fagard and P. Wolff (Eds.), *The development of timing control and temporal organization in coordinated action* (pp.69-92). Amsterdan: Elsevier.

Conceito 2.2
A propriocepção e a visão são elementos importantes nas teorias do controle motor.

Termos-chaves

Propriocepção   Deaferenciação   Preensão

Aplicação

Quando você pega um copo para beber água, tanto o sistema proprioceptivo quanto o sistema senso-visual entram em funcionamento enquanto você executa a ação. A visão ajuda-o a localizar o copo e pegá-lo com o auxílio da mão e dos dedos. A propriocepção ajuda-o a levantar o copo e movê-lo em direção à boca. Sem a informação sensorial fornecida por esses dois sistemas sensoriais-chave, você provavelmente teria uma dificuldade maior para executar tarefas relativamente simples como beber água em um copo. Você realiza outras habilidades cotidianas com facilidade, tais como colocar a chave no buraco da fechadura, caminhar por um corredor cheio de gente sem se chocar com alguém e dirigir seu carro, por causa das informações que a propriocepção e a visão enviam ao seu sistema de controle motor. Por exemplo, para apanhar uma bola, você precisa saber onde a bola se encontra no espaço, o tempo que ela leva para chegar a sua mão, posicionar sua mão adequadamente e então, fechar os dedos em volta da bola quando ela já tiver tocado em sua mão.

Exemplos como esses ilustram como a propriocepção e a visão capacitam o seu sistema de controle motor a executar uma determinada ação com eficiência. Se não dispuséssemos da informação fornecida por esses sistemas sensoriais, nosso desempenho normal de várias habilidades motoras seria consideravelmente reduzido.

Discussão

Um aspecto-chave de qualquer teoria de controle motor é o papel desempenhado pela informação sensorial no controle da ação. Receptores sensoriais localizados em várias partes do corpo fornecem essa informação. Os dois tipos mais importantes de fontes de informação sensorial que influem no controle do movimento coordenado são a propriocepção e a visão.

Propriocepção e controle de movimento

A **propriocepção** envolve a identificação senso-receptora das características de movimento do corpo e dos membros. Os trajetos neurais aferentes enviam ao sistema nervoso central informação proprioceptiva sobre as características do movimento do corpo e dos membros, tais como orientação, localização espacial, velocidade e ativação muscular. Nos modelos de circuito fechado de controle do movimento, o *feedback* proprioceptivo desempenha um papel importante, enquanto que, nos modelos de circuito aberto, os comandos centrais controlam o movimento sem envolver o *feedback* proprioceptivo. Algumas questões sobre a capacidade de os seres humanos controlarem os movimentos sem o feedback proprioceptivo, e qual o papel do *feedback* proprioceptivo, no controle do movimento coordenado, têm despertado a curiosidade dos cientistas há anos.

Saiba Mais

A sensibilidade da propriocepção

Uma limitação perceptiva relacionada ao *feedback*, diz respeito à discriminação entre intensidades ou níveis de um estímulo ou sinal. Essa discriminação é útil quando, por exemplo, uma pessoa precisa detectar diferentes níveis de brilho luminoso antes de tomar a decisão sobre um movimento específico. Ou a pessoa pode ter que discriminar proprioceptivamente entre duas posições diferentes dos membros. Estudando a *psicofísica*, que trata das relações entre nosso mundo objetivo e a percepção que temos dele, podemos conhecer como os nossos sistemas sensoriais fazem julgamentos perceptivos como esses.

Para medir a sensibilidade de um sistema perceptivo, da forma como é usado nos julgamentos discriminativos, determinamos uma *diferença apenas perceptível* (j.n.d, do inglês *just noticeable difference*) que é a menor alteração na intensidade de um estímulo que pode ser detectada corretamente por uma pessoa. Cada sistema sensorial tem seu próprio grau individual de sensibilidade para detectar diferenças de intensidade de estímulos. Para a propriocepção, as reduzidas evidências experimentais sugerem que as pessoas tem dificuldade em determinar se as posições dos dois braços são diferentes, se estas estiverem dentro de 1,25 cm uma da outra (Magill e Parks, 1983).

APLICAÇÃO

Imagine que você está trabalhando com uma pessoa que precisa corrigir um erro no posicionamento do pé ao pisar e você não quer que a pessoa utilize o *feedback* visual para posicionar o pé. Como conseqüência, a pessoa precisa utilizar o *feedback* proprioceptivo para ajudá-la na correção do erro. Agora, suponha que você perceba erros consistentes no posicionamento do pé. Depois de esforços repetidos para corrigir esse problema, a pessoa afirma que, em cada tentativa, ela tem a impressão de que o pé se encontra exatamente na posição que você indicou que fosse colocado. O problema é que, durante o desempenho da habilidade, a pessoa não consegue discriminar perceptualmente entre a posição que você indicou e a posição em que ele realmente se encontra. O seu conhecimento sobre essa limitação deve orientar você a fornecer mais informações que a auxiliem a corrigir o problema.

Tem sido propostas algumas abordagens experimentais para determinar o papel da propriocepção no controle da ação coordenada. Discutiremos a seguir algumas dessas abordagens, para pô-lo a par das linhas de pensamento atuais sobre essa questão.

Investigando o papel da propriocepção. A propriocepção é uma fonte importante de *feedback*, quando a ação se encontra sob o controle de circuito fechado. Para determinar a função da propriocepção no controle do movimento, os cientistas optaram por eliminar esse tipo de *feedback* e observar o comportamento sem ele. Nessas pesquisas foram utilizadas diversas técnicas para eliminar a presença do *feedback* proprioceptivo. Em geral, essas técnicas permitem que o movimento sem o *feedback* proprioceptivo seja comparado com o mesmo movimento realizado em condições normais.

A abordagem que elimina o *feedback* foi aplicada mais diretamente no estudo de animais. Utilizando um procedimento chamado de **deaferenciação**, os pesquisadores tornaram não disponíveis cirurgicamente o *feedback* proprioceptivo, cortando ou removendo os trajetos neurais aferentes envolvidos no movimento.

Taub e Berman (1963, 1968) foram os primeiros a utilizar esse procedimento. Eles observaram o desempenho de habilidades motoras bem desenvolvidas em macacos, tais como trepar, pegar e agarrar antes e depois da deaferenciação. Taub e Berman perceberam que, sistematicamente, os macacos deaferenciados ainda eram capazes de desempenhar as habilidades, embora o grau de precisão fosse consideravelmente pior do que antes.

Taub e Berman analisaram somente habilidades já bem desenvolvidas. O que aconteceria se fosse utilizado o mesmo procedimento de deaferenciação com as habilidades aprendidas *recentemente*? Bizzi e seus colaboradores do Instituto de Tecnologia de Massachussets (p.

CAPÍTULO 2 ■ O CONTROLE DO MOVIMENTO COORDENADO

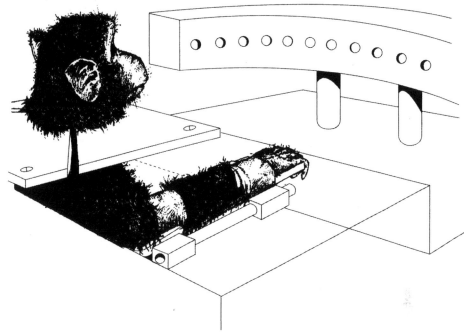

Figura 2.2-1— *Macaco no aparato experimental utilizado no experimento de Polit e Bizzi. O braço do macaco está amarrado à tala articulada no cotovelo. As luzes-alvo são acesas em intervalos de 5°. Durante as sessões experimentais, o macaco não podia ver o braço e a sala estava escura. (De A. Polit e E. Bizzi, em Journal of Neurophysiology, 42:fig.1, p. 184, 1979. Direitos autorais da American Physiological Society, Bethesda, Maryland. Reprodução autorizada.)*

ex., Bizzi e Polit, 1979; Polit e Bizzi, 1978) estudaram essa segunda hipótese em vários experimentos. Eles colocaram os macacos em um aparelho como o que aparece na figura 2.2-1 e os treinaram a apontar com o braço para uma de uma série de luzes quando estas eram acesas. Os macacos podiam ver as luzes, mas não viam o braço apontando. Depois de terem aprendido a apontar corretamente para cada ponto de luz quando solicitados, os macacos foram deaferenciados de modo que não era enviada mais nenhuma informação de *feedback* proprioceptivo, durante o movimento, para o braço indicador. Quando os macacos foram colocados novamente no aparelho, eles conseguiram posicionar seus braços exatamente no estado deaferenciado. Na verdade, eles até eram capazes de fazer movimentos precisos partindo de posições diferentes daquelas propostas durante o treinamento.

Por razões óbvias, é impossível deaferenciar seres humanos com finalidades experimentais. Entretanto, algumas pessoas, devido a certos traumas ou problemas causados por doenças, são deaferenciadas. Por exemplo, pacientes de artrite-reumatóide submetidos a cirurgia para colocar *prótese de articulações*, não possuem mais receptores nas articulações. Numa experiência realizada por Kelso, Holt e Flatt (1980), pacientes que tiveram suas articulações metacarpo-falangeais removidas e substituídas por implantes flexíveis de silicone-borracha, executavam movimentos de posicionamento de dedos. Em cada tentativa, os participantes moviam seus dedos seguindo padrões de posicionamento dos dedos ou de distância, retornavam os dedos para um novo ponto inicial e, em seguida, tentavam reproduzir o padrão de posicionamento ou de distância novamente. Os resultados indicaram que os participantes tinham pouca dificuldade em reproduzir o padrão de *posicionamento* com precisão, partindo de um ponto diferente do ponto de partida original. Porém, apresentavam sérias dificuldades em reproduzir o padrão de distância a partir desses novos pontos de partida.

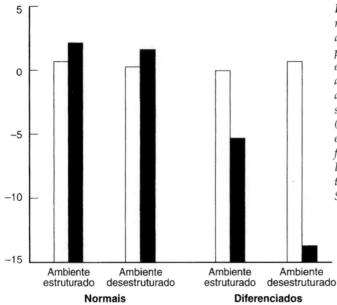

Figura 2.2-2— Resultados do experimento de Blouin et al., mostrando as quantidades de erros na reprodução da posição do braço para pessoas normais e deaferenciadas com a visão do ambiente (estruturado) ou sem a visão do ambiente (desestruturado) e com ou sem visão do braço em movimento. (Fonte: Dados de J. Blouin et al., "Reference Systems for Coding Spatial Information in Normal Subjects and a Deafferented Patient" em Experimental Brain Research, 93, 324-331, 1993, Springer-Verlag, New York.)

Um outro exemplo de deaferenciação em humanos envolve pessoas que sofrem de uma polineuropatia envolvendo um membro. Esses pacientes perderam as fibras longas mielinizadas dos membros, o que causou a perda de todas as informações sensoriais, exceto as de dor e temperatura. Normalmente, os trajetos motores eferentes permanecem intactos. Um experimento realizado por Blouin et al. (1993) comparou um paciente com polineuropatia com pessoas normais no desempenho de uma tarefa de apontamento envolvendo um braço movimentando um ponteiro. Em algumas tentativas, os participantes podiam ver o ambiente do aparelho, enquanto que em outras, eles não dispunham dessa informação visual. Os resultados obtidos, mostrados na figura 2.2-2, indicaram que, com a visão, o paciente desempenhava a tarefa tão bem quanto os participantes normais. Entretanto, sem ver o ambiente ou o braço durante o movimento, o paciente deaferenciado sistematicamente apontava para baixo do alvo. Assim, sem o *feedback* visual, o paciente deaferenciado não era capaz de reproduzir exatamente o movimento em direção a um ponto específico do espaço.

Uma outra técnica para eliminar o *feedback*, utilizada com humanos, é conhecida como a *técnica de bloqueio do nervo*. Coloca-se um aparelho medidor de pressão sangüínea logo acima do cotovelo do participante. O medidor é inflado, até a pessoa perder totalmente a sensibilidade dos dedos. Uma sensação semelhante à que você sente quando seu braço "adormece". A condição isquêmica impede o funcionamento dos trajetos aferentes, no entanto, os trajetos eferentes não são afetados. Em diversos estudos (p. ex., Laszlo, 1966, 1967), as pessoas podiam desempenhar habilidades motoras na ausência de informação sensorial aferente proveniente de músculos e articulações dos dedos, mãos e antebraços. Mais tarde, Kelso reproduziu esses resultados utilizando um procedimento mais adequado (Kelso, 1977; Kelso e Holt, 1980). Nesse caso também, depois do bloqueio, os participantes conseguiam posicionar seus dedos com a mesma precisão com que o faziam antes.

O papel do feedback proprioceptivo. As evidências experimentais mostram que os seres humanos *podem* executar certos movimentos dos membros na ausência de *feedback* proprioceptivo. Entretanto, parece que essa capacidade pode sofrer limitações variadas, sendo a principal delas, o *grau de precisão* possível. Muitos resultados das experiências que acabamos de discutir confirmam essa conclusão. Nos estudos de Taub e Berman, os macacos se tornavam mais desajeitados ao trepar, agarrar e segurar, do que costumavam ser antes da deaferenciação. Na verdade, sob essas condições, eles tinham até dificuldade em segurar a comida com as mãos. Os experimentos de Bizzi utilizaram uma área de alvo, relativamente grande, para indicar uma resposta de apontamento correta para os macacos. Por isso, fica difícil estabelecer comparações sobre a exatidão na precisão das respostas sob condições normais e deaferenciadas. Os pesquisadores notaram que, quando o animal tinha sua postura alterada, diminuía a precisão do apontamento sob condição de deaferenciação. Na experiência de Kelso, Holt e Flatt, os participantes que tinham recebido prótese da cápsula articuladora mantinham a precisão somente na posição. Quando não se dispunha do *feedback* proprioceptivo da cápsula articuladora, os movimentos de distância eram drasticamente interrompidos.

Considerando-se todos os resultados dessas pesquisas, nota-se que o *feedback* proprioceptivo fornece informações de precisão espacial importante no decorrer de um movimento. Seguindo o modelo de controle do circuito fechado, isto significa que o sistema nervoso está continuamente realimentando o centro de controle do movimento com informações proprioceptivas, o que permite uma atualização das posições dos membros e, conseqüentemente, que a pessoa faça os ajustes necessários à trajetória correta dos membros.

O *feedback* proprioceptivo também influi no *timing* **do início do comando motor**. Uma experiência feita por Bard et al. (1992), mostrou esse efeito, comparando participantes normais com um paciente com deaferenciação devida a uma polineuropatia sensorial. Os pesquisadores pediram aos participantes que, simultaneamente, estendessem um dedo indicador e erguessem o calcanhar do pé ipsilateral. Numa parte da experiência, isso deveria ser feito como resposta a um sinal auditivo. Tanto os participantes normais quanto o deaferenciado desempenharam a tarefa da mesma forma, isto é, começaram estendendo primeiro o dedo. Esse comportamento seria esperado se um comando central comum tivesse sido enviado para cada efetor. Devido à diferença na distância dos trajetos neurais eferentes para chegar até o dedo e o calcanhar, o movimento do dedo deveria ocorrer antes. Inversamente, quando solicitados a executar a tarefa à vontade, os participantes normais levantaram o calcanhar primeiro; isto sugere que eles basearam o *timing* do início do movimento do dedo no *feedback* proprioceptivo do movimento do calcanhar. Por outro lado, o paciente deaferenciado executou a tarefa como se estivesse na situação reativa anterior, o que indica que ele utilizou, como base para o seu *timing* do início dos movimentos do calcanhar e do dedo, um comando central e não o *feedback* proprioceptivo.

Visão e controle do movimento

Existem dois componentes da função visual, sendo que cada um deles recebe informação em diferentes regiões do campo visual. O campo visual subentende uma região angular 200 graus na horizontal e 160 graus na vertical. Um dos componentes é a *visão central*, às vezes chamada de visão focal ou foveal. A visão central é capaz de processar a informação somente em áreas pequenas, de cerca de 2 a 5 graus. A detecção da informação no campo visual fora desses limites ocorre por meio da *visão periférica*.

A visão predomina em nossos sistemas senso-perceptivos

De todos os sistemas sensoriais, os seres humanos tendem a utilizar e confiar principalmente na visão. Por exemplo, quando você começou a aprender a digitar ou tocar piano, inevitavelmente pensou que, se não pudesse ver seus dedos pressionando as teclas, jamais poderia realizar a tarefa corretamente. Os bailarinos principiantes e os pacientes que

> ### Saiba Mais
>
> **Dois sistemas para a detecção visual de movimento**
>
> Utilizamos dois métodos para detectar visualmente o movimento no ambiente:
> - O *sistema imagem/retina* envolve manter os olhos imóveis e deixar a imagem se mover através da retina
> - O *sistema olhos/cabeça* envolve movimentar os olhos e/ou a cabeça de modo que o objeto em movimento seja mantido estacionário nos olhos.
>
> Fatores que afetam o sistema utilizado
> 1. O campo de visão
> - Se o objeto a ser detectado estiver dentro do quadro de referência egocêntrico da pessoa, é preferível o sistema olhos/cabeça.
> 2. O tempo que a pessoa leva para detectar o objeto.
> - se for menos de 245 ms, será utilizado o sistema imagem/retina
> - se estiver entre 245 e 365 ms, qualquer um dos dois sistemas é igualmente eficiente
> - se for mais de 365 ms, é utilizado o sistema olhos/cabeça.
>
> *Observação:* As pessoas adotam o sistema mais eficiente automaticamente, dentro dos limites impostos pelo tempo de detecção.

sofreram derrames cerebrais e estão reaprendendo a andar, enfrentam problemas semelhantes. Eles freqüentemente agem como se não pudessem ter um desempenho correto, se não puderem observar seus pés.

Essas vivências peculiares ilustram nossa tendência de atribuir à visão um papel predominante no desempenho de habilidades motoras. Evidências experimentais empíricas também confirmam esse fato. O melhor exemplo encontra-se no experimento clássico conduzido por Lee e Aronson (1974) e freqüentemente citado como o experimento da "sala em movimento". Os participantes ficam numa sala cujas paredes movem-se para cima e para baixo, para frente e para trás. O piso era fixo, imóvel. Os pesquisadores observaram os participantes registrarem suas respostas posturais decorrentes do movimento das paredes. Quando as paredes se moviam, crianças e adultos faziam ajustes para corrigir sua postura, isto é, continuar mantendo sua postura numa sala que se movia toda numa certa direção. Como o piso não se movia, seus proprioceptores não mandavam sinal de que seus corpos estavam perdendo a estabilidade. Somente o sistema visual detectava uma perda de equilíbrio.

O experimento da sala em movimento demonstra muito bem a prioridade que atribuímos à visão em nossas atividades diárias. Nesse experimento, quando os sistemas visual e proprioceptivo forneciam informações conflitantes ao sistema nervoso central, as pessoas confiavam na visão, ignorando a propriocepção. Como resultado, eles começavam a fazer ajustes posturais desnecessários.

Visão e direcionamento manual

Uma tarefa de direcionamento manual exige que a pessoa mova um ou os dois braços ao longo de uma distância preestabelecida até um alvo. No mundo real, essa ação é produzida quando uma pessoa pega uma xícara, digita ou toca piano. O direcionamento manual também está envolvido no desempenho de muitas atividades industriais e militares, como por exemplo, quando um funcionário pega um aparelho de uma esteira rolante e o coloca dentro de uma embalagem onde o aparelho se encaixa perfeitamente. Analogias com esse tipo de ação feitas em laboratório, normalmente mostram uma pessoa segurando uma caneta

> ### Saiba Mais
>
> **Tempo de contato: a variável óptica *tau***
>
> Em situações em que a ação envolve o movimento de uma pessoa em direção a um objeto ou um objeto movendo-se em direção à pessoa, um aspecto importante do controle da ação consiste em considerar a informação visual que especifica o *tempo de contato* com o objeto (consulte p.ex., Lee, 1974, 1980). À medida que a pessoa se aproxima do objeto ou vice-versa, o objeto produz uma imagem maior na retina do olho da pessoa. Quando essa imagem da retina atinge um certo tamanho, ela dispara uma resposta de ação específica relativa ao objeto.
> Nessas situações, a variável crítica não é a distância ao objeto, mas o tempo até o objeto ser contatado. Lee mostrou que existe uma variável óptica que ele denominou de *tau*, que é uma fonte importante desse tempo de contato.* Essa variável pode ser quantificada matematicamente como o inverso da taxa relativa de ampliação do ângulo visual subentendido pelo objeto em movimento.
>
> **O *TAU* ESTÁ ENVOLVIDO NO CONTROLE DA AÇÃO E AFETA:**
> - o disparo da ação: a ação tem início quando o valor de *tau* se torna crítico.
> - a determinação de características específicas do movimento da ação desejada
>
> *Observação:* Exemplos específicos do efeito do *tau* podem ser encontrados na discussão sobre o papel da visão no controle de habilidades motoras específicas.
>
> * Consulte Tresilian (1994) para obter uma discussão das possíveis fontes adicionais de informação sobre o tempo de contato.

num determinado ponto de partida e em seguida movendo-a para atingir um alvo o mais precisamente possível. Em alguns experimentos, os participantes precisam atingir o alvo enquanto se movem rapidamente, em outros, os participantes devem se deslocar com velocidades específicas.

O papel da visão depende de fases do movimento de direcionamento. Aparentemente, a visão está envolvida de formas diferentes em instantes diferentes durante um movimento de direcionamento. Evidências experimentais mostram que existem três fases distintas no desempenho de um movimento de direcionamento manual. O papel que a visão desempenha no controle do movimento é diferente em cada fase.

A primeira, a *fase de preparação do movimento*, começa assim que a pessoa decide realizar o movimento em direção ao alvo. Nessa fase, a pessoa utiliza a visão para determinar características importantes da situação, tais como a direção e a distância em que o membro deve se deslocar e o tamanho do alvo. A segunda, a *fase do vôo inicial*, abrange o começo do movimento real do membro em direção do alvo. Essa fase é essencialmente balística. Nessa fase, a visão desempenha um papel menos importante, embora possa fornecer informações prévias sobre o deslocamento e a velocidade do membro, que serão utilizadas mais tarde para fazer correções. A terceira, a *fase de conclusão*, que se inicia antes de atingir o alvo e termina quando o alvo é atingido. Se a pessoa tiver tempo suficiente para utilizar *feedback* visual e fazer alterações no movimento, a visão terá um papel crítico no fornecimento de informações para que se possa fazer essas correções necessárias e, assim, acertar o alvo.

Fatores que influem no controle do direcionamento manual. Para entender perfeitamente o papel da visão no controle humano de habilidades de direcionamento manual, é preciso considerar uma série de fatores. Entre eles, estão incluídos a duração do movimento, a certeza da disponibilidade da visão e se o membro que desempenhará a ação será o membro preferencial.

A *duração do movimento* é um fator importante no direcionamento manual porque influi no processo de controle envolvido na correção de erros. A fase da correção de erros ocorre *somente* quando há tempo suficiente para detectar um erro e corrigir o movimento em andamento. O valor exato do intervalo de tempo, considerado "suficiente", que permite que os procedimentos de correção sejam efetuados, não está bem estabelecido. Entretanto, é possível fazer uma estimativa razoável, a partir de pesquisas desenvolvidas sobre esse assunto.

Keele e Posner (1968) realizaram uma experiência clássica visando à questão do tempo para a correção de erros. Eles treinaram pessoas a fazer movimentos de 15 cm em direção a alvos de 6 mm de diâmetro em intervalos de tempo os mais próximos possíveis de 150, 250, 350 e 450 milissegundos. Na metade das tentativas, os pesquisadores desligaram a luz assim que os participantes deixaram o ponto de partida. Na outra metade de tentativas, as luzes permaneceram acesas durante todo o experimento. A lógica subentendida nesse procedimento era que, se fosse necessário um *feedback* visual para corrigir erros, o fato de as luzes terem sido apagadas deveria afetar seriamente a precisão. Os resultados levaram Keele e Posner a concluir que o tempo necessário para ocorrer a fase de correção se situava entre 190 e 260 ms. Entretanto, experimentos posteriores (p. ex., Zelaznik, Hawkins e Kisselbourgh, 1983) estenderam essa faixa para valores entre *150 e 260 ms.*

Um outro fator que interfere no papel da visão sobre o controle do direcionamento é *o grau de certeza sobre a disponibilidade da visão* durante o movimento. Se as pessoas não tiverem essa certeza, elas preparam o movimento como se não dispusessem da visão, isto é, elas preparam e desempenham o movimento como no caso de um circuito aberto. Uma série de experimentos conduzidos por Elliot e Allard (1985), mostraram evidências dessa estratégia. Quando os participantes sabiam antes de começar uma tentativa, que as luzes estariam acesas, seus movimentos, que levavam 225 ms, se beneficiavam do fato de dispor da visão. Entretanto, quando eles não sabiam se as luzes seriam mantidas acesas, o erro aumentava quando as luzes permaneciam acesas e diminuía quando as luzes eram apagadas.

Finalmente, é preciso considerar mais um fator para se poder entender o papel da visão no controle do movimento de direcionamento: o desempenho é beneficiado, quando é utilizada a mão preferencial. Provavelmente isso ocorre, porque as pessoas processam com mais eficiência a informação visual durante o movimento, se for usada a mão preferencial. Se a vantagem da mão preferencial for devida a um processamento mais eficiente da informação visual relativa àquela mão, é provável que esse processamento ocorra durante a fase de preparação (consulte Roy e Elliot, 1986). Entretanto, é preciso pesquisar mais esse assunto, para determinar até que ponto a vantagem da mão preferencial nos movimentos de direcionamento se deve a processos visuais (e não a processos motores).

Visão e preensão

A **preensão** é o ato de alcançar e agarrar um objeto, esteja ele parado ou em movimento. Essa ação é muito importante na capacitação de uma pessoa a realizar habilidades do dia-a-dia, tais como alcançar e segurar uma xícara para beber ou alcançar e apanhar uma caneta para escrever. A visão desempenha um papel fundamental nessas atividades.

Efeitos do papel da visão na preensão. Um efeito importante da visão no controle da preensão está na *fase da ação*. Na fase de transportar ou de alcançar, o braço leva a mão em direção ao objeto-alvo. Assim, na fase de orientação da mão, a pessoa direciona a mão na posição correta para segurar um objeto. O terceiro passo consiste na fase de agarrar, na qual a pessoa controla os dedos e o polegar para que eles possam segurar firmemente o objeto. Finalmente, ocorre a fase de erguer: a pessoa move o objeto segurado para cumprir a meta da ação, isto é, alcançar e segurar.

Variáveis da situação e da tarefa também influem no papel da visão no controle da preensão.

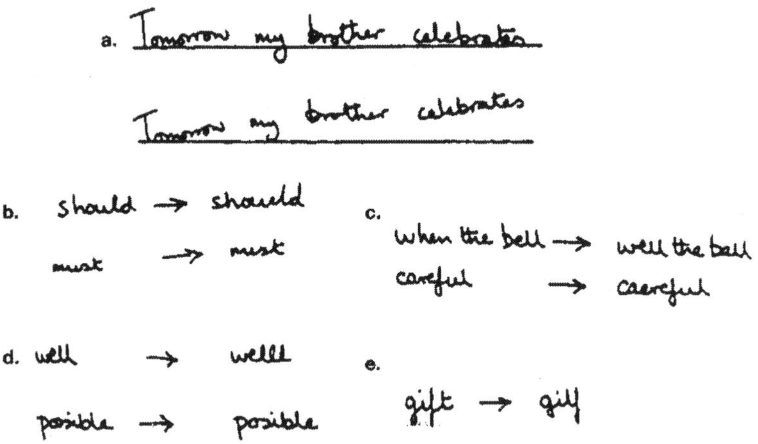

Figura 2.2-3 – *Exemplos de escrita à mão obtidos no experimento de Smith e Silvers mostrando os erros relacionados à escrita sem a visão (linha inferior em (a); lado direito da seta nos demais casos) comparados com a escrita usando a visão. (a) mostra erros relativos ao desvio da horizontal; (b) destaca erros relativos à adição e supressão de traços; (c) revela a adição e supressão de letras; (d) exibe a adição e supressão de repetição de letras duplas; (e) mostra a inversão de letras. (Reproduzido de Acta Physiologicia, Vol. 65, M. M. Smythe e G. Silvers, "Functions of Vision in the Control of Handwriting", pp. 47-64, 1987, por gentileza da Elsevier Science-NL, Sara Burgerharstraat 25, 1055 KV, Amsterdam, Holanda).*

Essas variáveis incluem as características do objeto, tais como tamanho, forma e textura, características da situação, como localização e orientação do objeto e requisitos da tarefa, como velocidade do movimento e o que a pessoa deve fazer com o objeto. Todas essas características podem influir no controle da preensão.

A visão constitui um elemento importante em cada uma das fases do alcançar e segurar da preensão. Antes de começar a alcançar, a pessoa capta informações visuais do objeto, como forma, textura e distância que a separa do objeto. De posse dessa informação prévia, ela define até onde o braço deve ir, como posicionar a mão e que força deverá ser aplicada para a mão chegar até o objeto, segurá-lo e trazê-lo. Dessa forma, os seres humanos utilizam informação detectada visualmente sobre o ambiente da tarefa, para capacitar o sistema de controle motor a iniciar o movimento do braço e da mão em direção ao objeto.

Se houver tempo suficiente, a visão também é responsável pelo controle adequado da mão e dos dedos enquanto o braço está se movimentando. Este controle, baseado no *feedback* visual, permite que a mão e os dedos se posicionem adequadamente de acordo com as características do objeto. Assim, durante o movimento, a visão fornece as informações necessárias aos ajustes que a pessoa deve fazer para que sua mão chegue com precisão até o objeto, segure-o e faça alguma coisa com ele. Se não houver tempo suficiente para utilizar o *feedback* visual ou se não se dispuser de *feedback* visual durante o movimento, é possível gerar comandos de movimento, especificando as características do segurar, *antes* de iniciar o movimento. Essas características são definidas por observação visual do objeto e do ambiente circundante antes de iniciar o movimento. As pesquisas que confirmam esses dois tipos diferentes de controle baseados na visão, mostram que se consome mais tempo para iniciar um movimento quando não se dispõe da visão depois dele iniciado, do que quando a visão está disponível continuamente durante o movimento.

Visão e escrita à mão

Uma quantidade considerável de evidências experimentais indica que a visão desempenha um papel importante no controle da escrita à mão. Por exemplo, Smyth e Silvers (1987) mostraram que uma pessoa, quando solicitada a escrever à mão com os olhos fechados, adiciona mais traços a algumas letras, omite traços de outras e duplica algumas letras. Observaram também que, se o *feedback* visual for atrasado enquanto a pessoa estiver escrevendo, ela cometerá mais erros, incluindo a repetição e o acréscimo de letras.

Baseados em suas próprias pesquisas e em resultados de outros pesquisadores, Smyth e Silvers concluíram que a visão desempenha duas funções distintas no controle da escrita à mão. Uma delas é de ajudar quem escreve a *controlar a disposição espacial geral de palavras em uma linha horizontal*. A figura 2.2-3 ilustra essa função, onde os exemplos de escrita à mão, obtidos de pessoas que escreveram sem usar a visão, apresentam diferentes inclinações relativamente à linha horizontal. A segunda função da visão é de ajudar quem escreve *a produzir padrões precisos de escrita à mão*, tais como os traços adequados e as letras necessárias para o texto escrito. A figura 2.2-3 também ilustra essa função. As pessoas que escreveram sem dispor da visão adicionaram ou omitiram traços, acrescentaram, excluíram e inverteram letras.

Visão e locomoção

Apesar de os cientistas de várias áreas já terem estudado a locomoção, o estudo do papel da visão no controle da locomoção é bastante recente. A visão desempenha um papel especialmente importante na locomoção, quando a pessoa que está se movimentando tem por meta interceptar ou evitar o contato com um objeto. Atualmente os pesquisadores são praticamente unânimes em concordar que essa ação é parcialmente controlada pela variável óptica *tau*, que fornece informações sobre o tempo de contato com o objeto.

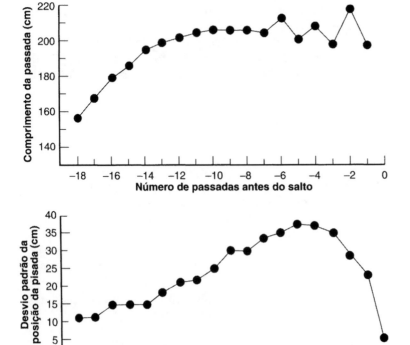

Figura 2.2-4 — *Gráfico redesenhado a partir dos resultados do experimento de Lee, Lishman e Thomson que mostra as características do comprimento da passada (parte superior) e dos erros-padrão para 6 saltos em distância de uma saltadora em distância de classe olímpica. (De D. N. Lee, J. R. Lishman e J. A. Thomson, "Regulation of Gait in Long Jumping" em Journal of Experimental Psycology: Human Perception and Performance, 8, 448-459, 1982. Direitos autorais " da American Psycological Association, 1982. Reprodução autorizada.)*

Saiba Mais

Pistas visuais podem ajudar pacientes do mal de Parkinson a caminhar

Pessoas que sofrem do mal de Parkinson normalmente têm dificuldades em controlar o passo ao caminhar. A estratégia a seguir, apresenta evidências empíricas e clínicas que garantem sua eficiência como coadjuvante no comportamento da caminhada de pacientes com mal de Parkinson.
Os terapeutas colocam pequenas linhas no solo, espaçadas de aproximadamente 0,5 m e perpendicularmente ao paciente, que é instruído a colocar os calcanhares sobre cada linha. As evidências experimentais (e.g., Forssberg, Johnels e Steg, 1984) mostram que essa estratégia pode ser tão eficiente quanto os efeitos da medicação L-Dopa sobre o passo da caminhada.
Além de iniciar uma estratégia clínica eficiente, a utilização de linhas espaçadas no solo como pistas visuais para ajudar a caminhada também demonstra o efeito da visão na locomoção. O passo dos pacientes portadores do mal de Parkinson torna-se praticamente normal quando esse procedimento é utilizado; isso fornece evidências adicionais da ligação ação-percepção entre a visão e o controle locomotor.

Um exemplo de evidência experimental que demonstra o efeito do tempo de contato sobre uma habilidade locomotora é o experimento realizado por Lee, Lishman e Thomson (1982). Atletas que se dedicam ao salto em distância precisam correr ao longo de uma pista e atingir com precisão uma plataforma de decolagem. Na experiência, os pesquisadores filmaram três atletas femininas, altamente qualificadas em saltos em distância, na aproximação à plataforma de decolagem. Analisando as variações nos comprimentos das passadas à medida que cada atleta se aproximava e contatava a plataforma de decolagem, em uma série de seis saltos, os pesquisadores observaram várias características importantes nos padrões das passadas. Examinaremos essas características utilizando os resultados de uma dessas atletas (um desempenho de nível olímpico) apresentados na figura 2.2-4.

Inicialmente, o comprimento das passadas da atleta aumentou nas primeiras cinco ou seis passadas; depois, começou a ser igual nas seis passadas seguintes. Essa parte foi relativamente consistente durante os seis saltos. Porém, nas seis passadas finais, alguma coisa diferente acontecia. A atleta começou a ajustar o comprimento das passadas para poder atingir a plataforma com precisão. Na verdade, ela executou quase 50% desse ajuste na última passada. A metade inferior da figura mostra porque ela teve que fazer esses ajustes. À medida que a atleta percorria a pista, pequenas inconsistências em cada passada iam se acumulando, de modo que quando ela estava a cinco passadas da plataforma, o erro padrão tinha chegado a 37 cm. Se não tivesse ajustado o comprimento da passada nas passadas restantes, ela teria deixado de atingir a plataforma de decolagem por uma margem de erro bem ampla.

Essas características de comprimento de passadas levaram os autores a descrever a preparação para um salto em distância em duas etapas: uma etapa aceleradora inicial, na qual um atleta produz padrões estereotipados de passadas, seguidos por uma etapa em fase zerada, quando o atleta modifica os padrões da passada para eliminar o erro acumulado. Eles concluíram que um competidor de salto em distância baseia seu processo de correção durante a segunda etapa, na informação visual dessas passadas obtida previamente. Isso significa que seu sistema visual capta a informação do tempo de contato da plataforma e orienta seu sistema de controle locomotor a fazer as modificações necessárias no comprimento das passadas.

É importante destacar que o uso da informação do tempo de contato para regular o passo não depende da qualificação da pessoa. Embora os atletas que participaram do estudo

> **Saiba Mais**
>
> **O *tau* e o agarrar**
>
> O papel desempenhado pela variável óptica tau no agarrar objetos é uma questão muito debatida. Wallace et al., (1992), por exemplo, mostraram que o *tau* funciona como um único disparador da ação, num dado tempo de contato, somente quando o objeto se aproxima diretamente da pessoa, numa rota de colisão com os olhos. Quando o objeto não se encontra nesse tipo de trajetória, como quando a pessoa agarra uma bola na lateral ou próxima do chão, a pessoa utiliza o *tau* juntamente com outros tipos de informação visual que a ajude a estimar o tempo de contato. A pessoa precisa então desenvolver uma estratégia adequada de movimento para poder agarrar o objeto com sucesso. Por exemplo, a pessoa pode utilizar o *tau* para determinar o tempo de movimento adequado do membro para preparar as mãos na posição de agarrar.

de Lee et al. sobre os saltos em distância fossem exímios saltadores, atletas novatos também efetuam ajustes semelhantes no comprimento das passadas, consistentes com o efeito do *tau* (Berg, Wade e Greer, 1994).

Os pesquisadores também verificaram que outros tipos de passo também sofrem ajustes durante a locomoção, com base na informação do tempo de contato visual. Alguns exemplos são as atividades locomotoras tais como: caminhar uma certa distância e pisar no alvo com um determinado pé (Laurent e Thomson, 1988); correr pisando nos alvos, como as pessoas fazem ao atravessar uma corredeira pisando sobre as pedras (Warren, Young e Lee, 1986); saltar de trampolim e fazer evoluções no cavalo durante exibições de ginástica olímpica (Meeuwsen e Magill, 1987). Em todas essas atividades, à medida em que as pessoas se aproximam dos alvos, ajustam o comprimento do passo de acordo com as informações do tempo de contato.

A informação visual também guia algumas atividades locomotoras cotidianas, como passar por portas (Warren, 1987) e subir escadas (Mark, 1987). Entretanto, a variável crítica, avaliada pela visão nessas duas últimas atividades, não era o tempo de contato, mas a razão entre o tamanho do vão da porta e a largura dos ombros ou da razão entre a altura do degrau da escada e o comprimento da perna do indivíduo.

Visão e saltos de altura

Saltar de uma plataforma para o chão é um outro tipo de habilidade em que os resultados experimentais confirmam a hipótese de que a variável óptica *tau* desencadeia ações preparatórias específicas, que permitem à pessoa atingir determinadas metas em tarefas. Em uma experiência realizada por Sidaway, McNitt-Gray e Davison (1989), as pessoas saltaram de três alturas diferentes: 0,72m, 1,04 m e 1,59 m. Os autores instruíram os participantes a atingir o solo com os dois pés sobre uma placa de força e manter sua atenção visual voltada para esta placa durante todo o salto.

Neste experimento, os pesquisadores estavam interessados em uma única característica: desejavam medir a atividade EMG do fêmoris rectus para poder avaliar o início da atividade nesse músculo, que é um acionador primário, em relação à altura em que a pessoa se encontrava do solo. A lógica pressuposta era que, de acordo com a abordagem de Lee sobre o papel da variável óptica *tau* como um mecanismo de disparo de uma determinada ação, deveria haver uma relação específica entre *tau* e o início da atividade do femoris rectus, independentemente da altura do salto. Os resultados da experiência confirmaram essas

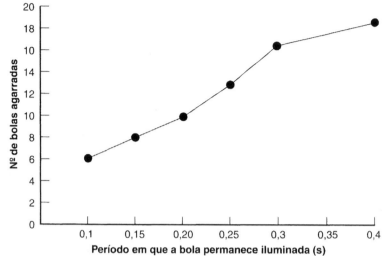

Figura 2.2-5 —Gráfico redesenhado a partir dos resultados do trabalho de Whiting e colaboradores mostrando o número de bolas apanhadas (em 20) em diferentes períodos de iluminação. (De H. T. A. Whiting, "Acquiring Ball Skills: G. Bell & Sons Ltd., 1969. Reprodução autorizada pela Bell & Hyman Ltd. Londres.)

previsões. Assim, a variável óptica *tau* era mediadora do controle do início da atividade muscular necessária para saltar de diferentes alturas, indicando que a visão exerce uma função crítica no controle do desempenho dessa habilidade.

Visão e apreensão

A apreensão de um objeto em movimento é caracterizada por três estágios. Primeiramente, a pessoa precisa mover o braço e a mão na direção do objeto que está se aproximando. Depois, precisa dar à mão a forma adequada para apanhar o objeto. Finalmente, os dedos precisam segurar o objeto. Williams e McCririe (1988) demonstraram os estágios da apreensão através de estudos com garotos de 11 anos tentando apanhar uma bola com somente uma das mãos. A análise do movimento durante a ação de apreensão mostrou que não havia nenhum movimento do braço durante os primeiros 160 a 240 ms de vôo da bola. Depois, começava uma flexão gradual do cotovelo, que continuava lenta e uniformemente por cerca de 80% do tempo de vôo da bola. Praticamente no mesmo instante os dedos começavam a se estender. A mão começava a se afastar da bola que vinha se aproximando até ter decorrido cerca de metade do tempo de vôo da bola. Então, o braço acelerava em torno do ombro, produzindo o transporte da mão à posição adequada para interceptar a bola no espaço. Os garotos que apanharam a bola começaram a ação do posicionamento final 80 ms antes daqueles que falharam em apanhá-la. No momento em que 75% do tempo de vôo da bola tinha sido completado (113 ms antes do contato), os garotos bem-sucedidos tinham as mãos e os dedos em estado de prontidão para apanhar a bola.

Esses resultados indicam que a visão fornece informações antecipadas para capacitar o sistema de controle motor a posicionar, *espacial e temporalmente os braços, as mãos e os dedos antes que a bola chegue*, para que o indivíduo possa agarrá-la. É interessante notar que a pessoa baseia a ação de agarrar na informação obtida antes de a bola realmente fazer contato com a mão. O *feedback* tátil e o proprioceptivo são envolvidos depois do contato, porque a pessoa que vai agarrar a bola precisa fazer ajustes para agarrá-la. Torna-se evidente, então, que quando a pessoa capta a informação crítica para apanhar um objeto, tanto a visão central quanto a visão periférica estão agindo.

Tempo necessário para ver um objeto e agarrá-lo. Consideraremos aqui duas questões referentes ao papel da visão na apreensão de um objeto. A primeira é a seguinte: *Durante* *quanto tempo uma pessoa precisa observar um objeto antes de agarrá-lo?*

Um experimento clássico conduzido por Whiting, Gill e Stephenson (1970) forneceu uma resposta a essa questão. Os experimentadores projetaram uma bola especial que podia ser iluminada durante intervalos de tempo específicos durante o vôo. Os participantes sentavam-se em um quarto escuro e eram solicitados a apanhar a bola com a maior freqüência possível. A bola era iluminada 0,1/ 0,15/ 0,2/ 0,25/ 0,3 e 0,4 s durante o vôo. Quanto mais tempo a bola permanecia iluminada, mais vezes os participantes a agarravam (veja a ilustração da figura 2.2-5). Entretanto, se olharmos mais atentamente para esses resultados, perceberemos que havia pouca diferença no número de apreensões feitas entre as condições de 0,3 e 0,4 s. Esse resultado sugere que, depois de um período inicial, que dura pelo menos 0,3 s (ou 300 ms), a informação visual que as pessoas recebiam da bola não era mais crítica para a ação de agarrá-la. Isso, naturalmente, se aplica somente a uma bola que não terá sua trajetória de vôo alterada inesperadamente depois desse período.

Ainda persiste uma dúvida relacionada a esta primeira questão: *O objeto precisava ser visto continuadamente?* Em uma série de experimentos conduzidos por Elliot, Zuberec e Milgram (1994), as pessoas eram solicitadas a agarrar a bola utilizando apenas uma das mãos e usando óculos especiais cujas lentes se tornavam transparentes ou opacas intermitentemente. Os resultados mostraram que o tempo de visão crítica total era somente de 100 ms dos 1.000 ms do tempo de vôo da bola. Um resultado ainda mais intrigante era o seguinte: os participantes eram mais bem-sucedidos em agarrar bolas, quando viam intermitentemente breves instantâneos (20 ms) da bola a cada 80 ms durante o vôo. Curiosamente, esses resultados são muito semelhantes àqueles relatados no caso de pessoas caminhando sobre uma pinguela ou sobre uma escada horizontal, tendo sua visão interrompida intermitentemente (Assaiante, Marchand e Amblard, 1989).

Todos esses experimentos, permitem concluir que as pessoas podem utilizar amostras visuais das características críticas do ambiente para obter a informação necessária para desempenhar satisfatoriamente determinadas ações, se essas amostras forem tomadas com um intervalo de tempo muito curto entre elas (80 ms) e durante um período suficiente (10 % do total). Somos capazes de corrigir ações, quando é feita uma amostragem intermitente da informação visual. Isso explica como as pessoas podem desempenhar com sucesso atividades tão distintas como tentar fazer um gol no hóquei sobre gelo, tendo que acertar no disco que desliza entre vários pares de pernas e ainda manter o equilíbrio e a posição dos pés ao patinar abrindo caminho entre vários adversários.

Visão das mãos e apreensão. A segunda questão relacionada à apreensão é a seguinte: *É preciso que a pessoa veja suas mãos ao longo do vôo de uma bola para poder agarrá-la com sucesso?* Em um dos primeiros experimentos que investigaram essa questão, Smyth e Marriott (1982), prenderam um tipo de tela aos participantes, de maneira tal que eles podiam ver a bola se aproximando, mas não podiam ver suas próprias mãos. Quando os participantes viam as mãos, conseguiam apanhar 17,5 bolas em 20 lançamentos. Entretanto, quando *não* viam as mãos, apanhavam em média, somente 9,2 bolas em 20. Mais que isso, quando *não* podiam ver as mãos, os participantes normalmente cometiam erro no posicionamento das mãos; não conseguiam posicionar suas mãos corretamente no espaço para interceptar a bola. Mas quando podiam ver as mãos, os erros comuns envolviam o agarrar: eles começavam a flexionar os dedos muito antes do que era preciso para agarrar a bola.

Embora evidências adicionais tenham mostrado que a precisão da apreensão diminui quando a pessoa não pode ver as mãos durante o vôo da bola (p.ex., Rosenberg, Pick e von Hofsten, 1988), parece haver uma importante restrição a esta conclusão. A *experiência* é um fator importante que influi no sucesso de uma pessoa que agarra uma bola quando ela não

CAPÍTULO 2 ■ O CONTROLE DO MOVIMENTO COORDENADO

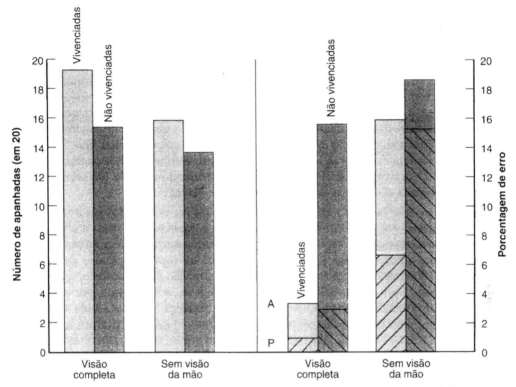

Figura 2.2-6— *Resultados do experimento de Fishman e Schneider mostrando o número de bolas apanhadas com a mão direita (em 20) por jogadores de beisebol/softbol treinados e por pessoas não-treinadas e a porcentagem de erros cometidos (numa base de 360 tentativas) por cada grupo, que foram classificados como erros de posicionamento (P) ou no agarrar (A) quando as pessoas podiam ou não ver as mãos. (Fonte: Dados de M. G. Fishman e T. Schneider, "Skill Level, Vision and Proprioception in Simple One-Hand Catching" em Journal of Motor Behavior, Vol. 17, p. 219-229, 1985.)*

pode ver as mãos. Isso era esperado, conforme argumenta Davids (1988), porque a utilização eficiente da visão periférica é uma função da idade e da experiência. Como usamos a visão periférica para ver nossas mãos quando tentamos apanhar um objeto que vem em nossa direção, é lógico esperar que a necessidade de ver as mãos ao agarrar a bola dependerá de nossa idade e experiência.

Fishman e Schneider (1985), relataram evidências empíricas que confirmam o resultado da experiência. Utilizando os mesmos procedimentos experimentais seguidos por Smyth e Marriott, Fishman e Scheider incluíram participantes que tinham tido pelo menos cinco anos de experiência em competições universitárias de beisebol ou basquetebol. Os resultados desse experimento (figura 2.2-6) mostraram que, embora o número de apreensões tivesse diminuído quando a pessoa não podia ver as mãos, o tipo de erro não dependia do fato de o participante poder ver suas mãos ou não. Entretanto, para os agarradores de bola inexperientes, ocorreram mais erros de posicionamento do que de apreensão, quando eles não podiam ver suas mãos.

Visão e rebatida de um objeto em movimento

Dois experimentos investigando o rebater um objeto em movimento ilustram como a visão está envolvida nesse processo.

Visão e tacada em uma bola de beisebol. O experimento mais conhecido que trata do papel da visão ao rebater uma bola de beisebol foi realizado por Hubbard e Seng (1954). Utilizando técnicas fotográficas, eles notaram que os participantes, incluindo vinte e cinco jogadores profissionais de beisebol, podiam seguir a bola somente até um determinado ponto era o ponto em que faziam o giro. Esse ponto não coincidia com o ponto onde o taco fazia contato com a bola. Cada batedor tendia a sincronizar o início do passo para frente com o lançamento da bola pela mão do lançador. E, o mais importante, era que a duração dos giros dos batedores eram absolutamente consistentes de girar para girar, indicando que os batedores ajustavam o início do giro de acordo com a velocidade da bola lançada que vinha se aproximando. Curiosamente, esses resultados concordam exatamente com as expectativas da estratégia baseada no *tau* para o rebatimento da bola. Ou seja, o início da ação de dar a tacada ocorria em um tempo de contato crítico.

Alguns dos resultados de Hubbard e Seng foram ou verificados ou ampliados em pesquisas relatadas até hoje. Por exemplo, trinta anos mais tarde, Bahill e LaRitz (1984), utilizaram uma tecnologia mais sofisticada para monitorar com mais precisão os movimentos dos olhos e da cabeça de um jogador de beisebol da liga principal e de jogadores universitários. A experiência foi conduzida em uma situação de laboratório, que simulava respostas dos jogadores a uma bola rápida, alta e para fora, arremessada por um lançador canhoto para um batedor destro. O jogador da liga principal seguiu a bola visualmente durante um tempo mais longo do que os demais. Os universitários seguiram a bola até um ponto cerca de 3 m na frente da placa e, a partir desse ponto, seu acompanhamento visual passou a ser atrás da bola. O jogador profissional manteve o acompanhamento visual da bola até ela atingir um ponto cerca de 1,8 m na frente da placa antes de ultrapassá-la. Além disso, indepen-dentemente da velocidade do lançamento, o jogador profissional seguiu o mesmo padrão de acompanhamento visual e foi muito consistente nas posturas assumidas para cada lançamento. A posição da sua cabeça variou menos de um grau em todos os lançamentos. Curiosamente, ele fez leves movimentos de cabeça enquanto acompanhava a bola, mas jamais moveu o corpo.

Visão e rebatidas em tênis de mesa. Em um estudo que incluiu cinco dos melhores jogadores de tênis de mesa da Holanda, Bootsma e van Wieringen (1990), a partir dos resultados de uma análise de movimentos, mostraram que os jogadores não podiam confiar plenamente na produção consistente de movimentos. Os jogadores pareciam compensar algumas diferenças nos tempos de início de seus balanços a fim de bater na bola o mais rápida e precisamente possível. Por exemplo, quando o tempo de contato era mais curto no início do balanço, os jogadores faziam uma compensação aplicando uma força maior na batida. As evidências experimentais sugeriram que alguns desses jogadores faziam ajustes muito finos em seus balanços enquanto se movimentavam. Assim, embora a informação visual possa deflagrar o início do balanço e fornecer informação sobre suas características fundamentais, a visão também fornece informações que o jogador pode usar para fazer ajustes de compensação no balanço inicial, ainda que esses ajustes sejam mínimos em relação aos valores de tempo e espaço envolvidos.

Resumo

A propriocepção e a visão são duas fontes importantes de *feedback* envolvidas no controle do movimento. Para investigar o papel desempenhado pelo *feedback* proprioceptivo no controle do movimento, os cientistas utilizaram várias técnicas experimentais para eliminá-lo. O método mais direto envolve a deaferenciação. Quando animais foram deaferenciados

Saiba Mais

"Observe a bola o tempo todo até o taco!"

"Observe a bola o tempo todo até o taco". Esta é uma instrução comum que os treinadores de beisebol dão aos jogadores ao ensiná-los a bater na bola. Tendo isso em mente, é interessante notar que evidências experimentais (e.g., Bahill e LaRitz, 1984) mostram que os batedores provavelmente nunca vêem o taco bater na bola. Se isso acontecer, é porque no seu foco visual, eles saltaram de algum ponto do vôo da bola para o ponto de contato no taco. Eles não seguiram a trajetória da bola visualmente de forma contínua, o tempo todo, até o ponto de contato, porque em princípio, isto é fisicamente impossível. Os batedores, geralmente seguem a bola até um certo ponto e então saltam visualmente para um ponto onde pressupõem que a bola estará no contato com o taco.

É importante notar que os batedores mais experientes observam a bola durante um período mais longo do que os jogadores menos qualificados. Os principiantes tendem a deixar que o movimento do início do balanço para tacar influa na posição da sua cabeça e a "mover" a cabeça desviando-a da posição que permite ver a área de contato bola/taco.

Do ponto de vista instrucional, essas características sugerem que é *importante* dar a instrução "Observe a bola o tempo todo até o taco". Mesmo que a pessoa não possa realmente fazer isso, essa instrução chama a atenção visual da pessoa para que ela acompanhe fisicamente a trajetória da bola durante o maior tempo possível e mantenha a cabeça numa posição que lhe permita ver a área de contato entre o taco e a bola.

depois de terem aprendido uma habilidade, continuaram a desempenhar esta habilidade, embora com limitações distintas na capacidade de desempenho. Os humanos deaferenciados, devido a cirurgia para colocação de próteses de articulações ou a neuropatias ou que simularam a deaferenciação através de procedimentos de bloqueio de nervos, apresentaram características semelhantes. Os resultados dessas abordagens mostraram que o *feedback* proprioceptivo é importante no controle do grau de precisão nos movimentos dos membros e no *timing* do início dos comandos motores.

A visão tende a ser dominante como fonte de informação sensorial no controle de movimentos voluntários. Essa tendência é bem ilustrada por situações em que a visão e o *feedback* proprioceptivo fornecem informações conflitantes, como na experiência da sala em movimento. Pesquisas sobre atividades de direcionamento manual mostraram que o sistema de controle motor requer um período de tempo para a correção de erros de aproximadamente 150 a 260 ms, para que o *feedback* visual altere um movimento. Examinamos o papel que a visão desempenha no controle do movimento discutindo uma variedade de habilidades motoras e descrevendo como a informação visual é importante no desempenho de habilidades como: direcionamento manual, preensão, escrita à mão, habilidades locomotoras, saltos de altura, agarrar uma bola, e rebater uma bola de beisebol ou de tênis de mesa. Um dos papéis consistentes da visão nessas habilidades é de ajudar as pessoas a preparar os movimentos dos membros e do corpo, em relação às características da posição inicial dos membros e do corpo e às características do ambiente do desempenho. Em habilidades que exigem movimentos precisos dos membros, a visão fornece informações para a corrigir os erros e garantir que o indivíduo execute o movimento com precisão.

Leituras relacionadas

Abernethy, B., and R. Burgess-Limerick. 1992. Visual information for the timing of skilled movements: A review. In J.J. Summers (Ed.), *Approaches to the study of motor control and learning* (pp. 343-84). Amsterdam:Elsevier.

Bootsma, R. J. 1991. Predictive information and the control of action: What you see is what you get. *International Journal of Sport Psychology* 22: 271-78

Carnahan, H., M. A. Goodale, and R. G. Marteniuk. 1993. Grasping versus pointing and the differential use of visual feedback. *Human Movement Science* 12: 219-34.

Goodale, M. A., and P. Servos. 1997. Visual control of prehension. In H. N. Zelaznik (Ed.), *Advances in motor learning and control* (pp. 87-121). Champaign, IL: Human Kinetics.

Postier, S. J., and G. P. van Galen. 1992. Immediate vs. postponed visual feedback in practising a handwriting task. *Human Movement Sciense* 11: 563-92.

Savelsbergh, G.J.P.,H.T.A. Whiting, and R. J. Bootsma. 1991. Grasping tau. *Journal of Experimental Psychology: Human Perception and Performance* 17: 315-22.

Tresilian, J. R. 1994. Approximate information sources and perceptual variables in interceptive timing. *Journal of Experimental Psychology: Human Perception and Performance* 20: 154-73.

Whiting, H.T.A., G.J.P. Savelsbergh, and J. R. Pijpers.1995. Specificity of motor learning does not deny flexibility. *Applied Psychology: An International Review* 44: 315-32.

Conceito 2.3
As teorias do controle motor fornecem as bases para compreendermos como controlar habilidades motoras complexas

Termos-chaves

Compromisso entre velocidade e precisão
Lei de Fitts
Índice de dificuldade (ID)
Coordenação bimanual

Aplicação

Procedimentos adequados de treinamento e reabilitação são importantes para ajudar as pessoas a adquirirem habilidades com eficiência. A teoria do controle motor constitui uma base de apoio importante para o desenvolvimento desses procedimentos. Entretanto, o primeiro passo consiste em estabelecer como a teoria do controle motor explica o controle de determinadas habilidades motoras. O mecanismo e as influências a que está sujeito, tornam o controle de habilidades coordenadas tão complexo, que é praticamente impossível estabelecer explicações aceitas universalmente para a maioria das habilidades. Até mesmo uma simples habilidade de posicionamento de membros, em que a pessoa move um membro até um determinado ponto do espaço, envolve um conjunto complexo de interações pessoais e ambientais que os cientistas devem levar em conta ao explicar o desempenho da ação. Embora os especialistas discordem quando tentam explicar o controle de certas habilidades específicas, todos concordam sobre a necessidade de encontrar essas explicações.

Discussão

Nos últimos anos, um número crescente de pesquisadores vêm observando as habilidades cotidianas e as habilidades esportivas para tentar explicar teoricamente como essas habilidades são produzidas. Discutiremos algumas dessas habilidades para termos uma noção do estado atual das pesquisas sobre a questão do controle.

Habilidades manuais de direcionamento

Uma característica da maioria das habilidades manuais de direcionamento consiste no desempenho rápido e preciso de uma habilidade. Quando a velocidade e a precisão estiverem relacionadas a um desempenho bem-sucedido de uma habilidade, estaremos observando um dos princípios fundamentais do desempenho motor: *um compromisso entre a velocidade e a precisão*. Isso significa que, quando a pessoa dá mais ênfase à velocidade, a precisão é reduzida. E inversamente, quando ela dá prioridade à precisão, a velocidade é reduzida.

A Lei de Fitts. **O compromisso entre a velocidade e a precisão** é uma característica tão comum no desempenho motor ,que pode ser descrito por uma equação matemática. De acordo com o trabalho de Paul Fitts (1954), a **Lei de Fitts** mostra que numa tarefa há dois componentes essenciais em que ocorre o compromisso entre a velocidade e a precisão. Esses componentes são a *distância* a ser percorrida e o *tamanho do alvo*. A lei de Fitts especifica a relação entre esses dois componentes, para que o tempo de movimento possa ser calculado.

A lei de Fitts descreve essa relação da seguinte forma:

$$TM = a + b \log_2 (2D/L)$$

onde

    TM   é o tempo de movimento
    a e b são constantes
    D   é a distância percorrida
    L   é a largura ou tamanho do alvo

Isto é, o tempo do movimento será igual ao logaritmo na base dois de duas vezes a distância percorrida dividida pelo largura do alvo. À medida em que o tamanho do alvo vai sendo reduzido ou à medida em que a distância se torna maior, a velocidade do movimento diminui para que o movimento seja preciso. Em outras palavras, há um compromisso entre a velocidade e a precisão.

Fitts mostrou que, devido à relação intrínseca entre o tamanho do alvo e a distância percorrida, a equação $\log_2(2D/L)$ fornece **um índice de dificuldade (ID)** para as habilidades de direcionamento. O índice especifica que, quanto mais alto for o ID, mais difícil será a tarefa, pois tarefas mais difíceis exigirão maior tempo de movimento. A figura 2.3-1 contém diversos exemplos de ID para diferentes características inversas de tarefa de direcionamento.

Fitts baseou seu cálculo original em uma tarefa de batimento inverso em que os participantes faziam movimentos repetidos para frente e para trás, o mais rapidamente

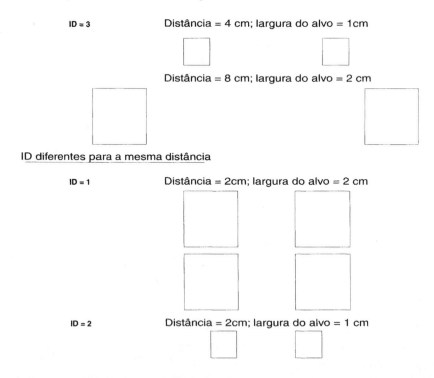

Figura 2.3-1—*Exemplos de índices de dificuldade (ID) para tarefas de pontaria recíproca com diferentes características de dimensões do alvo e/ou distâncias. A dificuldade da tarefa é indexada de acordo com o ID de forma que ao ID mais alto corresponde a tarefa mais difícil. O ID é calculado de acordo com a equação da Lei de Fitts:ID=$\log_2$ (2• distância/largura). [Observe que a largura é medida da extremidade mais próxima de cada alvo].*

possível, entre dois alvos, durante um determinado período. Nessa tarefa foi solicitado que os participantes dessem ênfase à precisão. Desde o trabalho inicial de Fitts, outros pesquisadores determinaram que a relação intrínseca entre velocidade e precisão para a tarefa de batimento inverso pode ser generalizada para uma larga faixa de situações de desempenhos de habilidades motoras. Por exemplo, quando as pessoas desempenham habilidades de direcionamento manual simples – como movimentar pinos de um lugar a outro para inseri-los em um buraco, ao atirar dardos em um alvo, alcançar e segurar recipientes de diferentes tamanhos, mover um cursor sobre uma tela até um alvo – todas essa ações demonstram características de tempo de movimento previstas pela Lei de Fitts.

A lei de Fitts e o controle motor. Um aspecto significativo de muitas demonstrações da Lei de Fitts, é entender porque o compromisso entre a velocidade e a precisão continua a despertar o interesse dos cientistas que estudam o movimento. Apesar de várias hipóteses terem sido propostas, há um consenso geral de que o compromisso entre velocidade e precisão é uma função da operação dos processos de circuitos aberto e fechado durante o desempenho.

Entre essas hipótese, destaca-se uma desenvolvida por Crossman e Goodeve (1963). Eles propuseram que, quando uma pessoa desempenha movimentos rápidos de direcionamento que exigem precisão, o controle programado de circuito aberto é responsável pelo início do movimento executado pela pessoa em direção ao alvo. Então a pessoa utiliza o *feedback* intermitentemente para gerar submovimentos que fazem correções ao longo do caminho, até que o alvo seja contatado. O TM aumenta necessariamente, porque distâncias maiores ou alvos menores exigem maiores correções. Para uma tarefa de batimento recíproco, parte do aumento do TM ocorre porque a pessoa despende mais tempo em contato com cada alvo antes de passar para o alvo seguinte. A estratégia permite que a pessoa avalie o *feedback* visual para planejar corretamente um movimento seguinte.

Às vezes, as pessoas desempenham um movimento de direcionamento tão rápido, que não conseguem usar o *feedback* para fazer as correções durante o movimento. Nesses casos, o modelo *timing* do impulso proposto por Schmidt et al. (1979) parece desempenhar um papel importante. Do acordo com esse modelo, a pessoa prepara um programa motor em que os comando enviados para os músculos são traduzidos em impulsos, que são as forças produzidas ao longo do tempo. Como resultado, o braço é fortemente impulsionado em direção ao alvo durante a parte inicial do movimento. A precisão no direcionamento é uma função dos valores da força e do tempo envolvidos. Como os valores de força e de tempo estão relacionados com a variabilidade do movimento resultante, o aumento da velocidade do movimento resulta em movimentos mais variáveis. Portanto, se um movimento com uma certa velocidade for impreciso, a pessoa precisará diminuir o movimento do membro para aumentar a precisão do direcionamento.

Meyer et al. (1988) desenvolveram um modelo que leva em conta elementos positivos dos modelos de Crossman e Goodeve e da variabilidade de impulso; chamaram-no de *modelo de impulso inicial otimizado*. De acordo com esse modelo, a pessoa faz um movimento inicial em direção ao alvo programando e executando um impulso inicial. Se o movimento for preciso, nada mais precisa ser feito. Entretanto, se o movimento for impreciso, a pessoa prepara um submovimento baseado no *feedback*, que ajusta a velocidade utilizada para o primeiro movimento. Esse processo prossegue até que o indivíduo produza um movimento preciso. Quando a solução ótima é atingida, a pessoa modifica o tempo do movimento durante cada movimento para poder atingir o alvo com precisão. Meyers et al. forneceram o suporte matemático necessário para esse modelo, mostrando que o número de submovimentos executados está relacionado com o tempo do movimento, a distância e o tamanho do alvo.

Saiba Mais

As restrições da tarefa e os objetivos do praticante afetam a interação entre velocidade e precisão

Os profissionais que se dedicam ao estudo do controle motor, freqüentemente desprezam as interações entre o executante e a habilidade. Mas a forma como as pessoas desempenham habilidades que demandam velocidade e precisão, enfatiza a importância de se considerar essas interações. Um experimento conduzido por Adams (1992) ilustra muito bem a interação entre o objetivo da pessoa e as restrições impostas pela tarefa.

Os participantes desempenhavam tarefas de executar batidas inversas com diferentes características do ID de Fitts. Embora fossem instruídos a se movimentar com a maior velocidade e precisão possíveis, os resultados do tempo do movimento e a precisão do desempenho revelaram que os participantes determinavam seus próprios objetivos de desempenho, que foram classificados em objetivos de velocidade, precisão ou velocidade-precisão. A análise de movimento de seu desempenho classificado de acordo com cada um desses objetivos mostrou características cinemáticas distintas do movimento para cada objetivo. Por exemplo, quando o objetivo do participante era a precisão, o tamanho do alvo e a distância entre os alvos eram fatores que afetavam particularmente as características do movimento; ao contrário, quando o objetivo do praticante era a velocidade, as restrições impostas pela tarefa não influíam tanto.

Pesquisadores continuam tentando explicar porque o desempenho de tarefas envolvendo velocidade e precisão pode ser tão bem descrito pela Lei de Fitts. No momento em que se dispõe de ferramentas mais sofisticadas para analisar o movimento, as oportunidades para avaliar mais adequadamente estas hipóteses devem aumentar. Atualmente, há um consenso geral entre os cientistas de que a hipótese mais conveniente deverá incluir uma combinação de processos de controle de circuitos aberto e fechado.

Preensão

As habilidades que exigem preensão estão intimamente relacionadas às habilidades de direcionamento manual. O modelo de controle de preensão mais antigo, proposto por Jeannerod (1981, 1984), atribuía papéis críticos ao *feedback* visual e ao programa motor. Nesse modelo, as fases de transporte (isto é, de alcançar) e de agarrar da preensão eram controladas por diferentes mecanismos. O modelo propunha que a fase do segurar deveria estar sob controle de *feedback* para permitir suas adaptações específicas. A fase do alcançar, incluindo o *timing* para abrir os dedos e o polegar, ocupava uma posição de destaque no programa motor.

Entretanto, mais recentemente, os pesquisadores vêm questionando a independência das duas fases da preensão. Como foi verificado que algumas situações influíam nas características das duas fases, do alcançar e do segurar, especula-se atualmente se as duas fases não estariam agindo com maior sincronismo do que inicialmente supunham os cientistas. Evidências experimentais mostram que, em certas situações de preensão, o *timing* para os eventos alcançar e segurar estão fortemente correlacionados (p. ex., Jakobson e Goodeve, 1991).

Parece que as duas fases da preensão obedecem a um mecanismo de controle de ordem superior, que monitora toda a ação (veja Paulignan, Jeannerod, MacKenzie e Marteniuk, 1991). Esse monitoramento permite a coordenação entre as fases do alcançar e do segurar. Um exemplo dessa coordenação é que o fechamento da mão ocorre aproximadamente a

Saiba Mais

Situações de preensão ilustram a adaptabilidade do controle motor

Um experimento desenvolvido por Steenbergen, Marteniuk e Kalbfleish (1995), fornece uma boa ilustração da capacidade de adaptação do sistema de controle motor. Vemos essa adaptabilidade quando as pessoas alteram o movimento de uma determinada ação para acomodar características da situação da tarefa. Os autores pediram aos participantes que alcançassem e segurassem um copinho de isopor para café, que podia estar cheio ou vazio. Os participantes tinham que pegar o copinho que se encontrava a 30 cm à sua frente e colocá-lo sobre um alvo redondo de 20 cm de diâmetro situado à sua direita ou esquerda. A análise do movimento da mão nas fases de transportar e segurar revelaram diferenças interessantes no âmbito do movimento, dependendo de que mão a pessoa utilizava e se o copinho estava cheio ou vazio. Por exemplo, durante a fase do transporte, a velocidade da mão era sensivelmente mais rápida e, quando o copinho estava vazio, a velocidade de pico era atingida antes. O tempo para segurar com firmeza, também variava de acordo com as características do copinho. Na fase de transporte com o copinho cheio, a abertura máxima ocorria antes, uma situação que exigia maior precisão do movimento. Em termos da coordenação das articulações envolvidas na ação, os participantes congelavam os graus de liberdade das articulações do ombro, cotovelo e pulso durante os movimentos de preensão tanto para o copinho cheio quanto para o copinho vazio. Entretanto, quando o copinho estava cheio, os participantes aumentavam a estabilização durante o movimento, fazendo um ajuste na postura do tronco movendo o ombro para a frente.

dois terços do tempo total do movimento, independentemente da distância do movimento ou do tamanho do objeto (Chielfi e Gentilucci, 1993).

Vários experimentos mostraram que características do *timing* relativo da preensão geralmente são invariantes (p.ex., Wallace e Weeks, 1988). Entretanto, embora esses resultados sejam consistentes com a abordagem de controle do programa motor generalizado, Wallace e Weeks afirmam que estas invariâncias podem ser explicadas sem a necessidade de um programa motor. Seguindo os argumentos fornecidos pela abordagem dos sistemas dinâmicos, eles propuseram que o tempo relativo observado em seus experimentos não decorria de nenhum comando central, mas eram evidências de uma unidade funcional ou estrutura coordenativa. A invariância do tempo relativo era uma decorrência do desempenho dessa unidade, devido a restrições da tarefa que estava sendo desempenhada.

Até o momento, tanto a abordagem do programa motor quanto a dos sistemas dinâmicos, tentam explicar as características cinemáticas do *timing* e da preensão. É preciso esperar pelo desenvolvimento de novas pesquisas para determinar se alguma dessas abordagens, ou uma outra, será capaz de explicar melhor esse controle.

Escrita à mão

As pesquisas responsáveis pelos mecanismos de controle da escrita à mão constituem um tema de destaque no estudo do controle motor. A maior parte do conhecimento teórico e das pesquisas sobre o controle da escrita à mão provém do trabalho desenvolvido pela Universidade de Nijmegen na Holanda e pela Universidade de Cambridge na Inglaterra.

Os pesquisadores em geral concordam em que diferentes mecanismos de controle estão envolvidos no controle do que as pessoas escrevem (letras, palavras, números, etc.) e de como elas o fazem (rabiscos que produzem as letras, palavras, etc. ao longo da escrita).

Ao considerarmos o ato de escrever à mão, do ponto de vista anatômico, notamos que há uma grande variabilidade individual dependendo do segmento do membro envolvido. Mas, quando os pesquisadores obtêm amostras de escrita à mão de uma pessoa, passam a

> **Saiba Mais**
>
> **Uma demonstração da equivalência motora na escrita à mão**
>
> **ASSINE**
> 1. com uma caneta na mão preferencial.
> 2. com uma caneta na mão não-preferencial.
> 3. segurando a caneta com os dentes.
> 4. com a mão preferencial usando giz e quadro-negro.
>
> Compare as características espaciais das quatro amostras de escrita à mão
> 1. Descreva as semelhanças que você notou.
> 2. Descrevas as diferenças que você notou.
>
> Sem dúvida alguma, determinados elementos de sua assinatura permaneceram constantes, independentemente do grupo de músculos envolvidos na ação de escrever. Sua capacidade de acionar vários grupos de músculos ao assinar, demonstra como o ato de escrever à mão ilustra bem o conceito de equivalência motora.

reforçar a *equivalência motora* proposta por Bernstein (1967). Isto é, a pessoa se adapta às necessidades específicas impostas pelo contexto da escrita e ajustam o tamanho, a força, a direção e até os músculos para satisfazer a essas imposições. O resultado surpreendente é que há um alto grau de semelhança em características tais como formato de letras, inclinação da escrita, força relativa na produção do traço e *timing* relativo entre os traços. As pessoas encontram alguma dificuldade em alterar características como o tempo de movimento e o tamanho da escrita, entre outras*.

A complexidade do controle da escrita à mão dificulta o desenvolvimento de um modelo simples de controle que descreva os componentes desse processo (consulte van Galen, 1991). Um pessoa pode fazer sua assinatura ou escrever uma frase familiar com a mão preferencial, com a mão não-preferencial, com o pé, ou segurando a caneta com a boca; isto sugere que pelos menos os aspectos espaciais da escrita estão representados no sistema da memória de uma forma abstrata. Essa capacitação de equivalência motora, também sugere o envolvimento de estruturas coordenativas no controle da escrita à mão.

Um outro aspecto interessante do ato de escrever à mão é a ação simultânea de vários processos de controle. Para escrever uma sentença, a pessoa precisa utilizar tanto processos léxicos e semânticos quanto de controle motor. O ato de escrever requer que a pessoa recupere palavras da memória. Essas palavras precisam ter um significado que se ajuste ao que o escritor deseja expressar. Para escrever uma sentença é preciso dispor de uma construção gramatical. Para compor uma palavra, é preciso usar certas letras e para traçar as letras são necessários determinados movimentos do membro da pessoa para que as letras se insiram no contexto, com tamanho e forma adequados. Além disso, a pessoa precisa segurar o instrumento utilizado para escrever com a força necessária para produzir as letras. A capacidade dos seres humanos de pôr em prática esses elementos cognitivos e motores em tempos relativamente curtos, demonstra tanto a complexidade quanto a elegância dos processos de controle envolvidos no ato de escrever a mão.

* Para uma discussão mais completa das características da escrita à mão relacionadas a processos de controle motor, veja o número especial do **Human Movement Science** (May 1991, vol. 10), editado por van Galen, Thomassen e Wing.

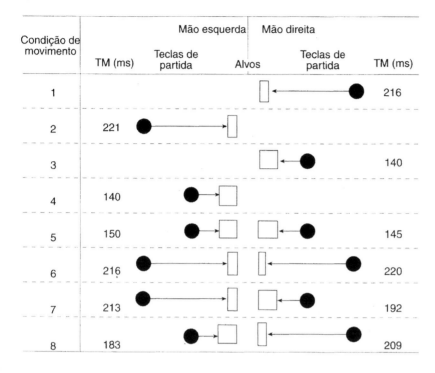

Figura 2.3-2 — Escores do tempo de movimento dos movimentos com uma e duas mãos para alvos de diferentes distâncias e dimensões, relatados no segundo experimento conduzido por Kelso, Southard e Goodman. (Fonte: Dados de J. A. S. Kelso et al., "On the Coordination of Two-handed Moviments" em Journal of Experimental Psychology: Human Perception and Performance, 1979, 5, 229-238).

Habilidades de coordenação bimanual

Além das habilidades de coordenação unimanual, os seres humanos possuem muitas outras habilidades motoras nas quais o desempenho bem-sucedido depende do desempenho simultâneo dos dois braços. Às vezes, os dois membros fazem exatamente a mesma coisa; isto acontece quando uma pessoa rema um barco ou quando uma pessoa sentada em uma cadeira de rodas gira as rodas para fazer a cadeira mover-se para frente ou para trás. Mas, do ponto de vista do controle, seguramente as situações mais interessantes são aquelas em que cada membro precisa fazer um movimento diferente. Por exemplo, um violonista pressiona as cordas do violão com uma das mãos para produzir os acordes, enquanto a outra mão dedilha ou tange as cordas para produzir o som. Um baterista é capaz de produzir um ritmo com uma das mãos e outro ritmo com a outra mão. Um piloto do avião consegue controlar uma alavanca com uma das mãos enquanto conduz o avião com a outra.

Preferências de coordenação bimanual. Uma característica importante do desempenho de habilidades com as duas mãos, é a preferência que os dois membros apresentam de fazer os mesmos movimentos ao mesmo tempo. Tente, por exemplo, friccionar sua barriga com uma das mãos e, ao mesmo tempo, bater com a outra mão na cabeça. O motivo de você ter dificuldade em desempenhar essa tarefa relativamente simples é que seus dois braços querem fazer uma das coisas, mas não as duas. Essas habilidades motoras envolvem a **coordenação bimanual**.

Kelso, Southard e Goodman (1979) forneceram evidências empíricas importantes ao demonstrar essa preferência de sincronismo dos membros. Em uma série de experimentos, as pessoas realizaram movimentos simples e de direcionamento rápido em relação a alvos com a mão direita, com a mão esquerda e com ambas as mãos (veja a figura 2.3-2). Nas situações bimanuais, cada mão se movia para um alvo diferente do outro, tanto em distância da mão quanto em tamanho. De acordo com a Lei de Fitts, a mão que se destinava ao alvo

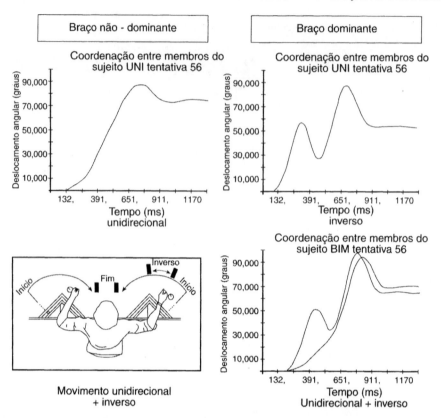

Figura 2.3-3— *A parte superior mostra os dois padrões de deslocamento dos movimentos das alavancas do braço dominante e do não-dominante no experimento de Swinnen. A parte inferior apresenta um esquema da situação experimental e mostra também como os movimentos dos dois braços estavam relacionados entre si durante o desempenho simultâneo. (De S. P. Swinnen et al., "The Dissociation of Interlimb Constrains" em Human Performance, 3, 187-215. Direitos autorais 1991 da Lawrence Erlbaum Associates, Mahway, NJ.)*

com menor ID deveria se mover mais rapidamente. Mas, como vemos na figura 2.3-2, isso não acontecia. Embora a previsão de Fitts fosse válida quando cada mão se movia sozinha, não era mantida quando as duas mãos se moviam para alvos de diferentes IDs. Nessas últimas situações, as mãos moviam-se com maior sincronismo; este resultado é observado pelos tempos de movimento semelhantes para as duas mãos.

Professores e terapeutas, cientes da preferência de sincronia na coordenação bimanual de membros, perceberão a atenção especial que as pessoas precisam dedicar à aprendizagem de habilidades em que os membros devem realizar tarefas diferentes ao mesmo tempo. Como observaram Swinnen e colaboradores (p.ex., Swinnen et al., 1990; Walter e Swinnen, 1992; Lee, Swinnen e Vershueren, 1995), as pessoas podem alterar a preferência de sincronia; isto também pode ser observado no desempenho de habilidades cotidianas. Mas esse processo de modificação é difícil e requer muita atenção em práticas e treinamentos. Esse tipo de condições de prática será considerado como uma influência positiva na aprendizagem de habilidades bimanuais sincronizadas, na discussão do Conceito 6.4.

Movimentos assimétricos de alavancas bimanuais. Movimentos assimétricos de alavancas com as duas mãos envolvem o movimento de uma alavanca diferente para cada braço, em padrões que diferem uns dos outros temporal e espacialmente. Consideremos o exemplo mostrado na figura 2.3-3, retirado de um experimento conduzido por Swinnen et

> **Saiba Mais**
>
> **Diferenças individuais no sucesso da dissociação bimanual**
>
> Uma característica interessante das diferenças individuais ocorreu em diversos experimentos desenvolvidos por Swinnen e colaboradores. Os participantes tinham que adquirir habilidades de coordenação bimanual assimétrica. Alguns não conseguiram se libertar da tendência ao sincronismo, enquanto outros o fizeram com muita facilidade. Entre esses dois extremos se situavam pessoas que tipificaram os resultados relatados baseados nos dados do grupo. Evidentemente, esses resultados se aplicam tanto à reabilitação quanto ao treinamento. Infelizmente, até o momento, ninguém explorou os motivos dessas diferenças e as recomendações específicas que levam em conta as diferenças individuais terão que esperar por mais avanços nas pesquisas dessa área.

al. (1990). Os participantes moviam uma alavanca em um movimento unidirecional simples, enquanto que ao mesmo tempo moviam uma outra alavanca num movimento duplo de flexão e extensão. Cada um desses movimentos normalmente tinha tempos específicos de movimento ao·alvo. Como era de se esperar, dada a preferência de sincronia bimanual dos membros, as primeiras tentativas mostraram a tendência de os dois braços produzirem os mesmos padrões. Como também era previsto, o movimento inverso complexo tomou a liderança. Com a prática, houve o desvinculamento e os movimentos assimétricos das alavancas puderam ser desempenhados.

Experimentos como esses fornecem evidências adicionais de que os dois braços estão funcionalmente vinculados a agir juntos como uma unidade. A pessoa precisa reorganizar essa estrutura coordenativa, se os dois membros tiverem que desempenhar movimentos distintos com diferentes padrões espaciais ou características de tempo.

Os pesquisadores não sabem exatamente como o sistema de controle motor está envolvido nesse processo, embora continuem tentando fornecer uma explicação satisfatória. Do ponto de vista do programa motor, os dois membros agem juntos como uma unidade, porque são controlados pelo mesmo programa motor. Quando cada membro tiver que adquirir movimentos diferentes, ocorrerá interferência entre os membros, até que possam ser incorporadas no programa motor (Schmidt, 1988) especificações únicas para cada membro. Os adeptos da abordagem dos sistemas dinâmicos acreditam que as características dinâmicas do desempenho de cada membro vão sendo treinadas à medida que a prática bimanual progride. Como resultado, desenvolve-se uma estrutura coordenativa nova que fornece meios eficazes para organizar os graus de liberdade necessários para essa habilidade.

É interessante observar um último ponto referente às habilidades de coordenação bimanual assimétrica: parece que os dois membros nunca se tornam completamente independentes um do outro. A atividade de um dos membros continuará predominando sobre as do outro, mesmo depois de uma grande quantidade de práticas. No entanto, a pessoa poderá atingir a meta da habilidade, pois uma assimetria perfeita raramente é solicitada.

Tocando piano. Um dos atrativos na investigação do controle do tocar piano é que o piano pode ser facilmente conectado a um computador e registrar as informações de força e de tempo relacionadas com o toque das teclas pelo pianista. A maioria das pesquisas que envolvem tocar piano, visaram a questão do *timing*. Por exemplo, quais são as características do *timing* de vários eventos quando alguém executa uma peça no piano? O *timing* é fundamental nessa tarefa, porque cada mão tem responsabilidades específicas de *timing*. Para executar corretamente a peça, o pianista precisa fazer as duas mãos trabalharem juntas para reproduzir as notas nos compassos corretos.

Uma peça complexa para piano apresenta um padrão de *timing* para um grupo de notas que contém uma figura rítmica. O pianista acrescenta algumas especificações a esse plano abstrato que permite variações no compasso e na intensidade de uma execução para outra. Um pianista exímio consegue atribuir essas especificações diferenciadamente para cada mão, e também para as duas mãos juntas.

Os argumentos que favorecem o embasamento do controle de uma execução de piano (p.ex., Shaffer, 1981) no programa motor, propõem que o programa motor contem as características do *timing* relativo evidentes na execução de piano. De acordo com essa abordagem, o programa motor envia comandos independentes baseados no *timing* à musculatura, para controlar os movimentos de cada mão. Esses comandos se baseiam em requisitos abstratos do *timing* para a tarefa. O pianista acrescenta, então, as especificações relacionadas às necessidades da peça que está sendo executada.

Os defensores da abordagem dos sistemas dinâmicos na execução de piano argumentam que as características do *timing* relativo surgem das interações entre a dinâmica dos membros e as restrições impostas pela disposição do teclado. Outros aspectos do controle do desempenho desta habilidade se assemelham aos que serão considerados a seguir.

Batimento polirrítmico bimanual. Quando um pianista ou um baterista precisar produzir diferentes ritmos com cada uma das mãos, ele estará desempenhando uma tarefa de multifreqüência conhecido como polirritmia. Embora todos os polirritmos sejam difíceis de interpretar, aqueles envolvendo dois ritmos em que o valor da razão de um deles não são especialmente difíceis. Por exemplo, compare as dificuldades de desempenhar dois ritmos com uma razão 3:1 com dois ritmos com razão 3:2. Isto sugere que o grau de dificuldade se baseia em saber quanto o desempenho bimanual precisa se desviar de um estado preferencial estável. A estratégia normal que os músicos utilizam para desempenhar esses polirritmos é sincronizar o ritmo da mão com compasso mais lento, com a batida polirrítmica da mão mais rápida.

As abordagens atuais sobre o controle do desempenho de polirritmos seguem as diferenças gerais das abordagens do programa motor e dos sistemas dinâmicos. De acordo com a abordagem baseada no programa motor (p.ex., Summers et al. 1993), um mecanismo de *timing* simples envia sinais baseados no tempo para a contração muscular de cada mão. Aqueles que aceitam esse ponto de vista do controle ainda estão discutindo e investigando a forma exata como isso ocorre. O modelo proposto por Summers et al. sugere que a mão mais rápida controla a situação e que os movimentos da mão mais lenta são interligados com as batidas rítmicas da mão mais rápida. Isso é conseguido através de um "relógio" central interno que dispara as batidas da mão mais rápida. O "relógio" da mão mais lenta dispara as batidas de acordo com as batidas da mão mais rápida. Esta abordagem do controle se baseia em evidências que mostram que a variabilidade do *timing* da mão mais rápida raramente sofre influência das especificações da polirritmia, embora a variabilidade de *timing* para a mão mais lenta siga consistentemente as variações polirrítmicas.

A alternativa para o modelo de controle do relógio interno está na abordagem dos sistemas dinâmicos (consulte Peper, Beek e van Wieringen, 1995). A estrutura rítmica observada no desempenho provém das propriedades dinâmicas dos membros ao desempenhar movimentos rítmicos. Cada membro age como um oscilador, vibrando com uma determinada freqüência. Quando cada membro precisa executar diferentes ritmos, a prática faz com que os dois osciladores se vinculem e se comportem como osciladores não-lineares associados.

Talvez mais do que qualquer outra habilidade bimanual, a batida polirrítmica pode trazer alguma luz para o debate atual sobre o controle de habilidades coordenadas. Como essas habilidades tem estruturas rítmicas objetivas, os modelos de controle precisam levar em conta a necessidade de produzir ritmos específicos e não ritmos de preferência pessoal. É preciso investigar mais para definir se esses ritmos provêm de uma organização de relógios internos ou se decorre do acoplamento de osciladores.

Malabarismo em sequência. De acordo com aqueles que desenvolveram programas intensivos de pesquisa sobre a aprendizagem e controle de malabarismos(p.ex., Beek e Turvey, 1992; Beek, Peper e Stegeman, 1995), uma vantagem em investigar o malabarismo é que ele leva a um modelamento matemático preciso. Atualmente, uma quantidade impressionante de evidências experimentais tem mostrado como o malabarismo em sequência segue fielmente os modelos dinâmicos de coordenação de movimentos. O malabarismo possui as características essenciais de um modelo dinâmico, incluindo a estabilidade, a instabilidade e variáveis coletivas identificáveis.

Um bom exemplo de como o desempenho do malabarismo em sequência se ajusta perfeitamente aos sistemas dinâmicos, é a série de experimentos conduzidos por Beek e Turvey (1992). Eles filmaram e analisaram padrões de movimentos dos objetos e dos membros de malabaristas exímios fazendo exibições com três, cinco e sete bolas. Seus resultados mostraram que, quando os malabaristas produziam o movimento na sua cadência preferencial, ocorria uma razão 3:4 entre o intervalo de tempo que um objeto permanecia na mão e o intervalo entre as apanhadas daquele mesmo objeto. Os autores obtiveram consistentemente essa razão, independentemente do número de bolas em jogo, indicando que essa proporção de tempo é uma variável-chave na descrição do desempenho de malabarismos.

A razão 3:4 indica um estado comportamental preferencial para os membros e objetos na coordenação do malabarismo de bolas em sequência. É interessante notar que essa razão temporal fornece um tempo ideal para a permanência dos objetos no ar e para serem apanhados, a fim de minimizar a chance de colisão dos objetos no ar. Além disso, prender a bola três quartos do tempo entre as apanhadas leva a um joga-e-pega preciso e estável da bola ao longo de toda a seqüência de ciclos do malabarismo.

Ação de levantar-se (sentado – em pé)

Esta atividade cotidiana comum de levantar-se quando se está sentado é um exemplo de uma ação complexa de multiarticulações. Pesquisas de Shepherd e Gentile (1994) mostram como essa ação demonstra as ligações funcionais que os membros e as articulações mantêm entre si para permitir a realização das ações desejadas. Os participantes sentaram-se em cadeiras mantendo diferentes posturas (tronco ereto, tronco semiflexionado e tronco totalmente flexionado) e, em seguida, ficaram em pé. A análise dos movimentos das articulações mostrou que a posição inicial do tronco influía no início da extensão de maneiras diferentes. Quando a pessoa estava na posição ereta ou semiflexionada, o joelho começava a se estender antes da articulação do quadril. Entretanto, para uma pessoa na posição inicial totalmente flexionada, o movimento da articulação do quadril precedia o movimento da articulação do joelho.

Esse início do movimento da articulação em instantes diferentes, dependendo da posição sentado inicial, indica que a ordem da ativação muscular depende de solicitações funcionais. Diferentes posições iniciais sentada, antes de a pessoa se levantar, solicitam comandos diferentes de apoio, impulso e equilíbrio. Começando a extensão da perna a partir de articulações diferentes para diferentes posições sentada, os sistemas de controle motor permitem que a pessoa realize a ação desejada sem perder o equilíbrio.

Os resultados do estudo de Shepherd e Gentile apoiam um componente importante da abordagem dos sistemas dinâmicos do controle motor. Isto é, a organização da ativação

---

Saiba Mais

Aplicação da abordagem de sistemas dinâmicos no controle do passo em ambientes de terapia

Podemos perceber o envolvimento das interações dinâmicas entre a pessoa e o ambiente no controle locomotor, na eficiência da estratégia terapêutica que ajuda a reestabelecer o ritmo normal do passo. Com base na abordagem do controle dos sistemas dinâmicos, Wagenaar e Van Emmerik (1994) recomendaram que os terapeutas utilizassem vários métodos para ajudar os pacientes a produzir espontaneamente as estruturas rítmicas adequadas para os padrões específicos do passo, alterando sistematicamente as velocidades do passo.

Wagenaar e Beek (1992) mostraram um exemplo da eficiência desse procedimento. Eles utilizaram um metrônomo para gerar compassos pacientes hemiplégicos. Quando os autores aumentavam sistematicamente a velocidade das batidas de 60 para 96 por minuto, os pacientes melhoraram as relações de fase dos braços e pernas, o que por sua vez, repercutiu positivamente na rotação do tronco.

---

muscular para uma ação é determinada pelas solicitações da situação de acordo com a posição em que o corpo se encontra no momento. Podemos considerar que os componentes da ação de levantar da posição sentado para ficar em pé constituem uma estrutura coordenativa, que envolve um vínculo funcional das articulações envolvidas na ação.

Modo de andar

Há poucas dúvidas de que, no nível do sistema nervoso, podemos atribuir o controle básico do andar humano a *geradores centrais de padrões* na medula espinal. Esses mecanismos fornecem a base para padrões locomotores estereotipados. Podemos buscar evidências sobre esse controle de nível espinal, no trabalho do inglês Charles Sherrington, vencedor do prêmio Nobel, e de seus colaboradores, em fins do século dezenove e início do século vinte (p.ex., Sherrington, 1906).

Utilizando um procedimento conhecido como decerebração, que consiste em separar a medula espinal do cérebro, Sherrington observou que a decerebração pode produzir atividade muscular rítmica locomotora semelhante àquela produzida por animais intactos. Posteriormente, Brown (1911) avançou um pouco mais secionando os trajetos sensoriais da medula espinal de um gato; este ainda apresentava contrações rítmicas das pernas apropriadas ao caminhar. Pesquisas mais recentes (p.ex.,Grillner e Zangger, 1979) confirmaram e ampliaram as observações anteriores.

Figura 2.3-4— *Uma visualização da esteira rolante do experimento de Warren et al., mostrando a extensão da cinta de náilon e os alvos sobre os quais as pessoas corriam. (De W. H. Warren et al., "Visual Control of Step Length During Running Over Irregular Terrain" em Journal of Experimental Psychololy: Human Perception and Performance, 12, 259-266. Direitos autorais da American Psychological Association. Reprodução autorizada.)*

> ### Saiba Mais
>
> **Evitando obstáculos durante a caminhada ou corrida**
>
> As pesquisas conduzidas por James Cutting e seus colaboradores, na Universidade de Cornell (p.ex., Cutting, 1986; Vishton e Cutting, 1995), mostraram que, se uma pessoa estiver caminhando ou correndo e desejar manter a velocidade dos pés enquanto se desvia de algum obstáculo, devem ser considerados três períodos críticos:
> O tempo necessário para:
> 1. reconhecer que precisa se desviar de um objeto;
> 2. ajustar a passada;
> 3. girar o pé para evitar o obstáculo
> O mais crítico dos três é o primeiro período, que dura até cerca de 75 por cento da distância a ser percorrida, enquanto a pessoa se aproxima do objeto.
> Implicação em reabilitação clínica e esportes
> Tendo em vista a importância do reconhecimento visual prévio do objeto a ser evitado, as pessoas precisam ser treinadas a fazer uma busca visual profunda no ambiente em que estão se locomovendo. Para evitar colisões, a pessoa deve reconhecer os objetos com uma antecipação suficiente para poder efetuar os ajustes necessários ao movimento. Logo, o terapeuta ou treinador que se concentrar somente em treinar o ajuste do movimento dessa tarefa, estará ignorando o componente mais crítico do reconhecimento do objeto.

Entretanto, para entender como os humanos controlam a grande variedade de passos que podem produzir, precisamos considerar o envolvimento do sistema nervoso de nível superior juntamente com as interações ambientais e dinâmica dos músculos e esqueleto[*]. Dois aspectos do controle de passos ilustram os papéis desses vários fatores.

Um aspecto muito conhecido da ação locomotora é a estrutura rítmica que caracteriza cada variação de passo. Como foi visto na figura 2.1-4, as experiências de observação de pessoas andando e correndo em velocidades diferentes sobre uma esteira, demonstram que cada passo tem sua própria estrutura rítmica individual para os quatro componentes do ciclo da passada. Glass e Mackey (1988) enfatizaram a importância dessa estrutura no controle do passo ao descrever diversas patologias do passo atribuídas a estruturas rítmicas anormais.

A visão acrescenta mais um componente do controle da passada, como foi visto no Conceito 2.2. A visão fornece informações que orientam a velocidade de caminhada da pessoa, o alinhamento do corpo e a navegação através do ambiente. Warren, Young e Lee (1986) apresentaram uma boa demonstração das qualidades da visão na movimentação ao caminhar. Eles utilizaram uma esteira para proporcionar ao participante uma área que simulava o terreno a ser trilhado (veja a figura 2.3-4). Enquanto corriam, os participantes eram solicitados a pisar sobre marcas pintadas colocadas na esteira. A tarefa foi idealizada para simular uma situação como correr através de uma corredeira, pisando sobre as pedras. Como seria esperado, de acordo com sua própria experiência, os corredores realizaram facilmente essa tarefa de navegação. No entanto, o resultado importante em termos do papel desempenhado pelo sistema visual ao guiar as passadas, foi a evidência de que os participantes alteravam as características de suas passadas de forma consistente com os efeitos do *tau*.

A explicação teórica do controle do passo, baseada no programa motor, difere consideravelmente daquela proposta pela abordagem teórica dos sistemas dinâmicos. Em nossa discussão no Conceito 2.1, foram descritas evidências de uma experiência conduzida

---

[*] Para discussões mais extensas dos níveis comportamental e neural do controle da locomoção, veja Rosenbaum 1991 e Shumway - Cook e Woolacott 1995.

por Shapiro et al. (1981), mostrando que o tempo relativo para os componentes do ciclo do passo para o andar e o correr eram invariantes. Também foi mostrado que as características do tempo relativo para estes dois padrões de passos eram diferentes. Os adeptos da teoria de controle baseado no programa motor interpretaram esses resultados da seguinte forma: o andar e o correr são controlados por dois programas motores generalizados diferentes. Por outro lado, a abordagem de sistemas dinâmicos afirma que o andar e o correr são estados comportamentais estáveis, que se auto-organizam de acordo com a intenção da pessoa e com as condições ambientais. Assim, a abordagem dos sistemas dinâmicos não admite que os programas motores sejam responsáveis pelo controle do andar e do caminhar, ao contrário, os padrões estáveis e instáveis de passos podem ser explicados em termos de um intercâmbio dinâmico entre a pessoa e as condições do ambiente.

Resumo

Essa discussão destacou a controvérsia atual referente a como o sistema nervoso controla as habilidades coordenadas considerando diversos tipos de habilidades. Dentro de cada habilidade, a discussão focalizou-se em como as abordagens fundamentadas no programa motor e nos sistemas dinâmicos do controle, explicam as características específicas do desempenho. As habilidades de direcionamento manual, que envolvem um compromisso entre a velocidade e a precisão, seguem as previsões da Lei de Fitts, para a qual foram propostas hipóteses baseadas nas duas abordagens das teorias de controle. Outras habilidades unimanuais consideradas foram a preensão e a escrita à mão. Também discutimos habilidades bimanuais incluindo tarefas de direcionamento bimanual, movimentos de alavancas bimanuais assimétricas, tarefas de batidas polirrítmicas, como aquelas freqüentemente envolvidas em tocar piano, bateria ou em malabarismos. Para cada uma dessas habilidades envolvendo os dois braços, os teóricos propuseram modelos baseados tanto no programa motor quanto nos sistemas dinâmicos, para explicar como essas habilidades são controladas. As ações de levantar-se da posição sentado para ficar em pé mostram a existência de vínculos funcionais entre os membros e as articulações, que permitem à pessoa desempenhar uma ação desejada. Finalmente, consideramos o modo de andar. Em geral, o passo é controlado por um gerador de padrão central no nível espinal, mas a pessoa pode adaptar o passo para atingir níveis mais altos de controle, quando for necessário produzir desvios específicos do ritmo do passo normal.

Leituras relacionadas

Bonnard, M., and J. Pailhous. 1993. Intentionality in human gait control: Modifying the frequency-to-amplitude relationship. *Journal of Experimental Psychology: Human Perception and Performance* 19: 429-43.

Cutting, J. E.,P.M. Vishton, and P. Braren. 1995. How to avoid collisions with moving objects. *Psychological Review* 102: 627-51.

Semjen, A.,J.J. Summers, and D. Cattaert. 1995. Hand coordination in bimanual circle drawing. *Journal of Experimental Psychology: Human Perception and Performance* 21: 1139-57.

Summers, J.J. 1990. Temporal constraints on concurrent task performance. In G. E. Hammond (Ed.), *Cerebral control of speech and limb movements* (pp. 661-80). Amsterdam: North-Holland.

van Galen, G. P.,and W.P. de jong. 1995. Fitts' law as the outcome of a dynamic noise filtering model of motor control. *Human Movement Science* 14: 539-71.

Questões de estudo para o capítulo 2

1. Defina o termo coordenação e descreva como um gráfico do deslocamento do movimento de um membro pode retratar um padrão de movimento coordenado.
2. No que consiste o *problema dos graus de liberdade* no contexto do estudo do controle motor humano?
3. Descreva as semelhanças e as diferenças entre um sistema de controle de circuito fechado e um sistema de controle de circuito aberto. Para cada sistema, descreva uma habilidade motora que possa ser caracterizada por esse tipo de sistema de controle.
4. Defina um programa motor generalizado para descrever dois aspectos invariantes e dois parâmetros propostos para caracterizar esse programa.
5. Descreva a abordagem experimental típica adotada para investigar a hipótese do *timing* relativo invariante do programa motor generalizado. Dê um exemplo.
6. Descreva o significado do termo dinâmica não-linear e dê um exemplo que ilustre como este termo está relacionado com o movimento coordenado humano.
7. Defina os seguintes termos-chaves usados nas teorias de sistemas dinâmicos do controle motor:

    (a) estabilidade;(b) atraidores; (c) variáveis coletivas; (d) parâmetros de controle; (e) estrutura coordenativa.
8. Descreva três métodos para a investigação do papel da propriocepção no controle do movimento. O que podemos saber sobre o papel da propriocepção no controle do movimento com base nos resultados das investigações usando esses métodos?
9. Discuta o que sabemos sobre o intervalo de tempo necessário para processar o *feedback* visual no desempenho de uma habilidade motora. Como essa questão está sendo investigada?
10. Que papéis a visão desempenha no controle dos movimentos de direcionamento manual? Como a variável, duração do movimento, influi nesses papéis?
11. Discuta os papéis que a visão desempenha no controle da preensão e explique como variáveis diferentes influem nesses papéis.
12. Discuta como o tempo de contato é aplicado no controle da locomoção quando a meta é contatar o alvo. Discuta também o papel que a visão desempenha nessa situação.
13. Discuta como a visão é envolvida quando uma pessoa precisa (a) apanhar uma bola lançada; (b) rebater uma bola que se aproxima.
14. Como a Lei de Fitts está relacionada com o compromisso velocidade- precisão observado em diversas habilidades motoras? Quais são as duas explicações da Lei de Fitts?
15. Por que uma habilidade de membros bimanuais assimétricos é uma tarefa tão difícil de ser desempenhada? Como o controle dos membros bimanuais fornece evidências para as estruturas coordenativas?
16. Discuta como (a) a teoria baseada no programa motor e (b) a teoria de sistemas dinâmicos explicam a capacidade de a pessoa executar uma peça em que cada uma das mãos executa ritmos diferentes simultaneamente?
17. Discuta como as características do *timing* relativo dos passos humanos para caminhar e correr são explicadas pela (a) teoria baseada no programa motor e (b) teoria de sistemas dinâmicos.

CAPÍTULO 3

Preparação do controle motor e atenção

Conceito 3.1
O desempenho do movimento coordenado voluntário exige a preparação do sistema de controle motor

Conceito 3.2
A preparação e o desempenho de habilidades motoras sofrem os efeitos da nossa capacidade limitada de selecionar e prestar atenção na informação

Conceito 3.3
A atenção visual seletiva desempenha um papel importante na preparação de várias habilidades motoras

Conceito 3.1
O desempenho do movimento coordenado voluntário exige a preparação do sistema de controle motor

Termos-chaves

Preparação do movimento
Lei de Hick
Compromisso entre custo-benefício
Compatibilidade do estímulo-resposta

Período prévio
Período de resistência psicológica (PRP)
Vigilância

Aplicação

Muitos esportes e atividades cotidianas demonstram a necessidade de prepararmos o sistema de controle motor para realizar uma ação desejada. Muitas modalidades esportivas, como corrida, natação e tiro ao alvo, destacam a importância da preparação, incluindo em suas regras um sinal audível para alertar os competidores a se prepararem.

Algumas características de desempenho de certas atividades também evidenciam a necessidade de se preparar para ação. Por exemplo, quando você decide pegar um copo para beber água, há um ligeiro atraso entre sua decisão e a ação desejada. Se você estiver dirigindo um carro e inesperadamente um outro carro lhe der uma "fechada", haverá um atraso mensurável entre o instante em que você é "fechado" e o instante em que começa a tirar o pé do acelerador para levá-lo ao pedal do freio. Em cada um desses cenários de ações bem diferentes, a ação desejada é precedida por um intervalo de tempo em que o sistema de controle motor é preparado de acordo com as condições impostas pela situação.

Consideremos a preparação da ação, a partir de um ponto de vista diferente. Sem dúvida alguma, depois de um mau desempenho de uma atividade, você já deve ter dito: - "Eu não estava pronto!" Ao dizer isso, está implícito que se você estivesse "pronto", teria tido um desempenho muito melhor do que acabou de ter. Ou, se você trabalha com pacientes de fisioterapia, já deve ter ouvido alguns deles dizerem ao terapeuta: "Não me apresse. Se eu sair dessa cadeira antes de estar pronto, vou acabar caindo".

Ha uma questão importante do controle motor relacionada a cada uma dessas situações: qual a importância do "estar pronto" no desempenho de uma habilidade? Em outras palavras, o que torna a preparação uma fase tão crítica em um desempenho bem-sucedido? Essa questão dá margem a outras. Por exemplo, que fatores influem no tempo gasto na preparação de uma ação ou até que ponto uma ação precisa ser preparada? E, se uma pessoa estiver preparada para se movimentar, há limites para o período em que ela deve manter esse estado de preparação? Tentaremos responder a estas questões na discussão a seguir.

Discussão

No Capítulo 2, focalizamos os fatores que influem no controle de uma ação em andamento. Apesar de termos mencionado o processo da preparação da ação, vimos apenas superficialmente o que significa realmente preparar uma ação desejada. Nessa discussão, nosso interesse se concentrará no período entre a intenção de agir e o início da própria ação. Na literatura sobre o controle motor, os pesquisadores, geralmente, utilizam o termo **preparação do movimento** para caracterizar essa atividade.

Nesse contexto, *preparação* não significa a preparação de longa duração que ocorre durante os dias que precedem um evento, mas a preparação específica que o sistema de controle motor realiza imediatamente antes de iniciar uma ação. Serão propostas aqui duas questões sobre a preparação. A primeira é a seguinte: Como habilidades diferentes, contextos do desempenho e fatores pessoais afetam o processo da preparação? A segunda pergunta é: O que, exatamente, o sistema de controle motor prepara, que torna a preparação uma fase tão crítica de um desempenho? Antes de discutir essas questões, é preciso estabelecer critérios para sabermos quando o sistema de controle motor precisa ser preparado para a ação.

A preparação do movimento exige tempo

O princípio de que o sistema de controle motor precisa de preparação antes de iniciar uma ação é um conceito deduzido experimentalmente. Essa dedução se baseia em vários fatores que afetam as diferenças observadas no intervalo de tempo entre a produção de um sinal de comando para o desempenho de um habilidade e o instante em que realmente é observado o início do movimento. Como foi estudado no Conceito 1.2, esse intervalo é denominado *tempo de reação* (*TR*). Assim, *o TR consiste num índice de preparação* necessário para produzir movimento. Analisando os fatores que aumentam ou diminuem esse intervalo de tempo, podemos conhecer os processos de preparação da ação, em que se envolve o nosso sistema de controle motor, para que uma habilidade seja realizada. *

Entre outras informações, o TR revela que a preparação do movimento voluntário leva algum tempo. O movimento planejado não ocorre instantaneamente. Certos movimentos e situações exigem mais preparação do que outros. Nas próximas seções, discutiremos uma variedade de movimentos e situações que influem na quantidade e no tipo de preparação exigida.

Características da situação e da tarefa que influem na preparação

Entre os fatores que influem nas características da preparação do movimento, podemos destacar as características da própria tarefa e da situação em que o movimento será desempenhado.

O número de opções de resposta. Uma característica importante das situações da tarefa e do desempenho, que influem no tempo de preparação, está no número de alternativas de respostas que o participante dispõe para fazer a escolha. **À medida que o número de alternativas aumenta, o intervalo de tempo necessário para preparar adequadamente o movimento também aumenta**. A forma mais fácil de demonstrar essa relação é observando a situação do TR de escolha apresentada no Conceito 1.2. O TR aumenta de acordo com o número de estímulos ou opções de resposta. Os TRs mais rápidos ocorrem em situações de TR simples, em que há somente um estímulo e uma resposta. O TR aumenta quando há mais de um estímulo e mais de uma resposta, como na situação do TR de escolha. Na verdade, a relação entre os aumentos do TR e o número de opções de resposta é tão estável, que se estabeleceu uma lei para predizer o TR, desde que o número de opções seja conhecido.

A Lei de Hick (Hick, 1952) afirma que o TR aumenta logaritmicamente à medida que aumenta o número de opções estímulo-resposta. A equação que descreve esta lei é TR = K $\log_2$(N +1), onde K é uma constante (geralmente o próprio TR) e N é igual ao número de opções. Isso significa que o TR aumenta linearmente à medida que aumenta o número de opções de escolha do estímulo. É possível prever matematicamente o valor desse aumento, aplicando a equação de Hick.

---

* Veja Meyer, Osman, Irwin, e Yantis (1988) para uma excelente revisão da história do uso da medida do tempo para tirar conclusões a respeito da atividade humana de processamento de informação.

CAPÍTULO 3 ■ PREPARAÇÃO DO CONTROLE MOTOR E ATENÇÃO **93**

SAIBA MAIS

Aplicação da lei de Hick a uma situação de desempenho esportivo

Um quarto zagueiro de futebol americano, criando uma opção de jogada tem três alternativas de respostas para escolher. Ele pode jogar a bola para um zagueiro, pode manter a bola nas mãos e correr, ou correr e lançar para outro zagueiro. O problema para o quarto zagueiro é que há muitas opções de "estímulos". Todos os jogadores da defesa e mais alguns do próprio ataque, são fontes potenciais de informação que o ajudam a decidir que alternativa de resposta escolher. Entretanto, dadas as restrições impostas pelo time naquela situação, o quarto zagueiro precisa reduzir as opções de "estímulos" para poder minimizar seu tempo de decisão. O treinador pode ajudar, instruindo-o a observar somente algumas características específicas da defesa. Essas poucas "chaves" reduzem as alternativas de escolha e permitem que o quarto zagueiro, de forma relativamente simples, decida que atitude tomar.

O componente significativo da lei de Hick é a função $\log_2$, porque ela determina que o aumento do TR é devido à informação transmitida pelas escolhas possíveis e não pelo número de opções da escolha. Na teoria da informação, o $\log_2$ define um bit de informação. Um *bit*, abreviação para dígito binário (do inglês binary digit) é uma opção sim/não (isto é, 1/0) entre duas alternativas. Numa decisão de 1 *bit*, há duas alternativas, numa decisão de 2 *bits*, haverá quatro alternativas e uma decisão de 3 *bits*, envolverá oito opções e assim por diante. O número de bits indica o menor número de decisões "sim/não" necessárias para resolver o problema criado pelo número de opções envolvidas. Por exemplo, se numa dada situação, for possível fazer oito escolhas, a pessoa terá que responder três questões sim/não para determinar a escolha correta. Assim, uma situação de oito opções corresponde a uma situação de decisão de 3 *bits*. Assim, a lei de Hick não só prediz corretamente que o TR aumenta à medida que o número de alternativas de escolha aumenta, mas também prediz de quanto será esse aumento.

A previsibilidade da opção de resposta correta. Se existir um número de alternativas de respostas em uma situação de desempenho e uma delas for mais provável do que as outras, o tempo de preparação da resposta será mais curto do que se todas as alternativas fossem igualmente prováveis. As evidências experimentais têm mostrado consistentemente que *à medida que* aumenta *a previsibilidade de uma das possíveis opções, o TR diminui.*

Um procedimento experimental popularizado pelo trabalho de David Rosenbaum (1980, 1983) demonstra muito bem essa relação. Nesse procedimento, conhecido como *técnica de pistas prévias*, os pesquisadores fornecem aos participantes várias informações prévias sobre os movimentos a serem executados numa situação de escolha. Na experiência de Rosenbaum, os participantes tinham que mover um determinado dedo, o mais rápido possível, para tocar uma determinada tecla-alvo. Havia três opções de respostas, todas envolvendo uma situação de duas alternativas: que *braço* mover (direito ou esquerdo); em que *direção* mover (afastando-o ou aproximando-o do corpo); e qual a *extensão* do movimento (curto ou longo). Antes do sinal para iniciar o movimento, o participante recebia uma informação prévia (pistas prévias) que lhe permitia antecipar a resposta correta para nenhuma, uma, duas ou todas as opções. Os resultados mostraram que, à medida que aumentava o número de opções das pistas prévias, o TR diminuía, sendo que o TR menor ocorria quando todas as opções recebiam pistas prévias. Com a informação prévia não era necessário preparar estas opções, depois de ser dada a largada, o que era uma vantagem para os participantes que precisavam se preocupar somente com as opções restantes, que não tinham pistas prévias.

> **SAIBA MAIS**
>
> ### É comum enviesar ações em muitos contextos esportivos
>
> Em muitas atividades esportivas, freqüentemente os atletas enviesam a preparação de suas ações para produzir uma determinada ação em vez de outra. Por exemplo, se um jogador de basquetebol sabe que o jogador que está defendendo faz lançamentos pela direita somente em raras ocasiões, o jogador defensivo sem dúvida enviesará a preparação do seu movimento, "fechando" mais a esquerda para defender os movimentos mais freqüentes. Em modalidades esportivas que utilizam raquetes, os jogadores que consistentemente batem para um lado da quadra perceberão que seus adversários estarão "fechando" mais aquele lado. Os jogadores de beisebol geralmente enviesam as decisões e as ações das tacadas, de acordo com as tendências do lançador ao fazer o lançamento.
>
> Em cada um desses exemplos, os jogadores perceberam que podem tirar vantagem "jogando com as possibilidades", e enviesando a sua preparação. A maior vantagem está em que, se estiverem certos, poderão executar a ação correta mais rapidamente do que fariam de outra forma. Mas correm o risco de estarem errados. Se estiverem, a ação correta demorará mais para ser iniciada do que seria se não tivesse havido um viés. Esse tempo de preparação adicional pode levar a um fracasso do desempenho.

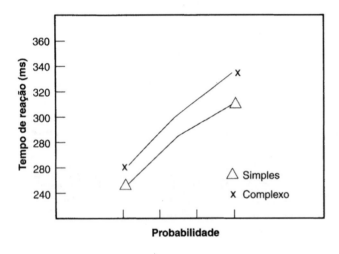

Figura 3.1-1—*Resultados do experimento de Larish e Stelmach mostrando os efeitos sobre o TR de probabilidades diferentes de uma pista estar correta para duas tarefas diferentes. (De D. Larish e G. E. Stelmach. "Preprogramming, Programming and Reprogramming of Aimed Hand Movements as a Function of Age", em Journal of Motor Behavior, 14:333, 1982. Direitos autorais da Heldref Publications, Inc, Washington, DC. Reprodução autorizada).*

Os cientistas continuam discutindo se o efeito da previsibilidade se deve à seleção da resposta ou ao processo de preparação do movimento. As evidências apontam para um efeito de seleção de respostas, indicando que, numa situação de escolha, as pessoas utilizam a informação prévia para reduzir o número de respostas de movimentos a serem selecionadas para a sua execução (consulte Proctor e Reeve, 1988).

A probabilidade de a pista prévia estar correta. Ocorre uma certa confusão na situação das pistas prévias, quando há dúvidas se a informação prévia está correta ou não. O fator crítico que influi no tempo de preparação nessa situação é a *probabilidade* da informação prévia estar correta ou não. Por exemplo, numa situação de duas alternativas, se a informação prévia tiver somente 50 % de probabilidade de estar correta, o participante deverá ignorá-la e responder como se não tivesse sido dada nenhuma informação prévia. Isso ocorre porque a probabilidade da informação prévia estar correta é menor ou igual à probabilidade que a pessoa já dispõe da informação estar correta. Entretanto, se a informação prévia tiver 80 % de probabilidade de estar correta, o participante produzirá um viés na sua preparação ao preferir aquela resposta.

O que acontece quando o sinal requer um movimento não-preparado? Em outras palavras, qual a implicação de se preparar o movimento errado antes de preparar o correto? Podemos entender a resposta a partir dos resultados de um experimento conduzido por Larish e Stelmach (1982). Os autores informaram previamente qual seria a mão (esquerda ou direita) a tocar num determinado alvo. Mas essa informação estava correta somente em 20%, 50% ou 80% do tempo. Os resultados, (mostrados na figura 3.1-1) ilustram o **compromisso entre custo-benefício** associado a essa situação Quando havia uma probabilidade de 50-50 (condição 50 % correta) de a pista prévia estar correta, os participantes respondiam como se fosse uma tarefa de TR de duas opções. Entretanto, na condição de 80-20, os participantes obviamente, enviesavam suas respostas para se dirigir ao alvo das pistas prévias. Quando os participantes estavam corretos, eles eram beneficiados, seus TRs eram *menores* do que quando não enviesavam suas respostas. Entretanto, quando eles estavam errados (no caso dos 20 %), havia um ônus a ser pago: seus TRs eram *maiores* do que na condição 50-50.

Compatibilidade estímulo-resposta. Uma outra característica da tarefa que influi no tempo de preparação do movimento é a relação física entre as opções de estímulo e de resposta. O estudo da compatibilidade entre estímulo-resposta tem uma longa história que remonta à Segunda Guerra Mundial (para obter uma revisão desta pesquisa, consulte Proctor e Reeve, 1990). Esse estudo extensivo mostrou consistentemente que o *TR é tanto mais rápido quanto mais compatível se tornar a relação física entre os eventos de estímulo e suas respectivas respostas.* Ou, inversamente, o TR será tanto mais lento quanto menos compatível for a relação estímulo-resposta.

A forma mais comum de se considerar a compatibilidade estímulo-resposta está na relação espacial entre os eventos de estímulo e de resposta. Suponha que uma pessoa tenha que apertar um entre três botões, quando uma dentre três luzes for acesa. Se as luzes e os botões estiverem dispostos horizontalmente com o botão localizado sob a luz correspondente à resposta, a situação será mais compatível do que se as luzes estiverem na vertical e os botões na horizontal. Uma situação mais compatível resulta em TRs mais rápidos do que situações menos compatíveis. Além disso, à medida que a compatibilidade diminui, o número de erros de escolha aumenta (consulte Fitts e Seeger,1953).

Para explicar o efeito da compatibilidade estímulo-resposta no TR, Zelaznik e Franz (1990) sugeriram que, quando a compatibilidade estímulo-resposta for baixa, os aumentos no TR se deverão a problemas na seleção da resposta. Por outro lado, quando a compatibilidade estímulo-resposta for alta, o processamento da seleção da resposta é mínimo, e qualquer alteração no TR será atribuída a processos motores relacionados à preparação da resposta selecionada. Weeks e Proctor (1990) avançaram ainda mais nesse estudo e concluíram que o problema de seleção da resposta específica se deve a problemas de tradução, que envolvem o mapeamento da localização dos estímulos relativamente à localização das respostas. Como esse processo de tradução consome tempo, o TR aumenta.

Regularidade do período prévio. Quando uma pessoa detecta um sinal prévio indicando que, em breve, será dado o sinal para a resposta, tem início uma parte do processo de preparação. O intervalo entre este sinal de "alerta" e o estímulo ou o sinal de "largada", é conhecido como **período prévio**. Em situações de TR simples, a regularidade desse intervalo influi no TR. Se o período prévio tiver um valor constante, isto é, for sempre o mesmo para cada tentativa, o TR poderá se tornar muito curto. Queseda e Schmidt (1970), mostraram esse efeito para um período prévio constante de 2 s. O TR médio nesse experimento foi de 22 ms, muito abaixo dos 150 a 200 ms que normalmente caracterizam TRs simples.

O TR rápido, associado a períodos prévios constantes, pode ser atribuído à *antecipação*

> ## Saiba Mais
>
> ### O experimento clássico de Henry e Rogers (1960)
>
> Henry e Rogers (1960), hipotetizaram que, se as pessoas preparassem o movimento antecipadamente, a preparação de um movimento complexo poderia demorar mais que um movimento simples. Além disso, o acréscimo no tempo de preparação poderia se refletir em mudanças no tempo de reação (TR). Para testar essa hipótese, eles compararam três situações diferentes de movimentos rápidos com complexidades diferentes. O movimento menos complexo exigia que os participantes soltassem uma chave telegráfica ao soar de um gongo (movimento A), o mais rapidamente possível. O movimento do nível seguinte de complexidade (movimento B) exigia que os participantes soltassem a chave ao soar do gongo e movessem o braço para a frente 30 cm, o mais rápido possível para segurar uma bola de tênis pendurada por um barbante. O movimento mais complexo (movimento C) solicitava que os participantes soltassem a chave ao soar do gongo, fossem para a frente e batessem na bola de tênis pendurada com as costas da mão em duas direções opostas, apertassem um botão e, finalmente, invertessem as direções novamente e segurassem outra bola de tênis. Os participantes deveriam desempenhar todos esses movimentos o mais rápido possível.
>
> Os resultados confirmaram a hipótese. O TR médio para o movimento A foi de 165 ms; para o movimento B foi de 199 ms e para o movimento C, de 212 ms.
>
> Os pesquisadores explicaram que a causa do aumento do TR foi o aumento na quantidade de informação relacionada ao movimento que tinha que ser preparada. Eles propuseram que o mecanismo envolvido nessa preparação do movimento constituía um programa motor, semelhante a um programa de computador, que poderia controlar os detalhes da seqüência de eventos necessários para o desempenho do movimento.

do participante. Como se trata de uma situação de TR simples, a pessoa sabe de antemão, que resposta será solicitada. Assim, se ela souber antecipadamente quanto tempo depois do sinal de alerta será dado o sinal de largada, ela poderá preparar a ação solicitada previamente e, assim, a ação começará efetivamente antes do sinal de largada. Se considerarmos um intervalo fracionado do TR, esta situação corresponderá somente ao componente do tempo motor.

Complexidade do movimento. No conceito 2.3, discutimos as evidências de que as características de complexidade do movimento de uma tarefa influem na preparação do movimento. A complexidade do movimento se baseia no número de componentes de um movimento. Henry e Rogers (1960) publicaram uma experiência clássica que demonstrava o efeito da complexidade do movimento no TR. Eles mostraram que, para uma tarefa balística que exigia tanto TR rápido quanto movimento rápido, o TR aumentava em função do número de componentes da ação solicitada. Vários outros experimentos confirmaram esses resultados desde então (p.ex., Anson, 1982; Christina e Rose, 1985; Fischman, 1984; Glencross, 1973). Do ponto de vista da preparação da ação, esses resultados indicam que o intervalo de tempo que uma pessoa precisa para preparar seu sistema de controle motor depende da complexidade da ação a ser desempenhada.

Resta definir se o número de partes que compõem a ação é realmente o fator-chave que determina o efeito da complexidade do movimento no TR. Essa questão tem despertado o interesse de muitos pesquisadores porque, quando se comparam ações de complexidades diferentes, há confusão entre o tempo necessário para o desempenho de uma ação e o número de seus componentes. Resumindo, ações mais complexas envolvem mais componentes e também consomem mais tempo. Além disso, uma ação mais complexa pode exigir que o movimento da pessoa atinja uma distância total maior. Para investigar os prováveis fatores que afetavam o TR na experiência de Henry e Rogers, Christina e seus colaboradores (Christina, Fischman, Vercruyssen e Anson, 1982; Christina Fischman, Lambert e Moore, 1985; Fischman, 1985) realizaram uma série de experimentos. Eles investigaram a contribuição de várias características de respostas de movimento. Os resultados obtidos comprovaram as conclusões de Henry e Rogers de que o número de componentes de uma ação é a variável-chave no aumento do TR.

Precisão do movimento. Como a precisão implica em aumento do movimento, o tempo de preparação correspondente também aumenta. Esse efeito foi muito bem demonstrado, comparando TRs de tarefas de direcionamento manual em que os TRs variavam de acordo com o tamanho dos alvos. Sidaway, Sekiya e Fairweather (1995) estudaram o desempenho de pessoas envolvidas em tarefas de direcionamento manual em que era preciso tocar dois alvos em seqüência, o mais rápido possível. Dois resultados mostraram a influência sobre a preparação das solicitações de precisão da tarefa. No primeiro caso, o TR aumentava à medida que o tamanho do alvo diminuía. No segundo caso, quando o primeiro alvo tinha um tamanho constante, a dispersão na localização dos toques naquele alvo estava relacionada com o tamanho do segundo alvo. Esse resultado indicou que, quanto maiores as solicitações de precisão do movimento, maiores as solicitações da sua preparação, devido à preparação adicional necessária para a pessoa obrigar seus membros a se movimentarem de acordo com os limites espaciais impostos pelo alvo menor. Curiosamente, os autores observaram esses dois efeitos independentemente de ser ou não necessário mudar a direção do movimento para acertar o segundo alvo.

A repetição de um movimento. Existe uma característica muito bem conhecida do desempenho humano: quando uma situação de desempenho exigir que a pessoa repita a mesma resposta posteriormente numa outra tentativa, o TR na tentativa seguinte será menor do que na tentativa anterior. À medida que o número de tentativas aumenta, o efeito das repetições no TR diminui. A exemplo do que foi obtido em outras situações de desempenho, a diminuição no tempo de preparação se deve a uma redução no processo de seleção da resposta (para obter mais detalhes sobre esses efeito, consulte Campbell e Proctor, 1993; Rabbitt e Vyas, 1979).

O tempo entre diferentes respostas a diferentes sinais. Existem algumas situações de desempenho em que uma pessoa precisa desempenhar uma ação como resposta a um sinal e, em seguida, responder a outro sinal desempenhando uma ação diferente. Por exemplo, quando um jogador de basquete se confronta com um adversário defensivo numa situação

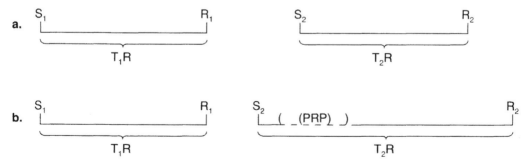

Figura 3.1-2— *Período de resistência psicológica (PRP). (a) TRs para as condições S_1 (luz) – R_1 (apertar botão) e S_2 (campainha) – R_2 (resposta vocal) quando desempenhadas separadamente. (b) O efeito sobre TR para a condição $S_2 – R_2$ quando S_2 é apresentado durante o intervalo TR para a condição $S_1 – R_1$. O TR normalmente é aumentado de um intervalo de tempo entre o início de S_2 e a conclusão de R_1. Este tempo adicional é indicado pela linha tracejada e representa o PRP.*

de um contra um, ele precisa usar uma estratégia simples para despistar o jogador da defesa: uma finta de cabeça. O jogador move sua cabeça na direção oposta àquela que o corpo iria (o primeiro sinal). O jogador da defesa começa a se mover na direção indicada pela cabeça (a primeira ação). Entretanto, depois de ver o corpo do jogador atacante realmente indo na direção oposta (o segundo sinal), o jogador defensivo precisa iniciar uma segunda resposta para se mover na direção oposta. Nessa situação, o TR será mais lento na segunda resposta do que na primeira.

O atraso no TR da segunda resposta é devido ao período de resistência psicológica (PRP), que pode ser entendido como um período de atraso (o termo *resistência* aqui é sinônimo de *atraso*) durante o qual uma pessoa "coloca em compasso de espera" a seleção da segunda resposta, enquanto seleciona e inicia uma outra resposta. Dessa forma, o PRP reflete uma limitação diferente no processo de preparação da ação.

A figura 3.1-2 ilustra o PRP. Solicita-se que uma pessoa responda o mais rapidamente possível ao primeiro sinal (apertar um botão quando uma luz é acesa) e que responda também o mais rapidamente possível a um segundo sinal (por exemplo, dizer "pop" ao microfone quando soar uma campainha). Podemos identificar o PRP ao comparar uma resposta isolada do participante ao som de uma campainha, com sua resposta à mesma campainha, mas quando a resposta ocorrer imediatamente após uma outra resposta. O TR para a resposta ao sinal da campainha será mais longo quando a pessoa tiver respondido a um outro sinal imediatamente antes, do que quando nenhuma resposta anterior tiver sido solicitada. O tempo adicional, ou atraso, é o PRP.

Características do executante que afetam a preparação

Além das características da tarefa e da situação, certas características do executante também influem no processo da preparação da ação. Essas características poderiam ser consideradas como situacionais, porque se referem ao estado da pessoa no instante em que a habilidade é desempenhada. É bom mencionar que essas características do participante geralmente influem, não somente no tempo necessário para preparar um movimento voluntário, mas também na qualidade do seu desempenho.

Prontidão do participante. Um princípio importante do desempenho humano é que, o tempo despendido na preparação de uma ação solicitada e a qualidade da própria ação, dependem do grau de prontidão da pessoa. O papel da prontidão é particularmente crítico em dois tipos de situação de desempenho. Um deles é a tarefa de TR de curta duração, em que a pessoa precisa responder o mais rápida e precisamente possível e não envolve nenhum tempo de espera. O outro tipo consiste em tarefas que envolvem uma resposta rápida e precisa, mas os sinais aos quais a pessoa deve responder ocorrem de forma inconstante e irregular. Esse tipo de situação exige que a prontidão seja mantida por períodos prolongados.

Nas tarefas de TR, para aumentar a probabilidade de que a pessoa esteja absolutamente preparada para responder adequadamente, é preciso fornecer um tipo de *sinal de alerta* avisando que ela deverá responder dentro de alguns segundos. Os cientistas demonstraram as vantagens desse sinal de alerta há vários anos, bem no início das pesquisas sobre o desempenho humano. Em um artigo de revisão sobre a pesquisa do TR publicado na primeira metade dos anos cinquenta, Teichner (1954) relatou que havia evidências suficientes para concluir que o TR é significativamente mais rápido quando o sinal a ser respondido é precedido por um sinal de alerta, do que quando esse sinal é omitido.

É importante notar, que depois do sinal de alerta, não há intervalo de tempo ideal para a pessoa desenvolver e manter a prontidão enquanto espera pelo sinal de largada. Se o sinal de largada ocorrer imediatamente depois do sinal de alerta ou se a pessoa tiver que esperar muito tempo, o TR será maior do que se o sinal de largada ocorrer em algum instante entre esses dois limites. A partir das pesquisas sobre o período prévio do TR, que também datam do início deste século, podemos estabelecer um tempo de espera ideal. Por exemplo, Woodrow (1914) relatou que, para situações de TR simples, a preparação máxima não era atingida em menos de 2 s e não era mantida por muito mais do que 4 s.

Esses resultados indicam que é preciso um intervalo de tempo mínimo para criar condições ideais de prontidão, e que é possível manter esse grau de prontidão durante um período limitado. Como pode ser visto na figura 3.1-3, há um intervalo de tempo ideal em que deve ocorrer o sinal de largada, após o sinal de alerta. Os intervalos de tempo exatos, usados na linha geral do tempo representada na figura 3.1-3, deveriam variar de acordo com a habilidade e a situação. Entretanto, é de se esperar que em situações de TR simples, *a duração do período prévio ideal se situe entre 1 e 4 s.*

As tarefas que envolvem a manutenção da prontidão por longos períodos são conhecidas como tarefas de **vigilância**. Em situações de vigilância, uma pessoa deve realizar uma ação correta quando detectar um sinal para agir. O problema é que *os sinais ocorrem muito inconstante e irregularmente.* Há várias situações de vigilância nos contextos do desempenho de habilidades. Por exemplo, um operário deve detectar e retirar produtos com defeito de uma linha de montagem. Vários produtos passam diante dele durante longos períodos, mas somente alguns são defeituosos. Analogamente, dirigir um carro ao longo de uma auto-estrada livre por um longo período, é uma tarefa de vigilância. O serviço de guarda-vidas em piscinas ou praias pode ser considerado um problema de vigilância, porque são raras as situações que exigem uma resposta, durante a jornada de serviço. Os médicos de plantão, freqüentemente são obrigados a trabalhar longos períodos e ainda serem capazes de identificar corretamente sintomas de doenças e realizar técnicas cirúrgicas que exigem controle preciso das habilidades motoras. No campo esportivo, um jogador de beisebol (outfielder) precisa ficar de prontidão durante o tempo em que a bola está sendo rebatida, mesmo que somente uma bola dentre muitos lançamentos feitos atinja sua área.

Em cada uma dessas situações, o TR aumenta em função do intervalo de tempo que a pessoa precisa manter-se em prontidão para detectar certos sinais. Os erros de detecção também aumentam. Os cientistas relataram esse fenômeno pela primeira vez durante a Segunda Guerra Mundial (consulte Mackworth, 1956). Em experimentos que investigaram a detecção de sinais em simuladores de telas de radar, os resultados mostraram que, tanto o TR quanto a precisão na detecção dos sinais, pioravam consideravelmente a cada meia hora acumulada ao longo de um período de trabalho de duas horas.

Eason, Beardshall e Jaffee (1965) demonstraram claramente que a deterioração da prontidão contribui para as diminuições de desempenho associadas à vigilância durante longos períodos. Eles mostraram evidências fisiológicas consistentes com a diminuição no desempenho da vigilância em sessões com uma hora de duração. A condutância da pele

Figura 3.1-3—*Uma linha de tempo, mostrando um continuum temporal para a ocorrência de um sinal de resposta seguir-se a um sinal de alerta a fim de assegurar uma prontidão ótima para a resposta. Os valores reais do tempo ao longo desse continuum devem ser considerados como específicos à tarefa.*

> **SAIBA MAIS**
>
> **Os problemas de vigilância decorrem de ferimentos internos na cabeça**
>
> Ferimentos internos na cabeça envolvem danos cerebrais e, geralmente, são produzidos por acidente de carro ou queda. Numerosos problemas cognitivos e motores podem acompanhar esse tipo de ferimento, dependendo da área do cérebro danificada. Além dos ferimentos internos na cabeça, esses problemas incluem a dificuldade de manter a atenção durante um período de tempo em tarefas de vigilância.
>
> Loken et al. (1995) forneceu evidências para esse comportamento comparando pacientes com danos cerebrais graves a pessoas sem nenhum dano cerebral. Todos os participantes observaram numa tela de computador conjuntos de dois, quatro ou oito pequenos círculos azuis (1,5 mm de diâmetro). Em algumas tentativas, um dos círculos se apresentava cheio (isto ocorria somente em 60 % das 200 tentativas). Quando os participantes detectavam o círculo azul cheio, eles deviam apertar uma determinada tecla do teclado. O conjunto de tentativas durava 20 minutos, com somente 2 a 5 segundos entre as tentativas.
>
> Os autores mostraram que os resultados a seguir eram mais significativos, porque eles se somavam aos problemas da vigilância já conhecidos relacionados aos danos cerebrais. *Em comparação com os participantes sem danos cerebrais*, os pacientes mostraram que:
>
> (1) seu desempenho global de vigilância era afetado diferencialmente pela complexidade da seqüência de estímulos na tela do computador (isto é, o desempenho da detecção diminuía à medida que o tamanho do conjunto de círculos aumentava).
>
> (2) a latência do tempo de detecção aumentava em função da duração do tempo envolvido no desempenho da tarefa (isto é, o tempo despendido para detectar um círculo azul cheio aumentava linearmente no decorrer das 200 tentativas).

dos participantes diminuiu, acusando um aumento de relaxamento e sonolência durante a sessão. Além disso, a tensão no pescoço dos participantes aumentou sistematicamente, porque o sistema nervoso tentava compensar o aumento da atividade dos músculos do pescoço.

Prestar atenção no sinal versus movimento. Muitas habilidades motoras exigem que a pessoa se movimente o mais rápido possível quando é dado o sinal de largada. Nessas situações a resposta total se baseia em dois componentes importantes, o TR e o tempo de movimento (TM). A pessoa pode prestar atenção no sinal (*uma disposição sensorial*) ou no movimento exigido (*uma disposição motora*). O componente específico em que o participante está conscientemente prestando atenção afeta o TR. Franklin Henry (1961) forneceu a primeira evidência experimental desse efeito no TR.

Como os resultados de Henry se basearam nas opiniões dos participantes sobre suas disposições, Christina (1973) resolveu impor a cada participante uma disposição sensorial ou uma disposição motora. Foi solicitado ao grupo de disposição sensorial que prestasse atenção ao som do sinal de largada, uma campainha, mas que se afastasse do botão de resposta o mais rápido possível. Foi solicitado ao grupo da disposição motora, que se preocupasse em se mover o mais rápido possível. Os resultados mostraram que o grupo de disposição sensorial apresentou um TR 20 ms mais rápido do que o grupo de disposição motora. Curiosamente, o TM foi estatisticamente igual para os dois grupos. Assim, as pessoas que prestaram atenção no sinal e permitiram que o movimento fluísse naturalmente, apresentaram um tempo de preparação menor e não prejudicaram a velocidade do movimento, levando a um tempo de resposta total mais rápido.

Jongsma, Elliot e Lee (1987) repetiram esses resultados experimentais aplicando-os a uma situação de desempenho esportivo. Eles compararam as disposições sensoriais e motoras obtidas na pista, durante a largada de uma corrida de fundo. Para medir o TR os autores embutiram uma chave sensível à pressão no bloco de apoio do pé traseiro dos corredores. Eles mediram o TM como o intervalo de tempo entre a descompressão da chave e a interrupção fotoelétrica de um feixe de luz detectada a 1,5 metro da linha de largada. Os resultados mostraram que o TR era mais rápido na condição de disposição sensorial, tanto para os atletas principiantes como para os mais experientes.

Prática. Uma das formas mais eficientes de reduzir o intervalo de tempo necessário para preparar um movimento é praticando-o. Os pesquisadores têm apresentado evidências experimentais que mostram essa necessidade há anos. Por exemplo, Norrie (1967) verificou que, com uma prática de 50 tentativas, as pessoas reduziam em 13% (de 252 para 220 ms) o tempo de preparação necessário para desempenhar um movimento rápido do braço envolvendo três partes e duas mudanças de direção.

A prática também pode reduzir ou até eliminar os efeitos de diversos fatores no tempo de preparação. Por exemplo, a prática pode reduzir o efeito do número de opções de estímulos previstas pela lei de Hick. Isso foi demonstrado por Mowbray (Mowbray, 1960; Mowbray e Rhoades, 1959) ao verificar que, depois de praticarem intensivamente, o TR das pessoas, para uma situação de quatro opções, se tornou igual ao TR observado para uma situação de duas opções. Mowbray mostrou, também, que as pessoas podem reduzir os efeitos da incompatibilidade estímulo-resposta no TR praticando a condição incompatível, até que o TR se torne comparável ao TR de uma situação compatível não-praticada (consulte Duncan, 1977).

Como a prática reduz as solicitações do tempo de preparação? Há várias possibilidades. Uma delas, é que a prática *reduz a incerteza* em situações em que boa parte do tempo de preparação é atribuída às necessidades da pessoa em traduzir estímulos ou relações estímulo-resposta não familiares. Essa possibilidade parece bastante provável na situação de compatibilidade estímulo-resposta. Através da prática, a pessoa pode superar as solicitações da preparação produzidas por efeitos de tradução ou de confusão, que inicialmente faziam parte da tarefa. Uma outra possibilidade é que a *prática reduz as solicitações de preparação,* permitindo que a pessoa organize melhor os movimentos que compõem uma ação em grandes estruturas coordenativas. Como a prática inicial desenvolve bastante a coordenação correta das ações dos músculos, articulações e membros, depois de as pessoas terem estabelecido padrões de coordenação, as solicitações do tempo de preparação inicial são maiores do que nas práticas posteriores.

O que acontece durante a preparação?

Até o momento, com base apenas em discussões, você pôde perceber que o processo de preparação para realizar uma ação é bastante complexo. Ele inclui componentes perceptivos, cognitivos e motores. Uma forma de demonstrar a complexidade do processo de preparação consiste em subdividir um registro de EMG do intervalo de TR em componentes, utilizando uma técnica conhecida como *fracionamento do TR*, que foi apresentada no Conceito 1.2.

Evidências do fracionamento do TR. Para fracionar o TR, subdividimos em diversas partes o registro do EMG do músculo agônico envolvido em um movimento (veja a figura 3.1-4). A primeira parte é denominada de *tempo pré-motor* (também conhecido como atraso eletromecânico). Observe que na figura o sinal do EMG não varia muito, relativamente ao que era antes do início do estímulo. No entanto, logo depois do início do estímulo, o sinal do EMG mostra um rápido aumento na atividade elétrica. Isso indica que os neurônios motores estão sendo disparados e o músculo está se preparando para contrair, mesmo que ainda não tenha ocorrido nenhuma resposta física perceptível. Nesse período, denominado

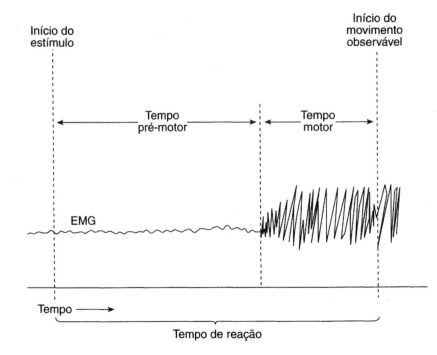

Figura 3.1-4— Esquematização do tempo de reação fracionado mostrando a relação entre a atividade do sinal da EMG e os intervalos de tempo motor e pré-motor.

de *tempo motor*, ocorre um aumento da atividade do EMG precedendo a resposta perceptível (que começa no ponto marcado *resposta*).

O tempo pré-motor e o tempo motor representam duas atividades distintas que ocorrem antes do movimento perceptível e refletem diferentes tipos de processos de preparação de movimento. Durante o tempo pré-motor uma pessoa está processando perceptiva ou cognitivamente a informação de estímulo. O tempo motor dá início à fase de saída motora real da resposta. Durante esse período, os músculos específicos envolvidos na ação estão sendo acionados para começar a produzir o movimento perceptível.

Para poder compreender melhor o que ocorre durante o processo de preparação, os pesquisadores vêm tentando descobrir que componentes do TR fracionado são afetados pelos vários fatores que influem no TR. Por exemplo, Christina e Rose (1985) relataram que as variações do TR devidas a aumentos na *complexidade da resposta* se refletiam em aumentos do tempo pré-motor. Para um movimento de duas partes do braço, o tempo pré-motor aumentou em média 19 ms sobre o tempo do movimento de uma parte do braço, enquanto que o tempo motor aumentou somente em 3 ms. Siegel (1986) verificou que, enquanto o TR aumentava linearmente à medida que a *duração da resposta* aumentava de 150 até 300 e de 600 a 1200 ms, o tempo pré-motor também aumentava linearmente. Por outro lado, o tempo motor permanecia o mesmo, até que a duração da resposta chegasse a 200 ms; a seguir o tempo motor apresentava uma ligeiro aumento. Sheridan (1984) mostrou que o tempo pré-motor também era responsável pelos aumentos do TR devido a aumentos na *velocidade de movimento*. Não obstante, Carlton, Carlton e Newell (1987) determinaram que variações do tempo pré-motor e do tempo motor eram uma conseqüência da alteração das *características relacionadas à força* da resposta.

Preparação da postura. Quando uma pessoa precisa desempenhar movimentos de braços estando em pé, uma parte do processo de preparação envolve a organização da atividade de suporte para a postura. Os registros do EMG da atividade do músculo pos-

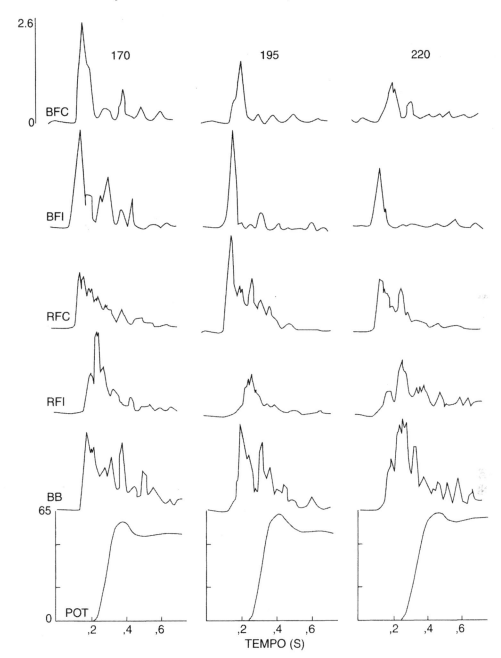

Figura 3.1-5— Registros de EMG do experimento de Weeks e Wallace. É mostrada uma tentativa de um registro de EMG retificado e polido para uma pessoa desempenhando um movimento de direcionamento de flexão do cotovelo no plano horizontal enquanto se mantém na posição ereta. São mostrados registros para três velocidades diferentes (170, 195, 220 ms) para vários músculos das duas pernas e do braço que está produzindo a resposta (BFC = bíceps-fêmoris contralateral, BFI = bíceps-fêmoris ipsilateral, RFC = rectus fêmoris contralateral, RFI = rectus fêmoris ipsilateral, BB = bíceps brachii, POT = potenciômetro). (Reproduzido de Human Movement. Volume 11, D. L. Weeks e S. A. Wallace, 1992 por gentileza da Elsevier Science-NL, Sara Burgerharstraat 25, 1055 KV, Amsterdam, Holanda.)

> **SAIBA MAIS**
>
> **Correção de problemas da escrita à mão devido à pressão da caneta e a força para segurá-la**
>
> Os resultados do experimento desenvolvido por Wann e Nimmo-Smith (1991) mostraram que, ao escrever à mão, as crianças geralmente têm problemas de escrita, porque aplicam pressão demasiada sobre a caneta e seguram o corpo da caneta com muita força. Elas ainda não estabeleceram a associação necessária entre o "sentir" a caneta contra a superfície e a pressão correta a ser aplicada. Os pesquisadores especulam que os adultos que aplicam os ajustes de força corretos, adquiriram essa capacidade com a prática, o que leva à aprendizagem não-consciente da pressão necessária baseada em sensações nos dedos que seguram a caneta.
>
> Os professores e terapeutas que trabalham com crianças que apresentam esse tipo de problema, devem estimular gradualmente sua sensibilidade para que elas possam assimilar a força adequada a ser aplicada à caneta. Uma forma de fazer isso, é permitir que as crianças vivenciem a escrita, praticando sobre diferentes superfícies. O professor ou terapeuta deve monitorar a força com que cada criança segura a caneta, tendo por meta mantê-la com uma intensidade apenas suficiente para produzir um traço visível na superfície do papel.

tural fornece evidências dessa preparação. Por exemplo, Weeks e Wallace (1992) pediram que as pessoas realizassem uma flexão do cotovelo direcionando o movimento no plano horizontal, enquanto mantinham-se com uma postura ereta. Os participantes aprenderam a fazer este movimento com três velocidades diferentes, definidas de acordo com os tempos do movimento. Os autores registraram EMGs de vários músculos das duas pernas e do braço correspondente. Os resultados (figura 3.1-5) mostraram que, para cada velocidade de movimento, ocorria uma seqüência específica de eventos de suporte à postura. Os músculos contralateral e ipsilateral (bíceps femoris e rectus femoris) das pernas eram ativados antes do início dos músculos agônicos dos braços (bíceps brachii). À medida que a velocidade do braço aumentava, o início da atividade muscular postural antecipatória ocorria em um instante anterior, antes da ativação do músculo agônico do braço. Os autores encontraram diferentes ordens de início para os vários músculos posturais. Esse resultado mostra que a preparação postural envolve características de organização de uma sinergia flexivelmente organizada do músculos posturais. Essa conclusão é importante porque os cientistas que tradicionalmente estudam o movimento, adotaram a premissa de que a preparação dos músculos posturais tem uma organização temporal absolutamente rígida. A vantagem da sinergia flexivelmente organizada é que a atividade de postura antecipatória pode ocorrer de acordo com as necessidades de equilíbrio de várias posturas do movimento prévio da pessoa.

Preparação das características de desempenho dos membros. Uma parte fundamental do processo de preparação do movimento é a organização dos membros solicitados a agir conforme as características e restrições impostas pela tarefa. Como normalmente uma pessoa pode desempenhar a mesma ação usando diversos membros diferentes ou diferentes segmentos do mesmo membro, a pessoa precisa especificar e preparar o membro ou seus segmentos responsáveis pelo desempenho de uma dada tarefa.

Um aspecto do movimento dos membros que a pessoa precisa preparar é a *direção* ou direções em que os membros serão movimentados. Para um movimento muito rápido, a pessoa precisa preparar várias direções diferentes antes de iniciar o movimento. Um outro aspecto relacionado à preparação da direção é a *trajetória* que o braço deverá seguir durante o movimento. Para uma tarefa que exija movimento balístico e precisão espacial, o indivíduo precisa preparar com antecedência: restringir o movimento do membro para atender às imposições de *precisão* da tarefa. Além disso, como foi discutido no conceito 2.2, para poder apanhar uma bola, a pessoa precisa preparar a atividade da mão e dos dedos antes que a bola em vôo chegue até ela.

Preparação das características de controle do objeto. Quando a habilidade a ser desempenhada envolve a manipulação de um objeto, uma parte do processo de preparação do movimento envolve a especificação de certos aspectos necessários para controlar o objeto. Dois exemplos ilustram como esses aspectos estão envolvidos na preparação do movimento.

Um aspecto do processo de preparação para escrever à mão é a especificação da pressão da caneta sobre o papel e a força com que os dedos da pessoa seguram a caneta (Wann e Nimmo-Smith, 1991). As pessoas bem treinadas em escrever à mão ajustam a pressão da caneta sobre o papel, de acordo com certas características da superfície, para conseguir um movimento fluente, contínuo e com eficiência de energia. Ao contrário, as crianças com problemas de escrita freqüentemente aplicam uma pressão excessiva na caneta e seguram a caneta com força exagerada.

Um outro aspecto do controle de objetos que exigem preparação é o que Rosenbaum e Jorgenson (1992) denominam de "conforto do estado final". Isso significa que, quando a pessoa tem muitas opções para definir como manipular um objeto, como no caso em que ela deve pegar um objeto e colocá-lo num determinado lugar, a pessoa deverá organizar os movimentos dos membros de tal modo que o movimento será executado utilizando-se a posição mais confortável dos membros. Por exemplo, se a pessoa tiver que pegar um objeto e colocá-lo de cabeça para baixo sobre uma mesa. Normalmente, a pessoa pegará o objeto de tal forma que resultará na posição mais confortável, quando o objeto for colocado de cabeça para baixo sobre a mesa.

Preparação da codificação espacial. Em situações de desempenho que exigem respostas específicas a certos estímulos, como as situações de TR de escolha, ao preparar o movimento as pessoas levam em conta as relações espaciais da localização dos estímulos e da localização das respostas. Elas traduzem essas relações em códigos reconhecíveis que passam a utilizar para produzir a resposta solicitada. A pesquisa tem mostrado que a codificação espacial leva em conta muitos efeitos da compatibilidade estímulo-resposta (para obter mais informações, consulte Weeks e Proctor, 1990). A codificação espacial mais simples, que leva à preparação mais rápida, (i.é., TR) ocorre quando a localização esquerda e direita dos estímulos é compatível com a localização esquerda e direita da resposta. Além dessa disposição, parece que as relações estímulo-resposta de cima para a direita e de baixo para a esquerda resultam em tempos de preparação mais rápidos. O membro envolvido no desempenho da resposta solicitada não é tão crítico quanto a relação espacial da localização do estímulo relativamente à localização da resposta.

Preparação do ritmo. Muitas habilidades são constituídas por movimentos que precisam seguir um certo padrão rítmico. É possível observar essa característica nos vários tipos de passos de caminhada, no desempenho de uma seqüência de passos de dança, no tiro livre, em basquete, e assim por diante. Uma experiência conduzida por Southard e Miracle (1993) mostrou que o sucesso de jogadores profissionais de basquete estava associado à continuidade e consistência de seu ritmo durante o ritual do tiro livre, independentemente do tempo real despendido no seu desempenho. Na verdade, era mais importante um ritmo consistente, do que os próprios movimentos executados pelo jogador durante o ritual de preparação. Os autores sugeriram que o ritmo no ritual de preparação consistia numa vantagem, pois ele preparava os pré-requisitos de ritmo da ação a ser produzida pelo sistema motor.

Resumo

Para desempenhar uma habilidade motora, a pessoa precisa preparar seu sistema de controle motor. Essa preparação exige tempo, como pode ser observado em experiências que mostram como o TR é afetado por vários fatores relacionados às tarefas, às situações e pessoais. Os fatores referentes à tarefa e à situação abrangem um certo número de alternativas de respostas que o participante deve escolher: a previsibilidade da escolha da resposta correta, a compatibilidade entre estímulo-reposta, a regularidade do período prévio, a complexidade do movimento, a precisão do movimento, a repetição da resposta e o tempo entre diferentes respostas. Os fatores pessoais que interferem na resposta incluem o grau de atenção da pessoa, isto é, se a atenção está concentrada no sinal ou no movimento e a prática. Sabemos que as pessoas preparam várias características associadas à ação durante o TR. Os cientistas que se dedicam ao estudo do movimento descobriram até que ponto essas características são perceptivas, cognitivas ou motoras, subdividindo os intervalos do TR dos registros de EMGs do músculo agônico primário, em seus componentes pré-motor e motor. Há evidências experimentais de que entre os vários aspectos da ação que as pessoas preparam durante o TR estão os seguintes: organização da postura, características de desempenho dos membros, características do controle do objeto, codificação espacial e ritmo.

Leituras relacionadas

Carson, R. G., R. Chua, D. Goodman, and W. D. Byblow. 1995. The preparation, of aiming movements. *Brain and Cognition* 28: 133–54.

Kasai, T., and H. Seiki. 1992. Premotor reaction time (PMT) of the reversal elbow extension-flexion as a function of response complexity. *Human Movement Science* 11: 319-34.

Meulenbroek, R. G. J., D. A. Rosenbaum, A. J. W. M. Thomassen, and L. R. B. Schomaker. 1993. Limbsegment selection in drawing behavior. *Quartely Journal of Experimental Psychology* 46A: 273-99.

Stelmach, G. E., N. Teasdale, and J. Phillips. 1992. Response initiation delays in Parkinson's disease patients. *Human Movement Science* 11:37-45.

Weeks, D. J., R. W. Proctor, and B. Beyak. 1995. Stimulus-response compatibility for vertically oriented stimuli and horizontally oriented responses: Evidence for spatial coding. *Quartery Journal of Experimental Psychology* 48A: 367-83.

Conceito 3.2

A preparação e o desempenho de habilidades motoras sofrem os efeitos da nossa capacidade limitada de selecionar e prestar atenção na informação

Termos-chaves

Atenção
Teorias de recurso central
Despertar
Teorias de recursos múltiplos

Procedimento de tarefa dupla
Foco da atenção
Automaticidade

Aplicação

Quando você está dirigindo seu carro em uma auto-estrada com pouco tráfego, é relativamente fácil manter uma conversação com um passageiro ou até pelo telefone. Mas o que acontece quando a estrada em que você está conduzindo seu carro começa a ficar congestionada? Não se torna mais difícil conversar com um passageiro ou ao telefone nessas condições?

Esse exemplo levanta uma questão importante sobre a aprendizagem e o desempenho humanos. Porque é fácil fazer mais de uma coisa ao mesmo tempo numa determinada situação, mas é difícil fazer as mesmas coisas simultaneamente em outra situação? Como você descobrirá na discussão desse conceito, podemos prestar atenção ou pensar conscientemente, somente em uma coisa de cada vez. Desde que possamos gerenciar o que estamos fazendo dentro dos limites da capacidade de nosso sistema de processamento de informação, poderemos realizar eficientemente várias atividades ao mesmo tempo. Mas, se o que estivermos fazendo exigir mais de nossa atenção do que pudermos dispensar, teremos que parar de fazer uma delas para que a outra seja bem feita, ou fazer todas precariamente.

Há muitos outros exemplos em que esses conceitos de limites de atenção devem ser considerados. Por exemplo, uma datilógrafa experiente consegue facilmente conversar com alguém e continuar datilografando mas um principiante não. Uma criança que está aprendendo a fazer dribles com uma bola tem dificuldade em driblar e correr ao mesmo tempo, enquanto que um jogador de futebol talentoso faz isso, e muito mais, ao mesmo tempo. Um outro tipo de situação na qual os limites da atenção são importantes envolve o ambiente instrucional. Por exemplo, você já ouviu um paciente de fisioterapia pedir ao terapeuta para não lhe mandar pensar em muitas coisas ao mesmo tempo? Ou você já percebeu a dificuldade enfrentada por um jogador de tênis iniciante em determinar o que fazer e onde, para tentar devolver um saque ou uma bola rebatida?

Discussão

Desde os primórdios da investigação sobre o comportamento humano, os pesquisadores mostraram-se particularmente interessados no estudo da atenção. Por exemplo, em meados de século passado, mais precisamente em 1859, Sir William Hamilton realizou na Inglaterra estudos relacionados à atenção. Aproximadamente na mesma época William Wundt, conhecido como o "pai da psicologia experimental", investigava o conceito de atenção na Universidade de Leipzig na Alemanha. Nos Estados Unidos, em 1890, William James fornecia uma das mais antigas definições de atenção, descrevendo-a como a "focalização, concentração da consciência".

Infelizmente, a ênfase dada à atenção no fim do século passado e início deste século, desvaneceu-se logo com os partidários do behaviorismo, que passaram a desacreditar na importância da atenção para compreensão do comportamento humano. A pesquisa sobre a atenção ressurgiu durante a Segunda Guerra Mundial, quando foi necessário entender, na prática, o desempenho humano em várias habilidades militares. Os pesquisadores estavam interessados em diversas áreas relacionadas à atenção, como o desempenho simultâneo de mais de um componente de uma habilidade ou mais de uma habilidade; o desempenho de tarefas em que as pessoas deviam tomar decisões rápidas quando haviam várias opções de respostas; e o desempenho de tarefas em que as pessoas deviam manter a atenção durante longos períodos. Esse interesse renovado no estudo da atenção prossegue até hoje, pois os pesquisadores continuam tentando entender uma das mais importantes limitações que afetam a aprendizagem e desempenho humanos.

A atenção como uma limitação do desempenho humano

Quando o termo é utilizado no contexto do desempenho humano, a **atenção** se refere ao envolvimento das atividades perceptivas, cognitivas e motoras associadas ao desempenho de habilidades. Essas atividades podem ser desempenhadas consciente ou inconscientemente. Por exemplo, a detecção de informação no ambiente é uma atividade que requer atenção. Nós observamos e prestamos atenção ao ambiente onde nos movimentamos, para poder detectar aspectos que nos ajudem a determinar a habilidade a ser desempenhada e como desempenhá-la.

Os pesquisadores que investigam o desempenho humano mostraram que as atividades relacionadas à atenção estão vinculadas a uma importante limitação de desempenho humano. Essa limitação é bem ilustrada pelo problema que freqüentemente enfrentamos ao fazer mais de uma coisa ao mesmo tempo, quando somos obrigados a dividir nossa atenção entre as tarefas a serem desempenhadas.

Já era do conhecimento dos cientistas, há muito tempo, as limitações da atenção que afetam nosso desempenho. De fato, em 1886, um psicólogo francês chamado Jacques Loeb mostrou que a força máxima que uma pessoa pode exercer em um dinamômetro, diminui quando a pessoa está envolvida em um trabalho mental. Infelizmente, foi somente nos anos 50 que os pesquisadores começaram a estabelecer uma base teórica para essa evidência experimental.

Teorias da atenção

As primeiras abordagens teóricas sobre as limitações da atenção consideravam o tempo responsável por esse limite. A teoria que mais se destacou aqui foi a *teoria do filtro* da atenção, também conhecida como a *teoria do gargalo*. Essa teoria, que deu origem a diversas variações, afirmava que uma pessoa tem dificuldade em fazer várias coisas ao mesmo tempo, porque o sistema humano de processamento de informação leva um certo tempo para desempenhar suas funções e, assim, o sistema pode desempenhar somente um número limitado de funções de cada vez. Isso significa que, em algum ponto da linha, há um *gargalo* no sistema de processamento de informação, onde são filtradas as informações não selecionadas para processamento futuro. Essas teorias divergiam quanto ao ponto onde o gargalo se situava. Alguns afirmavam que o gargalo ocorria muito cedo, no estágio da detecção da informação ambiental (p.ex., Welford, 1952, 1967; Broadbent, 1958). Outros afirmavam que ele ocorria mais tarde, depois de a informação ter sido percebida ou depois de ela ter sido processada cognitivamente (p.ex., Norman, 1968).

Esse tipo de abordagem teórica manteve-se popular por vários anos, até ficar demonstrado que as teorias do filtro da atenção não explicavam satisfatoriamente todas as situações de desempenho. A alternativa mais aceitável propunha que os limites da atenção resultavam da *disponibilidade limitada dos recursos* necessários para realizar as funções de processamento da informação. Exatamente como no caso dos governos que dispõem de recursos econômicos limitados para pagar seus compromissos, o ser humano possui recursos limitados para realizar todas as atividades que estiver tentando desempenhar simultaneamente.

As teorias que enfatizam os limites de recursos da atenção asseguram que podemos desempenhar várias tarefas simultaneamente, desde que os limites de capacidade dos recursos do sistema não sejam ultrapassados. Entretanto, se esses limites forem excedidos, teremos dificuldade em desempenhar uma ou mais dessas tarefas. Os teóricos adeptos dessa abordagem discordam quanto à determinação de *onde* se encontra o limite de recursos. Alguns afirmam que existe um reservatório central de recursos, onde se situam todos os recursos da atenção, enquanto outros propõem uma fonte múltipla de recursos.

Teorias da capacidade recursos centrais. De acordo com certas teorias da atenção, há uma reserva central de recursos e as atividades precisam competir para conseguir dispor desses recursos. Ainda seguindo a analogia do governo, essas **teorias de recursos centrais** comparam a capacidade de atenção humana a um único fundo geral que distribui verbas para todas as atividades. Para entender melhor esse quadro, suponha que os recursos disponíveis de atenção estejam situados dentro de um grande círculo, como o que está desenhado na figura 3.2-1. Os círculos menores são as tarefas específicas que solicitam esses recursos, como dirigir um carro (tarefa A) e conversar com um amigo (tarefa B). Cada círculo, individualmente, cabe dentro do círculo maior. Mas para uma pessoa ser bem-sucedida no desempenho das duas tarefas simultaneamente, os dois círculos menores precisam caber dentro do maior. Os problemas surgem quando queremos que dentro do círculo maior caibam mais círculos menores do que realmente cabem.

Um bom exemplo da teoria de recursos centrais foi proposto por Kahneman (1973). Em seu modelo (veja a figura 3.2-2), os *limites da capacidade do reservatório central de recursos são flexíveis*. Isso significa que a quantidade de atenção disponível pode variar dependendo de certas condições relacionadas ao indivíduo, às tarefas que estão sendo desempenhadas e à situação. De acordo com a ilustração da figura 3.2-1, essa visão da capacidade central flexível estabelece que o tamanho do círculo maior pode mudar de acordo com algumas características da pessoa, da tarefa e da situação.

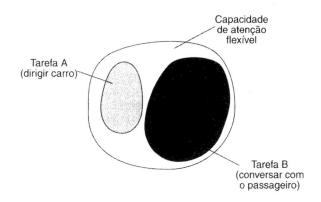

Figura 3.2-1—*Diagrama mostrando que duas tarefas (A e B) podem ser desempenhadas simultaneamente (p.ex., dirigir um carro e conversar) se a atenção solicitada pela tarefa não ultrapassar a capacidade de atenção disponível. Observe que a quantidade de capacidade disponível e a quantidade de atenção solicitada por cada tarefa a ser desempenhada pode aumentar ou diminuir, uma mudança que poderia ser representada neste diagrama variando adequadamente as dimensões dos círculos*

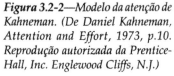

Figura 3.2-2—Modelo da atenção de Kahneman. (De Daniel Kahneman, Attention and Effort, 1973, p.10. Reprodução autorizada da Prentice-Hall, Inc. Englewood Cliffs, N.J.)

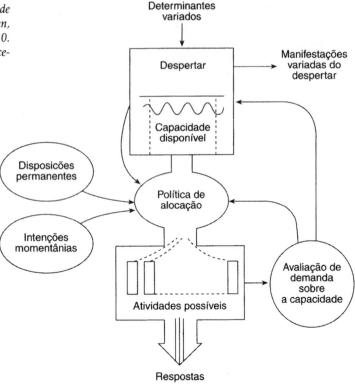

Kahneman visualiza a atenção *disponível* que a pessoa pode dispensar a uma atividade ou atividades como um *reservatório geral de esforço*, que envolve os recursos mentais necessários para realizar as atividades. A pessoa pode subdividir esse reservatório de modo a alocar atenção a várias atividades ao mesmo tempo. A alocação de recursos é determinada pelas características das atividades e das diretrizes de alocação do indivíduo, que por sua vez é afetada por situações interna e externa do indivíduo. A figura 3.2-2 mostra as várias condições que determinam como uma pessoa alocará os recursos disponíveis.

Primeiramente, observe que o reservatório central de recursos disponíveis (capacidade disponível) é representado pela caixa na parte superior do modelo. A linha ondulada indica que a quantidade de atenção disponível, isto é, o limite de capacidade, é flexível. Esse limite aumentará ou diminuirá de acordo com o *nível de despertar* da pessoa. O despertar é o estado geral de excitabilidade de uma pessoa, que é percebido nos níveis de ativação de seus sistemas psicológico, mental e emocional. Se o nível de despertar da pessoa for muito alto ou muito baixo, ela terá menor capacidade de atenção disponível do que teria se seu nível de despertar estivesse numa faixa ideal. Isso significa que para uma pessoa dispor dos recursos máximos de atenção, ela deve apresentar um nível ideal de despertar.

Um outro fator crítico que determina se há recursos de atenção suficientes são as solicitações da atenção ou da tarefa a ser desempenhada. Esse fator é representado no modelo de Kahneman na figura 3.2-2, como a *avaliação da demanda sobre a capacidade*. Como as tarefas diferem conforme a quantidade de atenção solicitada, a pessoa precisa avaliar essas demandas para determinar se poderá realizar todas as tarefas simultaneamente ou se não será capaz de desempenhar algumas delas.

Finalmente, são consideradas certas regras que afetam a forma como a pessoa aloca recursos de atenção. Uma delas afirma que alocamos a atenção para garantir a conclusão de

SAIBA MAIS

Uma explicação da capacidade de atenção da relação despertar-desempenho

Uma abordagem amplamente aceita da relação entre o despertar e o desempenho é que ela tem a forma de um U invertido. Isso significa que, quando fazemos um gráfico dessa relação, colocando no eixo vertical o nível de desempenho variando de baixo a alto, e no eixo horizontal o nível de despertar variando de muito baixo a muito alto, o gráfico da relação se assemelha a um U invertido. Esse tipo de relação mostra que, se os níveis de despertar forem muito baixos ou muito altos, o desempenho será pobre. No entanto, entre esses extremos se encontra uma faixa de níveis de despertar que deve levar a altos níveis de desempenho.

De acordo com o modelo de Kahneman, se os níveis de despertar afetarem a capacidade de atenção disponível de forma semelhante, então, segue-se que podemos atribuir a relação entre o nível de despertar e o desempenho à capacidade de atenção disponível. Isso significa que níveis de despertar muito baixos ou muito altos levam a um desempenho insuficiente, porque a pessoa não dispõe dos recursos da atenção necessários para desempenhar a atividade. Quando o nível de despertar for ideal, estarão disponíveis recursos suficientes da atenção e a pessoa poderá atingir um alto nível de desempenho.

---

uma atividade. Uma outra estabelece que alocamos recursos de atenção de acordo com nossa *disposições permanentes*. Essas são as regras básicas da atenção "involuntária" ou da atenção que dispensamos a coisas como o som da vinheta da novela, um barulho repentino ou o chamado do nosso próprio nome numa sala cheia de gente. Quando ocorrem situações como essas, parece que lhes dirigimos nossa atenção naturalmente. A última regra diz respeito às *intenções momentâneas* da pessoa. São as intenções específicas da própria pessoa em alocar a atenção em determinadas situações. Às vezes, elas são auto-dirigidas, enquanto que em outras ocasiões se baseiam em instruções que a pessoa recebeu sobre como dirigir sua atenção.

Teorias de recursos múltiplos. As **teorias de recursos múltiplos** constituem numa alternativa para as teorias que propõem um reservatório central de recursos de atenção. As teorias de recursos múltiplos afirmam que dispomos de diversos mecanismos de atenção, cada um com recursos limitados. Cada reservatório de recursos é específico para um componente do desempenho de habilidades. Utilizando mais uma vez a analogia do governo, os recursos estão disponíveis em diversas agências do governo e a competição pelos recursos ocorre somente entre aquelas atividades relacionadas a determinadas agências. As teorias de recursos múltiplos que mais prevalecem foram propostas por Navon e Gopher (1979), Allport (1980) e Wickens (1980, 1984).

Wickens propôs uma teoria que se tornou a mais popular de todas. Ele afirmava que os recursos para o processamento da informação provêm de três fontes diferentes (veja a figura 3.2-3). São elas: as *modalidades de entrada e de saída* (p.ex., visão, membros e sistema fonador), os *estágios de processamento de informação* (p.ex., percepção, codificação de memória, saída de resposta) e os *códigos de processamento de informação* (p.ex., códigos verbais, códigos espaciais). Nosso sucesso no desempenho de duas ou mais tarefas simultaneamente depende de se essas tarefas solicitam nossa atenção a partir de um recurso comum ou de recursos diferentes. Quando duas tarefas precisam ser desempenhadas simultaneamente e compartilham um recurso comum, elas não serão desempenhadas tão bem quanto se tivessem que competir por recursos diferentes.

Por exemplo, a abordagem de recursos múltiplos deveria explicar as variações da situação que envolve dirigir um carro enquanto se conversa com um passageiro da seguinte

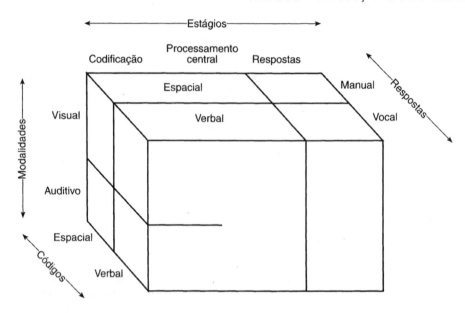

Figura 3.2-3— *A estrutura componente do modelo de atenção de recursos múltiplos de Wickens. (De C. D. Wickens, "Processing Resources in Attention" em R. Parasuraman e R. Davies (eds.), Varieties of Attention, 1984. Direitos autorais " da Academic Press, Orlando, FL, 1984. Reprodução autorizada.)*

forma. Quando há pouco tráfego, dirigir não requer muitos recursos de nenhuma das três diferentes fontes. Mas, quando o tráfego se torna mais pesado, aumentam as solicitações de recursos de duas fontes: modalidades de entrada e saída e estágios de processamento da informação. Essas são exatamente as mesmas fontes envolvidas no fornecimento de recursos de atenção para propiciar a conversação com um amigo. Disso se conclui que, para continuar dirigindo com segurança, a pessoa precisa reduzir as solicitações de recursos da atividade de conversação.

Se a abordagem de recursos múltiplos for precisa, poderemos prever que o desempenho de uma tarefa de rastreamento e uma tarefa de memorização verbal conjunto será mais bem-sucedido, do que o desempenho de uma tarefa de rastreamento e uma tarefa verbal que exija decisão espacial. Esse resultado é esperado porque a tarefa de rastreamento e a tarefa espacial competiriam pelo mesmo recurso, pois cada uma envolve codificação espacial de informação. Quando a dificuldade da tarefa é levada em conta, prevemos que duas tarefas difíceis poderão ser executadas simultaneamente se elas solicitarem recursos diferentes, mas não poderão, se competirem pelos mesmos recursos (veja Wickens, Sandry e Vidulich, 1983 para obter mais exemplos de experiências que confirmam as previsões deste modelo).

Uma vantagem das teorias de recursos múltiplos é o enfoque dado aos tipos de solicitações em várias estruturas de processamento de informação e de resultado de resposta e não em uma capacidade de recursos não-específica. A abordagem da atenção de recursos específicos fornece um guia prático que nos ajuda a determinar quando as solicitações das tarefas serão muito grandes para serem desempenhadas simultaneamente. Por exemplo, se uma tarefa exigir uma resposta manual e uma outra tarefa exigir uma resposta vocal, a pessoa deverá ter pouca dificuldade em desempenhá-las simultaneamente, porque elas não exigem atenção da mesma estrutura de recursos. Inversamente, as pessoas têm dificuldade em desempenhar duas respostas manuais diferentes simultaneamente, porque as duas solicitam recursos da mesma estrutura.

Procedimentos para avaliar as demandas de atenção

O procedimento experimental mais comum usado para investigar as questões do limite de atenção é o **procedimento de tarefa dupla**. A finalidade principal dos experimentos que utilizam essa técnica é determinar as características e as solicitações da atenção de duas tarefas diferentes desempenhadas simultaneamente. A abordagem geral dos experimentadores tem sido a de determinar as solicitações da atenção de uma das duas tarefas observando o grau de interferência causado por uma tarefa que estiver sendo desempenhada simultaneamente com outra, denominada de *tarefa secundária*.

No procedimento de tarefa dupla, a *tarefa primária* é a tarefa de interesse, cujo desempenho os pesquisadores estarão observando para avaliar suas solicitações de atenção. Dependendo da finalidade na experiência, o participante pode ou não ter que manter um desempenho consistente da tarefa primária, esteja ele desempenhando a tarefa isolada ou simultaneamente com uma tarefa secundária.

Se as instruções no experimento exigirem que o participante preste atenção à tarefa primária, para que ela seja bem desempenhada tanto isolada quanto simultaneamente com a tarefa secundária, então o desempenho na tarefa secundária é a base que os pesquisadores utilizarão para fazer deduções sobre as demandas de atenção da tarefa primária. Por outro lado, se o experimentador não orientar o sujeito a prestar atenção especificamente a uma ou outra tarefa, o desempenho das duas tarefas será comparado com o desempenho de cada tarefa executada isoladamente.

Técnica da tarefa secundária contínua. Uma abordagem para a utilização do procedimento de tarefa dupla exige que a pessoa mantenha o desempenho numa tarefa primária enquanto continua a desempenhar uma tarefa secundária. Por exemplo, em uma experiência muito citada conduzida por Kantowitz e Knight (1976), os participantes tinham que manter na tarefa primária uma velocidade de andamento controlada por um metrônomo. Nessa tarefa, conhecida como tarefa de batimento recíproco, eles moviam uma caneta para frente e para trás entre dois alvos. A tarefa secundária consistia no desempenho contínuo de uma tarefa mental, como somar colunas de números. Foi solicitado aos participantes que desempenhassem as duas tarefas simultaneamente, mas que mantivessem sempre a velocidade do batimento. Os autores hipotetizaram que, se uma pessoa dispusesse de capacidade de atenção suficiente para desempenhar as duas tarefas, isto é, tamborilar e somar, a pessoa deveria ser capaz de desempenhar a tarefa secundária, enquanto estivesse executando a tarefa primária, tão bem quanto desempenharia a tarefa secundária isoladamente. Em outras palavras, pode ocorrer um tipo de "compartilhamento de tempo" no sistema de processamento, que permite que as duas tarefas sejam realizadas simultaneamente.

Os resultados mostraram que duas tarefas poderiam ser realizadas simultaneamente com pouca dificuldade, se a tarefa secundária fosse fácil. Entretanto, à medida que a tarefa secundária se tornava mais difícil, seu desempenho piorava. Esses resultados demonstram o conceito da capacidade limitada de recursos, mostrando como as solicitações de várias tarefas exigem diferentes níveis de atenção, afetando a capacidade da pessoa em desempenhá-las simultaneamente.

Técnica de sondagem da tarefa secundária. A *técnica de sondagem* é um procedimento alternativo de tarefa dupla. Os pesquisadores utilizam um tarefa secundária discreta para "sondar" as solicitações da atenção ao desempenhar diferentes partes de uma tarefa primária, o que exige que a pessoa desempenhe a tarefa secundária em diferentes instantes durante o desempenho da tarefa primária. Essa abordagem é particularmente adequada, quando o

> **SAIBA MAIS**
>
> **Comparação das solicitações da atenção no controle do equilíbrio entre pessoas sem e com amputação de membros inferiores**
>
> Geurts e Mulder (1994) estudaram, na Holanda, pessoas com e sem amputação unilateral do membro inferior, para determinar, naqueles que tinham sofrido amputação, o grau de atenção necessário para controlar seu equilíbrio. Os participantes com amputação tinham recebido próteses pela primeira vez, quando o estudo foi iniciado. Todos os participantes desempenharam uma tarefa de equilíbrio estático, permanecendo sobre uma plataforma de força, sobre o solo, durante 30 s. Eles foram instruídos a permanecer o mais imóveis e simétricos possíveis, com as mãos cruzadas atrás das costas. Depois de estabelecer características da linha de base para movimentos laterais e para frente e para trás, enquanto executavam a tarefa os participantes se envolveram simultaneamente na execução de tarefas aritméticas. Eles tinham que prestar atenção num problema relativamente simples de adição e dar a resposta, certa ou errada, verbalmente. Os participantes sem amputação não mostraram, como era de se esperar, nenhuma dificuldade de postura na situação de tarefa dupla. Os amputados, ao contrário, mostraram maior dificuldade tanto no balanço do corpo quanto no número de erros aritméticos. É interessante que, oito semanas mais tarde, depois de sessões de terapia de reabilitação, os participantes com amputação não apresentaram esses mesmos déficits da tarefa dupla e tiveram um desempenho muito semelhante ao apresentado pelos participantes não-amputados.
>
> Esses resultados demonstram que:
>
> • as pessoas que estão começando a se capacitar a usar uma prótese de membro inferior após amputação, precisam adquirir a capacidade de atenção para desempenhar uma tarefa de controle postural simples e estático e não dispõem de atenção suficiente para desempenhar uma tarefa mental simultaneamente.
>
> • a atenção que os participantes precisam para equilibrar-se usando uma prótese, diminuiu depois de um certo período de terapia até um ponto em que conseguem alocar atenção a uma tarefa mental, passando a desempenhar as duas tarefas com sucesso.

pesquisador está interessado nas solicitações da atenção dos componentes individuais da tarefa. Nessa situação, geralmente solicita-se que a pessoa se concentre na tarefa primária. A pessoa também é orientada a desempenhar a tarefa secundária da melhor maneira possível. Nesse procedimento, segue-se o seguinte raciocínio: se uma fase da tarefa primária solicitar capacidade de atenção, ela reduzirá os recursos de atenção disponíveis para o desempenho da tarefa secundária. Assim, o desempenho da tarefa secundária poderá ser comprometido, quando a tarefa secundária desempenhada juntamente com a tarefa primária for comparada com o desempenho da mesma tarefa executada isoladamente.

A técnica de sondagem é um procedimento útil a ser aplicado, se você estiver interessado em saber quando a atenção é solicitada ao longo de um percurso através de um ambiente com obstáculos. Você poderia solicitar que, enquanto estivesse caminhando (tarefa primária), a pessoa desempenhasse uma tarefa de tempo de resposta (tarefa secundária), como liberar um botão de respostas pressionado com a mão, quando fosse dado um sinal sonoro. Você poderia disparar o sinal em várias fases da caminhada, como quando um obstáculo fosse interceptado ou quando a pessoa estivesse andando sem qualquer obstáculo por perto.

Os experimentos, que se utilizaram da técnica de sondagem para avaliar as solicitações da atenção no desempenho de habilidades motoras, têm mostrado que nem todas as fases do desempenho de uma habilidade requerem o mesmo grau de atenção. Um exemplo do desempenho de uma habilidade simples ilustra esse ponto. As demandas de atenção parecem ser muitas quando a pessoa inicia um movimento de direcionamento manual. Mas, a continuação do movimento em direção ao alvo requer pouca atenção. Finalmente, a conclusão

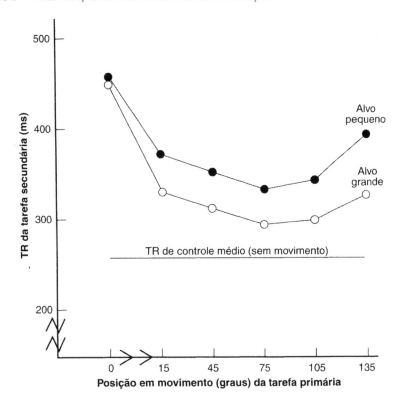

Figura 3.2-4 –*Resultados do experimento de Posner e Keele mostrando diferenças no desempenho de tarefas secundárias (TR) em função da posição onde a resposta foi dada durante a tarefa primária rápida de 135°. Os efeitos do TR estão mostrados para os movimentos da tarefa primária para alvos grandes e pequenos. (Fonte: Dados de M. I. Posner e S. W. Keele, "Attention Demands of Movements" em Proceedings of the 16th Congress of Applied Psychology, 1969.)*

do movimento, pode ou não exigir muita atenção, dependendo das características do alvo e de como esse movimento deve ser completado. Por exemplo, em um experimento clássico conduzido por Posner e Keele (1969), os participantes moviam-se em direção a um alvo e corrigiam o movimento se tivessem ultrapassado o alvo. Como você pode ver na figura 3.2-4, quando o alvo era pequeno as solicitações da atenção para concluir o movimento eram muitas. Mas, quando o alvo era grande, o participante precisava prestar muito menos atenção para corrigir o movimento.

Focalizando a atenção

Além de dividir a atenção entre diversas atividades, as pessoas também prestam atenção em aspectos específicos do ambiente e em atividades de preparação da ação. Esse processo de focalização da atenção é conhecido como **foco da atenção**. Ao contrário das solicitações da atenção, que se referem à distribuição de recursos da atenção para várias tarefas que precisam ser desempenhadas simultaneamente, focalizar a atenção significa organizar os recursos disponíveis para dirigi-los a determinadas fontes de informação.

Podemos considerar o foco da atenção em função de sua largura e direção. A *largura* indica que nossa atenção pode ter um foco *amplo* ou *estreito* na informação do ambiente e

> ### Saiba Mais
>
> **Uma estratégia relacionada à atenção para preparar o desempenho de uma habilidade fechada**
>
> Com base num trabalho de revisão relativo à atenção e ao desempenho, Singer e colaboradores (Singer et al., 1991) apresentaram uma estratégia de três componentes, que poderia ser utilizada pelos praticantes quando se preparavam para desempenhar uma habilidade fechada. As pessoas podem utilizar essa estratégia ao desempenhar uma série de habilidades esportivas (p.ex., fazer lances livres no basquetebol, sacar no jogo de tênis ou de *badminton*, atirar com um arco ou com arma de fogo, dar uma tacada no golfe) e nas habilidades cotidianas (p.ex., sair da cama, levantar da cadeira, caminhar ao longo de um determinado percurso, abotoar um paletó).
>
> Os que fazem uso dessa estratégia se envolvem em três atividades imediatamente antes de desempenhar uma habilidade:
>
> **1. Relaxamento**, envolve o controle da respiração e o relaxamento muscular para reduzir as tensões, para melhorar a qualidade do foco da atenção e desenvolver um nível de despertar ideal.
>
> **2. Visualização**, envolve visualizar mentalmente e sentir o desempenho desejado antes de executá-lo realmente
>
> **3. Focalização**, envolve a concentração em um aspecto positivo do desempenho da tarefa que é vital para um desempenho eficaz.

nas atividades mentais. A *direção* indica que o foco de nossa atenção pode ser *interno* ou *externo*: a atenção deve ser focalizada em pistas do ambiente ou em pensamentos interiores, projetos ou atividades de solução de problemas. Nideffer (1993) mostrou que as larguras do foco amplo e estreito e suas direções interna e externa interagem entre si, de modo a estabelecer quatro tipos de situações de foco de atenção relacionadas ao desempenho.

Em situações de desempenho, as pessoas solicitam determinados tipos de foco de atenção para terem um desempenho bem-sucedido. Por exemplo, uma pessoa precisa de um foco amplo/externo para caminhar perfeitamente através de um saguão cheio de gente, mas precisará de um foco estreito/externo para apanhar uma bola. Às vezes, há situações em que é necessário desviar o tipo de foco e o objeto da atenção. Isso é feito adotando o que é conhecido como *deslocamento da atenção*. Pode ser vantajoso poder desviar o foco da atenção rapidamente entre partes da informação do ambiente ou da situação, quando precisamos utilizar uma grande variedade de fontes de informação para uma tomada de decisão rápida. Por exemplo, um quarto zagueiro no futebol americano terá que verificar se o pivô que vai receber está livre; se não estiver ele terá que procurar um outro jogador para fazer o passe. Nesse ínterim, o quarto zagueiro deverá estar verificando se não está prestes a ser derrubado ou impedido de receber o lançamento. Cada uma dessas atividades requer atenção e precisa ser realizada, em poucos segundos. Para isso, o jogador precisa desviar sua atenção rapidamente, de uma fonte de informação externa para uma interna.

Entretanto, alguns tipos de deslocamento da atenção podem trazer desvantagem para o desempenho de certas atividades. Por exemplo, uma pessoa desempenhando uma habilidade que exige uma série de movimentos rápidos e precisos, como datilografar, tocar piano ou dançar, será melhor sucedida se ela focalizar sua atenção na fonte primária de informação durante períodos mais longos. Podem surgir problemas, se a atenção da pessoa for desviada muitas vezes de fontes de informação corretas para outras inadequadas. Por exemplo, se o pianista desviar constantemente sua atenção visual da partitura para as mãos ou para o teclado, ele terá dificuldades em manter a estrutura rítmica correta da peça que estiver executando.

Atenção e consciência

O termo *atenção* tem sido muitas vezes utilizado inadequadamente, com o significado apenas de uma percepção consciente. Como conseqüência, alguns termos como "demanda máxima de atenção" e "demanda mínima de atenção" têm sido equacionados em termos de quanto uma pessoa deve pensar conscientemente ou concentrar-se em alguma coisa. No entanto, o conceito de atenção não deve estar limitado somente a atividades conscientes.

Evidentemente, o envolvimento consciente em atividades de atenção caracteriza várias situações de desempenho de habilidades. Por exemplo, quando uma criança está aprendendo a quicar uma bola com uma das mãos e corre ao mesmo tempo, quase sempre observamos a criança pensando no que deverá fazer. O mesmo ocorre quando um paciente em reabilitação está desenvolvendo sua escrita à mão. Os terapeutas freqüentemente observam seus pacientes orientando verbalmente a ação à medida que ela vai sendo executada.

Entretanto, algumas atividades que solicitam atenção parecem não envolver uma percepção consciente. Um exemplo disso foi visto no conceito 2.2, no estudo dos praticantes de saltos de longa distância conduzido por Lee, Lishman e Thomson (1984). Seus resultados indicaram que, embora a atenção visual fosse importante para atingir a plataforma de impulso do salto com precisão, os atletas e seus treinadores não tinham percebido que os atletas faziam correções à medida que iam completando a corrida de aproximação.

Nas duas seções seguintes, discutiremos dois resultados importantes relacionados à percepção consciente. O primeiro se refere à automatismo, um termo comumente utilizado no desempenho de habilidades. O segundo trata da percepção consciente e da aprendizagem de uma habilidade.

Automatismo. É comum se considerar no desempenho de uma habilidade que ela é desempenhada "automaticamente". O termo se refere às habilidades que podem ser desempenhadas sem que a capacidade de atenção seja solicitada. Logan (1985) mostrou alguns aspectos importantes sobre o conceito de automatismo e suas relações com o desempenho de habilidades motoras. Ele mostrou que o conceito de desempenho de habilidade e o conceito de automatismo estão intimamente relacionados. O automatismo é um componente importante do desempenho de habilidades, pois consiste no conhecimento e nos procedimentos que podem ser evocados e realizados automaticamente.

Tanto o automatismo quanto a habilidade podem ser adquiridas através da prática. É recomendável pensar no automatismo como um continuum com gradação variável. É possível, por exemplo, que alguma atividade de processamento solicitada no desempenho de uma habilidade seja a única automática. Se isso ocorrer, é preciso reestruturar a questão da dicotomia sim/não que os pesquisadores tem levantado com relação às solicitações da atenção, quando são utilizados procedimentos de tarefa dupla. Uma abordagem para atender a essa necessidade seria a avaliação do desempenho de tarefas duplas em diferentes estágios da prática.

Dessa abordagem do automatismo surge uma questão importante sobre a aprendizagem de habilidades: *Qual o grau de automatização de habilidades complexas?* Certas habilidades como dançar, praticar ginástica olímpica, ou tocar piano são altamente complexas. Elas são automatizadas o tempo todo, durante o desempenho, exigindo pouca ou nenhuma atenção. A resposta mais razoável para esta questão sugere que o participante cria "trechos" automatizados da atividade. Esses trechos são partes das peças que foram reunidas em grupos e desempenhadas com pouca atenção dirigida para o conteúdo dos trechos. No entanto, a atenção é solicitada no começo de cada trecho.

Das discussões com indivíduos que praticam certas habilidades surgem evidências curiosas dessa abordagem. Durante o desempenho, os indivíduos afirmam que podem desempenhar vários trechos de uma rotina sem pensar neles. Entretanto, eles também afirmam que há trechos na rotina em que precisam prestar atenção conscientemente. Esses trechos parecem ser identificados por características distintas. O bailarino pode prestar atenção no trecho em que há uma mudança no compasso ou na bailarina que precisa ser alcançada e levantada; o pianista pode prestar atenção nas variações do compasso. O ginasta pode prestar atenção nos trechos mais perigosos da rotina. Todos eles afirmam que prestam atenção nos trechos da rotina em que já tiveram dificuldades.

Infelizmente, praticamente não há evidências experimentais que suportem essa abordagem da atenção e o desempenho de habilidades complexas. Uma das razões é pela dificuldade em se fazer testes. Alguns estudos referentes a movimentos simples mostraram que as solicitações da atenção variam em conseqüência da prática. Esses estudos (p.ex., Reeve, 1976; Wrisberg e Shea, 1978) mostraram que, quando um participante reduz a atenção em alguns aspectos do movimento, este não atinge o que poderia ser considerado um estado completamente automatizado. Em algumas partes da habilidade, a atenção permanece crítica, independentemente da quantidade de prática. Ainda precisam ser determinadas as características das partes de uma habilidade complexa que sempre solicitarão a atenção consciente do participante, independentemente do estágio da aprendizagem.

Um aspecto das habilidades que não atinge o automotismo é o timing. De acordo com Peters (1977), quando duas atividades motoras diferentes precisam ser desempenhadas simultaneamente, somente um conjunto de comandos de tempo é enviado de cada vez. Assim, seria de se esperar que houvesse certas habilidades em que, diferentes atividades de *timing*, precisassem ser desempenhadas simultaneamente e que houvesse sempre um certo grau de interferência. Peters (1985) relatou algumas evidências ao comparar pianistas principiantes e experientes quando desempenhavam um *rubato*, isto é, quando uma das mãos sai temporariamente do andamento normal para executar um outro andamento, enquanto a outra mão prossegue no mesmo andamento básico. Os pianistas pouco treinados não eram capazes de fazer isso. Mas os virtuoses também apresentavam evidências de interferência em suas execuções.

Para a aprendizagem, é necessário dispensar uma atenção consciente às pistas ambientais? O segundo resultado referente à consciência e à atenção está relacionado à técnica instrucional usual, de informar às pessoas o que elas devem procurar no ambiente que possa ajudá-las no desempenho de uma habilidade e para que possamos ajudá-las a corrigir o foco de sua atenção visual. Entretanto, as pesquisas que investigam a necessidade da percepção consciente das pistas ambientais na aprendizagem de habilidades, revelam que esses tipos de técnicas não devem ser incluídos na interação professor-aluno ou paciente-terapeuta. Essas pesquisas mostram que aprendemos a selecionar pistas relevantes do ambiente, embora não tenhamos a percepção consciente de quais são essas pistas.

As experiências relatadas por Richard Pew (1974) demonstram que a aprendizagem de habilidades ocorre na ausência de percepção consciente das pistas ambientais críticas. Os participantes observavam um cursor-alvo deslocar-se sobre um padrão de forma de onda complexa na tela de um osciloscópio durante 60 s. A tarefa dos participantes consistia em seguir o cursor: Eles deviam mover um *joystick* para manter seu próprio cursor o mais próximo possível do cursor-alvo. O movimento do cursor-alvo era aleatório no primeiro e

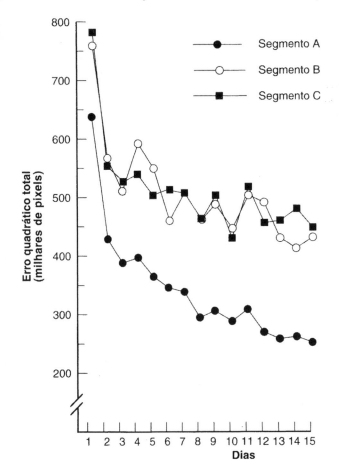

Figura 3.2-5 – *Resultados do experimento de Magill, Schoenfeld-Zohdi e Hall (1990) mostrando o desempenho superior do segmento repetido A em comparação com os segmentos aleatórios B e C, para uma tarefa complexa de rastreamento. (Fonte: R. A. Magill et al., "Further Evidence for Implicit Learning in a Complex Tracking Task" artigo apresentado na reunião anual na Sociedade Psiconômica, Novembro, 1990. New Orleans, LA))*

terceiro segmentos de 20s em cada tentativa, e repetia os mesmos movimentos em cada tentativa durante o segmento intermediário de 20 s. Os participantes praticaram essa tarefa de seguir o alvo durante aproximadamente 24 tentativas por dia, durante 16 dias. Os resultados mostraram que, à medida que praticavam, eles apresentavam um desempenho melhor no segmento do meio que nos outros dois segmentos. O mais importante é que, quando entrevistados, nenhum dos participantes afirmava saber que o cursor-alvo reproduzia o mesmo padrão durante o segmento do meio. Assim, os participantes perceberam e utilizaram a regularidade do movimento do cursor durante o segmento do meio sem ter consciência dessa característica.

Os resultados encontrados por Pew foram replicados em experimentos de três segmentos, em que o segundo (Magill e Hall, 1989) e o primeiro segmentos foram repetidos (Magill, Schoenfelder-Zohdi e Hall, 1990). Os resultados deste último experimento, que aparecem na figura 3.2-5, ilustram a superioridade do desempenho das pessoas no segmento repetido do padrão de seguimento do cursor, quando comparado com os segmentos de padrão aleatório. Nesse caso, também, nenhum dos participantes relatou ter percebido a repetição de um segmento nos padrões seguidos em cada tentativa prática.

Esses experimentos revelam características importantes do processo de seleção visual, isto é, a seleção de pistas visuais pode ocorrer sem que as pessoas percebam conscientemente que o estão fazendo. As pessoas não precisam ser alertadas sobre as pistas a serem procuradas,

Saiba Mais

Ter conhecimento das pistas relevantes pode ser prejudicial à aprendizagem de habilidades

É uma idéia bastante comum que, conscientizando as pessoas sobre as pistas ambientais relevantes, estaremos facilitando sua aquisição de habilidades. Entretanto, um experimento conduzido por Green e Flowers (1991) mostrou que esse não é o caso, quando as pistas não ocorrem nas tentativas cotidianas. Os participantes jogavam um jogo no computador, em que deviam manipular um *joystick* para movimentar uma pá horizontalmente na parte inferior do monitor, para tentar apanhar uma "bola", isto é, um ponto luminoso, que se movia durante 2,5 s de cima a baixo da tela. A bola movia-se seguindo uma entre oito trajetórias, quatro das quais representavam uma curva simples e outras quatro uma curva em S. Em algumas tentativas (75 %), a bola se desviava da trajetória normal de acordo com dois tipos de desvio. Quando isso ocorria, os desvios estavam relacionados a uma posição final específica da bola. Assim, se os participantes detectassem essas características, poderiam melhorar sua precisão ao apanhar a bola. Um grupo de participantes recebeu instruções explícitas sobre essa característica e sobre sua probabilidade de ocorrência; o ouro grupo não recebeu nenhuma instrução. Os participantes praticaram durante cinco dias num total de 800 tentativas. Os resultados mostraram que os dois grupos melhoraram. Entretanto, o grupo que recebeu instruções explícitas cometeu mais erros que o grupo que não recebeu instrução e, obviamente, adquiriu implicitamente a capacidade de utilizar a informação previsível. Os autores concluíram que os participantes que receberam informação se preocuparam tanto em dirigir sua atenção para tentar se lembrar da regra e observar sua ocorrência, que seu desempenho foi prejudicado por falta de recursos de atenção suficientes para alocar à tarefa em si.

---

nem precisam ser capazes de relatar verbalmente que pistas estão procurando ou utilizando. Entretanto, é essencial que elas identifiquem as pistas relevantes numa grande variedade de contextos ambientais, toda a vez que essas pistas ocorrerem e que estejam prestando atenção no contexto e tentando melhorar o desempenho em cada tentativa.

Resumo

Consideramos a atenção como a nossa capacidade de envolvimento nas atividades perceptivas, cognitivas e motoras associadas ao desempenho de habilidades. Os seres humanos dispõem de uma capacidade limitada de envolvimento nessas atividades. Como conseqüência, freqüentemente temos dificuldades em desempenhar mais de uma tarefa de uma vez. As teorias mais aceitas sobre os limites da atenção propõem que temos uma capacidade limitada de processar informação. Algumas teorias consideram essa limitação como um reservatório central de recursos de atenção. Por exemplo, o modelo de capacidade limitada flexível de Kahneman propõe que os recursos de atenção provêm de um único reservatório. A alocação sofre a influência de vários fatores relacionados ao indivíduo e às atividades a serem desempenhadas. As teorias de recursos múltiplos surgem de uma abordagem alternativa que propõe diversos recursos como fontes da atenção. Os procedimentos experimentais típicos, utilizados para apoiar a abordagem de capacidade limitada, são denominados de procedimentos de tarefa dupla.

Um aspecto importante da atenção e do desempenho da habilidade motora é o *foco da atenção*: para onde e como uma pessoa orienta sua atenção numa situação de desempenho. A atenção pode ser focalizada tanto de forma ampla ou estreita e, também, externamente, em algum aspecto da situação ambiental, ou internamente, em algum aspecto da preparação ou do desempenho da habilidade. As pessoas podem trocar de foco rapidamente entre essas larguras e direções.

Finalmente, a atenção não está limitada à percepção consciente. As pessoas executam muitas atividades que solicitam atenção sem que conscientemente se apercebam disso. Um exemplo é a atenção visual que a pessoa dispensa às pistas ambientais que orientam o desempenho. Essas pistas solicitam um foco de atenção; entretanto, as pessoas nem sempre tem uma percepção consciente das características das pistas.

Leituras relacionadas

Abernethy, B. 1988. Dual-task methodology and motor skills research: Some applications and methodological constraints. *Journal of Human Movement Studies* 14: 101-32.

Allport, A. 1987. Selection for action: Some behavioral and neurophysiological considerations of attention and action. In H. Heuer and A. F. Sanders (Eds.), *Perspectives on perception and action* (pp. 395-419). Hillsdale, NJ: Erlbaum.

Franz, E. A., H. N. Zelaznik, and A. Smith. 1992. Evidence of common timing in the control of manual, orafacial, and speech movements.

Journal of Motor Behavior 24: 281-87.

Peters, M. 1994. When can attention not be divided? *Journal of Motor Behavior* 26: 196-99.

Conceito 3.3
A atenção visual seletiva desempenha um papel importante na preparação de várias habilidades motoras

Termo-chave

Busca visual

Aplicação

Para realizar muitas das habilidades motoras utilizadas em nossas atividades cotidianas, é preciso prestar atenção visualmente em certos aspectos do contexto ambiental, antes de executar efetivamente as ações. Por exemplo, quando você pega uma xícara para tomar café, você observa visualmente onde a xícara se encontra e quanto café existe dentro dela antes de alcançá-la e segurá-la. Quando você coloca a chave na fechadura da porta, você olha primeiro para ver onde exatamente ela se encontra. Quando você precisa se movimentar entre pessoas e objetos ao caminhar por um calçadão, você olha para ver onde os obstáculos se encontram, em que direção e com que velocidade estão se movimentando. Para dirigir seu carro, você também precisa selecionar visualmente a informação do ambiente para chegar em segurança ao seu destino.

Nas atividades esportivas, também é essencial a atenção visual para a informação do contexto ambiental. Para muitas habilidades, a menos que os atletas prestem atenção primeiro nas pistas críticas, o sucesso de seu desempenho é seriamente prejudicado. Por exemplo, prestar atenção visualmente nas pistas fornecidas pela bola e pelo adversário, permite que o jogador se prepare para devolver uma bola rebatida no tênis ou no frescobol. Determinar para onde deve ser feito um passe no futebol ou no hóquei ou decidir que tipo de movimento impor a um defensor no basquetebol ou no futebol, são todas habilidades que dependem da atenção bem-sucedida do jogador às pistas visuais antes de iniciar a ação.

Em cada uma dessa atividades cotidianas e esportivas, a visão desempenha um papel fundamental na preparação do desempenho de uma habilidade. Dar uma busca visual no ambiente, ajuda o indivíduo a obter as informações necessárias para tomar decisões sobre que ações realizar, como executá-las e quando iniciá-las.

Discussão

Busca visual consiste no processo de orientar a atenção visual para localizar as pistas ambientais adequadas. Durante o processo de preparação para o desempenho de muitas habilidades, as pessoas realizam uma busca visual para retirar do ambiente as pistas relevantes para as solicitações de desempenho em determinadas situações. Nas seções a seguir, discutiremos o processo real de seleção da informação adequada do ambiente e daremos exemplos de várias habilidades esportivas e cotidianas para ilustrar como a busca visual é importante no processo de preparação do desempenho.

Procedimentos para a investigação da busca visual em habilidades motoras

Antes de considerar o próprio processo de busca, examinaremos como os pesquisadores investigam a atenção seletiva visual relacionada ao desempenho de habilidades motoras. Existem três procedimentos que se tornaram comuns na determinação das estratégias de busca visual, utilizadas em situações de desempenho de habilidades. Dois deles envolvem a simulação por vídeo de uma situação de desempenho de habilidade. O terceiro envolve o monitoramento do movimento dos olhos da pessoa durante o desempenho de uma habilidade.

Técnicas de simulação por vídeo. Nessa técnica muito comum na investigação de busca visual, os pesquisadores gravam videoteipes de situações de desempenho reais e, depois, os utilizam para simular uma situação real. Na situação de teste, o paciente observa o vídeo (às vezes um filme ou uma série de dispositivos) e, depois, é solicitado a desempenhar determinadas ações como se ele estivesse realmente vivendo aquela situação. Por exemplo, pode-se pedir a um jogador de tênis para agir como se ele realmente estivesse recebendo um serviço do jogador de tênis no vídeo. Para analisar o componente da ação, pode-se pedir ao participante que defina o mais rapidamente possível em que ponto da quadra a bola vai cair.

Na técnica de simulação de vídeo, os cientistas utilizam dois procedimentos diferentes, sendo que cada um deles verifica uma das características do processo de busca visual. Um procedimento avalia o tempo que a pessoa leva para selecionar a informação necessária para responder. O outro verifica que características do desempenho observado a pessoa utiliza para responder corretamente.

O procedimento que se baseia no tempo é conhecido como *procedimento de oclusão temporal*. O pesquisador pára o filme ou o vídeo várias vezes, em diferentes instantes do desenvolvimento da ação, e solicita que o observador responda. Um exemplo desse procedimento é apresentado em um experimento conduzido por Abernethy e Russell (1987), em que jogadores de *badminton* assistiam trechos de um filme em que um jogador fazia diferentes jogadas. Quando o filme parava, os participantes faziam suas previsões sobre as posições em que a peteca iria cair. Para determinar em que momento as decisões eram tomadas no decorrer da ação observada, o filme parava em diferentes instantes antes, durante ou depois do contato da peteca. Observando a relação entre a precisão com que os participantes previam a posição de queda da peteca e o movimento da resposta, os pesquisadores determinavam se os participantes tinham captado a informação necessária para tomar a decisão, utilizando a busca visual.

Para verificar que tipo de informação a pessoa utiliza para dar a resposta solicitada, os pesquisadores lançam mão do *procedimento de oclusão do evento*. Nesse procedimento, partes de cada quadro do filme ou do vídeo são ocultados por uma máscara que impede que o observador veja partes selecionadas da ação. A figura 3.3-1, retirada do estudo feito por Abernethy e Russell (1987), apresenta um exemplo desse procedimento. A lógica dessa abordagem é a seguinte: se a pessoa apresenta um desempenho pior por não ter visto uma pista específica, então essa pista é importante para o sucesso do desempenho.

Técnica de gravação do movimento dos olhos. Um outro procedimento experimental comum, utilizado pelos pesquisadores para investigar atenção visual nas habilidades motoras é a *gravação do movimento dos olhos*. Essa técnica requer o uso de equipamentos especiais que seguem o movimento dos olhos e registram para onde os olhos estão "olhando" num dado instante. Um pesquisador grava o deslocamento da visão central durante um determinado intervalo de tempo, bem como o lugar e o período que a pessoa fixa o olhar durante o

Figura 3.3-1– Exemplos do que as pessoas viam no experimento de Abernethy e Russel quando assistiam ao filme sobre o saque no badminton, em que várias partes da ação do saque foram mascaradas e não podiam ser vistas. (Fonte: B. Abernethy e D. G. Russel, 1987. Expert-novice differences in an applied selective attention task. Journal of Sports Psychology 9: 326-345.)

acompanhamento do movimento dos olhos. Os cientistas utilizam essa abordagem para mostrar ao participante uma simulação filmada de uma situação de desempenho em que é solicitada uma resposta. A seguir, é feito um gráfico do movimento dos olhos em função da cena do filme, para que eles possam determinar a localização espacial do movimento dos olhos do participante (deslocamento), juntamente com as características de fixação do olhar relacionadas à observação da ação. Uma forma mais complicada de utilizar esse procedimento consiste em registrar o movimento dos olhos durante o desempenho real de uma habilidade.

Movimento dos olhos e atenção visual. Embora as gravações do movimento dos olhos sigam as características do deslocamento da visão focal enquanto a pessoa observa uma cena, ainda permanece uma questão importante sobre como esse procedimento avalia a atenção visual. A lógica subentendida nesse procedimento é a seguinte: sabendo para onde a pessoa está olhando, os pesquisadores podem perceber em que informação do ambiente a pessoa está prestando atenção. Ainda resta uma questão importante de pesquisa a ser respondida: essa suposição é realmente válida? Será que é válido relacionar o movimento dos olhos com a atenção visual?

Há evidências experimentais (p.ex., Shepherd, Findlay e Hockley, 1986) confirmando que é possível prestar atenção a um aspecto do ambiente, sem movimentar os olhos para

CAPÍTULO 3 ■ PREPARAÇÃO DO CONTROLE MOTOR E ATENÇÃO **125**

Saiba Mais

Regras para a busca visual e a alocação da atenção

Se a chave para a seleção bem-sucedida da informação ambiental, ao desempenhar habilidades motoras for a distinguibilidade dos aspectos relevantes, surge uma questão importante:

O que Torna Certos Aspectos Mais distinguíveis que Outros?

A compreensão dessa questão originou-se das regras da alocação da atenção na teoria da atenção de Kahneman (1973):

- **Aspectos inesperados atraem nossa atenção.** Isso pode ser observado no seu dia a dia. Durante uma aula, ao prestar atenção no professor, você nunca se distraiu quando um colega deixou cair algum livro no chão? E naturalmente você desviou sua atenção visual do professor para a fonte de ruído. Quando o ambiente inclui aspectos que normalmente não estariam lá, a distinguibilidade desses aspectos se sobressai. O resultado é que as pessoas tendem de dirigir sua atenção visual para esses aspectos.
- **Alocamos nossa atenção para aspectos mais significativos.** No ambiente do desempenho, as pistas mais significativas "saltam" e tornam-se muito evidentes para o praticante. A importância decorre da vivência e da instrução. À medida que a pessoa vivencia o desempenho em certos ambientes, as pistas importantes para o desempenho bem-sucedido são invariantes e têm sua importância aumentada, muitas vezes sem que a pessoa tenha consciência disso. A instrução também desempenha um papel importante na forma como certos aspectos das pistas se tornam mais significativos que outros.

---

focalizá-los naquele aspecto. Entretanto, não é possível movimentar os olhos sem um desvio correspondente da atenção. Isso significa que os registros do movimento dos olhos podem subestimar a atenção visual da pessoa. Feita essa ressalva, esses registros fornecem boas estimativas sobre o foco de atenção da pessoa.

Como nós selecionamos as pistas visuais

Uma das respostas mais comuns sobre como certas pistas do ambiente são selecionadas, decorre da *teoria da integração das características* da atenção visual proposta por Anne Treisman (Treisman e Gelade, 1980; Treisman 1988). Essa teoria afirma que, durante um busca visual, inicialmente reunimos estímulos de acordo com seus aspectos particulares, como cor, forma ou movimento. Esse agrupamento ocorre automaticamente. Esses grupos de aspectos formam "mapas" relacionados com os vários valores de diferentes aspectos. Por exemplo, um mapa de cor pode identificar as várias cores na cena observada, enquanto que um mapa de formas indicaria as formas observadas. Esses mapas formam a base para os processos de busca subseqüentes, quando a tarefa requer que a pessoa identifique pistas específicas. Para um processamento mais amplo, precisamos usar a atenção e orientá-la para selecionar os aspectos específicos de interesse.

A seleção dos aspectos de interesse ocorre quando a pessoa concentra o *foco da atenção* no mapa principal de todos os aspectos. As pessoas podem dirigir sua atenção para uma área ampla ou estreita, e parece que o foco pode ser subdividido para abranger áreas de mapas diferentes. Se a tarefa da pessoa for procurar um alvo com um determinado aspecto, então, como resultado do processo de busca, o alvo "saltará", pois o aspecto é ressaltado entre os grupos de aspectos. Assim, quanto mais destacado o aspecto que identifica o alvo da busca visual, mais rapidamente a pessoa conseguirá identificá-lo e localizá-lo. Se o aspecto de destaque for uma parte de várias pistas, a busca se tornará mais lenta, pois a pessoa precisará avaliar como as características de cada pista se ajustam ao alvo.

> **SAIBA MAIS**
>
> **Dois exemplos de restrição temporal severa na busca visual**
>
> Em certas situações esportivas, os pesquisadores podem determinar o intervalo de tempo real que a pessoa precisa para se envolver na busca visual e na preparação da ação. Dois exemplos dessas situações são a devolução do saque no jogo de tênis e a batida da bola no beisebol. Em cada uma dessas situações, fica muito clara a vantagem para o jogador em detectar a informação necessária o mais cedo possível, a fim de preparar e iniciar a ação adequada.
>
> **Preparação para devolver um saque no tênis**
>
> Um jogador que recebe um saque com uma velocidade de 40 a 45 m/s dispõe somente de 500 a 600 ms para rebater a bola. Isso significa que a pessoa precisa procurar as pistas que lhe fornecerão as informações sobre as características da direção, velocidade, ponto de contato com o solo e curvatura da trajetória da bola, o mais rápido possível, para poder selecionar, organizar e executar a batida de devolução adequadamente.
>
> **Preparação para bater uma bola no beisebol**
>
> Quando um lançador arremessa uma bola a uma velocidade de 145 km/h, ela chegará na base do batedor em aproximadamente 0,45 s. Suponha que o batedor leve 0,1 s para posicionar o taco no ponto desejado para o contato com a bola. Isso significa que o batedor tem menos de 0, 35 s, desde o instante em que a bola saiu da mão do lançador, para decidir e iniciar o balanço. Se o lançador soltar a bola de 3,0 a 4,5 m na frente da marca de sobrepasso, o batedor terá menos de 0,3 s para decidir e dar início ao balanço.

Busca visual e preparação da ação

A busca visual capta as pistas críticas que afetam três partes do processo do controle da ação: *a seleção da ação, as restrições da ação selecionada e o timing do início da ação*. Ao afetar esses processos, o sistema visual permite que uma pessoa prepare e inicie uma ação de acordo com as exigências específicas da situação de desempenho.

As pesquisas que investigam a busca visual em situações de desempenho revelam aspectos importantes desses processos de preparação. Os cientistas que investigam o papel da busca visual na preparação da ação tem encontrado nas situações de desempenho esportivo seu contexto preferido. Os exemplos de pesquisas investigando diferentes situações desportivas, apresentados a seguir, dão uma idéia do que se conhece atualmente sobre as características dos processos de busca visual relacionados com o desempenho de habilidades motoras.

Busca visual em badminton. As experiências conduzidas por Abernethy e Pussell (1987) já descritas neste Conceito, fornecem um bom exemplo da busca visual de jogadores experientes de *badminton*. Foi observado que o tempo entre o início do balanço para trás do jogador que está sacando e a batida na peteca no chão da quadra de quem está recebendo é de aproximadamente 400 ms. Durante esse período, parece haver um intervalo de tempo crítico para se captar pistas críticas que prevêem onde a peteca cairá. Esse intervalo, que tem uma duração de cerca de 83 milissegundos antes até 83 ms depois do contato da raquete com a peteca, fornece informações sobre o movimento da raquete e do vôo da peteca e parece resolver a incerteza sobre o ponto de queda da peteca. Os jogadores experientes utilizam o período de 83 ms anterior ao contato da peteca-raquete com mais eficiência do que os principiantes. Conseqüentemente, os jogadores mais treinados tem mais tempo de preparar a devolução da peteca. A raquete e o braço se constituem na fonte básica da busca

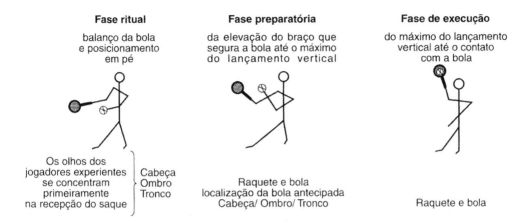

Figura 3.3-2– Ilustração mostrando para onde jogadores de tênis bem treinados estavam olhando durante as três fases do saque de tênis, no experimento de Goulet, Bard e Fleury. (Fonte: Baseado em discussões em C. Goulet et al., "Expertise Differences in Preparing to Return a Tennis Serve: A Visual Information Processing Approach" em Journal of Sports Psychology 11:382-398, 1989.)

visual para as pistas antecipatórias necessárias para preparar a devolução.

Busca visual dos batedores no beisebol. Um estudo conduzido por Shank e Haywood (1987), oferece um exemplo de pesquisa que descreve as características dos processos de busca visual envolvidos na rebatida no beisebol. Eles registraram o movimento dos olhos de jogadores universitários e principiantes enquanto assistiam um vídeo de um lançador destro, como se eles fossem batedores destros. Foram observadas aleatoriamente vinte bolas rápidas e com efeito lançadas das posições "wind-up" e "stretch". Para cada lançamento a tarefa do jogador consistia em indicar verbalmente se o lançamento correspondia a uma bola rápida ou com efeito. Os jogadores experientes identificaram corretamente praticamente todos os lançamentos, enquanto que os principiantes responderam corretamente a cerca de 60 por cento dos lançamentos. Participantes dos dois grupos só começaram a seguir a bola cerca de 150 ms depois de a bola ter saído da mão do lançador. Durante o "wind-up", os jogadores experientes fixavam-se no ponto de liberação da bola, enquanto que os principiantes concentravam sua atenção na cabeça do lançador. Esses resultados mostram que o batedor experiente, sabendo onde estão as pistas mais relevantes antes da liberação de um lançamento, prestam atenção visualmente ao ponto de liberação e ignoram outras fontes possíveis de informação anteriores à liberação.

Busca visual na devolução de um serviço no tênis. Os resultados de dois experimentos conduzidos por Goulet, Bard e Fleury (1989) demonstram como as estratégias de busca visual são críticas na preparação da devolução do saque no jogo de tênis. Jogadores experientes e iniciantes assistiram a um filme mostrando uma pessoa sacando e, em seguida, lhes foi solicitado que identificassem o tipo de saque, o mais rapidamente possível. Os pesquisadores registraram o movimento dos olhos dos participantes enquanto assistiam ao filme. Três fases do serviço despertaram particular interesse: a "fase do ritual" (3,5 s que precedem o início do saque); a "fase de preparação" (o tempo entre a elevação do braço para o lançamento vertical da bola e a chegada da bola na sua altura máxima); e a "fase de execução" (do lançamento vertical da bola até o contato com a raquete).

Na figura 3.3-2 pode-se notar que, durante a fase do ritual, os jogadores experientes se concentram principalmente na cabeça e no complexo ombro-tronco, onde são encontradas as pistas da posição geral do corpo. Durante a fase preparatória, a busca visual era dirigida basicamente para a bola e a raquete, onde permanecia até haver o contato com a bola. Um resultado curioso, é que os jogadores experientes também olhavam para os pés e joelhos do sacador durante a fase preparatória. A diferença relevante entre os jogadores experientes e os iniciantes, era que os padrões de busca visual dos jogadores experientes permitiam que eles identificassem corretamente o tipo de saque mais rapidamente que os iniciantes.

Busca visual no futebol. Para saber se deve chutar, fazer um passe ou um drible no futebol, o jogador precisa utilizar uma busca visual bem diferente daquela envolvida nas situações descritas anteriormente. No futebol, a situação envolve muitos jogadores no cenário visual que precisa ser analisado em busca de pistas relevantes. Uma experiência conduzida por Helsen e Pauwels (1990), fornece uma boa demonstração dos padrões de busca visual utilizados por jogadores experientes e por principiantes para determinar essas ações. Os participantes se comportavam como se tivessem a posse da bola, à medida em que viam diapositivos de situações típicas de ataque. Em cada situação, o participante indicava, o mais rapidamente possível, se chutaria para o gol, se driblaria o goleiro ou um adversário, ou se faria um passe para um companheiro. Como seria esperado, os jogadores experientes tomaram decisões mais rapidamente. O mais importante é que o resultado do acompanhamento do movimento dos olhos mostrou que os jogadores experientes conseguiam essa vantagem de tempo porque sabiam o que procurar na cena. Embora os padrões de busca visual dos experientes e dos principiantes fossem semelhantes, os jogadores experientes se fixavam em poucos aspectos da cena e gastavam menos tempo, em cada fixação.

Uma outra situação de busca visual no futebol se refere a descoberta antecipada do local para onde a bola será lançada. Williams et al. (1994) mostraram que jogadores experientes e inexperientes buscam aspectos diferentes do ambiente para tomar suas atitudes. Os resultados, baseados nas características de acompanhamento do movimento dos olhos de indivíduos enquanto assistiam o desenrolar de uma partida de futebol real, mostraram que os jogadores experientes, além de se fixarem na bola e no jogador que dominava a bola, fixavam-se mais nas posições e movimentos dos outros jogadores.

Busca visual ao dirigir um carro. Dirigir um carro é uma situação de desempenho não relacionada a esporte, na qual a visão fornece as informações para selecionar e restringir a ação. Em um estudo envolvendo motoristas habilitados e aprendizes, Mourant e Rockwell (1972), utilizaram indivíduos que tinham como tarefa dirigir 3 km por uma estrada secundária e dirigir 6 km por uma auto-estrada. O grupo de iniciantes era constituído por alunos de uma auto-escola. Os pesquisadores registraram o movimento dos olhos dos aprendizes enquanto dirigiam. Os resultados mostraram que os novatos concentravam a fixação do olhar em áreas cada vez menores, à medida que iam ganhando experiência. Em comparação com os motoristas experientes, os novatos olhavam mais diretamente para a frente do carro e mais para a direita (note que esse estudo foi desenvolvido na Inglaterra). Isso indica que, ao dirigir, os novatos tinham uma faixa menor de varredura do que os experientes, aumentando assim a probabilidade de não detectar pistas importantes do ambiente. Na auto-estrada, os novatos apresentaram movimentos vagos dos olhos, enquanto que os motoristas experientes apresentaram fixações específicas, isto é, os motoristas experientes sabiam distinguir as pistas importantes e procuraram especificamente por elas. Eles, também, olharam pelos espelhos retrovisor e lateral com mais freqüência que os novatos, enquanto que estes olharam para o medidor de velocidade com mais freqüência que os experientes.

Busca visual da preensão durante o caminhar. Quando uma pessoa precisa andar até um mesa para pegar uma caneta ou um livro, a busca visual desempenha um papel

> ### SAIBA MAIS
>
> **Aquisição de estratégias para uma busca visual eficiente**
>
> Certas condições são importantes para facilitar a aquisição da capacidade de fazer uma busca visual eficiente automaticamente:
>
> - A pessoa precisa de uma longa prática em situações que incluam pistas relevantes comuns.
> - O contexto do ambiente no qual essas pistas ocorrem precisa variar durante a prática. As características da situação deveriam variar o mais possível, mas a pessoa precisa procurar as mesma pistas cada vez.
> - A pessoa precisa se envolver ativamente no processo de busca, embora não seja necessário que ela seja instruída a procurar pistas específicas ou a indicar verbalmente as pistas que está procurando.

importante ao colocar em movimento a coordenação adequada do movimento. Uma experiência realizada por Cockrell, Carnahan e McFayden (1995) demonstrou o papel da busca visual. Os participantes eram solicitados a caminhar 3,75 m até uma mesa e apanhar uma panela de alumínio ou um lápis sobre a mesa. Os resultados mostraram que, antes de começar qualquer ação preensiva, os olhos dos participantes moviam-se para fixar-se no alvo. Foram detectados movimentos da cabeça antes do início dos movimentos para alcançar o objeto. Assim, a busca visual do ambiente para determinar as características e a localização do objeto desencadeava uma série de eventos que permitiam que o participante segurasse o objeto com sucesso.

Busca visual durante a movimentação em um ambiente cheio de obstáculos. O movimento através de um ambiente com obstáculos pode ocorrer em situações cotidianas andamos contornando os móveis dentro de casa ou andamos por uma calçada cheia de gente e em situações esportivas: a corrida de um jogador de futebol americano ou a finta de um jogador de basquete durante o jogo. A capacidade de as pessoas fazerem manobras através dos ambientes como as que foram mencionadas, indica que elas detectam pistas importantes e as utilizam antecipadamente para evitar colisões. A busca visual constitui uma parte importante desse processo.

De acordo com as pesquisas de Cutting, Vishton e Braren (1995), as pistas mais importantes para evitar colisões nessas situações têm origem na localização ou no movimento relativo dos objetos em volta do objeto que a pessoa precisa evitar. Ao fixar-se visualmente no objeto que ela quer evitar, a pessoa utiliza a informação de deslocamento e/ou de velocidade relativa, tanto sobre o objeto a ser evitado quanto sobre outros objetos em volta daquele objeto. É importante observar que essa tomada de decisão é feita automaticamente pelo sistema visual e fornece a base para que o sistema de controle motor execute a ação adequada. O ponto-chave prático é que a pessoa precisa fixar-se visualmente no objeto ou objetos que deseja evitar.

Ensino de estratégias de busca visual

Se ensinarmos uma pessoa a olhar e prestar atenção a certas coisas e se ela continuar a praticar esses ensinamentos, então essas coisas se tornarão as pistas ambientais que "saltarão" quando a pessoa estiver naquela situação. Os cientistas que se dedicam ao estudo do movimento têm demonstrado freqüentemente a eficiência desse tipo de treinamento na busca visual (consulte Czerwinski, Lightfoot e Shiffrin, 1992). Com treinamento, as pessoas desenvolvem automaticamente a capacidade de detectar informações relevantes do ambiente.

Surge aqui uma questão instrucional: É preciso informar à pessoa especificamente que pistas devem ser procuradas e no que prestar atenção? As pesquisas discutidas no conceito 3.2, relativas à aprendizagem implícita das pistas ambientais invariantes que orientam a ação, sugerem que não é essencial dar instruções explicitas sobre as pistas a serem procuradas. O mais importante é que a pessoa dirija sua atenção visual para a área em que ocorrem as pistas críticas e que estas ocorram regularmente nas situações em que a habilidade é desempenhada. O sistema visual detecta essas invariâncias automaticamente. Conseqüentemente, vivenciar essas pistas invariantes aumentará a probabilidade de que as pistas venham a "saltar" em situações similares.

O requisito-chave é que as pistas críticas ocorram com regularidade. Na discussão do Conceito 3.2 vimos que, quando as pistas críticas ocorrem irregularmente ou esporadicamente, a busca explícita pode prejudicar o desempenho da pessoa. É a ocorrência regular das pistas que estabelece sua invariância e permite que o sistema visual as detecte e as utilize automaticamente.

Resumo

Uma parte importante na preparação do desempenho de uma habilidade está na atenção visual às pistas críticas do ambiente. Um indivíduo seleciona essas pistas dando uma busca visual no ambiente para obter as informações prévias que o habilitarão a antecipar a ação exigida por uma situação. Uma busca visual eficiente afeta a seleção da ação, as restrições da ação selecionada e o *timing* para o início da ação. Foram discutidos exemplos de busca visual em habilidades motoras envolvendo *badminton*, beisebol, tênis, futebol e dirigir carro. As evidências experimentais mostram que o treinamento pode facilitar o uso de estratégias eficientes de busca visual.

Leituras relacionadas

Abernethy, B., and R. Burgess-Limerick. 1992. Visual information for the timing of skilled movements: A review. In J. J. Summers (Ed.), *Approaches to the study of motor control and learning* (pp. 343-84). Amsterdam: Elsevier.

Bootsma, R. J. 1991. Predictive information and the control of action: What you see is what you get. *International Journal of Sport Psychology* 22: 271-78.

Carnahan, H., M. A. Goodale, and R. G. Marteniuk. 1993. Grasping versus pointing and the differential use of visual feedback. *Human Movement Science* 12: 219-34.

Tresilian, J.R. 1994, Approximate information sources and perceptual variables in interceptive timing. *Journal of Experimental Psychology: Human Perception and Performance* 20: 154-73.

Whiting, H. T. A., G. J. P. Savelsbergh, and J. R. Pijpers. 1995. Specificity of motor learning does not deny flexibility. *Applied Psychology: An International Review* 44: 315-32.

Questões de estudo para o capítulo 3

1. Discuta como é possível utilizar o tempo de reação (TR) como um índice da preparação necessária ao desempenho de uma habilidade motora.
2. Discuta como a Lei de Hick é importante para ajudar a compreender as características de fatores que influenciam a preparação do controle motor.
3. Qual o compromisso entre custo-benefício existente no enviesamento da preparação de uma ação, na expectativa de escolher uma entre possíveis alternativas de respostas? Dê um exemplo de desempenho de habilidade que ilustre esse compromisso.
4. Discuta o que se entende por "complexidade do movimento". Diga como ela afeta a preparação do controle motor no desempenho de um movimento rápido.
5. Descreva duas características da pessoa que podem afetar a preparação do movimento. Discuta como essas características afetam a preparação do movimento.
6. Selecione um habilidade motora e descreva dois aspectos do controle motor dessa habilidade que a pessoa precisa preparar antes de iniciar o desempenho da habilidade.
7. Discuta como as teorias de recurso central e as teorias de recursos múltiplos da atenção diferem quanto à caracterização das limitações da capacidade de desempenho de diversas habilidades ao mesmo tempo.
8. Descreva uma situação de desempenho de habilidade motora em que poderia ser usado um procedimento de tarefa dupla, para avaliar as solicitações de atenção daquela situação.
9. Discuta como o conceito de automaticidade no controle motor ilustra a forma adequada de abordar a relação entre atenção e consciência.
10. Se as pessoas podem adquirir e utilizar o conhecimento sobre a regularidade das pistas ambientais, mas não são capazes de descrever verbalmente que pistas são essas, então como poderão adquirir e usar essa informação?
11. O que significa o termo *busca visual* quando utilizado no contexto do desempenho de habilidades motoras? Dê um exemplo.
12. Descreva como as técnicas de simulação de vídeo e os registros de movimento dos olhos podem fornecer informações sobre o processo de busca visual relacionado ao desempenho de habilidades motoras?
13. Quais são os três aspectos do processo de controle motor afetados pela busca visual? Selecione uma habilidade motora para a qual a busca visual é importante e explique como a busca visual afeta esses processos de controle motor.

© Jean-Claude Lejeune

UNIDADE

III

O AMBIENTE DA APRENDIZAGEM

CAPÍTULO 4

Introdução à aprendizagem de habilidades motoras

Conceito 4.1
Pessoas que avaliam a aprendizagem devem fazer inferências a partir da observação do desempenho durante práticas e testes

Conceito 4.2
Características distintas do desempenho e do executante mudam durante a aprendizagem de habilidades

Conceito 4.3
A transferência da aprendizagem de uma situação de desempenho para outra é parte integrante da aprendizagem e do desempenho de habilidades

Conceito 4.1
Pessoas que avaliam a aprendizagem devem fazer inferências a partir da observação do desempenho durante práticas e testes

Termos-chaves

Desempenho
Aprendizagem
Estabilidade
Curva de desempenho

Testes de retenção
Testes de transferência
Platô de desempenho

Aplicação

Qualquer profissional envolvido no ensino de habilidades motoras, normalmente precisa utilizar algum tipo de avaliação para determinar se o aluno ou o paciente aprendeu o que foi ensinado. As duas situações a seguir, comuns em educação física e nos programas de reabilitação, são bons exemplos da importância da avaliação da aprendizagem.

Imagine que você é um professor de educação física ensinando tênis a uma turma. Se você estiver ensinado seus alunos a sacar, como poderá avaliar se eles de fato estão aprendendo o que você ensinou? O que deve ser verificado para saber se eles estão progredindo ou não na aprendizagem do saque? Como você pode ter certeza de que está realmente observando o resultado da aprendizagem e não apenas do acaso?

Ou, então, suponha que você seja um fisioterapeuta ajudando um paciente que sofreu um derrame cerebral a reaprender a andar sem nenhum apoio. O que você faria para saber se o seu paciente está assimilando o que você está ensinando? Que características do desempenho do paciente seriam indicadores de que o paciente está aprendendo a habilidade, e que conseguirá andar sem apoio em casa, tão bem quanto está andando na clínica?

As respostas a essas questões são importantes para a prática profissional efetiva, em situações em que a pessoa tiver que aprender habilidades motoras. Quando você estiver pensando nessas questões, lembre-se de duas características importantes da aprendizagem, que deverão ser levadas em conta sempre que for feita uma avaliação da aprendizagem de habilidades. Primeiro, a aprendizagem não é observada diretamente; o que se observa diretamente é o comportamento. Segundo, por isso, nós devemos fazer inferências a partir do comportamento observado. Qualquer procedimento de avaliação de aprendizagem deve incluir essas duas características críticas da aprendizagem.

Discussão

Nesta discussão sobre a avaliação da aprendizagem precisamos fazer distinção entre dois termos importantes: *desempenho* e *aprendizagem*. Essa distinção ajuda a estabelecer uma definição adequada para o termo *aprendizagem* e, também, ajuda a considerar as condições adequadas sob as quais o desempenho será observado, para que possamos fazer inferências válidas sobre a aprendizagem.

Distinção entre desempenho e aprendizagem

Desempenho é definido de forma muito simples: **desempenho** é o comportamento observável. Se você observar uma pessoa andar por um saguão, estará observando o desempenho da habilidade de caminhar. Analogamente, se você observar uma pessoa rebatendo uma bola de beisebol, estará observando o *desempenho* de sua habilidade de rebater uma bola. Quando usado dessa forma, o termo desempenho se refere à execução de uma habilidade num determinado instante e numa determinada situação. Por outro lado, a *aprendizagem* não pode ser observada diretamente, somente poderá ser inferida a partir das características do desempenho da pessoa.

Antes de considerar uma definição mais formal para a aprendizagem, pense em quantas vezes tiramos conclusões sobre estados internos das pessoas observando suas atitudes. Por exemplo, quando alguém sorri (um comportamento observável), concluímos que ela está feliz. Quando alguém chora, deduzimos que ela deve estar triste, ou talvez muito feliz. Quando uma pessoa enrubesce, supomos que ela esteja se sentindo constrangida. Em cada uma dessas situações, a observação de certas características do comportamento do indivíduo nos permite tirar uma conclusão particular sobre algum estado interno que não pode ser observado diretamente. Entretanto, justamente por estarmos baseando nossa conclusão no comportamento observado, é possível que nossas conclusões estejam erradas. Se o aluno sentado ao seu lado na classe boceja durante a aula, você poderia concluir que ele está entediado. Entretanto, pode ser que ele esteja muito interessado e o bocejo seja o resultado de um cansaço extremo, devido a uma noite mal dormida.

Definição de aprendizagem. Utilizaremos uma definição genérica para o termo **aprendizagem**: *uma alteração na capacidade da pessoa em desempenhar uma habilidade, que deve ser inferida como uma melhoria relativamente permanente no desempenho, devido à prática ou à experiência.* É importante observar nessa definição que a pessoa aumentou sua capacidade ou potencial para desempenhar aquela habilidade. Se a pessoa irá desempenhar efetivamente ou não a habilidade de uma forma consistente com seu potencial, dependerá de certos fatores conhecidos como *variáveis de desempenho*. Essas variáveis incluem a prontidão da pessoa, a ansiedade criada pela situação, as peculiaridades do ambiente, a fadiga, e assim por diante. Conseqüentemente, é importante que os métodos usados para avaliar a aprendizagem levem em conta fatores como esses para podermos tirar conclusões precisas sobre a aprendizagem.

Características gerais de desempenho da aprendizagem de habilidades

Podemos observar quatro características gerais do desempenho, à medida em que ocorre a aprendizagem de habilidades.

Aperfeiçoamento. Primeiramente, *o desempenho da habilidade é aperfeiçoado ao longo do tempo.* Isso significa que, num dado instante, a pessoa estará desempenhando uma certa habilidade melhor do que antes. É importante observar aqui, que a aprendizagem não está necessariamente limitada ao aperfeiçoamento do desempenho. Há casos em que a prática desenvolve maus hábitos que, por sua vez, resultam na falta de aperfeiçoamento do desempenho observado. E aí, o desempenho pode ser tornar realmente pior à medida que a prática prossegue. Mas, como este texto trata da aquisição de habilidades, nos concentraremos na aprendizagem considerada como um aperfeiçoamento do desempenho.

Consistência. Em segundo lugar, à medida que a aprendizagem avança, *o desempenho torna-se cada vez mais consistente.* Isso significa que, de uma tentativa para outra, os níveis de desempenho da pessoa devem tornar-se mais semelhantes. No início da aprendizagem os níveis de desempenho normalmente variam muito de uma tentativa para outra. No entanto, com o passar do tempo, o desempenho torna-se mais consistente.

Um outro termo a ser mencionado aqui é **estabilidade**. À medida que a consistência do desempenho de uma habilidade aumenta, certas características comportamentais do desempenho tornam-se mais estáveis. Isso significa que o novo comportamento adquirido não será facilmente perturbado por pequenas alterações nas características pessoais ou ambientais.

Persistência. A terceira característica geral do desempenho que observamos durante a aprendizagem é a seguinte: *a capacidade melhorada de desempenho é marcada por uma quantidade maior de persistência*. Isto significa que à, medida que a pessoa melhora a aprendizagem de uma habilidade, sua capacidade de desempenho melhorada se estende por períodos maiores. Uma característica importante da aprendizagem de habilidades é que a pessoa que já aprendeu uma habilidade deve ser capaz de demonstrar o nível de desempenho atingido hoje, amanhã, a semana que vem, e assim por diante. A persistência está relacionada à ênfase dada em nossa definição de aprendizagem, como uma melhora relativamente permanente do desempenho.

Adaptabilidade. Finalmente, uma característica geral importante do desempenho, associada com a aprendizagem de habilidades, é que *o desempenho aperfeiçoado se adapta a uma grande variedade de características do contexto de desempenho*. Realmente, nunca desempenhamos uma habilidade em que todas as condições no contexto do desempenho sejam exatamente idênticas. Cada vez que desempenhamos uma habilidade, há sempre alguma coisa diferente. A diferença pode ser nosso próprio estado emocional, as características da habilidade, uma diferença ambiental como uma variação nas condições do tempo, do lugar onde a habilidade é desempenhada, etc. Assim, para o desempenho bem-sucedido de qualquer habilidade é necessário adaptabilidade às alterações das características pessoais, da tarefa e/ou do ambiente. O grau de adaptabilidade exigido depende das situações da habilidade e do desempenho. À medida que a pessoa evolui na aprendizagem da habilidade, em determinadas circunstâncias, aumenta sua capacidade de desempenhar a habilidade com sucesso.

Avaliação da aprendizagem pela observação da prática do desempenho

Uma forma de se avaliar a aprendizagem consiste em registrar os níveis de uma medida de desempenho durante o período que a pessoa pratica a habilidade. Normalmente o desempenho é ilustrado graficamente através de uma **curva de desempenho**. Trata-se de um gráfico do nível atingido pela medida do desempenho em um certo período (dado em segundos ou minutos), durante uma tentativa, uma série de tentativas, um dia, etc. Em qualquer curva de desempenho, os níveis da medida do desempenho estão sempre no eixo Y (eixo vertical) e o intervalo de tempo ao longo do qual o desempenho é medido no eixo X (eixo horizontal).

Curvas de desempenho para medidas de resultados. O desempenho pode ser descrito graficamente através de uma curva de desempenho obtida a partir dos resultados medidos. A figura 4.1-1 mostra um exemplo que descreve o desempenho de uma pessoa ao praticar uma tarefa complexa de rastreamento. A tarefa consiste em fazer a pessoa seguir o movimento de um cursor na tela do monitor do computador movendo o *mouse* sobre uma mesa. A meta é seguir o cursor da melhor forma possível, tanto no tempo quanto no espaço. Cada tentativa durava cerca de 15 s. Em seguida era calculado o erro do desvio quadrático médio (EDQM) do resultado da medida do desempenho.

Observe que, nesse gráfico, podemos notar imediatamente duas das quatro características comportamentais associadas à aprendizagem. Em primeiro lugar, o

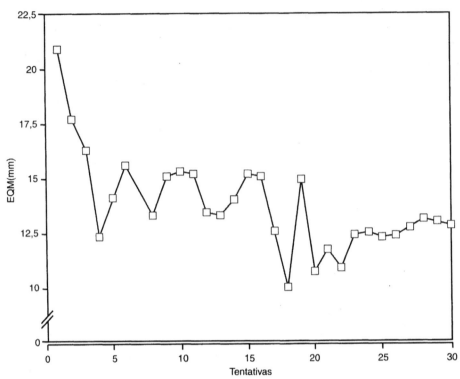

Figura 4.1-1– *Curva de desempenho de uma pessoa que está aprendendo uma tarefa de rastreamento. A medida do desempenho é dada pelo erro quadrático médio (EQM) para cada tentativa.*

aperfeiçoamento se torna evidente pela configuração geral da curva. Da primeira à última tentativa, a curva segue uma tendência geral para baixo (indicando uma diminuição do erro). Segundo, podemos notar também no gráfico, uma *consistência crescente do desempenho*. O indicador dessa característica está no desempenho de tentativas adjacentes. De acordo com a figura 4.1-1, essa pessoa mostrou um alto grau de inconsistência no começo da prática, mas foi se tornando cada vez mais consistente ao passar de uma tentativa para a seguinte, até o fim da prática.

Quando uma pessoa está adquirindo uma nova habilidade, a curva de desempenho resultante de uma medida segue normalmente uma das quatro tendências gerais do começo ao fim da prática. Essas tendências são representadas pelas quatro formas diferentes das curvas da figura 4.1-2. A curva (a) representa uma *curva linear*, ou uma linha reta. Ela indica um aumento sistemático do desempenho ao longo do tempo; isto é, ao aumento de cada unidade no eixo horizontal (p.ex. uma tentativa) corresponde um aumento proporcional no eixo vertical (p.ex., um segundo). A curva (b) representa uma *curva negativamente acelerada*. Ela indica que ocorreu um grande melhora do desempenho no início da prática e aperfeiçoamentos menores posteriores. Esta curva representa uma lei de potência clássica da aprendizagem de habilidades, que será discutida em detalhes no Conceito 4.3. A curva (c) representa o inverso da curva (b) e é denominada de *curva positivamente acelerada*. Essa curva mostra uma ligeira melhora do desempenho no início da prática e um aperfeiçoamento significativo posterior. A curva (d) representa uma combinação das três curvas e é conhecida como uma *curva em S ou ogiva*.

É importante observar que cada curva da figura 4.1-2 mostra uma evolução temporal ascendente do desempenho. No entanto, há ocasiões em que a tendência da curva de

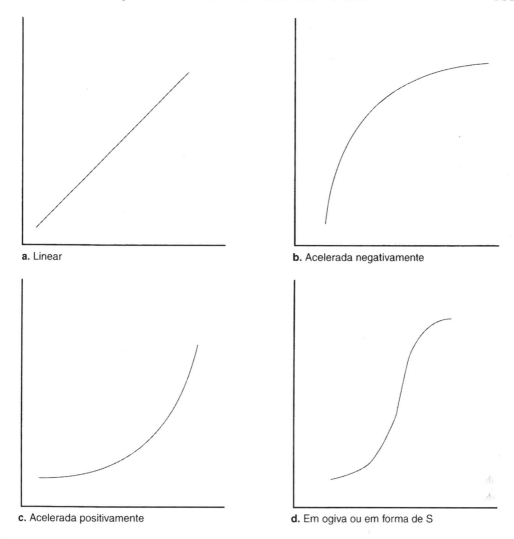

Figura 4.1-2– Quatro tipos gerais de curvas de desempenho.

desempenho é descendente. Isto ocorre quando uma diminuição no nível de desempenho representa um desempenho melhor. As medidas envolvendo erro ou tempo (como erro absoluto e tempo de reação) seguem essa característica, isto é, à medida que o desempenho é aperfeiçoado, o erro ou o tempo diminui. Nesses casos, embora as formas das curvas de desempenho sejam as mesmas, suas tendências são opostas àquelas que acabamos de descrever.

É preciso fazer mais uma observação relativa às curvas de desempenho. Os quatro casos apresentados na figura 4.1-2 foram polidas hipoteticamente para ilustrar uma tendência geral das curvas de desempenho. Normalmente, as curvas de desempenho reais não são tão polidas, mas tem um aspecto errático, como a curva da figura 4.1-1.

Curvas de desempenho para medidas cinemáticas. Podemos registrar e exibir graficamente não somente as medidas dos resultados, mas também as medidas de produção do desempenho tais como, as cinemáticas. Quando os pesquisadores ou os clínicos utilizam esses tipo de medida para avaliar o desempenho, nem sempre é possível desenvolver curvas

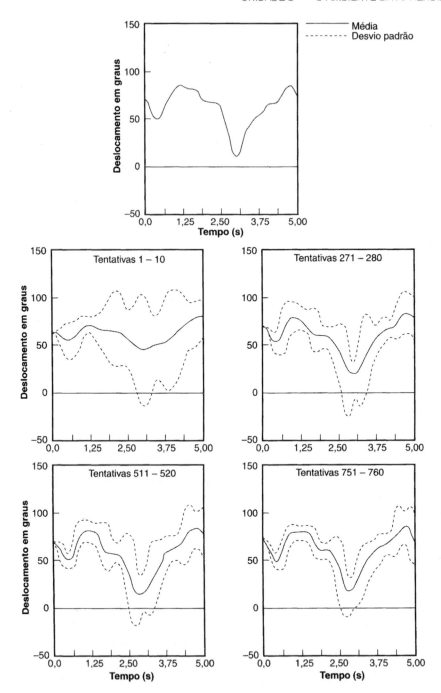

Figura 4.1-3 – *Resultados do experimento de Marteniuk e Romanow, mostrando alterações na precisão do desempenho (deslocamento) numa tarefa de rastreamento em diferentes blocos de tentativas de prática executadas por um participante. A parte superior do gráfico mostra a trajetória-critério para a tarefa de rastreamento. (De R. G. Marteniuk e S. K. E. Romanow, "Human Movement Organization and Learning as Revealed by Variability of Movement, Use of Kinematic Information and Fourier Analysis", em R. A. Magill (Ed.), Memory and Control of Action. Direitos autorais da Elsevier/North Holland, Amsterdam, The Netherlands, 1983. Reprodução autorizada.)*

de desempenho como as da figura 4.1-1. Isto acontece porque uma medida cinemática normalmente não pode ser representada por um valor numérico em cada tentativa. A medida cinemática se refere ao desempenho ao longo do tempo durante uma tentativa. É importante incluir este componente temporal na representação gráfica de uma medida cinemática.

Para avaliar o aperfeiçoamento e a consistência no desempenho para uma série de tentativas práticas, os pesquisadores geralmente apresentam um gráfico da curva de desempenho para cada tentativa. Para mostrar as alterações do aperfeiçoamento e da consistência, eles descrevem uma amostra representativa das tentativas em diferentes práticas da habilidade.

A figura 4.1-3 mostra um exemplo desta abordagem para as medidas cinemáticas. Num experimento conduzido por Marteniuk e Romanow (1983), a tarefa proposta aos participantes consistia em mover uma alavanca sobre uma mesa para produzir um padrão de movimento, segundo o critério que também aparece nessa figura. Cada participante observou o movimento critério num monitor de computador. Os gráficos da figura 4.1-3 representam o desempenho de uma pessoa para 800 tentativas. Para obter um quadro mais representativo do desempenho, os pesquisadores analisaram tentativas práticas em blocos de 10 tentativas cada um. Para representar as variações de desempenho durante a prática, a figura 4.1-3 mostra quatro blocos de tentativas, cada um representando um segmento diferente das 800 tentativas. Cada gráfico mostra duas características do desempenho. Uma delas é o padrão médio da pessoa, desenhado para o bloco de tentativas e é representado pela linha sólida (média). A segunda característica é a variabilidade dos padrões desenhados para o mesmo bloco de tentativas e é representado pelas linhas tracejadas (DP, ou desvio padrão).

Para determinar o *aperfeiçoamento do desempenho* compare as tentativas práticas iniciais com as últimas e examine se a forma do padrão produzido pela pessoa corresponde à forma do padrão do critério. Quanto mais a pessoa pratica, mais o padrão produzido se assemelha ao padrão do critério. Na verdade, nas tentativas de 751 a 760, o participante estava produzindo um padrão quase idêntico ao do critério.

Para avaliar *variações na consistência*, compare a distância entre o padrão da média e as linhas do desvio padrão, para cada bloco de tentativas. Nas tentativas de 1 a 10, repare como as linhas do desvio padrão estão afastadas da média. Isso mostra uma grande variabilidade de uma tentativa para outra. Entretanto, para as tentativas de 751 a 760, estas linhas estão muito mais próximas da média, indicando que a pessoa está produzindo consistentemente o mesmo padrão em cada tentativa desse bloco.

Avaliação da aprendizagem através de testes de retenção

Uma outra forma de inferir a aprendizagem a partir do desempenho analisa *a característica de persistência do desempenho aperfeiçoado* devido à prática da habilidade. A maneira mais comum de avaliar esta característica é aplicar um teste de retenção. Você já vem vivenciando esta forma de avaliação da aprendizagem desde que entrou na escola. Os professores estão sempre aplicando testes que abrangem unidades da matéria ensinada. Eles utilizam os **testes de retenção** para avaliar o quanto você sabe ou quanto do que foi estudado foi retido. Observe que o professor tira uma conclusão a respeito do seu conhecimento sobre um determinado assunto, de acordo com o resultado do seu teste.

A forma mais comum de aplicar um teste de retenção, no caso de uma habilidade motora, consiste em fazer com que as pessoas desempenhem uma habilidade que já praticaram, mas que não tenham praticado há um certo tempo. A finalidade do teste de retenção é de avaliar o grau de permanência ou persistência do nível de desempenho atingido durante a prática, depois de um certo período sem nenhuma prática. O intervalo de tempo real entre o fim da prática e o teste é arbitrário. Entretanto, esse intervalo deve ser suficientemente longo para permitir que se dissipem quaisquer fatores que tenham afetado artificialmente o desempenho da prática. A avaliação crítica é a diferença entre o nível de desempenho da pessoa no primeiro dia de prática e no dia do teste. Se houver uma melhora significativa entre estes dois períodos, então você poderá ter certeza de que houve aprendizagem.

Avaliação da aprendizagem através de testes de transferência

A terceira forma de se inferir a aprendizagem trata do *aspecto da adaptabilidade das mudanças do desempenho* relacionadas à aprendizagem. Esse método de avaliação é feito através dos **testes de transferência**, que são testes envolvendo alguma situação nova, de modo que a pessoa precisa adaptar a habilidade que esteve praticando às características dessa nova situação. Há dois tipos de situações novas particularmente interessantes. Uma delas consiste no novo contexto em que a pessoa precisa desempenhar a habilidade; a outra consiste numa variação nova da mesma habilidade.

Características do novo contexto. Os responsáveis pela aplicação dos testes podem utilizar vários tipos de variações do contexto nos testes de transferência. Uma característica que eles podem mudar é a *disponibilidade do feedback aumentado*, que é a informação do desempenho que a pessoa recebe de alguma fonte externa. Por exemplo, em várias situações de desempenho, a pessoa recebe *feedback* aumentado na forma de informação verbal sobre o que está fazendo correta ou incorretamente. Se você estiver avaliando a aprendizagem para descobrir se a pessoa confia em seus próprios recursos para desempenhar a habilidade, então a sua solicitação para que a pessoa desempenhe sem *feedback* aumentado disponível poderia ser uma alteração de contexto útil para o teste de transferência.

Uma outra característica do contexto que os responsáveis pela aplicação dos testes podem alterar é o *ambiente físico* em que a pessoa efetua o desempenho. Isso é particularmente eficiente numa situação de aprendizagem em que o objetivo consiste em capacitar a pessoa a desempenhar em locais diferentes daqueles em que foi realizada a prática. Por exemplo, se você estiver trabalhando numa clínica com um paciente com problemas em caminhar, você deseja que o paciente seja capaz de se adaptar às exigências do ambiente do seu mundo cotidiano. Embora o bom desempenho na clínica seja importante, será mais importante o desempenho no ambiente em que a pessoa precisa atuar no seu dia a dia. Essa necessidade faz com que o teste de transferência que utiliza um ambiente físico parecido com o ambiente cotidiano da pessoa se torne um valioso instrumento de avaliação.

O terceiro aspecto do contexto que pode ser alterado para um teste de transferência são as *características pessoais* da pessoa que está se submetendo ao teste, desde que estejam relacionadas ao desempenho da habilidade. Nesse caso, o interesse se concentra em saber como a pessoa pode desempenhar a habilidade enquanto se adapta a características próprias que não estavam presentes durante a prática. Por exemplo, suponha que você saiba que a pessoa terá que desempenhar a habilidade, embora esteja cansada fisicamente. Um teste exigindo que a pessoa desempenhe uma habilidade, embora esteja cansada, pode fornecer uma avaliação útil da sua capacidade de se adaptar a essa situação.

Variações de habilidades novas. Um outro aspecto da adaptabilidade relacionada à aprendizagem de habilidades, consiste na capacidade de a pessoa desempenhar com sucesso uma variação de uma habilidade que ela já aprendeu. Essa capacidade é comum em nossa vida cotidiana. Por exemplo, ninguém até hoje andou em todas as velocidades possíveis de se andar. Entretanto, podemos andar mais depressa ou mais devagar sem maiores dificuldades. Da mesma forma, não seguramos e bebemos com todos os tipos de xícara ou copos existentes no mundo. No entanto, quando nos defrontamos com um novo tipo de xícara, adaptamos muito bem nossos movimentos às novas características da xícara e bebemos sem nenhum problema. Esses exemplos ilustram a importância em produzir novas variações de habilidades para as pessoas. Uma das formas de avaliar como a pessoa consegue se desincumbir desse desempenho, consiste em utilizar um teste de transferência que incorpore essa característica de adaptação do movimento.

Observe que uma das formas de fazer as pessoas executarem uma variação de nova habilidade, consiste em alterar o contexto do desempenho para que elas tenham que adaptar seus movimentos ao novo contexto. Assim, o teste de transferência elaborado para avaliar a capacidade em produzir variações de novas habilidades se assemelha ao teste de transferência elaborado para avaliar a capacidade em adaptar-se aos novos aspectos do contexto de desempenho. A diferença está no foco da avaliação da aprendizagem.

Avaliação da aprendizagem através da dinâmica de coordenação

Num outro método utilizado na avaliação da aprendizagem, um pesquisador ou um clínico observa a estabilidade e as transições da dinâmica da coordenação do movimento, enquanto a pessoa pratica uma habilidade. Os adeptos dessa abordagem, que cada vez está se tornando mais popular na pesquisa sobre aprendizagem, afirmam que, quando uma pessoa começa a aprender uma nova habilidade, ela não está realmente aprendendo nada novo, mas está desenvolvendo um novo padrão de coordenação espacial e temporal a partir de um padrão antigo. Esses teóricos visualizam a aprendizagem como a transição entre o padrão inicial, representado por um modo de coordenação preferencial que a pessoa utiliza quando tenta pela primeira vez a nova habilidade e um novo modo de coordenação. A *estabilidade* do padrão de coordenação é um critério importante na determinação de que estado (inicial, transição ou novo) caracteriza o desempenho da pessoa.

Por exemplo, uma pessoa que esteja aprendendo a escrever à mão, vivencia um estado inicial representado pelas características de coordenação do movimento dos membros ao iniciar a prática. Essas características formam a estrutura espacial e temporal preferida que a pessoa e a própria tarefa impõem aos membros, de modo que estes possam executar o movimento adequado para executar o que é solicitado. Esse estado inicial estável precisa ser modificado para um novo estado estável em que a escrita possa fluir livremente. A aprendizagem é a transição entre esses dois estados.

Um experimento conduzido por Lee, Swinnen e Vershueren (1995) exemplifica esta abordagem de avaliação de aprendizagem de habilidades. A tarefa (veja a figura 4.1-4) exigia que o participante movimentasse duas alavancas juntando as mãos e afastando-as a uma mesma velocidade (15 vezes em 15 s), para gerar elipses no monitor do computador. Para conseguir isso, o participante tinha que coordenar o movimento de seus braços para que, em cada ciclo, o braço direito estivesse 90° fora de fase em relação ao braço esquerdo. A coordenação do movimento preferencial inicial para os dois braços de um indivíduo está mostrada na figura 4.1-4, como a relação de deslocamento de braço a braço demonstrada no pré-teste do primeiro dia de prática. A série de linhas diagonais aparece quando a pessoa move os braços em fase, produzindo um movimento semelhante ao do limpador de pára-brisas. Pode-se perceber a estabilidade desse padrão de coordenação pela consistência das linhas diagonais produzidas durante a tentativa de pré-teste e pela tendência de a pessoa produzir aquele mesmo padrão na tentativa de pré-teste no segundo dia, depois de ter realizado 60 tentativas práticas do padrão de elipse no primeiro dia.

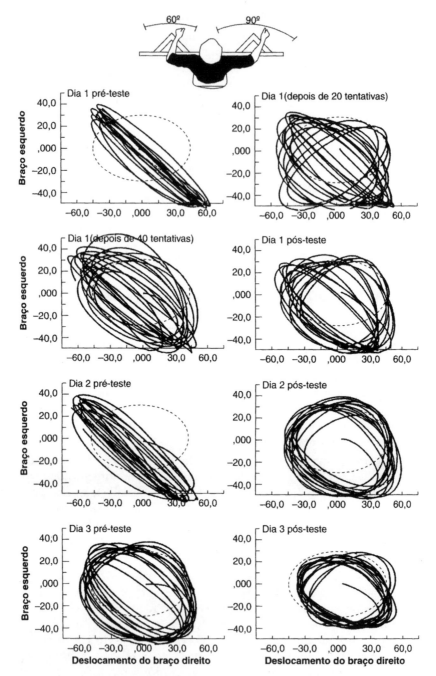

Figura 4.1-4 – *Tarefa e resultados do experimento de Lee, Swinnen e Verschueren. A parte superior da figura mostra a tarefa em que os participantes movimentavam duas alavancas para desenhar elipses no monitor do computador (as linhas pontilhadas de cada gráfico representam o padrão de elipse visado). A seqüência de gráficos mostra os resultados dos deslocamentos braço esquerdo x braço direito nas tentativas pré-teste e pós-teste (e outras intermediárias) em cada um dos três dias de prática. (De T. D. Lee et al., "Relative Phase Alteration During Bimanual Skill Acquisition" em Journal of Motor Behavior, 27, 263-274, 1995. Reproduzido por gentileza da Helen Dwight Reid Educational Foundation, publicado pela Heldref Publications, 1319 Eighteenth Street NW, Washington, DC 20036-1802. Direitos autorais 1995.)*

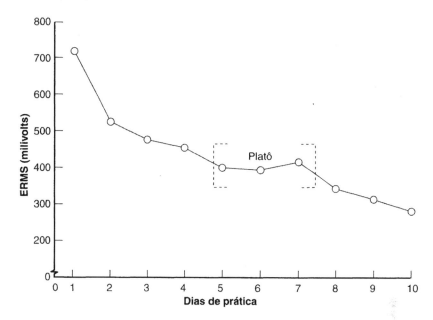

Figura 4.1-5 – *Resultados do experimento de Franks e Wilberg mostrando os escores de um participante desempenhando a tarefa complexa de rastreamento durante 10 dias, com 105 tentativas por dia. Observe o platô do desempenho referente a 3 dias (dias 5, 6 e 7) quando o desempenho da pessoa sofreu um nivelamento e depois continuou melhorando. (De I. M. Franks e R. B. Wilberg. "The Generation of Movement Patterns During the Acquisition of a Pursuit Tracking Task" em Human Movemente Science, 1:251-272, 1982. Direitos autorais da Elsevier/North Holland, Amsterdam, Holanda, 1982. Reprodução autorizada.)*

No final do terceiro dia, a pessoa aprendeu a executar os padrões de elipses com sucesso. Isso pode ser notado pela consistência na produção de 15 elipses, tanto nas tentativas pré-teste quanto no pós-teste do terceiro dia. Entretanto, observe a instabilidade do desempenho nas várias tentativas entre os padrões estáveis antigo e novo (exibidos no pré-teste do primeiro dia e no pós-teste do terceiro dia). Essa instabilidade ocorre durante a transição entre dois estados estáveis e caracteriza o processo de aprendizagem de uma nova habilidade.

O desempenho da prática pode não representar bem a aprendizagem

Pode não ser conveniente basear uma conclusão sobre a aprendizagem somente em desempenhos observados durante a prática. Isso porque o ambiente da prática pode envolver uma variável que amplie artificialmente o desempenho ou uma variável que iniba a aprendizagem artificialmente. Ou ainda, se o desempenho da prática envolver platôs de desempenho seu resultado pode ser duvidoso.

O desempenho da prática pode superestimar ou subestimar a aprendizagem. Neste livro, você encontrará exemplos de variáveis, que se ocorrerem durante a prática, poderão afetar de tal forma o desempenho, que este superestimará ou subestimará a aprendizagem. Uma forma de superar esse problema é aplicar testes de retenção ou testes de transferência para avaliar a aprendizagem. Se o desempenho da prática de uma pessoa representar a aprendizagem, então seu desempenho num teste de retenção deve demonstrar persistência e não desviar-se demais de seu desempenho no final da prática. Analogamente, o desempenho de testes de transferência deve demonstrar que a pessoa melhorou sua capacidade de se adaptar a novas condições.

Saiba Mais

Um exemplo de desempenho de prática reduzido artificialmente

A fadiga é um bom exemplo de variável que pode reduzir artificialmente o desempenho da prática. Um exemplo de pesquisa que ilustra esse efeito se encontra no experimento conduzido por Godwin e Schmidt (1971). Os autores solicitaram aos participantes que aprendessem uma tarefa de movimento do braço conhecida como a tarefa sigma (porque o padrão do movimento produzido se parece com a letra grega minúscula s). Eles tinham que movimentar um puxador com uma das mãos o mais rápido possível, formando um círculo completo num sentido e depois no sentido inverso para executar um outro círculo, em seguida soltar o puxador e finalmente derrubar uma pequena barreira situada a alguns centímetros do puxador. Os pesquisadores solicitaram que um grupo de participantes (o grupo fatigado) se envolvesse numa atividade de girar uma manivela durante 20 s entre as tentativas; o outro grupo (não fatigado) deveria descansar durante esses 20 s. O desempenho observado nos dois grupos aparece na figura 4.1-6.

Observe que no fim das tentativas de prática o grupo não fatigado mostrou um desempenho melhor que o grupo fatigado. Mas no teste de transferência, em que os dois grupos desempenharam a tarefa com 20 s de descanso entre as tentativas, os dois grupos apresentaram desempenho semelhante. O fato importante desses resultados é que, se os autores tivessem observado somente o desempenho da prática, eles teriam chegado a uma conclusão incorreta sobre a aprendizagem. Isso ficou evidente nos resultados do teste de transferência. Os autores concluíram que o exercício entre as tentativas afetou o desempenho da prática, mas *não* aprendizagem.

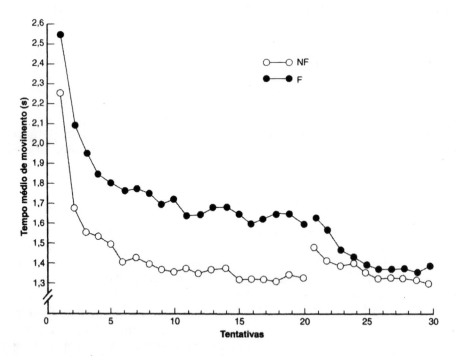

Figura 4.1-6 – *Resultados do experimento de Godwin e Schmidt mostrando as curvas de desempenho para o grupo fatigado (círculos pretos) e o grupo não-fatigado (círculos brancos) para a tarefa sigma. Observe que as tentativas de 21 a 30 se referem ao teste de transferência que os dois grupos desempenharam não-fatigados. (De M.A Godwin e R.A. Schmidt, "Muscular Fatigue ans Discrete Motor Learning" em* Research Quarterly for Exercise and Sport, *1971, Vol. 42, pp. 374-383. Direitos autorais 1971 da Aliança Americana para a Saúde, Educação Física, Recreação e Dança. Reprodução autorizada.)*

Platôs de desempenho. Durante a aprendizagem de uma habilidade, é comum a pessoa passar um certo tempo em que o aperfeiçoamento parece ter estacionado. Mas, por alguma razão, em certo momento posterior o aperfeiçoamento recomeça. Este período de estagnação da aprendizagem é conhecido como **platô de desempenho**.

A figura 4.1-5, retirada de um experimento conduzido por Franks e Wilberg (1982), fornece uma boa ilustração de um platô de desempenho. O gráfico mostra o desempenho de uma pessoa executando uma tarefa complexa de rastreamento durante dez dias, com 105 tentativas por dia. Observe que essa pessoa mostrou uma melhora consistente nos primeiros quatro dias. Do quinto ao sétimo dia, o aperfeiçoamento do desempenho estacionou. Entretanto, a estabilidade foi temporária; o desempenho começou a melhorar novamente no oitavo dia e continuou melhorando durante os dois dias seguintes. O desempenho estacionário do quinto ao sétimo dia caracteriza um platô de desempenho.

Os pesquisadores que se dedicam ao estudo da aprendizagem motora têm defendido a idéia de que o platô existe como uma fase normal da experiência da aprendizagem desde o fim do século passado, quando Bryan e Harter (1897) observaram telegrafistas aprendendo o código Morse. Os autores notaram uma nítida melhora na velocidade de produção de letras por minuto dos telegrafistas, nas primeiras vinte semanas. Depois ocorreu um platô de desempenho que durou seis semanas; este período foi seguido por um novo aperfeiçoamento de desempenho nas doze semanas finais. Desde essa primeira evidência, os pesquisadores têm discutido se o platô é um fenômeno da aprendizagem ou se é simplesmente um artefato temporário do desempenho (consulte Adams, 1987 para obter uma visão muito ampla da pesquisa sobre platô). Atualmente, a maioria concorda que os platôs *são mais característicos do desempenho que da aprendizagem*. Isso significa que os platôs podem aparecer durante o desenvolvimento da prática, enquanto a aprendizagem ainda está ocorrendo. O desempenho pode atingir um platô, mas a aprendizagem continua.

Há várias *razões para a ocorrência dos platôs*. Uma delas é que o platô representa um período de transição entre duas fases de aquisição de alguns aspectos de uma habilidade. Outra explicação possível para a ocorrência de um platô de desempenho pode ser um período de pouca motivação, um período de cansaço ou de falta de atenção relacionada a um aspecto importante da habilidade. Finalmente, o platô pode ser atribuído não a essas características das atividades, mas a limitações impostas pela medida de desempenho. É o caso quando a medida do desempenho envolve o que é conhecido como *efeito teto* ou *efeito piso*. Esses efeitos ocorrem quando a medida do desempenho não permite que o escore aumente ou diminua em relação a um certo ponto.

Resumo

Discutimos quatro métodos diferentes para a avaliação da aprendizagem. Um deles leva em conta as características de consistência e de aperfeiçoamento do desempenho, com o decorrer da prática. Isso é evidenciado quando se faz o gráfico das curvas de desempenho dos resultados ou medidas do desempenho cinemático durante a prática. O segundo método consiste em aplicar testes de retenção. Nesse método, o responsável pela aplicação do teste avalia a persistência de uma habilidade aprendida solicitando que a pessoa desempenhe uma habilidade já praticada depois de ter passado um certo período sem praticá-la. Os testes de transferência se constituem no terceiro método para avaliar quanto uma pessoa aprendeu e se está capacitada para se adaptar às novas condições de desempenho. O teste de transferência requer que o aprendiz desempenhe a habilidade praticada em uma nova situação ou em uma nova variação da habilidade praticada. No quarto método de avaliação da aprendizagem, os responsáveis pela aplicação do teste observam a consistência e a estabilidade dos padrões de coordenação durante a prática e nos testes. Esse método permite que sejam observadas as transições entre padrões de coordenação adquiridos recentemente e aqueles aprendidos anteriormente.

A avaliação da aprendizagem baseada somente no desempenho prático pode, às vezes, levar a conclusões incorretas. Algumas variáveis de desempenho podem ampliar ou inibir o desempenho artificialmente, de modo que o teste superestime ou subestime a aprendizagem da pessoa. Além disso, pode ocorrer um artefato de desempenho, conhecido como platô de desempenho, que dá a impressão de que a aprendizagem estacionou, quando na verdade, isso não ocorreu. Para evitar uma interpretação duvidosa sobre a aprendizagem devido a esse comportamento do desempenho, os responsáveis pela aplicação dos testes podem aplicar testes de retenção e de transferência bem como fazer observações posteriores do desempenho das habilidades que estão sendo aprendidas.

Leituras relacionadas

Carron, A. V., and R.G. Marteniuk. 1970. An examination of the selection of criterion scores for the study of motor learning and retention. *Journal of Motor Behavior* 2:239-44.

Higgins, J. R., and R. K.Spaeth. 1972. Relationship between consistency of movement and environmental condition. *Quest*, Monograph 17:61-69.

Lee, T. D., and Harter: Automaticity, variability, and change in skilled performance. In J. L. Starkes and F. Allard (Eds.), *Cognitive issues in motor expertise* (pp. 295-315). Amsterdam: Elsevier.

Zanone, P., and J. A. S. Kelso. 1994. The coordination dynamics of learning: Theoretical structure and experimental agenda. In S. P. Swinnen, H. Heuer, J. Masson, and P. Caesar (Eds.), *Interlimb coordination: Neural, dynamical, and cognitive constraints* (pp. 461-90). San Diego: Academic Press.

Conceito 4.2
Características distintas do desempenho e do executante mudam durante a aprendizagem de habilidades

Termos-chaves

Estágio cognitivo
Estágio associativo
Estágio autônomo
"Captar a idéia do movimento"
Condições reguladoras

Condições não-reguladoras
Congelamento dos graus de liberdade
Fixação/Diversificação
Lei de potência da prática

Aplicação

Você já percebeu que as pessoas habilidosas no desempenho de uma atividade, freqüentemente tem dificuldade em ensinar essa atividade a um principiante? Essa dificuldade é devida, em parte, à incapacidade do especialista em compreender como o principiante interage com o desempenho da habilidade cada vez que tenta desempenhá-la. Para facilitar a aquisição da habilidade com sucesso, o professor ou o terapeuta precisa considerar o ponto de vista do aluno ou do paciente e garantir que as condições de ensino, *feedback* e prática atendam às necessidades da pessoa.

Pense um instante em uma habilidade que você domina. Lembre-se como você abordou o desempenho dessa habilidade na primeira vez que você tentou executá-la como principiante. Por exemplo, imagine que você estivesse aprendendo a sacar no jogo de tênis. Inevitavelmente, você pensaria em uma porção de coisas, do tipo como segurar a raquete, a que altura lançar a bola verticalmente, se você estava transferindo seu peso corretamente na hora do contato, e assim por diante. Durante cada tentativa e entre as tentativas seus pensamentos se concentravam nos elementos fundamentais do saque. Agora, depois de ter treinado muito e ter se tornado um tenista com um saque bastante razoável, tente se lembrar quais são seus pensamentos. Você provavelmente não pensa mais em todos os elementos específicos cada vez que vai sacar. Se você continuar a praticar por vários anos de modo a se tornar muito habilidoso ao sacar, seus pensamentos certamente mudarão ainda mais. Você poderia se concentrar em outros aspectos da habilidade ao invés de pensar nos elementos específicos envolvidos. Embora você ainda se concentre em olhar a bola subindo e em fazer o contato corretamente, você também pensará em onde esse saque deverá cair na área de recebimento de saque na quadra do adversário ou o que você fará depois de ter sacado.

Embora esse exemplo de desempenho envolva uma habilidade esportiva, o conceito subentendido ajuda a explicar a dificuldade enfrentada por pessoas habilidosas ensinando principiantes em todos os contextos de ensino de habilidades. Em reabilitação clínica, por exemplo, existe o mesmo problema. Suponha que você seja um fisioterapeuta trabalhando com um paciente que sofreu um derrame cerebral para ajudá-lo a recuperar suas funções locomotoras. Da mesma forma que o tenista profissional, você é um praticante capacitado (em habilidades locomotoras, no caso); o paciente é comparado a um principiante. Embora existam algumas diferenças entre as situações esportiva e de reabilitação, uma vez que o paciente já era capacitado antes de sofrer o derrame, nos dois casos você precisa abordar a aquisição da habilidade a partir do ponto de vista do principiante.

Nos exemplos que acabamos de descrever, vimos que características diferentes separam os principiantes dos capacitados. Isso mostra que as pessoas capacitadas envolvidas no ensino de principiantes precisam abordar o desempenho de habilidade como se fossem principiantes, pelo menos no âmbito educacional. Se a pessoa capacitada conseguir agir dessa forma, isso certamente afetará o grau de sucesso que ela obterá ao ensinar os principiantes. Além disso, aqueles que ensinam ou treinam pessoas já capacitadas precisam entender as características do profissional treinado. No dois casos, os profissionais que ensinam habilidades motoras têm a vantagem de conhecerem as características que as pessoas demonstram nesses diferentes níveis de capacitação.

Discussão

Uma característica importante da aprendizagem de habilidades motoras é que todas as pessoas parecem passar por estágios diferentes, à medida que adquirem habilidades. Vários teóricos propuseram modelos identificando e descrevendo esses estágios. Três deles serão discutidos a seguir.

O modelo de três estágios de Fitts e Posner

Paul Fitts e Michael Posner apresentaram, em 1967, o modelo clássico de estágios de aprendizagem. Eles propuseram que a aprendizagem de uma habilidade motora envolvia três estágios. Durante o *primeira fase*, conhecida como **estágio cognitivo** da aprendizagem, o principiante se concentra nos problemas de natureza cognitiva. Normalmente, os principiantes tentam responder questões como essas: Qual é o meu objetivo? Até que ponto devo movimentar este braço? Qual a melhor forma de segurar este instrumento? Onde este braço deve estar quando minha perna direita estiver aqui? Além disso, o aprendiz precisa se envolver na atividade cognitiva à medida que ouve as instruções e recebe o *feedback* do instrutor.

O desempenho durante esse primeiro estágio é marcado por um grande número de erros, que tendem a ser grandes. O desempenho durante esse estágio também é altamente variável, mostrando falta de consistência de uma tentativa para outra. E, embora os principiantes tenham consciência de que estão fazendo alguma coisa errada, em geral, não sabem o que é preciso fazer para melhorar.

O *segundo estágio* no modelo de Fitts e Posner é conhecido como **estágio associativo** da aprendizagem. Nesse estágio, a atividade cognitiva que caracteriza o estágio cognitivo é alterado, porque a pessoa aprendeu a associar certas pistas ambientais com o movimento necessário para atingir a meta da habilidade. A pessoa comete menor número de erros e erros menos grosseiros, desde que tenha adquirido os fundamentos básicos ou mecânicos da habilidade, embora precisem ser aperfeiçoados. Como este tipo de aperfeiçoamento ainda é solicitado, Fitts e Posner se referiram a esse estágio como o *estágio de refinamento*, em que a pessoa se concentra no desempenho bem-sucedido da habilidade e em se tornar mais consistente de uma tentativa para outra. Durante esse processo de refinamento, a variabilidade do desempenho começa a diminuir. Ainda durante esse estágio associativo, as pessoas adquirem a capacidade de detectar e de identificar alguns de seus próprios erros de desempenho.

Depois de muita prática e experiência, que pode levar vários anos, algumas pessoas passam para o **estágio autônomo**, que é o *estágio final* da aprendizagem. Neste ponto a habilidade se tornou praticamente *automática* ou habitual. Nesse estágio, as pessoas não pensam conscientemente no que estão fazendo enquanto desempenham a habilidade, porque já não necessitam mais dessa *instrução prévia*. Freqüentemente conseguem desempenhar outras tarefas ao mesmo tempo; por exemplo, conseguem conversar enquanto digitam. A variabilidade do desempenho é muito pequena durante esse estágio; pessoas capacitadas desempenham a habilidade com boa consistência entre tentativas subseqüentes. Além disso, esses praticantes experientes conseguem detectar seus próprios erros e fazer os ajustes necessários para corrigi-los. Fitts e Posner destacaram a possibilidade de que nem todas as pessoas que aprendem uma habilidade atingem esse estágio autônomo. A qualidade das instruções e a qualidade e a quantidade da prática são fatores importantes para se chegar a esse estágio final.

É importante pensar nos três estágios do modelo de Fitts e Posner como trechos de um continuum de tempo de prática, como mostra a figura 4.2-1. Os aprendizes não produzem desvios abruptos de um estágio para ao seguinte. Há uma transição ou mudança gradual das características do aprendiz de um estágio para outro. Por isso, freqüentemente se torna difícil saber em que estágio um indivíduo se encontra em um determinado momento. Entretanto, como será considerado em detalhes mais adiante nesta discussão, podemos observar no principiante e no praticante experiente características distintas que precisam ser entendidas.

Modelo de dois estágios de Gentile

Um modelo que vem ganhando aceitação cada vez maior na literatura da aprendizagem motora, depois de ter sido ignorado por vários anos, foi proposto por Gentile (1972, 1987). Ela idealizou um modelo em que a aprendizagem da habilidade motora se processava em dois estágios. Ao contrário de Fitts e Posner, Gentile apresentava esses estágios do ponto de vista da meta do aprendiz.

No *primeiro estágio*, a meta do aprendiz consiste em **"captar a idéia do movimento"**. Podemos entender "a idéia do movimento," em termos gerais, como o que a pessoa precisa fazer para atingir a meta da habilidade. Em termos de movimento, a "idéia" envolve o *padrão de movimento adequado* exigido para atingir a meta da ação da habilidade. Por exemplo, se a pessoa está reabilitando sua capacidade para alcançar e segurar uma xícara, o foco da pessoa no primeiro estágio da aprendizagem será de adquirir a coordenação adequada do braço e da mão que permitirá que ela alcance e segure a xícara com sucesso.

Além de estabelecer o padrão básico do movimento, a pessoa também precisa aprender a *discriminar entre os aspectos ambientais* que especifiquem como os movimentos deverão ser produzidos e os aspectos que não afetam a produção do movimento. Gentile se referiu a esses aspectos como condições ambientais reguladoras e não-reguladoras. Talvez você deva rever, na discussão do Conceito 1.1 sobre a taxonomia de Gentile das habilidades motoras, que **condições reguladoras** são características do ambiente de desempenho que afetam ou regulam as características dos movimentos utilizados para desempenhar a habilidade. No

Figura 4.2-1 – *Os estágios da aprendizagem do modelo de Fitts e Posner, apresentados num continuum temporal.*

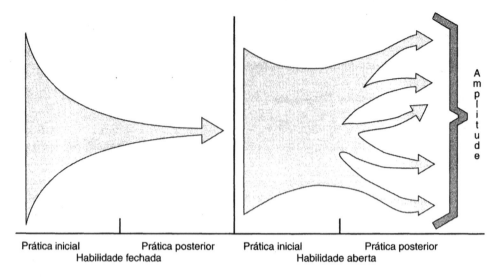

Figura 4.2-2 – *Representação esquemática de Higgins e Spaeth das características dos padrões de deslocamento desenvolvidas durante a prática de habilidades motoras abertas e fechadas. Nas duas, a pessoa desenvolve um padrão básico de deslocamento no início da prática. O decorrer da prática leva a resultados relacionados com o tipo da habilidade. Para uma habilidade fechada, a pessoa aprimora o padrão básico e o reproduz com mais consistência à medida que a prática evolui. Para uma habilidade aberta, o padrão básico se desenvolve numa distribuição bem definida de variações do padrão de deslocamento. (De J. R. Higgins e R. A. Spaeth, "Relationship Between Consistency of Movement and Environmental Conditions" em* Quest *17:61-69, 1979. Reprodução por gentileza da National Association for Physical Education and Higher Education.)*

exemplo dado sobre a aprendizagem de alcançar e segurar uma xícara, as condições reguladoras incluem informações como o tamanho e a forma da xícara, a que distância da xícara a pessoa se encontra e assim por diante. Por outro lado, há características do ambiente do desempenho que não afetam as características do movimento da habilidade. Essas são as chamadas **condições não-reguladoras**. Por exemplo, a cor da xícara ou a forma da mesa onde a xícara se encontra são aspectos irrelevantes da informação para alcançar e segurar a xícara.

No *segundo estágio*, a meta do aprendiz é descrita em termos de **fixação/diversificação**. Durante essa etapa o aprendiz precisa adquirir várias características para continuar o aperfeiçoamento da habilidade. Primeiramente, a pessoa precisa desenvolver a capacidade de *adaptar* o padrão do movimento já adquirido no primeiro estágio às solicitações específicas de qualquer situação de desempenho que exija essa habilidade. Em segundo lugar, a pessoa precisa aumentar sua *consistência* em atingir a meta da habilidade. E em terceiro lugar, a pessoa precisa aprender a desempenhar a habilidade com *economia de esforço*.

Os termos *fixação* e *diversificação* especificam que habilidades abertas e fechadas contêm solicitações diferentes associadas à realização das metas do segundo estágio. *As habilidades fechadas requerem a fixação*. A pessoa precisa refinar o padrão do movimento adquirido no primeiro estágio para poder produzir o padrão à vontade correta e consistentemente. A prática de habilidades fechadas durante o segundo estágio deve dar ao aprendiz a oportunidade de refinar o padrão básico de movimento adquirido no primeiro estágio. Por outro lado, o desempenho de *habilidades abertas, requerem diversificação*. Como os aprendizes precisam se adaptar ao ambiente em modificação para desempenhar as habilidades abertas com sucesso, nesse estágio eles precisam se concentrar no desenvolvimento da capacidade de modificar as características do movimento durante a prática.

> ## SAIBA MAIS
>
> ### Implicações do modelo de etapas da aprendizagem de Gentile nos ambientes de reabilitação e de instrução
>
> **Durante a Primeira etapa**
> - Mantenha o aprendiz concentrado no desenvolvimento do padrão básico de coordenação do movimento da habilidade, tanto para as habilidades abertas quanto fechadas.
> - Crie situações práticas que forneçam oportunidades de discriminar entre características reguladoras e não-reguladoras.
>
> **Durante a Segunda etapa**
> - **Habilidades fechadas** Inclua nas situações práticas, características as mais semelhantes possíveis àquelas que o aprendiz vivenciará em seu cotidiano ou no ambiente em que desempenhará a habilidade.
>
> *Exemplos:*
> Caminhar sobre superfícies semelhantes, em ambientes semelhantes.
> Escrever com o mesmo tipo de instrumento sobre o mesmo tipo de superfície.
> Executar tiros livres no basquete, como ocorreriam num jogo real.
>
> - **Habilidades abertas** Na prática, varie sistematicamente as condições reguladoras controláveis das situações de desempenho real, permitindo que ocorra uma variação natural das características, como elas ocorreriam normalmente.
>
> *Exemplos:*
> Caminhar de uma extremidade a outra de um saguão com várias pessoas caminhando ao mesmo tempo em diversas direções e com diferentes velocidades (varie sistematicamente as dimensões do saguão e o número de pessoas; deixe que as pessoas caminhem em qualquer direção e com a velocidade que desejarem).
> Devolver o saque no voleibol em condições semelhantes às do jogo (varie sistematicamente a localização do saque, o alinhamento dos jogadores de defesa, etc. A velocidade e o tipo de saque poderá variar de acordo com a vontade do sacador).

Higgins e Spaeth (1972) ilustraram muito bem a relação entre as habilidades abertas e fechadas com os estágios de aprendizagem, quando analisaram os padrões de movimento desenvolvidos por pessoas que tinham que lançar dardos em alvos parados e em movimento. A figura 4.2-2 mostra uma representação esquemática dos padrões, obtidos a partir de dados de deslocamento da cabeça, dos ombros, do cotovelo e do pulso durante uma prática de 200 tentativas de lançamentos. Atirando em alvos estacionários e em movimento, a pessoa desenvolveu um padrão básico de movimento no início da prática. No entanto, com o aumento da prática, as características fundamentais de cada padrão foram sendo identificadas conforme o tipo de alvo envolvido. Para o alvo estacionário, que representa uma habilidade fechada, houve um refinamento no padrão básico de lançamento que passou a ser produzido de forma mais consistente. Esse processo está representado pela amplitude reduzida dos padrões de movimento característicos do final da prática. Ao contrário, o padrão de movimento que a pessoa desenvolveu durante o início da prática para o lançamento no alvo em movimento, começou a se diversificar em função da velocidade do alvo. No fim da prática, surgiu uma "distribuição bem definida dos padrões de deslocamento" (p.70) representados na figura 4.2-2 pela ramificação de setas.

Modelo de coordenação e estágios de controle

Newell (1985) desenvolveu um modelo de estágios de aprendizagem de habilidades, sugerido anteriormente por Kugler, Kelso e Turvey (1980). Esse modelo tem alguns aspectos que se assemelham ao modelo de Gentile. A originalidade do modelo de Newell está em focalizar o desenvolvimento do movimento coordenado. De acordo com esse modelo, a aprendizagem de habilidades se processa através de dois estágios. Cada um deles é identificado de acordo com a ênfase primária do aprendiz durante cada estágio.

O *primeiro estágio é o de coordenação*. A ênfase se situa na aquisição de padrões básicos de movimento coordenado necessários para a realização da meta da ação. Nesse sentido, este modelo é semelhante ao de Gentile. O *segundo estágio é o de controle*. Depois de adquirir o padrão adequado da coordenação de membros, a pessoa precisa aprender a acrescentar a este padrão, características específicas da situação que lhe permitirão realizar a meta da ação em uma situação específica. A adição dessas características é conhecida como *parametrização do padrão do movimento*. Em termos de movimento, a parametrização significa adicionar ao padrão básico do movimento um conjunto de valores cinemáticos e cinéticos, de acordo com a situação de desempenho. A meta da pessoa durante este segundo estágio consiste, então, em adquirir a capacidade de parametrizar efetivamente o padrão de movimento para que ela possa adaptar-se às solicitações peculiares de qualquer situação de desempenho. Além disso, a eficiência com que a pessoa realiza a ação deve aumentar nesse estágio, permitindo-lhe desempenhar a habilidade com um mínimo de energia.

Embora esse modelo de aprendizagem de habilidades seja semelhante ao modelo de Gentile, há dois motivos para discuti-lo. Primeiramente, ele visa diretamente ao desenvolvimento da coordenação. Em segundo lugar, por ter se tornado mais popular que o modelo de Gentile entre os pesquisadores adeptos da abordagem de sistemas dinâmicos de aprendizagem e de controle motor, discutida no capítulo 2.

Alterações no executante e no desempenho no decorrer dos estágios de aprendizagem

Os modelos de estágios de aprendizagem indicam que em, cada estágio de aprendizagem, tanto a pessoa quanto o desempenho da habilidade mostram características distintas. Nesta seção consideraremos algumas dessas características. Essa visão geral apresenta duas vantagens: fornece uma visão mais profunda do processo de aprendizagem de habilidades e ajuda a explicar porque as estratégias de ensino e treinamento precisam ser desenvolvidas para pessoas que se encontram em diferentes estágios da aprendizagem.

Alterações da taxa de aperfeiçoamento. À medida que uma pessoa evolui ao longo do continuum da aprendizagem de habilidades, desde o estágio inicial até o estágio de maior capacitação, há uma variação da *taxa* com que a pessoa se aperfeiçoa. Embora haja quatro tipos diferentes de curvas de desempenho para representar as diferentes taxas de aperfeiçoamento durante a aprendizagem de habilidades, como mostra a figura 4.1-2, o padrão acelerado negativamente caracteriza melhor que os demais a aprendizagem de habilidades. Isso significa que, no início da prática, um aprendiz geralmente mostra um grande aperfeiçoamento muito rapidamente. Mas, à medida que a prática continua, a quantidade de aperfeiçoamento diminui.

Snoddy, em 1926, formalizou matematicamente essa alteração na taxa de aperfeiçoamento durante a aprendizagem de habilidades, através de uma lei conhecida como a **lei de potência da prática**. De acordo com essa lei, a prática inicial é caracterizada

CAPÍTULO 4 ■ INTRODUÇÃO À APRENDIZAGEM DE HABILIDADES MOTORAS

> **SAIBA MAIS**
>
> **Cálculo da função de potência para a lei de potência da prática**
>
> A melhora da habilidade das tentativas iniciais para as posteriores, geralmente segue uma função matemática que obedece a uma lei de potência, como foi demonstrado por Snoddy pela primeira vez em 1926. Uma função de potência é uma relação linear entre o logaritmo do tempo e o logaritmo do resultado. Na aprendizagem de habilidades, o tempo representa o número de práticas e o resultado a medida do desempenho.
>
> Snoddy propôs a seguinte equação:
>
> $\log C = \log B + n \log x$
>
> onde C representa a medida do desempenho, x representa o número de tentativas e B e n são constantes.
>
> Essa equação significa que, se for feita uma representação gráfica do log da medida do desempenho versus o log do número de tentativas, o gráfico obtido será uma linha reta.

por um rápido aperfeiçoamento: Entretanto, com prosseguimento da prática, depois desse rápido aperfeiçoamento significativo, as taxas de aperfeiçoamento se tornam muito menores e o conhecimento exato do tempo envolvido nas alterações das taxas depende da habilidade.

Crossman (1959) conduziu um experimento clássico com fabricantes de charutos da Inglaterra, para demonstrar a lei de potência da prática. Ele observou quanto tempo um operário levava para produzir um charuto em função de quantos charutos já tinha feito na sua profissão. Alguns tinham feito 10.000 charutos, enquanto que outros tinham feito mais de 10 milhões. A habilidade em si era uma habilidade relativamente simples que podia ser feita muito rapidamente. O primeiro resultado importante que Crossman observou foi que os trabalhadores ainda estavam se aperfeiçoando no desempenho depois de sete anos de experiência, período em que tinham feito mais de 10 milhões de charutos (veja a figura 4.2-3). Além desse resultado notável, ele observou evidências da lei de potência da prática para estes operários. Como pode ser observado na figura 4.2-3, a maior parte do aperfeiçoamento ocorreu durante os dois primeiros anos. Depois disso, as taxas de aperfeiçoamento do desempenho eram significativamente menores.

A diferença na taxa de aperfeiçoamento entre o início e o fim da prática era devido parcialmente à quantidade de aperfeiçoamento possível em um dado instante. Inicialmente, eram maiores as possibilidades para ocorrer uma grande quantidade de aperfeiçoamento. Os erros que as pessoas cometem durante as tentativas da fase inicial são maiores e levam a muitas tentativas mal-sucedidas de desempenho da habilidade. Como muitos desses erros são facilmente corrigidos, o aprendiz pode apresentar um grande aperfeiçoamento rapidamente. No entanto, à medida que a prática prossegue, diminui a quantidade de aperfeiçoamento possível. Os erros que as pessoas cometem mais tarde na prática são muito menores. Conseqüentemente, as correções desses erros levam a um aperfeiçoamento menor do que aquele vivenciado no início da prática. Do ponto de vista do aprendiz, atingir um aperfeiçoamento considerável parece mais demorado no fim da prática que no início.

Alterações na coordenação de segmentos de um membro. Quando a habilidade que está sendo aprendida exige que o aprendiz coordene vários segmentos de um membro, o aprendiz utilizará normalmente a estratégia inicial comum de tentar controlar os vários graus de liberdade dos segmentos do membro, mantendo rígidas algumas articulações. Fazendo uma referência ao pensamento original de Bernstein (1967) sobre o desenvolvimento

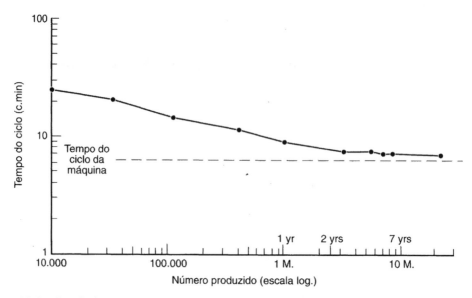

Figura 4.2-3 – *Resultados do estudo de Crossman mostrando a quantidade de tempo que os trabalhadores levavam para fazer um charuto em função do número de charutos feitos durante os sete anos de experiência. Observe que os dois eixos têm escalas logarítmicas. (De E. R. F. W. Crossman, "A Theory of the Acquisition of Speed Skill" em* Ergonomics, 2:153-166, 1959. *Direitos autorais da Taylor and Francis, Londres, 1959.)*

da coordenação, alguns cientistas que estudam o movimento chamaram essa estratégia de **congelamento dos graus de liberdade** do membro. Por exemplo, a pessoa movimenta o braço como um pau porque a articulação do cotovelo está travada durante o movimento, fazendo os dois segmentos do braço se comportarem como um único. Mas, à medida que a pessoa pratica a habilidade, surge uma *liberação dos graus de liberdade*, como se os segmentos "congelados" do membro da pessoa se destravassem e começassem a funcionar como uma unidade coordenada multisegmentada. Os segmentos dessa nova unidade demonstram uma sinergia funcional que permite que a pessoa desempenhe a ação de forma mais eficaz e eficiente.

Os pesquisadores têm fornecido evidências experimentais para esse tipo de desenvolvimento de coordenação, para uma série de habilidades. Por exemplo, Southard e Higgins (1987) mostraram que, quando os principiantes tentam praticar um *forehand* no tênis pela primeira vez, eles travam as articulações do cotovelo e do pulso do braço que está fazendo o movimento. Com a prática, essas articulações começam a trabalhar juntas de formas funcionalmente adequadas, que permitem o aperfeiçoamento do desempenho. Uma vantagem notável desse vínculo sinergético adquirido foi um aumento considerável na velocidade da raquete no momento do impacto da bola.

Anderson e Sidaway (1994) mostraram uma vantagem de desempenho semelhante para o desenvolvimento da coordenação de chutes de jogadores de futebol principiantes. Quando eles estavam aprendendo a chutar a bola corretamente pela primeira vez, os jogadores restringiram os movimentos das articulações do quadril e do joelho. O problema com essa estratégia é que ela limita a velocidade que pode ser gerada pela articulação do quadril, porque o jogador não pode usar com eficiência a articulação do joelho. No entanto, com a prática, a velocidade de chute do jogador aumenta, à medida que as articulações do quadril e do joelho adquirem maior liberdade de movimento e aumento da sinergia funcional.

A habilidade de escrever à mão também tem mostrado esses tipos de alterações de

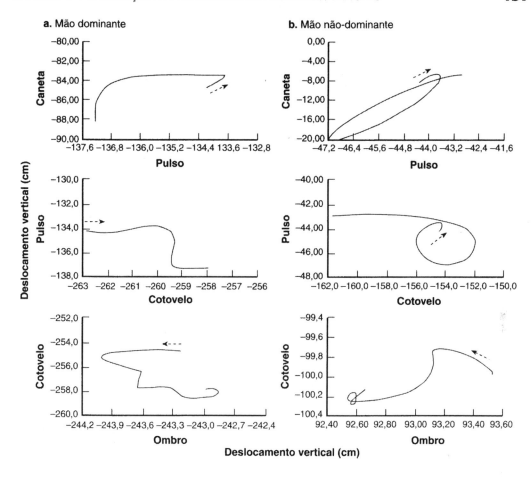

Figura 4.2-4 – *Resultados do experimento de escrita à mão de Newell e van Emmerik mostrando gráficos de posição-posição de pares de movimentos da caneta e da articulação para a mesma assinatura escrita (a) com a mão dominante e (b) com a mão não-dominante. (Reproduzido de Human Movement Science, Volume 8, K. M. Newell e R. E. A. van Emmerik. "The Acquisition of Coordination: Preliminary Analysis of Learning to Write". pp. 17-32, 1989 por gentileza da Elsevier Science-NL, Sara Burgerharstraat 25, 1055 KV, Amsterdam, Holanda).*

relações segmentárias (Newell e van Emmerik, 1989), como mostra a figura 4.2-4. Quando uma pessoa começa a praticar a escrever o nome com a mão não-dominante (equivalente ao desempenho de um principiante), a caneta e os segmentos do pulso agem como um único segmento. Observe o contraste com operações segmentadas quando a pessoa estava escrevendo com a mão dominante. O desempenho de uma pessoa com uma grande prática com a mão dominante apresentou uma escrita eficiente e eficaz, devido a uma sinergia entre o cotovelo, o pulso e a caneta.

Nesse último exemplo, observe que essas alterações na coordenação não estão limitadas a pessoas que estão adquirindo novas habilidades. Pacientes que sofreram derrame cerebral e procuram uma terapia para ajudá-los a ficar em pé, sentar e ficar em pé novamente, mostram características de desenvolvimento da coordenação semelhantes às de pessoas que estão aprendendo uma nova habilidade (Ada, O'Dwyer e Neilson, 1993). Nesse experimento, pacientes em recuperação de derrame cerebral progrediram desde o ponto de serem capazes de sentar, ficar em pé e sentar novamente sem ajuda, uma única vez, até

> ### Saiba Mais
>
> **O controle de graus de liberdade como uma estratégia de treinamento na terapia ocupacional.**
>
> Um estudo de caso de uma mulher hemiplégica de 34 anos, que havia sofrido um ataque, demonstra como um terapêuta pode usar seu conhecimento do problema dos graus de liberdade, para desenvolver um esquema de terapia acupacional (Flinn, 1995). A fim de aumentar a força e a função do braço esquerdo durante os dois primeiros meses de terapia, o terapêuta levou o paciente a utilizar o braço prejudicado na realização de várias tarefas funcionais para as quais os graus de liberdade eram restritos. Com esse objetivo, o terapêuta diminui o número de articulações envolvidas na tarefa, estabilizando ou eliminando algumas articulações e diminuindo a quantidade de movimento do membro contra a gravidade. Por exemplo, o paciente usava o braço lesado para freiar sua cadeira de rodas, tirar o pó de mesas e proporcionar estabilidade enquanto ela permanecia de pé e escovava seus dentes com o braço sadio. Durante os próximos dois meses à medida que o braço esquerdo da paciente melhorou, o terapêuta aumentou os graus de liberdade solicitando o controle de mais articulações. Por exemplo, no início o paciente deveria simplesmente empurrar talheres de um balcão para dentro de uma gaveta; a seguir, o paciente agarrava os objetos do balcão, levantava-os e colocava-os na gaveta. Finalmente, o terapêuta aumentava de novo as demandas de graus de liberdade, um par de meses depois. Agora o tratamento focalizava especificamente tarefas da vida diária com multiplos graus de liberdade, que a paciente deveria realizar regularmente em seu local de trabalho.

serem capazes de desempenhar essa seqüência três vezes seguidas, em 10 s. É inegável que a coordenação entre as articulações do quadril e do joelho mostraram alterações consideráveis no aperfeiçoamento à medida que os pacientes progrediam, demonstrando o desenvolvimento da sinergia básica necessária para essas articulações manterem as pessoas em pé sem apoio.

Alterações no padrão de coordenação preferencial. Como aprendemos a desempenhar uma grande variedade de habilidades motoras ao longo de toda nossa vida, desenvolvemos formas preferenciais de movimentação. Na verdade, cada um de nós desenvolveu um repertório bastante amplo de padrões de movimento que preferimos usar. Quando nos deparamos com a aprendizagem de uma habilidade nova, freqüentemente nos reportamos a uma habilidade que já sabemos como desempenhar. Conseqüentemente, normalmente começamos a praticar a nova habilidade usando características de movimento semelhantes àquelas da habilidade que já conhecíamos. Por exemplo, é comum ver um jogador de beisebol experiente utilizar um balanço parecido com o do batedor de beisebol, ao bater pela primeira vez, uma bola de golfe.

Quando uma pessoa está aprendendo uma nova habilidade que exige alteração de um padrão de coordenação estabelecido, ocorre uma transição interessante do padrão antigo para o novo. O experimento conduzido por Lee, Swinnen e Verschueren (1995), discutido no Conceito 4.1, fornece um bom exemplo dessa alteração. Lembre-se de que os participantes tinham que aprender a movimentar simultaneamente duas alavancas com as duas mãos, fazendo um movimento de braços que mantinha uma relação de 90° fora de fase, para produzir elipses no monitor do computador. A figura 4.1-4 mostrou que, quando os participantes se defrontaram pela primeira vez com essa tarefa, desenvolveram um modo preferencial de coordenação dos braços, movendo-os ao mesmo tempo, produzindo padrões diagonais. O efeito desse padrão estável preferencial permaneceu em mais de 60 tentativas práticas. Os participantes não produziram consistentemente o novo padrão de coordenação até terem desempenhado 180 tentativas práticas. Os padrões de coordenação produzidos nas tentativas entre estas duas demonstrações de padrões estáveis, se caracterizaram pela instabilidade.

> **SAIBA MAIS**
>
> **Alterações da ativação muscular durante a prática de lançamento de dardos**
>
> Um experimento conduzido por Jaegers et al. (1989) ilustra como a seqüência e o *timing* da ativação muscular se reorganiza em função da prática, para que a pessoa possa lançar os dardos de forma consistente e precisa. Indivíduos sem experiência no lançamento de dardos executaram 45 lançamentos em um alvo durante três dias consecutivos. Vários músculos do braço e do ombro foram monitorados por EMG.
> Os três músculos envolvidos fundamentalmente na estabilização do braço e da parte superior do corpo foram o deltóide anterior, o latissimo dorsal e o clavicular peitoral. No primeiro dia, esses músculos produziram uma ativação aleatória antes e depois do lançamento dos dardos. Mas, ao serem ativados no final do último dia, seguiram uma seqüência específica. Os músculos clavicular peitoral e deltóide anterior foram ativados aproximadamente 40 a 80 ms antes do dardo ser lançado e foram desativados no lançamento. O latissimo dorsal foi ativado imediatamente antes do lançamento e permaneceu ativado durante 40 ms depois do lançamento. Em seguida, o deltóide anterior foi ativado novamente.
> O músculo primário envolvido na produção da ação do lançamento baseada na extensão do antebraço foi o tríceps lateral. Durante as tentativas iniciais da prática, esse músculo iniciou a ativação aleatoriamente, antes e depois do lançamento dos dardos. Mas, no final do terceiro dia, ele iniciou a ativação consistentemente cerca de 60 ms antes do lançamento dos dardos e permaneceu ativado até logo depois do lançamento.

O experimento conduzido por Lee et al. mostra primeiramente, que as pessoas abordam as situações de aprendizagem de habilidades com vieses distintos do padrão de movimento, que precisam ser superados para atingir a meta da habilidade a ser aprendida. Em segundo lugar, as pessoas podem superar esses vieses, mas freqüentemente isto implica em muita prática (o valor real varia conforme a pessoa). Finalmente, um padrão observável de estabilidade-instabilidade-estabilidade caracteriza a transição entre a produção de um padrão de movimento preferencial e a produção do padrão da meta. Os padrões do movimento da meta adquiridos no final da prática e os padrões preferenciais iniciais são distinguidos por características cinemáticas estáveis únicas nos desempenhos repetidos. Entretanto, durante o período de transição entre esses padrões estáveis, a cinemática dos membros é muito irregular ou instável.

As pessoas que se dedicam ao ensino de habilidades devem notar que esse período de transição pode ser um período difícil e frustrante para o aprendiz. O professor ou o terapeuta consciente disso pode ajudar muito no trabalho da pessoa durante essa etapa de transição. Existe uma estratégia útil que está sendo aplicada para encorajar a motivação da pessoa no seu envolvimento prático.

Alteração nos músculos utilizados para desempenhar uma habilidade. Se a prática de uma habilidade implicar em alterações dos padrões de coordenação, poderíamos esperar uma mudança correspondente nos músculos que a pessoa utiliza para desempenhar a habilidade. Os padrões da EMG produzidos enquanto as pessoas praticam uma habilidade mostram que, no início da prática, a pessoa usa seus músculos inadequadamente. Destacam-se duas características em particular. A primeira: estão envolvidos mais músculos do que normalmente seriam necessários. A segunda: o *timing* da ativação dos grupos de músculos envolvidos é incorreto. À medida que a pessoa continua a praticar, a quantidade de músculos solicitados diminui, de modo que, provavelmente, será ativado somente o número mínimo de músculos necessários para produzir a ação e o *timing* dos padrões de ativação tornam-se adequados.

Os pesquisadores têm fornecido evidências experimentais mostrando esses tipos de alterações durante a prática para uma grande variedade de atividades. Por exemplo, as alterações na ativação dos músculos ocorre quando a pessoa aprende habilidades esportivas como a subida com um único joelho na barra horizontal em ginástica (Kamon e Gormley, 1968), lançamento de bolas em um alvo (Vorro, Wilson et al., 1989). Os pesquisadores têm mostrado, também, diferenças na ativação de músculos resultantes da prática em tarefas de laboratório, como tarefas complexas de direcionamento manual e movimento rápido do braço (Schneider et al., 1989) ou tarefas mais simples como uma extensão rápida do braço (Moore e Marteniuk, 1986).

A alteração da utilização dos músculos ocorre enquanto a pessoa aprende que uma habilidade reflete uma organização do sistema de controle motor, enquanto a habilidade está sendo adquirida. Como foi proposto pela primeira vez por Bernstein (1967), essa organização decorre da necessidade de o sistema de controle motor resolver o problema de graus de liberdade que aparecem quando a pessoa tenta executar a habilidade pela primeira vez. Ativando a estrutura muscular adequadamente, o sistema de controle motor pode aproveitar as propriedades físicas do ambiente, tais como a gravidade ou outras leis físicas fundamentais. Fazendo isso, o sistema de controle motor reduz a quantidade de trabalho a ser feita e estabelece uma base para o desempenho satisfatório da habilidade.

Alterações na eficiência do movimento. Como descrito nas seções anteriores, em conseqüência da prática de uma habilidade ocorrem alterações no praticante e no desempenho; assim, é razoável esperar que a quantidade de energia que a pessoa utiliza ao desempenhar uma habilidade, também seja alterada com a prática. Embora haja poucos estudos empíricos sobre esse efeito, a experiência reforça essa expectativa. A economia de movimentos ajuda a minimizar o custo de energia de desempenho de uma habilidade. Os principiantes despendem uma grande quantidade de energia (um alto custo energético), enquanto que os praticantes experientes, com um desempenho mais eficiente, despendem um mínimo de energia*.

Diversas fontes de energia foram associadas ao desempenho de habilidades. Uma delas é a energia fisiológica envolvida na capacitação do desempenho; os pesquisadores identificam essa fonte medindo a quantidade de oxigênio consumida pela pessoa durante o desempenho de uma habilidade. A energia fisiológica também é determinada medindo o custo calórico para desempenhar a habilidade. As pessoas também consomem energia mecânica durante o desempenho; os cientistas fizeram essa avaliação dividindo a taxa de trabalho pela taxa metabólica do indivíduo. Enquanto aprendemos uma habilidade, ocorrem variações na quantidade de energia consumida para cada uma dessas fontes. Disso resulta um desempenho mais eficiente. Em outras palavras, nosso custo de energia diminui à medida que nossos movimentos tornam-se mais econômicos.

Mais recentemente, os cientistas vêm acumulando evidências experimentais que dão apoio à suposição amplamente aceita de que a eficiência do movimento aumenta à medida que se pratica uma habilidade. Por exemplo, *o consumo de oxigênio* diminui em pessoas que estão aprendendo uma habilidade complexa como o esqui em *slalon* num simulador, com sessões de vinte minutos, durante um período de cinco dias (Duran et al. (1994). Sparrow e Irrizary-Lopez (1987) forneceram evidências de que o *custo calórico* diminui com a prática de uma habilidade motora em pessoas andando com pés e mãos no chão (engatinhando) em uma esteira, deslocando-se com uma velocidade constante. Heise (1995) mostrou que a *eficiência mecânica* aumenta em função da prática em pessoas que estão desempenhando uma tarefa de lançamento de bolas.

---

* Observe que muitos preferem o termo *economia* à *eficiência*; consulte Cavanagh e Kram (1985).

> **SAIBA MAIS**
>
> **Alterações nas demandas de atenção consciente decorrentes da prática**
>
> Um experimento conduzido por Leavitt (1979) referente a habilidades de esquiação e manipulação do taco em hóquei no gelo, constitui um ótimo exemplo de como são alteradas as solicitações de atenção consciente em conseqüência da prática de longo prazo. Os participantes eram jogadores de cursos de hóquei de seis diferentes faixas etárias, variando desde pré-iniciantes até times universitários. Cada jogador tinha que esquiar e/ou manipular o taco sob quatro condições: somente esquiar, esquiar e identificar figuras geométricas apresentadas numa tela, esquiar e manobrar o disco com o taco e esquiar manobrando o disco com o taco e identificar as figuras geométricas.
>
> A velocidade de esquiação do jogador era a habilidade principal. Os resultados mostraram que, para os jogadores com menos de um ano de experiência, a velocidade de esquiação diminuía drasticamente quando estavam manipulando o taco e identificando as figuras simultaneamente. Na verdade, eram necessários oito anos de experiência antes que o jogador pudesse esquiar, manipular o taco e identificar as figuras ao mesmo tempo, sem diminuir sua velocidade de esquiação. Para os níveis intermediários, os jogadores mostraram melhoras sistemáticas na velocidade de esquiação enquanto executavam outras habilidades, embora isso ainda afetasse sua velocidade.

Alterações na aquisição das metas cinemáticas de uma habilidade. As características cinemáticas definem os aspectos espaciais e temporais do desempenho de uma habilidade. O desempenho bem treinado implica em certas metas de deslocamento, velocidade e aceleração do padrão de movimento do membro. À medida que a pessoa pratica uma habilidade, ela passa a atingir as metas com mais facilidade e adquire as metas cinemáticas em instantes diferentes durante a prática, embora na mesma seqüência. O deslocamento é a primeira meta cinemática que a pessoa atinge, indicando que as características espaciais de uma habilidade são as primeiras que a pessoa adquire satisfatoriamente. A meta seguinte é a velocidade, seguida da aceleração.

Marteniuk e Romanow (1983), demonstraram essa progressão sistemática da aquisição da meta cinemática em um experimento que foi apresentado rapidamente no Conceito 4.1. Os participantes praticavam a movimentação de uma alavanca horizontal para frente e para trás, a fim de produzir um padrão de deslocamento complexo (mostrado na figura 4.1-3). Durante 800 tentativas, eles tornaram-se cada vez mais consistentes e precisos na produção do padrão-critério. Uma avaliação das medidas do desempenho cinemático mostrou que as primeiras características do deslocamento que os participantes adquiriram foram a precisão e a consistência. Depois, à medida que a prática progredia, adquiriram as características da velocidade, e finalmente, as da aceleração.

Alterações na atenção visual. Como a visão desempenha um papel crítico na aprendizagem e no controle de habilidades, é importante observar como ela é alterada em função da prática de uma habilidade. A maioria dessas alterações já foram discutidas em detalhes no Conceito 2.2, por isso aqui serão mencionadas apenas superficialmente. Os principiantes geralmente olham para coisas desnecessárias; essa tendência freqüentemente os leva a dirigir sua atenção visual para pistas ambientais inadequadas. À medida que uma pessoa pratica uma habilidade, a fim de orientar seu desempenho, ela dirige sua atenção visual para fontes de informação mais adequadas. Em outras palavras, a pessoa melhora sua capacidade de visualização dos aspectos reguladores do ambiente mais úteis para o desempenho da habilidade. As pessoas também se sentem melhor em dirigir sua atenção visual mais adequadamente no início do período de desempenho de uma habilidade. Esse

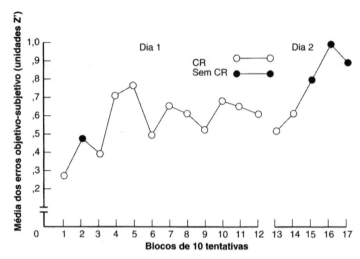

Figura 4.2-5 – Resultados do experimento de Schmidt e White mostrando a correlação entre as estimativas de erro feita pelo próprio participante (erro subjetivo) e o seu erro real (erro objetivo), quando o conhecimento de resultados (CR) era fornecido ou omitido, durante 170 tentativas de prática em dois dias. (De R. A. Schmidt e J. L. White, "Evidence for an Error Correction Mechanism in Motor Skills: A Test of Adam's Closed-Loop Theory", em Journal of Motor Behavior, 4:143-152, 1972. Reprodução autorizada pela Helen Dwight Reid Educational Foundation. Publicado pela Heldref Publications, 1319 Eighteenth Street NW, Washington, DC 20036-1802. Direitos autorais 1972).

aspecto do *timing* de dirigir a atenção visual é importante, porque aumenta o tempo que a pessoa dispõe para selecionar e agir de acordo com a situação.

Alterações na atenção consciente ao desempenhar uma habilidade. De acordo com o modelo de estágios de aprendizagem de Fitts e Posner, no início da prática o aprendiz tem um pensamento consciente praticamente em todas as partes do desempenho da habilidade. Mas, à medida que a pessoa pratica a habilidade e se torna mais competente, a atenção consciente dirigida ao desempenho da própria habilidade diminui, até que o desempenho se torna praticamente automático.

Temos exemplos cotidianos dessa alteração no processo de aprendizagem da mudança de marcha num carro não hidramático. Se você aprendeu a dirigir usando um carro com câmbio manual, com certeza deve se lembrar como mudou as marchas ao se aproximar de uma curva pela primeira vez. Cada parte da manobra exige sua atenção consciente. Você pensou em cada parte da seqüência completa de movimentos: quando parar de acelerar, quando apertar a embreagem, como coordenar o movimento das pernas para soltar o pedal do acelerador e apertar o pedal da embreagem, quando e para onde mover a alavanca do câmbio, quando soltar a embreagem e, finalmente, quando apertar o acelerador novamente. Mas o que aconteceu à medida que você foi se tornando um motorista mais experiente? Provavelmente, você desempenha todos esses movimentos sem atenção consciente. Na verdade, você se consideraria até capaz de fazer mais alguma coisa ao mesmo tempo, como conversar com alguém ou cantarolar uma música que estivesse tocando no rádio. Quando você estava aprendendo a dirigir, certamente não conseguiria fazer outras coisas ao mesmo tempo.

Alterações na capacidade de detectar erros e corrigi-los. Uma outra característica do desempenho que vai melhorando durante a prática, é a capacidade de identificar e corrigir seus próprios erros de movimento. As pessoas podem utilizar essa capacidade durante ou depois do desempenho da habilidade, dependendo das limitações de tempo impostas pela tarefa. Se os movimentos forem suficientemente lentos, a pessoa pode corrigir ou modificar um movimento em andamento, enquanto a ação estiver ocorrendo. Por exemplo, se uma pessoa segura uma xícara e a leva à boca para beber, ela pode fazer ajustes ao longo do caminho que permitirá realizar cada etapa dessa ação com sucesso. Entretanto, para movimentos rápidos, como iniciar e realizar uma finta no basquetebol, normalmente a pessoa não tem tempo de fazer correções durante a execução da finta, porque a bola passou do ponto em que poderia ser batida no instante que a pessoa fez a correção. Nos dois casos de habilidades, os participantes podem usar os erros que detectam durante seu desempenho para orientar as tentativas futuras.

Um experimento conduzido por Schmidt e White (1972) demonstrou o desenvolvimento da capacidade de detectar e corrigir erros. Os autores solicitavam aos participantes que aprendessem a movimentar uma alavanca a uma distância de 23 centímetros em 150 ms. Observe na figura 4.2-5 que, no início da prática, havia uma baixa correlação (0,30) entre o erro do desempenho real do participante e sua própria estimativa de erro. Entretanto, depois de 140 tentativas, a correlação aumentou para 0,90. Os autores encontraram evidências ainda mais convincentes de como as pessoas adquiriam a capacidade de detectar e corrigir seus próprios erros: os participantes continuavam a apresentar uma estimativa precisa de seus erros, mesmo quando os pesquisadores não informavam sobre o erro real cometido em cada tentativa.

Especialidade

Se uma pessoa praticar uma habilidade por um período suficientemente longo e dispuser de ensinamentos corretos, ela estará suficientemente capacitada para tornar-se um *especialista*. No continuum dos estágios de aprendizagem apresentado no início desta discussão (veja a figura 4.2-1), o especialista é uma pessoa que se situa na extremidade direita. Essa pessoa faz parte de um grupo de elite de praticantes privilegiados e excepcionais. Embora a especialidade em habilidades motoras seja uma área de estudo relativamente nova na pesquisa da aprendizagem e controle motores, sabemos que os especialistas têm características distintas. Nosso maior conhecimento sobre os especialistas no domínio das habilidades motoras está relacionado aos atletas, bailarinos e músicos. Embora se encontrem em campos aparentemente diversos, os especialistas nessas áreas de desempenho de habilidades apresentam algumas características comuns, que serão analisadas a seguir.

Quantidade e tipo de prática que conduz à especialidade. Ericsson, Krampe e Tesch-Romer (1993), em um estudo profundo sobre especialistas de várias áreas, concluíram que a especialidade em todos os campos resulta de *prática intensiva no mínimo durante dez anos*. Para se atingir a especialidade é crítico não somente o período durante o qual a pessoa pratica intensivamente, mas também o tipo de prática. De acordo com Ericsson e seus colaboradores, o tipo específico de prática intensiva que a pessoa precisa para atingir a especialidade em qualquer campo é a *prática deliberada*. Durante esse tipo de prática, as pessoas recebem os melhores ensinamentos teóricos e se dedicam à prática intensiva e árdua durante várias horas por dia. À medida que a pessoa desenvolve sua especialidade começa a necessitar de treinamento personalizado ou de supervisão de programação da prática.

Para adquirir uma especialidade numa área é preciso desenvolver uma característica que depende da duração e da intensidade da prática e que é a seguinte: *a especialidade é específica do domínio* (consulte Ericsson e Smith, 1991). Em outras palavras, as características dos especialistas são específicas do campo em que atingiram esse nível de sucesso. Não existe praticamente transferência de capacitação de um campo da especialidade para outro em que a pessoa não tenha experiência.

> **SAIBA MAIS**
>
> **Quatro fases para a se atingir a especialização**
>
> Ericsson, Krampe e Tesch-Romer (1993) observaram estas fases na aquisição da especialidade.
> 1. Introdução à atividade; instrução formal e início da prática.
> 2. Continuação da instrução e da prática; a fase se encerra com o compromisso de praticar a atividade em tempo integral.
> 3. Compromisso de melhorar o desempenho durante o envolvimento na atividade em tempo integral.
> 4. Aquisição do conhecimento e das capacidades além das do professor; a pessoa se torna um praticante eminente.

Estrutura do conhecimento dos especialistas. Uma notável característica comum de exímios praticantes de habilidades, é que eles sabem mais sobre uma atividade do que os que não são especialistas. Mais importante, porém, é que esse conhecimento é estruturado de forma bem diferente. Os pesquisadores interessados na investigação de especialistas em diversas habilidades como xadrez, programação de computador, *bridge* e basquetebol, mostraram que os especialistas desenvolveram seu conhecimento da atividade em conceitos mais organizados e estão mais capacitados a interligar os conceitos. A estrutura de conhecimento dos especialistas também se caracteriza por mais regras decisórias, que são utilizadas para decidir como desempenhar em situações específicas. Além disso, devido à forma como o conhecimento é estruturado, o especialista pode assimilar mais informações numa observação ou apresentação. A vantagem dessas características da estrutura do conhecimento é que elas capacitam o especialista a resolver problemas e tomar decisões mais rapidamente e com maior precisão do que um não-especialista e, assim, adaptar-se a novas situações mais facilmente. Por exemplo, um jogador de basquetebol profissional, batendo a bola no chão, pode olhar para um ou dois jogadores adversários e saber que tipo de defesa o time está utilizando e, então, decidir se passa, dribla ou arremessa a bola. Um principiante levaria muito mais tempo para tomar essas mesmas decisões, porque ele teria que olhar para mais jogadores a fim de obter a mesma informação.

Uso da visão pelos especialistas. Quando os especialistas desempenham uma atividade, tiram maior proveito da visão do que os não-especialistas. Discutimos várias dessas características no Conceito 2.2. Por exemplo, os especialistas dão uma busca no seu ambiente mais rapidamente, prestam mais atenção nessa busca e selecionam informações mais significativas em menos tempo. Os especialistas também não necessitam de muita informação ambiental para tomar decisões, basicamente porque eles "enxergam" mais, quando olham para qualquer lugar. Indubitavelmente, em parte devido a sua capacidade superior de tomar decisões e fazer a busca visual, os especialistas podem usar melhor a informação visual do que os não-especialistas para antecipar as ações de outros. Os especialistas também reconhecem padrões ambientais mais prontamente que os não-especialistas. Os especialistas conseguem adquirir essa capacitação visual depois de muitos anos de experiência no desempenho de uma habilidade. As pesquisas têm mostrado que as características dependem mais da experiência do que de melhor acuidade ou percepção visual.

Resumo

A aprendizagem é um processo que envolve tempo e prática. Na medida em que um indivíduo evolui, desde a condição de principiante em uma atividade até ser um praticante altamente capacitado, ele passa por vários estágios diferentes, embora contínuos. Três modelos diferentes tentam descrever esses estágios. Fitts e Posner propuseram que a aprendizagem do principiante se dá em três estágios: cognitivo, associativo e autônomo. Gentile propôs dois estágios, que ela identificou como metas do aprendiz. A meta do aprendiz na primeira etapa é "captar a idéia do movimento". No segundo estágio, a meta é a fixação e a diversificação para habilidades fechadas e abertas, respectivamente. O terceiro modelo, proposto por Newell, está intimamente relacionado ao de Gentile, mas se concentra no desenvolvimento da coordenação. De acordo com este modelo, o primeiro estágio é o de coordenação, em que é estabelecido o padrão básico da coordenação. O segundo estágio é o de controle. Durante esse estágio, o praticante aprende a aplicar ao padrão de coordenação, os valores do parâmetro de movimento necessários para atingir o desempenho ideal da habilidade em várias situações.

À medida que as pessoas evoluem através dos estágios da aprendizagem, ocorrem alterações notáveis no desempenho e no praticante. Foram discutidas várias alterações: na taxa de aperfeiçoamento, nas características da coordenação, nos músculos envolvidos no desempenho da habilidade, na eficiência do movimento, na obtenção das metas cinemáticas da habilidade, na atenção visual, na atenção consciente e na capacidade de o aprendiz detectar e corrigir seus erros.

Finalmente, foi discutida a extremidade do continuum da aprendizagem em que o especialista se encontra. Os especialistas se caracterizam por um desempenho excepcional. Eles dedicam pelo menos dez anos à prática deliberada para chegarem à especialidade. Essas pessoas altamente capacitadas apresentam características comuns de desempenho na utilização da visão e de suas estruturas de conhecimento, que fornecem a base para a sua excepcional capacidade de desempenho.

Leituras relacionadas

Abernethy, B., K. T. Thomas, and J. T. Thomas. 1993. Strategies for improving understanding of motor expertise [or mistakes we have made and things we have learned!!]. In J. L. Starkes and F. Allard (Eds.), *Cognitive issues in motor expertise* (pp. 317–56). Amsterdam: Elsevier.

Allard, F., and J. L. Starkes. 1991. Motor-skill experts in sports, dance, and other domains. In K. A. Ericsson and J. Smith (Eds.), *Toward a general theory of expertise: Prospects and limits* (pp. 126-52). Cambridge, England: Cambridge University Press.

Beek, P. J., and A. A. M. van Santvoord. 1992. Learning the cascade juggle: A dynamical systems analysis. *Journal of Motor Behavior* 24: 85-94.

Sanders, R. H., and J. B. Allen. 1993. Changes in net joint torques during accomodation to change in surface complianse in a drop jumping task. *Human Movement Science* 12: 299-326.

Schöner, G., P. Zanone, and J. A. S. Kelso. 1992. Learning as change of coordination dynamics: Theory and experiment. *Journal of Motor Behavior* 24: 29-48.

Summers, J. J., S. K. Ford, and J. A. Todd. 1993. Practice effects on the coordination of the two hands in a bimanual tapping task. *Human Movement Science* 12: 111-33.

Vereijken, B., R. E. A. van Emmerik, H. T. A. Whiting, and K. M. Newell. 1992. Free(z)ing degrees of freedom in skill acquisition. *Journal of Motor Behavior* 24: 133-42.

Conceito 4.3

A transferência da aprendizagem de uma situação de desempenho para outra é parte integrante da aprendizagem e do desempenho de habilidades

Termos-chaves

Transferência de aprendizagem
Transferência positiva
Transferência negativa
Transferência intertarefas
Porcentagem de transferência
Escore de economia
Transferência intertarefas

Teoria dos elementosidênticos
Processamento da transferência
adequada
Transferência bilateral
Transferência assimétrica
Transferência simétrica

Aplicação

Por que praticamos uma habilidade? Por vários motivos, sendo um deles para aumentar nossa capacidade de desempenhar uma habilidade numa situação em que ela for exigida. Queremos estar aptos a cumprir determinadas metas da ação quando for necessário desempenhar habilidades cotidianas como andar e beber, assim como praticar habilidades esportivas. Por exemplo, se sua meta for levantar-se da cadeira em que está sentado assistindo televisão e andar até o televisor e desligá-lo, você desejará desempenhar as ações necessárias sem problemas. Analogamente, se sua meta for fazer bons lançamentos para o seu time de beisebol, você desejará desempenhar bem as habilidades envolvidas no lançamento de uma bola de beisebol. Para cumprir metas como essas, praticamos as habilidades necessárias para desempenhar as ações adequadas envolvidas no cumprimento dessas metas.

Esses exemplos de desempenho de habilidades envolvem um conceito de aprendizagem motora importante conhecido como *transferência de aprendizagem*. Esse conceito é essencial para a compreensão do processo que envolve a aprendizagem de habilidades. Um ponto importante desse conceito é a capacidade, adquirida através da experiência, de desempenhar uma habilidade numa nova situação. Queremos estar aptos a repetir o que já foi aprendido em outras situações, numa nova situação futura. Isso sugere que uma das metas da prática de uma habilidade é o desenvolvimento da capacidade de transferir o desempenho da habilidade, do ambiente da prática, para um outro ambiente em que o indivíduo precise desempenhar a habilidade, para poder atingir a mesma meta da ação.

Analise esse conceito dentro do contexto dos exemplos que acabamos de descrever. Suponha que você esteja trabalhando com um paciente que sofreu um derrame cerebral. Você gostaria que os períodos de reabilitação fossem aproveitados para habilitar a pessoa a andar satisfatoriamente da cadeira da sala até o televisor e desligá-lo. Em termos da transferência de aprendizagem, esse exemplo ilustra que um objetivo importante da reabilitação é ajudar o paciente a desenvolver a capacidade de transferir a habilidade adquirida na clínica para o seu cotidiano. Analogamente, se você estiver trabalhando com um lançador de beisebol, você gostaria que ele fosse capaz de lançar durante o jogo com maior eficiência e não somente no ambiente da prática.

Discussão

A *transferência de aprendizagem* é um dos princípios mais gerais aplicados à aprendizagem na educação e na reabilitação. Nos sistema educacionais, esse princípio constitui a essência do desenvolvimento curricular e programático, porque fornece as bases para a organização da seqüência em que os alunos aprenderão as habilidades. Na reabilitação clínica, esses princípios formam a base para as abordagens sistemáticas dos protocolos que os terapeutas desenvolvem e implementam. Devido à vasta importância da transferência de aprendizagem, você precisa compreender o fenômeno de aprendizagem como uma parte integrante de seu embasamento conceitual para o estudo da aprendizagem motora.

No Capítulo 4.1 utilizamos o conceito da transferência de aprendizagem quando discutimos os testes de transferência como um método de avaliação da aprendizagem. Esses testes, na verdade, se baseiam no princípio da transferência de aprendizagem. A discussão forneceu uma boa base para a discussão atual, que lhe dará condições de compreender melhor o próprio princípio de transferência de aprendizagem.

O que é transferência de aprendizagem?

Os pesquisadores que se dedicam ao estudo da aprendizagem geralmente definem **transferência de aprendizagem** como a influência da experiência anterior no desempenho de uma habilidade num novo contexto ou na aprendizagem de uma nova habilidade. Essa influência pode ser positiva, negativa ou neutra (zero). A **transferência positiva** ocorre quando a experiência com uma habilidade ajuda ou facilita o desempenho da habilidade em um novo contexto ou na aprendizagem de uma nova habilidade. Cada um dos exemplos utilizados no início deste Conceito envolveu transferência positiva. A **transferência negativa** ocorre quando a experiência com uma habilidade impede ou interfere no desempenho da habilidade em um novo contexto ou na aprendizagem de uma nova habilidade. Por exemplo, uma pessoa que aprendeu o *forehand* no tênis antes de aprender o *forehand* no *badminton*, freqüentemente vivencia uma transferência negativa inicial ao aprender a mecânica da batida. O *forehand* no *badminton* é uma jogada de pulso, enquanto que no tênis o *forehand* requer que o pulso de mantenha relativamente firme. O terceiro tipo de efeito de transferência de aprendizagem é a *transferência zero*, que ocorre quando a experiência com uma habilidade não afeta o desempenho da habilidade num novo contexto ou na aprendizagem de uma nova habilidade. Obviamente, não há transferência de aprender a nadar para aprender a dirigir um carro. Nem se pode supor que a experiência em algumas habilidades motoras sempre influirá na aprendizagem de novas habilidades motoras.

Por que a transferência de aprendizagem é importante?

Mostramos anteriormente que o princípio da transferência de aprendizagem constitui a base do desenvolvimento dos programas e da metodologia educacional, assim como do desenvolvimento e implementação de abordagens sistemáticas dos protocolos de reabilitação. Assim, do ponto de vista prático, o princípio da transferência é fundamental. Mas o princípio de transferência também tem significado teórico, uma vez que ajuda a entender os processos envolvidos na aprendizagem e no controle de habilidades motoras.

Seqüenciamento de habilidades a serem aprendidas. O seqüenciamento de habilidades matemáticas fornece um exemplo prático muito útil do princípio de transferência. O curriculum escolar do primeiro e segundo graus se baseia em uma hierarquia do simples para o complexo. Os professores devem apresentar a identificação numérica, a escrita numérica, a identificação dos valores numéricos, a adição, a subtração, a multiplicação e a divisão nessa seqüência específica, porque cada conceito se baseia no anterior. Se apresentarmos a uma pessoa um problema de divisão antes de ela ter aprendido adição, subtração e multiplicação, ela terá que aprender primeiro essas operações para poder resolver o problema. A álgebra não é ensinada antes da aritmética básica, nem a trigonometria é ensinada antes da geometria.

Podemos pensar da mesma forma com relação às habilidades em uma programação de educação física, em esportes ou em reabilitação clínica. Os responsáveis pelo desenvolvimento de grades curriculares ou de protocolos devem aproveitar o princípio de transferência de aprendizagem no seqüenciamento de habilidades. Os aprendizes devem adquirir as habilidades básicas ou fundamentais *antes* das habilidades mais complexas que exigem o domínio dessas habilidades básicas. Em outras palavras, deverá existir uma progressão lógica na aprendizagem de habilidades. O professor deve decidir quando apresentar uma habilidade, determinando como a aprendizagem daquela habilidade beneficiará a aprendizagem de outras habilidades. Se o professor não utilizar essa abordagem, estará desperdiçando tempo, pois as pessoas terão que "voltar" para aprender as habilidades que forem pré-requisitos básicos.

A taxonomia de habilidades motoras de Gentile (discutida no Conceito 1.1) fornece um bom exemplo de como o princípio da transferência pode ser implementado em um programa de treinamento. A taxonomia apresenta dezesseis categorias de habilidades, sistematicamente seqüenciadas, das mais simples para as mais complexas, de acordo com as características de habilidades específicas (veja a tabela 1.1-1). Essa taxonomia é útil, pois serve de guia para ajudar o terapeuta a selecionar funcionalmente as atividades adequadas a um paciente em reabilitação, depois de fazer uma avaliação clínica das deficiências motoras do paciente. Gentile baseou essa taxonomia no princípio da transferência positiva. Ela organizou a seqüência de atividades, listando primeiro as atividades que a pessoa precisa desempenhar antes de outras mais complexas ou difíceis. O terapeuta pode selecionar as atividades funcionais adequadas para um programa de reabilitação, começando com atividades relacionadas com a categoria da taxonomia na qual foi identificado o déficit no desempenho de habilidades. Assim, o terapeuta pode aumentar a complexidade da atividade, deslocando a taxonomia para cima a partir desse ponto.

Métodos de instrução. A segunda aplicação prática importante do princípio da transferência da aprendizagem no ensino de habilidades motoras se encontra na área dos métodos de instrução. Por exemplo, um instrutor pode utilizar exercícios no seco quando estiver ensinando os movimentos básicos da natação aos alunos, antes de deixá-los tentar dar braçadas na água. Esse instrutor está supondo que haverá transferência positiva dos exercícios no seco para o desempenho das braçadas na água.

Há inúmeros outros exemplos de incorporação do princípio da transferência em situações educacionais. É comum, por exemplo, praticar uma habilidade parcialmente, antes de praticá-la completamente (esse método de prática será discutido no Conceito 6.4). Às vezes, um instrutor simplifica uma atividade antes de solicitar que a pessoa desempenhe a habilidade no seu contexto real; por exemplo, o treinador faz uma pessoa bater uma bola de beisebol apoiada em um suporte antes de batê-la em movimento. Se a habilidade que está sendo adquirida envolve algum elemento perigoso, freqüentemente o instrutor solicita que a pessoa desempenhe a habilidade com algum tipo de proteção ou cuidado, para que o perigo seja minimizado. Por exemplo, um terapeuta deve dar assistência física a um paciente que está aprendendo a sair da cama e sentar-se na cadeira de rodas, para que o paciente não caia quando estiver praticando a habilidade pela primeira vez.

> **SAIBA MAIS**
>
> **Vantagens do treinamento em terra para habilidades de mergulho**
>
> Um experimento desenvolvido por Brady (1979) fornece uma ilustração interessante da forma como um contexto de treinamento de habilidade pode se beneficiar do fenômeno da transferência positiva. Foi solicitado a mergulhadores diplomados que montassem o mais rápido possível sob a água, um dispositivo mecânico complexo conhecido como o Quebra-Cabeças de Tubos, desenvolvido pela Marinha Norte-americana. Essa tarefa de montagem envolvia oito subtarefas e exigia o uso de uma chave de boca. Dois grupos de mergulhadores observaram e participaram de uma demonstração da tarefa de montagem. Um grupo praticou, então, a montagem do dispositivo uma vez fora d'água antes de tentar desempenhar a tarefa dentro d'água. Um outro grupo recebeu treinamento adicional em terra, desempenhando oito tentativas de montagem antes de executar a tarefa sob a água. Os resultados mostraram que o grupo que recebeu a prática adicional em terra desempenhou a tarefa sob a água significativamente mais rápido que o outro grupo. Assim, a prática em terra facilitou (isto é, houve transferência positiva) o desempenho subaquático dos mergulhadores na montagem de um dispositivo mecânico complexo. Do ponto de vista instrucional, os resultados desse experimento mostraram que normalmente, a prática em terra, mais segura e econômica, facilita o desempenho de tarefas subaquáticas, diminuindo o tempo de treinamento de baixo d'água.

Avaliação da eficiência das condições de prática. Quando um professor ou terapeuta propõe um programa de prática, ele também deve avaliar a eficiência do programa. Uma avaliação eficaz pode ser obtida aplicando um teste de transferência. Na verdade, quando o professor ou o terapeuta compara a eficiência de várias condições de prática, ele deve identificar aquela que leva ao melhor desempenho no teste de transferência, como condição preferencial da prática e implementá-la em um treinamento ou protocolo de reabilitação. Assim, o princípio da transferência de aprendizagem é aplicado mais uma vez, pois ele fornece a base para a avaliação da eficiência das condições de prática selecionadas pelo professor, para facilitar a aprendizagem da habilidade.

Bransford, Franks, Morris e Stein (1979), destacaram a importância da transferência na avaliação da eficiência das condições de prática há vários anos, quando estavam tentando resolver uma questão parecida. Eles afirmaram que *a eficiência de qualquer condição de prática deveria ser determinada somente na base de como a habilidade praticada é desempenhada num contexto "teste"*. Isso significa que, se estivermos escolhendo o melhor procedimento para facilitar a aprendizagem de habilidades, não poderemos chegar a qualquer conclusão até observarmos que habilidade está sendo desempenhada numa situação de teste.

Podemos pensar no "teste" citado até aqui de várias maneiras. Pode ser um teste de habilidades específicas, em que a pessoa desempenha a habilidade praticada em um teste criado para aquela habilidade. Em outro tipo de teste, a pessoa desempenha a habilidade num ambiente funcional cotidiano. Ou o teste pode exigir que a pessoa utilize a habilidade em uma competição organizada ou em um jogo. O fato é que, independentemente da natureza exata do teste, o desempenho da pessoa no próprio teste será a única medida da eficiência de qualquer condição de prática.

Avaliação da quantidade de transferência ocorrida

Antes de considerar as implicações teóricas do princípio da transferência de aprendizagem, deveríamos tomar conhecimento das formas de avaliar a transferência. No Conceito 4.1 apresentamos exemplos de como utilizar os testes de transferência para tirar conclusões adequadas sobre a aprendizagem decorrente da prática. O objetivo desses testes era de ajudar os terapeutas ou professores a tirar conclusões gerais sobre a adequação do desempenho resultante da aprendizagem. Embora a abordagem descrita naquela discussão consista num meio adequado para tirar conclusões sobre a aprendizagem, a avaliação não fornece informações sobre a quantidade de transferência ocorrida. O tipo de procedimento da avaliação a ser empregado, depende do tipo de situação de transferência envolvido.

Avaliação da transferência intertarefas. Os pesquisadores utilizam o esquema experimental de transferência intertarefas para avaliar o efeito da experiência em uma habilidade no desempenho de uma nova habilidade, seja esta uma habilidade diferente, seja uma variação da primeira habilidade. Esse tipo de esquema é particularmente adequado para avaliar como a condição de prática prepara uma pessoa para adaptar o que ela aprendeu a realizar a uma variação nova da habilidade.

O esquema experimental mais simples e mais freqüentemente utilizado para avaliar a transferência intertarefas é o seguinte:

Grupo experimental	Pratica a tarefa A	Desempenha a tarefa B
Grupo de controle	Sem prática	Desempenha a tarefa B

O desempenho na tarefa B, por ambos os grupos, é o resultado de interesse nesse esquema experimental. Se a experiência com a tarefa A facilitar a aprendizagem ou o desempenho da tarefa B, então o grupo experimental deve mostrar aperfeiçoamento mais rápido na tarefa B do que o grupo de controle. Por outro lado, se a experiência com a tarefa A interferir na aprendizagem ou no desempenho da tarefa B, então o grupo experimental demorará mais tempo para aprender a tarefa B ou será impedido de desempenhar a tarefa B, quando comparado com o grupo de controle.

Para *quantificar a quantidade de transferência intertarefas*, os pesquisadores propuseram vários métodos. Dois deles, utilizados com mais freqüência, são a porcentagem de transferência e o escore de economia. A **porcentagem de transferência** é a porcentagem de melhora na nova tarefa (tarefa B) que pode ser atribuída ao desempenho da primeira tarefa (tarefa A). Uma alta porcentagem de transferência indica uma forte influência da tarefa A na tarefa B, enquanto que uma baixa porcentagem sugere uma influência muito menor, embora positiva. O **escore de economia** se refere ao *tempo de prática economizado* na aprendizagem da nova tarefa (tarefa B) devido à experiência anterior em outra tarefa (tarefa A). Os pesquisadores utilizam esses escores para mostrar que a experiência adquirida na tarefa A, resultou na economia de um certo número de práticas na tarefa B. Por exemplo, se o grupo experimental alcançou um critério de 100 pontos na tarefa B em 20 tentativas, enquanto o grupo de controle precisou de 30 tentativas para realizar a mesma tarefa, o escore de economia seria de 10 tentativas.

O escore de economia tem um mérito particular nas aplicações práticas. Isso é especialmente verdadeiro, quando um professor deseja saber se um procedimento de treinamento ajuda efetivamente na aprendizagem de uma habilidade ou no desempenho daquela habilidade em um contexto real, ou não. O escore de economia indica quanto tempo o procedimento economiza na prática da própria habilidade. Se não houver nenhuma economia no tempo de prática, o professor poderá perder o interesse em continuar a utilizá-los.

Avaliação da transferência intratarefas. O esquema experimental de **transferência intratarefas** é o mais adequado para comparar como diferentes tipos de condições práticas

CAPÍTULO 4 ■ INTRODUÇÃO À APRENDIZAGEM DE HABILIDADES MOTORAS **171**

SAIBA MAIS

Cálculo da porcentagem de transferência

Transferência Intertarefas
Observe que os escores usados nesse cálculo deve ser o desempenho inicial na tarefa B.

$$\text{Porcentagem de transferência} = \frac{\text{Grupo experimental} - \text{Grupo de controle}}{\text{Grupo experimental} + \text{Grupo de controle}} \times 100$$

Transferência Intratarefas
Utilize o mesmo princípio expresso na fórmula para calcular a transferência intertarefas. Entretanto, utilize os escores do desempenho inicial na condição C. São necessários dois cálculos separados, um para determinar a porcentagem de transferência da prática sob a condição A e outro para sob a condição B.

$$\text{Porcentagem de Transferência devido à Prática de } A = \frac{C_A - C_B}{C_A + C_B} \times 100$$

$$\text{Porcentagem de Transferência devido à Prática de } B = \frac{C_B - C_A}{C_A + C_B} \times 100$$

---

capacitam uma pessoa a adaptar uma habilidade praticada a fim de desempenhar a mesma habilidade em um novo contexto. O paradigma básico de pesquisa para avaliar a transferência intratarefas é este:

Grupo A   Condição de prática A   Desempenha na condição C

Grupo B   Condição de prática B   Desempenha na condição C

Quando analisamos o esquema experimental de transferência intratarefas, é importante responder três questões. Primeira: Como é comparado o desempenho sob condições de prática A e B? Segunda: Como são comparados os dois grupos, quando o desempenho for realizado sob a condição C? Terceira: Cada um dos grupos melhorou, piorou ou não mostrou nenhuma alteração no desempenho da última tentativa de prática para a primeira tentativa de transferência? Os pesquisadores freqüentemente ignoram essa última questão. Sua importância torna-se evidente quando, nas tentativas de transferência, os grupos mostram níveis de desempenho diferentes daqueles apresentados durante as tentativas de prática.

Para quantificar o volume transferido numa transferência intratarefas, podemos calcular a porcentagem de transferência e as medidas dos escores de economia. Os cálculos dos escores de economia são os mesmos utilizados para determinar a transferência intertarefas.

Por que ocorre transferência positiva de aprendizagem?

O significado teórico do conceito de transferência de aprendizagem torna-se claro, à medida que tentamos determinar porque a transferência ocorre. Por exemplo, se soubermos porque a transferência ocorre, compreenderemos melhor o que a pessoa aprenderá sobre

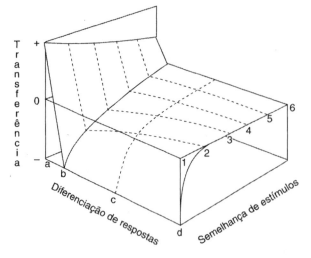

Figura 4.3-1 – *Superfície de transferência proposta por Holding mostrando a transferência esperada entre duas tarefas em termos das semelhanças ou diferenças das características do estímulo e dos aspectos da resposta das habilidades. Holding prediz uma transferência positiva máxima quando as características do estímulo e da resposta são idênticas e transferência negativa quando os estímulos para as duas tarefas são idênticos, mas as duas respostas são completamente diferentes uma da outra. (De D. Holding, "An Approximate Transfer Surface" em Journal of Motor Behavior, 8:1-9, 1976. Reprodução autorizada pela Helen Dwight Reid Educational Foundation. Publicado pela Heldref Publications, 1319 Eighteenth Street NW, Washington, DC 20036-1802. Direitos autorais 1976.)*

uma habilidade que a capacite a adaptar-se às solicitações do desempenho de uma nova situação. Esse tipo de conhecimento ajuda os teóricos da aprendizagem a entender o que as pessoas aprendem e o que explica a adaptabilidade que normalmente caracteriza as habilidades aprendidas.

Embora durante muito tempo os pesquisadores tenham proposto várias hipóteses para explicar porque ocorre a transferência de aprendizagem, discutiremos somente as duas mais aceitas. Essas hipóteses consideram cruciais as semelhanças entre as duas situações. Entretanto, elas diferem na forma de explicar como as semelhanças são realmente importantes para a transferência. Uma hipótese propõe que a transferência da aprendizagem ocorre porque os componentes das habilidades e/ou do contexto em que as habilidades são desempenhadas são semelhantes. A outra propõe que a transferência ocorre basicamente por causa de semelhanças entre as quantidades e os tipos de processos de aprendizagem exigidos.

Semelhanças de componentes da habilidade e do contexto. A abordagem mais tradicional que explica a ocorrência da transferência positiva afirma, que a transferência é devida às semelhanças entre os componentes de duas situações de habilidades ou de desempenho. De acordo com esse ponto de vista, quanto mais semelhantes forem os componentes de duas situações de habilidades ou de desempenho, maior será a quantidade de transferência positiva entre elas. Portanto, seria esperado que a quantidade de transferência entre o saque de tênis e o saque de voleibol fosse maior do que entre o saque de tênis e o saque de raquetebol. Da mesma forma, esperaríamos que ocorresse um alto grau de transferência quando as condições da prática enfatizassem características de desempenho semelhantes àquelas solicitadas numa situação de "teste". Numa situação clínica, por exemplo, isso significa que os protocolos de terapia que envolvem procedimentos de reabilitação funcional, levariam a um alto grau de transferência no desempenho de uma habilidade no seu contexto cotidiano.

Esse ponto de vista se baseia em pesquisas sobre aprendizagem motora, realizadas no início do século, por Thorndike, na Universidade de Columbia. Para explicar os efeitos da transferência, Thorndike (1914) propôs a **teoria dos elementos idênticos**. Nela, "elementos" são características gerais de uma habilidade ou de um contexto de desempenho como a tal finalidade da habilidade ou a atitude, da pessoa que desempenha a habilidade ou características específicas da habilidade, tais como os componentes da habilidade que está sendo desempenhada. Além disso, Thorndike considerou como elementos idênticos os processos mentais que compartilham a mesma atividade celular cerebral que a ação física.

Work e Holding (1976, 1987) apresentaram uma versão mais atualizada do ponto de vista de Thorndike relacionado as habilidades motoras. Holding propôs que a quantidade e direção da transferência estariam relacionadas a *semelhanças de aspectos dos estímulos e das respostas* de duas habilidades. Isso significa que, quanto mais semelhantes forem os estímulos e as respostas, mais transferência ocorrerá entre as habilidades. Para formalizar essa relação, Holding (1976) desenvolveu uma "superfície de transferência" (veja a figura 4.3-1) para prever o tipo e a quantidade de transferência esperados, dadas às características de estímulo e resposta de duas habilidades. O modelo de Holding prevê uma transferência positiva máxima quando o estímulo (E) e a resposta (R), para uma tarefa, forem os mesmos que para a segunda tarefa. À medida que as semelhanças do estímulo diminuem, a transferência tende a zero.

Para aplicar a superfície de transferência de Holding a habilidades motoras específicas, é aconselhável adaptar os termos *estímulo* e *resposta* às características mais adequadas de desempenho de habilidades. No âmbito do estímulo, podemos considerar alguns elementos como as *solicitações de entrada perceptiva das ações*. Alguns exemplos são as fontes visuais de informação, como a forma e a velocidade de um objeto; estas fontes são particularmente importantes na definição das condições reguladoras que orientam a ação. Outros exemplos são as características do contexto do ambiente do desempenho, como a regularidade ou a aleatoriedade dos objetos, que fornecem as pistas perceptivas que afetam o desempenho da habilidade. No âmbito da resposta, podemos considerar as características do movimento que definem o *padrão de movimento básico* necessário para produzir a ação. Em particular, estão incluídos nesse grupo os aspectos cinemáticos das habilidades. Quanto mais semelhantes forem as características de um ou dos dois grupos de habilidades, maior será a transferência positiva entre elas.

Semelhanças das solicitações de processamento. A segunda hipótese para explicar a transferência positiva, admite que a transferência resulte de *semelhanças nas características dos processos de aprendizagem ou de desempenho* solicitadas por situações de habilidade ou de desempenho. Essa hipótese é totalmente confirmada pela abordagem que explica os efeitos da transferência em termos do processamento adequado da transferência (consulte Lee, 1988). Essa abordagem sustenta que a semelhança nos componentes da habilidade e do contexto explica alguns, mas não todos, os efeitos da transferência. O ponto chave da abordagem do **processo de transferência adequada** reside nas semelhanças entre os processos de aprendizagem ou de desempenho solicitados pelas duas situações de desempenho. Nessa abordagem, há dois componentes muito importantes da transferência positiva: o que a pessoa precisa fazer para ser bem-sucedida no desempenho da tarefa de transferência e as semelhanças entre essa atividade e a atividade solicitada durante o treinamento.

O processo adequado de transferência ocorre quando a tarefa de transferência requer que a pessoa se envolva em atividade de solução de problemas. Para haver transferência positiva entre as tarefas de treinamento e de transferência, a tarefa de treinamento também deve envolver a atividade de solução de problemas. Damos e Wickens (1980) forneceram evidências de transferência resultante da atuação de processos semelhantes em situações de treinamento e de teste. Eles mostraram que, quando as pessoas foram treinadas para realizar duas tarefas simultaneamente, mesmo quando as características da tarefa de treinamento e de transferência não eram semelhantes, ocorria transferência positiva. O

> **SAIBA MAIS**
>
> **Uma demonstração experimental da explicação, processamento adequado da transferência relativo à transferência positiva.**
>
> A tarefa de transferência no experimento conduzido por Damon e Wickens (1980) foi uma tarefa de rastreamento compensatório. Para desempenhar essa tarefa, os participantes tinham que manter em movimento na tela do monitor um círculo centralizado numa barra horizontal presente na tela. Isto era feito executando-se movimentos laterais para a esquerda e para a direita por meio de um *joystick*. Ao mesmo tempo, aparecia na tela uma barra vertical em movimento que precisava ser deslocada para cima e para baixo para mantê-la em contato constante com uma linha horizontal. Os participantes controlavam essa tarefa por meio de um outro *joystick*; sendo um em cada mão.
>
> Damos e Wickens utilizaram no treinamento duas tarefas duplas, cognitivas. Numa delas, os participantes tinham que especificar se dois algarismos apresentados simultaneamente eram do mesmo valor, tinham o mesmo tamanho, ou ambos. A outra tarefa, consistia numa tarefa de memória de curto prazo, em que os participantes observavam de um a quatro números numa certa seqüência e depois tinham que se lembrar do penúltimo número da seqüência. No experimento, um grupo de participantes foi treinado nas duas tarefas, um outro grupo foi treinado somente numa tarefa e um terceiro grupo não recebeu treinamento em nenhuma das tarefas. Observe que, em termos dos componentes da tarefa ou do contexto, as semelhanças entre as tarefas de treinamento e de teste são mínimas ou inexistentes. O que há em comum, é que as duas tarefas exigem um compartilhamento da capacidade da atenção, que pode ser considerado como um processo cognitivo. Os resultados mostraram que o grupo que praticou as duas tarefas duplas cognitivas apresentou um desempenho melhor no rastreamento, que os outros grupos de treinamento.

aspecto interessante dessa situação é que a tarefa de transferência consistia numa tarefa de rastreamento com as duas mãos, enquanto que as tarefas de treinamento consistiam em tarefas cognitivas duplas. De acordo com a abordagem que requer semelhança entre componentes da tarefa, não deveria ter ocorrido nenhuma transferência. Entretanto, a semelhança entre as solicitações do processamento das tarefas de treinamento e as solicitações do processamento das tarefas de transferência, permitiu que ocorresse transferência positiva entre elas.

Méritos das duas hipóteses. Embora ainda haja muito a ser pesquisado sobre as causas da transferência da aprendizagem, do ponto de vista experimental as duas hipóteses que tentam explicar o efeito da transferência são consideradas valiosas. Naturalmente, podemos esperar que a quantidade de transferência positiva aumente em função das semelhanças crescentes entre os contextos de habilidade e de desempenho. Tudo indica que a abordagem do processamento de semelhanças é, na verdade, uma extensão da abordagem dos componentes que entram em jogo somente quando os componentes da habilidade e as semelhanças do contexto são mínimas, apesar de as atividades do processamento serem muito semelhantes. Entretanto, como concluíram Schmidt e Young (1987) em seu amplo trabalho de revisão sobre a transferência de habilidades motoras, ainda não sabemos muito sobre o que é realmente importante no fenômeno da transferência. Infelizmente, têm sido muito poucas as pesquisas que investigam essa questão nos últimos anos e, por isso, ainda será necessário pesquisar muito mais, se quisermos explicar *porque* a transferência ocorre.

Transferência negativa

Embora os efeitos da transferência negativa sejam raros na aprendizagem de habilidades motoras (p.ex., consulte Annett e Sparrow, 1985; Schmidt, 1987), os profissionais envolvidos

> ## SAIBA MAIS
>
> **Implicações para o ensino e a reabilitação de fatores que influem na transferência positiva da aprendizagem**
>
> **Semelhanças entre componentes ambientais e do movimento**
>
> Compare o que a pessoa faz durante o treinamento com o que ela faz ao desempenhar a habilidade no seu contexto normal.
>
> **Exemplo no ambiente da reabilitação:** Se o contexto normal exige que a pessoa caminhe através de ambientes cheios de obstáculos aleatoriamente distribuídos, como salas ou corredores cheios, o ambiente de treinamento deve ser igualmente congestionado.
>
> **Exemplo no ambiente de treinamento de habilidade desportiva:** Num jogo de basquetebol, os jogadores podem efetuar lances livres em situações envolvendo um, dois, três arremessos. A prática deve incluir todas essas situações, quer os jogadores estejam muito fatigados ou não.
>
> **Semelhanças das demandas do no processamento da informação**
>
> Compare as demandas do processamento da informação entre o treinamento e o desempenho da habilidade no seu contexto normal.
>
> **Exemplo do ambiente de reabilitação:** Se a pessoa tiver que utilizar suas habilidades de escrever à mão para anotar o que outra pessoa está dizendo, durante o treinamento, ela deve praticar essa tarefa dupla.
>
> **Exemplo de ambiente de treinamento de habilidade desportiva:** Como um nadador precisa ajustar as características das braçadas na competição de acordo com seu próprio *feedback* intrínseco, a prática deve fornecer-lhe amplas possibilidades de fazer seus próprios ajustes.
>
> **Equivalência Funcional**
>
> Alguns procedimentos não-funcionais são úteis para melhorar componentes da habilidade, como força, equilíbrio, flexibilidade. O regime de treinamento também deve incluir procedimentos que enfatizem a prática de aspectos funcionais da habilidade.

no ensino de habilidades motoras e da reabilitação precisam tomar conhecimento do que pode contribuir para a transferência negativa. É preciso saber como evitar e como tratar os efeitos da transferência negativa.

Situações de transferência negativa. Uma definição simples afirma que os efeitos da transferência negativa ocorrem quando um *estímulo antigo solicita uma resposta nova mas semelhante.* Isso significa que as características da entrada perceptiva das duas situações de desempenho são semelhantes, mas as características do movimento são diferentes. Duas situações particularmente susceptíveis a efeitos de transferência negativa envolvem *alterações na localização espacial do movimento* em resposta ao mesmo estímulo e *alterações nas características de timing do movimento* em resposta ao mesmo estímulo.

Um exemplo de *alteração da localização espacial* ocorre quando você precisa dirigir um carro diferente do seu. Se os dois carros tiverem cinco marchas, o que acontece se a marcha a ré estiver numa posição diferente daquela em que você está acostumado no seu carro? Normalmente, você tentará engatar a marcha a ré na mesma posição em que ela se encontra em seu próprio carro. Isso acontece particularmente se você não estiver prestando muita atenção ao câmbio. Esse exemplo demonstra que, quando aprendemos um movimento específico especialmente orientado para realizar a meta de uma ação, levamos tempo para aprender um movimento semelhante, mas numa nova localização, devido ao efeito da transferência negativa da experiência da aprendizagem anterior.

Um experimento conduzido por Summers (1975) ilustra os efeitos da transferência negativa na *alteração das características de timing do movimento*. Os participantes praticaram uma tarefa que consistia em apertar nove botões numa dada seqüência, sendo que o intervalo entre cada botão apertado exigia um determinado critério de tempo; os praticantes aprenderam a desempenhar a tarefa com sucesso depois muitas tentativas de prática. Foi, então, solicitado que reproduzissem a mesma seqüência de respostas, mas ignorando a estrutura temporal que tinham acabado de aprender e que executassem a seqüência o mais rapidamente possível. Foi interessante perceber que, embora os participantes desempenhassem toda a seqüência mais rapidamente do que foi solicitado, eles mantiveram a mesma estrutura de *timing* aprendida.

Por que ocorrem efeitos de transferência negativa? Os efeitos de transferência negativa podem ser produzidos, por exemplo, por um movimento novo a um estímulo familiar. Em decorrência da prática excessiva do desempenho de uma habilidade de uma determinada forma, desenvolve-se um acoplamento específico percepção-ação entre as características perceptivas da tarefa e o sistema motor. Quando uma pessoa encontra um conjunto perceptivo familiar, o sistema motor procura uma forma preferencial de auto-organização que responda a essas características. Embora esse acoplamento percepção-ação permita um desempenho rápido e preciso, passa a ser um problema quando o estímulo familiar exige uma resposta com movimento diferente. A mudança de um estado preferencial para um novo estado é difícil e implica em prática.

Uma outra possibilidade é que a transferência negativa decorra da *confusão cognitiva*. No exemplo do engate da marcha do carro, os requisitos para engatar a marcha a ré no novo carro inegavelmente levaram o motorista a uma certa confusão sobre o que fazer. Provavelmente você já passou por uma experiência semelhante ao ter que digitar em um teclado em que algumas teclas se encontram em locais diferentes, como a tecla de retrocesso. Ao começar a datilografar no novo teclado, você teve dificuldade em acertar as teclas que estavam em posições diferentes. O que é interessante aqui, é que o problema não está no controle dos dedos; você sabe como apertar as teclas seqüencialmente. O problema está relacionado à confusão criada pela nova posição das teclas.

Felizmente, os efeitos da transferência negativa podem ser superados com a prática. Provavelmente, você já passou por essa experiência ao dirigir ou digitar ou ambas. A quantidade de prática necessária para superar essa dificuldade, depende da pessoa e da própria tarefa.

Transferência bilateral

Quando a transferência da aprendizagem está relacionada à aprendizagem da mesma tarefa mas com diferentes membros, é conhecida como **transferência bilateral**. Esse fenômeno, já bem documentado, demonstra nossa capacidade de aprender uma determinada habilidade com mais facilidade usando uma das mãos ou um dos pés, depois de já termos aprendido a habilidade com a mão ou pé oposto.

Evidência experimental da transferência bilateral. Experimentos planejados para determinar se a transferência bilateral realmente ocorre seguem esquemas similares. Os esquemas mais típicos tem sido os seguintes:

	Pré-teste	Tentativas de prática	Pós-teste
Membro preferido	x	x	x
Membro não-preferido	x		x

Esse esquema permite que o pesquisador determine se a transferência bilateral para o membro não-treinado ocorreu por causa da prática com o outro membro. No caso do esquema experimental apresentado, observe que o membro da prática é o membro preferido. Entretanto, não é necessário que seja assim; o arranjo de membro preferido/membro não-preferido pode ser invertido. Em qualquer caso, o pesquisador compara o aperfeiçoamento ocorrido do pré-teste ao pós-teste para cada membro. Embora o membro treinado deva mostrar o maior aperfeiçoamento, deve ocorrer uma quantidade significativa de aperfeiçoamento também com o membro não-treinado, indicando a presença da transferência bilateral.

A investigação do fenômeno da transferência bilateral foi muito popular entre 1930 e 1950. Na verdade, a grande quantidade de evidências demonstrando a transferência bilateral em habilidades motoras pode ser encontrada nas revistas de psicologia dessa época. Um dos investigadores mais renomados do fenômeno da transferência bilateral, no início desse período, foi T.W. Cook. Entre 1933 e 1936, Cook publicou uma série de cinco artigos relacionados aos vários aspectos da transferência bilateral ou da educação cruzada, segundo ele. Cook terminou esse trabalho afirmando que as evidências experimentais eram suficientemente conclusivas para fundamentar a noção de que a transferência bilateral de fato ocorre nas habilidades motoras.

Dada essa sustentação experimental, poucos experimentos publicados desde os trabalhos de Cook investigaram a questão da ocorrência do fenômeno da transferência bilateral. A literatura especializada desde os anos 30 tem apresentado várias questões relacionadas à transferência bilateral. Entre elas, estão incluídos tópicos como reminiscência, distribuição de prática, o princípio da sobrecarga, fadiga e a direção da maior transferência, bem como o porque a transferência bilateral ocorre e qual a sua importância em função dos processos envolvidos na aprendizagem e no controle de habilidades.

Simetria versus assimetria da transferência bilateral. Uma das questões mais intrigantes sobre o efeito da transferência bilateral se refere à direção da transferência. A questão é a seguinte: uma grande quantidade de transferência bilateral ocorre quando a pessoa aprende uma habilidade usando um membro específico antes de aprendê-la usando o outro membro (**transferência assimétrica**), ou a quantidade de transferência é semelhante independentemente do membro com que a pessoa pratica primeiro (**transferência simétrica**)?

Há motivos teóricos e práticos envolvidos na investigação dessa questão. Do ponto de vista teórico, saber se a transferência bilateral é simétrica ou assimétrica pode propiciar um conhecimento, por exemplo, sobre o papel dos dois hemisférios cerebrais no controle do movimento. Isso é, os dois hemisférios do cérebro desempenham papéis diferentes ou semelhantes no controle do movimento? Um motivo mais prático para a investigação dessa questão é se sua resposta poderá ajudar os profissionais a proporem práticas que facilitem o desempenho ideal de habilidades com qualquer membro. Se a transferência assimétrica predominar, o terapeuta ou instrutor poderá decidir que uma pessoa deverá treinar sempre com um dos membros, antes de treinar com o outro; entretanto, se predominar a transferência simétrica, não fará nenhuma diferença com que membro a pessoa treinou primeiro.

A conclusão amplamente aceita sobre a direção da transferência bilateral é que ela é *assimétrica*. Entretanto, há certa controvérsia sobre se essa assimetria favorece a transferência do membro preferido para o membro não-preferido ou vice-versa. A abordagem tradicional, baseada em um importante trabalho de revisão publicado por Ammons (1958), afirma que poderíamos esperar uma grande transferência quando a pessoa praticou inicialmente com um membro preferido. Entretanto, algumas evidências mais recentes afirmam o contrário no caso de grandes transferências. Essa outra direção parece ser específica no caso de

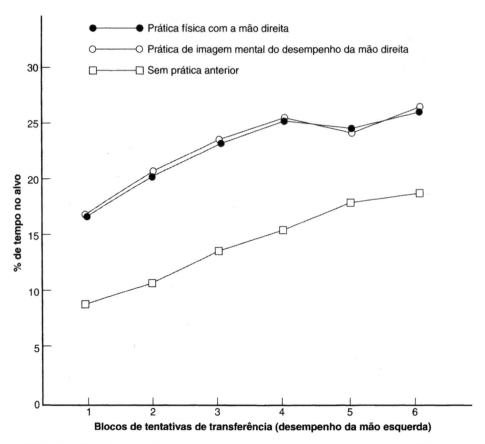

Figura 4.3-2 – *Resultados das tentativas de transferência do experimento de Kohl e Roenker. São apresentados os desempenhos de três grupos que vivenciaram diferentes condições de prática durante as 18 tentativas precedentes. (Fonte: Dados de R. M. Kohl e D. L. Roenker. "Bilateral Transfer as a Function of Mental Imagery" em Journal of Motor Behavior, 12:197-206, 1980.)*

habilidades que envolvem um seqüenciamento complexo de dedos (p.ex., Taylor e Heilman, 1980; Elliot, 1985).

Embora os cientistas interessados no estudo do movimento ainda não tenham resolvido, na prática, a questão sobre que membro deveria ter a precedência, é claro que, para a maioria das situações de reabilitação e treinamento de habilidades, a maior quantidade de transferência ocorre do membro preferido para o membro não-preferido. Essa abordagem não só concorda com a maior parte das publicações sobre a transferência bilateral, como também é apoiada por outros fatores que devem ser levados em conta, como a motivação. A prática inicial do membro preferido tem uma grande probabilidade de levar a tipos de sucesso que encorajarão a pessoa a continuar a perseguir a meta da competência no desempenho da habilidade.

Uma explicação cognitiva para a transferência bilateral. Alguns teóricos admitem que a transferência bilateral se baseia na cognição. Eles acreditam que há transferência de informação cognitiva importante relacionada com "o que fazer" para atingir a meta da habilidade. Essa abordagem de elementos cognitivos comuns tem muito em comum com a teoria de "elementos idênticos" sugerida por Thorndike, discutida anteriormente neste Conceito.

A explicação cognitiva enfatiza os elementos de uma habilidade relacionados ao conhecimento do praticante sobre "o que fazer". Por exemplo, podemos considerar o desempenho de uma habilidade com um membro e, depois com o outro, como duas habilidades distintas. O arremesso de uma bola em um alvo usando o braço direito é uma tarefa diferente de arremessá-la com o braço esquerdo. Entretanto, os elementos dessas habilidades são comuns a ambos, independentemente da mão que o arremessador está utilizando. Por exemplo, o princípio de oposição braço-perna, a necessidade de manter os olhos fixos no alvo e a necessidade de concluir o arremesso. Cada um desses elementos representa o que fazer para arremessar uma bola com sucesso em um alvo sem especificar qualquer braço.

Os adeptos dessa abordagem argumentam que, se uma pessoa se torna competente em uma habilidade usando o braço direito, ela não precisa reaprender os elementos cognitivos comuns de "o que fazer" quando começar a praticar com o braço esquerdo. A pessoa poderá começar a praticar com o braço esquerdo num nível mais alto de competência do que começaria se nunca tivesse praticado com o braço direito.

Um experimento conduzido por Kohl e Roenker (1980) pode ser considerado como uma base empírica para a explicação cognitiva da transferência bilateral. Um grupo de prática física praticava uma tarefa no rotor de perseguição (60 rpm durante 30 s) com a mão direita. Outros, que formavam um grupo de imagem mental, mantinham a caneta na mão direita, com os olhos fechados, se imaginavam seguindo o alvo durante o mesmo número de tentativas (eles tinham observado o experimentador desempenhar uma tentativa prévia). O terceiro grupo, o grupo de controle, não tinha tido nenhum tipo de prática com a mão direita e não tinha visto os instrumentos até as tentativas de transferência. A figura 4.3-2 mostra o que aconteceu nessas tentativas, quando os três grupos desempenharam com a mão esquerda. Você pode notar que os grupos da prática física e da imagem mental tiveram um desempenho similar, mas ambos tiveram um desempenho melhor que o do grupo de controle.

Uma explicação da transferência bilateral baseada no controle motor. Outros cientistas, que se dedicam ao estudo do movimento, propõem uma explicação para a transferência bilateral baseada no controle motor, que incorpora o programa motor generalizado e a transferência de características motoras de saída através do sistema nervoso. Há duas formas de estabelecer essa explicação. Na primeira, os teóricos se preocupam com a estrutura de controle descrita no Conceito 2.1, como o programa motor generalizado. Lembre-se que os músculos solicitados para produzir uma ação *não* são uma característica invariante do programa motor generalizado. Ao contrário, os músculos são um *parâmetro* que a pessoa deve incorporar para atingir a meta da ação.

Essa abordagem do programa motor tenta explicar a capacidade de a pessoa escrever seu nome segurando a caneta com a mão preferida, com um outro membro ou até com os dentes. Na verdade, Raibert (1977) demonstrou as semelhanças dos padrões de movimento para esse tipo de escrita, independentemente do grupo de músculos necessário para produzir o movimento. Assim, a transferência bilateral, como um fenômeno de controle motor, é consistente com a idéia de que o programa motor generalizado funciona como um mecanismo de controle que define os aspectos temporais e espaciais do movimento. Uma pessoa pode adaptar esse programa para produzir uma ação orientada para a meta, utilizando um grupo de músculos que ainda não tenha sido envolvido no desempenho da habilidade.

Como o programa motor generalizado foi desenvolvido a partir da prática, poderíamos esperar que, praticando suficientemente com um membro, a pessoa poderia desenvolver uma representação adequada da ação na memória, de forma tal a apresentar com o membro

> **SAIBA MAIS**
>
> ### Implementação do treinamento da transferência bilateral
>
> Para as pessoas envolvidas na instrução ou na reabilitação de habilidades motoras, existe uma questão importante que consiste em como se beneficiar do fenômeno da transferência bilateral e como implementá-lo no caso da instrução e da reabilitação.
>
> **Diretrizes Recomendadas**
>
> - Iniciar a prática com o membro preferencial.
> - Nas sessões iniciais da prática, concentrar-se no desenvolvimento de um grau razoável de competência com um membro, *antes* de começar a prática com o outro membro.
> - Depois de iniciar a prática com o segundo membro, alternar a prática para os dois membros, estabelecendo blocos de tentativas ou intervalos de tempo para a prática com cada membro.
>
> Utilizar o encorajamento verbal para motivar a pessoa a continuar a praticar com o membro não-preferencial.

não-treinado, um nível de desempenho melhor que o inicial. Entretanto, devido a outros fatores, como problemas de percepção, biomecânicos e especificidade de treinamento, não esperaríamos que o nível de desempenho inicial com um membro não-treinado, fosse tão bom quanto o desempenho com o membro treinado, mas poderíamos esperar que esse desempenho inicial fosse melhor do que seria se o outro membro não tivesse treinado.

O segundo argumento apresentado pelos adeptos da explicação do controle motor se baseia em evidências experimentais que mostram que, pelo menos uma parte da transferência bilateral da habilidade, é mediada pela transferência dos componentes motoras da tarefa, entre os hemisférios do cérebro (Hicks, Gualtieri e Schroeder, 1983). Esses pesquisadores demonstraram esta mediação medindo a atividade EMG dos quatro membros quando um deles desempenhava um movimento. A existência de atividade EMG é um indício de que o sistema nervoso central reenviou os comandos para os músculos. Os resultados de pesquisas conduzidas por Davis (1942) indicaram que a maior parte da atividade EMG ocorre para os membros contralaterais (i.e., os dois braços), uma parte menor ocorre para os membros ipsilaterais (i.e., braço e perna do mesmo lado) e a menor parte ocorre para os membros diagonais.

Além disso, Hicks, Franck e Kinsbourne (1982) verificaram que, quando as pessoas praticam uma atividade manual, como digitação, a transferência bilateral ocorre somente quando a outra mão estava livre. Quando a mão que não estava ocupada em digitar segurava, por exemplo, a perna da mesa durante a tarefa, os autores não observaram nenhum efeito de transferência bilateral. Segundo eles, quando os centros de controle dos músculos a serem envolvidos nas tentativas de teste estiverem comprometidos de alguma forma, como estavam quando os dedos foram defletidos para segurar a mesa da perna, estes centros não estão disponíveis para a "sobrecarga central da programação" que ocorre durante a ação.

Uma explicação cognitiva-motora para a transferência bilateral. Há evidências experimentais que confirmam a abordagem de que, tanto os fatores cognitivos quanto os motores, são responsáveis pela transferência bilateral. Não há dúvida de que os componentes cognitivos relacionados com "o que fazer" explicam boa parte da transferência decorrente da prática de uma habilidade com um membro. Isso é muito consistente com o que foi discutido até aqui neste livro. Por exemplo, os vários modelos de estágios da aprendizagem de habilidades descritos no Conceito 4.2 consideram que a aprendizagem adquirida no primeiro estágio contém uma parte importante, que é a determinação de "o que fazer". Eles também afirmam que a transferência bilateral envolve componentes motores das habilidades, corroborando o que foi discutido no Conceito 2.3 sobre o controle da ação coordenada. Essas considerações também são consistentes com as evidências empíricas de que, quando um membro desempenha uma habilidade, há um fluxo motor de saída para outros membros.

Resumo

A transferência da aprendizagem se refere à influência de experiências anteriores na aprendizagem ou no desempenho de uma nova habilidade ou no seu desempenho num novo contexto. A experiência prévia pode facilitar, impedir ou não ter efeito na aprendizagem de uma nova habilidade. O conceito de transferência da aprendizagem integra a grade curricular de ambientes educacionais, bem como de desenvolvimento de **protocolos de treinamento de programas de reabilitação**. O conceito também serve de base para muitos métodos utilizados por professores, treinadores e fisioterapeutas para melhorar a aquisição de habilidades. Além disso, o conceito de transferência da aprendizagem constitui parte essencial da compreensão da aprendizagem motora, porque é fundamental no processo de fazer inferências a respeito das condições de prática na aprendizagem de habilidades. Os pesquisadores podem avaliar a quantidade de transferência entre habilidades ou situações, tanto para transferência intertarefas quanto para transferência intratarefas.

Discutimos duas hipóteses que tentam explicar a transferência positiva. A primeira afirma que a transferência positiva aumenta em função das semelhanças dos componentes das habilidades motoras e dos contextos nos quais as habilidades são desempenhadas. A segunda hipótese estabelece que a quantidade de transferência positiva está relacionada com as semelhanças nas demandas do processamento das duas situações.

Os efeitos da transferência negativa ocorrem, basicamente, quando é solicitada uma nova resposta de movimento num contexto perceptivo familiar. Os cientistas que se dedicam ao estudo do movimento atribuem a transferência negativa à dificuldade inerente à alteração do estado de acoplamento da percepção-ação preferencial, que a pessoa desenvolveu para responder a um contexto específico. A transferência negativa também pode resultar da confusão cognitiva que surge quando uma pessoa não sabe o que fazer numa nova situação de desempenho. As pessoas geralmente superam os efeitos da transferência negativa com a prática.

A transferência bilateral é um fenômeno no qual uma pessoa vivencia uma melhora no desempenho do membro não-treinado, como resultado da prática com o membro oposto. Normalmente, a transferência bilateral é assimétrica, embora os pesquisadores discordem sobre se a direção preferencial para não-preferencial resulta em maior transferência ou vice-versa. A explicação da transferência bilateral envolve um fato cognitivo, isto é, com a prática inicial as pessoas adquirem conhecimento sobre o que fazer. Os defensores da explicação baseada no controle motor garantem que, na transferência bilateral, estão envolvidos fatores relacionados com as características do programa motor generalizado e o fluxo motor de saída dos comandos motores para o membro oposto

Leituras relacionadas

Annet, J., and J. Sparrow. 1985. Transfer of training: A review of research and practical implications. *Programmed Learning and Educational Technology* 22: 116-24.

Lee, T. D. 1988. Testing for motor learning: A focus on transfer-appropriate-processing. In

O. G. Meijer and K. Roth (Eds.), *Complex motor behaviour: "The" motor-action controversy* (pp. 210-15). Amsterdam: Elsevier.

Schmidt, R. A., and D. E. Young. 1987. Transfer of movement control in motor skill learning. In S. M. Cormier and J. D. Hagman (Eds.), *Transfer of learning*, (pp. 47-79). Orlando, FL: Academic Press.

Winstein, C. J. 1991. Designing practice for motor learning: Clinical implications. In M. J. Lister (Ed.), *Contemporary management of motor control problems* (pp. 65-76). Fredericksburg, VA: Bookcrafters.

Questões de estudo para o capítulo 4

1. Explique qual a diferença entre os termos desempenho e aprendizagem e porque precisamos inferir a aprendizagem de situações de desempenho.
2. Quando ocorre a aprendizagem de uma habilidade, quais as quatro características geralmente presentes?
3. Qual a vantagem de aplicar os testes de transferência ao fazer uma avaliação válida da aprendizagem? Dê um exemplo de uma situação real que ilustre essa vantagem.
4. O que é um platô de desempenho? O que provavelmente leva a um platô de desempenho na aprendizagem de habilidades motoras?
5. Descreva algumas características dos aprendizes quando eles passam pelos três estágios de aprendizagem, de acordo com a proposta de Fitts e Posner.
6. Qual a diferença entre o modelo de estágios de aprendizagem de Gentile e o modelo de Fitts e Posner?
7. Qual a diferença entre os estágios de coordenação e de controle no modelo de estágios da aprendizagem de Newell?
8. Descreva quatro alterações do desempenho ou do praticante baseadas em evidências experimentais, que ocorrem quando a pessoa evolui através dos estágios da aprendizagem de uma habilidade motora.
9. Descreva o que é um especialista e como uma pessoa pode tornar-se um especialista em habilidades motoras. Quais são algumas características que diferenciam um especialista de um não-especialista.
10. Dê duas razões que expliquem porque é importante compreender o conceito da transferência de aprendizagem. Quais são as duas formas com que se pode quantificar a transferência?
11. Quais as duas razões propostas para explicar porque a transferência ocorre? Dê um exemplo de habilidade motora para cada um deles.
12. Que tipo de características da situação predizem a transferência negativa? Dê dois exemplos de desempenho de habilidades motoras dessas características e explique porque deveria ocorrer transferência negativa.
13. O que é transferência bilateral? Qual a discussão subjacente à questão da assimetria ou da simetria da transferência bilateral?
14. Discuta duas hipóteses que procuram explicar a ocorrência da transferência bilateral.
15. Descreva como você organizaria a prática de uma habilidade na qual a capacidade de usar um ou outro braço ou uma ou outra perna seria benéfica.

CAPÍTULO 5

Instrução e *feedback* aumentado

Conceito 5.1
O método mais eficiente para fornecer instruções que ajudem a pessoa a aprender uma habilidade motora depende da habilidade e da meta instrucional

Conceito 5.2
O *feedback* aumentado pode melhorar, dificultar ou não afetar a aprendizagem de habilidades

Conceito 5.3
Os profissionais que se dedicam ao estudo de habilidades motoras podem fornecer *feedback* aumentado de várias formas

Conceito 5.4
A aprendizagem de habilidades pode ser afetada por uma grande variedade de características temporais do *feedback* aumentado

Conceito 5.1

O método mais eficiente para fornecer instruções que ajudem a pessoa a aprender uma habilidade motora depende da habilidade e da meta instrucional

Termos-chaves

Modelamento
Aprendizagem observacional
Técnica do ponto de luz
Teoria da mediação cognitiva

Visão dinâmica do modelamento
Pistas verbais
Efeito de posição serial

Aplicação

Como você deve proceder para ensinar alguém a praticar uma habilidade? Provavelmente você descreverá verbalmente o que fazer, demonstrará a habilidade ou usará uma combinação das duas formas de comunicação. Mas será que nós sabemos o suficiente sobre a eficiência desses diferentes meios de comunicação, para decidir qual a forma preferível ou quando deveríamos usar cada um deles ou ambos?

Demonstrar o desempenho de uma habilidade é, sem dúvida, a forma de comunicação mais comum. Encontramos demonstrações em várias situações de aquisição de habilidades. Por exemplo, um professor de educação física pode demonstrar, para uma classe inteira, como se posicionar no golfe. Um professor de aeróbica pode demonstrar para a classe como desempenhar uma determinada seqüência de habilidades. Um treinador de beisebol pode mostrar a um jogador a forma correta de rebater uma bola. No contexto da reabilitação, um terapeuta ocupacional pode demonstrar ao paciente como abotoar uma camisa, ou um fisioterapeuta pode demonstrar a um paciente como passar de uma cadeira comum para a cadeira de rodas.

O instrutor demonstra uma habilidade porque acredita que, dessa forma, o aprendiz receberá mais informação em menos tempo do que obteria através de uma explicação verbal do desempenho da habilidade. Se você estiver ensinando habilidades simples ou complexas a uma classe com muitos alunos, trabalhando com um grupo pequeno ou fornecendo treinamento individual, deverá manter essa postura, geralmente aceita, de que a demonstração consiste na estratégia de instrução preferida. Mas não deveríamos assumir essa atitude consensual sem ter em mente várias questões. Antes de mais nada, precisamos estabelecer quando a demonstração é mais ou menos eficiente do que outro meio de comunicação do desempenho de uma habilidade.

Discussão

Como foi mencionado, as duas formas mais populares de comunicar como desempenhar uma habilidade consistem na demonstração da habilidade e na instrução verbal sobre como executá-la. Um dos problemas enfrentados pelas pessoas que fornecem instruções sobre o desempenho de habilidades, está em determinar qual a melhor forma de comunicar uma determinada habilidade ou uma determinada situação instrucional.

Demonstração

É uma ironia que, embora a demonstração seja um método muito comum de fornecer informações sobre como desempenhar uma habilidade, haja tão pouca pesquisa desenvolvida nesse campo. Na verdade, a maior parte do que se conhece sobre a utilização da demonstração decorre de pesquisas e teorias relacionadas com o modelamento e aprendizagem social (p.ex. Bandura, 1984). Entretanto, nos últimos anos, os cientistas que se dedicam ao estudo do movimento observaram um interesse crescente sobre papel da demonstração na aprendizagem de habilidades motoras. (Observe que os termos **modelamento** e **aprendizagem observacional** são freqüentemente usadas como sinônimo de *demonstração*. Como a *demonstração* se enquadra melhor no contexto da instrução sobre o desempenho de habilidades, daremos preferência a esse termo neste texto).

Parece que há, pelo menos, dois motivos que justificam o interesse crescente na demonstração e na aprendizagem de habilidades. Um deles está no crescimento fenomenal do papel da visão na aprendizagem de habilidades. Uma vez que a demonstração de como realizar uma habilidade envolve observação visual por parte do aprendiz, os pesquisadores puderam utilizar o estudo da demonstração e da aprendizagem de habilidades para avaliar como o sistema visual está envolvido na aquisição e no desempenho de habilidades. Um outro motivo, que despertou o interesse atual na demonstração e na aprendizagem de habilidades, é o fato de sabermos muito pouco sobre como implementar com eficiência esta estratégia instrucional tão comum. Assim sendo, os pesquisadores vêm se esforçando cada vez mais para melhorar nosso conhecimento sobre o papel da demonstração na aprendizagem e instrução de habilidades.

Num trabalho de revisão bastante abrangente investigando o papel da demonstração na aquisição de habilidades motoras, McCullagh, Weiss e Ross (1989) concluíram que a demonstração é mais eficiente em determinadas circunstâncias do que em outras. Esta conclusão sugere que um instrutor deve utilizar a demonstração somente depois de se assegurar de que a situação instrucional, de fato, justifica a utilização da demonstração, acima de qualquer outra forma de informação sobre o desempenho de habilidades. Nas seções seguintes, consideraremos algumas das condições que os profissionais precisam levar em conta antes de tomar essa decisão instrucional.

O que o observador percebe da demonstração. Antes de considerar as condições que influem na eficiência da demonstração, deveríamos analisar o que a pessoa realmente "vê" quando uma habilidade é demonstrada. Observe o emprego da palavra "vê" em vez de "olha". Como foi mostrado no Conceito 2.2, o que vemos e para onde olhamos pode ser muito diferente. O que "vemos" é o que *percebemos* quando olhamos. Essa distinção é particularmente importante para a discussão da demonstração porque, o que a pessoa percebe da demonstração de uma habilidade não é necessariamente o que ela olhou ou procurou olhar especificamente. Na verdade, se mais tarde solicitarmos às pessoas que descrevam verbalmente que informações de uma demonstração foram usadas para ajudá-los a desempenhar uma habilidade, elas nem sempre fornecerão uma descrição muito precisa da informação. Assim, a percepção da informação, a partir da demonstração parece ser um outro exemplo de atenção não - consciente numa situação de aprendizagem de habilidades.

As evidências experimentais têm demonstrado consistentemente que o observador percebe da demonstração informações sobre o padrão de coordenação da habilidade (p.ex., Scully e Newell, 1985; Schenfelder-Zohdi, 1992; Whiting, 1988). Mais especificamente, o observador percebe e utiliza *aspectos invariantes do padrão de movimento coordenado a fim de desenvolver seu próprio padrão de movimento* para desempenhar a habilidade. Existem dois tipos de evidências experimentais que apoiam essa visão. Um deles decorre da investigação

Saiba Mais

Percepção de uma ação de arremesso a partir da observação de um *display* de pontos de luz.

Um experimento conduzido por Williams (1988) fornece um exemplo da utilização da técnica de pontos de luz. Oitenta adultos (entre 18 e 25 anos) e oitenta crianças (entre 14 e 15 anos) observaram um vídeo de um dispositivo de pontos de luz da visão lateral do braço de uma pessoa sentada arremessando uma bolinha de plástico num alvo (veja a figura 5.1-1). O vídeo mostrava somente pontos de luz nas articulações do ombro, cotovelo e pulso da pessoa que arremessava a bola. O autor mostrou o vídeo aos participantes três vezes e, depois, perguntou-lhes o que tinham visto. Os resultados mostraram que 66 % das crianças e 65 % dos adultos responderam que tinham visto um movimento de arremesso. Uma porcentagem adicional de 25 % de adultos e 23 % de crianças só responderam depois de verem o vídeo mais uma vez.

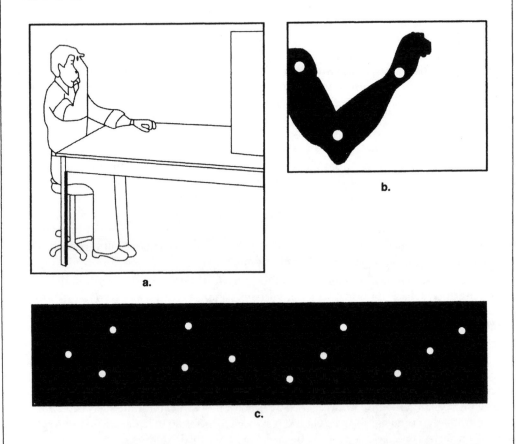

Figura 5.1-1 – *Um exemplo da utilização da técnica de pontos de luz na pesquisa da aprendizagem motora. (a) mostra o modelo demonstrando o arremesso de uma bolinha num alvo. (b) mostra uma imagem estática do* display *dos pontos de luz do braço do modelo com luzes nas articulações do ombro, cotovelo e pulso. (c) mostra quatro quadros do vídeo em "pausa" exibido aos participantes. Da esquerda para a direita, esses quadros descrevem o braço no início do arremesso, na flexão máxima, na liberação da bola e na conclusão do arremesso. (Reproduzido com a permissão do autor e dos editores de: Williams, J.G. " Visual demonstration and movement production: effects of timing variations in a model's action".* Perceptual and Motor Skills, *1989, 68, 891-896.* Perceptual and Motor Skills, *1989)*

Figura 5.1-2 – *Uma pessoa desempenhando no simulador de esqui tipo "slalom". Observe que a pessoa tem ligado a ela marcadores refletores de luz a fim de permitir uma análise dos movimentos baseadas em videoteipe.*

de pesquisadores sobre a percepção visual do movimento; a outra, decorre de sua investigação sobre o efeito da demonstração na aprendizagem de uma habilidade complexa.

A pesquisa sobre a percepção do movimento humano investiga questões sobre como as pessoas reconhecem os padrões de movimento encontrados no seu cotidiano. Um princípio importante, desenvolvido a partir dessa pesquisa, é que as pessoas raramente utilizam características específicas dos componentes individuais de um padrão para julgar o padrão. Ao contrário, elas utilizam informações referentes às relações entre os diversos componentes.

Utilizando um procedimento conhecido como a **técnica do ponto de luz**, diversos pesquisadores identificaram a informação relacional envolvida na percepção do movimento humano. Esse procedimento consiste em colocar luzes ou pontos brilhantes nas articulações de um modelo, que é então filmado ou gravado em fita, durante o desempenho de uma ação. Em seguida, o experimentador reproduz a fita ou vê o filme de modo que a pessoa que participa do experimento vê somente pontos brilhantes e não o modelo todo. As evidências experimentais da utilização deste procedimento, relatadas pela primeira vez por Johansson (1973), mostraram que as pessoas podiam identificar diferentes padrões de passos, como corrida e caminhada, somente pela observação da distribuição de pontos. Outros pesquisadores (p.ex., Cutting e Kozlowski, 1977) mostraram que, observando os padrões de movimento dos pontos, as pessoas podiam até identificar seus amigos. Utilizando uma simulação em computador, Hoenkamp (1978) mostrou que a característica de movimento que as pessoas usam para identificar diferentes padrões de passadas é a razão do intervalo de tempo entre os balanços para a frente e para trás da perna mais baixa.

Essa pesquisa inovadora sobre a percepção do movimento humano mostrou dois aspectos que ajudam na nossa compreensão da aprendizagem observacional. Primeiro, as pessoas podem reconhecer diferentes padrões de passos com precisão e rapidez, sem ver o corpo todo ou o movimento dos membros. Segundo, a informação mais importante que as pessoas recebem para identificar diferentes tipos de padrão de passo, não é nenhuma característica do passo, como velocidade dos membros. Ao contrário, as pessoas utilizam a razão invariante do tempo relativo entre dois componentes do passo. Dessas conclusões,

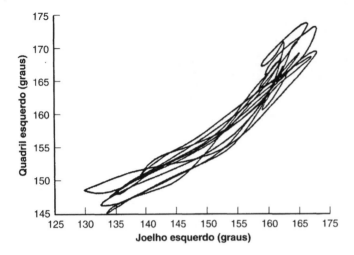
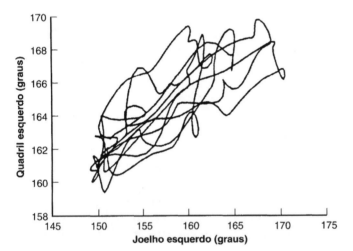

Figura 5.1-3 – *Diagramas ângulo-ângulo do joelho esquerdo e quadril esquerdo de duas pessoas praticando no simulador de esqui "slalom". Os dois gráficos mostram a relação dessas articulações depois de um dia de prática. O gráfico superior corresponde à pessoa que assistiu a demonstração de um modelo treinado; o gráfico inferior corresponde à pessoa que não assistiu à demonstração. (De B. G. Schoenfelder-Zohdi, 1992, Investigating the Informational Nature of a Modeled Visual Demonstration, Ph.D. Dissertation, Louisiana State University. Reprodução autorizada.)*

podemos estabelecer a seguinte hipótese: a informação mais importante envolvida na aprendizagem observacional são as relações invariantes no movimento coordenado. O segundo tipo de pesquisa, que fornece evidências sobre o que o observador percebe da demonstração de uma habilidade, também pode ser considerado como um teste para a hipótese de que as pessoas percebem relações invariantes. Como exemplo, temos um experimento conduzido por Schoenfelder-Zohdi (1992) em que as pessoas praticavam uma tarefa num simulador de esqui tipo *slalom*, como mostra a figura 5.1-2. Esse simulador consistia de duas barras rígidas, paralelas e convexas, onde se apoiava uma plataforma móvel. O participante se mantinha sobre a plataforma com os dois pés e solicitava-se que ele movimentasse a plataforma para a direita e para a esquerda, o mais rapidamente possível, (55 cm para dada lado) com movimentos rítmicos próprios dos esquiadores com *slalom*. Para desempenhar essa tarefa, a pessoa precisava de coordenação e força, porque a plataforma continha molas rígidas de cada lado que forçavam sempre seu retorno para a posição central (normal). Assim, o participante tinha que aprender a controlar o movimento da plataforma de um lado para o outro, o mais rápido possível, imitando os movimentos suaves de um esquiador, como se ele mesmo estivesse esquiando. Os participantes praticavam essa habilidade durante vários dias depois de terem observado um modelo treinado desempenhar a tarefa ou de receber informação verbal sobre a meta da tarefa. Uma análise do movimento do balanço dos membros mostrou que os participantes que tinham observado a demonstração treinada produziram, durante a prática, padrões de movimento coordenado antes daqueles que não tinham visto a demonstração. A figura 5.1-3 mostra um exemplo desses resultados.

Se considerados juntos, esses dois tipos de pesquisa indicam que o sistema visual detecta automaticamente, no padrão do movimento, a informação invariante que é relevante para a demonstração de como produzir a ação observada. De alguma forma, que os pesquisadores ainda não conseguiram entender perfeitamente e continuam a estudar, a pessoa traduz a informação percebida em comandos de movimento para produzir a ação. A informação percebida pode não ser componentes específicos do movimento real, mas talvez seja algum tipo de informação que mostre como diferentes componentes da habilidade agem uns em relação aos outros.

A influência das características da habilidade. Os pesquisadores que investigam os efeitos da demonstração na aprendizagem obtiveram resultados contraditórios sobre a eficiência da demonstração da habilidade. Alguns pesquisadores concluíram que a demonstração leva a uma melhor aprendizagem da habilidade que outras formas de instrução, enquanto que outros descobriram que isso não era verdade. Magill e Schoenfelder-Zohdi (1996) mostraram que uma análise mais profunda da pesquisa poderia levar à conclusão de que o efeito da demonstração na aquisição de habilidades depende das características da habilidade que está sendo aprendida. A característica mais importante que privilegia a demonstração é que a habilidade que está sendo aprendida requer a *aquisição de um novo padrão de coordenação.*

Vemos isso, claramente, ao organizar resultados da pesquisa que investiga o efeito da demonstração na aprendizagem de habilidades em duas categorias. Numa delas, estão aquelas experiências em que os participantes aprenderam mais rapidamente depois da demonstração do que depois de outros tipos de instrução. É curioso, que em experimentos dessa categoria, os participantes normalmente aprendiam as habilidades que exigiam que eles adquirissem novos padrões de coordenação dos membros. Na outra categoria estão reunidos os experimentos em que os participantes geralmente aprendiam as habilidades da mesma forma, quer tivessem observado antes a demonstração, quer tivessem recebido antes outros tipos de instrução. No caso desses experimentos, os participantes praticavam habilidades que exigiam que eles adquirissem novas características dos parâmetros para padrões bem aprendidos da coordenação dos membros.

Observação de demonstrações desempenhadas corretamente. Um princípio básico de orientação para demonstrar habilidade consiste no desempenho correto da habilidade pelo instrutor. Experimentos como os conduzidos por Landers e Landers (1973) reforçam esse princípio. Nesses experimentos, os autores compararam o efeito de modelos treinados e não-treinados na execução de uma tarefa que consistia em subir uma escada. Os resultados mostraram que a utilização de um modelo treinado levou o aluno a um desempenho melhor do que a utilização de um modelo não-treinado.

Por que demonstrações mais precisas levariam a uma aprendizagem melhor? Na literatura específica dessa pesquisa, destacam-se duas explicações. A primeira segue a nossa discussão da percepção da informação dada na seção anterior. Se o observador perceber e utilizar a informação sobre os padrões de movimentos invariantes, parece lógico esperar que a qualidade do desempenho decorrente da observação de uma demonstração esteja relacionada com a qualidade da demonstração. A outra explicação é que, além de captar a informação da coordenação, o observador também percebe a informação sobre a estratégia utilizada pelo modelo para resolver o problema do movimento. Normalmente, o observador tenta imitar essa estratégia nas tentativas iniciais do desempenho da habilidade.

Um experimento conduzido por Martens, Burwitz e Zuckerman (1976, experiência número 3) fornece evidências experimentais de que a aprendizagem observacional se baseia na imitação da estratégia. Os participantes deviam aprender a tarefa conhecida comercialmente como "tiro à lua", que consiste em movimentar uma bola para cima de um plano inclinado formado por duas varetas metálicas que o participante segura, movendo-as para frente e para trás, fazendo a bola subir pelo plano inclinado. O escore se baseia em que ponto a bola cai por entre as varetas para a base na parte inferior. Os participantes primeiro observam os modelos desempenhando a tarefa segundo duas estratégias. Uma delas, conhecida como a "estratégia lenta", faz a bola se movimentar lentamente pelo plano inclinado. A outra, conhecida como a "estratégia explosiva", movimenta as varetas de forma que a bola seja impelida rapidamente para o plano inclinado. Os resultados mostraram que os participantes normalmente adotaram a mesma estratégia que tinham visto o modelo aplicar.

Observação de demonstradores não-treinados. Embora as previsões teóricas e as evidências empíricas apontem para a preferência em observar demonstradores bem treinados, as evidências experimentais indicam que os principiantes podem derivar benefícios da aprendizagem, mesmo observando demonstradores não-treinados. Observe que esse tipo de demonstração é eficiente somente se o observador e o modelo forem principiantes aprendendo a habilidade. Isso significa que os modelos são "demonstradores" somente quando observadores estiverem observando sua prática.

Uma vantagem decorrente dessa utilização da demonstração é que ela desencoraja a pessoa a imitar um modelo bem treinado no desempenho de uma habilidade e estimula o observador a se envolver mais ativamente na solução de um problema. Podemos buscar evidências para as vantagens dessa abordagem nos anos 1930 (p.ex., Twitmeyer, 1931), embora o vasto interesse por essa abordagem não tenha se desenvolvido senão quando Adams (1986) publicou alguns experimentos. Desde então, outros pesquisadores têm prosseguido nas investigações sobre a utilização e vantagens em observar um modelo não-treinado (p.ex., McCullagh e Caird, 1990; Pollock e Lee, 1992; Weir e Leavitt, 1990).

Um exemplo de situação em que é vantajoso observar um modelo não-treinado, ocorre quando o observador pode ver o modelo e ouvir o *feedback* aumentado dado pelo instrutor ou pelo pesquisador. Nessas condições, o observador se envolve ativamente na atividade de resolver o problema, o que é benéfico para a aprendizagem. O aprendiz observa o que o modelo não-treinado faz, o que o "especialista" corrige dizendo o que está errado no desempenho, o que o modelo faz para corrigir os erros e qual o sucesso que ele obtém nas tentativas subseqüentes.

A freqüência de demonstração de uma habilidade. Um dos motivos para demonstrar uma habilidade é comunicar como desempenhar a habilidade. Para o principiante, a demonstração fornece uma forma eficiente de comunicação da "idéia" de movimento. Como foi discutido no Conceito 4.2, Gentile considerou que esta seria a meta da primeira etapa da aprendizagem. Quando aplicada à utilização da demonstração, a abordagem de Gentile sugere que seria recomendável demonstrar a habilidade antes que a pessoa começasse a praticá-la e que, principalmente, o instrutor deveria continuar a demonstração durante a prática quantas vezes fosse necessário. Pelo menos duas pesquisas apoiam esse último ponto. Uma delas, desenvolvida por Carroll e Bandura (1990), envolve a aprendizagem de padrões de movimentos complexos de um *joystick* de computador; a outra, conduzida por Hand e Sidaway (1993), envolve a aprendizagem de uma habilidade em golfe. Os dois experimentos forneceram evidências de que observar o modelo com maior freqüência leva a uma melhor aprendizagem da habilidade.

> ## SAIBA MAIS
>
> **Principiantes aprendem observando outros principiantes: aprendendo o voleio no tênis**
>
> Um experimento desenvolvido por Herbert e Landin (1994) ilustra muito bem como os instrutores podem facilitar a aquisição da habilidade para principiantes, fazendo-os observar outros principiantes. Alunas universitárias sem treinamento formal anterior ou participação regular em tênis, praticaram o voleio de *forehand* com a mão não-dominante. Todas elas assistiram inicialmente a um breve videoteipe instrucional enfatizando os elementos básicos do voleio. A seguir, um grupo praticou 50 tentativas de voleio enquanto recebia *feedback* verbal do instrutor depois de cada tentativa. Para cada uma das alunas havia uma colega participante que tinha observado e assistido a um vídeo de suas tentativas de prática. Depois, esses observadores foram divididos em dois grupos e começaram as suas próprias 50 tentativas de prática. Um desses últimos grupos recebeu *feedback* verbal dos instrutores durante a prática, o outro grupo não. Um quarto grupo, o de controle, praticou sem observar outros participantes ou receber *feedback* verbal. Os resultados mostraram que, aqueles que tinham observado outros iniciantes praticarem antes de iniciar a prática tiveram, num pós-teste, um desempenho melhor que aqueles que não fizeram observação prévia, independentemente de terem recebido ou não *feedback* durante a prática.

Modelamento auditivo. Nossa discussão até aqui se concentrou na demonstração visual. Entretanto, há habilidades em que a demonstração visual é menos eficiente para a aprendizagem que outras formas de demonstração. Como exemplo, consideremos uma habilidade em que a meta seja mover-se segundo um certo critério de tempo de movimento. Para esse tipo de habilidade, uma forma de demonstração auditiva parece funcionar melhor.

Um bom exemplo de pesquisa que ilustra o uso eficiente do modelamento auditivo é apresentado no experimento desenvolvido por Doody, Bird e Ross (1985). A tarefa exigia que as pessoas usassem uma das mãos para derrubar sete pequenas barreiras de madeira numa dada seqüência, em 2.100 ms. Grupos de demonstração visual e auditiva assistiram a um vídeo de um modelo treinado antes de cada tentativa de prática. O grupo de demonstração visual assistiu o vídeo sem som. O grupo de demonstração auditiva ouviu somente o áudio da fita sem ver o modelo desempenhar a tarefa. Um grupo de controle foi informado somente da meta de tempo do movimento. Os resultados indicaram que o grupo que ouviu a parte de áudio do desempenho executou melhor a tarefa que o grupo de demonstração visual e do que o grupo de controle. É interessante que o grupo somente de demonstração visual não apresentou resultados melhores que o grupo de controle.

Além disso, há habilidades em que o modelamento auditivo pode ser tão eficiente para a aprendizagem quanto o modelamento visual. Um bom exemplo dessa eficiência está na aprendizagem da seqüência rítmica de uma série de passos de dança. Por exemplo, num experimento conduzido por Wuyts e Buekers (1995), pessoas que não tinham nenhuma experiência prévia em dança ou música aprenderam a seqüência de uma coreografia composta por trinta e dois passos. Para adquirir o *timing* rítmico dessa seqüência, membros de um grupo que só ouviram a estrutura musical, aprenderam a estrutura do *timing* tão bem quanto os membros do grupo que viram e ouviram a seqüência desempenhada por um modelo.

Como a observação de demonstrações influência a aprendizagem. No nível da teoria da aprendizagem, aparece uma questão importante: Como a observação da demonstração beneficia a aprendizagem? Essa questão pode ser encarada de duas formas.

A abordagem predominante da forma como a observação da demonstração beneficia a aprendizagem de habilidades se baseia no trabalho de Bandura (1984) referente ao modelamento e aprendizagem social. Essa abordagem, conhecida como **teoria da mediação cognitiva**, propõe que, quando uma pessoa observa um modelo, ela traduz a informação do movimento observado em um código de memória simbólica que forma a base de uma representação armazenada na memória. A pessoa transforma a informação de movimento em representação da memória cognitiva, de tal forma que o cérebro pode então recapitular e organizar a informação. A representação da memória funciona como um guia no desempenho da habilidade e como um padrão para a detecção e correção de erros. Para desempenhar a habilidade, a pessoa precisa primeiro acessar a representação da memória e depois traduzi-la novamente no código de controle motor adequado para produzir os movimentos do corpo e dos membros. Assim, o processo cognitivo age como um mediador entre a percepção da informação do movimento e o desempenho da habilidade, estabelecendo uma representação da memória cognitiva entre a percepção e a ação.

De acordo com Bandura, a aprendizagem observacional é orientada por quatro subprocessos. O primeiro é o *processo da atenção*, que determina o que a pessoa observa e que informação ela extrai das ações do modelo. O segundo é o *processo de retenção*, em que a pessoa transforma e reestrutura o que observa em códigos simbólicos que são armazenados na memória como modelos internos para a ação. Algumas atividades cognitivas como recapitulação, identificação e organização são benéficas para o desenvolvimento dessa representação. O *processo da reprodução do comportamento* é o terceiro subprocesso, em que a pessoa traduz a representação da memória da ação do modelo e a transforma em ação física. Para a realização bem-sucedida desse processo é necessário que o indivíduo esteja capacitado fisicamente para desempenhar a ação do modelo. Finalmente, o *processo de motivação* envolve o incentivo ou o movimento para desempenhar a ação do modelo. Esse processo, concentra todos os fatores que influem na motivação que a pessoa demonstra para o desempenho. A pessoa desempenha a ação somente quando esse processo é completado.

A segunda abordagem de como a observação de uma demonstração auxilia a aprendizagem de habilidades se baseia na abordagem da percepção direta da visão proposta por Gibson (1966, 1979) e estendida por Turvey (1977) para o desempenho de habilidades motoras. Scully e Newell (1985) propuseram essa abordagem, conhecida como a **visão dinâmica do modelamento**, como uma outra possibilidade para a teoria de Bandura. A abordagem dinâmica questiona a necessidade da codificação simbólica (o passo da representação da memória) entre a observação da ação do modelo e o desempenho físico daquela ação. Ao contrário, ela afirma que o sistema visual é capaz de processar automaticamente a informação visual, de modo a obrigar o sistema de reposta motora a agir de acordo com o que a visão detecta. O sistema visual "capta" as informações importantes do modelo, que efetivamente obrigam o corpo e os membros a agir de determinadas formas. A pessoa não precisa transformar a informação recebida pelo sistema visual em um código cognitivo e armazená-lo na memória. Isso acontece, porque a informação visual pode fornecer diretamente a base para a coordenação e o controle de várias partes do corpo necessárias para produzir a ação. Assim, na etapa inicial da aprendizagem, o que o observador precisa observar basicamente, são as demonstrações que lhe permitam perceber as importantes relações invariantes de coordenação entre as partes do corpo. O observador poderá ser beneficiado por um modelamento adicional, se este permitir que a pessoa parametrize a ação coordenada.

Infelizmente, não há evidências conclusivas na literatura que favoreçam uma dessas duas abordagens do efeito do modelamento. No momento, as duas abordagens parecem explicar razoavelmente bem porque o modelamento favorece a aquisição da habilidade. A teoria da mediação cognitiva tem tido mais destaque e tem recebido mais atenção na pesquisa

> **SAIBA MAIS**
>
> **Implementação da demonstração em programações de instrução de habilidades**
>
> - Ter em mente que a demonstração de uma habilidade será mais vantajosa quando a habilidade a ser aprendida exigir a aquisição de um novo padrão de coordenação. Os exemplos incluem aprender a sacar no tênis, aprender um novo passo de dança e aprender como sentar numa cadeira de rodas.
> - Estar consciente de que, se a habilidade que está sendo aprendida envolver a aprendizagem de uma nova característica de parâmetro de controle para um padrão já aprendido de coordenação, a demonstração não será mais benéfica que a instrução verbal. Os exemplos incluem aprender a arremessar uma bola com velocidades diferentes, aprender a chutar uma bola de distâncias diferentes e aprender a segurar e levantar xícaras de diferentes tamanhos.
> - Demonstrar freqüentemente e não fazer comentários verbais durante a demonstração, para reduzir um problema potencial de capacidade de atenção.
> - Certificar-se de que o observador pode ver os aspectos críticos da habilidade que você está demonstrando. Pode ser útil chamar a atenção do observador verbalmente para esses aspectos, imediatamente antes da demonstração.
> - Se você não puder demonstrar uma habilidade muito bem, utilize alguma outra forma de demonstrar a habilidade, como um filme ou videoteipe, ou qualquer outra pessoa que possa fazê-lo
> - Em alguns casos, permita que os iniciantes observem outros principiantes praticando um habilidade. Isso pode ser uma aplicação eficiente da demonstração e funciona bem quando há limitações de espaço e/ou de equipamento para cada pessoa do grupo desempenhar a habilidade simultaneamente.
> - Utilize demonstrações auditivas das metas do *timing*. Esta é uma forma eficiente de comunicar como atingir esses tipos de metas da ação.

sobre habilidades motoras (p.ex., Carroll e Bandura, 1987, 1990). Entretanto, ultimamente a abordagem dinâmica vem ganhando popularidade, o que deve conduzir a pesquisas que poderão atestar sua viabilidade como uma outra possibilidade de explicação para o efeito do modelamento (consulte Whiting, 1988).

Pistas e instruções verbais

As instruções verbais e a demonstração são inegavelmente os meios mais comumente utilizados para comunicar às pessoas, como desempenhar habilidades motoras. As evidências experimentais reafirmam o valor da instrução verbal como um veículo facilitador da aquisição de habilidades. Diversos fatores são particularmente importantes no desenvolvimento de instruções verbais eficazes.

Instrução verbal e capacidade de atenção. Uma característica importante do participante, que o instrutor deve ter em mente ao apresentar as instruções verbais, é que as pessoas têm capacidade limitada para assimilar a informação recebida. Isso significa que o instrutor deve moderar a quantidade de instruções fornecidas, pois é fácil sobrecarregar a pessoa com instruções sobre o desempenho de uma habilidade. Baseados em nosso conhecimento sobre os limites da capacidade de atenção, podemos esperar que um principiante tenha dificuldades em prestar atenção em mais que uma ou duas instruções sobre o que deverá fazer. Considerando que o principiante terá que dividir sua atenção entre lembrar-se das instruções e desempenhar a habilidade efetivamente, uma quantidade mínima de informação verbal poderá ultrapassar os limites da capacidade de atenção da pessoa (p.ex., Wiese-Bjornstal e Weiss, 1992).

As instruções verbais afetam as estratégias de obtenção da meta. Um outro fator a ser considerado é que a instrução verbal dirige a atenção da pessoa para certos aspectos do desempenho da habilidade. Um bom exemplo disso está na forma como as instruções verbais podem enviesar uma pessoa, dependendo da estratégia que ela utiliza para aprender habilidades que precisam ser desempenhadas com precisão e rapidez. Um experimento desenvolvido por Blais (1991), ilustra a forma como as instruções verbais podem provocar vieses da estratégia para a aprendizagem dessas habilidades. A tarefa consistia numa tarefa de rastreamento serial em que os participantes controlavam um dispositivo como um volante, para alinhar um ponteiro em uma das quatro posições que apareciam numa tela na frente deles. Quando uma posição do alvo era iluminada, o participante tinha que mover o ponteiro para aquela área o mais rapidamente possível. Quando a pessoa atingia a meta, uma outra área de alvo era iluminada. Esse processo foi repetido muitas vezes. Três grupos de participantes receberam instruções verbais que enfatizavam a precisão, a rapidez e as duas característica simultaneamente.

A ênfase da instrução foi muito clara no primeiro dos cinco dias de prática. Nesse dia, o grupo da "instrução da velocidade" registrava os tempos de movimentos mais rápidos, enquanto que o grupo "da precisão" apresentava o desempenho mais preciso. Um fato curioso, é que ao grupo que foi instruído a enfatizar a velocidade e a precisão adotou um estratégia que levou a tempos menores do movimento, mas às custas da precisão no desempenho. E enquanto o grupo que recebeu instrução sobre "a precisão" desempenhava com a maior precisão possível, seus integrantes faziam isso de tal forma que eventualmente os tempos totais médios de respostas, que incluíam o tempo de reação, o tempo de movimento e o tempo de correção do movimento para os erros, eram menores. Assim, para essa tarefa, a velocidade e a precisão eram igualmente importantes durante todo o desempenho. As instruções enfatizando a precisão levaram a um melhor cumprimento da meta dos dois componentes.

Pistas verbais. Um dos problemas associados às instruções verbais é que elas podem conter muito pouca informação ou informação demasiada e não fornecer ao aprendiz a informação necessária para atingir a meta da habilidade. Para superar este problema, Landin (1994) sugeriu que os instrutores usassem pistas verbais para orientar as pessoas a entender o que fazer para desempenhar as habilidades. As **pistas verbais** são frases curtas e concisas que servem para (1) chamar a atenção das pessoas para a informação reguladora relevante no desempenho de habilidades ou (2) um recurso imediato para os elementos do padrão de movimento das habilidades que estão sendo desempenhadas. Por exemplo, a pista "olhe a bola" chama a atenção visual, enquanto a pista "dobre o joelho" desencadeia um componente essencial do movimento. Os pesquisadores verificaram que esses comandos simples e curtos são muito eficientes na instrução verbal para facilitar a aprendizagem de novas habilidades, assim como no desempenho de habilidades bem aprendidas.

Professores, treinadores ou terapeutas podem implementar as pistas verbais de várias formas diferentes na programação da aprendizagem de habilidades. Uma forma consiste em *fornecer pistas verbais juntamente com a demonstração* para completar a informação visual (p.ex., Carrol e Bandura, 1990; McCullagh, Stiehl e Weiss, 1990). Quando usadas dessa forma, as pistas verbais auxiliam no direcionamento da atenção e podem guiar o ensaio da habilidade que a pessoa está aprendendo. No entanto, é preciso ter cuidado, pois as pistas verbais podem desviar a atenção dos padrões de tempo relativo das habilidades e até impedir a aprendizagem da habilidade (consulte Wiese-Bjornstal e Weiss, 1992).

> **SAIBA MAIS**
>
> **Diretrizes para a utilização de pistas verbais para instrução de habilidades e reabilitação**
>
> - As pistas devem ser declarações curtas constituídas de uma ou duas palavras.
> - As pistas devem estar relacionadas logicamente com os aspectos da habilidade que elas deverão auxiliar.
> - As pistas podem orientar uma seqüência de vários movimentos.
> - As pistas devem ser poucas. Informe somente os elementos mais críticos do desempenho da habilidade.
> - As pistas podem ser particularmente úteis para orientar os desvios da atenção.
> - As pistas servem efetivamente, para preparar uma estrutura rítmica distinta para uma seqüência de movimentos.
> - As pistas devem ser cuidadosamente cronometradas para preparar o desempenho e não interferir nele.

Uma outra forma de usar as pistas verbais consiste em *fornecer pistas que ajudem os aprendizes a se concentrar nas partes importantes das habilidades*. Como exemplo, citamos um experimento conduzido por Masser (1993), em que os alunos da primeira série aprenderam a plantar bananeira. Em uma classe, antes de cada tentativa de balançar as pernas para cima para ficar na posição de cabeça para baixo, o instrutor dizia, "ombros sobre os dedos", para enfatizar a posição crítica do corpo, necessária para o desempenho dessa habilidade. Os alunos que recebiam as pistas verbais conseguiam aprender a habilidade depois de três meses de prática, enquanto que os alunos que não recebiam essa informação, não conseguiam plantar bananeira corretamente, depois de três meses. Um resultado semelhante foi obtido através de um experimento utilizando pistas verbais para enfatizar partes críticas da cambalhota.

Os praticantes também podem *fornecer pistas verbais a si mesmos durante o desempenho de habilidades*, para levá-los a prestar atenção ou para desempenhar aspectos-chave das habilidades. Psicólogos esportivos fazem referência a essa abordagem denominando-a de *auto-conversa*. Ela é utilizada para ajudar atletas profissionais a se manterem atentos durante o desempenho de habilidades. Cutton e Landin (1994) relataram um exemplo de pesquisa que demonstra a eficiência dessa técnica para indivíduos não-treinados. Os instrutores ensinaram estudantes universitários em um aula de tênis para iniciantes, cinco pistas verbais para serem ditas alto, cada vez que fosse necessário rebater uma bola. As pistas foram: "pronto", para se preparar para a bola que estava se aproximando; "bola" para focalizar a atenção na própria bola; "girar" para assumir a posição adequada do corpo para bater na bola, que incluía girar os quadris e os ombros para se posicionar perpendicularmente à rede e com a raquete apontando para a cerca atrás do jogador; "bater" para focalizar a atenção no contato com a bola; e "cabeça erguida" para assumir a posição fixa da cabeça depois do contato da bola. Os estudantes que utilizaram as pistas verbais aprenderam melhor as jogadas de bola rebatidas no chão, do que aqueles que não as utilizaram, incluindo um grupo que recebeu *feedback* verbal durante a prática.

As pistas verbais têm sido utilizadas para melhorar o desempenho de jogadores de tênis bem-treinados. Por exemplo, Landin e Herbert (1995) fizeram com que, num time universitário feminino de tênis, as jogadoras fornecessem a si mesmas pistas para ajudá-las a melhorar seu desempenho de habilidades no voleio. As jogadoras aprenderam a dizer a palavra "separar" quando, depois de saltar ou correr, tinham que se posicionar equilibradas sobre os dois pés, o que lhes permitiria mover-se em qualquer direção. Elas diziam "girar" para lembrar-se de girar os ombros e os quadris para receber a bola. Finalmente, elas diziam "bater" para concentrar sua atenção no acompanhamento da bola até o ponto de contato com a raquete e para adverti-las a manter a cabeça parada ao bater na bola com firmeza. Depois de praticar essa estratégia de fornecer pistas durante cinco semanas, as jogadoras apresentaram resultados muito melhores, tanto no desempenho quanto na técnica.

É interessante observar que as pessoas desenvolvem pistas verbais com duas finalidades diferentes. Às vezes, a pista *chama a atenção* para um evento ambiental específico ou para fontes específicas de informação reguladora (no nosso exemplo, "pronto", "bola" e "bater" são pistas). Em outros casos, a pista prepara a ação para um movimento específico ("cabeça erguida") ou para uma seqüência de movimentos ("girar"). A chave para a eficiência de pistas verbais é que, à medida que a pessoa pratica e continua a utilizar as pistas, é criada uma associação entre a pista e o ato que ela prepara. Para o aprendiz é vantajoso, porque ele não precisa se preocupar com um número muito grande de instruções verbais e pode concentrar sua atenção na percepção e no movimento da habilidade.

A influência da posição serial

Muitas habilidades motoras requerem que as pessoas aprendam uma seqüência específica de ações ou de movimentos. Por exemplo, dançar, tocar piano, fazer ginástica, andar de *skate* e praticar nado sincronizado, são algumas das atividades que requerem que as pessoas aprendam seqüências. Na área de reabilitação, os pacientes de terapia ocupacional podem ter que aprender a montar partes de um instrumento combinando seus componentes numa ordem precisa para obter o produto final desejado. Ao fornecer as instruções para esses tipos de habilidades é preciso informar em que ponto da seqüência se encaixa um determinado componente.

Para estabelecer as instruções adequadas para habilidades envolvendo a aprendizagem de seqüências, podemos aplicar um fenômeno da memória conhecido como **efeito de posição serial**. Devido a esse efeito (também conhecido como *efeito de precedência-recenticidade*), os primeiros e os últimos itens de uma seqüência apresentada, geralmente são lembrados com maior facilidade, sendo que os itens apresentados no meio são menos lembrados. Isso mostra como uma pessoa se lembra de uma série de eventos em função da posição de cada evento na seqüência. E, quanto maior a seqüência, mais pronunciado tende a ser o efeito. Evidências experimentais demonstraram esse efeito tanto para itens verbais quanto para movimentos (p.ex., Magill e Dowell, 1977). É bom lembrar que o efeito de posição serial é particularmente evidente nas tentativas iniciais da prática e geralmente é eliminado à medida que a pessoa aperfeiçoa o seu desempenho.

A implicação do efeito da posição serial para a instrução é que, quando alguém ensina uma habilidade serial, os aprendizes têm maior dificuldade em se lembrar do que fazer nos segmentos intermediários da seqüência. As pessoas aprenderão melhor esses segmentos se o instrutor enfatizá-los, demonstrando-os com mais freqüência do que os primeiros e últimos segmentos ou chamando a atenção das pessoas verbalmente para os segmentos do meio da seqüência. Existe uma outra estratégia que se aplica à forma como os aprendizes praticam a seqüência. No Conceito 6.4 será discutido como o instrutor deve estimular as pessoas a praticarem inicialmente segmentos da seqüência, em vez de praticar a seqüência toda. Um treinamento suficiente poderá eliminar o efeito da posição serial, de modo que o praticante possa desempenhar a seqüência toda corretamente.

Resumo

A demonstração proporciona informações sobre como um aprendiz deve desempenhar uma habilidade. A vantagem de observar uma demonstração perfeita de uma habilidade é que ela mostra ao observador as características invariantes do padrão de coordenação necessárias para o desempenho da habilidade. Assim, é mais vantajoso para o aprendiz observar habilidades que requerem novos padrões de coordenação do que observar habilidades em que as pessoas precisam aprender novos parâmetros para os padrões de movimento já estabelecidos. Observar um outro iniciante aprender uma habilidade também pode ser benéfico para a aprendizagem de uma habilidade. Fornecer demonstrações com freqüência crescente parece influir positivamente na aprendizagem de habilidades. Quando as pessoas precisam aprender características de *timing* de habilidades, uma técnica eficiente a ser utilizada na comunicação dessas características é o modelamento auditivo.

Existem duas abordagens teóricas importantes que tentam explicar como o modelamento influi na aprendizagem de habilidades. Uma delas, conhecida como teoria da mediação cognitiva, argumenta que a pessoa desenvolve uma representação na memória a partir da observação de um modelo e que a pessoa precisa avaliar essa representação antes de desempenhar a habilidade. A outra abordagem, conhecida como a abordagem dinâmica, assegura que as pessoas não necessitam de mediação cognitiva, porque o sistema visual pode obrigar o sistema motor a agir automaticamente de acordo com o que foi observado.

Quando o instrutor utiliza a instrução verbal para fornecer informações sobre o desempenho de uma habilidade motora, precisa chamar a atenção do aprendiz para os aspectos importantes da habilidade. As pistas verbais fornecem meios de informar verbalmente os aspectos críticos de uma habilidade para que seu desempenho seja bem-sucedido.

As pessoas que apresentam demonstrações ou fornecem instruções verbais devem se preocupar também com uma outra questão relacionada às habilidades em que é necessário ensinar seqüências de movimentos. Devido ao efeito da posição serial, durante o início da prática, os aprendizes lembram melhor os trechos iniciais ou finais de uma seqüência apresentada, do que os trechos intermediários. Os segmentos intermediários de uma habilidade serial podem exigir maior ênfase tanto na instrução quanto na prática.

Leituras relacionadas

Gray, J. T., U. Neisser, B. A. Shapiro, and S. Kouns. 1991. Observational learning of ballet sequences: The role of kinematic information. *Ecological Psychology* 3: 121-34.

McCullagh, P. 1993. Modeling: Learning, developmental, and social psychological considerations. In R. N. Singer, M. Murphey, and L. K. Tennant (Eds.), *Handbook of research on sport psychology* (pp. 106-26). New York: Macmillan.

McCullagh, P., and J. K. Caird. 1990. Correct and learning models and the use of model knowledge of results in the acquisition and retention of a motor skill. *Journal of Human Movement Studies*, 18: 107-16.

Rink, J. E. 1994. Task presentation in pedagogy. *Quest* 46: 270-80.

Conceito 5.2
O *feedback* aumentado pode melhorar, dificultar ou não afetar a aprendizagem de habilidades

Termos-chaves

Feedback intrínseco à tarefa
Feedback aumentado
Feedback aumentado concomitante
Feedback aumentado terminal
Conhecimento de resultados (CR)
Conhecimento de desempenho (CD)

Aplicação

Procure se lembrar da época em que você começou a aprender uma atividade física. Como você se saiu ao passar pelas primeiras tentativas? Provavelmente, você não se saiu muito bem. Quando tentou melhorar, devem ter surgido várias perguntas que alguém teve que respondê-las para ajudá-lo a entender melhor o que você estava fazendo errado e o que você precisava aprender para melhorar seu desempenho. Como essas perguntas foram respondidas? Se você esteve em uma classe ou teve aulas particulares com um instrutor, você provavelmente obteve essas respostas de seu instrutor. Embora você pudesse ter resolvido muitas das suas dúvidas por si mesmo, à medida que ia tentando diferentes possibilidades durante os treinamentos, você percebeu que estaria economizando tempo e energia se perguntasse ao seu instrutor.

Essa situação é um exemplo do que ocorre normalmente na etapa inicial da aprendizagem de uma habilidade. Acontece exatamente a mesma coisa, quer se trate de uma pessoa aprendendo uma nova habilidade esportiva, quer se trate de uma pessoa aprendendo uma habilidade decorrente de um ferimento ou uma doença. Esse exemplo mostra o papel importante desempenhado pelo professor, treinador, terapeuta ou instrutor no fornecimento da informação para facilitar o processo de aquisição de habilidades pelo aprendiz. Essa informação é conhecida como *feedback* aumentado.

Discussão

Embora os pesquisadores que se dedicam ao movimento, de uma maneira geral, concordem que o *feedback* aumentado pode ser uma parte importante na instrução de habilidades, eles discordam sobre como os instrutores devem implementar o *feedback* aumentado para que ele possa ter um efeito mais efetivo na aprendizagem de habilidades. Como primeiro passo para resolver essa questão, discutiremos o que é o *feedback* aumentado. Esse passo é importante devido à longa história dos problemas de terminologia que caracterizaram as discussões sobre essa variável instrucional importante. Nosso objetivo aqui é de estabelecer uma base comum de termos e definições para podermos ver mais claramente quais os efeitos do *feedback* aumentado na aprendizagem de habilidades, dependendo do tipo de informação dada e do tipo de habilidade que está sendo aprendida.

A família de *feedback*

Quando uma pessoa desempenha uma habilidade motora, existem várias fontes de

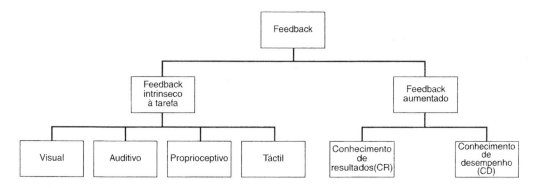

Figura 5.2-1 – *Ilustração dos diferentes tipos de feedback na família de feedback relacionados à aprendizagem e ao desempenho de habilidades motoras.*

informação (i.e., *feedback*) sobre o resultado de uma ação ou sobre o que causou esse resultado. Uma dessas fontes consiste no próprio sistema de *feedback* sensorial da pessoa (discutido no capítulo 2). Essa fonte de informação envolve os diversos componentes do sistema perceptivo-sensorial e deve ser considerado durante e depois do desempenho de uma habilidade. Por exemplo, o sistema visual fornece informação sobre o sucesso ou as falhas do desempenho de uma pessoa que caminha por um aposento cheio de obstáculos. Uma outra fonte de informação está fora do próprio sistema de *feedback* sensorial da pessoa. Por exemplo, quando um professor diz a um aluno o que ele fez certo e o que ele fez errado e o que ele deverá fazer para corrigir as falhas, o *feedback* provém de uma fonte externa ao praticante. Esse tipo de *feedback* é sempre acrescentado ao *feedback* fornecido pelo próprio sistema perceptivo-sensorial da pessoa e é conhecido como *feedback aumentado*. Assim, é conveniente pensar em *duas fontes de feedback* relacionadas ao desempenho de uma habilidade, uma interna e outra externa.

Com relação à questão da terminologia, é importante observar que utilizamos o termo *feedback* ao longo de todo este livro como um termo genérico que descreve a informação que a pessoa recebe sobre o desempenho de uma habilidade *durante ou depois* de seu desempenho. Como o *feedback* pode provir de diversas fontes é conveniente distinguir dois tipos de *feedback* conforme *sua origem*. Para fazer essa distinção, podemos considerar os diversos tipos de *feedback* como integrantes da mesma família. A figura 5.2-1 demonstra graficamente essa *família de feedback* com duas formas principais de *feedback*. O **feedback intrínseco à tarefa**, que consiste no *feedback* sensorial disponível durante ou depois de a pessoa desempenhar uma habilidade e que é uma parte da própria situação de desempenho da habilidade que ocorre naturalmente. O **feedback aumentado**, por outro lado, sempre se refere ao *feedback* que provém de fontes externas e acrescenta ou aumenta o *feedback* intrínseco à tarefa.

Tipos de *feedback* aumentado

O *feedback* aumentado aumenta o *feedback* intrínseco à tarefa de duas formas distintas. Em algumas situações o *feedback* aumentado *melhora* o *feedback* intrínseco à tarefa que o próprio sistema sensorial da pessoa pode detectar prontamente. Por exemplo, um professor ou um treinador precisam dizer a um jogador de golfe onde suas mãos estavam posicionadas no topo do balanço, embora a própria pessoa pudesse sentir onde elas estavam. Na área clínica, um terapeuta pode mostrar a um paciente amputado os registros do EMG em um monitor de computador, para estimular o próprio *feedback* proprioceptivo da pessoa na medida em que ele ajuda o paciente saber quando os músculos adequados estão funcionando.

Em outras situações, o *feedback* aumentado *acrescenta* informação que a pessoa não consegue detectar usando seu sistema sensorial. Por exemplo, o professor ou o treinador de golfe precisa dizer ao jogador onde a bola caiu porque o jogador não a viu depois de tê-la atingido. Da mesma forma, um terapeuta precisa dizer a um paciente clínico quanto seu corpo balançou, porque problemas no vestíbulo do ouvido impedem que o paciente detecte essa informação. Em cada uma dessa situações, o *feedback* aumentado fornece a informação de desempenho que, de outra forma, a pessoa não teria.

Na figura 5.2-1, é importante observar que há *duas categorias de tipos de feedback aumentado:* conhecimento de resultados e conhecimento de desempenho. Cada categoria pode envolver uma variedade de formas de apresentação do *feedback* aumentado. Esse será o tópico da discussão no Conceito 5.3.

Também é importante mostrar que o *feedback* aumentado pode ser fornecido em instantes distintos. Os pesquisadores que se dedicam à aprendizagem utilizam diferentes termos para designar os instantes em que ele é fornecido. Se o *feedback* aumentado for dado *enquanto o movimento está em andamento* ele é chamado de **feedback aumentado concomitante**. Se ele for fornecido *depois de a habilidade ter sido desempenhada*, é chamado de **feedback aumentado terminal**.

Conhecimento de resultados (CR). A categoria de *feedback* aumentado conhecida como **conhecimento de resultados** (comumente citada como **CR**) consiste em *informação apresentada externamente sobre o resultado do desempenho de uma habilidade ou sobre a obtenção da meta do desempenho*. Em algumas situações o CR fornece alguma informação sobre o resultado do desempenho. Por exemplo, se um professor diz ao aluno numa aula de arco e flecha, "você acertou no azul na posição da 9 horas", o professor está fornecendo informação do resultado do desempenho. Analogamente, se um terapeuta mostra a um paciente um gráfico gerado pelo computador indicando que essa extensão de perna foi de três graus a mais do que na última vez, o terapeuta estará dando ao paciente CR sobre o movimento de extensão da sua perna.

Às vezes, o CR não descreve o resultado do desempenho, mas simplesmente informa se o praticante atingiu a meta do desempenho. Isso ocorre quando algum dispositivo externo fornece um sinal "sim" ou "não" quando a meta do desempenho foi atingida ou não. Por exemplo, para melhorar o *feedback* proprioceptivo e visual de um paciente empenhado em atingir a meta da extensão da perna, o terapeuta poderia colocar uma campainha que pudesse ser ativada quando o paciente atingisse o número de graus da meta do movimento. Embora a campainha não fornecesse informação sobre o aperfeiçoamento do movimento relativamente à meta, o paciente saberia que, se atingisse a meta, a campainha soaria.

Conhecimento de desempenho (CD). A segunda categoria de *feedback* aumentado é o **conhecimento de desempenho** (conhecido como **CD**). Trata-se de informação sobre as *características do movimento responsáveis pelo resultado do desempenho*. O ponto importante aqui é que o CD e o CR se diferenciam conforme a informação se refira a um ou outro aspecto do desempenho. Por exemplo, na prática do arco e flecha descrita acima, o professor teria fornecido CD dizendo que o aluno tinha puxado o arco para a esquerda ao soltar a flecha. Aqui, o professor estaria reforçando verbalmente o *feedback* intrínseco à tarefa, dizendo que como conseqüência do seu desempenho, a flecha atingiu o alvo naquele ponto.

Além de ser fornecido verbalmente, o CD pode ser fornecido de várias outras formas não-verbais. Por exemplo, as fitas de vídeo são um método popular de mostrar o sucesso obtido pela pessoa no desempenho de uma habilidade. O vídeo permite que a pessoa veja o

CAPÍTULO 5 ■ INSTRUÇÃO E *FEEDBACK* AUMENTADO

SAIBA MAIS

Feedback aumentado como motivação

Um instrutor pode usar o *feedback* aumentado para modificar a percepção que a pessoa tem de sua própria capacidade de executar uma habilidade. Essa é uma forma eficiente de motivar a pessoa a continuar a perseguir a meta de uma tarefa ou o desempenho de uma habilidade. A afirmação verbal "Você está se saindo muito melhor" pode demostrar que a pessoa está sendo bem-sucedida numa atividade. As evidências que confirmam a eficiência motivacional desse tipo de *feedback* verbal provêm de pesquisas relacionadas à auto-eficácia e ao desempenho de habilidades.

Por exemplo, Solomon e Boone (1993) mostraram que, numa aula de Educação Física, os alunos com alta capacidade de percepção demonstraram maior persistência no desempenho de habilidades e apresentaram expectativas de desempenho mais altas que aqueles com baixa capacidade de percepção. Em seu trabalho de revisão da literatura sobre auto-eficácia relacionada ao desempenho de habilidades, Feltz (1992) concluiu que o sucesso ou o fracasso do desempenho passado é um mediador chave da percepção que a pessoa tem de sua própria capacidade. Uma implicação lógica desses resultados é que um instrutor ou terapeuta pode apresentar o *feedback* aumentado de modo a influenciar a forma como pessoa encara o seu sucesso ou fracasso. Por isso, o *feedback* aumentado pode influenciar na decisão da pessoa em persistir no desempenho de um habilidade.

---

que ela realmente fez durante o desempenho que levou ao resultado obtido. Uma outra forma de fornecer CD, que está se tornando cada vez mais popular à medida que os software de computadores tornam-se mais acessíveis, é mostrar aos praticantes as características cinemáticas geradas por computador do desempenho que acabaram de completar. Na área clínica, os terapeutas também utilizam dispositivos de *biofeedback* para fornecer CD. Por exemplo, um terapeuta pode ligar uma campainha a um dispositivo de registro EMG permitindo que a pessoa ouça a campainha tocar quando tiver ativado o músculo adequado no desempenho de um movimento. Em cada uma dessas situações, o *feedback* sensorial é aumentado para informar a pessoa sobre o que ela fez durante o desempenho da habilidade que levou àquele resultado.

Os papéis do *feedback* aumentado na aquisição de habilidades

O *feedback* aumentado desempenha dois papéis no processo de aprendizagem de habilidades. Um deles é *facilitar a obtenção da meta da habilidade*. Como o *feedback* aumentado fornece informação sobre o sucesso da habilidade em andamento ou que acabou de ser completada, o aprendiz pode determinar se o que ele está fazendo é apropriado para desempenhar corretamente a habilidade. Assim, o *feedback* aumentado pode ajudar a pessoa a atingir a meta da habilidade mais rapidamente ou mais facilmente do que atingiria sem essa informação externa.

O segundo papel desempenhado pelo *feedback* aumentado é o de *motivar o aprendiz a continuar se esforçando em direção à meta*. Nesse caso, a pessoa utiliza o *feedback* aumentado para comparar seu próprio desempenho com o desempenho da meta. A pessoa precisa então decidir entre continuar tentando atingir a meta, mudar a meta ou parar de desempenhar a atividade. Este papel motivacional do *feedback* aumentado foge do escopo de nossa discussão neste Conceito. Outros autores, no entanto, já o discutiram na literatura da aprendizagem motora (p.ex., Adams, 1978, 1987; Little e McCullagh, 1989; Locke, Cartledge e Koeppel, 1968). Além disso, os estudantes interessados nos aspectos pedagógicos do ensino da Educação Física (p.ex., Solmon e Lee, 1996) vêm estudando cada vez mais os efeitos do *feedback* aumentado na motivação das pessoas em envolver-se ou continuar envolvidas em atividades físicas.

O *feedback* aumentado é essencial para a aquisição de habilidades?

Quando um pesquisador ou praticante decide utilizar o *feedback* aumentado para facilitar aquisição de habilidades, surge uma questão teórica e prática importante: O *feedback* aumentado é *necessário* para que a pessoa aprenda habilidades motoras? A resposta a essa questão tem implicações teóricas para a compreensão da natureza da própria aprendizagem de habilidades. A necessidade ou não do *feedback* aumentado na aquisição de habilidades motoras diz muito sobre o que caracteriza o sistema de aprendizagem humano e como ele funciona na aquisição de novas habilidades. De um ponto de vista prático, a determinação da necessidade de *feedback* aumentado para a aprendizagem de habilidades pode servir para orientar o desenvolvimento e a implementação de estratégias instrucionais efetivas. Como será visto mais adiante, a resposta para essa questão não é um simples sim ou não. Ao contrário, há *quatro respostas diferentes*. Qual delas é a mais adequada, depende de certas características da habilidade que está sendo aprendida e da pessoa que está aprendendo a habilidade.

O **feedback** *aumentado pode ser fundamental para a aquisição de habilidades*. Em algumas situações de desempenho de habilidades, os praticantes não podem utilizar o *feedback* sensorial crítico para determinar o que deve ser feito para melhorar o desempenho. O *feedback* aumentado é fundamental para os praticantes aprenderem as habilidades nessas situações. Há, pelo menos, três tipos de situação em que a pessoa pode não estar apta a utilizar efetivamente o importante *feedback* intrínseco à tarefa.

Primeiro, em algumas situações a pessoa não dispõe do *feedback* sensorial. Por exemplo, quando o praticante não pode ver o alvo a ser atingido, ele não dispõe do importante *feedback* visual. Nesse caso, o *feedback* aumentado pode adicionar informação importante não contida no próprio ambiente do desempenho da tarefa.

Segundo, em algumas situações, devido a ferimentos, doença, etc., a pessoa não possui os trajetos sensoriais disponíveis necessários para detectar o *feedback* intrínseco à tarefa, crítico para a habilidade que ela está aprendendo. Para essas pessoas, o *feedback* aumentado pode substituir essa informação.

Finalmente, em algumas situações, o *feedback* intrínseco adequado à tarefa fornece a informação necessária e o sistema sensorial da pessoa permite que ela a detecte, mas a pessoa não pode utilizar o *feedback*. Por exemplo, uma pessoa que está aprendendo a movimentar um membro a uma certa distância ou a arremessar uma bola a uma certa velocidade, pode não estar apta a determinar a distância deslocada ou a velocidade do arremesso, devido à falta de experiência. Nessas situações, o *feedback* aumentado ajuda o *feedback* intrínseco à tarefa disponível tornar-se mais significativo para o praticante.

Existem evidências experimentais que reafirmam a necessidade do *feedback* aumentado nessas situações de aprendizagem. Por exemplo, muitos dos experimentos iniciais nesse assunto mostraram a necessidade de *feedback* aumentado em situações em que o ambiente do desempenho não fornecia o *feedback* sensorial crítico ao aprendiz. Em muitos desses experimentos, os participantes tinham os olhos vendados e, assim, não podiam ver seus movimentos ou o ambiente do desempenho. Esses experimentos mostraram consistentemente que o *feedback* aumentado, geralmente na forma de CR, era fundamental para a aprendizagem, quando, por exemplo, a pessoa com os olhos vendados tinha que

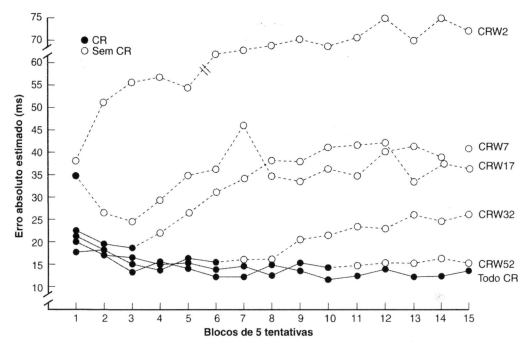

Figura 5.2-2 – *Resultados do experimento de Newell mostrando as curvas de desempenho de grupos que tiveram o CR retirado em vários pontos durante as 75 tentativas para aprender a fazer um movimento linear em 150 ms. Os círculos abertos indicam blocos de tentativas em que não houve fornecimento de CR; os círculos cheios mostram blocos de tentativas em que houve CR. O número que segue cada RCR (retirada de CR) mostra a tentativa em que o CR foi retirado. (De K. M. Newell, "Knowledge of Results and Motor Learning" em Journal of Motor Behavior, 6, 235-244, 1975. Direitos autorais da Heldref Publications, Inc. , Washington, DC. Reprodução autorizada.)*

aprender a desenhar uma linha de um certo comprimento (Trowbridge e Cason, 1932) ou mover uma alavanca segundo um critério de posição (p.ex., Bilodeau, Bilodeau e Schumsky, 1959). Quando o CR não era fornecido nessas situações, os participantes não aprendiam a habilidade.

Um experimento desenvolvido por Newell (1974) ilustra a situação em que se dispõe do *feedback* intrínseco à tarefa para o desempenho da habilidade, mas a pessoa não é capaz de utilizá-lo. Os participantes precisavam aprender a fazer um movimento de 24 cm da alavanca, em 150 ms. Embora pudessem ver os braços, a alavanca e o alvo, os resultados mostraram que o seu sucesso em aprender o movimento dependia de quantas vezes (em 75 tentativas) eles tinham recebido CR sobre a precisão de suas respostas (veja a figura 5.2-2). Esses resultados indicam que, na etapa inicial da aprendizagem, os participantes não tinham uma boa referência interna para determinar o que era um movimento de 150 ms. Eles precisaram de *feedback* aumentado em, pelo menos, 52 tentativas para estabelecer essa referência. Depois disso, passaram a utilizá-la no desempenho do movimento sem ter necessidade de *feedback* aumentado.

O *feedback* aumentado pode não ser necessário para a aquisição de habilidades. Algumas habilidades motoras fornecem, inerentemente, um *feedback* intrínseco à tarefa suficiente, de modo que o *feedback* aumentado se torna redundante. Para esses tipos de habilidades, os aprendizes podem utilizar seu próprio sistema de *feedback* sensorial para determinar a adequação de seus movimentos e fazer os ajustes necessários em tentativas

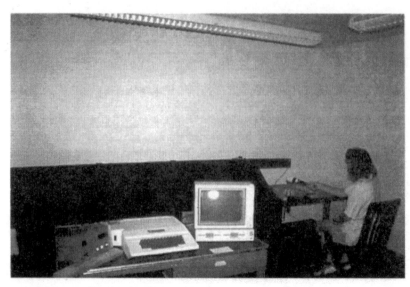

Figura 5.2-3 – Uma pessoa desempenhando a tarefa de antecipação-coincidência, no experimento de Magill, Chamberlin e Hall. Na parede ao nível dos olhos, encontra-se uma série de LEDs que se acendem seqüencialmente para simular um objeto em movimento. A pessoa utilizou um pequeno taco de madeira para derrubar uma pequena barreira de madeira posicionada diretamente sob um LED alvo, coincidente com a iluminação do alvo. (Foto cedida pelo autor).

futuras. Um experimento conduzido por Magill, Chamberlin e Hall (1991) fornece um exemplo prático desse tipo de situação. Os participantes aprenderam uma habilidade de antecipação coincidente, na qual simulavam atingir um objeto em movimento acendendo serialmente uma série de LEDs ao longo de uma trilha de 281 cm de comprimento (veja a figura 5.2-3). À medida que enfrentavam a trilha, tinham que derrubar com a mão uma pequena barreira de madeira exatamente abaixo de um LED alvo coincidente com a iluminação do alvo. Foi fornecido CR sobre o tempo gasto para derrubar a barreira (número de milissegundos antes ou depois do alvo acender). Quatro experimentos mostraram que os participantes aprendiam essa tarefa independentemente do número de tentativas em que recebiam o CR durante a prática. Na verdade, receber CR durante a prática não melhorou a aprendizagem em relação à prática sem CR.

Se não for necessário receber *feedback* aumentado para aprender uma habilidade motora, é porque a habilidade tem uma característica importante: um referencial externo detectável no ambiente que a pessoa pode utilizar para determinar a adequação da ação. Para a tarefa de *timing* de antecipação no experimento de Magill et al., o alvo e outros LEDs eram os referenciais externos. O aprendiz podia ver o contato da mão com a barreira e compará-lo com a iluminação do alvo; isso permitia que ele percebesse a relação entre seus próprios movimentos e a meta desses movimentos. É importante observar aqui, que o aprendiz pode *não* estar conscientemente inteirado dessa relação. O sistema sensorial e o sistema de controle motor funcionam de tal maneira nessas situações, que é necessário a pessoa estar consciente das características ambientais. Assim, o aumento dessas características pelo fornecimento de *feedback* aumentado não aumenta ou acelera a aprendizagem da habilidade.

Além dessas características da habilidade, as características das condições de prática também influem na necessidade do *feedback* aumentado. Uma dessas características é a existência de uma situação de aprendizagem observacional. Os resultados experimentais têm mostrado que dois tipos diferentes de condições de aprendizagem podem ser afetados.

> **SAIBA MAIS**
>
> **O professor de educação física "típico" e o *feedback* aumentado**
>
> As evidências experimentais tem mostrado consistentemente que os professores de Educação Física fornecem vários tipos de feedback aumentado e apresentam essa instituição com graus de freqüência variáveis para seus alunos em aula. Um exemplo dessa evidência está num dos primeiros e mais completos estudos sobre esse assunto desenvolvido por Fischman e Tobey (1978).
>
> **Sujeitos**
> professores de 81 classes de educação física de escolas de 1° e 2° graus.
> **Características da apresentação do *feedback* aumentado**
> CD = 94%; CR = 6%
> **Intenção do *feedback* aumentado**
> apreciação do desempenho = 53%
> instrução sobre como melhorar o desempenho = 41%
> apreciação ou crítica do desempenho = 5%
> **Freqüência de fornecimento do *feedback* aumentado**
> média = apenas uma vez por minuto/em aulas de 35 minutos
> amplitude ao longo das aulas = de 1 a 297 vezes (mediana = 47).

Num deles, o aprendiz observa um modelo treinado desempenhar a habilidade. Por exemplo, num experimento de Magill e Schoenfelder-Zohdi (1996), pessoas que observavam uma demonstração da habilidade aprenderam uma habilidade de ginástica rítmica tão bem quanto outros que receberam CD verbal depois de cada tentativa. Além disso, Hebert e Landin (1994) mostraram que alunos principiantes de tênis, observando a prática de outros principiantes aprenderam a volear com *forehand* tão bem ou até melhor que os outros principiantes, que receberam CD verbal. Nessas duas situações, a aprendizagem observacional deu aos principiantes a oportunidade de adquirir conhecimento sobre o desempenho correto de uma habilidade; eles foram capazes, então, de praticar e se aperfeiçoar sem necessidade de *feedback* aumentado.

Há um paralelo interessante entre as situações de aprendizagem de habilidades em que os aprendizes não necessitam de *feedback* aumentado e os resultados de estudos que investigam a utilização do *feedback* por professores em aulas de Educação Física. Esses estudos tem mostrado, consistentemente, baixa correlação entre o *feedback* do professor e a meta do aluno (p.ex., Eghan, 1988; Pieron, 1982; Silverman, Tyson e Krampitz, 1991). Este resultado sugere que a quantidade e qualidade do *feedback* do professor afeta o aperfeiçoamento das habilidades de principiantes em práticas esportivas, mas esta não deve ser considerada a variável *mais* importante. Outras variáveis como a aprendizagem observacional, podem dispensar a necessidade de *feedback* aumentado. Para compreendermos melhor esse efeito, ainda será necessário um desenvolvimento maior da pesquisa nessa área.

O feedback aumentado pode melhorar a aquisição de habilidades. Muitas habilidades motoras podem ser aprendidas sem *feedback* aumentado. Entretanto, as pessoas aprendem muitas delas mais rapidamente ou as desempenham num nível mais elevado se receberem *feedback* aumentado durante a prática. Para essas habilidades, o *feedback* aumentado não é fundamental nem redundante, o seu efeito é de *melhorar a qualidade* da aprendizagem dessas habilidades.

As habilidades incluídas nessa categoria são aquelas em que o aperfeiçoamento ocorre somente através de *feedback* intrínseco à tarefa, mas devido a certas habilidades ou características do aprendiz, o aperfeiçoamento do desempenho atinge somente um certo nível. A literatura especializada mostra dois tipos de características de habilidades que se ajustam a essa descrição.

O primeiro tipo envolve habilidades relativamente simples para as quais, inicialmente, é fácil avaliar a obtenção da meta do desempenho. Um exemplo de meta de movimento, consiste em mover-se o mais rápido possível. Inicialmente, a pessoa pode avaliar se uma determinada tentativa foi mais rápida do que a anterior. Entretanto, geralmente, devido a falta de experiência do aprendiz, que resulta na sua capacidade decrescente de discriminar pequenas diferenças de velocidade do movimento, o aperfeiçoamento parece estacionar num certo nível do desempenho. Para haver uma melhora além desse nível de desempenho, a pessoa precisa de *feedback* aumentado (p.ex., Stelmach, 1970; Newell, Quinn, Sparrow e Walter, 1983). As evidências experimentais mostram que há um ponto, durante a prática, em que as pessoas que receberam CR (conhecimento do resultado) sobre o tempo do movimento, para esse tipo de habilidade, continuam a melhorar o desempenho, enquanto que os que não receberam apresentam desempenho estabilizado.

O segundo tipo de habilidade para a qual o *feedback* aumentado melhora a qualidade da aprendizagem inclui qualquer habilidade que exija que a pessoa adquira o padrão adequado de coordenação de múltiplos membros. Para essas habilidades, os aprendizes podem atingir um certo grau de sucesso simplesmente repetindo tentativas para atingir a meta do desempenho. Mas, o processo de atingir a meta pode ser acelerado adicionando CD (conhecimento do desempenho). Mais especificamente, CD que funcione melhor em informar sobre os componentes críticos do padrão de coordenação.

Uma boa ilustração do efeito desse tipo de CD para essa categoria de habilidades é encontrada no experimento conduzido por Walace e Hagler (1979). As pessoas aprenderam habilidades complexas em que deveriam desempenhar um conjunto de arremessos de basquete, com a mão não-dominante. O arremesso praticado foi de 3 m e a 45° à esquerda da cesta. Depois de cada arremesso, um grupo de pessoas recebeu CD verbal sobre os erros cometidos nos movimento da sua postura e dos membros durante o arremesso. Um outro grupo recebeu somente encorajamento verbal depois de cada arremesso. A figura 5.2-4 descreve os resultados. Observe que o CD produziu uma explosão inicial no desempenho para as primeiras 15 tentativas. A seguir, o grupo do encorajamento verbal os alcançou. Porém, a igualdade entre os dois grupos se manteve somente durante 10 tentativas; depois disso, o grupo de encorajamento verbal não mostrou mais nenhuma melhora, enquanto o grupo que recebia CD continuou a melhorar.

O feedback aumentado pode dificultar a aprendizagem de habilidades. Um efeito do *feedback* aumentado, inesperado para muitos, é que ele possa dificultar o processo da aprendizagem e, em alguns casos, até piorar a aprendizagem. Este efeito é particularmente evidente quando o aprendiz se torna dependente do *feedback* aumentado que não será fornecido num teste. Normalmente, o aperfeiçoamento do desempenho que o aprendiz vivencia durante a prática desaparece durante o teste. Na verdade, em algumas situações, em que o *feedback* aumentado não é fornecido, não só o desempenho é prejudicado mas o resultado do teste é igual ao que seria obtido se o *feedback* aumentado não tivesse sido fornecido.

Há *três situações diferentes de aprendizagem de habilidades* em que os pesquisadores constataram a existência dessa dificuldade. Uma delas ocorre quando o instrutor ou o terapeuta apresenta *feedback* aumentado *concomitante* com o desempenho da habilidade.

Esse efeito é bem documentado na literatura especializada. Um experimento desenvolvido por Annett (1959) há muitos anos na Inglaterra, fornece um bom exemplo. Os participantes aprenderam uma habilidade muito simples que envolvia aplicar uma certa força apertando um êmbolo móvel ou exercendo pressão sobre uma barra metálica. O autor forneceu *feedback* aumentado concomitante e terminal. Ele forneceu *feedback* aumentado concomitante mostrando, através de um gráfico exibido por um osciloscópio, se a força exercida se situava numa certa faixa de força do critério. Para fornecer o *feedback* aumentado terminal, o autor informava verbalmente aos participantes a quantidade de força exercida ou permitia que eles vissem o valor na tela do osciloscópio. Os resultados mostraram que os participantes que receberam o *feedback* concomitante tiveram bom desempenho durante o treinamento, porém seu teste de desempenho sem *feedback* aumentado mostrou uma piora imediata e o erro se tornou muito grande.

A característica da tarefa de aplicação da força, que levou a uma dependência do *feedback* aumentado, era que o *feedback* intrínseco à tarefa era mínimo ou difícil de interpretar. Nenhuma informação ambiental ocorrida naturalmente indicava a quantidade de força que o movimento da pessoa produzia. Os participantes tinham que confiar no seu próprio *feedback* proprioceptivo para desempenhar a tarefa. Nesse tipo de situação, as pessoas normalmente substituem o *feedback* aumentado concomitante fornecido, pelo *feedback* intrínseco à tarefa, porque este lhes fornece um guia prático para o desempenho correto. Entretanto, há um problema com essa abordagem: em vez de aprender as características do *feedback* sensorial associadas ao desempenho da habilidade, as pessoas tornam-se dependentes do *feedback* aumentado para desempenhar a habilidade (consulte Lintern, Roscoe e Sivier, 1990).

É importante observar, antes de continuar, que o uso do *feedback* aumentado concomitante nem sempre impede a aprendizagem. Discutiremos condições que favorecem o uso efetivo do *feedback* aumentado concomitante nos Conceitos 5.3 e 5.4.

Uma segunda situação em que o *feedback* aumentado durante a prática pode prejudicar o desempenho durante a transferência, ocorre quando o instrutor ou o terapeuta apresenta o *feedback* aumentado terminal *depois de cada tentativa de prática*. Um exemplo de pesquisa que ilustra esta situação se encontra num experimento conduzido por Winstein e Schmidt (1990). Os participantes desempenharam quase 200 tentativas de prática da habilidade, que se tratava de movimentar uma alavanca para frente e para trás sobre uma mesa, com o objetivo de produzir um padrão complexo em forma de onda no monitor do computador. Os pesquisadores forneceram CD mostrando o padrão produzido pelos participantes no monitor do computador, sobreposto ao padrão critério. Os resultados mostraram que as pessoas que receberam CD depois de cada tentativa de prática, apresentaram um bom desempenho mas, nas tentativas de teste sem CD, eles tiveram um desempenho praticamente igual ao apresentado durante as 24 primeiras tentativas de prática. Por outro lado, pessoas que tinham CD em somente dois terços das tentativas de prática apresentaram um desempenho ligeiramente pior nas tentativas de teste. Esses resultados demonstram muito bem que, se o CD estiver disponível com muita freqüência, as pessoas se tornam tão dependentes que só conseguem desempenhar a habilidade quando ele está presente.

Proteau e colaboradores (Proteau et al., 1987; Proteau e Courmoyer, 1990) propuseram uma hipótese interessante para explicar a dependência do *feedback* aumentado nesse tipo de situação. Eles sugeriram que o *feedback* aumentado faz parte da representação de memória que se desenvolve durante a prática, tornando-se parte do que a pessoa aprendeu. Assim, quando a pessoa precisa desempenhar a habilidade numa situação sem o *feedback* aumentado, o *feedback* intrínseco à tarefa sozinho não é suficiente para fazê-las desempenhar a habilidade com sucesso.

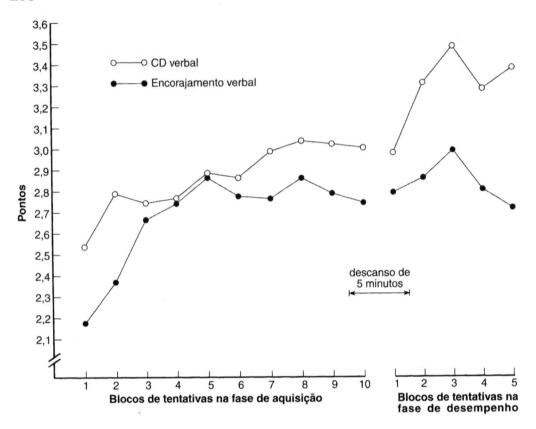

Figura 5.2-4 – Resultados do experimento de Wallace e Hagler mostrando os benefícios do CD verbal na aprendizagem de uma habilidade de arremesso no basquetebol. (Reprodução autorizada por Research Quarterly for Exercise and Sport, *Volume 50, pp. 265-271, Direitos autorais 1979, da American Alliance for Health, Physical Education, Recreation and Dance, 1900 Association Drive, Reston, VA 20191.)*

Uma terceira situação em que o *feedback* aumentado pode dificultar a aprendizagem da habilidade se dá quando o instrutor ou o terapeuta apresenta um *feedback* aumentado *errôneo*, para uma habilidade que a pessoa poderia aprender sem o *feedback* aumentado. Nessa situação, o *feedback* intrínseco à tarefa e o aumentado são conflitantes. Particularmente na etapa inicial da aprendizagem de habilidades, as pessoas resolvem esse conflito tendo um desempenho de acordo com o *feedback* aumentado. Quando essa informação é inadequada, eles aprendem a habilidade de forma incorreta.

Um experimento conduzido por Buekers, Magill e Hall (1992) ilustra esse tipo de solução de conflitos de *feedback*. Os participantes praticaram uma tarefa de *timing* antecipatório, semelhante à descrita anteriormente neste Conceito, nos experimentos desenvolvidos por Magill, Chamberlin e Hall (1991). Lembre-se que as pessoas não precisam de *feedback* aumentado para aprender essa habilidade. No experimento de Buekers, Magill e Hall, os participantes praticaram durante 75 tentativas. Depois de cada tentativa, um grupo recebia CR correto: a direção e a quantidade de erro de *timing* para cada tentativa. O segundo grupo recebia CR incorreto depois de cada tentativa. Os pesquisadores davam a essas pessoas uma informação sobre o erro, indicando que elas haviam atingido a barreira dos 100 ms mais tarde do que realmente tinham conseguido na realidade. Um terceiro grupo recebeu

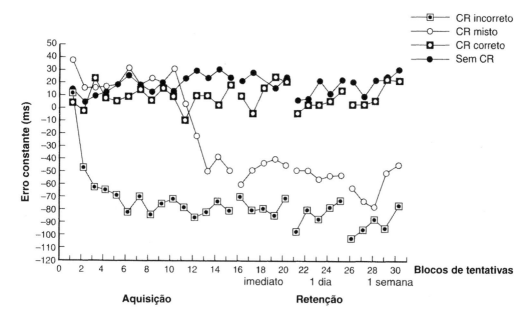

Figura 5.2-5 – Resultados do experimento de Buckers et al., mostrando os efeitos de CR incorreto comparado a CR correto e sem CR, para a aprendizagem de uma habilidade de timing *antecipatório. Observe que os integrantes do grupo de CR misto receberam CR correto nas 50 primeiras tentativas e depois receberam CR incorreto durante as últimas 25 tentativas de prática. (De M. J. Buckers, R. A. Magill e K. G. Hall, "The Effect of Erroneous Knowledge of Results on Skill Acquisition When Augmented Information is Redundant "em* Quarterly Journal of Experimental Psychology, 44(A):105-117, 1992. *Reprodução autorizada pela* The Experimental Psychology Society.*)*

CR correto nas primeiras 50 tentativas e, depois, CR incorreto nas últimas 25 tentativas. Um quarto grupo não recebeu CRs. Depois das tentativas de prática, todas as pessoas desempenharam a mesma tarefa sem CR, inicialmente um dia depois e, em seguida, uma semana depois. Os resultados (veja a figura 5.2-5) mostraram que, embora os participantes não precisassem de CR para aprender a habilidade, a informação de CR incorreto levou-os a desempenhar mais de acordo com CR do que com o *feedback* intrínseco à própria tarefa. Esse efeito ocorreu mesmo quando os participantes receberam CRs corretos nas primeiras 50 tentativas e, somente então, começaram a receber a informação incorreta. Ainda mais interessante, foi o efeito da persistência da informação incorreta depois de uma semana, quando os participantes desempenharam a habilidade sem o CR.

Os resultados desse experimento têm implicações importantes para as situações de aquisição de habilidades. O motivo básico que levou as pessoas a resolvem o conflito entre o *feedback* aumentado e o sensorial, favorecendo a informação incorreta, é que elas não sabiam exatamente como utilizar ou interpretar o *feedback* intrínseco à tarefa. Conseqüentemente, elas escolheram o *feedback* aumentado como fonte de informação para fazer os ajustes de movimento nas tentativas futuras. Os principiantes são os aprendizes mais prováveis de serem influenciados. Com esses resultados, os instrutores e os terapeutas ficam sabendo que as informações fornecidas como *feedback* aumentado precisam ser adequadas e devem estabelecer um meio que os aprendizes devem utilizar para interpretar o *feedback* sensorial. As pessoas ignoram seu próprio *feedback* sensorial, mesmo que ele esteja correto, e baseiam a correção do movimento no que o instrutor lhes diz.

Resumo

O *feedback* aumentado é a informação fornecida por uma fonte externa, que acrescenta ou melhora a qualidade do *feedback* diretamente disponível do desempenho de uma habilidade (chamado de *feedback* intrínseco à tarefa). Distinguimos os dois tipos de *feedback* aumentado baseado na parte do desempenho de uma habilidade à qual a informação se refere. O conhecimento dos resultados (CR) se refere ao resultado do desempenho da habilidade, enquanto que o conhecimento do desempenho (CD) se refere às características do desempenho que levam ao resultado. Um instrutor pode fornecer o *feedback* aumentado concomitante, enquanto o aprendiz está desempenhando a habilidade, ou terminal, depois do desempenho ter sido completado. O *feedback* aumentado pode servir para informar o aprendiz sobre o sucesso do desempenho da habilidade, ou dos erros cometidos no desempenho; pode servir também para motivar o aprendiz a continuar insistindo na meta.

O *feedback* aumentado pode apresentar quatro efeitos diferentes na aprendizagem de habilidades. As evidências experimentais mostram que o *feedback* aumentado pode ser indispensável, dispensável, pode melhorar a qualidade ou até prejudicar a aprendizagem de habilidades. O efeito varia de acordo com certas características da habilidade e do aprendiz. O que ainda falta ser determinado por pesquisas futuras são as características específicas do aprendiz e da habilidade que estão subentendidas em cada um desses quatro efeitos. Existem algumas hipóteses referentes a essas características e condições. Parece que, quando o desempenho de uma habilidade fornece o *feedback* intrínseco à tarefa que o participante pode interpretar efetivamente para avaliar seu desempenho, o *feedback* aumentado é desnecessário. Quando a pessoa não consegue interpretar o *feedback* intrínseco à tarefa do ambiente ou dos movimentos envolvidos na própria habilidade, ela precisa de algum tipo de *feedback* aumentado. O tipo exato de *feedback* que a pessoa precisa e como ou quando ele poderá ser fornecido, depende da habilidade que a pessoa está desempenhando. Existem três situações em que o aprendiz pode tornar-se dependente do *feedback* aumentado e, portanto, a aprendizagem será prejudicada pela disponibilidade do *feedback* aumentado durante a prática.

Leituras relacionadas

Adams, J. A. 1987. Historical review and appraisal of research on the learning, retention, and transfer of human motor skills. *Psychological Bulletin* 101: 41-74. (Ler as seções sobre CR: pp. 43-44, 48-49, 61-62.)

Lee, A. M., N. C. Keh, and R. A. Magill. 1993. Instructional effects of teacher feedback in physical education. *Journal of Teaching in Physical Education* 12: 228-43.

Magill, R. A. 1993. Augmented feedback and skill acquisition. In R. N. Singer, M. Murphey, and L. K. Tennant (Eds.), *Handbook on research in sport psycchology* (pp. 193-212). New York: Macmillan.

Salmoni, A. W., R. A. Schmidt, and C. B. Walter. 1984. Knowledge of results and motor learning: A review and critical reappraisal. *Psychological Bulletin* 95: 355-86.

Conceito 5.3

Os profissionais que se dedicam ao estudo de habilidades motoras podem fornecer *feedback* aumentado de várias formas

Termos-chaves

Feedback aumentado quantitativo

Feedback aumentado qualitativo

Amplitude do desempenho

CD descritivo

CD prescritivo

Biofeedback

Aplicação

Quando você está ajudando uma pessoa a aprender ou reaprender uma habilidade, você costuma pensar na eficiência do *feedback* aumentado que você está oferecendo? Por exemplo, quando você fornece à pessoa *feedback* verbal, como você decide o que dizer à pessoa ? Se a pessoa está cometendo muitos erros durante o desempenho da habilidade, quantos e quais erros você corrige? Você já pensou na possibilidade de que pode haver formas mais eficientes de fornecer o *feedback* aumentado? Quais as vantagens, desvantagens e limitações dessa várias opções?

Considere a seguinte situação. Suponha que você está ensinando um balanço típico do golfe para uma classe ou trabalhando em uma clínica com um paciente que está aprendendo a se locomover com uma perna artificial. Em cada uma dessa situações, as pessoas que praticam essas habilidades podem cometer uma série de erros e podem ser beneficiadas com o *feedback* aumentado. Quando elas cometem erros, o que provavelmente fazem com muita freqüência, como você sabe o que dizer a elas para que possam corrigir os erros nas tentativas subseqüentes? Se você dispuser de uma câmara de vídeo, você poderá gravar uma fita e depois mostrar-lhes seu próprio desempenho? Ou seria ainda mais vantajoso gravar as fitas, analisá-las e depois mostrar-lhes como estão desempenhando os movimentos cinematicamente? Há vários outros métodos que você pode utilizar para fornecer *feedback* aumentado. Mas, antes que você, como instrutor ou terapeuta, utilize um desses métodos, você terá que saber como implementar o método mais eficiente e quando utilizá-lo para facilitar a aprendizagem.

Todas essas questões estão relacionadas com uma questão fundamental que desafia todas as pessoas envolvidas na instrução de habilidades motoras, independentemente das condições ou tipo de habilidade. A questão é como fornecer a informação adequada para que o aprendiz tire o maior proveito. Na discussão, a seguir, tentaremos responder essas questões, para melhorar sua compreensão do processo de aprendizagem de habilidades motoras e para fornecer informações práticas úteis.

Discussão

Nesta discussão, nos concentraremos em questões importantes relativas ao conteúdo do *feedback* aumentado e, em seguida, examinaremos vários tipos de *feedback* aumentado que os profissionais podem utilizar nos programas instrucionais. Antes disso, consideraremos a característica do *feedback* aumentado que tem implicação direta na escolha do tipo e conteúdo do *feedback* aumentado que o instrutor aplica em qualquer situação.

O *feedback* aumentado orienta a atenção

Ao decidir o tipo e o conteúdo do *feedback* aumentado a ser dado, o instrutor deve considerar o seguinte: o *feedback* influirá na forma como o aprendiz orienta sua atenção durante o desempenho da habilidade? Lembre-se da nossa discussão sobre o modelo da atenção de Kahneman (Conceito 3.2), segundo o qual um fator decisivo na determinação da alocação da capacidade de atenção é o que Kahneman chama de "intenções momentâneas". O *feedback* aumentado funciona como um tipo de intenção momentânea, porque ele pode chamar a atenção do indivíduo para um aspecto específico do desempenho da habilidade.

Devido ao efeito da orientação da atenção do *feedback* aumentado, é importante certificar-se de que o *feedback* que você está fornecendo chama a atenção da pessoa para o aspecto específico da habilidade que, se aperfeiçoado, melhorará significativamente o desempenho da habilidade inteira ou de parte da habilidade que a pessoa está tentando melhorar. Por exemplo, suponha que você esteja ensinando uma criança a lançar uma bola em um alvo. Suponha, ainda, que a criança está cometendo muitos erros, como acontece com os principiantes. A criança pode estar olhando para as mãos, pisando com o pé errado, soltando a bola de forma desajeitada ou não está girando o tronco. Provavelmente, o erro mais fundamental é não estar olhando o alvo. Este, então, passa a ser o erro sobre o qual você deverá fornecer o *feedback*; é a parte da habilidade para a qual você quer que a criança oriente sua atenção. É a parte da habilidade que, se corrigida, terá um efeito significativo, imediato e positivo no desempenho. Corrigindo esse erro, indubitavelmente, a criança também corrigirá muitos outros erros que caracterizam seu desempenho.

Questões do conteúdo do *feedback* aumentado

Consideraremos aqui três questões relativas ao conteúdo do *feedback* aumentado. Cada uma delas se refere ao tipo de informação que o *feedback* aumentado deve conter.

Informação sobre erros versus aspectos corretos do desempenho. Uma controvérsia que ainda persiste sobre o conteúdo do *feedback* aumentado é, se a informação que o instrutor transmite para o aprendiz, deve estar relacionada com os erros cometidos ou com os aspectos corretos do desempenho. A resposta a essa pergunta é difícil de ser dada, primeiramente, por causa dos diferentes papéis que o *feedback* aumentado pode desempenhar no processo de aquisição da habilidade. Quando o instrutor está fornecendo informações sobre erros, o *feedback* aumentado está desempenhando seu papel informativo para facilitar o aperfeiçoamento da habilidade. Por outro lado, quando o instrutor está dizendo à pessoa o que ela fez corretamente, o *feedback* aumentado desempenha um papel mais motivador.

As evidências experimentais tem mostrado consistentemente que a informação de erro é mais eficiente para estimular o aperfeiçoamento das habilidades. Essa evidência reforça a hipótese de Lintern e Roscoe (1980), que nada mais é que uma versão ampliada de uma hipótese proposta originalmente por Annett (1959). A hipótese é a seguinte: focalizar o que está sendo feito corretamente durante o desempenho de uma habilidade, principalmente na etapa inicial da aprendizagem, não é suficiente para produzir uma aprendizagem perfeita. Ao contrário, a experiência que a pessoa possui em corrigir erros operando com *feedback* aumentado baseado em erros é particularmente importante para a aquisição de habilidades.

Uma outra forma de encarar essa questão é considerar os diferentes papéis que o *feedback* aumentado desempenha. A informação do erro orienta a pessoa a alterar certas

> **SAIBA MAIS**
>
> **Um exemplo de pesquisa mostrando como o *feedback* aumentado sobre certos aspectos de uma habilidade ajuda a corrigir outros aspectos**
>
> Os participantes de um experimento conduzido por Den Brinker, Stabler, Whiting e van Wieringen (1986) aprenderam a desempenhar o *slalom* num simulador de esqui. O triplo objetivo consistia em mover a plataforma da esquerda para a direita com uma determinada freqüência alta, o mais rápido e com a maior fluidez possível. Tendo em vista essas metas de desempenho, cada um de três grupos recebeu um tipo diferente de informação como CD depois de cada tentativa. Os pesquisadores informaram aos participantes de um grupo a distância que eles tinham movido a plataforma; informaram aos participantes do outro grupo quanto seu desempenho havia se aproximado da freqüência de movimento da plataforma pressuposta pelo critério; e informaram aos participantes do terceiro grupo como foi o desempenho com relação à fluidez do movimento. Os três grupos praticaram durante quatro dias, desempenhando seis tentativas de 1,5 minutos por dia, com um tentativa de teste antes e depois do bloco de tentativas de prática. No início da prática, o tipo de CD que um indivíduo recebia afetava a medida do desempenho especificamente relacionada com aquele aspecto do desempenho da habilidade. Entretanto, nos dois últimos dias de prática, o CD sobre a distância fez com que as pessoas se saíssem melhor em todas as características da meta do desempenho. Assim, chamar a atenção dos aprendizes para melhorar um aspecto do desempenho fez com que eles desenvolvessem não somente aquele, mas também os outros dois aspectos do desempenho.

características do desempenho, o que por sua vez facilita a aquisição da habilidade. Por outro lado, o *feedback* informando que a pessoa desempenhou certas características corretamente, indica que ela está no caminho certo da aprendizagem de uma habilidade e a estimula a continuar tentando. Quando o *feedback* aumentado é encarado por esse ponto de vista, vemos que o fato de o *feedback* ser sobre erros ou sobre aspectos corretos do desempenho, dependerá do objetivo da informação. A informação relacionada aos erros funciona melhor para facilitar a aquisição da habilidade, enquanto a informação sobre o desempenho correto serve mais para motivar a pessoa a prosseguir.

É recomendável fornecer tanto a informação baseada nos erros cometidos, quanto no desempenho correto durante a prática. A questão realmente importante se resume, então, na proporção ideal de cada tipo. Infelizmente, não existem resultados de pesquisas em que possamos basear uma resposta a essa questão. Entretanto, Siedentop (1983) estabeleceu uma norma. Ele propôs que os instrutores fornecessem os dois tipos de *feedback* aumentado à razão de quatro declarações baseadas no erro para uma declaração baseada no desempenho correto. A conclusão sobre se esta é a combinação ideal para facilitar a aprendizagem de habilidades ainda precisa de mais suporte experimental. Entretanto, parece que uma combinação dessa ordem se constitui numa excelente forma de associar os dois papéis do *feedback* aumentado num programa de aprendizagem de habilidades.

Informação qualitativa versus informação quantitativa. O *feedback* aumentado pode ser qualitativo, quantitativo ou ambos. Se o *feedback* aumentado envolver um valor numérico relacionado à magnitude de alguma característica do desempenho, ele é denominado de **feedback aumentado quantitativo**. Ao contrário, o *feedback* **aumentado qualitativo** é a informação que se refere à qualidade das características de desempenho, sem se preocupar com valores numéricos associados a ele.

Para o *feedback* aumentado verbal, é fácil distinguir esses tipos de informação em situações de desempenho. Por exemplo, um terapeuta ajudando um paciente a melhorar a velocidade da passada poderia fornecer ao paciente informação qualitativa sobre a última tentativa através da seguinte frase: "Essa foi mais rápido do que na última vez"; "Essa foi muito melhor"; ou "Você precisa dobrar mais o joelho". Um professor de Educação Física ou um instrutor ensinando um aluno um saque no jogo de tênis poderia dizer-lhe que um determinado saque estava "bom" ou "longo", ou poderia dizer alguma coisa como: "Você fez contato com a bola muito antes do ponto certo". Por outro lado, o terapeuta poderia fornecer ao paciente *feedback* aumentado verbal quantitativo usando as seguintes palavras: "Desta vez você caminhou 3 segundos mais rápido do que na última vez", ou "Você precisa dobrar o joelho mais 5 graus". O treinador poderia fornecer um *feedback* quantitativo para o aluno de tênis, da seguinte forma: "O saque estava 6 cm mais longo do que deveria" ou "Você fez contato com a bola 10 cm antes do que deveria".

Os terapeutas e instrutores também podem fornecer informação qualitativa e quantitativa não-verbal do *feedback* aumentado. Por exemplo, o terapeuta poderia fornecer informação qualitativa ao paciente no caso descrito anteriormente, através de um sinal sonoro que seria acionado quando a velocidade de caminhada do paciente excedesse o valor da tentativa anterior ou quando a flexão do joelho atingisse o valor da meta. O professor ou instrutor poderia fornecer ao aluno de tênis informação qualitativa na forma de uma exibição no computador, que utilizasse uma barra vertical para mostrar as características cinemáticas do movimento que o aluno executou durante o saque. Os profissionais que se dedicam ao ensino de habilidades motoras, freqüentemente, fornecem informações quantitativas não-verbais associadas a formas qualitativas. Por exemplo, o terapeuta poderia mostrar ao paciente um gráfico, gerado por computador, representando o movimento da perna do paciente durante a caminhada, exibindo valores numéricos das velocidades de caminhada associadas a cada tentativa ou o grau de flexão do joelho observado em cada tentativa. Poderíamos descrever exemplos semelhantes para o aluno de tênis.

Como esses dois tipos de informação de *feedback* aumentado afetam a aprendizagem de habilidades? Os pesquisadores que se dedicam ao estudo da aprendizagem motora têm tradicionalmente, investigado essa questão através de experimentos voltados para a *precisão* do CR apresentado verbalmente. Ao fazer isto, eles tem assumido que o CR quantitativo é mais preciso que o CR qualitativo. A abordagem tradicional considera que a informação quantitativa é superior à informação qualitativa na aprendizagem de habilidades. Entretanto, os pesquisadores tem questionado essa conclusão seguindo uma reavaliação de Salmoni, Schmidt e Walter (1984) sobre as pesquisas em que esta conclusão se baseou. Eles mostraram que a maioria dos experimentos que investigam a questão da precisão não inclui testes de retenção ou de transferência.

Considere o seguinte experimento como exemplo de uma conclusão mais adequada sobre o efeito da precisão. Cada participante de um experimento conduzido por Magill e Wood (1986) aprendeu a mover o braço através de uma série de barreiras de madeira, de modo a produzir um padrão específico de movimento de seis segmentos. Cada segmento tinha seu próprio critério de tempo de movimento, que os participantes deviam aprender. Após cada uma das 120 tentativas de prática, os participantes receberam tanto CR qualitativo (i.e., "muito rápido", "muito lento" ou "correto") quanto CR quantitativo (i.e., o número de milissegundos adiantado ou atrasado) para cada segmento. A figura 5.3-1 mostra que as 60 primeiras tentativas não mostraram nenhuma diferença no desempenho dos participantes que se basearam no tipo de informação recebida. Entretanto, durante as 60 tentativas finais e nas 20 tentativas de retenção sem CR, a condição CR quantitativa proporcionou um desempenho melhor.

Com base nesses resultados, podemos concluir que a resposta à questão sobre se a informação qualitativa é melhor do que a informação quantitativa para a aprendizagem de habilidades, não pode ser uma resposta em que uma exclua a outra. A determinação de que tipo de informação é melhor, depende da etapa de aprendizagem do aprendiz. Na etapa inicial da aprendizagem, as pessoas prestam atenção basicamente na informação qualitativa, mesmo que disponham da informação quantitativa. A vantagem desse foco de atenção é que a informação qualitativa fornece um forma mais fácil de conseguir uma aproximação inicial do movimento desejado. Colocando de outra forma, essa informação permite que os aprendizes controlem com mais facilidade os vários graus de liberdade e produzam uma ação que esteja "na área" do que precisam fazer. Depois de atingir essa ação "na área" a informação quantitativa passa a ser mais importante, porque ela permite que os aprendizes refinem a ação para torná-la mais efetiva na obtenção da meta da ação. Em termos do modelo de etapas da aprendizagem proposto por Gentile, a informação qualitativa permite à pessoa "captar à idéia do movimento", mas o aprendiz precisa de informação quantitativa na etapa seguinte, para atingir as metas da fixação ou da diversificação.

O feedback aumentado baseado na amplitude do desempenho. A questão sobre qual a dimensão do erro que um praticante pode cometer antes que o terapeuta ou o instrutor forneça o *feedback* aumentado, está intimamente relacionada com as questões que tentamos responder nas duas seções anteriores. Essa questão tem apelos práticos claros porque ela reflete, sem nenhuma dúvida, o que ocorre nas situações instrucionais reais. Para muitos professores e terapeutas parece razoável fornecer *feedback* somente quando os erros são

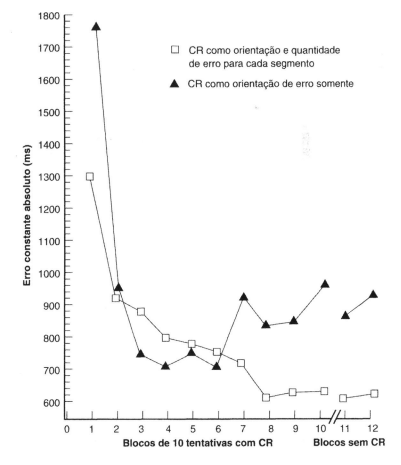

Figura 5.3-1– Escores de erro absoluto constante durante a prática com CR (blocos 1-10) e sem CR (blocos 11-12) em um padrão de timing de seis segmentos no experimento de Magill e Wood. (De R. A. Magill e C. Wood, "Knowledge of Results Precision as a Learning Variable in Motor Skill Acquisition" em Research Quarterly for Exercise and Sport, Vol. 57, pp. 170-173, 1986. Direitos autorais da American Alliance for Health, Physical Education, Recreation and Dance, 1986. Reprodução autorizada.)

suficientemente grandes para merecer atenção. Esta prática sugere que, em muitas situações de aprendizagem de habilidades, os professores ou os terapeutas desenvolvem **amplitudes de desempenho** que estabelecem os limites de tolerância dos erros, especificando quando deverá ser ou não fornecido o *feedback* aumentado. Quando uma pessoa tem um desempenho dentro dos limites de tolerância da amplitude, o professor ou terapeuta não fornece o *feedback* aumentado. Mas, se a pessoa cometer um erro que esteja fora da amplitude do desempenho, o instrutor fornecerá o *feedback* aumentado.

Existe algum apoio de pesquisas de laboratório que corroboram a abordagem da amplitude do desempenho. Por exemplo, no primeiro relato de experimento investigando esse procedimento, Sherwood (1988) fez com que os sujeitos praticassem uma tarefa de flexão rápida do cotovelo, com um meta para o tempo de movimento de 200 ms. Os integrantes de um grupo receberam CR sobre seus erros no tempo do movimento, depois de cada tentativa, independentemente do valor do erro (i.e., uma amplitude de 0 %). Os integrantes dos outros dois grupos receberam CR somente quando seus erros excederam 5 % e 10 % do tempo de movimento da meta. Os resultados de um teste de retenção, sem CR, mostraram que a condição de amplitude de 10 % resultou na menor variabilidade no tempo de movimento (i.e., erro variável), enquanto que a condição de 0 % resultou no erro mais variável. Outros pesquisadores replicaram esses resultados (consulte por exemplo, Lee, White e Carnahan, 1990; Cauraugh, Chen e Radlo, 1993).

Exemplos de tipos diferentes de conhecimento de desempenho

A maioria das pesquisas em quem baseamos nosso conhecimento do *feedback* aumentado e da aprendizagem de habilidades, decorre de experimentos conduzidos em laboratório, nos quais os pesquisadores forneceram conhecimento de resultados (CR) aos participantes. Embora a maior parte das conclusões dessas pesquisas também se aplique ao conhecimento do desempenho (CD), é conveniente analisar um pouco as pesquisas que investigam diferentes tipos de CD. Com base em evidências experimentais de pesquisas de desempenho de professores, parece que a maioria das pessoas envolvidas na instrução de habilidades motoras fornece mais CD do que CR. À medida em que a tecnologia de análise do movimento se torna mais sofisticada e disponível, as formas não-verbais de CD estão se tornando mais evidentes nos programas de aquisição de habilidades.

Conhecimento verbal do desempenho. Um dos motivos que leva os instrutores de habilidades a fornecer mais CD verbal que CR verbal é que o CD fornece mais informações para ajudá-los a melhorar os aspectos da aprendizagem de habilidades. Como CR se baseia mais no resultado do desempenho, parece ter menor efeito na aquisição de habilidades, exceto em situações em que o CR tenha se mostrado indispensável para a aprendizagem da habilidade (como foi descrito no Conceito 5,2). Um dos problemas que surge com a utilização de CD verbal, é a determinação do conteúdo adequado sobre o que dizer ao praticante da habilidade. Esse problema ocorre porque, normalmente, as habilidades são complexas e o CD geralmente está relacionado a um aspecto específico do desempenho da habilidade. O desafio para o instrutor ou terapeuta, portanto, está em selecionar as características adequadas do desempenho em que o CD deve se basear.

Para resolver esse problema, a primeira coisa que o professor ou o terapeuta precisa fazer é realizar uma *análise da habilidade* que está sendo praticada. O que significa identificar as diversas partes componentes da habilidade. Em seguida, o profissional deve organizar as partes de acordo com uma prioridade de importância no desempenho correto da habilidade. Inicialmente as primeiras partes mais críticas, em seguida as segundas partes

> **SAIBA MAIS**
>
> **Feedback aumentado quantitativo versus qualitativo e a técnica da amplitude do desempenho**
>
> Cauraugh, Chen e Radlo (1993) pediram as pessoas que praticassem uma tarefa de *timing*, na qual deveriam apertar uma seqüência de três teclas em 500 ms. Os participantes de um grupo recebiam CR quantitativo sobre o tempo de seus movimentos (TM), quando o TM se situava *fora* da amplitude do desempenho em 10 %. Um segundo grupo, ao contrário, recebia CR quantitativo somente quando o TM se situava *dentro* da amplitude do desempenho em 10 %. Foram formados dois grupos adicionais, constituídos por participantes "atrelados" a participantes individuais nas condições fora e dentro da largura da banda. Os integrantes desses dois grupos recebiam CR nas mesma tentativas em que recebiam os participantes "atrelados". Esse procedimento permitiu obter duas condições com a mesma freqüência de *feedback* aumentado e, ao mesmo tempo, permitiu comparar as condições com e sem amplitude.
>
> Em termos da freqüência de CR, aqueles que se situaram na condição fora da amplitude receberam CR quantitativo em 25 % das 60 tentativas de prática, enquanto que aqueles na condição dentro da amplitude receberam CR em 65 por cento das tentativas. Um aspecto interessante dessa diferença é que as tentativas restantes para os dois grupos foram tentativas CR implicitamente qualitativas, porque quando eles não recebiam CR, os participantes sabiam que seu desempenho tinha sido "bom" ou "ruim". Os resultados do desempenho de testes de retenção mostraram que as duas condições da amplitude não diferiram muito, mas ambas resultaram em melhor aprendizagem que as condições sem amplitude. Esses resultados mostram que o estabelecimento de larguras de banda do desempenho como base para o fornecimento de CR quantitativo leva a uma interação entre o CR quantitativo e qualitativo que facilita a aprendizagem de habilidades.

mais críticas e assim por diante. Para decidir que partes são mais críticas, é preciso estabelecer que parte da habilidade precisa ser necessariamente executada adequadamente para que toda a habilidade seja desempenhada corretamente. Por exemplo, na tarefa relativamente simples de alcançar e segurar um lápis, componente mais crítico é olhar para o lápis. Esta parte é a mais crítica porque, mesmo que o aprendiz iniciante execute todas as outras partes da habilidade corretamente (o que não é provável), há uma probabilidade muito pequena de que ele venha a desempenhar a habilidade corretamente sem olhar para o lápis. Nesse caso, então, olhar para o lápis viria em primeiro lugar na lista de prioridades da análise da habilidade e seria a primeira parte da habilidade que o profissional avaliaria ao determinar o que incluir no CD.

As declarações do CD verbal são de dois tipos. No **CD descritivo**, a declaração do CD descreve simplesmente o erro cometido pelo praticante. O outro tipo, o **CD prescritivo**, não só identifica o erro, mas também informa à pessoa o que fazer para corrigi-lo. Por exemplo, se você disser a uma pessoa "Você moveu o pé direito muito antes" você está apenas descrevendo o problema. Entretanto, se você disser, "Você precisa mover o pé direito ao mesmo tempo que move o braço direito" você também estará dando informação prescritiva sobre o que a pessoa precisa fazer para corrigir o problema.

Que tipo de CD facilita mais a aprendizagem? Embora não haja evidência empírica, o senso comum estabelece que a resposta varia com a etapa da aprendizagem da pessoa que está praticando a habilidade. A declaração, "Você moveu o pé direito muito antes", seria muito útil para um principiante, somente se ele soubesse de antemão que o pé direito deveria

---

Saiba Mais

Um exemplo de embasamento do CD na análise de uma habilidade

Num experimento conduzido por Magill e Schoenfelder-Zohdi (1996), as pessoas praticaram uma habilidade de ginástica rítmica com cordas. A habilidade consistia primeiro, em segurar em uma das mãos, a corda com nós nas duas pontas, e depois, fazer um círculo com a corda duas vezes para a frente no plano sagital. Ao terminar o segundo círculo, a pessoa soltava um dos nós de modo que a corda ficasse completamente estendida e batesse no solo. Ao mesmo tempo, a pessoa fazia meia volta virando-se na direção oposta à posição inicial. Enquanto a corda voltava, a pessoa apanhava o nó na ponta da corda.

Os autores fizeram uma análise da habilidade. A partir dela, desenvolveram a seguinte lista de trinta e seis declarações de prioridades para o CD. (As declarações para uma dada tentativa eram escolhidas de acordo com o que o experimentador considerava como o erro mais crítico a ser corrigido na tentativa seguinte.)

1. Segure os dois nós na mesma mão
2. Faça um círculo com a corda duas vezes
3. Faça um círculo com a corda pra frente
4. Afaste o braço do corpo
5. Faça um círculo com a corda no plano sagital
6. Faça um círculo com a corda mais devagar
7. Faça um círculo com a corda mais depressa
8. Dê meia volta
9. Não gire o corpo para a esquerda
10. Gire os pés
11. Gire antes
12. Gire depois
13. Não gire demais
14. Não torça o corpo
15. Não gire de repente
16. Solte o nó antes
17. Solte o nó depois
18. Não solte o outro nó
19. Abaixe o braço depois de soltar o nó
20. A corda tem que bater no solo
21. Não bata a corda tão forte no solo
22. Não interrompa o movimento da corda
23. Mova o braço para a direita
24. Mova o braço para o lado do corpo
25. Mova o braço até a altura do ombro
26. Deixe a corda deslizar o suficiente
27. Mantenha o braço estendido
28. Puxe a corda para baixo
29. Faça a corda retornar antes
30. Faça a corda retornar depois
31. Puxe a corda de volta com mais força
32. Puxe a corda de volta com menos força
33. Não agarre a corda pelo meio
34. Guie melhor a corda
35. Tente apanhar o nó
36. Muito bem!

---

se mover ao mesmo tempo que o braço direito. As declarações de CD descritivo são úteis para ajudar as pessoas a aperfeiçoarem o desempenho, desde que já tenham aprendido o que devem fazer para corrigir um erro. Isto sugere que as declarações do CD prescritivo são mais úteis aos principiantes. Para uma pessoa numa etapa mais avançada, geralmente basta uma declaração do CD descritivo.

Fitas de vídeo (VT) como feedback aumentado. A utilização cada vez mais freqüente do VT como *feedback* aumentado é um indicador de que os instrutores e terapeutas precisam aprender a utilizá-lo com mais eficácia. Infelizmente, a pesquisa existente é insuficiente para fundamentar o estabelecimento de normas para a utilização do VT como *feedback* aumentado. Na verdade, Rothestein e Arnold (1976), publicaram o único trabalho de revisão abrangente da literatura sobre essa pesquisa, revendo cerca cinqüenta trabalhos que

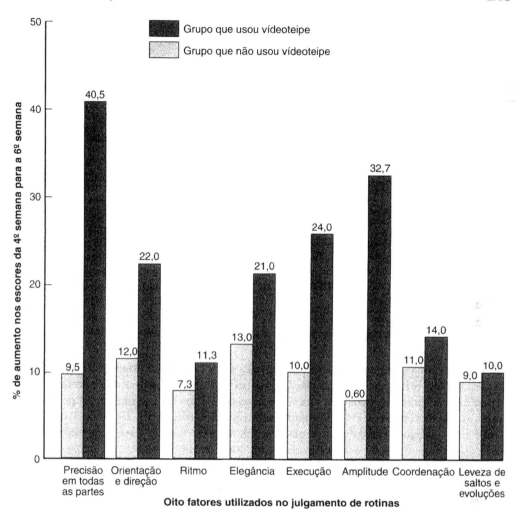

Figura 5.3-2 – Resultados do experimento de Selder e Del Rolan mostrando o aumento de porcentagem nos escores de um grupo de ginastas que usou vídeoteipe e um grupo que não utilizou vídeoteipe. (Fonte: Dados de D. J. Selder e N. Del Rolan, "Knowledge of Performance, Skill Level and Performance on the Balance Beam" em Canadian Journal of Applied Sport Sciences, 4:226-229, 1979.)

envolviam dezoito atividades esportivas diferentes. Na maioria desses trabalhos, os alunos eram principiantes, embora alguns incluíssem praticantes de nível intermediário e avançado. Apesar de os resultados sobre a eficiência do VT geralmente serem confusos, dois pontos ficaram bem claros. Primeiro, o tipo de atividade não era um fator crítico, mas o nível de habilidade do aluno sim. Quando os principiantes assistiam uma repetição do VT, precisavam que alguém lhes destacasse a informação importante. Os praticantes avançados ou intermediários não precisam desse tipo de assistência. Segundo, a repetição do VT era mais eficaz quando utilizada por períodos mais longos. Os estudos incluídos nessa revisão em que o VT se mostrou como uma ferramenta eficiente da aprendizagem, incluíram o VT como parte de uma programação prática durante pelo menos cinco semanas.

Um experimento conduzido por Kernodle e Carlton (1992) fornece um exemplo de evidência experimental que reforça a vantagem de fazer os principiantes assistirem repetições

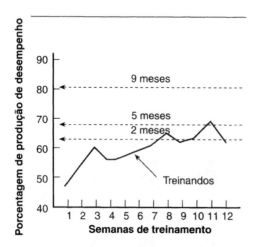

Figura 5.3-3 – *A parte superior da figura ilustra a ação do pé, exigida pelo operador da máquina, para produzir um corte aceitável do disco no experimento de Lindahl. O gráfico da parte inferior da figura mostra o desempenho na produção alcançada pelos trabalhadores em treinamento utilizando informação gráfica durante 12 semanas de treinamento. As linhas tracejadas mostram os níveis de desempenho alcançados por outros trabalhadores depois de 2, 5 e 9 meses de experiência. (Fonte: L. G. Lindahl, "Movement Analysis as an Industrial Training Method" em Journal of Applied Psychology, Vol. 29, 430-436, 1945, American Psychological Association.)*

de VT. Os participantes praticaram lançando uma bola macia de espuma o mais longe possível, com o braço não-dominante. As pessoas de um grupo receberam pistas bem específicas sobre o que procurar nas repetições do VT de cada tentativa. As pessoas de um outro grupo receberam as mesmas pistas mais uma declaração de CD prescritivo relacionada a um erro crítico cometido na tentativa. Os membros de ambos os grupos, no final, arremessavam, a bola mais longe e desenvolveram melhores formas de lançamento do que os membros de um grupo que apenas assistiu a repetição do VT e integrantes de um outro grupo que somente recebeu CR sobre a distância de seus lançamentos.

Ao considerar o uso do VT como *feedback* aumentado, os professores e terapeutas precisam ter em mente um ponto importante: o VT não transmite ao principiante todos os tipos de informação de desempenho que podem ser críticos no aperfeiçoamento do mesmo mesmo. Evidentemente, as repetições de VT transmitem melhor certos tipos de informação do desempenho do que outros. Selder e Del Rolan (1979) exemplificaram isso muito bem num estudo em que meninas de doze a treze anos estavam aprendendo a equilibrar uma travessa. Um grupo de controle recebeu somente *feedback* verbal sobre o seu desempenho em cada tentativa. Um outro grupo observou repetições do VT de seus desempenhos. Um resultado tornou claro a necessidade de uso contínuo do VT para auxiliar a aprendizagem. Embora não houvesse diferenças no desempenho entre os dois grupos no final de quatro semanas de prática, o grupo do VT apresentou um escore significativamente mais alto que o grupo do *feedback* verbal ao final de seis semanas (veja a figura 5.3-2). Mas o que foi particularmente interessante nesses resultados, foi que as ginastas do grupo do VT apresentaram escores significativamente mais altos em somente quatro dos oito fatores que compunham o escore total. Esses fatores eram precisão, execução, amplitude e orientação e direção. As observações feitas a partir das repetições do VT não lhes forneceram nenhuma vantagem sobre aquelas que receberam somente *feedback* verbal para ritmo, elegância, coordenação e leveza em saltos e evoluções.

Cinemática apresentada graficamente como feedback aumentado. A capacidade de fazer uma análise cinemática sofisticada do movimento tem se tornado cada vez mais comum em clínicas de reabilitação, assim como na instrução esportiva em clubes. Os terapeutas e os professores utilizam esse tipo de análise para retratar graficamente as características cinemáticas dos desempenhos de habilidades como *feedback* aumentado. Exatamente como no caso do VT, a pesquisa deveria determinar a eficiência da análise cinemática no fornecimento de *feedback* aumentado e estabelecer as normas para a implementação da sua utilização.

A idéia de usar as características cinemáticas como *feedback* aumentado para aumentar a aprendizagem de habilidades, não surgiu com o advento do computador. Um dos primeiros estudos investigando esse método de *feedback* envolveu o treinamento de operadores de máquinas na indústria (Lindahl, 1945). Os operários tinham que cortar discos finos de tungstênio precisa e rapidamente com uma máquina que exigia coordenação rápida, precisa e rítmica das mãos e dos pés. O método de treinamento normal para esse tipo de trabalho era de tentativa e erro. Entretanto, Lindhal desenvolveu um outro método de treinamento que envolvia o fornecimento de *feedback* aumentado na forma de um traçado no papel do padrão dos pés que um operário produzia enquanto cortava os discos de tungstênio. Um exemplo do traçado para a ação correta dos pés está na parte superior da figura 5.3-3. Os operários já treinados ensinavam os iniciantes utilizando os desenhos que ilustravam essa ação correta dos pés e, periodicamente, mostravam-lhes os resultados do movimento de seus próprios pés. A vantagem desse procedimento aparece na parte inferior da figura 5.3-3. É notável nessa figura que os iniciantes, que recebiam o *feedback* aumentado, atingiam em onze semanas, os níveis de produção de desempenho que outros iniciantes tinham levado cinco meses para conseguir. Além disso, os principiantes, em doze semanas, reduziram as porcentagens de quebra dos discos de corte praticamente a zero, um nível atingido pelos operários treinados pelo método tradicional, somente depois de nove meses.

A maior parte das investigações científicas sobre a eficiência da cinemática como *feedback* aumentado foram conduzidas através de experimentos desenvolvidos em laboratório. Um bom exemplo dessas investigações é encontrado num experimento conduzido por Newell, Quinn, Sparrow e Walter (1983) que, na verdade, trata-se de ampliação de um estudo anterior desenvolvido por Hatze (1976). Os participantes praticavam movimentando uma alavanca para um alvo, o mais rápido possível. Um grupo recebeu *feedback* aumentado verbalmente, na forma de seus tempos de movimento; um segundo grupo recebeu o *feedback* aumentado graficamente, através dos traços de movimento e velocidade exibidos na tela do computador. Um terceiro grupo, não recebeu *feedback* aumentado. O grupo que recebeu como *feedback* o gráfico cinemático na tela do computador, mostrou melhor desempenho durante dois dias de prática. É interessante observar que os três grupos praticaram inicialmente sem *feedback* aumentado durante 25 tentativas e mostraram um aperfeiçoamento estável antes de atingir um estado estacionário em torno das 20 tentativas. Os dois grupos do *feedback* aumentado mostraram melhora imediata quando começaram a receber seus formulários de *feedback* aumentado com os gráficos de movimento e velocidade, levando a um desempenho inicial melhor, que foi se tornando mais pronunciado à medida que a prática continuava.

Wood, Gallagher, Martino e Ross (1992) forneceram um bom exemplo da utilização da exibição gráfica da cinemática do movimento para a aprendizagem de uma habilidade esportiva. Os participantes praticaram um balanço completo para uma tacada de golfe com cinco tacos com cabeça de ferro numa plataforma protegida por uma rede. Um computador foi adaptado para monitorar a cinemática do balanço do golfe à medida que a cabeça do taco passava por sensores de luz na plataforma. O computador avaliava a velocidade, o

> ## SAIBA MAIS
>
> **Diretrizes para fornecimento do *feedback* aumentado**
>
> • **A pessoa deve ser capaz de utilizar a informação.** Um *feedback* aumentado mais específico ou sofisticado não é necessariamente melhor. Os principiantes precisam de informações para ajudá-los a fazer uma aproximação dos movimentos necessários na área; à medida que a aprendizagem de habilidades progride, mais informações específicas são necessárias.
>
> • **É mais conveniente combinar o *feedback* aumentado baseado em erros com as informações baseadas no que foi executado corretamente,** para se beneficiar do papel que o *feedback* aumentado desempenha em facilitar o aperfeiçoamento da habilidade e ao motivar as pessoas a persistirem na sua prática.
>
> • **O CD verbal deve se basear no erro mais crítico** cometido durante a tentativa de prática; o profissional deve identificar esse erro baseado na análise da habilidade e na lista de prioridades dos componentes da habilidade.
>
> • **O CD prescritivo é mais aconselhável para os novatos,** enquanto que o CD descritivo é mais adequado para pessoas mais qualificadas.
>
> • **As *repetições* de videoteipe podem ser muito eficientes com os principiantes,** se os instrutores ou terapeutas os orientarem a detectar e corrigir os erros enquanto assistem ao teipe.
>
> • **Os *esquemas* criados por computador da cinemática do desempenho de uma habilidade serão mais eficazes, no aperfeiçoamento de uma habilidade para praticantes mais avançados** que para principiantes.
>
> • **O *biofeedback* precisa fornecer às pessoas as informações que elas possam utilizar para modificar os movimentos.** Além disso, ele precisa ser apresentado de tal forma que as pessoas não se tornem dependentes dele.

deslocamento e a trajetória de cada balanço e exibia essa informação no monitor para aprendizes de dois grupos. Um grupo viu o modelo de um padrão ideal junto com a cinemática; o outro grupo não viu esse modelo. Um terceiro grupo recebeu a informação cinemática verbalmente na forma de números referentes aos resultados cinemáticos do balanço. Um quarto grupo não recebeu *feedback* aumentado. Em um teste de retenção, aplicado uma semana depois sem *feedback* aumentado, o grupo que observou a exibição gráfica do balanço junto com o modelo de padrão ideal teve o melhor desempenho.

Finalmente, é importante mostrar que, quando os professores, treinadores e terapeutas utilizam exibições gráficas da cinemática do movimento como *feedback* aumentado, deveriam levar em conta a etapa da aprendizagem. Os principiantes tiram proveito da informação cinemática somente quando conseguem interpretá-la e utilizá-la para melhorar seu próprio desempenho. Assim, é conveniente mostrar para os principiantes um modelo da meta cinemática. Pessoas mais experientes podem aproveitar informações cinemáticas mais complexas.

Biofeedback como feedback aumentado. O *biofeedback* envolve a utilização de instrumentos para fornecer informações sobre processos fisiológicos envolvidos no desempenho de uma habilidade. A forma de *biofeedback* mais comumente utilizada na pesquisa da aprendizagem de habilidades motoras tem sido o *biofeedback* EMG. A maior parte do que se conhece sobre o efeito do biofeedback EMG na aprendizagem de habilidades provém de pesquisas feitas em programas de reabilitação. Os resultados desses trabalhos mostraram efeitos benéficos na aprendizagem de habilidades. O fundamento subentendido na eficiência do *biofeedback* EMG é que pacientes com disfunção de movimentos geralmente não tem consciência de seus movimentos e o *biofeedback* fornece um meio de melhorar essa consciência.

Um estudo conduzido por Mulder e Hulstijn (1985) é um bom exemplo de evidência experimental que comprova a eficiência do *biofeedback* EMG. Os participantes praticaram o controle seletivo de músculos aprendendo a movimentar o dedão do pé enquanto os outros dedos não podiam se mover. Os autores escolheram essa tarefa porque ela exige que os participantes controlem um grupo de músculos específico para desempenhar a ação; essa é uma característica comum em situações de reabilitação. Cada integrante do grupo recebeu *feedback* proprioceptivo normal, mas não podia ver seu pé e não recebeu nenhum *feedback* verbal sobre o desempenho. Um outro grupo recebeu *feedback* proprioceptivo e visual, mas não recebeu *feedback* verbal. O terceiro grupo recebeu *feedback* proprioceptivo e visual, além de *feedback* táctil que provinha de um medidor de força, mas não recebeu *feedback* verbal. Depois dessa etapa, dois grupos receberam *biofeedback* vendo um sinal de EMG ou um mostrador de um medidor de força, além do *feedback* proprioceptivo normal e visual. Os resultados mostraram que, em cada um dos dois dias de treinamento, os dois grupos que receberam *biofeedback* aumentado tiveram melhor desempenho do que os grupos que não receberam estímulo.

É importante observar que os resultados da situação de laboratório do experimento de Mulder eHulstijn (1985) foram confirmados num contexto real. Num experimento conduzido por Montes, Bedmar e Martin (1993), os pesquisadores treinaram alunos de piano a controlar o ataque do polegar quando estavam tocando. Essa ação implicava em bater com muita força e, em seguida, relaxar o polegar. Os alunos recebiam, através de um monitor, *biofeedback* EMG do músculo abdutor pollicis brevis, que é o agônico para esse movimento do polegar. Eles observaram um gráfico da amplitude e das taxas de relaxamento da abdução do polegar durante o movimento. Os pesquisadores compararam esses alunos com um grupo que não recebeu esse *biofeedback* e mostraram que a condição de *biofeedback* facilita a aquisição dessa ação com mais eficiência.

Os pesquisadores também encontraram outros tipos de *biofeedback* que auxiliam a aquisição de habilidades. Por exemplo, num experimento relatado por Daniels e Landers (1981), os pesquisadores forneceram informação de batimento cardíaco audível para os indivíduos, enquanto eles se envolviam num treinamento de tiro com rifle. Em trabalhos anteriores havia sido mostrado que os atiradores de elite apertam o gatilho do rifle entre as batidas do coração. Para ajudar os principiantes a adquirirem essa característica, os autores forneceram aos alunos o batimento cardíaco como *biofeedback*, durante o desempenho de tiro. Os resultados indicaram que o uso desse tipo de *biofeedback* facilita a aquisição dessa importante característica do desempenho e leva a melhores escores de tiro.

Chollet, Micallef e Rabischong (1988) utilizaram um outro tipo de *biofeedback* com nadadores treinados para ajudá-los a aperfeiçoar e manter seu alto nível de desempenho. Os autores desenvolveram pás de natação que forneciam informação para que nadadores altamente qualificados mantivessem sua velocidade e o número de ciclos dos braços na melhor forma possível numa sessão de treinamento. As pás de natação continham sensores de força e geradores de som que transmitiam um sinal audível para transmissores colocados na touca do nadador. Os sensores foram ajustados em um limiar desejado de força propulsora da água; quando o nadador atingia esse limiar, as pás produziam um som audível para o nadador. Os autores concluíram que esse dispositivo ajudou os nadadores a manter a contagem e a velocidade das braçadas, pois sem elas os nadadores teriam diminuído essas características ao longo da distância praticada no treinamento.

Resumo

Pelo fato de o *feedback* aumentado ser uma parte tão importante da aprendizagem de habilidades, é bom entender que tipo de informação o terapeuta ou o instrutor pode fornecer para facilitar a aprendizagem e com que freqüência ele deve dar essa informação. O profissional precisa ter em mente três pontos importantes quando for decidir que informação de *feedback* aumentado deve ser dada. Primeiro, ele deve determinar a precisão da informação. O *feedback* aumentado pode ser preciso demais ou genérico demais para ajudar na aprendizagem. Segundo, ele deve determinar o conteúdo do *feedback* aumentado. Ao fazer isso, o terapeuta ou o professor precisa entender que o *feedback* aumentado serve para chamar a atenção para certas partes da habilidade; portanto, o *feedback* aumentado deve chamar a atenção para a parte da habilidade mais importante que deverá ser melhorada na tentativa seguinte. Terceiro, o profissional deve estabelecer a forma de apresentar o *feedback* aumentado. Embora o *feedback* aumentado verbal seja o tipo mais comum, outros métodos como repetição de fitas de vídeo, representação gráfica da cinemática do movimento e *feedback* sensorial aumentado também podem ser eficientes.

Leituras relacionadas

Beckhan, J. C., F. J. Keefe, D. S. Caldwell, and C. J. Brown. 1991. Biofeedback as a means to alter electromyographic activity in a total knee replacement patient. *Biofeedback and Self-Regulation* 16: 23-35.

Lee, A. M., N. C. Keh, and R. A. Magill. 1993. Instructional effects of teacher feedback in physical education. *Journal of Teaching in Physical Education* 12: 228-43.

Newell, K. M., and P. M. McGinnis. 1985. Kinematic information feedback for skilled performance. *Human Learning* 4: 39-56.

Schmidt, R. A., and D. E. Young. 1991. Methodology for motor learning: A paradigm for kinematic feedback. *Journal of Motor Behavior* 23: 13-24.

Swinnen, S. P., C. B. Walter, J. M. Pauwels, P. F. Meugens, and M. B. Beirincks. 1990. The dissociation of interlimb constraints. *Human Performance* 3: 187-215.

Winstein, C. J. 1991. Knowledge of physical therapy. *Physical Therapy* 71: 140-49.

Wrisberg, C.A., G. A. Dale, Z. Liu, and A. Reed. 1995. The effects of augmented information on motor learning: A multidimensional assessment. *Research Quarterly for Exercise and Sport* 66: 9-16.

Conceito 5.4

A aprendizagem de habilidades pode ser afetada por uma grande variedade de características temporais do *feedback* aumentado

Termos-chaves

Intervalo de atraso do CR
Intervalo pós-CR
Estimativa subjetiva do erro
Procedimento de atraso de tentativas

Técnica de esmaecimento
Hipótese da orientação
Resumo do *feedback* aumentado

Aplicação

Existem várias questões importantes referentes ao momento em que o *feedback* aumentado deve ser fornecido. Primeira, o instrutor de habilidades motoras deve apresentar o *feedback* aumentado durante ou depois do desempenho de uma habilidade? Segunda, como o intervalo de tempo e a atividade dada no período que antecede e sucede a apresentação do *feedback* aumentado afetam a aprendizagem da habilidade? Terceira, com que freqüência a pessoa deve fornecer o *feedback* aumentado durante a prática? O exemplo a seguir ilustra como cada uma dessas questões faz parte integrante do ensino de habilidades.

Suponha que você esteja ensinando uma pessoa a jogar golfe. É preciso responder cada uma dessas questões durante uma sessão de prática. A primeira questão faz sentido, porque você poderia fornecer o *feedback* aumentado enquanto a pessoa executa o balanço, depois de ela lançar a bola ou nos dois momentos. Se você fornecer o *feedback* depois de a pessoa lançar a bola, aí faz sentido a segunda pergunta, porque agora há dois intervalos de tempo importantes. O primeiro consiste no intervalo desde que a pessoa bate na bola até que você forneça o *feedback* aumentado. O segundo consiste no intervalo de tempo decorrido desde o momento em que você fornece essa informação até a pessoa lançar outra bola. Finalmente, aparece nessa situação a terceira questão, porque você pode fornecer *feedback* aumentado toda a vez que o aprendiz lançar uma bola ou somente algumas vezes durante a prática.

Essas três questões envolvendo tempo estão relacionadas a algumas considerações de caráter prático. Por exemplo, importa realmente se o *feedback* é fornecido durante ou depois de o movimento ter sido completado? É preciso saber quanto tempo a pessoa deve esperar para receber *feedback* aumentado depois de completar um movimento? É importante o intervalo de tempo decorrido entre a conclusão de um movimento e o início do movimento seguinte? É preciso saber com que freqüência o aprendiz recebe o *feedback* aumentado durante a prática? A idéia de que "mais é sempre melhor que menos" se aplica nesse caso? Estas questões serão discutidas nas próximas seções.

Discussão

A primeira das três questões associadas ao momento do *feedback* aumentado que consideraremos é se é melhor fornecer o *feedback* aumentado enquanto a pessoa está desempenhando uma habilidade, quando então é chamado de *feedback aumentado concomitante*, ou fornecê-lo no final de uma tentativa de prática, quando é chamado de *feed-*

back aumentado terminal. Ao tratar a segunda questão, consideramos dois intervalos de tempo específicos que são criados quando o aprendiz recebe *feedback* aumentado terminal. Um deles, o **intervalo de atraso CR**, se situa entre o fim de uma tentativa de prática e o *feedback* aumentado. É importante considerar este intervalo porque, ao fazê-lo, estaremos analisamos a questão que decide em que momento, depois de a habilidade ser desempenhada, o professor ou o terapeuta deve dar o *feedback* aumentado. O outro intervalo (o **intervalo pós-CR**) se situa entre o *feedback* aumentado e o começo da tentativa de prática seguinte. A terceira questão sobre o momento se refere à freqüência com que os profissionais devem fornecer o *feedback* aumentado durante a prática para facilitar a aprendizagem de habilidades. Essa questão tem estimulado muitas pesquisas nos últimos anos sob o título de *freqüência do feedback* aumentado[*].

Feedback aumentado concomitante versus terminal

Uma questão importante relacionada ao treinamento é se a apresentação do *feedback* aumentado concomitante ou terminal é melhor para a aquisição de habilidades. Infelizmente, uma revisão da literatura de pesquisas desenvolvidas em aprendizagem motora sugere que não existe resposta inequívoca para essa questão. Entretanto, da literatura surgem orientações que podem nos ajudar a respondê-la. O *feedback* aumentado terminal pode ser eficaz em quase todas as situações de aprendizagem motora, embora o professor ou o terapeuta devam considerar a natureza de seus efeitos à luz da nossa discussão no Conceito 5.2 sobre os quatro diferentes efeitos que o *feedback* aumentado pode produzir na aprendizagem de habilidades. Por outro lado, o *feedback* aumentado concomitante parece ser mais eficiente quando o *feedback* intrínseco à tarefa é muito baixo e a pessoa não consegue retirar do *feedback* intrínseco à tarefa, a informação necessária para desempenhar a habilidade ou melhorar o desempenho. É nessas situações que o *feedback* aumentado concomitante parece funcionar melhor.

Implementação do *feedback* aumentado concomitante

Quando o *feedback* aumentado é concomitante com o desempenho de uma habilidade do aprendiz, normalmente o *feedback* é apresentado por meio de um dispositivo mecânico ou eletrônico que melhora a qualidade de uma ou das duas características do contexto do desempenho. Em algumas situações o *feedback* aumentado concomitante *melhora a qualidade de certos aspectos reguladores* do contexto ambiental; isto ocorre, por exemplo, enquanto a pessoa está seguindo o alvo de uma tarefa de rastreamento e o percurso é iluminado. O *feedback* aumentado concomitante também pode *melhorar a qualidade de certos aspectos do movimento* da habilidade; isto ocorre quando o *biofeedback* eletromiográfico (EMG) é utilizado como *feedback* aumentado.

É possível obter dois tipos de resultados de aprendizagem quando as pessoas fornecem *feedback* aumentado concomitante em situações de aquisição de habilidades. O resultado mais positivo é que o *feedback* melhora a qualidade de certas características do desempenho de habilidades do aprendiz. Esta pode ser uma técnica de treinamento muito eficiente. O segundo tipo de resultado de aprendizagem é o resultado negativo. Em certas situações, o *feedback* concomitante produz um desempenho inicial muito bom, mas depois o desempenho se estabiliza até o fim da prática. Nas tentativas de transferência em que o *feedback aumentado* foi eliminado, o desempenho pode até piorar.

[*] Observe que a terminologia usada para descrever esses dois intervalos segue os rótulos tradicionais usados na maioria da literatura de pesquisa, ainda que nós estejamos usando o termo CR de uma maneira mais específica do que esses rótulos de intervalo implicam. É importante ver esses intervalos como relevantes a todas as formas de feedback aumentado.

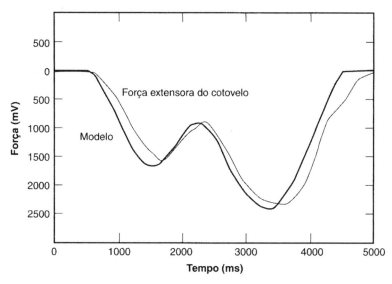

Figura 5.4-1 – *Um exemplo do que o participante via, no experimento de Vander Linder et al., durante e/ou depois de uma tentativa na qual ele tentava produzir um traço com uma força de extensão do cotovelo durante 5 s, reproduzindo o mais fielmente possível o traço do modelo. (Reprodução de Physical Therapy, D. W. Vander Linden et al., "The Effect of Frequency of Kinetic Feedback on Learning an Isometric Force Production Task in Nondisabled Subjects", 73:79-87, 1993 com autorização da American Physical Therapy Association.)*

Dois experimentos ilustram estes dois efeitos do *feedback* concomitante na aprendizagem de habilidades. Um experimento desenvolvido por Vander Linden, Cauraugh e Greene (1993) comparando o *feedback* aumentado concomitante com o terminal demonstrou o *efeito negativo* do *feedback* aumentado concomitante. Os participantes aprenderam a praticar uma tarefa em que exerciam uma força de extensão isométrica do cotovelo em 5 s. Um grupo recebeu *feedback* aumentado concomitante cinético em cada tentativa. A força de resposta da pessoa era visualizada num osciloscópio sobreposta a um modelo visível da resposta correta (veja a figura 5.4-1, como exemplo). O grupo que recebeu essa informação concomitantemente com o desempenho em cada tentativa apresentou melhores resultados do que os dois grupos que receberam o *feedback* aumentado terminal. Os integrantes de um desses últimos grupos viam os resultados no osciloscópio depois de cada tentativa (freqüência de 100 por cento), enquanto que integrantes do outro grupo viam seus resultados tentativa sim, tentativa não (freqüência de 50 por cento). Entretanto, quarenta e oito horas depois, num teste de retenção em que os participantes não receberam *feedback* aumentado, o grupo do *feedback* concomitante mostrou o pior resultado dos três.

Um experimento conduzido por Hadden, Magill e Sidaway (1995) ilustra os *efeitos benéficos* de se usar o *feedback* aumentado concomitante. Os participantes praticaram uma tarefa que exigia a coordenação do movimento de duas alavancas, uma para cada braço, para desenhar um círculo no monitor do computador. Os participantes que recebiam *feedback* concomitante viam o que estavam desenhando e observavam o movimento de uma linha na tela à medida que moviam as alavancas. Os participantes que recebiam *feedback* terminal viam o que tinham desenhado somente depois de completarem a tentativa. Os resultados mostraram que a condição concomitante levou não somente a um desempenho melhor das tentativas de prática, mas também a um desempenho melhor no teste de retenção aplicado no dia seguinte, sem que fosse dado *feedback* aumentado.

Previsão de resultados da aprendizagem do feedback aumentado. Como podemos sa-

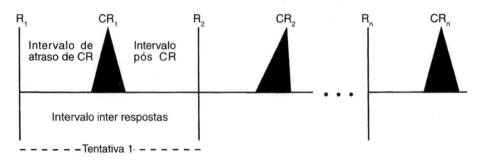

Figura 5.4-2 – Intervalos de tempo relacionados ao CR durante a aquisição de uma habilidade.

ber qual dos dois resultados da aprendizagem de *feedback* aumentado concomitante deveríamos esperar numa situação de aprendizagem de habilidades? De acordo com Lintern, Roscoe e Sivier (1990), o fator importante é até onde o *feedback* aumentado chama a atenção da pessoa para o controle de suas próprias características perceptivas e de controle motor para desempenhar a habilidade. Quando o *feedback* aumentado desvia a atenção da pessoa do *feedback* intrínseco à tarefa para o *feedback* aumentado, este passa a ser uma muleta indispensável em desempenhos futuros (consulte por exemplo, Karlin e Mortimer, 1963; Lintern e Roscoe, 1980). Quanto mais o *feedback* aumentado chama a atenção para importantes aspectos perceptivos e do controle motor envolvidos no desempenho de habilidades, mais eficiente será o *feedback* aumentado para o treinamento.

Para ajudar a esclarecer a hipótese de Lintern et al., imagine como ela se aplica aos dois experimentos descritos na seção anterior. Para a tarefa da produção de força isométrica no experimento de Vander Linden et al., o *feedback* intrínseco à tarefa é mínimo e difícil de ser interpretado. Quando as pessoas tentam aprender essa tarefa, sua tendência é de orientar a atenção em direção ao *feedback* aumentado no osciloscópio e não no *feedback* intrínseco à tarefa. Como resultado, o *feedback* aumentado concomitante leva a uma rápida melhora, mas também a uma dependência que prejudica o desempenho quando os aprendizes não podem observar o osciloscópio durante o desempenho. Imagine agora, a tarefa de coordenação bimanual descrita no experimento de Hadden, Magill e Sidaway (1995), em que os participantes tinham que coordenar o movimento dos dois braços para desenhar um círculo na tela do computador. Quando as pessoas tentam executar essa tarefa pela primeira vez, o *feedback* intrínseco à tarefa é inicialmente baixo, porque não há nada inerente à própria tarefa que diga o que a pessoa deve fazer. O *feedback* aumentado concomitante fornece essa informação essencial. Mas, uma vez que os participantes adquirem esse conhecimento, o *feedback* intrínseco à tarefa passa a ser adequado. O *feedback* aumentado não é mais tão importante e parece que não desvia mais a atenção do participante desse *feedback* intrínseco à tarefa fundamental.

Assim, quando o *feedback* intrínseco à tarefa não fornecer a informação sobre o que a pessoa precisa fazer para atingir a meta da ação, a necessidade do *feedback* aumentado concomitante se torna maior. De acordo com os termos usados por Gentile, o *feedback* aumentado concomitante ajuda na aprendizagem quando a tarefa em si não fornece informação suficiente para permitir que a pessoa "capte a idéia do movimento" e quando o *feedback* aumentado terminal também não fornecer essa informação.

Os intervalos de atraso do CR e pós-CR

A segunda questão sobre o momento em que o *feedback* aumentado deve ser fornecido, se refere ao *feedback* aumentado terminal. São criados dois intervalos de tempo entre duas tentativas; o intervalo de atraso do CR e o intervalo pós-CR. Esses intervalos são descritos graficamente na figura 5.4-2. Para entender a relação entre eles e a aprendizagem de habilidades, precisamos entender o efeito de duas variáveis: *tempo* ou o intervalo de tempo e *atividade*, a atividade motora e/ou cognitiva durante o intervalo.

O comprimento do intervalo de atraso CR. É comum encontrarmos em livros-textos, afirmações indicando que o aprendiz deve receber *feedback* aumentado o mais cedo possível depois de desempenhar uma habilidade, porque atrasá-lo além de um certo intervalo de tempo levaria a uma aprendizagem menos eficiente. Existe um problema importante a ser considerado nessa abordagem: as evidências experimentais para apoiá-la são escassas. Essa abordagem decorre de pesquisas baseadas principalmente em aprendizagem animal (consulte Adams, 1987). A pesquisa estabeleceu que os aprendizes humanos vêm no *feedback* aumentado mais do que uma recompensa: o *feedback* aumentado tem um valor informativo que os humanos utilizam para resolver problemas associados à aprendizagem de uma habilidade. Enquanto os estudos sobre aprendizagem animal mostram que atrasar a recompensa leva a uma diminuição na aprendizagem (p.ex., Roberts, 1930), os estudos sobre a aprendizagem humana mostram que atrasar o *feedback* aumentado não produz esse efeito negativo (p.ex., Bilodeau e Bilodeau, 1958b).

Enquanto o atraso na apresentação do *feedback* aumentado aparentemente não afeta a aprendizagem de uma habilidade, parece existir um intervalo de tempo *mínimo* que deve ser respeitado, antes de dar o *feedback* aumentado. Dois experimentos conduzidos por Swinnen, Schmidt, Nicholson e Shapiro (1990) demonstram esse fato. Nesses experimentos, os participantes aprenderam a mover uma alavanca por meio de dois movimentos inversos para atingir uma meta específica de tempo de movimento (experimento 1), ou a mover uma alavanca em coincidência temporal com o aparecimento de um alvo iluminado (experimento 2). Os participantes receberam CR depois de três intervalos diferentes: imediatamente após completar o movimento solicitado (i.e., "instantaneamente"), 8 s depois de completar o movimento (experimento 2) ou 3,2 s depois de completá-lo (experimento 2). Os resultados dos dois experimentos mostraram que fornecer CR imediatamente após completar o movimento produz um efeito negativo na aprendizagem.

Porque receber *feedback* aumentado imediatamente depois de completar um movimento não seria bom para a aprendizagem de uma habilidade? Uma possibilidade é que, quando os aprendizes recebem o *feedback* aumentado muito cedo depois de completar um movimento, eles ainda não estão aptos a se envolver na análise subjetiva do *feedback* intrínseco à tarefa, o que é fundamental para o desenvolvimento adequado da capacidade de detecção de erros. Quando o *feedback* aumentado é fornecido depois de alguns segundos, essa capacidade pode se desenvolver plenamente.

Atividade durante o intervalo de atraso do CR. Os pesquisadores que investigam os efeitos da atividade durante o intervalo de atraso do CR encontraram três tipos de resultados. Em alguns casos, a atividade não tem nenhum efeito na aprendizagem de habilidades. Em outros, a atividade impede a aprendizagem. E há outros, ainda, em que a atividade beneficia a aprendizagem. Esses três tipos diferentes de resultados permitiram uma compreensão dos processos de aprendizagem envolvidos no intervalo de atraso do CR, e permitiram algumas modificações no desenvolvimento de estratégias instrucionais eficazes.

O efeito mais comum da atividade durante o intervalo de atraso do CR na aprendizagem de habilidades é que ela *não afeta a aprendizagem*. Vários experimentos realizados durante muito tempo demonstram esse resultado (p.ex., Bilodeau, 1969; Boulter, 1964; Marteniuk, 1986). Por exemplo, no experimento de Marteniuk, os participantes praticaram o movimento de uma alavanca para produzir um padrão senoidal específico na tela do computador. Um grupo recebeu CR alguns segundos depois de completar o movimento e não se envolveu em atividades durante o intervalo de atraso do CR. Um outro grupo teve um intervalo de atraso do CR de 40 segundos, mas não se envolveu em qualquer atividade durante o intervalo e, um terceiro grupo, também teve um intervalo de atraso do CR de 40 segundos, mas se envolveu numa tarefa de movimentar uma alavanca na qual os participantes tentavam reproduzir um padrão de movimento que o experimentador tinha acabado de desempenhar. Quando foi aplicado um teste de retenção sem CR, os resultados mostraram que não houve diferença entre os grupos.

Há algumas evidências, embora escassas, de que a atividade durante o intervalo de atraso do CR *impede a aprendizagem*. O resultado mais importante dessa pesquisa foi de permitir que os pesquisadores identificassem as situações em que ocorria esse resultado. Dois tipos de atividades mostraram esse efeito negativo e sugerem que tipos de processo de aprendizagem ocorrem durante esse intervalo. No estudo feito por Marteniuk (1986), as atividades que interferiam na aprendizagem envolviam a aprendizagem de outras habilidades. Ele propôs uma hipótese de que, se a atividade do intervalo de atraso do CR interferisse na aprendizagem, teria que interferir no processo exato de aprendizagem exigido pela tarefa primária que estava sendo aprendida. Em dois experimentos, Marteniuk acrescentou condições nas quais os participantes tinham que aprender uma habilidade motora ou cognitiva durante o intervalo de atraso do CR. Os resultados dos dois experimentos indicaram que esses tipos de atividades de aprendizagem interferiam na aprendizagem da habilidade primária.

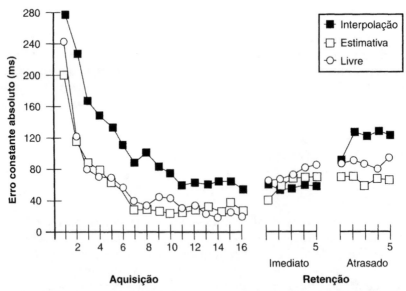

Figura 5.4-3 – *Resultados do experimento de Swinnen mostrando o efeito da estimativa do erro do movimento do experimentador (grupo de interpolação) e o efeito da estimativa de erro da própria pessoa (grupo de estimativa) durante o intervalo de atraso de CR, comparado a um grupo sem atividade no mesmo intervalo (grupo livre). (De S. P. Swinnen, "Interpolated Activities During the Knowledgr of Results Delay and Post-Knowledge-of-Results Interval: Effects on Performance and Learning" em Journal of Experimental Psychology: Learning, Memory and Cognition, 16:692-705, 1990. Direitos autorais 1990, American Psychological Association. Reprodução autorizada.)*

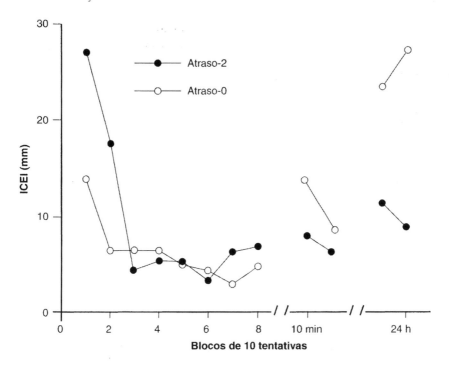

Figura 5.4-4 – *Resultados do experimento de Anderson et al., mostrando os efeitos benéficos de atrasar o CR por duas tentativas (atraso 2) comparado à apresentação do CR depois de cada tentativa (atraso 0), ao aprender uma tarefa de direcionamento manual.* (Reprodução autorizada pelo Research Quarterly for Exercise and Sport, Volume 65, pp. 286-290. Direitos autorais 1994 da American Alliance for Health, Physical Education, Recreation and Dance, 1900 Association Drive, Reston, VA 20191.)

O outro tipo de atividade desenvolvida durante o intervalo de atraso do CR que, segundo os pesquisadores, impedia a aprendizagem de habilidades, envolvia a estimativa de erro do tempo de movimento do movimento da alavanca realizado por outra pessoa durante o intervalo. Num experimento conduzido por Swinnen (1990), as pessoas aprenderam a movimentar uma alavanca a uma certa distância, envolvendo duas inversões de direção, segundo um critério de tempo de movimento. As pessoas que deveriam se envolver na atividade de estimativa do erro durante o intervalo de atraso do CR mostraram num teste de retenção, um desempenho pior que aquelas que não fizeram nada ou que desempenharam uma tarefa sem aprendizagem durante o intervalo.

Finalmente, os resultados de alguns experimentos indicaram que certas atividades durante o intervalo de atraso do CR, na verdade, *beneficiam a aprendizagem*. No tipo de atividade que mostra esse efeito, chamada de **estimativa subjetiva do erro**, a pessoa estima seu próprio erro antes de receber o *feedback* aumentado. Hogan e Yanowitz (1978) relataram pela primeira vez evidências experimentais desse efeito benéfico da atividade. Os participantes praticaram uma tarefa cuja meta era movimentar um puxador ao longo de uma distância especificada de 47 cm em uma trilha, em 200 ms. Um grupo não se envolveu em qualquer atividade antes de receber CR. Foi solicitado a um segundo grupo fazer uma estimativa subjetiva de seu próprio erro, verbalmente, em cada tentativa antes de receber o CR para aquela tentativa. Os resultados mostraram que, embora não houvesse diferença entre os grupos ao cabo de 50 tentativas de prática, o grupo que tinha se envolvido na

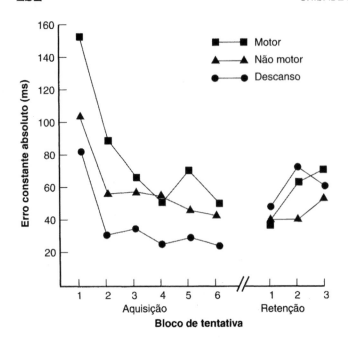

Figura 5.4-5 – Resultados do experimento de Lee e Magill mostrando o desempenho da aquisição na aquisição e na retenção para o erro absoluto constante em função da atividade durante o intervalo do pós CR. O desempenho na retenção foi sem CR. (De T. D. Lee e R. A. Magill, "Activity During the Post-KR Interval: Effects Upon Performance or Learning" em Research Quarterly for Exercise and Sport, Vol. 54, pp. 340-345, 1983. Direitos autorais " 1983 da American Alliance for Health, Physical Education, Recreation and Dance. Reprodução autorizada.)

atividade de estimativa do erro durante o intervalo de atraso do CR mostrou um desempenho significativamente melhor em tentativas de retenção sem CR.

No experimento descrito anteriormente, Swinnen (1990) encontrou as mesmas vantagens da estimativa do erro. Um fato importante nos experimentos conduzidos por Swinnen é que neles foram comparadas as estimativas subjetivas de erros com a estimativas de erros dos participantes para um movimento feito pelo experimentador. A comparação dessas duas situações (veja a figura 5.4-3) mostrou que a estimativa que a pessoa fazia de seu próprio erro ajudava na aprendizagem, enquanto que a estimativa de erro feita para o movimento de outra pessoa, dificultava a aprendizagem.

Obtivemos um paralelo interessante para a situação de estimativa subjetiva do erro que os pesquisadores chamam de **procedimento de atraso de tentativas**. Os participantes recebiam CR depois de completar o desempenho de uma tentativa posterior e não após completar a tentativa. Anderson, Magill e Sekiya (1994), utilizaram essa técnica para pessoas que estavam aprendendo a fazer um movimento de direcionamento com os olhos vendados. Um grupo recebeu CR para o erro na distância depois de cada tentativa (atraso-0). O segundo grupo recebeu CR duas tentativas depois (atraso-2), isto é, eles souberam o erro que tinham cometido na tentativa 1 depois de completarem a tentativa 3. Os resultados (figura 5.4-4) mostraram que, embora a condição de atraso dificultasse o desempenho durante a prática, resultou em melhor desempenho num teste de retenção aplicado 24 horas depois. Quando se compara os resultados benéficos desse procedimento de atraso com aqueles relatados em procedimentos de estimativa subjetiva de erro, precisamos reconhecer a importância da orientação da atenção das pessoas para o *feedback* intrínseco à tarefa na facilitação dos processos de detecção de erros.

O que esses diferentes efeitos da atividade revelam sobre os processos de aprendizagem que ocorrem durante o intervalo de atraso do CR? Nossa conclusão é que, durante esse intervalo, o aprendiz está ativamente comprometido com os processos de aprendizagem que envolvem atividades como desenvolver uma compreensão do *feedback* intrínseco à tarefa

> ### Saiba Mais
>
> **Implicações práticas dos efeitos do atraso do CR e dos intervalos pós-CR**
>
> - Deve ocorrer um breve intervalo entre o instante em que a pessoa conclui um movimento e o *feedback* aumentado fornecido pelo professor ou terapeuta.
>
> - Apesar de uma demora considerável no fornecimento do *feedback* aumentado pelo instrutor não afetar negativamente a aprendizagem da habilidade, sem dúvida, ela afeta a motivação da pessoa em continuar a tentar atingir a meta da atividade.
>
> - Uma técnica útil para facilitar a aprendizagem de habilidades é fazer com que a pessoa concentre sua atenção abertamente naquilo que fez errado numa tentativa de prática, fazendo com que a pessoa responda, antes de informá-la sobre seus erros, à seguinte questão: "O que você acha que fez de errado desta vez?
>
> - O efeito da duração da atividade envolvida durante o intervalo pós-CR, não é muito importante no grau da aprendizagem da habilidade. Entretanto, o professor ou terapeuta pode levar em conta a motivação pessoal dos indivíduos.

e estabelecer capacidades de detecção de erros fundamentais (consulte Swinnen, 1990; Swinnen et al., 1990). Quando ocorre uma atividade simultânea que exige processos semelhantes, verifica-se uma interferência com os processos fundamentais de aprendizagem, porque a capacidade de atenção do aprendiz é limitada demais para permitir que as duas ocorram simultaneamente. Por outro lado se, durante esse período, outras atividades melhorarem a qualidade desse processo, a aprendizagem é facilitada.

O comprimento do intervalo pós CR. Tradicionalmente, os pesquisadores tem considerado o intervalo pós CR como um intervalo muito importante para a aquisição de habilidades. Eles argumentam que, é durante esse período que o aprendiz planeja a ação para a tentativa seguinte. Esse planejamento ocorre nesse momento porque o aprendiz agora dispõe tanto do *feedback* intrínseco à tarefa quanto do *feedback* aumentado.

Se o aprendiz processasse a informação crítica da aprendizagem de habilidades durante o intervalo pós CR, poderíamos esperar que houvesse um valor mínimo para esse intervalo. Na verdade, as evidência empíricas mostram que, de fato, esse intervalo pode ser muito pequeno. Por exemplo, para aprender um movimento de posicionamento de membros, os pesquisadores verificaram que um intervalo pós CR de 1 s resultava numa aprendizagem pior do que se fossem considerados intervalos de 5, 10 ou 20 s (Weinberg, Guy e Tupper, 1964, consulte também Rogers, 1974; Gallagher e Thomas, 1980). Sob esse aspecto, o intervalo pós-CR se assemelha a um intervalo de atraso do CR; para que o aprendiz adquira uma aprendizagem ideal, é preciso um intervalo de tempo mínimo para que ele possa se envolver nos processos de aprendizagem necessários.

Entretanto, não existem evidências experimentais que indiquem um valor ideal para o intervalo pós CR. Os pesquisadores tem mostrado de maneira consistente que, aparentemente, não há um limite superior para esse intervalo. Magill (1977) forneceu um exemplo do tipo de pesquisa dirigida a essa questão. Os resultados obtidos, para uma comparação entre intervalos pós CR de 10 s e 60 s, com pessoas aprendendo três posições de membros num dispositivo de posicionamento curvo-linear, não apresentaram diferenças significativas.

Atividade durante o intervalo pós CR. O efeito do envolvimento na atividade é semelhante para o intervalo pós do CR ao do intervalo de atraso do CR. Dependendo de tipo de atividade, este pode não ter efeito na aprendizagem, pode interferir no processo de aprendizagem ou pode beneficiar a aprendizagem.

O resultado mais comum verificado tem sido o de que, durante o intervalo pós-CR, a atividade *não afeta a aprendizagem de habilidades*. Por exemplo, num experimento conduzido por Lee e Magill (1983a), as pessoas praticaram um movimento com o braço através de uma série de três pequenas barreiras de madeira em 1050 ms. Durante o intervalo pós-CR, um grupo envolveu-se em uma atividade motora (aprendendo o mesmo movimento em 1350 ms), outro grupo envolveu-se numa atividade cognitiva de adivinhação de números e um outro grupo, não fez qualquer atividade. Como você pode ver na figura 5.4-5, no final das tentativas de prática os dois grupos de atividades mostraram desempenho pior do que o grupo sem atividades. Entretanto, este foi mais um efeito de desempenho temporário do que um efeito de aprendizagem: num teste de retenção sem CR, os três grupos apresentaram resultados praticamente iguais.

Diversos pesquisadores relataram resultados que mostravam que a atividade durante o intervalo pós CR impedia a aprendizagem. Entre esses resultados, somente aqueles apresentados por Benedetti e McCullagh (1987) e por Swinnen (1990, experimento 3), incluíram testes adequados para a aprendizagem. Nos dois experimentos, a atividade de interferência foi uma atividade cognitiva. No experimento de Benedetti e McCullagh, os participantes envolveram-se numa tarefa de resolução de problemas matemáticos, enquanto que os participantes do experimento de Swinnen adivinharam o erro no tempo do movimento de uma alavanca que o experimentador movimentava durante o intervalo pós CR.

Somente um experimento (Magill, 1988) demonstrou que os efeitos benéficos sobre a aprendizagem podem resultar da atividade no intervalo pós CR. Os participantes aprenderam um movimento de dois componentes do braço em que cada componente tinha seu próprio critério de tempo do movimento. Durante o intervalo pós-CR, um grupo aprendeu dois movimentos adicionais de dois componentes, um outro grupo aprendeu uma tarefa de traçado ao espelho usando espelho e o terceiro grupo não se envolveu em nenhuma atividade. Os resultados mostraram que não foi detectada nenhuma diferença entre os grupos num teste de retenção aplicado sem CR, porém, num teste de transferência em que os participantes aprenderam um novo movimento de dois componentes, os dois grupos envolvidos em atividades durante o intervalo pós-CR tiveram melhor desempenho que o grupo sem atividade.

O que esses efeitos diferentes da atividade nos informam sobre os processos de aprendizagem que ocorrem durante o intervalo pós-CR? Eles reforçam o ponto de vista discutido anteriormente, de que os aprendizes se envolvem em importantes atividades de planejamento durante esse período. Eles utilizam esse tempo de planejamento para levar em conta a discrepância entre o *feedback* intrínseco à tarefa e o *feedback* aumentado, a fim de determinar como executar a próxima tentativa ao desempenhar a habilidade. Boa parte desse planejamento parece exigir atividade cognitiva; isso pode ser visto nos experimentos que mostram que o envolvimento em atividade cognitiva de resolução de problemas durante esse intervalo impede a aprendizagem. Porque ocorreriam efeitos benéficos de transferência quando a pessoa precisa aprender uma outra habilidade motora nesse intervalo? Uma hipótese segue a abordagem do processo de transferência adequada discutido no Conceito 4.3. Esse tipo de atividade é benéfico porque aumenta a vivência de solução de problemas de habilidades motoras da pessoa, o que, por outro lado, permite que a pessoa seja bem-sucedida na transferência para uma situação que exija uma atividade de resolução de problemas semelhante.

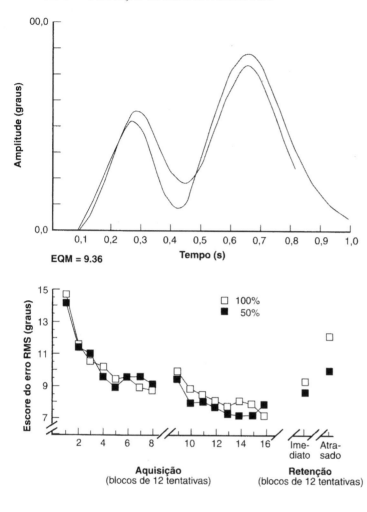

Figura 5.4-6 – A parte superior da figura mostra o padrão de movimento alvo no experimento de Winstein e Schmidt. Superpõe-se uma amostra da tentativa de uma pessoa em produzir esse padrão. O valor do erro RMS é mostrado como a pessoa o viu. Observe que o padrão alvo permaneceu durante 0,80 s enquanto a pessoa produzia um padrão em 1,0 s. A parte inferior da figura mostra os resultados desse experimento para grupos com 100% de freqüência de CR e de 50% de freqüência de CR, em que o grupo de 50% tinha uma freqüência de CR que diminuía gradativamente de 100% para 0%. (De C. J. Winstein e R. A. Schmidt, "Reduced Frequency of Knowledge of Results Enhances Motor Skill Learning" em Journal of Experimental Psychology: Learning, Memory and Cognition, 16:677-691, 1990. Direitos autorais 1990 da American Psychological Association. Reprodução autorizada.)

Freqüência de apresentação do *feedback* aumentado

Ao considerar o problema da freqüência, surgem três questões importantes. Primeira: o tipo de freqüência absoluta ou relativa é importante? Segunda: que freqüência é ideal para a aprendizagem? E terceira: o *feedback* aumentado pode ser fornecido com menor freqüência, mas num formato resumido que inclua a informação de desempenho sobre um certo número de tentativas de prática?

Freqüência absoluta versus freqüência relativa. Numa das abordagens da questão da freqüência do *feedback* aumentado, os pesquisadores tentaram determinar se haveria um número específico de vezes em que os instrutores de habilidades motoras deveriam fornecer *feedback* aumentado na prática (i.e., *freqüência absoluta*), ou se haveria uma porcentagem específica ideal de tentativas de prática para as quais eles deveriam fornecer o *feedback* aumentado (i.e., *freqüência relativa*). Tradicionalmente, os pesquisadores que se dedicam ao estudo da aprendizagem motora concluíram que freqüências de *feedback* aumentado maiores resultam em melhor aprendizagem (p.ex., Bilodeau e Bilodeau, 1958a). Entretanto, o amplo trabalho de revisão da literatura de pesquisa conduzido por Salmoni, Schmidt e Walter (1984), assim como os resultados experimentais a partir desta revisão, nos levaram a uma conclusão mais adequada de que, para a aprendizagem de habilidades, é crítica a freqüência relativa do *feedback* aumentado e não a freqüência absoluta. Isso significa que, no caso da freqüência de *feedback* aumentado, os pesquisadores não apoiam a idéia de que "mais é melhor". Na verdade, em muitos casos, "menos" é melhor que "mais" para a aprendizagem de habilidades. O que importa, então, é determinar com que freqüência o aprendiz deve receber o *feedback* aumentado relativamente ao número de tentativas de prática realizadas.

Determinação da freqüência relativa ideal. Até o momento foram acumuladas evidências experimentais suficientes para afirmar, com confiança, que a freqüência relativa para fornecer o *feedback* aumentado *não* é 100 %. Um bom exemplo desse tipo de evidência está no experimento conduzido por Winstein e Schmidt (1990). Os participantes praticaram a execução de um padrão complexo de movimento, que aparece no painel superior da figura 5.4-6 movendo uma alavanca sobre uma mesa para movimentar um cursor no monitor do computador. Durante os dois dias de prática, os participantes receberam CR depois de 100 % ou de 50 % das tentativas. Para a condição de 50 %, os pesquisadores utilizaram uma **técnica de esmaecimento** em que a freqüência do CR era reduzida sistematicamente; eles forneceram CR depois de cada uma das 22 primeiras tentativas de cada dia, assim, havia participantes desempenhando 8 tentativas sem CR, e depois foram fornecidos CR para 8, 7, 4, 3 e 2 tentativas para cada um dos 8 blocos de tentativas restantes, em cada dia. Os resultados desse procedimento são apresentados no painel inferior da figura 5.4-6. Num teste de retenção sem CR aplicado um dia depois, o grupo sob a condição de esmaecimento de 50 % apresentou um desempenho melhor na retenção que o grupo dos 100 %. Na verdade, as pessoas que tinham recebido CR depois de todas as tentativas de prática mostraram um desempenho no teste de retenção com nível semelhante ao apresentado no primeiro dia de prática. A pesquisa tem se mostrado consistente em demonstrar que, quando as pessoas recebem *feedback* aumentado em menos de 100 % das tentativas de prática, sua aprendizagem é tão boa ou melhor do que seria com o *feedback* aumentado fornecido em todas as tentativas de prática. Na verdade, há evidências suficientes para poder concluir que, receber o *feedback* aumentado depois de todas as tentativas de prática, aumenta a probabilidade de que a pessoa se torne dependente dele. Essa dependência leva a pior desempenho em testes quando o *feedback* aumentado não está disponível.

Implicações teóricas do efeito da freqüência. O desafio para aqueles que se interessam em desenvolver a teoria da aprendizagem motora é estabelecer porque é melhor para a aprendizagem de habilidades fornecer o *feedback* aumentado menos de 100 % do tempo durante a prática. Um motivo provável é que quando as pessoas recebem *feedback* aumentado depois de todas as tentativas, sua capacidade de atenção pode estar sendo "sobrecarregada". Depois de várias tentativas, o efeito cumulativo é que há mais informação disponível do que a pessoa consegue processar.

Uma outra possibilidade mais provável, é que fornecer o *feedback* aumentado após todas as tentativas faz o aprendiz se envolver em um tipo de processo de aprendizagem totalmente diferente do que ele vivenciaria, se não tivesse recebido *feedback* aumentado em todas as tentativas. Schmidt e colaboradores (p.ex., Salmoni, Schmidt e Walter, 1984; Schmidt 1988; Winstein e Schmidt, 1990), mantêm esse ponto de vista que é conhecido como **hipótese da orientação**. De acordo com essa hipótese, se o aprendiz receber *feedback* aumentado em todas as tentativas (i.e., com freqüência de 100 %), então o *feedback* aumentado efetivamente "orientará" o aprendiz a desempenhar o movimento corretamente. Entretanto, há um aspecto negativo nesse processo de orientação. Utilizando o *feedback* aumentado como fonte de orientação, o aprendiz desenvolve uma dependência devido à disponibilidade de *feedback* aumentado, de modo que quando precisar desempenhar a habilidade sem ele, o desempenho será pior do que seria se o *feedback* aumentado tivesse sido fornecido. Na verdade, o *feedback* aumentado passa a ser uma muleta indispensável para o aprendiz desempenhar as habilidades.

> ### SAIBA MAIS
>
> #### Implicações práticas do efeito da freqüência
>
> A conclusão de que o *feedback* aumentado não precisa ser fornecido depois de cada tentativa de prática
>
> • reduz a necessidade de o instrutor ou terapeuta fornecer o *feedback* aumentado continuamente. Isso poderia ser particularmente confortante para aqueles que trabalham com grupos, porque as evidências experimentais mostram que, normalmente, eles não fornecem o *feedback* aumentado com uma freqüência de 100 %. De fato, em situações de prática em grupo, o professor ou terapeuta fornece *feedback* aumentado cerca de uma ou duas vezes por minuto, um mesmo aluno normalmente recebe muito poucas declarações de *feedback* durante uma aula ou um período de prática (p.ex., consulte Eghan, 1988; Fishman e Tobey, 1978; Silverman, Tyson e Krampitz, 1991).
>
> • se baseia na utilização do *feedback* aumentado para fornecer a informação para a correção do erro. Entretanto, é importante não ignorar o papel do *feedback* aumentado como uma fonte de motivação quando se considera a questão da freqüência. Embora os aprendizes não necessitem que a informação sobre a correção dos erros seja apresentada externamente depois de cada tentativa, eles podem se beneficiar das declarações do *feedback* orientadas para a motivação em algumas tentativas intervenientes.

A hipótese propõe ainda que, fornecer *feedback* aumentado com freqüência menor durante a prática, estimula o aprendiz a se envolver em processos de aprendizagem mais benéficos, durante a prática. Por exemplo, as atividades efetivas de resolução de problemas aumentam durante tentativas sem *feedback* aumentado. O aprendiz não se torna dependente da disponibilidade do *feedback* aumentado e, conseqüentemente, pode desempenhar bem a habilidade, mesmo que o *feedback* aumentado esteja ausente.

Há dois experimentos que representam duas das abordagens mais interessantes de apoio empírico à hipótese da orientação. Uma abordagem consiste em analisar as tentativas de prática sem CR para o caso em que utiliza uma freqüência de CR menor que 100 %. Sparrow e Summers (1992) mostraram evidências experimentais de que o desempenho nessas tentativas mostrava uma dissipação de orientação, mas não uma redução significativa da precisão no desempenho de habilidades dos aprendizes. Esses resultados são consistentes com a idéia de que, quando os aprendizes não recebem *feedback* aumentado, são ativados processos favoráveis de aprendizagem durante as tentativas.

Em uma outra excelente abordagem proposta para testar a hipótese da orientação, Winstein, Pohl e Lewthwaite (1994) compararam os diferentes níveis da orientação do desempenho durante a prática com diferentes freqüências de CR. Os participantes praticaram rapidamente, estendendo seus antebraços para mover uma alavanca até localizar um alvo. As pessoas que receberam orientação física para o alvo em todas as tentativas mostraram, num teste de retenção, um desempenho muito fraco quando comparadas com pessoas que receberam orientação física que foi sistematicamente sendo removida durante a prática (de acordo com a técnica do esmaecimento), de modo que fossem orientados somente em 33 % das tentativas. Quando essas condições foram comparadas com a condição de 100 % de freqüência de CR e com 33 % de freqüência de CR esmaecido, a situação de orientação física mais alta produziu resultados semelhantes àqueles da condição de 100 % de freqüência de CR, enquanto que a condição de orientação física de 33 % esmaecida produziu resultados iguais àqueles da condição de 33 % de CR esmaecido. Quando os pesquisadores forneceram orientação intensa durante a prática, ou orientando fisicamente o desempenho ou fornecendo

CR em todas as tentativas, a aprendizagem foi pior do que quando as pessoas tinham a oportunidade de explorar e cometer erros e estavam aptas a corrigi-los com uma orientação mínima.

Uma abordagem da amplitude baseada no desempenho para determinação da freqüência. Além da técnica de esmaecimento utilizada por Winstein e Schmidt (1990), há outros meios eficientes de reduzir a freqüência do *feedback* aumentado. Um deles está relacionado com o costume de basear o *feedback* aumentado em um critério de amplitude associada ao desempenho, que foi descrito na discussão do Conceito 5.3. Lembre-se que o *feedback* aumentado melhora a qualidade da aprendizagem somente quando o desempenho *não* ocorre dentro de um limite ou amplitude de tolerância preestabelecidos. Se considerarmos a técnica da amplitude a partir da abordagem da freqüência do *feedback* aumentado, então, poderemos perceber facilmente que uma abordagem da amplitude afeta a freqüência.

Lee e Carnahan (1990), concluíram que a abordagem da amplitude para fornecer o *feedback* aumentado é vantajosa por outros motivos além da simples redução na freqüência. Entretanto, é válida a utilização dessa abordagem para reduzir a freqüência. Se, como sugeriram Winstein e Schmidt (1990), liberar os indivíduos da necessidade do *feedback* aumentado tem um efeito positivo na aprendizagem, o fornecimento do *feedback* aumentado com base no desempenho associado à amplitude também pode ser eficaz, porque ele reduz naturalmente a freqüência com que os aprendizes recebem *feedback* aumentado. Uma vez que a amplitude está relacionada ao desempenho do indivíduo, o processo de liberação gradativa também é específico para o desempenho de cada pessoa.

Freqüência regulada pelo aprendiz. Uma opção para a determinação da freqüência de *feedback* aumentado que os profissionais normalmente não valorizam, consiste em fornecer *feedback* aumentado somente quando a pessoa solicita. Essa abordagem permite que o aprendiz participe mais ativamente na determinação das características das condições de prática, auto-regulando a apresentação do *feedback* aumentado. Um experimento conduzido por Janelle, Kim e Singer (1995) forneceram evidências experimentais de que essa estratégia pode melhorar a qualidade da aprendizagem de habilidades motoras. Estudantes universitários praticaram um lançamento de golfe *underhand* em um alvo de 10 cm de diâmetro no chão, a 183 cm de distância. Os alunos receberam CD sobre a força e a altura máxima da bola e sobre o balanço durante a prática. Comparando com grupos que receberam CD de acordo com freqüências determinadas pelos experimentadores (todos receberam CD com freqüência menor que 100 %), os grupos cujos membros fizeram um auto-controle da freqüência apresentaram um desempenho mais preciso no teste de retenção, aplicado sem CD.

Um resultado que deve ser ressaltado na estratégia de solicitação do aprendiz é a descoberta de que as pessoas não solicitam *feedback* aumentado com muita freqüência. No experimento de Janelle et al., as pessoas solicitaram CD somente em 7 % das 40 tentativas de prática. É interessante notar, também, que essa estratégia é vantajosa não somente por causa da freqüência. No experimento de Janelle et al., os experimentadores vincularam cada participante de um terceiro grupo a uma pessoa da condição de CD controlado pelos participantes, dependendo de quando a pessoa recebia CD. Num teste de retenção aplicado, os participantes na condição vinculada não apresentaram um desempenho tão bom quanto aqueles da condição de CD controlado pelos participantes. Além da vantagem de reduzir a freqüência de *feedback* aumentado, a estratégia de solicitação torna o aprendiz mais ativo no processo de aprendizagem.

Resumo do feedback aumentado. A literatura de pesquisa sobre aprendizagem motora faz referência ao hábito de se resumir a informação de desempenho depois de um certo número de tentativas de prática, produzindo um **resumo do *feedback* aumentado**. Isso reduz

CAPÍTULO 5 ■ INSTRUÇÃO E *FEEDBACK* AUMENTADO

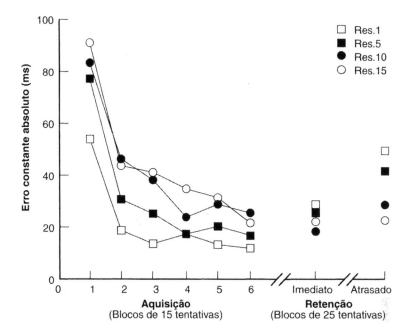

Figura 5.4-7 – *Resultados do experimento de Schmidt et al., mostrando os efeitos da aprendizagem de um movimento de* timing *com diferentes condições de resumo de CR. (Res 1 = CR depois de cada tentativa; Res 5 = CR para 5 tentativas, apresentado a cada 5 tentativas, etc). (De R. A. Schmidt et al., "Summary Knowledge of Results for Skill Acquisition Support for the Guidance Hypothesis" em Journal of Experimental Psychology: Learning, Memory and Cognition, 15:352-359, 1989. Direitos autorais 1989 da American Psychological Association. Reprodução autorizada.)*

a freqüência de *feedback* e fornece a mesma quantidade de informação como se o *feedback* aumentado tivesse sido fornecido depois de todas as tentativas.

A técnica do resumo pode ser vantajosa em vários tipos de situações de aprendizagem de habilidades. Por exemplo, suponha que um paciente de fisioterapia precisa fazer uma série de dez extensões da perna em uma seqüência relativamente rápida. Seria difícil fornecer *feedback* aumentado depois de cada extensão, porque há limitações de tempo que restringem o acesso à informação do desempenho depois de cada tentativa. Um resumo das dez tentativas poderia ajudar a superar essa limitação. Suponha ainda, que uma pessoa está praticando uma habilidade de tiro ao alvo em que ela não pode ver o alvo por causa da distância envolvida. A prática poderia ser mais eficiente se a pessoa não recebesse *feedback* aumentado depois de cada tiro, mas recebesse a informação sobre cada tiro depois de cada dez tiros.

Situações de treinamento de habilidades, tanto de laboratório quando esportivas, forneceram evidências experimentais afirmando que a abordagem do resumo pode ser eficaz na administração do *feedback* aumentado. Por exemplo, num experimento realizado em laboratório por Schmidt, Young, Swinnen e Shapiro (1989), as pessoas praticaram o movimento de uma alavanca ao longo de uma trilha para atingir o tempo de movimento da meta. Durante as 90 tentativas de prática, os participantes receberam CR depois de todas as tentativas ou em forma de resumo depois de 5, 10 ou 15 tentativas, O resultado desse experimento (veja a figura 5.4-7) mostrou que, num teste de retenção aplicado 2 dias depois, o grupo que tinha recebido CR depois de todas as tentativas teve o pior desempenho, enquanto que o grupo que tinha recebido o resumo de CR depois de cada 15 tentativas, apresentou o melhor desempenho.

Em um experimento conduzido por Boyce (2992), o método do resumo foi bem-sucedido numa situação real de uma aula universitária em que os alunos estavam aprendendo tiro ao alvo com rifles. Um grupo recebeu CD depois de cada tiro, enquanto que outro recebeu CD a cada tiro depois do quinto tiro (isto é, a cada cinco tiros). Os resultados não mostraram diferenças no desempenho da habilidade por esses grupos. Embora o método do resumo não tivesse resultado em melhor desempenho do que o método fornecendo CD depois de todos os tiros, sua eficiência como uma técnica instrucional foi estabelecida, pois ele foi tão eficiente quanto o outro método no aperfeiçoamento do desempenho.

Porque o método do resumo é eficiente? Sua eficiência, sem dúvida alguma, se deve em parte aos mesmos fatores que levaram à vantagem de reduzir a freqüência do *feedback* aumentado, seguindo a explicação da hipótese da orientação. Durante as tentativas de prática em que não recebiam *feedback* aumentado, as pessoas se envolviam em atividades favoráveis à aprendizagem que não eram características de pessoas que recebem *feedback* aumentado depois de cada tentativa de prática. A explicação do efeito do resumo como um tipo de efeito de freqüência reduzida é sugestivo, se considerarmos experimentos como o que foi realizado por Weeks e Sherwood (1994). Esses pesquisadores compararam o resumido CR com o CR médio na aprendizagem de uma tarefa de produção de força isométrica. A condição de resumo consistia em receber CR durante cinco tentativas depois de cada quinta tentativa, enquanto que os participantes da condição da média recebiam somente a média das cinco tentativas. Os resultados mostraram que as duas formas do CR apresentaram melhor aprendizagem do que receber CR depois de cada tentativa, mas as condições média e de resumo tiveram resultados praticamente iguais.

Aparece então uma questão interessante sobre o método do resumo: Qual o número ideal de tentativas a ser incluído num resumo? Logicamente, esperaríamos que se forem incluídas mais tentativas do que as pessoas podem assimilar, provavelmente elas não se concentrarão no resumo completo, mas na tendência geral de seu desempenho ao longo das tentativas resumidas ou nas tentativas mais recentes fornecidas (consulte a discussão no relato de um experimento conduzido por Sidaway, Moore e Schoenfelder-Zohdi, 1991). A regra básica para orientar o uso do método do resumo é manter o resumo dentro dos limites da capacidade de assimilação da pessoa.

Resumo

Ao tentarmos entender o efeito do *feedback* aumentado na aprendizagem de habilidades, devem ser consideradas três questões importantes relacionadas com os aspectos de *timing* do *feedback* aumentado. Uma delas diz respeito a se o aprendiz deve receber *feedback* aumentado durante ou depois de desempenhar uma habilidade. As evidências mostram que o *feedback* aumentado terminal geralmente é preferível, embora o *feedback* aumentado concomitante possa ser vantajoso quando for difícil para a pessoa determinar o que fazer para realizar uma tarefa baseada no *feedback* intrínseco à tarefa. Uma outra questão relativa ao momento propício para o *feedback* aumentado se refere aos intervalos de tempo envolvidos no *feedback* aumentado terminal. Os dois intervalos, de atraso do CR e de pós-CR são igualmente importantes na aprendizagem de habilidades. Os dois intervalos tem um comprimento mínimo, mas parecem não ter nenhum comprimento máximo efetivo. O envolvimento em atividades durante esses intervalos normalmente não afeta a aprendizagem de habilidades, embora o envolvimento em certos tipos de atividades possa prejudicar ou favorecer a aprendizagem. A terceira questão relativa ao *timing* se refere à freqüência com que o professor ou o terapeuta deverá fornecer o *feedback* aumentado para facilitar a aprendizagem de habilidades. Evidências experimentais mostram que o fornecimento do *feedback* aumentado depois de cada tentativa de prática não é uma condição ideal, e que é desejável uma freqüência relativa menor que 100 %. Os métodos que reduzem a freqüência incluem a técnica de esmaecimento, a técnica da amplitude do erro e o método do resumo. Um motivo para se investigar questões relacionadas com o momento de fornecer o *feedback* aumentado é que este é um meio de tratar questões sobre os processos de aprendizagem envolvidos entre tentativas durante a prática. As evidências experimentais mostram que a atenção para o processamento do *feedback* intrínseco à tarefa é crítica para uma aprendizagem eficiente de habilidades. Na verdade, quando as condições de prática criam uma dependência com o *feedback* aumentado desviando a atenção do aprendiz do *feedback* intrínseco à tarefa, a aprendizagem é dificultada.

Leituras relacionadas

Adams, J. A. 1971. A closed-loop theory of motor learning. *Journal of Motor Behavior* 3: 111-49. (Leià pp. 132-36.)

Bilodeau, E. A., and I. M. Bilodeau. 1958. Variation of temporal intervals among critical events in five studies of knowledge of results . *Journal of Experimental Psycology* 55: 603-12.

Lee, T. D., and R. A. Magill. 1983. Activity during the post-KR interval: Effects upon performance or learning? *Research Quarterly for Exercise and Sport* 54: 340-45.

Schmidt, R. A. 1991. Frequent augmented feedback can degrade learning: Evidence and interpretations (pp. 59-75). In J. Requim and G. E. Stelmach (Eds.), *Tutorials in motor neuroscience* (pp. 59-75). Dordrecht, The Netherlands: Kluwer.

Questões de estudo para o capítulo 5

1. Quais são os dois tipos de evidências experimentais que mostram que observar uma demonstração bem feita de uma habilidade motora influi na aquisição das características de coordenação da habilidade?
2. Como a observação de uma pessoa não habilidosa aprendendo uma habilidade ajuda um principiante a aprender aquela habilidade?
3. Quais são os aspectos principais das duas teorias predominantes sobre como a observação de uma demonstração ajuda a pessoa a aprender uma habilidade? Quais as diferenças entre essas teorias?
4. Como as pistas verbais podem ser utilizadas para ajudar a superar alguns problemas freqüentemente associados ao fornecimento de instruções verbais?
5. Quais os dois tipos de informação referidas nos termos CR e CD? Dê dois exemplos de cada um.
6. Descreva as condições de aprendizagem de habilidades em que o *feedback* aumentado seria (a) necessário para a aprendizagem, (b) desnecessário para a aprendizagem e (c) um obstáculo para a aprendizagem.
7. Explique como uma habilidade dependente da disponibilidade do *feedback* aumentado no início da aprendizagem pode ser desempenhada posteriormente sem o *feedback* aumentado.
8. Qual a diferença entre o *feedback* aumentado quantitativo e o *feedback* aumentado qualitativo e como eles afetam a aprendizagem de uma habilidade motora?
9. Quais os dois pontos importantes que um terapeuta ou um professor precisa considerar enfaticamente, ao decidir sobre o conteúdo do *feedback* aumentado? Dê um exemplo de uma situação de habilidade motora que ilustre esses pontos.
10. Dê duas orientações importantes para o uso eficiente do *videoteipe* como uma forma de *feedback* aumentado.
11. (a) O que sabemos atualmente sobre a utilização e as vantagens da informação cinemática, como *feedback* aumentado, para ajudar as pessoas a aprenderem uma habilidade motora? (b) Quando você acha mais conveniente que esse tipo de informação seja fornecido?
12. Qual a diferença entre *feedback* aumentado concomitante e *feedback* aumentado terminal?
13. Nomeie os dois intervalos de tempo associados ao fornecimento do *feedback* aumentado terminal durante uma prática. Discuta o interesse dos pesquisadores na investigação desses intervalos.
14. (a) Quais são os dois tipos de atividade, durante o intervalo de atraso do CR, considerados vantajosos para a aprendizagem de habilidades? (b) Por que isso acontece?
15. (a) Qual a conclusão mais adequada a que podemos chegar, tendo em vista a freqüência com que um instrutor deve fornecer *feedback* aumentado durante a aprendizagem? (b) Como a hipótese da orientação está relacionada com a questão da freqüência do *feedback* aumentado?
16. Descreva uma situação de aprendizagem de habilidades em que o fornecimento de um resumo do *feedback* aumentado é considerado uma técnica vantajosa.

CAPÍTULO 6

Condições de prática

Conceito 6.1
Para a aprendizagem de habilidades motoras é importante a variabilidade de experiências práticas

Conceito 6.2
O espaçamento ou a distribuição da prática pode afetar tanto o desempenho quanto a aprendizagem de habilidades motoras

Conceito 6.3
A quantidade da prática afeta a quantidade de aprendizagem, embora os resultados nem sempre sejam proporcionais ao tempo investido

Conceito 6.4
As decisões sobre praticar habilidades no todo ou em partes, se baseiam nas características de complexidade e organização das habilidades

Conceito 6.5
A prática mental pode ser eficiente na aprendizagem de habilidades, principalmente quando associada à prática física

Conceito 6.1
Para a aprendizagem de habilidades motoras é importante a variabilidade de experiências práticas

Termos-chaves

Variabilidade da prática
Interferência contextual

Efeito da interferência
Contextual

Aplicação

Uma pessoa pratica uma habilidade para aumentar sua capacidade de desempenhá-la em situações futuras que possam solicitar a habilidade. Por exemplo, algumas pessoas necessitarão desempenhar bem habilidades esportivas em testes de habilidades, jogos e disputas. Os bailarinos precisam se apresentar em recitais, espetáculos e competições. E pacientes de reabilitação praticam habilidades na clínica para poderem desempenhá-las corretamente no seu ambiente cotidiano. Devido a essas exigências de desempenho, os professores, treinadores e terapeutas devem programar e estabelecer condições de prática que proporcionarão a maior probabilidade de desempenho bem-sucedido em situações que requerem as habilidades que estão sendo aprendidas.

Uma característica da prática que aumenta as oportunidades de desempenhos futuros bem-sucedidos consiste na variabilidade das experiências vividas pelo aprendiz durante a pratica, o que significa variar as características do contexto em que o aprendiz desempenha a habilidade, e variar as habilidades que ele está praticando. O professor, treinador ou terapeuta deve analisar várias questões importantes para saber como otimizar os tipos e as quantidades das variações a serem incluídas nas experiências práticas. Inicialmente é preciso determinar que aspectos do desempenho de habilidades devem ser variados. Em seguida, estabelecer a quantidade ideal de variedade de experiências. E, finalmente, definir como organizar essa variedade de experiências nas sessões de prática. Essa questões serão abordadas na discussão a seguir.

Discussão

Uma característica consistente das teorias de aprendizagem de habilidades motoras é a ênfase dada às vantagens para a aprendizagem, decorrentes da variabilidade da prática. Nessas teorias, a **variabilidade da prática** se refere à variedade de movimento e das características do contexto que o aprendiz vivência durante a prática de uma habilidade. Por exemplo, na teoria do esquema de Schmidt (1975a), uma previsão-chave afirma que o desempenho futuro bem-sucedido de uma habilidade depende da quantidade de variabilidade que o aprendiz vivencia durante a prática. Analogamente, Gentile (1972, 1987) enfatiza a necessidade de o aprendiz vivenciar as variações de características reguladoras e não-reguladoras do contexto durante a prática. Mais recentemente, as abordagens dos sistemas dinâmicos da aprendizagem de habilidades salientaram a necessidade de o aprendiz explorar o espaço perceptivo-sensorial e descobrir soluções ideais para o problema do grau de liberdade imposto pela habilidade (p.ex., McDonald, Oliver e Newell, 1995; Vereijken e Whiting, 1990).

A variabilidade da prática traz benefícios para o desempenho futuro

A vantagem primordial que o aprendiz tira das experiências práticas que promovem a variabilidade do movimento e do contexto está na capacidade crescente de desempenhar a habilidade em situações de teste futuras. Isto significa que a pessoa adquiriu uma capacidade crescente de desempenhar a habilidade praticada e aprendeu a adaptar-se às novas condições que possam caracterizar a situação de teste.

Ironicamente, uma quantidade crescente de variabilidade de prática, normalmente está associada a uma quantidade crescente de erros de desempenho durante a prática. No entanto, evidências experimentais mostram que, na aprendizagem de habilidades, é preferível uma quantidade maior de erros de desempenho do que uma quantidade menor, se eles ocorrerem na etapa inicial da aprendizagem. Um bom exemplo dessa evidência encontra-se num experimento conduzido por Edwards e Lee (1985). Cada participante tinha que aprender a mover o braço de acordo com um padrão específico em 1.200 ms. Foi dito aos integrantes de um grupo, chamado de grupo preparado, que se eles se movessem assim que ouvissem a contagem "pronto, 1, 2, 3, 4, 5", gravada numa fita, eles completariam o movimento padrão dentro do tempo previsto. Cada integrante praticou até conseguir realizar três tentativas seguidas corretamente em 1.200 ms. Um segundo grupo, chamado de grupo de tentativa e erro, foi informado sobre a meta de tempo do movimento e recebeu CR, depois de cada tentativa, sobre o erro *de timing*.

Os resultados, apresentados na figura 6.1-1, indicam que os dois grupos tiveram um desempenho semelhante num teste de retenção e que o grupo de tentativa e erro desempenhou uma nova tarefa de transferência de 1800 ms com maior precisão. O que é particularmente interessante nesses resultados é a diferença que os dois grupos apresentaram na quantidade de erros cometidos durante a prática. O grupo preparado apresentou uma quantidade de erros muito pequena durante da prática, enquanto que o grupo de tentativa e erro cometeu muito mais erros, especialmente durante as primeiras 15 tentativas. Assim, cometer menos erros durante a prática não era mais benéfico para o desempenho no teste de retenção e era prejudicial na transferência para uma nova variação do movimento praticado.

Implementando a variabilidade da prática

O primeiro passo para determinar como fornecer uma quantidade adequada de variabilidade da prática consiste em avaliar as características das situações futuras nas quais o aprendiz deverá desempenhar uma habilidade. Particularmente importantes aqui, são as *características do contexto físico* em que o aprendiz desempenhará a habilidade e as *características da habilidade* que a situação de desempenho solicitará. Se você encarar essa situação como uma situação de transferência de aprendizagem, então perceberá a importância de usar as condições de teste para determinar como deverá ser o ambiente da prática. Como foi discutido no Conceito 4.2, uma transferência eficaz é uma função das semelhanças entre as características das habilidades, do contexto e do processamento de informação das situações de prática e de teste. Um alto grau de semelhança entre essas características nas duas situações melhora a qualidade da transferência entre a prática e o teste.

Variação dos contextos da prática. É importante ter em mente que, quando as pessoas desempenham habilidades, elas o fazem em contextos com características identificáveis. Como mostrou Gentile (1987), alguns aspectos do contexto do desempenho são críticos na determinação das características do movimento de uma ação (que Gentile chamou de *condições reguladoras*), enquanto que aspectos (*condições não-reguladoras*) não têm nenhuma influência.

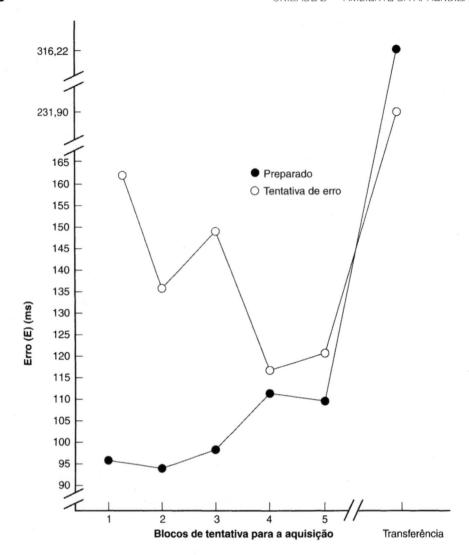

Figura 6.1-1 – *Resultados do experimento de Edwards e Lee mostrando o desempenho em uma tarefa com meta de tempo de movimento de 1200 ms durante as tentativas de aquisição e para uma tarefa de transferência com meta de 1800 ms, para dois grupos de condições de prática: preparado para entrar em ação por um tom com duração de 1200 ms ou praticando com CR (tentativa e erro). (De R. V. Edwards e A. M. Lee, "The Relationship of Cognitive Style and Instrutional Strategy to Learning and Transfer of Motor Skills", em Research Quarterly for Exercise and Sport, Vol. 56, pp. 286-290, 1985. Direitos autorais 1985 da American Alliance for Health, Physical Education, Recreation and Dance. Reprodução autorizada.)*

Encontramos exemplos de *características reguladoras do contexto* em condições que afetam o comportamento do caminhar da pessoa. Certas características do caminhar são alteradas quando você caminha numa calçada de concreto, no gelo ou na areia. Da mesma forma, você caminha de forma diferente numa calçada cheia de gente ou numa calçada vazia. Quando as condições reguladoras variam de um contexto de desempenho para outro, é importante que as condições da prática incluam uma variedade de condições semelhantes.

As *características não-reguladoras do contexto* também afetam a transferência entre a prática

> ## SAIBA MAIS
>
> **Um exemplo de condições de prática variada para uma habilidade fechada**
>
> **Lance livre em basquetebol**
> A meta consiste em fazer lances livres sucessivamente nos jogos.
>
> **Condições reguladoras do contexto que permanecem constantes nos jogos**
> - altura da cesta
> - distância da cesta da linha de lançamento
> - características da bola
>
> **Condições não-reguladoras do contexto que podem variar nos jogos**
> - número de lances livres a serem feitos
> - importância da ocorrência de lances livres para o resultado do jogo
> - barulho da torcida
> - tempo do jogo
>
> As condições de prática devem incorporar o maior número possível de condições não-reguladoras do contexto, para se ajustar às condições que os jogadores poderão enfrentar num jogo.

e o teste. Para a habilidade da caminhada, algumas características não-reguladoras do contexto poderiam incluir o ambiente físico em torno do percurso da caminhada, como edifícios, árvores e o espaço aberto. Embora essas características não afetem diretamente o padrão do movimento, podem afetar o grau de sucesso que a pessoa pode atingir ao desempenhar a ação dentro de um contexto peculiar. Novamente, quando as condições reguladoras variarem de um contexto de desempenho para outro, as condições da prática poderão fornecer oportunidades para o aprendiz vivenciar essas características.

Variação de condições práticas para habilidades fechadas. As condições futuras de desempenho para as habilidades fechadas incluem condições reguladoras estáveis e relativamente previsíveis. Entretanto, as características não-reguladoras provavelmente serão novas. De acordo com o modelo de Gentile, os aprendizes precisam incorporar duas condições na prática para melhorar a qualidade do sucesso de seu desempenho futuro em habilidades fechadas. Primeira, a prática deve ocorrer nas mesmas condições que o teste. Segunda, o instrutor deve manter constantes as características reguladoras, enquanto varia as características não-reguladoras durante a prática.

Para habilidades fechadas, os instrutores devem desenvolver experiências práticas variáveis relativas às características não-reguladoras, fornecendo semelhanças e não variedades de experiência de tentativa à tentativa, para as características reguladoras. Para desenvolver as condições favoráveis de prática, o professor ou o terapeuta deve determinar primeiro as características da habilidade e do contexto do desempenho que podem ser classificadas em reguladoras ou não-reguladoras. Dessa forma, o instrutor precisa desenvolver uma variedade de experiências práticas que atendam ao seguinte critério: que características devem ser mais semelhantes e quais devem variar mais, de uma tentativa prática para outra.

Variação das condições práticas para habilidades abertas. Cada desempenho de uma

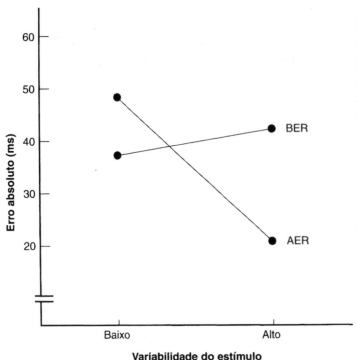

Figura 6.1-2 – Resultados do experimento de Wrisberg e Ragsdale mostrando o desempenho do timing *antecipatório para altos e baixos níveis de variabilidade de estímulos e de exigências da resposta (AER = altas exigências da resposta; BER = baixas exigências da resposta). (De C. A. Wrisberg e M. R. Ragsdale, "Further Tests of Schmidt's Schema Theory Development of a Schema Rule for a Coincident Timing Task" em Journal of Motor Behavior, 11:159-166, 1979. Direitos autorais 1979 da Heldref Publications, Inc., Washington, DC. Reprodução autorizada.*

habilidade aberta é única, pois em cada desempenho certas características são novas para o praticante. Isso é, o praticante precisa produzir certos movimento que até então nunca foram executados da forma exigida nessa situação. O praticante precisa modificar movimentos já aprendidos, para poder atingir a meta da habilidade. Por exemplo, se você estiver se preparando para receber um saque no tênis, é provável que certas características da ação da bola sejam peculiares a esse saque em particular. Assim, a prática de habilidades abertas precisa englobar experiências com características reguladoras que serão alteradas de uma tentativa para outra.

Um experimento desenvolvido por Wrisberg e Ragsdale (1979) ilustra a vantagem de variar as características reguladoras durante a prática de uma habilidade aberta. Os participantes praticaram uma tarefa de *timig* antecipatório que exigia que eles apertassem um botão no exato momento em que a última lâmpada de uma série se acendesse ao longo de uma pista. Havia diferentes quantidades de variabilidade de condições reguladoras: cada participante executava 40 tentativas com 4 velocidades diferentes de estímulos ou somente uma velocidade e podia declarar ou não sua resposta. O teste envolvia executar uma resposta aberta a uma nova velocidade de estímulo. Os resultados, apresentados na figura 6.1-2, mostram que os participantes que se submeteram a uma variedade de condições reguladoras durante a prática obtiveram um desempenho mais preciso no teste.

Organização de práticas variáveis

Depois de ter estabelecido que a variabilidade da prática é benéfica à aprendizagem de habilidades, consideraremos a seguir como o terapeuta ou o professor devem organizar as experiências variáveis dentro de uma sessão de prática ou de uma unidade de instrução. Os

CAPÍTULO 6 ■ CONDIÇÕES DA PRÁTICA   **249**

		Dias de aulas					
		1	2	3	4	5	6
Prática em blocos	10 min 10 min 10min	Somente mão por cima	Somente mão por cima	Somente mão por baixo	Somente mão por baixo	Somente mão lateral	Somente mão lateral
Prática aleatória	10 min 10 min 10 min	Mão por baixo Mão por cima Mão por baixo	Mão lateral Mão por baixo Mão por cima	Mão por cima Mão lateral Mão lateral	Mão por baixo Mão por cima Mão por cima	Mão lateral Mão por cima Mão lateral	Mão por baixo Mão por baixo Mão lateral
Prática serial	10 min 10 min 10 min	Mão por cima Mão por baixo Mão lateral	Mão por cima Mão por baixo Mão lateral	Mão por cima Mão por baixo Mão lateral	Mão por cima Mão por baixo Mão lateral	Mão por cima Mão por baixo Mão lateral	Mão por cima Mão por baixo Mão lateral

Figura 6.1-3 – *Uma unidade de planejamento de seis dias demonstrando três diferentes estruturas de prática (em bloco, aleatória e serial) para o ensino de três padrões diferentes de lançamento (mão por cima, mão por baixo e lateral). Todas as aulas eram de 30 minutos e estavam divididas em segmentos de 10 minutos. Cada condição de prática fornecia uma quantidade igual de prática para cada padrão de lançamento.*

exemplos a seguir ilustram como essa questão da organização da prática é desenvolvida pelos profissionais que se dedicam às habilidades motoras na programação de condições de prática.

Suponha que você seja um professor de Educação Física de uma escola de primeiro grau, que está organizando uma unidade de ensino de lançamento para seus alunos. Você estabeleceu que deverá dedicar seis aulas a essa unidade. Você deseja que seus alunos vivenciem três variações do padrão de lançamento: por cima, por baixo e lateral. Como você deveria organizar a prática desses três lançamentos diferentes durante as seis aulas? A figura 6.1-3 mostra três combinações possíveis. Uma delas consiste em praticar cada lançamento em blocos de dois dias cada um (prática em blocos). Uma outra possibilidade consiste em praticar cada lançamento de acordo com uma distribuição aleatória com blocos de dez minutos dedicados a cada padrão em particular (prática aleatória). Assim, em cada dia os alunos vivenciariam três blocos de dez minutos, sem ordem específica de ocorrência para os três padrões; a única condição seria praticar os três padrões pelo mesmo período no decorrer da unidade. A terceira combinação, a prática serial, também envolve blocos de dez minutos para cada padrão. Entretanto, nessa abordagem, os alunos praticariam cada padrão todos os dias, na mesma seqüência.

Esse problema de organização não ocorre somente nas atividades pedagógicas da Educação Física. Ele é característico de qualquer situação em que os aprendizes precisam praticar diversas variações de uma habilidade. Num caso de terapia, um paciente pode ter que aprender a segurar objetos de diferentes tamanhos, pesos e formas. Ou um paciente que tenha sofrido uma prótese da articulação do joelho pode ter que praticar a caminhada em diferentes tipos de piso. No caso da dança, um aprendiz poderia ter que praticar variações no andamento de uma peça ou outras variações de determinadas componentes da peça. Todas essas situações se referem ao mesmo problema de organização: Como o instrutor deve programar a prática dessas variações dentro do tempo de prática disponível, para ajudar o paciente ou o aluno a desempenhar com sucesso em diferentes situações?

A abordagem da interferência contextual na organização da prática. Uma forma de programar práticas variáveis consiste em aplicar o fenômeno da aprendizagem conhecido como **efeito da interferência contextual**. Battig (1979) aplicou o termo **interferência con-**

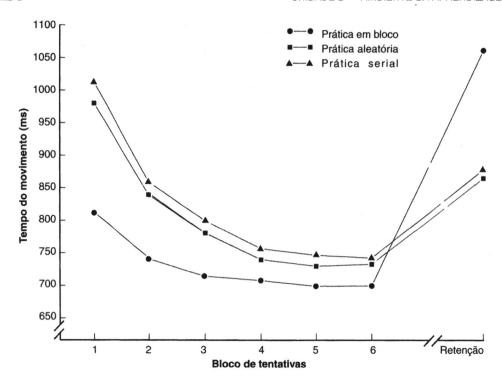

Figura 6.1-4 – Resultados do experimento de Lee e Magill mostrando o tempo de movimento médio para completar três padrões de movimento usando três diferentes estruturas de prática (em bloco, aleatória e serial). Os blocos de tentativas (3 tentativas por bloco) de 1 a 6 foram com CR. O bloco de retenção foi sem CR. (De T. D. Lee e R. A. Magill, "The Locus of Contextual Interference in Motor Skill Acquisition", em Journal of Experimental Psychology: Learning, Memory and Cognition, 9:730-746, 1983. American Psychological Association. Reprodução autorizada.)

textual para denominar a interferência que resulta da prática de uma tarefa dentro do contexto da situação da prática. Pode ocorrer um alto grau de interferência contextual quando o aprendiz pratica várias habilidades, diferentes mas correlacionadas, durante a mesma sessão de prática. Por outro lado, quando o aprendiz pratica somente uma habilidade durante uma sessão de prática, surge uma condição de baixa interferência contextual. A maioria das pessoas tende a considerar a interferência como um fator negativo e, portanto, poderia esperar que uma situação com baixa interferência contextual leve a uma aprendizagem superior. Entretanto, Battig propôs que, embora a situação prática de baixa interferência contextual freqüentemente leve a um desempenho superior da prática, é a prática de alta interferência contextual que tem um efeito superior no desempenho na retenção e transferência.

Shea e Morgan (1979) relataram o primeiro teste da previsão de Battig utilizando habilidades motoras. Os participantes praticaram três tipos de padrão de movimento em que a meta consistia em mover um braço através de uma série de pequenas barreiras de madeira o mais rapidamente possível. O grupo de prática em bloco, representando a condição de baixa interferência contextual, praticou cada um dos três padrões separadamente, numa série de 18 tentativas. O grupo de prática de alta interferência contextual praticou os padrões de forma aleatória, de modo que as 18 tentativas de prática para cada padrão fossem distribuídas aleatoriamente durante as tentativas práticas. Os resultados confirmaram a previsão de Battig. O grupo de prática em bloco apresentou um desempenho melhor durante as tentativas de prática, enquanto que o grupo de prática aleatória mostrou um desempenho superior nas tentativas de retenção e transferência, nas quais encontraram um novo arranjo de barreiras.

Numa tentativa de descobrir que motivos levaram aos resultados obtidos por Shea e Morgan, Lee e Magill (1983b) incluíram uma condição de prática seqüencial. Eles organizaram as tentativas de prática para este grupo de modo que o padrão de movimento 1 fosse seguido pelo padrão 2, que sempre era seguido pelo padrão 3. Essa condição combinava aspectos da condição de prática em blocos (previsibilidade perfeita do próximo padrão a ser praticado) com os aspectos da condição de prática aleatória (interferência criada pela prática de outros padrões entre repetições de qualquer padrão). Os resultados, apresentados na figura 6.1-4, indicam que as condições de prática aleatória ou seqüencial tiveram um desempenho semelhante na prática e em testes de retenção. Esses resultados mostram que a chave para a compreensão do efeito da interferência contextual reside na determinação do papel desempenhado pela atividade executada entre as repetições da prática de um movimento.

Provavelmente, o efeito negativo mais contundente da prática de baixa interferência contextual seja o de inibir o desempenho das habilidades praticadas em novos contextos de desempenho. Os experimentos de interferência contextual geralmente mostram isto. Embora a prática em blocos algumas vezes leve a desempenho prejudicado no teste de retenção semelhante ao desempenho que se segue à prática aleatória, é normal ocorrer um acentuado decréscimo no desempenho na retenção quando os pesquisadores testam as habilidades sob condições aleatórias (p.ex., Shea, Kohl e Indermill, 1990). Por outro lado, a prática de alta interferência contextual não apresenta o mesmo problema de transferência. Assim, parece que a prática de baixa interferência contextual desenvolve uma dependência do contexto da prática que diminui a capacidade de a pessoa adaptar-se a novos contextos de teste.

O efeito da interferência contextual fora do laboratório. É importante descobrir se o fenômeno da aprendizagem demonstrado em laboratório também ocorre em ambientes do mundo real. Desde o experimento inicial de Shea e Morgan (1979), muitos experimentos realizados em laboratório demonstraram o efeito da interferência contextual (consulte Magill e Hall, 1990, para uma revisão desses experimentos). Entretanto, as evidências experimentais tem demonstrado que os efeitos da interferência contextual também aparecem em habilidades da vida real.

Podemos encontrar um exemplo dessa evidência num experimento conduzido por Goode e Magill (1986) envolvendo a aprendizagem de saque no *badminton*. Nesse experimento, universitárias sem experiência anterior em *badminton* praticaram saques curtos, longos e com efeito a partir da área direita de serviço. Elas praticaram esses saques três dias por semana durante três semanas com 36 tentativas em cada sessão de prática, perfazendo um total de 324 tentativas (108 tentativas por saque) durante o período de prática. A condição de baixa interferência contextual era uma modificação da condição em bloco utilizada em estudos anteriores; neste caso, o grupo de prática em bloco praticou um saque por dia, em cada semana. O grupo da programação aleatória praticou cada saque aleatoriamente em todas as sessões de prática. Nessa condição, o experimentador informou a cada aprendiz qual seria o próximo saque.

Como pode ser visto na figura 6.1-5, os autores comprovaram o efeito da interferência contextual. O grupo que praticou com a programação aleatória superou o desempenho do grupo que praticou em blocos, quando foram aplicados testes de retenção e de transferência. Deve-se observar particularmente que no teste de transferência, que envolveu o saque a

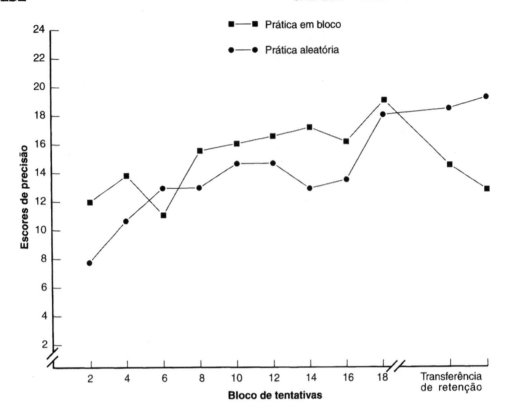

Figura 6.1-5 – *Resultados do experimento de Goode e Magill mostrando os efeitos da prática estruturada em blocos e aleatória, para três tipos de saque em* badminton *na aquisição, na retenção de um dia e na transferência. (De S. L. Goode e R. A. Magill, "Contextual Interference Effects in Learning Three Badminton Serves" em* Research Quarterly for Exercise and Sport, *Vol. 57, pp. 308-314,1987. Direitos autorais 1987 American Alliance for Health, Physical Education, Recreation and Dance. Reprodução autorizada.)*

partir da área esquerda de serviço, o grupo aleatório não apresentou piora no desempenho. Mas os integrantes do grupo que praticaram de acordo com uma programação em bloco não foram capazes de se adaptar satisfatoriamente a esse novo contexto de desempenho. Na verdade, os aprendizes desse grupo tiveram no novo contexto, um desempenho praticamente igual ao que apresentaram quando começaram a praticar o saque da parte direita da quadra, três semanas antes.

O estudo desenvolvido por Goode e Magill mostrou as vantagens da alta interferência contextual na aprendizagem de principiantes de uma habilidade esportiva real (o saque no *badminton*). Entretanto, embora o experimento tenha sido aplicado a uma habilidade esportiva, os autores o desenvolveram em condições experimentais controladas. Os interessados em buscar resultados ainda mais realísticos devem observar que Wrisberg e Liu (1991) obtiveram os mesmos resultados que Goode e Magill, mas num ambiente real em aula. Nesse estudo, os alunos aprenderam o saque numa unidade pedagógica numa aula real de Educação Física.

É importante mencionar um outro experimento que demonstra o efeito da interferência contextual em habilidades cotidianas. Não apenas com novatos, mas também para indivíduos hábeis. Hall, Domingues e Cavazos (1994), trabalharam com jogadores treinados de beisebol que praticavam rebatidas de diferentes lançamentos para melhorar a qualidade do desempenho das rebatidas. O experimento envolvia jogadores na prática de 45 lançamentos adicionais de rebatidas três dias por semana durante cinco semanas. Os batedores acertavam bolas rápidas, curvas e bolas altas, de acordo com uma programação em bloco ou aleatória. Na programação em bloco, os jogadores praticavam rebater um dos lançamentos em cada dia, enquanto que na programação aleatória, eles rebatiam os três tipos de lançamento aleatoriamente, em cada dia. Os resultados mostraram que, num teste envolvendo uma seqüência aleatória de lançamentos, como um que poderia ocorrer num jogo, os jogadores que, vivenciaram a programação da prática aleatória tiveram melhor desempenho que aqueles que praticaram de acordo com a programação em bloco.

O efeito do tipo de variações da habilidade aprendida. Um ponto importante sobre o efeito da interferência contextual é que ele não foi observado em variações de aprendizagem para todas as habilidades. Por isso, Magill e Hall (1990) propuseram que a presença ou não do efeito poderia estar relacionada com o tipo de variação da habilidade que os aprendizes estivessem praticando. Baseados na síntese dos resultados de mais de quarenta experimentos publicados desde o experimento conduzido por Shea e Morgan (1979), eles estabeleceram a hipótese de que o efeito da interferência contextual na aprendizagem de habilidades poderia estar relacionado com o tipo de variação da habilidade praticada.

A hipótese de Magill e Hall (1990) tem duas partes. Primeira, se as variações da habilidade que a pessoa está praticando exigirem programas motores generalizados diferentes, várias programações de práticas criam diferentes níveis de interferência contextual que, por sua vez, levam a diferentes efeitos de retenção e transferência. Isso é, esquemas de prática que criam níveis mais altos de interferência contextual levam a um melhor desempenho na retenção e transferência que aqueles que criam níveis mais baixos. Segunda, se as variações das habilidades que um aprendiz está praticando envolver modificações de parâmetros do mesmo programa motor generalizado, o efeito da interferência contextual normalmente não será devido a uma comparação de programações de prática constituídas somente por condições em bloco versus aleatórias.

No último caso, seria preferível que ocorresse algum tipo de programação mista, como prática em bloco seguida de prática aleatória e não somente um dos tipos de prática. Ou, como mostraram as evidências experimentais de Shea, Kohl e Indermill (1990), a prática aleatória seria superior à prática em bloco, depois que o aprendiz tivesse completado um grande número de tentativas de prática. No experimento desenvolvido por esses autores, 50 tentativas de prática de três níveis de produção de força não foram suficientes para produzir o efeito de interferência contextual. O efeito pôde ser identificado somente depois de 400 tentativas na prática e somente quando o grupo de prática em bloco foi solicitado a desempenhar tentativas na retenção num arranjo aleatório.

Os experimentos focalizando essa hipótese relacionada à habilidade levaram a resultados mistos. Evidências experimentais decorrentes do experimento realizado por Wood e Ging (1991) reforçam a hipótese. A parte prática consistia em movimentar o braço o mais rapidamente possível seguindo um padrão de movimento de multisegmentos. Um grupo chamado de condição de "alta semelhança", que desenvolveu uma condição de variação de parâmetro, praticou seguindo a variação de três segmentos de um padrão semelhante à letra N (observe o padrão na figura 6.1-6). Um segundo grupo, chamado de condição de "baixa semelhança", praticou a formação de três formas diferentes dos padrões de movimento, praticando assim variações de habilidades que exigiam diferentes programas motores. A figura 6.1-6 mostra os resultados desse experimento em função da velocidade que os participantes produziram durante o desempenho dos padrões de movimento. Observe no gráfico que a diferença entre a prática aleatória e em bloco foi estatisticamente

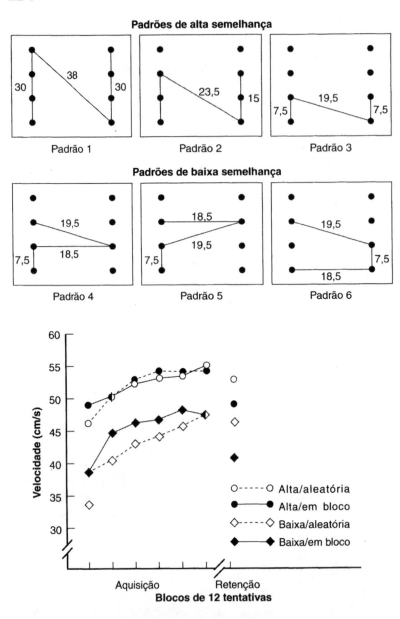

Figura 6.1-6 – Padrões de movimento usados no experimento de Wood e Gins (parte superior da figura) e os respectivos resultados dos esquemas de prática em blocos e aleatória durante as tentativas de aquisição e retenção. Observe que os números nos padrões indicam as distâncias em cm. (Reproduzido com a permissão da Research Quarterly for Exercise and Sport, Volume 62, pp.18-26. Direitos autorais 1991 da American Alliance for Health, Physical Education, Recreation and Dance, 1900 Association Drive, Reston, VA 20191.)

significante somente para a situação envolvendo variações do padrão de "baixa semelhança". Nesse caso, a prática aleatória levou a um melhor desempenho na retenção. Porém, não houve diferença entre as programações de prática em bloco e aleatória na aprendizagem das três variações do comprimento do mesmo padrão de movimento.

Em geral, as evidências experimentais confirmam a abordagem de que a aprendizagem de habilidades relacionadas é mais susceptível ao efeito da interferência contextual, quando as habilidades são variações de um padrão de coordenação do que quando são variações de parâmetros do mesmo padrão. Mas alguns pesquisadores relataram exceções a essa limitação (p. ex., Shea, Kohl e Indermill, 1990; Wulf e Lee, 1993; Sekyia et al., 1994). Estes resultados experimentais demonstraram que nós ainda não conhecemos os limites das características de habilidades do efeito da interferência contextual ainda não estão claros. Sabemos que há situações em que o efeito não aparece, entretanto são necessárias mais pesquisas para podermos identificar as características específicas das situações de aprendizagem de habilidades que determinam ou não a presença desse efeito.

Explicação do efeito de interferência contextual

Uma questão importante que permanece sem solução é a seguinte: *Porque* ocorre o efeito da interferência contextual? Das tentativas dos pesquisadores em explicar esse efeito, surgem duas hipóteses predominantes. Uma é a *hipótese da elaboração*; a outra é conhecida como a *hipótese da reconstrução do plano da ação*. Embora essas hipóteses não sejam debatidas em detalhes neste livro, faremos breves considerações sobre cada uma delas.

A hipótese da elaboração. Shea e Morgan (1979) conduziram o experimento que evidenciou pela primeira vez o efeito da interferência contextual na aprendizagem de habilidades motoras. Eles argumentaram que o efeito está relacionado à elaboração da representação na memória das variações da habilidade que um aprendiz está praticando.* Durante a prática aleatória, a pessoa se envolve em diferentes estratégias e em maior número que os praticantes de uma programação em bloco. Além disso, porque numa programação de prática aleatória a pessoa retém na memória de trabalho todas as variações de habilidades que está praticando. A pessoa pode comparar e confrontar as variações para poder distinguir uma da outra. Como resultado de seu envolvimento nas atividades cognitivas durante a prática, o aprendiz desenvolve para as habilidades, uma representação de memória que pode ser acessada mais rapidamente durante um teste.

A hipótese da reconstrução do plano da ação. Uma hipótese retomada por Lee e Magill (1985) afirma que a alta interferência contextual é benéfica para aprendizagem porque a interferência requer que a pessoa reconstrua, na próxima tentativa de prática, um plano de ação para uma determinada variação da habilidade. Isto é necessário porque a pessoa se esqueceu parcial ou completamente do plano de ação que foi desenvolvido na tentativa de prática anterior para aquela variação da habilidade, devido à intervenção das tentativas de prática provenientes de outras variações da habilidade. Ao contrário, a pessoa que segue uma programação de prática em bloco pode utilizar o mesmo plano de ação usado na tentativa anterior ou um plano ligeiramente modificado.

Considere o exemplo que ilustra como essas diferentes programações da prática exigem diferentes tipos de atividade do plano de ação. Se você tiver que somar um grande conjunto de números, e se imediatamente for solicitado a resolver o mesmo problema novamente, provavelmente você não somará os números outra vez, mas se lembrará e repetirá somente a resposta. Por outro lado, se você for solicitado a somar várias listas de números e depois lhe for fornecida a primeira lista novamente, você provavelmente terá se esquecido da solução daquele problema e, conseqüentemente, terá que somar os mesmos números novamente. A atividade interveniente de solução de problemas exige que você resolva um problema que já resolveu.

Lee e Magill supuseram que a condição de prática de alta interferência contextual se assemelha à situação da adição, em que há vários outros problemas a resolver antes de retomar o primeiro problema novamente. Quando um aprendiz pratica uma habilidade motora, a interferência criada pelas tentativas práticas entre duas tentativas de mesma variação da habilidade faz com que a pessoa se esqueça de boa parte do plano de ação desenvolvido para a primeira tentativa. Como conseqüência, o aprendiz precisa reconstruir e modificar seu plano de ação para tentar a habilidade na próxima vez. Por outro lado, o

*Shea e Zimny desenvolveram uma versão mais formal da hipótese da elaboração.

> **SAIBA MAIS**
>
> **Implementação de esquemas de práticas com alta interferência contextual**
>
> Os pesquisadores compararam uma grande variedade de tipos de esquemas de práticas para investigar o efeito da interferência contextual. Lembre-se de que esquemas em bloco e aleatórios representam simplesmente as extremidades inferior e superior do continuum de interferência contextual. Os demais esquemas se inserem entre esses dois extremos. Considere os seguintes exemplos:
>
> • **esquemas da prática em bloco modificado** O aprendiz pratica uma variação da habilidade durante uma sessão de prática inteira, mas pratica uma variação diferente na sessão seguinte, e assim por diante.
>
> • **esquemas de prática serial** O aprendiz pratica variações da habilidade em uma série de 1-2-3 tentativas durante cada sessão de prática.
>
> Uma forma de implementar esses dois esquemas de práticas consiste em envolver as pessoas na prática de diferentes variações de uma habilidade em estações diferentes. Para cada programação em bloco modificada, as pessoas permanecem na mesma estação durante uma sessão de prática, mas fazem um rodízio para outra estação na sessão seguinte. Na programação serial, as pessoas passam um certo tempo em cada estação, onde praticam uma variação específica. A seguir, passam para outra estação, de modo que numa sessão de prática, elas vivenciam todas as variações.

esquema da prática em bloco se parece com o problema da adição em que a tentativa seguinte ocorre imediatamente e é, portanto, mais fácil lembrar a solução e ser bem-sucedido na próxima tentativa.

No contexto da aprendizagem motora, as condições de alta interferência contextual requerem que as pessoas se envolvam mais ativamente na atividade da resolução do problema durante a prática. Embora essa atividade normalmente faça com que os aprendizes apresentem durante a prática um desempenho mais pobre do que teriam com um esquema de baixa interferência contextual, o deficit de desempenho de curto prazo torna-se um benefício de longo prazo, porque leva a um melhor desempenho no teste de retenção e de transferência.

As duas hipóteses são confirmadas por evidências experimentais. Ainda será necessário investigar muito para se poder estabelecer qual das duas hipóteses reflete melhor o efeito da interferência contextual. Num trabalho de revisão do estado da arte da pesquisa, Magill e Hall (1990) mostram que não há evidências conclusivas que privilegiem uma ou outra abordagem. A pesquisa desenvolvida desde a publicação desse trabalho mostra que as duas abordagens merecem apoio empírico. O efeito pode ser atribuído a várias causas. Embora a situação inconclusiva seja preocupante, não deve ser afastada do consenso geral dos pesquisadores de que esse efeito consiste num fenômeno estabelecido de aprendizagem. Evidentemente, é preciso conhecê-lo melhor. Além de saber porque ele ocorre, precisamos saber que condições o afetam e quando ocorrerão. E é preciso determinar ainda porque diferentes programações de prática levam a diferentes efeitos de aprendizagem.

Resumo

Uma variedade de experiências de movimento e de contexto são ingredientes importantes para as condições de prática. A vantagem dessa característica da prática é que ela aumenta a capacidade da pessoa desempenhar a habilidade praticada com sucesso e de se adaptar à condições em que não teve experiência prévia. Para determinar o tipo adequado e a quantidade de variabilidade da prática, o professor ou terapeuta deve primeiro avaliar as características do desempenho de situações futuras em que o aprendiz desempenhará a habilidade. As características específicas do contexto do desempenho que os instrutores precisam variar na prática são condições reguladoras e não-reguladoras. Os aspectos específicos dessas condições que serão variadas dependem se a habilidade que o aprendiz está praticando é uma habilidade aberta ou fechada.

Uma condição de prática relacionada se refere a como o professor ou o terapeuta deve organizar as várias experiências dentro de uma sessão de prática, unidade de ensino ou programa de tratamento. Os pesquisadores conseguiram perceber o melhor tipo de organização implementando o efeito da interferência contextual na programação de práticas. Eles notaram que é preferível aumentar a quantidade de interferência criada praticando diversas variações da habilidade, em cada sessão de prática. Por exemplo, seguir uma programação de prática, em bloco, como praticar somente uma variação de habilidade durante uma sessão de prática, leva a uma aprendizagem pior que seguir uma programação de prática aleatória em cada sessão. O efeito da interferência contextual constitui um fenômeno de peso na aprendizagem; os pesquisadores descobriram que ele se aplica a principiantes, a praticantes treinados, a habilidades motoras cotidianas e a habilidades desenvolvidas em laboratório. Entretanto ainda não foi possível chegar a uma conclusão definitiva sobre o porquê do efeito. Há duas hipóteses principais. A primeira assegura que os níveis mais altos da interferência contextual aumentam a capacidade de elaboração da representação na memória das habilidades que o aprendiz está praticando. A segunda sustenta que o aprendiz precisa reconstruir mais ativamente o plano de ação para uma tentativa precedente de uma habilidade, quando intervêm tentativas de habilidades diferentes.

Leituras relacionadas

Horak, M. 1992. The utility of connectionism for motor learning: A reinterpretation of contextual interference in movement schemas. *Journal of Motor Behavior* 24: 58–66.

Lee, T. D., L. R. Swanson, and A. L. Hall. 1991. What is repeated in a repetition? Effects of practice conditions on motor skill acquisiton. *Physical Therapy* 71: 150-56.

Proteau, L., Y. Blandin, C. Alain, and A. Dorion. 1994. The effects of the amount and variability of practice on the learning of a multi-segmented motor task. *Acta Psychologica* 85: 61–74.

Shea, C. H., and R. M. Kohl. 1990. Specificity and variability of practice. *Research Quarterly for Exercise and Sport* 61: 169–77.

Wrisberg, C. A. 1991. A field test of the effect of contextual variety during skill acquisition. *Journal of Teaching Physical Education* 11: 21-30.

Conceito 6.2
O espaçamento ou a distribuição da prática pode afetar tanto o desempenho quanto a aprendizagem de habilidades motoras

Termos-chaves

Prática maciça   Prática distribuída

Aplicação

Os profissionais que programam as sessões de instrução ou de reabilitação precisam tomar várias decisões a respeito do tempo a ser dedicado às várias atividades durante as sessões. Eles devem determinar durante quanto tempo cada atividade deve ser desempenhada numa sessão, o período de descanso entre as atividades de uma sessão, a duração de cada sessão e o intervalo entre as sessões.

Por exemplo, se você for um professor de Educação Física e estiver organizando uma unidade pedagógica sobre voleibol, você terá que determinar quanto tempo será dedicado ao trabalho das várias habilidades, exercícios e outras atividades que está planejando incluir, em cada aula. Se você já determinou o período total de prática que deseja dedicar a uma dada atividade da unidade e se já sabe quantas aulas terá na unidade, poderá saber quanto tempo será gasto na prática da atividade, em cada aula.

Analogamente, se você for um fisioterapeuta ou um terapeuta ocupacional, terá que determinar quanto tempo um paciente despenderá em cada atividade da sessão, quanto tempo de descanso você deverá permitir entre as atividades de uma sessão, quando deverá ser a próxima sessão e assim por diante. Você também poderá ter que orientar o paciente a organizar seu tempo para poder praticar em casa a programação prescrita.

Esses exemplos ilustram duas decisões importantes sobre a programação da prática que são necessariamente passos subseqüentes às decisões a respeito dos esquemas discutidos no Conceito anterior. Essas duas decisões se referem à distribuição do tempo disponível para a prática de uma habilidade. Como elas já foram discutidas, vamos admitir que você já determinou o tempo total de prática ou de terapia necessário ou disponível para a pessoa. A primeira decisão se refere ao tempo que ela deverá dedicar desempenhando uma determinada atividade numa dada sessão de prática ou de terapia. Para resolver esse problema, é preciso decidir primeiro se é melhor desempenhar a atividade por períodos mais curtos ou mais longos cada dia. Sua resposta influirá no número de dias que a pessoa precisará para completar o período de prática ou de terapia. A segunda questão, referente à programação, trata da determinação do período de descanso ideal entre as tentativas de prática.

Discussão

A distribuição da prática ou, como é denominada freqüentemente por alguns pesquisadores, o espaçamento da prática, foi um tópico bastante popular na pesquisa da aprendizagem motora por vários anos. O período em que essa popularidade atingiu o auge foi dos anos 30 aos anos 50. Uma controvérsia relacionada ao período de descanso que as pessoas precisam ter entre as tentativas de prática para garantir um ambiente de aprendizagem ideal, concentrou a atenção dos pesquisadores nesse tópico. A primeira questão discutia o que convinha mais para a aprendizagem de habilidades motoras, as tentativas de prática *maciças ou distribuídas*. Alguns pesquisadores argumentavam que a prática distribuída era melhor, enquanto outros defendiam que o tipo de estratégia de espaçamento adotada não fazia muita diferença.

Embora essa controvérsia inicial se concentrasse nos intervalos de descanso entre as tentativas, é importante entender que o estudo da distribuição da prática também trata dos períodos de prática durante cada sessão e do intervalo de descanso entre as sessões. A segunda questão, relativa à distribuição da prática, discutia se era melhor prescrever menos sessões mais longas ou mais sessões mais curtas.

Definição de prática maciça e de prática distribuída

Quando os pesquisadores utilizaram os termos **prática maciça e prática distribuída** para descrever a distribuição da prática durante as sessões, em geral, concordavam que estavam utilizando esses termos de forma relativa. Isso é, uma programação de prática maciça deveria ter menos sessões de prática que a programação distribuída, sendo que cada sessão de prática maciça exigia mais prática e/ou prática mais longa. Por outro lado, a programação de prática distribuída, atribuiria o mesmo intervalo de tempo de prática em mais sessões, de modo que cada sessão seria mais curta que as sessões da programação maciça; as sessões de prática distribuída deveriam se estender por um período mais longo para incluir a mesma quantidade de prática.

A duração e a distribuição das sessões de prática

Para a maioria das situações de instrução e reabilitação a questão básica relativa à distribuição consiste em como utilizar um intervalo de tempo previsto durante e entre as sessões de prática. É importante considerar aqui, que muitas situações de instrução ou de reabilitação contêm limites específicos para os intervalos de tempo disponíveis. Em muitas aplicações clínicas, um paciente pode receber tratamento somente durante um número limitado de sessões, devido a restrições do plano de assistência médica. Além disso, em situações de ensino e de treinamento, geralmente há pouca flexibilidade no número de dias disponíveis para as aulas ou para as sessões de prática. Por exemplo, se um professor dispõe somente de dez dias para ensinar uma unidade inteira, então a programação da prática precisa se adequar a esse limite. Analogamente, se um bailarino tiver que se apresentar num recital daqui a um mês, então a programação dos ensaios precisa se adequar a esse disponibilidade de tempo. Assim, limitações externas podem determinar quantos dias uma pessoa deve dedicar à prática. Entretanto, o instrutor, treinador ou terapeuta ainda pode decidir sobre o número de sessões de prática e a duração de cada uma.

Os benefícios de mais sessões e de sessões mais curtas. Embora não haja um grande número de pesquisas analisando o número e a duração ideal das sessões de prática, as evidências experimentais disponíveis indicam que a *prática distribuída é benéfica*. Em geral, os resultados de experimentos que comparam poucas sessões de prática longas com maior número de sessões de prática curtas mostram que a prática de habilidades com sessões mais curtas produz melhor aprendizagem.

Um exemplo excelente de pesquisa que reforça essa conclusão geral está no trabalho publicado por Baddeley e Longman (1978). Eles estavam tentando determinar a melhor forma de programar as sessões de treinamento para funcionários dos correios numa máquina de classificação de correspondência, que exigia a operação de um teclado semelhante ao de uma máquina de escrever. Todos os praticantes receberam 60 horas de treinamento e praticaram 5 dias por semana. Os pesquisadores distribuíram esse período de prática de quatro formas diferentes de acordo com sessões com duas durações e duas freqüências de treinamento diferentes. Dois grupos praticaram uma hora em cada sessão. Um desses grupos praticou somente uma sessão por dia, o que resultou num tempo total de treinamento de 12 semanas, enquanto que o segundo grupo praticou duas sessões por dia, reduzindo assim o número de semanas de treinamento para 6. Dois outros grupos praticaram duas horas em cada sessão. Um deles praticava somente uma sessão por dia enquanto que o outro tinha duas sessões por dia. Esses dois últimos grupos tiveram portanto 6 e 3 semanas de treinamento, respectivamente. Como essa situação mostra bem, há uma grande variedade de formas de se distribuir 60 horas de prática. A programação mais distribuída exigia que os trabalhadores treinassem 12 semanas, enquanto que a programação mais maciça permitia que eles completassem seu treinamento em apenas 3 semanas. A diferença consistia na duração de cada sessão e no número de sessões diárias.

Os pesquisadores utilizaram várias medidas de desempenho para determinar a eficiência das diferentes programações de prática na aprendizagem dos funcionários nessa tarefa semelhante à datilografia. A tabela 6.2-1 descreve dois resultados. Um é o tempo que os praticantes precisaram para aprender a lidar com o teclado. O tempo mais curto foi de 34,9 horas, enquanto que o mais longo foi de 49,7 horas; esses valores representam as programações mais distribuídas e mais maciças, respectivamente. Assim, a condição para aprender a trabalhar com o teclado, mantendo as sessões de prática mais curtas e tendo somente uma sessão por dia levou a uma aprendizagem mais rápida.

Tabela 6.2-1 Resultados do experimento de Baddeley e Longman. com esquemas de distribuição de prática para o treinamento de funcionários do correio.

Esquema de prática	Número de horas para aprender a usar o teclado	Número de horas para digitar 80 caracteres/minuto
1 hora/sessão 1 sessão/dia (12 sem. de treinamento)	34,9	55
1 hora/sessão 2 sessões/dia (6 sem. de treinamento)	43	75
2 horas/sessão 1 sessão/dia (6 sem. de treinamento)	43	67
2 horas/sessão 2 sessões/dia (3 sem. de treinamento)	49,7	80+

Fonte: Dados de Baddeley, A.D. e D.J.A. Longman, 1978. The influence of length and frequency training session on the rate of learning to type. *Ergonomics*, 21, 627-635.

Uma outra medida do desempenho motor foi a velocidade de digitação. A meta dos funcionários era aprender a datilografar 80 toques por minuto. Somente os praticantes do grupo de programação mais distribuída atingiram a meta no tempo de treinamento previsto

> **SAIBA MAIS**
>
> **Implicações da pesquisa sobre a prática maciça versus prática distribuída para a programação de sessões de prática ou de reabilitação**
>
> - **As sessões de prática podem ser longas demais.** Quando tiver dúvidas sobre a duração da sessão, opte por uma sessão mais curta em vez de atribuir um tempo demasiado longo. Se os aprendizes precisarem de mais tempo, acrescente mais sessões.
> - **É preferível programar sessões mais freqüentes** e em menor número.
> - **O tempo economizado, em número de dias de prática, pode ser uma economia falsa**, porque sessões maciças muito próximas podem levar a resultados menos produtivos a longo prazo.
> - **A duração e o número de sessões desejadas pelos alunos, "trainees" ou pacientes podem não ser a melhor programação** para a aprendizagem da habilidade. No estudo realizado por Baddeley e Longman, se tivesse sido dada a oportunidade de escolha aos "trainees" dos correios, eles teriam escolhido a programação que lhes permitiria completar seu treinamento no menor número de dias possível, mas esta seria a programação menos indicada para a aprendizagem da habilidade.

originalmente de 60 horas (a meta foi atingida em 55 horas). Todos os outros grupos precisaram de mais tempo de prática. É interessante notar, que os funcionários do grupo de programação mais maciça, que praticaram durante duas sessões de duas horas por dia, nunca chegaram a essa meta. Depois de 80 horas de prática, eles ainda estavam mostrando um desempenho de aproximadamente 70 toques por minuto. Foram aplicados testes de retenção 1, 3 e 9 meses depois do término do treinamento. Depois de 9 meses, o desempenho do grupo mais maciço foi pior no teste de velocidade de digitação; os demais grupos tiveram um desempenho praticamente igual. Finalmente, os pesquisadores obtiveram um resultado muito revelador das avaliações da programação de treinamento feita pelos próprios praticantes. Embora a maioria dos funcionários preferisse sua própria programação, os integrantes do grupo mais maciço foram os que mais deram preferência a sua própria programação, enquanto que os integrantes do grupo mais distribuído foram os que menos preferiram sua própria programação.

Os resultados desses experimentos mostram que a distribuição de 60 horas de treinamento em 3 semanas, com duas sessões práticas de 2 horas por dia, era uma programação da prática pobre. Embora os praticantes incluídos na programação mais distribuída geralmente atingissem as metas do desempenho em períodos mais curtos, não tiveram desempenho melhor que dois dos outros grupos num teste de retenção aplicado. Reunindo todos esses resultados, os autores concluíram que as sessões de treinamento de uma hora eram mais convenientes que sessões de 2 horas e que uma sessão por dia era apenas ligeiramente mais eficiente do que duas sessões por dia. Entretanto, a utilização de duas sessões de duas horas por dia não se mostrou como uma boa opção de regime de treinamento.

Outros estudos confirmaram a superioridade da prática distribuída. Por exemplo, Annett e Piech (1985) verificaram que a aprendizagem de um jogo de tiro ao alvo no computador, com duas sessões de treinamento de 5 tentativas, com um intervalo de um dia entre elas, levaram a melhores resultados que uma sessão de 10 tentativas. Uma tentativa envolvia atirar em 10 alvos móveis apresentados individualmente. Os autores avaliaram a aprendizagem através de um teste de desempenho aplicado um dia após o término das sessões de treinamento. O grupo distribuído não só apresentou mais "acertos" no teste, mas também cometeu menos erros nas tentativas de tiro. Bouzid e Crawshaw (1987) relataram resultados semelhantes para a aprendizagem de habilidades de processamento de palavras. Datilógrafos que praticaram doze habilidades durante duas sessões de 35 e 25 minutos cada, com uma pausa de 10 minutos entre elas, precisaram de menos tempo para aprender as habilidades e cometeram menos erros que os datilógrafos que praticaram as habilidades em uma única sessão de 60 minutos.

O intervalo intertentativas e a distribuição da prática

A grande maioria de pesquisas sobre a distribuição da prática investigou a duração do intervalo intertentativas. Um problema imediato que precisamos superar ao analisar essa pesquisa é que não há um consenso sobre as definições operacionais para os termos *maciça* e *distribuída*. Por exemplo, alguns pesquisadores definiram a prática maciça de forma muito simplificada, isto é, a prática sem quaisquer pausas apreciáveis entre as tentativas e a prática distribuída simplesmente como aquela que inclui intervalos de descanso entre as tentativas. Outros pesquisadores definiram a prática maciça de forma mais ampla, como a prática em que o tempo gasto em uma tentativa de prática é maior que o período de descanso entre as tentativas, e a prática distribuída como a prática em que o período de descanso entre as tentativas é igual ou maior que a duração de uma tentativa.

Para atender aos nossos propósitos, podemos definir a *prática maciça,* quando relacionada ao descanso entre as tentativas, como a prática em que o período de descanso entre as tentativas é muito curto ou inexistente, de modo que a prática se torna relativamente contínua. A *prática distribuída* consiste na prática em que o intervalo de descanso entre as tentativas ou grupos de tentativas é relativamente longo. Embora os termos "muito curto" e "relativamente longo" nessas definições sejam bastante ambíguos, serão utilizados aqui para permitir a máxima generalização possível, a partir da literatura da pesquisa sobre prática maciça versus prática distribuída, para as situações de aprendizagem de habilidades motoras. Os significados precisos desses termos poderão variar dependendo da situação da habilidade e da aprendizagem em que forem aplicados.

Uma história de controvérsias. Embora exista muita literatura de pesquisa relativa à distribuição da prática que tratam da duração do intervalo intertentativas, existe muita controvérsia sobre o tipo de programação que resulta em melhor aprendizagem. Essa controvérsia é destacada em trabalhos de revisão da literatura assim como em livros-textos sobre aprendizagem motora; essas fontes fornecem uma grande variedade de respostas à questão da distribuição da prática. Por exemplo, Ellis (1978) estabeleceu que "a prática distribuída facilita a aquisição de habilidades motoras". Entretanto, num outro trabalho de revisão de pesquisa sobre a distribuição da prática, Adams (1987) concluiu que "a prática maciça afeta a qualidade do desempenho e não a qualidade da aprendizagem" indicando que embora a prática maciça reprima o desempenho, ela não afeta a quantidade de aprendizagem. Assim, Adams confirma que a programação da distribuição da prática tem pouco efeito na aprendizagem de habilidades, enquanto que Ellis sustenta que ela é uma variável importante da aprendizagem.

Existem dois problemas que se referem à controvérsia em torno dessa questão. O primeiro está relacionado à questão dos efeitos do desempenho versus da aprendizagem. O problema consiste em que muitos experimentos sobre a prática maciça versus a prática distribuída, relatados na literatura de pesquisa, não incluem as tentativas de transferência ou de retenção. Assim, nossas conclusões devem se basear somente em resultados obtidos durante o desempenho de tentativas de prática. Schmidt (1975b) tratou do segundo problema, que posteriormente foi desenvolvido em mais detalhes por Lee e Genovese (1988, 1989).

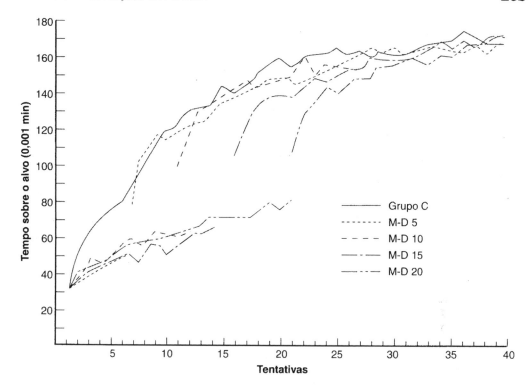

Figura 6.2-1– Resultados do experimento de Adams e Reynolds mostrando as curvas de desempenho no rotor de perseguição para o grupo de controle (Grupo C) e para os quatro grupos experimentais que praticaram sob condições de prática maciça, por diferentes números de tentativas, antes de passar para uma condição de prática distribuída, como a do grupo de controle. (Fonte: De J. A. Adams e B. Reynolds, figura da p. 34 no Journal of Experimental Psychology, Vol. 47, 1954, American Psychological Association, Washington, DC.)

Eles mostraram que os pesquisadores falharam ao admitir que as duas programações de distribuição de prática poderiam ter efeitos diferentes de aprendizagem em tipos diferentes de habilidades.

Fundamentados no trabalho relatado por Lee e Genovese, podemos nos propor a resolver a controvérsia histórica sobre qual a melhor programação de distribuição da prática para a aprendizagem de uma habilidade. Isso pode ser feito, fazendo-se distinção entre habilidades contínuas e discretas. Considerando a pesquisa que investiga a controvérsia histórica baseada nesse ponto de vista, verificamos que há divergências nas conclusões obtidas pelos pesquisadores que estudam as habilidades contínuas e pelos pesquisadores que estudam a aprendizagem de habilidades discretas.

Distribuição da prática intertentativas para habilidades contínuas. A habilidades contínuas tem sido o tipo de habilidade motora mais comum utilizada para investigar os efeitos de práticas maciças versus práticas distribuídas entre as tentativas. E a tarefa contínua mais popular tem sido a tarefa de perseguição rotativa, em que a pessoa precisa manter uma caneta presa à mão, em contato com um pequeno disco sobre um prato giratório durante o maior tempo possível. A tentativa, geralmente, tem uma duração específica de 20 ou 30 segundos. Esse tipo de tarefa é muito útil para a investigação da questão sobre prática maciça versus prática distribuída, porque é muito fácil especificar a duração dos intervalos intertentativas da prática maciça e da prática distribuída. As programações de prática maciça

> **SAIBA MAIS**
>
> **A vantagem da prática maciça na aprendizagem de uma tarefa de coordenação discreta óculo-manual**
>
> No experimento conduzido por Carron (1969), os participantes praticaram uma tarefa de coordenação discreta óculo-manual, que solicitava que eles retirassem um pino de um orifício e o inserisse novamente no orifício na posição inversa, o mais rápido possível. Cada tentativa durava em média de 1,3 a 1,7 segundos. As pessoas da condição de prática maciça dispunham de um intervalo máximo intertentativas de 300 ms, enquanto que as do grupo de prática distribuída dispunham de 5 s entre as tentativas. Os resultados desse experimento mostraram que a programação de prática maciça levou a um desempenho melhor durante as tentativas de prática e no teste de retenção que os participantes desempenharam dois dias depois de terem completado as tentativas de prática.

normalmente prevêem poucos segundos de descanso entre as tentativas, se houver, enquanto que os intervalos nas programações distribuídas são muito mais longos ou até mais longos que as próprias tentativas. Por isso, os pesquisadores podem estabelecer a duração de intervalos intertentativas que sejam prontamente identificáveis como distintamente maciças ou distribuídas.

No caso das habilidades contínuas foi observado um resultado consistente: no fim das tentativas de prática, a programação de práticas maciças produzia um desempenho pior que a programação distribuída. Assim, se um experimento não incluir tentativas de transferência ou de retenção, os autores podem concluir que a programação distribuída será melhor. Entretanto, se forem aplicados testes de transferência ou de retenção, desaparece a diferença no desempenho das tentativas e as duas condições não mostram qualquer diferença, indicando que não há vantagem nem desvantagem para a aprendizagem em qualquer tipo programação.

Adams e Reynolds (1954) realizaram um experimento clássico, freqüentemente mencionado para reforçar a conclusão de que a prática maciça leva a uma diminuição da qualidade do desempenho mas não da aprendizagem. Os participantes praticaram a tarefa de perseguição rotativa durante 40 tentativas. Todos eles começaram a praticar a tarefa sob uma programação maciça em que não havia descanso entre as tentativas. Então, um grupo de participantes foi transferido para uma programação distribuída depois de 5 tentativas. Essa mudança de programação ocorreu depois de um descanso de 5 minutos. Um segundo grupo de pessoas foi transferido para a programação distribuída depois de 10 tentativas, um terceiro grupo depois de 15 tentativas e um quarto grupo depois de 20 tentativas de prática maciça. Um quinto grupo, o grupo de controle, praticou as 40 tentativas numa programação distribuída. Os resultados desse experimento, apresentados na figura 6.2-1, mostraram que, depois de mudar para uma programação distribuída, os participantes mostraram uma melhora imediata e logo estavam apresentando um desempenhando semelhante ao do grupo de controle. Esses resultados permitiram concluir que as programações de prática maciça reduzem o desempenho da prática mas não afetam a aprendizagem da habilidade.

Distribuição da prática intertentativas para habilidades discretas. Quando os pesquisadores utilizam habilidades discretas para investigar a questão da prática maciça versus prática distribuída, surge um problema diretamente relacionado com o problema de definição discutido anteriormente. Se uma programação maciça não permite descanso en-

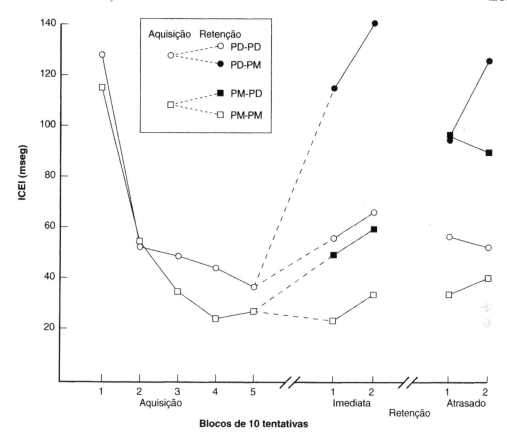

Figura 6.2-2 – Resultados do experimento de Lee e Genovese mostrando os efeitos da prática maciça (PM) e da prática distribuída (PD) sobre o desempenho na aquisição e na retenção de tarefa discreta de batimento baseada no tempo. Observe que durante as tentativas de retenção os grupos de prática PD e PM foram subdivididos em grupos PM e PD. (De T. D. Lee e E. D. Genovese, "Distribution of Practice Skill Acquisition Different Effects for Discrete and Continuous Tasks", em Research Quarterly for Exercise amd Sport, no prelo. Direitos autorais da American Alliance for Health, Physical Education, Recreation and Dance. Reprodução autorizada.)

tre as tentativas, enquanto que uma programação distribuída envolve um intervalo de descanso de mesma duração que a tentativa prática, então os dois intervalos contrastantes intertentativas terão essencialmente a mesma duração, porque normalmente uma resposta discreta é muito curta. Por exemplo, se as pessoas estiverem praticando uma tarefa rápida de direcionamento que tenha uma duração de aproximadamente 150 ms, a condição de prática distribuída poderia, por definição, ter um intervalo intertentativas de150 ms. Mas se a condição maciça não contiver descanso entre as tentativas, haverá um intervalo somente de 150 ms entre as duas programações da prática. Assim, a definição operacional dos termos *maciça* e *distribuída* torna-se importante em experimentos que utilizam tarefas discretas. Provavelmente isso não preocupou os pesquisadores porque as tarefas discretas raramente foram usadas na comparação entre práticas maciças e distribuídas. De fato, ao compilar uma revisão abrangente, Lee e Genovese (1988) encontraram somente um estudo na literatura especializada que utilizava tarefas discretas (Carron, 1969).

Num experimento que pretendeu refazer e ampliar o experimento de Carron (1969), Lee e Genovese (1989) compararam as programações maciça e distribuída durante a prática e durante testes de retenção. Nesse experimento, as pessoas desempenharam uma tarefa

> **SAIBA MAIS**
>
> **Implementação de programações intertentativas: prática maciça versus prática distribuída**
>
> - Para as habilidades contínuas (aquelas que duram um tempo relativamente longo e exigem ações relativamente repetitivas), é mais aconselhável uma **programação de prática distribuída**.
>
> **Exemplos:**
> Habilidades motoras grossas, como
> caminhar
> nadar
> andar de bicicleta
> Habilidades repetitivas mais precisas, como
> digitar
> tocar piano
>
> - Para habilidades em que a ação é relativamente curta, é recomendável uma **programação de prática maciça**
>
> **Exemplos:**
> bater bolas de golfe
> devolver bolas de tênis
> a maioria das habilidades discretas utilizadas em situações de terapia ocupacional.

discreta de direcionamento que exigia que eles aprendessem a mover uma caneta presa à mão, passando de um pequeno prato metálico para outro em 500 ms. O grupo de prática maciça dispunha de 0,5 s entre as tentativas, enquanto que o grupo de prática distribuída dispunha de 25 s entre elas. Eles realizaram dois testes de retenção, um 10 minutos depois de completar as tentativas práticas e outro uma semana depois. Para os testes, os autores subdividiram cada grupo de prática em dois subgrupos, um maciço e outro distribuído.

Esse experimento (figura 6.2-2) mostrou o resultado esperado, isto é, o grupo maciço apresentou um desempenho melhor que o grupo distribuído no final das tentativas práticas. Porém, um resultado inesperado foi verificado nos testes de retenção. Os autores notaram um forte efeito de contexto no teste da prática. Para uma retenção imediata, 10 minutos depois do término da prática, a condição da prática maciça resultou num melhor desempenho da retenção somente quando o teste envolvia uma programação maciça. Então, para o teste de retenção aplicado uma semana depois, os dois grupos que desempenharam o teste de retenção sob a mesma programação que seguiram na prática, tiveram um desempenho comparável e melhor que os dois grupos que mudaram para uma programação oposta.

Portanto, para as tarefas discretas, as tentativas de prática maciça parecem não impedir a aprendizagem e, na verdade, podem até beneficiá-la.

Resumo

Uma decisão importante que os professores, treinadores e terapeutas devem tomar é como distribuir o tempo previsto para a prática de habilidades específicas. Os pesquisadores que investigam essa questão compararam as programações de práticas maciças e distribuídas.

Para essa questão, são relevantes dois tipos de programação de prática. Uma envolve a duração e a freqüência das sessões de prática. As evidências experimentais são consistentes ao mostrar que as sessões de prática muito longas e muito pouco freqüentes não levam a uma aprendizagem ideal. Geralmente, as pessoas aprendem melhor as habilidades em sessões mais numerosas e mais curtas que em sessões menos numerosas e mais longas. A segunda questão da programação da prática se refere à duração do intervalo intertentativas, que consiste no período de descanso entre as tentativas. Os pesquisadores verificaram que a duração ideal para um intervalo intertentativas depende do tipo de habilidade que está sendo aprendida. Para habilidades contínuas, as programações distribuídas geralmente são melhores que as maciças para a aprendizagem, embora o grau de diferença não seja grande. Entretanto, para habilidades discretas, os pesquisadores verificaram exatamente o oposto. Para essas tarefas, são recomendadas as programações de práticas maciças.

Leituras relacionadas

Adams, J. A. 1987. Historical review and appraisal of research on the learning, retention, and transfer of human motor skills. *Psychological Bulletin* 101: 41-74.

Ammons, R. B. 1988. Distribution of practice in motor skill acquisition: A few questions and comments. *Research Quarterly for Exercise and Sport* 59: 288-90.

Chamberlim, C., and T. Lee. 1993. Arranging practice conditions and designing instruction. In R. N. Singer, M. Murphey, and K Tennant (Eds.), *Handbook of research on sport psychology* (pp. 213-41). New York: Macmillan. (Ler a seção sobre "Distribution of Practice," pp. 219-21.)

Singer, R. N. 1965. Massed and distributed practice effects on the acquisition and retention of a novel basketball skill. *Research Quarterly* 36: 68-77.

Conceito 6.3
A quantidade da prática afeta a quantidade de aprendizagem, embora os resultados nem sempre sejam proporcionais ao tempo investido

Termo-chave

Superaprendizagem

Aplicação

Parece razoável assumir que quanto mais treinada for a pessoa, melhor será seu desempenho em situações futuras. De fato, o conhecimento convencional sobre as habilidades parece indicar que o desempenho de uma habilidade está diretamente relacionado à quantidade de prática realizada. Vamos considerar alguns exemplos. Um professor de dança encorajaria um bailarino, que pareceu um pouco inseguro em certas partes de uma rotina, a despender o maior tempo possível repassando a rotina repetidamente na prática. Um instrutor de golfe tentaria ajudar uma pessoa que desejasse se dedicar ao golfe a ser mais bem-sucedida, encorajando-a a gastar o máximo de tempo possível no campo. E um terapeuta encorajaria um paciente de reabilitação a praticar a habilidade que ele estivesse reaprendendo, o mais constantemente possível. Nossas experiências em situações como estas levam-nos a aceitar a abordagem de "mais prática" que é muito comum. Mas ironicamente, enquanto essa abordagem parece lógica e certamente funciona, as evidências experimentais indicam que esta não é sempre a melhor alternativa.

O problema potencial é que, quando uma pessoa pratica uma habilidade motora, pode atingir um ponto de "retornos decrescentes" em termos dos benefícios decorrentes da prática proporcional ao tempo gasto na prática. Colocando de forma mais simples, isto significa que o benefício do desempenho que a pessoa adquire é menor que o custo do tempo que ela gasta praticando. Este compromisso entre "benefício versus tempo" é uma consideração importante que os profissionais não podem desprezar ao planejar as sessões de instrução e de terapia.

Discussão

Para a aprendizagem de habilidades motoras, é crítica a quantidade de prática que uma pessoa dedica a uma habilidade. É exatamente esse o caso em que a pessoa tem como meta tornar-se um especialista. Como mostrou o excelente trabalho desenvolvido por Ericsson, a especialidade em qualquer campo é o resultado de prática intensiva, por pelo menos dez anos (Ericsson et. al., 1993). Evidentemente, para chegar a ser um especialista, é melhor mais prática do que menos. Entretanto, a quantidade de prática necessária para se atingir a especialidade foge do escopo desse livro no momento (veja o Conceito 4.2 para uma discussão sobre especialidade e prática). Ao contrário, pretendemos nos concentrar na quantidade de prática que a pessoa precisa para se certificar de que atingirá uma determinada meta da aprendizagem associada a um determinado período de prática.

Há muitas situações em que é importante determinar a quantidade de prática que as pessoas devem vivenciar para atingir metas específicas do desempenho. Por exemplo, uma pessoa pode ter que se preparar para um teste de habilidades numa atividade de Educação

CAPÍTULO 6 ■ CONDIÇÕES DA PRÁTICA

Física durante a unidade de instrução que abrange aquela atividade. Como analisaremos a questão das quantidades de prática ideais, limitaremos nossa discussão a esse tipo de situação e estabeleceremos algumas diretrizes para a utilização eficiente e eficaz do tempo de prática disponível. Esse enfoque limitado é particularmente importante nos programas instrucionais e de reabilitação, que impõem aos professores, instrutores e terapeutas rígidas limitações de tempo de prática.

Superaprendizagem e aprendizagem de habilidades motoras

Historicamente os pesquisadores investigaram as relações entre a quantidade de prática e a realização de objetivos de desempenho específico dentro do tópico da *superaprendizagem*. A **superaprendizagem** é a continuação da prática além da quantidade necessária, para atingir um certo critério de desempenho. Um professor, instrutor ou terapeuta implementa a superaprendizagem estabelecendo um critério de desempenho, determinando os períodos de prática que o aprendiz precisa despender até atingir o critério e solicitando períodos adicionais de prática sobre o que for necessário.

Do ponto de vista teórico, a idéia de atribuir uma prática adicional é viável. Aqueles que apoiam uma abordagem baseada no programa motor de aprendizagem motora, diriam que a prática adicional ajuda a reforçar o programa motor generalizado e o esquema de respostas para a habilidade que a pessoa está aprendendo, de modo que a pessoa pode acioná-los mais rapidamente quando for necessário. Do ponto de vista dos sistemas dinâmicos, a prática adicional é um meio que o aprendiz dispõe para aumentar a estabilidade da coordenação e do controle que caracterizam o desempenho da habilidade.

A estratégia da superaprendizagem para a aprendizagem de habilidades de procedimento. As habilidades de procedimento constituem um tipo de habilidade motora que se adapta muito bem à obtenção de benefícios de uma estratégia de superaprendizagem da prática. Uma habilidade de procedimento normalmente requer que a pessoa desempenhe uma série de movimentos discretos que, individualmente, são relativamente fáceis de serem executados. Entretanto, para realizar a tarefa completa, o praticante precisa saber que movimentos devem ser feitos e em que ordem. Esses tipos de habilidades são particularmente comuns em programas de terapia industrial e militar. Por exemplo, as pessoas estão desempenhando habilidades de procedimento quando suas atividades profissionais exigem que elas classifiquem correspondência em maços adequados, juntem os componentes de uma placa de circuito de um computador ou digitem a partir de um texto escrito.

Um problema das habilidades de procedimento é que as pessoas tendem a esquecer o que devem fazer para executar o procedimento completo. Esse é o caso de habilidades de procedimento que não são executadas rotineiramente no dia a dia. Por exemplo, há vários anos o Exército Americano estava interessado em melhorar o desempenho dos soldados na montagem e desmontagem de metralhadoras. Essa habilidade é particularmente interessante de ser estudada, porque os soldados normalmente a aprendem durante um curto período de treinamento, mas não a desempenham mais com freqüência; ela não faz parte da rotina de suas obrigações cotidianas. O problema é que, quando os soldados a desempenhavam em um teste posterior sobre essa habilidade, seu desempenho normalmente piorava muito, se comparado ao desempenho apresentado no final do treinamento. Para superar esse problema, os pesquisadores do Instituto de Pesquisas do Exército Americano (Schendel e Hagman, 1982) propuseram que, para diminuir a quantidade de soldados que se esqueciam do procedimento, seria muito eficaz a aplicação da estratégia da superaprendizagem no treinamento (denominada por eles de *supertreinamento*)

Os pesquisadores compararam duas formas de supertreinamento com uma situação sem supertreinamento. Uma condição de supertreinamento "imediata" exigia que os soldados desempenhassem 100 % de tentativas a mais que o necessário para atingir um critério de desempenho de uma tentativa correta de montagem/desmontagem. A segunda condição de supertreinamento também envolvia 100 % de tentativas práticas adicionais, mas essas tentativas eram administradas como um treinamento de "atualização" na metade do intervalo de retenção de 8 semanas utilizado para todos os indivíduos. Os resultados mostraram que os dois grupos de supertreinamento apresentaram melhor desempenho que o grupo de controle sem supertreinamento, no teste de retenção, que exigia que os soldados praticassem até que estivessem aptos a montar e desmontar novamente de maneira correta a metralhadora numa tentativa. Entretanto, os dois grupos de supertreinamento não apresentaram diferenças entre si no número de tentativas necessárias para reaprender o critério de desempenho de uma tentativa correta.

Baseados nos resultados desse experimento, os autores recomendaram imediatamente o procedimento de supertreinamento, porque economizava tempo e custos. Como os praticantes já se encontravam na sessão de treinamento, seria necessário menos tempo e dinheiro para envolvê-los em práticas adicionais do que posteriormente trazê-los de volta por algumas semanas para uma sessão de treinamento de atualização.

A estratégia da superaprendizagem para a aprendizagem de habilidades de equilíbrio dinâmico. Num experimento que envolvia a aprendizagem de uma habilidade que poderia ser considerada mais como habilidade "motora" que a habilidade de montar e desmontar uma metralhadora, Melnick (1971) investigou a utilização da superaprendizagem para uma habilidade de equilíbrio dinâmico. Além de discutir se a prática para atingir um critério de desempenho além das necessidades do aprendiz era benéfica, Melnick questionava se haveria uma quantidade ideal de prática adicional. Nesse experimento, as pessoas praticavam equilibrar-se sobre um medidor de estabilidade até que fossem capazes de atingir um critério de desempenho de 28 em 50 segundos. Depois de atingir esse critério, solicitava-se a cada grupo que desempenhasse mais tentativas segundo uma das seguintes quantidades: 0 % (nenhuma), 50 %, 100 % ou 200 % do número inicial de tentativas práticas. A seguir, todos os participantes desempenhavam dois testes de retenção, um deles, uma semana e outro, um mês depois da prática.

Os resultados mostraram que a prática adicional era benéfica. Todos os grupos envolvidos na prática além do que era necessário para atingir o critério do desempenho apresentaram melhor desempenho nos testes de retenção. Um outro resultado, ainda mais interessante, foi que parecia haver um ponto de "diminuição de retorno" para o aproveitamento no desempenho da retenção em relação à quantidade de prática adicional. O grupo que teve 50 % de prática adicional apresentou o mesmo desempenho nos testes de retenção que os grupos receberam 100 % e 200 % de prática adicional. Assim, embora a prática adicional fosse benéfica, aumentar a quantidade de prática adicional além de uma certa quantidade não implicava proporcionalmente em mais vantagens no desempenho da retenção.

A estratégia da superaprendizagem para uma aula de Educação Física. Os pesquisadores demonstraram que esse fenômeno de "retornos decrescentes", a partir do aumento da quantidade de prática para a aprendizagem de habilidades, também ocorria em aulas de Educação Física. Um bom exemplo disso é apresentado no experimento conduzido por Goldberger e Gerney (1990). Numa unidade instrucional para uma classe de meninos e meninas de quinta série, os alunos praticaram várias habilidades de futebol americano. A meta dessa unidade era ajudá-los a melhorar seu desempenho nessas habilidades. Para maior simplicidade, visualizaremos somente dois passos da tarefa de chutar a bola, depois de ter caído das mãos, mas antes de bater no chão (chutar de primeira). Um grupo praticou essas habilidades de acordo com um formato centralizado no professor, em que os alunos foram divididos pelo professor em 5 subgrupos e a cada um foi atribuída uma de 5 estações onde eles praticaram a habilidade durante 5 minutos. No fim de cada 5 minutos, os alunos faziam uma troca, passando para a outra estação. Um outro grupo de alunos praticou de acordo com um formato centralizado no participante: eles recebiam cartões de instruções descrevendo o que deveriam fazer em cada estação e eram solicitados a usar os 25 minutos disponíveis da forma mais eficiente para praticar cada habilidade. Todos praticaram dessa forma durante 2 aulas em 2 dias. Na semana seguinte, os alunos desempenharam as habilidades num teste.

Os resultados mostraram que os dois grupos diferiam quanto ao número de tentativas de prática para a habilidade, mas não no teste de desempenho. O grupo do formato centralizado no professor, na verdade, praticou a habilidade numa média de 7 tentativas a mais que o grupo do formato centralizado no participante. Os alunos deste grupo desempenharam de 0 a 67 tentativas, enquanto que os alunos do primeiro grupo desempenharam de 0 a 87 tentativas. Mas os grupos não mostraram diferenças na melhora dos escores de desempenho de seus chutes. O período de prática adicional induzido pelo grupo do formato centralizado no professor não levou a benefícios adicionais no aperfeiçoamento do desempenho. Assim, dadas as limitações de tempo da unidade instrucional, o formato centralizado no participante foi superior, porque permitiu utilizar o tempo de forma mais eficiente.

A estratégia da superaprendizagem pode levar a desempenhos piores nos testes

Algumas evidências experimentais mostram que uma estratégia de superaprendizagem pode apresentar outras desvantagens além do efeito de retornos decrescentes: o exagero no fornecimento de tentativas de prática adicionais pode resultar em déficits de aprendizagem. Um experimento desenvolvido por Shea e Kohl (1990) fornece um exemplo desse efeito. Os participantes aprenderam a empurrar um puxador com uma certa força (175N). Um grupo praticou a habilidade durante 85 tentativas. Um outro grupo também praticou a mesma habilidade durante 85 tentativas mas, além disso, praticou a mesma habilidade com quatro outras metas de força (125N, 150N, 200N e 225N), durante 51 tentativas cada, num total de 289 tentativas práticas. Um terceiro grupo praticou a habilidade com meta de força de 175N durante 289 tentativas. Um dia depois, todos os participantes desempenharam a habilidade com a meta de força de 175N durante 10 tentativas.

O resultados mostraram que o grupo que tinha praticado a meta de força de 175N durante 289 tentativas teve um desempenho pior nas 5 tentativas iniciais de um teste de retenção. Em contrapartida, o grupo que tinha praticado as metas variáveis de força teve um desempenho melhor. Os resultados do grupo que praticou somente 85 tentativas da meta de 175N foram semelhantes aos dos outros dois grupos. As diferenças entre os grupos foram mais nítidas na primeira tentativa de retenção. Entretanto, nas 5 tentativas finais do teste de retenção, todos os grupos tiveram um desempenho semelhante. Esses resultados foram reproduzidos num outro experimento conduzido pelos mesmos autores (Shea e Kohl, 1991).

A significância dos resultados relatados nos experimentos de Shea e Kohl é que eles são contrários ao que deveria ser esperado. Primeiro, adicionar mais prática além de uma

> **SAIBA MAIS**
>
> **Implementação da estratégia da superaprendizagem**
>
> • A estratégia da prática de superaprendizagem funciona melhor quando o professor, treinador ou terapeuta sabe a quantidade de prática que um aprendiz precisa para atingir uma certo nível de desempenho.
>
> • A prática de superaprendizagem é eficaz para habilidades que o aprendiz praticará somente durante um certo período, mas não desempenhará durante um certo tempo depois disso. A tarefa da desmontagem e montagem da metralhadora apresentada no experimento conduzido por Schendel e Hagman (1982) constitui um bom exemplo dessa prática. Embora os soldados não precisassem executar essa tarefa diariamente, eles deviam saber como fazê-lo no caso de surgir uma situação em que fossem solicitados a seguir aqueles procedimentos. O procedimento de prática mais eficiente exigia que os soldados se envolvessem no dobro de tentativas de prática necessárias para desempenhar a habilidade corretamente uma vez.
>
> • O instrutor *não* deveria basear a quantidade de prática adicional na noção de que "mais é melhor". Pode haver um ponto de retornos decrescentes e até é possível que a prática adicional possa levar ao desempenho negativo em um teste. Embora o instrutor precise determinar que quantidade real de prática adicional é ideal para cada situação, uma bom valor para se começar é solicitar o dobro do número de tentativas de prática adicionais que o aprendiz precisaria para atingir o critério de desempenho, especificado.
>
> • As tentativas de prática que exigem o desempenho de variações das características da habilidade podem se constituir em meios eficientes para estabelecer uma situação de prática de superaprendizagem.

certa quantidade, não melhora o desempenho na retenção. Segundo, a prática de variações da habilidade critério além da prática da própria habilidade critério, resultou em melhor desempenho na retenção do que aquela prática apenas da habilidade critério. Terceiro, a prática adicional, além de uma certa quantidade, foi prejudicial para as tentativas do desempenho inicial num teste aplicado um certo tempo depois que a prática tinha terminado.

Superaprendizagem e outras variáveis da prática

Pode ser útil para um aprendiz continuar a praticar uma habilidade, mesmo que ele possa desempenhá-la corretamente; essa prática aumenta a permanência da capacidade da pessoa em desempenhar a habilidade em alguma situação futura. Entretanto, a pesquisa que investiga a estratégia da superaprendizagem foi bastante conclusiva ao mostrar que *a quantidade de prática não é a variável crítica que afeta a aquisição de habilidades motoras*. A quantidade da prática invariavelmente interage com outras variáveis que afetam a aprendizagem. Você já deve ter visto a interação com essas variáveis como as do tipo CR ou a variabilidade da prática. Desse ponto de vista, a pesquisa convencional sobre a superaprendizagem mostra que uma condição particular de prática é benéfica até certo ponto. Entretanto, para melhora contínua do desempenho, que é proporcional ao período e ao esforço investido na prática, o instrutor e/ou o aprendiz também deve levar em conta outras condições da prática. Isso não significa que a questão da quantidade de prática não seja importante. Significa que os pesquisadores atuais que se dedicam ao estudo da aprendizagem motora devem estar conscientes de que não podem estudar esse assunto isoladamente e que suas inter-relações com outras variáveis instrucionais importantes precisam ser consideradas.

Resumo

A pesquisa que investiga a estratégia da prática do envolvimento em práticas adicionais demonstra que a abordagem de que "mais é melhor" sem sempre é verdadeira para a aprendizagem de habilidades motoras, pelo menos em termos dos benefícios produzidos em relação à quantidade de prática vivenciada. Parece haver um ponto de "retornos decrescentes" para a quantidade de prática. Embora a quantidade de prática seja um fator importante para o instrutor, é ainda mais importante considerar como a quantidade de prática interage com as outras variáveis que afetam a aprendizagem de habilidades motoras. À medida que aumenta o tempo gasto na prática de uma habilidade, diminui a importância de certas condições da prática. Entretanto, aumenta a necessidade que a pessoa tem de incorporar outras variáveis nas rotinas da prática.

Leituras relacionadas

Chamberlim, C., and T. Lee. 1993. Arranging practice conditions and designing instruction. In R. N. Singer, M. Murphey, and K. Tennant (Eds.), *Handbook of research on sport psychology* (pp. 213-41). New York: Macmillan. (Ler a seção sobre "Amount of Practice," pp. 236-37.)

Goldberger, M., and P. Gerney. 1990. Effects of learner use of practice time on skill acquisition of fifth grade children. *Journal of Teaching Physical Education* 10: 84-95.

Croce, R. V., and W. H. Jacobson. 1986. The application of two-point touch cane technique to theories of motor control and learning.Implications for orientation and mobility training. *Journal of Visual Impairment and Blindness* 80: 790-93.

Schmidt, R. A. 1971. Retroactive interference and level of original learning in verbal and motor tasks. *Research Quarterly* 42: 314-26.

Shea, C. H., and R. M. Kohl. 1990. Specificity and variability of practice. *Research Quarterly for Exercise and Sport* 61: 169-77.

Conceito 6.4

As decisões sobre praticar habilidades no todo ou em parte, se baseiam nas características de complexidade e organização das habilidades

Termos-chaves

Organização
Fracionamento
Segmentação

Simplificação
Método das partes progressivo

Aplicação

Uma decisão importante que você precisa tomar ao ensinar qualquer assunto relacionado à habilidade motora é se é melhor que o aprendiz pratique a habilidade no todo ou em partes. Um argumento em favor de praticar a habilidade como um todo é que esta vivência poderia ajudar o aprendiz a sentir melhor o fluxo e o *timing* de todos os componentes dos movimentos da habilidade. Um argumento contrário, é que a prática da habilidade em partes reduz a complexidade da habilidade e permite que o aprendiz reforce o desempenho de cada parte corretamente antes de desenvolver a prática como um todo.

Essa decisão é importante porque afeta a eficiência da instrução. Para muitas habilidades, os dois métodos de praticar a habilidade como um todo e em partes são úteis, pois ajudam os alunos a aprenderem a habilidade. Entretanto, é pouco provável que os dois métodos ajudem o aluno a atingir o mesmo nível de competência no mesmo período. Geralmente um método é mais eficiente que outro quando se trata de atingir o desempenho perfeito.

Considere essa situação de instrução de habilidade esportiva como um exemplo da importância da decisão de se usar a prática do todo versus em partes. Suponha que você esteja ensinando uma turma de principiantes em tênis. Você está se preparando para ensinar o saque. A maior parte dos livros-texto sobre tênis subdividem o saque em seis ou sete partes: a empunhadura, o posicionamento, o balanço para trás, o lançamento vertical da bola, o balanço para frente, o contato com a bola e a finalização do movimento. Você deve decidir se deseja que seus alunos pratiquem todas essas fases em conjunto ou que cada componente ou grupo de componentes pratiquem separadamente.

A dúvida sobre a utilização da prática do todo ou das partes também traz conflitos para os profissionais que se dedicam à reabilitação. Por exemplo, quando um paciente precisa reaprender a tarefa de sair da cama, esta decisão precisa ser tomada. Essa tarefa consta de partes distintas perfeitamente identificáveis, como mover-se da posição deitado, deitar-se de lado, erguer-se até a posição sentado e, em seguida, levantar-se para a posição em pé. O terapeuta deve determinar se o paciente deve praticar cada parte separadamente ou se deve praticar toda a seqüência de uma só vez.

Discussão

Esta questão sobre qual tipo de prática utilizar, como um todo ou em partes, tem sido discutida na literatura da aprendizagem motora desde o começo deste século. Infelizmente, a pesquisa desenvolvida tem gerado mais confusão que esclarecimentos. Um dos motivos para essa confusão, é que os pesquisadores tendem a investigar a questão analisando que tipo de prática é mais aconselhável para a aprendizagem de determinadas habilidades, sem se preocupar em observar as características relacionadas com as habilidades que poderiam ajudá-los a fazer generalizações sobre a adequação do programa de prática para determinadas habilidades. Por exemplo, a questão como um todo versus em partes foi investigada por Barton (1921) para a aprendizagem de uma tarefa de labirintos; por Brown (1928) para a aprendizagem de uma composição musical para piano; por Knapp e Dixon (1952) para a aprendizagem de malabarismos; e por Wickstrom (1958) para a aprendizagem de habilidades de ginástica. Embora essas pesquisas tenham fornecido informações úteis sobre o ensino dessas habilidades específicas, contribuíram muito pouco no estabelecimento de princípios básicos de orientação para se decidir sobre o melhor tipo de prática.

Organização e complexidade da habilidade

Houve um grande avanço na compreensão da questão da prática no todo versus em partes quando James Naylor e George Briggs (1963) apresentaram a hipótese de que as características de organização e complexidade de uma habilidade poderiam fornecer as bases para a decisão de se utilizar a prática no todo ou em partes. Essa hipótese permitiu que os instrutores previssem, para uma habilidade qualquer, que método de prática seria preferível.

Naylor e Briggs definiram a *complexidade* de uma forma consistente com o emprego do termo neste texto. Eles afirmaram que a *complexidade* se refere ao número de partes ou de componentes de uma habilidade, bem como o processamento de informação que a tarefa solicita. Isso quer dizer que uma habilidade altamente complexa teria mais componentes, o que implicaria em maior atenção, especialmente de um principiante. O desempenho de uma rotina de dança, o saque no jogo de tênis ou passar do chão para uma cadeira de rodas, são exemplos de habilidades altamente complexas. As habilidades de baixa complexidade são compostas por poucas partes e solicitam uma atenção relativamente limitada. Por exemplo, habilidades como lançar uma flecha e pegar uma xícara são de baixa complexidade. É importante não confundir *complexidade* com *dificuldade*. Uma habilidade de baixa complexidade pode ser difícil de ser desempenhada.

A **organização** de uma habilidade se refere à relação entre os componentes da habilidade. Quando as partes forem muito interdependentes — quando o desempenho de uma parte depende do desempenho da parte anterior — então a habilidade contém um alto grau de organização. Lançar uma bola no basquetebol saltando e caminhar são exemplos. Por outro lado, quando as partes de uma habilidade forem bastante independentes umas das outras, a habilidade é considerada de baixa organização. São exemplos algumas rotinas de dança e a escrita à mão de certas palavras.

As características da habilidade e a decisão de utilizar a prática como um todo ou em partes. Com base na hipótese de Naylor e Briggs, avaliar o grau de complexidade e de organização de uma habilidade e determinar como essas duas características se relacionam, ajuda o professor, instrutor ou terapeuta a decidir se deve utilizar a prática como um todo ou em partes. Se a habilidade for *de baixa complexidade e de alta organização*, a prática da habilidade como um todo será a melhor escolha. Isto quer dizer que as pessoas aprendem mais eficientemente habilidades relativamente simples, em que poucos componentes estão altamente relacionados, utilizando o método da prática como um todo. Por exemplo, os habilidades como abotoar um botão, jogar uma bola e dar uma tacada numa bola de golfe apresentam essa combinação de características. Por outro lado, as pessoas aprendem habilidades altamente complexas e de baixa organização com mais eficiência utilizando o método da prática em partes. Por exemplo, as habilidades de sacar uma bola no jogo de tênis; alcançar, segurar e beber de uma xícara; e trocar as marchas de um carro contêm essas características.

Para determinar efetivamente qual dessas combinações de complexidade e organização descrevem uma determinada habilidade, é preciso antes analisar a habilidade. Essa análise deve concentrar-se na identificação das partes que compõem a habilidade e na definição de até que ponto essas partes são interdependentes. Quando o desempenho de uma parte da habilidade depende do que antecede ou precede essa parte, a habilidade é considerada de alta organização. Então, é preciso decidir que parte do continuum de complexidade e organização da habilidade melhor a representa.

Prática de partes de uma habilidade

Infelizmente, a decisão sobre a utilização da estratégia da prática em partes resolve somente parte do problema, porque há várias formas diferentes de implementar a abordagem da prática em partes para a prática de uma habilidade. São mais comuns três diferentes métodos de treinamento de tarefa em partes de uma habilidade, identificados por Wightman e Lintern (1985) no seu trabalho de revisão sobre métodos de treinamento. Um deles, chamado de **fracionamento**, consiste em praticar separadamente os componentes de uma habilidade como um todo. Um segundo método, chamado de **segmentação** envolve a separação da habilidade em partes e na prática dessas partes, de modo que depois de praticar uma parte, o aprendiz a pratica junto com a parte seguinte e assim por diante. Os pesquisadores também denominaram esse método de *método das partes progressivo* e o método encadeado. Um terceiro método de prática em partes é denominado **simplificação**. Esse método é, na verdade, uma variação da estratégia de prática como um todo e envolve a redução da dificuldade da habilidade como um todo ou de diferentes partes da habilidade.

Fracionamento: Prática de partes separadas de uma habilidade. Um aspecto importante da prática de partes é a determinação de que partes que compõem uma habilidade devem ser praticadas separadamente. Uma regra geral é a seguinte: praticar separadamente as partes de uma habilidade que não dependam de outras e combinar como uma unidade para praticar as partes que dependerem umas das outras. Essa regra enfatiza a necessidade de combinar como unidades simples as partes de uma habilidade que mantêm relações críticas umas com as outras. Alguns pesquisadores de aprendizagem motora referem-se as essas unidades como "unidades naturais de atividade coordenada" e enfatizam a necessidade de estabelecer tais unidades de uma habilidade para a instrução ou a prática (p.ex., Holding, 1965; Newell et al., 1989).

Vamos considerar alguns exemplos de como professores, instrutores e terapeutas implementariam essa regra geral em situações práticas. Uma habilidade esportiva que serve de exemplo é o tênis. A maioria concordaria que a empunhadura, o posicionamento, o balanço para trás e o lançamento vertical da bola seriam relativamente independentes e que o aprendiz portanto, poderia praticar cada uma dessas partes separadamente. No entanto, o balanço para frente, o contato com a bola e a finalização do movimento formam uma "unidade natural" e não devem ser separados na prática.

Um exemplo clínico é a habilidade de alcançar, pegar e segurar uma xícara para beber. A pesquisa que investiga o controle do alcançar e segurar mostra que o ato de pegar está claramente relacionado com a fase de alcançar. Por causa dessa relação, o terapeuta deve considerar estas duas partes como uma unidade natural e não praticá-las separadamente.

CAPÍTULO 6 ■ CONDIÇÕES DA PRÁTICA

SAIBA MAIS

Um exemplo de tomada de decisão sobre a utilização da prática no todo ou da prática em partes

Utilize a análise da habilidade para determinar se o malabarismo com três bolas deve ser praticado como um todo ou em partes:

Análise da habilidade

Características da complexidade

1. segure as três bolas em duas mãos
2. jogue a bola 1 para a mão um
3. apanhe a bola 1 na mão dois enquanto joga a bola 2 com a mão dois
4. apanhe a bola 2 na mão um enquanto joga a bola 3 com a mão dois
5. apanhe a bola 3 na mão um enquanto joga a bola 1 com a mão dois
6. repita os passos de 2 a 5
7. *timing* entre componentes: crítico para o desempenho

Características da organização

Executar qualquer parte sem ter executado a parte precedente ou conseqüente não permite que o aprendiz vivencie os aspectos críticos do *timing* entre os componentes.

Conclusão

O malabarismo com três bolas envolve várias partes que são altamente interdependentes. Portanto, executar um malabarismo com três bolas é uma tarefa de complexidade e organização relativamente altas. O método recomendado é então **a prática da habilidade como um todo**.

Evidências experimentais que confirmam a abordagem da prática no todo

Knapp e Dixon (1952) pediram a estudantes universitários, sem nenhuma prática anterior em malabarismos, treinar até que pudessem executar 100 jogadas consecutivas utilizando três bolas de tênis de praia. Os resultados mostraram que os estudantes que seguiram a abordagem da prática como um todo atingiram essa meta em 65 tentativas, enquanto que os outros, que seguiram a abordagem da prática em partes, precisaram de 77 tentativas.

Entretanto, como foi discutido no capítulo 2, a pesquisa tem mostrado que as fases de segurar e beber nessa habilidade são relativamente independentes uma da outra e da fase de alcançar e pegar, indicando que o paciente poderia praticar o segurar e beber separadamente.

Além de proporcionar um método para a aquisição de uma nova habilidade, o método em partes também é útil na prática de pontos problemáticos. Considere novamente o exemplo do saque no tênis. Se a origem dos problemas de uma pessoa estiver no lançamento vertical da bola, por exemplo, é bom saber que como o lançamento vertical é uma parte relativamente independente do saque, a pessoa pode praticá-lo separadamente. Entretanto, se o problema for a finalização do movimento, então a prática deve incluir o balanço para frente, o contato com a bola *e* a finalização do movimento, como uma única unidade. A prática pode incluir ou não o lançamento vertical da bola, dependendo se o instrutor desejar ou trabalhar essa variável. Uma estratégia que pode ajudar, consiste em suspender a bola até a altura adequada por meio de um barbante, mantendo-a pendurada para facilitar o contato com ela.

A ordem da prática para a prática em partes de habilidades bimanuais. Nos exemplos que acabamos de descrever, para implementar a prática em partes, a ordem em que as partes são praticadas segue uma programação cronológica de cada parte da habilidade. Entretanto, algumas habilidades não têm uma ordem de eventos intrínseca. Há ainda algumas habilidades bimanuais notáveis, como tocar piano. As pessoas tem usado a prática em partes com sucesso para facilitar a aprendizagem desses tipos de habilidades praticando cada mão separadamente.

Quando cada uma das mãos executa a mesma tarefa espacial e temporalmente e as duas mãos precisam executar essas tarefas simultaneamente no desempenho, não importa qual delas praticou primeiro. Entretanto, quando a tarefa bimanual requer que as duas mãos executem simultaneamente duas tarefas diferentes, espacial e/ou temporalmente, a ordem em que as mãos praticaram passa a ser importante. Tocar alguns instrumentos musicais, como piano, violino e percussão pode envolver esse tipo de atividade de duas mãos. A braçada lateral (side-stroke) na natação e o saque no jogo de tênis são exemplos de habilidades esportivas que envolvem essa segunda situação bimanual.

Sherwood (1994), forneceu evidências experimentais que ilustram o efeito da ordem da prática na aprendizagem desses tipos de habilidades bimanuais. Os participantes tinham que aprender uma tarefa de direcionamento de duas mãos em que uma das mãos fazia um movimento curto enquanto a outra executava um movimento longo. Cada uma das mãos tinha que executar simultaneamente um movimento inverso para direções diferentes ($20°$ e $60°$) em 200 ms. Algumas pessoas praticaram o movimento curto e, em seguida, o movimento longo e finalmente os dois juntos. Outras iniciaram com o movimento longo. Os resultados mostraram que, aqueles que praticaram o movimento curto primeiro, geralmente excediam o limite da direção inversa para o movimento curto quando desempenhavam a tarefa bimanual como um todo. Aqueles que tinham praticado o movimento longo primeiro não apresentaram esse problema.

Esse efeito da ordem na prática em partes nos adverte sobre a importância dos vieses no controle do movimento para a prática de habilidades bimanuais nas quais as duas mãos executam movimentos diferentes ao mesmo tempo. Um desses vieses (discutido no Conceito 2.3) é que a mão que desempenha a tarefa mais difícil afeta o *timing* do movimento de sincronismo da outra mão. No experimento de Sherwood, a execução do movimento mais longo em 200 ms era muito difícil. Quando os participantes praticaram esse movimento em segundo lugar, imediatamente antes de praticar com as duas mãos juntas, houve uma influência negativa na mão que desempenhava o movimento curto. Mas quando eles praticavam esse movimento mais difícil primeiro, o viés negativo não era tão evidente para a tarefa toda. Esse resultado nos leva a concluir que a prática deve começar pela mão que terá que desempenhar a tarefa mais difícil.

Segmentação: O método das partes progressivo. Embora a prática de partes individuais possa ser útil na aprendizagem de uma habilidade, o aprendiz pode apresentar dificuldades posteriormente, quando estiver juntando as partes para executar a habilidade como um todo. Uma forma de superar este problema é utilizando o **método das partes progressivo**. Em vez de praticar todas as partes separadamente antes de juntá-las como numa habilidade única, o aprendiz pratica a primeira parte como uma unidade independente, depois pratica a segunda parte – primeiro separadamente e depois junto com a primeira parte. Dessa forma, cada parte independente é acrescentada progressivamente à parte maior. À medida que a prática prossegue, o aprendiz acabará por praticar a habilidade como um todo.

Um exemplo comum do método das partes progressivo é um esquema utilizado freqüentemente para a aprendizagem do nado de peito em natação. O nado de peito é facilmente subdividido em duas partes relativamente independentes, o impulso da perna e o movimento do braço. Como na aprendizagem do nado de peito a maior dificuldade está

CAPÍTULO 6 ■ CONDIÇÕES DA PRÁTICA

> **SAIBA MAIS**
>
> **O método da simplificação para a aprendizagem do malabarismo com três bolas**
>
> Um experimento relatado por Hautala (1988) demonstrou ser vantajoso, para a aprendizagem do malabarismo com três bolas, iniciar sua prática com objetos mais fáceis.
>
> Os participantes eram meninas e meninos de 10 a 12 anos sem experiência prévia em malabarismo. Todos eles praticaram 5 minutos por dia durante 14 dias e depois foram testados durante 1 minuto com as bolas do malabarismo.
>
> O experimento incluía quatro condições de prática:
>
> 1. Os aprendizes começaram a praticar utilizando três "bolas de malabarismo" de três cores diferentes.
> 2. Os aprendizes começaram a praticar utilizando saquinhos com feijão em forma de cubo.
> 3. Os aprendizes seguiram um esquema de simplificação progressiva:
>   a. bolas de meia de cores diferentes
>   b. saquinhos com feijão
>   c. bolas de malabarismo
> 4. Os aprendizes começaram a praticar utilizando bolas de meia com peso e depois passaram para as bolas.
>
> Os resultados do teste com três bolas de malabarismo mostrou o seguinte:
>
> • A condição de prática com os saquinhos de feijão produziu o melhor teste de desempenho.
>
> *Observação:* O escore do malabarismo com bolas para as pessoas do grupo de prática com os saquinhos de feijão foi mais de 50 % superior ao do grupo com bolas de malabarismo e do grupo de progressão e mais de 100 % superior aos escores do grupo que praticou com as bolas de meia com peso e depois com os saquinhos de feijão antes de utilizar as bolas.

no *timing* da coordenação dessas duas partes, é importante que o aprendiz reduza as solicitações de atenção de toda a habilidade praticando primeiro cada parte independentemente. Isso permite que o aluno preste mais atenção ao movimento das pernas, pois ele pode aprender cada parte sem se fixar na coordenação das duas partes em conjunto. Depois de praticar cada parte independentemente, o nadador pode reuní-las para praticá-las como uma única unidade, com a sua atenção agora dirigida para as solicitações da coordenação temporal e espacial da ação dos braços e pernas.

As habilidades que envolvem a aprendizagem de seqüências de movimentos se prestam muito bem ao método das partes progressivo. Isso foi demonstrado em pesquisas de habilidades tanto em laboratório quanto reais. Por exemplo, Watters (1992) relatou que o método das partes progressivo foi benéfico para a aprendizagem de digitação de uma seqüência de oito teclas num teclado de computador. Ash e Holding (1990) verificaram que pessoas que estavam aprendendo uma peça para piano se beneficiaram de uma abordagem de prática em partes progressiva. Nesse experimento, os participantes aprenderam uma partitura musical composta por 24 notas mínimas, agrupadas em 3 conjuntos de 8 notas. Os dois primeiros segmentos eram fáceis e o terceiro segmento era difícil. Dois tipos do método de partes progressivo se mostraram melhores do que o método do todo para aprender a desempenhar essa peça musical, em que o desempenho se baseava nos erros cometidos, na precisão do ritmo e na consistência rítmica. Entre esses métodos, aquele que prescrevia uma progressão de acordo com o grau de dificuldade crescente do fácil para o difícil apresentou melhores resultados que o que estipulava uma progressão decrescente do difícil para o fácil.

Uma característica-chave do método de partes progressivo é que ele aproveita os benefícios dos dois métodos de prática, em partes e no todo. O método em partes oferece a vantagem de reduzir as solicitações da atenção ao desempenho da habilidade toda, de modo que a pessoa pode concentrar sua atenção em aspectos específicos de uma parte da habilidade. O método do todo, por outro lado, tem a vantagem de solicitar uma coordenação espacial e temporal perfeita das partes a serem praticadas juntas. O método em partes progressivo combina essas duas qualidades. Assim, são controladas as solicitações de atenção do desempenho da habilidade, enquanto as partes são reunidas progressivamente, de modo que o aprendiz pode praticar perfeitamente as solicitações de coordenação espacial e temporal do desempenho das partes como um todo.

Simplificação: quatro formas de reduzir dificuldades. Para as habilidades complexas, a simplificação facilita o desempenho da habilidade toda ou de algumas de suas partes. Há várias formas de implementar a abordagem da simplificação para a prática de habilidades. Discutiremos aqui quatro formas diferentes. Cada uma delas é específica para a aprendizagem de certo tipo de habilidade. Todas envolvem a prática da habilidade como um todo, mas simplificam certas partes de formas diferentes.

Quando uma pessoa está aprendendo uma habilidade de manipulação de objetos, uma forma de simplificar a aprendizagem da habilidade é através da *redução da dificuldade dos objetos*. Por exemplo, alguém que está aprendendo a fazer malabarismos com três bolas pode praticar com cachecóis com peso(espécie de bola de meia) ou com saquinhos com feijão. Isso reduz as dificuldades da tarefa pois envolve objetos que se deslocam mais lentamente e são, portanto, mais fáceis de serem controlados. Como esses objetos se deslocam mais lentamente, a pessoa tem mais tempo para fazer os movimentos adequados nos momentos corretos. Isso permite que a pessoa siga os princípios do malabarismo, praticando-o com objetos mais fáceis. Seria esperado que, praticando inicialmente com objetos mais fáceis, a pessoa aprenderia os princípios do malabarismo que, posteriormente seriam facilmente transferidos para o malabarismo com objetos de maior dificuldade. De fato, as evidências experimentais reforçam essa abordagem para a aprendizagem do malabarismo com três bolas (Hautala, 1988).

Um outro método de simplificação, especificamente utilizado na aprendizagem de habilidades que exigem poliritmia bimanual, em que as duas mãos executam ritmos separados simultaneamente, também é bastante útil. Os músicos treinados que tocam instrumentos como piano, violão e percussão adquirem essa capacidade. Esse método de simplificação envolve a redução da dificuldade da polirritmia para cada mão. Num experimento conduzido por Summers e Kennedy (1992), os participantes aprenderam um poliritmo 5:3, que envolvia dar cinco batidas com uma das mãos e três batidas com a outra. Na melhor seqüência prática, os participantes praticaram primeiro um ritmo de 5:1 com as duas mãos, e depois praticaram um ritmo 3:1 com as duas mãos antes de praticar uma combinação 5:3 com as duas mãos. A vantagem desse tipo de prática em partes é que ela incorpora a integração das duas mãos, que é um componente importante da tarefa no todo. Há uma preferência dessa abordagem sobre a prática de cada uma das mãos separadamente.

Terceiro, para as habilidades que têm características rítmicas distintas, *fornecer acompanhamento auditivo* que reforce o ritmo adequado funciona bem e facilita a aprendizagem da atividade. Essa abordagem é particularmente interessante, porque ela simplifica a tarefa adicionando-lhe mais um componente. Por exemplo, adicionar um acompanhamento musical pode ajudar as pessoas com dificuldade em manter o passo enquanto caminham. Um experimento desenvolvido por Staum (1983) forneceu evidências experimentais para esse aspecto, envolvendo a reabilitação de passos de adultos e crianças que apresentavam várias dificuldades de caminhada. Os pacientes usavam fones de ouvido para ouvir a música ou a marcação do ritmo. Eles recebiam instruções para pisar na primeira batida, na primeira e terceira batidas ou nas quatro batidas, dependendo de sua capacidade individual. Uma condição de prática envolvia marchas que mantinham uma consistência de andamento. Uma outra condição envolvia a marcação do ritmo batendo dois blocos de sons juntos. Essa marcação reproduzia o mesmo andamento das marchas. Depois de três semanas de reabilitação as duas condições levaram a um aperfeiçoamento rítmico e/ou consistente da caminhada para todos os pacientes que sofriam de arritmia.

Para a aprendizagem de habilidades complexas é útil um quarto método de simplificação que exige velocidade e precisão. A *redução da velocidade* com que o aprendiz pratica primeiro uma habilidade pode simplificar a prática. Essa abordagem enfatiza as relações de *timing* relativo entre os componentes da habilidade e as características espaciais do desempenho da habilidade como um todo. Pelo fato da característica tempo relativo ser um aspecto invariante bem estabelecido do padrão de coordenação e como as pessoas podem variar prontamente a velocidade global, poderíamos esperar que uma pessoa pudesse aprender um padrão de *timing* relativo de uma grande variedade de velocidades globais. Praticando com uma velocidade menor, o aprendiz poderia estabelecer as características fundamentais de *timing* relativo de um padrão de coordenação.

Os pesquisadores relataram evidências experimentais sobre as vantagens de se reduzir a velocidade global durante a prática inicial de várias habilidades. Por exemplo, a aprendizagem de tarefas de laboratório conhecidas como a perseguição de um rotor, melhorou quando os experimentadores reduziram a velocidade do alvo rotativo durante a prática inicial (Leonard et al., 1970). Uma evidência menos precisa mostra que é uma prática normal para os instrutores de dança diminuir o andamento no início, quando seus alunos aprendem a desempenhar uma nova rotina de dança. A vantagem para o bailarino é que ele pode concentrar sua atenção na aprendizagem dos passos da seqüência e na estrutura rítmica da seqüência, antes de desempenhar a seqüência no andamento normal.

Uma precaução contra a utilização da mímica como um método de simplificação. Uma prática comum na terapia ocupacional é fazer com que os pacientes imitem o desempenho ou fingir que estão desempenhando uma tarefa. Por exemplo, em vez de o terapeuta fazer uma pessoa alcançar e segurar um copo com água e bebê-la, o terapeuta pede à pessoa que represente toda a ação sem a presença do copo, através de mímica. O problema com essa abordagem é que as ações reais e as representadas são caracterizadas por diferentes padrões de movimento.

Mathiowetz e Wade (1995) demonstraram claramente essas diferenças nos padrões de movimento para três tarefas diferentes para adultos normais e adultos com esclerose múltipla (EM). As três tarefas consistiam em comer geleia de maçã com uma colher, beber de um copo e virar as páginas de um livro. Os autores compararam dois tipos diferentes de mímica: com e sem o objeto. Para os dois grupos de participantes, os normais e os com esclerose múltipla (EM), os perfis cinemáticos para as três tarefas revelaram características diferentes únicas para as situações reais e de mímica.

Embora esse experimento e essa situação estejam inseridos especificamente no ambiente da terapia, a mensagem não se limita somente a esse ambiente. Os resultados se aplicam a todas as situações de aprendizagem de habilidades. Ao simplificar a prática de uma habilidade o terapeuta, professor ou treinador deve fazer a pessoa desempenhar a habilidade natural . Esse sempre foi o caso de cada um dos quatro métodos de simplificação recomendados aqui.

Uma abordagem da atenção envolvendo a prática em partes na prática como um todo

Às vezes, não é aconselhável ou prático separar fisicamente as parte de uma habilidade para a prática. Isso, no entanto, não significa que um aprendiz não possa praticar partes de uma habilidade como um todo. É possível praticar a habilidade no todo, mas concentrando a atenção em determinadas partes que precisam ser trabalhadas. Essa abordagem se aproveita das vantagens da prática em partes, onde a ênfase sobre partes específicas da habilidade facilitam o aperfeiçoamento delas e das vantagens da prática no todo, que enfatiza como as partes da habilidade se relacionam umas às outras para produzir o desempenho treinado.

A teoria da atenção e a evidência empírica apoiam essa abordagem da atenção. No modelo da atenção de Kahneman (Conceito 3.2) um fator importante nos critérios de alocação da atenção denomina-se *intenções momentâneas*. Quando aplicadas a uma situação de desempenho, esse fator entra em cena quando a pessoa concentra sua atenção num determinado aspecto do desempenho. Como temos domínio sobre nossas fontes de atenção, podemos prestar atenção numa parte específica de uma habilidade enquanto desempenhamos a habilidade como um todo.

Um exemplo de evidência empírica que apoia a utilização dessa estratégia de orientação da atenção para a prática em partes é o experimento desenvolvido por Gopher, Weil e Siegel (1989). Os participantes aprenderam um jogo complexo no computador, conhecido como Jogo da Fortaleza Espacial, que exige que a pessoa domine suas habilidades perceptivas, cognitivas e motoras e que adquira conhecimento específico das regras e estratégias do jogo. O jogador precisa derrubar mísseis e destruir uma fortaleza espacial. Ele atinge os mísseis de uma nave espacial móvel, controlando o movimento da nave e os disparos por meio de um *joystick* e de um botão disparador. Para destruir a fortaleza, o jogador precisa ultrapassar vários obstáculos, como girar a fortaleza para levar a nave espacial a se defender, proteger a fortaleza das minas que aparecem na tela periodicamente e que podem destruir a nave espacial se forem na sua direção e assim por diante (consulte Mané e Donchin, 1989, para obter uma descrição completa desse jogo de computador).

No experimento de Gopher, Weil e Siegel, os três grupos receberam instruções durante as primeiras seis sessões de prática que aplicavam uma estratégia em que se solicitava aos participantes prestar atenção em um determinado componente da habilidade. As instruções de um grupo enfatizavam a concentração da atenção no controle da nave espacial. As instruções para o segundo grupo enfatizavam a concentração da atenção na manipulação das minas em torno da fortaleza. O terceiro grupo recebeu instruções específicas sobre o controle da nave para as três primeiras sessões de prática e, em seguida, instruções sobre como manipular as minas durante as três sessões seguintes. Quando as pesquisadores compararam o desempenho desses três grupos com o grupo de controle que não tinha recebido nenhuma instrução estratégica, ficou evidente a eficiência das instruções sobre a orientação da atenção. Como você pode ver na figura 6.4-1, o grupo de controle melhorou com a prática, mas não tanto quanto os três grupos que receberam instruções. E o grupo que recebeu instruções sobre duas estratégias diferentes apresentou melhor desempenho que aquele que recebeu somente uma.

Esses resultados fornecem evidências empíricas de que a instrução sobre a orientação da atenção pode servir para estabelecer um ambiente de prática em partes e, ao mesmo tempo, permitir que a pessoa pratique a habilidade como um todo. E essas instruções são mais eficazes do que fazer a pessoa praticar a habilidade sem fornecer essas estratégias. Esse tipo de prática em partes não é abordado em qualquer nível, nem pela literatura da

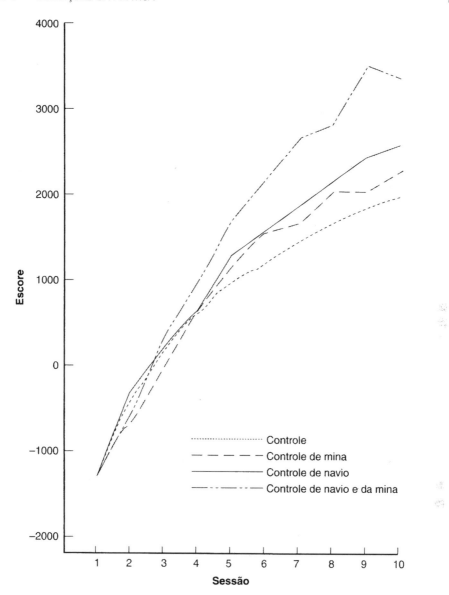

Figura 6.4-1 – *Resultados do experimento de Gopher, Weil e Siegel mostrando a mudança de desempenho no jogo de computador "Fortaleza Espacial" para as instruções que dirigiam a atenção para partes específicas da habilidade. (Reproduzido de Acta Psychologica, Volume 71, D. Gopher et al., "Practice Under Changing Priorities: An Approach to the Training os Complex Skills", pp. 147-177, 1989, por gentileza da Elsevier Science-NL, Sara Burgerharstraat 25, 1055 KV Amsterdam, Holanda.)*

aprendizagem motora, nem pela literatura dos métodos de ensino. Evidentemente ela merece mais atenção e investigação.

Resumo

Uma decisão importante a respeito das condições de prática é se a pessoa deve praticar uma habilidade como um todo ou em partes. O instrutor deve tomar a decisão inicial de acordo com a complexidade e a organização da habilidade. A prática como um todo é aconselhável, quando a habilidade a ser aprendida é de baixa complexidade e de alta organização. A prática em partes é recomendada, quando a habilidade é mais complexa e envolve menos organização. Quando um professor ou terapeuta toma a decisão de seguir um método de prática em partes, é importante que ele faça com que o aprendiz pratique juntas aqueles componentes da habilidade que são espacial e temporalmente interdependentes, como uma "unidade natural". O aprendiz pode praticar separadamente aquelas partes da habilidade que forem relativamente independentes. Pelo menos, três métodos diferentes podem ser eficazes na prática em partes. O método do fracionamento que envolve a prática das partes da habilidade separadamente. O método da segmentação, um método de partes progressivo, permite que o aprendiz pratique as partes, mas que também construa essas partes, o que contribui para o desempenho da habilidade como um todo. O terceiro método envolve a simplificação de toda ou de parte da habilidade para a prática. Consideramos quatro estratégias diferentes de simplificação. Cada uma delas é específica de certos tipos de habilidades ou de características de habilidades. Elas incluem a redução da dificuldade dos objetos para as habilidades de manipulação de objetos, redução da dificuldade de polirritmos para cada mão em habilidades que requerem polirritmos bimanuais difíceis, fornecimento de acompanhamento acústico para habilidades caracterizadas por um ritmo específico e redução da velocidade de habilidades complexas que exigem velocidade e precisão. Além disso, ao praticar uma habilidade como um todo, os aprendizes podem utilizar a estratégia da concentração da atenção para obter um tipo de prática em partes da experiência.

Leituras relacionadas

Chamberlin, C., and T. Lee. 1993. Arranging practice conditions and designing instruction. In R. N. Singer, M. Murphey, and K. Tennant (Eds.), *Handbook of research on sport psychology* (pp. 213-41). New York: Macmillan. (Ler a seção sobre "Part Versus Whole Task Practice," pp. 229-32.)

Holding, D. H. 1987. Conceps of training. In G. Salvendy (Ed.). *Handbook of human factors*. New York: Wiley.

Klapp, S. T., Z. E. Martin., G. G. McMillan, and D. T. Brock. 1987. Whole-task and part-task training in dual motor tasks. In L. S. Mark, J. S Warm, and R. L. Huston (Eds.), *Ergonomics and human factors* (pp. 125-30). New York: Springer-Verlag.

Wightman, D. C., and G. Lintern. 1985. Part-task training strategies for tracking and manual control. *Human Factors* 27: 267-83.

Conceito 6.5
A prática mental pode ser eficiente na aprendizagem de habilidades, principalmente quando associada à prática física

Termos-chaves

Prática mental
Imagética externa

Imagética interna
Capacidade imagética

Aplicação

Há inúmeras situações em que professores, treinadores e terapeutas podem aplicar a prática mental para a aprendizagem e o desempenho de habilidades motoras. Essas situações variam desde ajudar um paciente a utilizar a prática mental para aprender uma nova habilidade até preparar atletas para competirem em eventos de nível internacional. Vejamos alguns exemplos de situações em que as pessoas podem utilizar a prática mental em seu próprio benefício.

Um ginasta está em pé ao lado de um tablado para exercícios de solo, aguardando para começar sua rotina. Antes de iniciá-la, o ginasta repassa mentalmente todos os movimentos, visualizando o desempenho de cada parte da rotina, do início ao fim. Depois disso, o ginasta se dirige para o tablado e começa a sua rotina.

Um paciente paraplégico tem dificuldade em aprender a sair do chão e passar para a cadeira de rodas. Depois de várias demonstrações feitas pelo terapeuta e de várias tentativas práticas, o paciente ainda tem problemas ao desempenhar essa habilidade. O terapeuta instrui o paciente para parar de praticar, sentar-se no chão e praticar mentalmente como chegar até a cadeira. O terapeuta aconselha o paciente a fazer isso imaginando-se passando para a cadeira perfeitamente 10 vezes seguidas. O paciente repassa mentalmente a seqüência toda, desde estar sentado no chão até sentar-se realmente na cadeira, em cada tentativa prática. Depois desse procedimento, o terapeuta pede ao paciente para voltar a praticar essa habilidade fisicamente.

Pense numa situação em que você acabou de desempenhar muito bem uma habilidade e que você gostaria de desempenhá-la da mesma forma na próxima vez. Mas, devido à natureza da atividade, você não pode praticar fisicamente o que você acabou de executar. O golfe é um bom exemplo desse tipo de situação. Um golfista acabou de bater um belíssimo *drive* bem no meio da área intermediária do campo; ele gostaria de ser capaz de bater vários outros *drives* apenas para tentar reproduzir e reforçar o balanço que produziu esse ótimo resultado. Embora não possa fazer isso, ele *pode* praticar esse balanço mentalmente enquanto caminha até a área intermediária do campo para executar a próxima tacada.

Observe que cada uma dessas três situações tem um objetivo diferente para prática mental. O ginasta utilizou a prática mental para preparar-se para um desempenho imediato de uma rotina muito bem aprendida. O paciente de reabilitação utilizou a prática mental para adquirir uma nova habilidade. Finalmente, o jogador de golfe utilizou o procedimento da prática mental para reforçar uma ação bem-sucedida e assim ajudar no desempenho futuro dessa ação.

Discussão

Na literatura de aprendizagem de habilidades e de desempenho o termo **prática mental** se refere à recapitulação cognitiva de uma habilidade física na ausência de movimentos físicos explícitos. Nós não devemos confundir esse tipo de prática mental com a meditação, que geralmente denota o envolvimento tão profundo da mente do indivíduo que pode bloquear a consciência do que está acontecendo com ou em volta dele. Podemos pensar na meditação como uma forma de prática mental: na verdade, ela parece ser um meio potencialmente efetivo de melhorar a qualidade de um desempenho físico. Entretanto, nessa discussão, utilizaremos o termo *prática mental* como sinônimo de recapitulação mental e cognitiva ativa de uma habilidade, em que uma pessoa está *imaginando* uma habilidade ou parte dela. Durante esse processo, um observador não notaria o envolvimento da musculatura corporal. Esse imaginário pode ocorrer enquanto o aprendiz está observando uma outra pessoa ao vivo, outra pessoa num filme ou fita de vídeo. Ou pode ocorrer sem qualquer observação visual.

O ato de imaginar pode envolver formas internas ou externas do imaginário (Mahoney e Avener, 1977). No **imaginário interno**, o indivíduo se aproxima da situação da vida real de tal modo que a pessoa realmente "imagina estar dentro do seu corpo e vivencia aquelas sensações que podem ser esperadas na situação real". Por outro lado, no **imaginário externo**, a pessoa se visualiza do ponto de vista de um observador, como se estivesse assistindo a um filme. Não vamos comparar a eficiência desses dois tipos de condições de imaginação nessa discussão.

Dois papéis da prática mental

O estudo da prática mental, no que se refere à aprendizagem e desempenho de habilidades motoras, apresenta duas linhas distintas de pesquisa. Uma relativa ao papel da prática mental na *aquisição* de habilidades motoras. Aqui, a questão crucial é saber qual a eficiência da prática mental nas etapas iniciais da aprendizagem ou da reaprendizagem de uma habilidade. A outra linha de pesquisa procura descobrir como a prática mental pode ajudar no *desempenho* de uma habilidade bem aprendida.

As pessoas utilizam a prática mental como uma ajuda para o desempenho de duas formas. A primeira é apresentada no exemplo do ginasta dada na seção Aplicação. O ginasta utilizou a prática mental para preparar-se para um desempenho futuro imediato. Quando usada dessa forma, a prática mental constitui-se num meio de preparação da ação. A segunda abordagem foi vista no exemplo do jogador de golfe que imaginava mentalmente um balanço bem-sucedido à medida que caminhava pela área intermediária. Aqui, a prática mental combina as características das duas situações de aquisição e de desempenho fornecendo à pessoa os meios para facilitar o armazenamento e recuperação da memória de uma ação bem-sucedida.

A literatura de pesquisa, iniciada na última década do século passado, está repleta de estudos da prática mental. Alguns artigos de revisão excelentes sobre essa pesquisa podem ser consultados para se obter informações mais específicas do que será discutido aqui (consulte Richardson, 1967a, 1967b; Corbin, 1972; Feltz e Landers, 1983; Feltz, Landers e Becker, 1988). Esses artigos descrevem evidências convincentes que apoiam a idéia de que a prática mental se constitui numa estratégia eficiente para ajudar tanto a aquisição de habilidades quanto a preparação do desempenho.

A prática mental ajuda a aquisição de habilidades

As investigações sobre a eficiência da prática mental na aquisição de habilidades motoras normalmente comparam as condições de prática mental e de prática física com uma condição de controle sem prática. Em geral, os resultados das pesquisas mostram que a prática física é melhor que outras condições. Entretanto, a prática mental normalmente é melhor do que ausência de prática. Esse resultado por si só já é importante, porque ele demonstra a eficiência da prática mental na aquisição de habilidades. Um resultado ainda mais importante é a possibilidade de combinação das práticas física e mental.

Uma das comparações mais amplas de combinação de práticas físicas e mentais foi apresentada num experimento conduzido por Hird et al. (1991). Os autores compararam seis diferentes condições de práticas físicas e mentais. Num dos extremos situa-se 100% da prática física e no outro 100% da prática mental. No meio se situavam rotinas de prática que exigiam 75% de prática física e 25% de prática mental , 50% de cada uma das práticas e 25% de prática física e 75% de prática mental. A sexta condição não exigia nenhuma prática, nem física nem mental, porém, havia participantes executando diferentes tipos de atividade durante as sessões de prática. Os participantes praticavam duas tarefas. Uma exigia que eles colocassem o maior número possível de pinos redondos e quadrados em locais predefinidos de um tabuleiro, em 60 s. A outra tarefa consistia em perseguir um rotor em que o alvo se movia circularmente com uma freqüência de 45 rpm, durante 15 s.

Os resultados desse experimento (figura 6.5-1) mostraram três efeitos notáveis. O primeiro resultado, consistente com outras pesquisas, foi o de que a prática mental sozinha era melhor que nenhuma prática para as duas tarefas. O segundo, à medida que a prática física aumentava, subia o nível de desempenho no pós-teste, para as duas tarefas. E terceiro, embora a prática física sozinha fosse melhor que combinações de práticas físicas e mentais, as diferenças eram pequenas.

A semelhança nos efeitos de aprendizagem para combinações de práticas físicas e mentais já tinha sido determinada. De fato, alguns pesquisadores tinham até mostrado que combinações desses tipos de prática eram equivalentes à prática física sozinha. Por exemplo, McBride e Rothstein (1979) mostraram que, para a aprendizagem de habilidades abertas e fechadas, de (envolvendo acertar uma bola em movimento ou parada), a combinação de tentativas de práticas físicas e mentais tinha sido superior à condição de prática física apenas

O que foi particularmente notável em seus resultados é que o grupo que utilizou uma combinação de prática física e mental teve somente metade das tentativas de prática física que o grupo de prática física.

Por que uma combinação de tentativas de práticas físicas e mentais leva a efeitos de aprendizagem tão bons ou até melhores que a prática física sozinha? Podemos buscar uma resposta para essa questão, considerando alguns pontos discutidos ao longo deste texto sobre a necessidade do envolvimento em estratégias eficientes de prática. Uma característica importante de estratégias eficientes para a otimização da aquisição de habilidades é a solução ativa de problemas. A prática física parece não ser o único meio de estabelecer essas condições benéficas. A prática mental também pode precisar delas, embora não na mesma extensão. Entretanto, a combinação da prática física e da prática mental parecem estabelecer uma condição de aprendizagem que otimizam essas características importantes.

Os benefícios da prática mental nos processos de reabilitação. Além de ser vantajosa para a aquisição de novas habilidades, a prática mental pode ser eficiente na reaprendizagem de habilidades, no aperfeiçoamento do desempenho de habilidades e nos programas de reabilitação. Um exemplo de pesquisa que demonstra isso é um experimento desenvolvido por Linden et al. (1989). Eles examinaram o efeitos do uso da prática mental para melhorar o equilíbrio de mulheres de 67 a 90 anos ao caminhar. A tarefa exigia que as mulheres desempenhassem várias ações em determinados locais durante o desenvolvimento da atividade. Elas começavam ficando em pé sobre duas marcas de pés e depois caminhavam por uma barra de equíbrio simulada, ou seja, uma tira de fita adesiva de 10 cm de largura

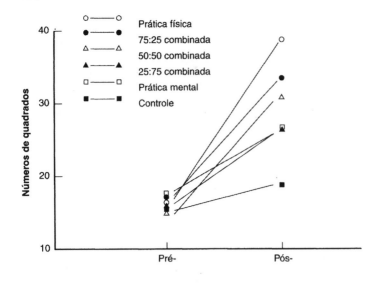

Figura 6.5-1– *Resultados do experimento de Hird et al. O gráfico da parte superior da figura mostra os resultados do pré e pós-testes para diferentes condições de prática na tarefa do tabuleiro de pinos. O gráfico da parte inferior da figura mostra os resultados para a tarefa de perseguição do rotor. (Reprodução autorizada de J. H. Hird, D. M. Landers, J. R. Thomas e J. J. Horan, 1991. "Physical Practice is Superior to Mental Practice in Enhancing Cognitive and Motor Task Performance", em Journal of Sport and Exercise Psychology, Vol. 13(Nº 3) p. 288. Human Kinetics, Champaign, IL.)*

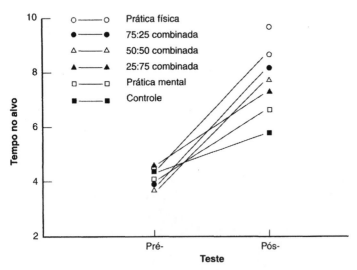

colocada no centro de uma passarela acarpetada. Elas subiam uma rampa com 4º de inclinação, saiam da rampa e caminhavam até uma mesa onde se serviam de bolo e suco.

Durante oito dias as mulheres do grupo de prática mental se imaginaram caminhando mentalmente durante 6 minutos ao longo da barra de equilíbrio simulada. Um grupo de controle passou o mesmo período sentado, praticando jogos de palavras ou de memória. Os participantes realizaram pré e pós-testes na tarefa de equilíbrio sobre a barra de equilíbrio simulada e na caminhada diária, antes de iniciar a prática mental ou a atividade de controle, e no quarto e oitavo dias após a prática mental ou a atividade de controle. Os resultados mostraram que a prática mental foi benéfica para o equilíbrio no caminhar e para o posicionamento dos pés apenas quando os participantes carregavam um objeto em cada mão. Assim, embora a estratégia da prática mental não tenha sido tão bem-sucedida quanto os pesquisadores esperavam, foi clinicamente benéfica.

Os benefícios da prática mental no treinamento de potência. Uma característica de muitas habilidades motoras é a necessidade de gerar velocidade em distâncias relativamente

CAPÍTULO 6 ■ CONDIÇÕES DA PRÁTICA   **289**

SAIBA MAIS

Treinamento imaginário como uma técnica de desenvolvimento de postura

Dois experimentos desenvolvidos por Fairweather e Sidaway (1993) mostraram que o treinamento imaginário pode ajudar pessoas com problemas de postura relacionados à uma curvatura anormal da coluna. Num desses experimentos, os participantes eram rapazes de 17 anos que sofriam regularmente de leves dores nas costas e eram tidos como portadores de graus variáveis de lordose e cifose. Os autores compararam dois tratamentos diferentes. Um deles envolvia flexibilidade e exercícios abdominais; o outro envolvia exercícios de relaxamento muscular profundo antes de exercícios de consciência cinestésica e prática de visualização. A técnica da visualização consistia na criação de imagens de quatro situações de ações diferentes envolvendo o tronco, nádegas, pélvis e coxas. Por exemplo, solicitava-se que os participantes visualizassem suas nádegas como massa crua de pão e que as imaginassem deslizando para baixo até o calcanhar. Os resultados mostraram que depois de um período de três semanas de treinamento em que os participantes se envolveram nas suas respectivas técnicas, as duas técnicas levaram a uma melhora da postura, verificada através da medida dos ângulos da coluna e a uma diminuição da dor nas costas.

---

curtas. Velocismo em corridas, ciclismo e remo são exemplos de habilidades que envolvem essa característica. Um experimento desenvolvido por Van Gyn, Wenger e Gaul (2990) demonstrou que a prática mental pode ser benéfica para melhorar a potência de pessoas que estão aprendendo uma corrida de velocidade de bicicleta de 40 m. Depois de ser pré-testados numa bicicleta ergométrica para determinar o pico de potência para uma corrida de 40 m, os participantes começaram três sessões de treinamento por semana, durante seis semanas na bicicleta ergométrica, para melhorar o desempenho da potência. Esse treinamento envolvia prática física, em que eles tinham que manter a velocidade máxima durante 10 s. Dois grupos de pessoas se imaginavam desempenhando a corrida oito vezes. Um desses grupos executou somente a prática mental, enquanto que os outros grupos imaginários executaram prática imaginária durante a prática física. Um terceiro grupo recebeu somente o treinamento de potência. Um quarto grupo, que era o grupo de controle, não recebeu treinamento de potência nem imaginário. Os resultados mostraram os benefícios da combinação da prática física e mental. Somente o grupo que recebeu treinamento de potência e imaginário mostrou uma melhora nos tempos da corrida ao final das seis semanas de treinamento. Um resultado interessante, foi que somente o grupo de treinamento imaginário e o grupo de treinamento imaginário e de potência melhoraram os níveis de seu pico de potência entre o pré-teste e o pós-teste.

A prática mental como uma estratégia de preparação que auxilia a aprendizagem. Um exemplo interessante de incorporação da prática mental numa rotina de prática, pode ser encontrado em alguns trabalhos desenvolvidos por Singer (1986). Inicialmente o autor propõe uma estratégia geral de aprendizagem de cinco passos, que envolve elementos de prática mental em três dos cinco passos. O primeiro passo envolve a preparação física, mental e emocional. O segundo passo consiste em imaginar mentalmente o desempenho da ação, tanto visual quanto cinestesicamente. O terceiro passo envolve a concentração intensiva somente em pistas relevantes e relacionadas com a ação, como as sinuosidades de uma bola de tênis. O quarto passo se refere à execução da ação. Finalmente, no quinto passo é feita a avaliação do resultado do desempenho.

Para testar a eficiência desta estratégia geral para a aprendizagem de uma determinada

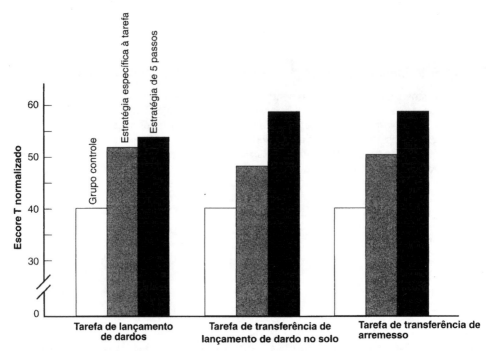

Figura 6.5-2 – *Resultados do experimento de Singer e Suwanthada mostrando o efeito de uma estratégia de aprendizagem generalizada (estratégia de 5 passos), uma estratégia específica à tarefa e nenhuma estratégia na prática inicial de uma tarefa de lançamento de dardos e do desempenho na transferência numa tarefa de lançamento de dardo no chão e uma tarefa de cobrança de falta (Fonte: Dados de R. N. Singer e S. Suwandhata em "The Generalizability Effectiveness of a Learning Strategy on Achievement in Related Closed Motor Skills", em Research Quarterly for Sport and Exercise, Vol. 57, 205-214, 1986.)*

habilidade, Singer e Suwanthada (1986) compararam pessoas que utilizaram essa estratégia com outras que não o fizeram. Os autores compararam um grupo que utilizou essa estratégia geral de cinco passos com um grupo que utilizou estratégias de tarefa específica e com um outro grupo que não seguia nenhuma estratégia. A tarefa consistia em lançar um dardo com a mão abaixo da linha dos ombros em um alvo situado no solo a 3 m do lançador. Depois de completar 50 tentativas de prática, todos os participantes desempenharam duas tarefas relacionadas: uma, de lançamento de dardos no chão e uma tarefa semelhante à cobrança de falta no jogo de basquete. A tarefa do dardo no chão envolvia o lançamento de um dardo no chão com a mão abaixo da linha dos ombros em um alvo situado no solo, a 6 m de distância da pessoa. A tarefa de cobrança de falta envolvia o lançamento de uma bola de futebol com uma das mãos num alvo preso a uma tabela de basquete, situada a uma distância de 4,5 m da pessoa.

A figura 6.5-2 mostra que a estratégia geral de preparação de cinco passos foi eficiente. Aqueles que utilizaram a estratégia geral desempenharam tão bem quanto aqueles que utilizaram estratégias específicas à tarefa. É notável também, que aqueles que utilizaram algum tipo de estratégia de preparação apresentaram um desempenho melhor do que aqueles do grupo sem estratégia. Mais importante ainda, as pessoas que utilizaram a estratégia geral de cinco passos durante a prática tiveram um desempenho melhor nas duas tarefas de transferência que os integrantes dos outros grupos. Assim, os autores mostraram que a prática mental é um componente eficaz da estratégia geral de preparação para cada tentativa de prática durante a aprendizagem de uma habilidade.

> **SAIBA MAIS**
>
> **A utilização do imaginário mental por atletas treinados**
>
> Um levantamento feito por Hall, Rodgers e Barr (1990), propiciou uma compreensão sobre a utilização do imaginário mental como um coadjuvante para o desempenho de habilidades esportivas. Eles aplicaram um questionário de 37 itens a 381 atletas masculinos e femininos praticantes de seis modalidades desportivas no Canadá. Os resultados mostraram que os atletas utilizam o imaginário mental como uma técnica de preparação com muito mais freqüência durante as competições do que durante a prática. Esse resultado sugere que os atletas vêm o imaginário mental mais como uma técnica para melhorar a qualidade do desempenho do que como um coadjuvante para aprendizagem e, também, que os treinadores precisam instruir e lembrar os atletas a utilizarem o imaginário mental regularmente, nas suas sessões de prática. Os atletas perceberam que a utilização do imaginário mental durante as competições trazia vários benefícios: ajudava a manter a concentração no evento; ajudava a manter a auto-confiança sobre o desempenho futuro; e era um meio de controlar suas emoções e o nível de despertar. A maioria dos atletas utilizavam o imaginário mental para imaginar sua vitória e não derrota na competição. A maioria dos atletas constatou que suas sessões de prática não estavam estruturadas para a utilização do imaginário mental. E quanto mais alto o nível da competição (p.ex., internacional comparado à local), mais os atletas utilizavam o imaginário mental.

A prática mental auxilia na preparação do desempenho ideal

No campo da psicologia dos esportes, um tópico de grande interesse consiste na vantagem de ter atletas de elite imaginando-se desempenhando habilidades antes de executá-las realmente. Embora exista uma grande quantidade de evidências não muito confiáveis em revistas e jornais esportivos de que os atletas se envolvem nesse tipo de preparação (p.ex., Hall, Rodgers e Barr, 1990), há poucas evidências experimentais que permitam determinar se essa forma de preparação é melhor que qualquer outra. Entretanto, algumas evidências sugerem que o ensaio mental consiste num meio eficiente de preparação.

Gould, Weinberg e Jackson (1980) conduziram um experimento que proporciona um exemplo de resultados encorajadores. Eles compararam três técnicas diferentes de preparação para o desempenho de uma tarefa de força da perna. Uma tarefa envolvia a focalização da atenção dos participantes na tarefa fazendo com que se concentrassem na sensação de determinados músculos que estariam associados ao desempenho máximo. Uma outra técnica envolvia aumentar os níveis de envolvimento dos participantes induzindo-os psicologicamente a um desempenho máximo. Eles conseguiram isso irritando os participantes ou "desafiando-os" a desempenhar o melhor possível. Na terceira técnica os participantes deveriam visualizar-se desempenhando a tarefa e alcançando o melhor escore pessoal. Os resultados mostraram que as técnicas de preparação imaginárias e de desafio produziram escores mais altos que a técnica da concentração da atenção e que as duas condições de controle.

Os resultados desse estudo demonstram que certas estratégias de preparação mental são melhores que outras, na produção do desempenho máximo ou de pico. Embora a preparação imaginária não tenha sido melhor que a preparação pelo envolvimento, ela se mostrou melhor que a estratégia da concentração da atenção, e que não fazer absolutamente nada. Como se tratava de uma tarefa de força explosiva, não é de se admirar que a estratégia do envolvimento emocional tenha sido eficiente. No entanto, é preciso dispor de mais pesquisas para se poder entender como essas diferentes estratégias de preparação podem ser comparadas, no desempenho de tarefas mais complexas.

Por que a prática mental é eficiente?

Para se entender a eficiência da prática mental tanto na aprendizagem quanto no desempenho, as duas explicações mais plausíveis são a neuromuscular e a cognitiva.

A explicação neuromuscular. Podemos remontar à noção de que os benefícios da prática mental na preparação da aprendizagem e do desempenho têm uma base neuromuscular, dada no trabalho de Jacobson (1931). Quando ele pediu às pessoas que se visualizassem dobrando o braço direito, Jacobson observou atividade EMG no músculo ocular, mas não no bíceps brachii. Entretanto, quando ele solicitou que se imaginassem dobrando o braço direito ou levantando um peso de 5 kg, ele notou que havia atividade EMG no bíceps brachii em mais de 90 % das tentativas. Desde os estudos iniciais de Jacobson, muito outros pesquisadores forneceram evidências experimentais desse tipo de atividade elétrica nos músculos de pessoas que eram solicitadas a imaginar o movimento (p.ex., Hale, 1982; Lang et al., 1980).

A produção de atividade elétrica na musculatura envolvida num movimento como resultado do imaginário do praticante de uma ação sugere que, durante a prática mental, são ativados os trajetos neuromotores adequados envolvidos na ação. Essa ativação auxilia a aprendizagem de habilidades ajudando a estabelecer e reforçar os padrões de coordenação adequados que precisam ser desenvolvidos. Para alguém que estiver desempenhando uma habilidade bem treinada, essa ativação ajusta ou prepara os trajetos neuromotores que serão ativados quando a pessoa estiver desempenhando a habilidade. Esse processo de ajuste aumenta a probabilidade de a pessoa desempenhar a ação adequadamente e reduz as solicitações sobre o sistema de controle motor à medida que ela se prepara para desempenhar a habilidade.

A explicação cognitiva. Os pesquisadores, em geral, concordam que a primeira etapa da aprendizagem de uma habilidade motora envolve um alto grau de atividade cognitiva. Muito dessa atividade está relacionada à questão sobre "o que fazer" com essa nova tarefa. Não seria surpresa, então, que a prática mental consistisse numa estratégia eficaz para as pessoas que estão adquirindo uma nova habilidade ou aprendendo uma antiga. A prática mental pode ajudar a pessoa a responder muitas questões relacionadas ao desempenho sem a pressão que acompanha o desempenho físico da habilidade. Nas etapas finais da aprendizagem, a prática mental pode ser benéfica auxiliando na consolidação das estratégias e na correção de erros.

Um experimento conduzido por Ryan e Simons (1983) fornece um exemplo de evidência empírica que apóia a explicação cognitiva para a eficiência da prática mental no auxílio à aprendizagem de habilidades. Os autores defendem que, se a prática mental é basicamente um fenômeno cognitivo, então a aprendizagem de uma tarefa acentuadamente cognitiva deveria beneficiar-se mais da prática mental que a aprendizagem de uma tarefa mais motora. Para testar isso, Ryan e Simons compararam a aquisição de duas tarefas motoras: uma com baixa demanda motora e a outra com alta demanda motora. Os participantes praticaram essas tarefas sob condições de prática física, prática mental e sem prática. A tarefa, chamada "Acerte o Labirinto", se assemelha a um brinquedo conhecido como "Traço Mágico". O praticante move uma caneta sobre um padrão de labirintos girando dois botões, um controla o movimento horizontal e o outro controla o movimento vertical. A tarefa de baixa demanda motora consistia em movimentar a caneta ao longo do labirinto somente com movimentos nas direções horizontal e vertical. As demandas de coordenação motora eram mínimas, porque as duas mãos não tinham que trabalhar juntas. A tarefa de alta demanda motora exigia que as duas mãos trabalhassem juntas para movimentar a caneta na diagonal. A figura 6.5-3 mostra os resultados. Observe que, como foi previsto, a prática mental foi

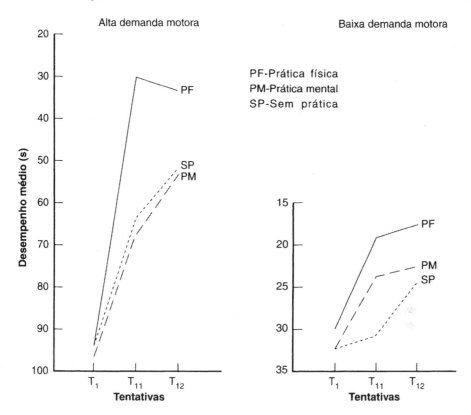

Figura 6.5-3 – *Resultados do experimento de Ryan e Simons mostrando o desempenho em duas tarefas de Dial--A-Maze antes (T_1) e depois (T_{11} e T_{12}) das sessões de prática em que as pessoas se envolveram em prática física, mental ou nenhuma prática. (De E. D. Ryan e J. Simons, "What is Learned in Mental Practice of Motor Skills? A Test of the Cognitive-Motor Hypotesis" em Journal of Sport Psychology, 5:419-426, 1983. Direitos autorais 1983 Human Kinetics Press, Champaign, Illinois. Reprodução autorizada.)*

superior à condição de não-prática para o labirinto de baixa demanda motora. Isto é, a prática mental privilegiou a tarefa com demandas acentuadamente cognitivas.

A prática mental e a capacidade de imaginar

Embora os pesquisadores tenham proposto razões fisiológicas e psicológicas para a eficiência da prática mental na aprendizagem e no desempenho de habilidades motoras, pode estar atuando também um outro fator relacionado. Há evidências experimentais sugerindo que a eficiência da prática mental está relacionada com a **capacidade de imaginar** da pessoa, ou a capacidade de formar imagens de uma ação quando solicitada. De acordo com um extenso trabalho conduzido por Hall (1980, 1985) e colaboradores na Universidade de Ontário do Oeste, algumas pessoas tinham grande dificuldade de imaginar uma ação descrita, enquanto outras podiam imaginá-la com um alto grau de vividez e controle.

As evidências experimentais que demonstram que a capacidade de imaginar consiste numa variável de diferenças individuais, originou-se da pesquisa utilizando o Questionário sobre a Imaginação do Movimento (MIQ, do inglês Movement Imagery Questionnaire), um teste da capacidade de imaginar planejado especificamente para ser aplicado ao desempenho de habilidades motoras (consulte Hall, Pongrac e Buckolz, 1985, para obter uma discussão

> **SAIBA MAIS**
>
> ### Exemplos de itens do (MIQ) *Movement Imagery Questionnaire*
> ### (questionário imagético do movimento)
>
> **Um item da subescala do imaginário visual**
>
> **Posição de partida:** Permaneça com os pés ligeiramente afastados e os braços paralelos na lateral.
>
> **Ação:** Curve-se bem para baixo e depois salte para cima o mais alto possível no ar com os dois braços estendidos acima da cabeça. Caia com os pés separados e abaixe os braços na lateral.
>
> **Tarefa mental:** Assuma a posição de partida. Forme uma imagem mental a mais clara e vívida possível do movimento que acabou de desempenhar. Agora avalie a facilidade/dificuldade com que você foi capaz de executar essa tarefa mental.
>
> Avaliação
>
> **Um item da subescala do imaginário cinestésico**
>
> **Posição de partida:** Permaneça parado com os pés ligeiramente afastados e os braços paralelos na lateral.
>
> **Ação:** Salte para cima e gire todo o corpo para a esquerda de modo a retornar ao chão na mesma posição em que começou. Isto é, faça uma rotação completa (360°) para a esquerda.
>
> **Tarefa mental:** Assuma a posição parada e em pé. Tente sentir-se executando o movimento que acabou de desempenhar sem executá-lo realmente. Agora avalie a facilidade/dificuldade com que você foi capaz de executar essa tarefa mental.
>
> Avaliação
>
> ### Escalas de avaliação da capacidade de imaginar
> ### Escalas de Avaliação
>
> Escala do imaginário visual
>
> | 1 | 2 | 3 | 4 | 5 | 6 | 7 |
> |---|---|---|---|---|---|---|
> | Muito fácil de imaginar | Fácil de imaginar | Razoavelmente fácil de imaginar | Neutro (nem fácil nem difícil) | Razoavelmente difícil de imaginar | Difícil de imaginar | Muito difícil de imaginar |
>
> Escala do imaginário cinestésico
>
> | 1 | 2 | 3 | 4 | 5 | 6 | 7 |
> |---|---|---|---|---|---|---|
> | Muito fácil de sentir | Fácil de sentir | Razoavelmente fácil de sentir | Neutro (nem fácil nem difícil) | Razoavelmente difícil de sentir | Difícil de sentir | Muito difícil de sentir |

sobre os testes da capacidade de imaginar). O MIQ consiste de 18 situações de ação em que a pessoa é solicitada a desempenhar fisicamente. A seguir, a pessoa é solicitada a executar uma de duas tarefas mentais, a "formar a imagem a mais clara e vívida possível para o movimento que acabou de ser desempenhado" ou "tentar sentir-se efetivamente executando o movimento que acabou de ser desempenhado sem tê-lo feito realmente". Nesse teste, a primeira tarefa mental é chamada de "imaginário mental", enquanto a segunda tarefa mental é chamada de " imaginário cinestésico". Depois de desempenhar uma dessas tarefas mentais, a pessoa avalia se foi fácil ou difícil desempenhá-la.

Como a capacidade de imaginar é uma diferença individual, Hall propôs que a capacidade de imaginar afeta o sucesso da prática mental. Pessoas com um alto nível de capacidade de imaginar se beneficiarão mais rapidamente da prática mental de habilidades motoras que aqueles com um nível baixo. Para testar essa hipótese, Goss et al. (1986) selecionaram pessoas que foram classificadas de acordo com seus escores MIQ em alto visual/alto cinestésico (AA), alto visual/baixo cinestésico (AB) ou baixo visual/baixo cinestérico (BB). Antes de cada tentativa de prática de quatro padrões complexos de movimento do braço, as pessoas criavam cinestesicamente imagens do movimento sobre os quais recebiam instruções. Os resultados confirmaram a hipótese, tendo em vista que o grupo AA desempenhou os padrões para atingir o critério com o menor número de tentativas (11,0), seguido pelo grupo AB (15,4) e pelo grupo BB com o maior número de tentativas para atingir o critério (23,7). Os testes de retenção do desempenho mostraram um efeito semelhante.

A importância desse experimento está no fato de confirmar a hipótese de que existe uma relação entre a capacidade de imaginar e a eficiência da prática mental. Além disso, ele demonstra que pessoas com baixa capacidade de imaginar podem tirar proveito da prática mental. Embora Hall, Buckolz e Fishburne (1989) tenham confirmado esses resultados, é preciso dispor de mais pesquisas que nos ajudem a entender melhor a capacidade de imaginar e suas relações com a eficiência da prática mental na aprendizagem e no desempenho de habilidades motoras.

Resumo

A prática mental consiste em visualizar-se mentalmente desempenhando uma habilidade física sem que haja o desempenho físico da habilidade. As evidências experimentais mostram que a prática mental pode ser eficiente como auxiliar da aprendizagem de habilidades, assim como na preparação para o desempenho de habilidades bem aprendidas. A prática mental, aplicada como uma técnica de prática quando as pessoas estão aprendendo habilidades, produz melhores resultados quando utilizada em combinação com a prática física. A eficiência da prática mental pode ser explicada sob o ponto de vista neuromuscular e cognitivo. As explicação neuromuscular tem origem nas evidências experimentais que mostram registros de EMG de grupos de músculos que estariam envolvidos no desempenho físico real das habilidades imaginadas. A explicação cognitiva mostra os benefícios da prática mental como subsídios para os aprendizes poderem responder diversas questões sobre o que fazer durante a etapa inicial da aprendizagem. Há evidências empíricas que destacam os méritos dos dois pontos de vista. Finalmente, a eficiência da prática mental parece estar relacionada com a capacidade de a pessoa criar imagens mentais da ação. Entretanto, tanto pessoas com baixa capacidade de imaginar quanto aquelas com alta capacidade, podem se beneficiar com a prática mental.

Leituras relacionadas

Annett, J.1995. Motor imagery: Perception or action? *Neuropsychologica* 33: 1395-417.

Burhans, R. S., C. L. Richman, and D. B. Bergey. 1988. Mental imagery training: Effects on running speed performance. *International Journal of Sport Psychology* 19: 26-37.

Driskell, J. E., C. Copper, and A. Moran. 1994. Does mental practice enhance performance? *Journal of Applied Psychology* 79: 481-92.

Kohl, R. M., S. D. Ellis, and D. L. Roenker. 1992. Alternating actual and imagery practice: Preliminary theoretical considerations. *Research Quarterly for Exercise and Sport* 63: 162-70.

Singer, R. N., and J. H. Cauraugh. 1985. The generalizability effect of learning strategies for categories of psychomotor skills. *Quest* 37: 103-19.

Warner, L., and M. E. McNeil. 1988. Mental imagery and its potential for physical therapy. *Physical Therapy* 68: 516-21.

Weinberg, R. S. 1982. The relationship of mental preparation strategies and motor performance: A review and critique. *Quest* 33: 195-213.

Questões de estudo para o capítulo 6

1. O que se entende por *variabilidade da prática* e qual sua importância na aprendizagem de habilidades?

2. Exemplifique como você implementaria a variabilidade da prática para uma habilidade motora fechada e uma aberta?

3. (a) Como a interferência contextual está relacionada com a questão da organização da prática para a aprendizagem de uma habilidade motora? (b) Descreva como os esquemas de prática em blocos e aleatória representam as extremidades de um continuum de interferência contextual.

4. Descreva como você implementaria uma quantidade adequada de interferência contextual na programação da prática para (a) um novato aprendendo uma habilidade motora; (b) uma pessoa treinada.

5. Quais as duas razões propostas pelos pesquisadores para explicar porque a interferência contextual beneficia a aprendizagem de habilidades.

6. Descreva como o conceito de distribuição da prática está relacionado com o intervalo intertentativas e com a duração e distribuição das sessões de prática. Descreva uma situação de aprendizagem de habilidade motora para cada caso.

7. (a) Como a programação de intervalos intertentativas maciças e distribuídas afeta diferencialmente a aprendizagem de habilidades motoras discretas e contínuas? (b) Como as diferenças entre as duas programações afetam a aprendizagem dessas habilidades?

8. (a) O que se entende por *superaprendizagem* no contexto da aprendizagem de habilidades motoras? (b) Descreva uma situação de aprendizagem de habilidades em que a estratégia da prática de superaprendizagem seja útil para a aprendizagem dessa habilidade.

9. (a) Como você pode decidir se as pessoas aprenderão melhor uma habilidade praticando-a como um todo ou em partes? (b) Dê um exemplo de habilidade motora que mostre como aplicar essas regras.

10. (a) Exemplifique como os instrutores poderiam aplicar os métodos de fracionamento e de segmentação na prática de habilidades. (b) Descreva três exemplos em que o método de simplificação pode ser aplicado.

11. (a) O que significa *prática mental*? (b) Dê um exemplo de como você implementaria os procedimentos de prática mental para ajudar na aprendizagem de uma nova habilidade e na preparação do desempenho de uma habilidade bem aprendida.

12. Quais os três motivos propostos pelos pesquisadores para explicar porque a prática mental auxilia na aprendizagem e no desempenho de habilidades motoras.

© David Frazier Photilibrary

UNIDADE

IV

DIFERENÇAS INDIVIDUAIS

CAPÍTULO 7

Capacidades

Conceito 7.1

Uma diversidade de capacidades está subjacente ao sucesso na aprendizagem e no desempenho motores

Conceito 7.2

A identificação dos níveis de capacidades motoras pode ajudar o profissional a predizer o potencial da pessoa para a aprendizagem e o desempenho bem-sucedidos de habilidades motoras

Conceito 7.1

Uma diversidade de capacidades está subjacente ao sucesso na aprendizagem e no desempenho motores

Termos-chaves

Psicologia diferencial
Capacidade
Hipótese da capacidade motora geral
Hipótese da especificidade das capacidades motoras

Capacidades perceptivo-motoras
Capacidades de proficiência física
Capacidade psicomotora

Aplicação

Certas pessoas têm talento para diversas atividades físicas diferentes. Por que isso acontece? Elas nasceram com alguma "capacidade motora" especial que as capacita a ter sucesso em tudo o que fazem? Será que elas tiveram quantidades excessivas de treinamento e prática em várias atividades? Será que elas são realmente boas em tudo o que fazem, ou apenas em algumas atividades?

As pessoas também são diferentes quanto à rapidez e o sucesso na aprendizagem das habilidades motoras. Se você observar uma turma de principiantes praticando atividades físicas, encontrará vários graus de sucesso e de fracasso nos primeiros dias. Por exemplo, numa turma de principiantes de golfe, quando os alunos começam a bater na bola, alguns passam um tempo enorme somente na tentativa de fazer contato com a bola. Mas em compensação, outros na extremidade oposta, são capazes de bater na bola com perfeição. O restante da turma normalmente se distribui em algum ponto do continuum de sucesso entre esses dois extremos.

Podemos observar diferenças paralelas em outras situações de atividades físicas, como em aulas de dança, aulas de auto-escola e sessões de fisioterapia. As pessoas iniciam essas atividades com uma gama enorme do que é conhecido como "comportamentos de entrada". Esses comportamentos refletem o fenômeno comportamental mais evidente de que os indivíduos possuem capacidades diferentes de desempenhar habilidades motoras. As diferenças continuam à medida que as pessoas evoluem com velocidades diferentes.

Discussão

Antes de entrar no mérito da questão das diferenças individuais, é preciso chamar a atenção para a mudança acentuada em nossa orientação com esta discussão. Em cada um dos capítulos anteriores, nos concentramos no que poderíamos chamar de "aprendiz médio". Em geral, nos preocupamos, em como as pessoas lidam com certas limitações no processamento das informações, com os limites do controle motor, ou com os efeitos de certos aspectos ambientais. Os princípios ou tendências que descrevemos representam normas gerais para as pessoas. Neste capítulo, pelo contrário, estamos mais interessados *nas diferenças entre os indivíduos* que no "comportamento médio".

A **psicologia diferencial** é considerada a parte da psicologia que estuda as diferenças individuais, em contraposição ao estudo do comportamento normativo ou médio. Aqueles que se dedicam ao estudo das diferenças individuais estão preocupados em identificar e medir as capacidades individuais ou traços. O estudo da inteligência é um exemplo primordial desse tipo de investigação. Ele identificou componentes da inteligência, que permitem formular testes para quantificar os níveis desses componentes nos indivíduos ou levam à identificação de uma inteligência geral.

No comportamento motor, o estudo das diferenças individuais tem seguido um padrão semelhante. A pesquisa tem se concentrado na identificação e na medição de capacidades motoras. A identificação de capacidades motoras não tem sido uma tarefa fácil; conseqüentemente, poucos pesquisadores se aventuraram nessa área. Entre os que tem se dedicado à investigação das capacidades motoras, um dos mais bem sucedidos foi Edwin Fleishman (consulte Fleishman e Quaintance, 1984, para obter uma descrição completa de seu trabalho). Fleishman vem desenvolvendo sua pesquisa sobre a identificação e medição de capacidades motoras há vários anos e pode ser considerado a maior fonte de informações para qualquer investigação científica sobre capacidades motoras.

Capacidades como variáveis de diferenças individuais

A palavra *capacidade* tem sido comumente utilizada de forma genérica como sinônimo de *habilidade*. Freqüentemente ouvimos as pessoas dizerem:

— Aquela pessoa tem muitas capacidades —, quando querem dizer que a pessoa tem um alto grau de habilidade. Entretanto, quando usada no contexto das diferenças individuais, **capacidade** significa um *traço ou qualidade geral do indivíduo* relacionada ao seu desempenho numa diversidade de habilidades ou de tarefas. Uma diversidade de capacidades motoras diferentes está subjacente ao desempenho de habilidades motoras. O nível de sucesso que uma pessoa pode atingir numa determinada habilidade motora depende em grande parte de até que grau a pessoa tem a capacidade relacionada ao desempenho daquela habilidade. Isto é, pessoas dotadas de diferentes graus das capacidades necessárias para jogar tênis terão diferentes potenciais de realização naquela atividade.

A controvérsia sobre capacidades gerais versus específicas. A maior parte dos pesquisadores concorda que uma variedade de capacidades motoras está subjacente ao desempenho de habilidades motoras e que as pessoas têm vários níveis dessas capacidades motoras. Entretanto, tem-se discutido durante muitos anos, como essas capacidades se relacionam entre si num mesmo indivíduo. Um grupo afirma que as capacidades são altamente relacionadas. Outros, no entanto, admitem que as capacidades são relativamente independentes umas das outras.

A **hipótese da capacidade motora geral** admite que, em cada indivíduo, existe uma capacidade motora única, global, e afirma que o nível dessa capacidade no indivíduo influi no sucesso final que ele consegue obter no desempenho de qualquer habilidade motora. Essa idéia sobreviveu durante um bom tempo. Essa hipótese prediz que, se um pessoa for boa numa habilidade motora, então ela tem o potencial para ser boa em todas as outras habilidades motoras. O raciocínio por trás dessa predição é que existe somente uma capacidade motora geral.

Personalidades muito conhecidas no campo da Educação Física como C.H. McCloy, David Brace e Harold Barrow são credores dos avanços que ocorreram nessa área. Eles desenvolveram testes que se propunham avaliar a capacidade motora atual do indivíduo e afirmavam que esses testes também poderiam predizer o sucesso dos indivíduos em esforços desportivos. Por exemplo, McCloy (1934; McCLoy e Young, 1954) desenvolveu o Teste de Capacidade Motora Geral como um teste de capacidade motora geral. Como McCLoy considerava que a *capacidade motora* compreendia as potencialidades hereditárias inatas da pessoas para o desempenho motor geral, ele acreditava que esse teste fornecia meios de predizer os níveis de realização potencial de uma pessoa.

Mas, ao contrário das expectativas dos proponentes da hipótese da capacidade motora geral, há muito poucas evidências experimentais que apoiam esse ponto de vista.* Existe uma suspeita de que a base para a continuidade da existência dessa hipótese consiste no seu apelo intuitivo. Os testes de capacidade motora geral são convenientes, atraindo aqueles que procuram explicar de forma simples porque certas pessoas tem sucesso no desempenho de habilidades motoras e outras não. O fato de esses testes serem pobres preditores do desempenho de habilidades motoras específicas, não reduziu os atrativos da hipótese da capacidade motora geral.

Uma abordagem alternativa para a qual existe substancial apoio, é **a hipótese da especificidade das capacidades motoras**. De acordo com essa abordagem, os indivíduos têm muitas capacidades motoras e essas capacidades são relativamente independentes. Isto significa, por exemplo, que se uma pessoa exibir um alto grau de capacidade de equilíbrio, não será possível predizer como a pessoa se sairá num teste de tempo de reação.

A hipótese da especificidade foi verificada através de experimentos baseados na suposição simples de que, se as capacidades motoras forem específicas e independentes, então a relação entre quaisquer duas capacidades será muito baixa. Assim, no caso mais elementar, a relação entre duas capacidades como equilíbrio e tempo de reação, ou entre tempo de reação e velocidade do movimento, ou até mesmo entre o equilíbrio estático e o equilíbrio dinâmico, seria muito baixa.

Franklin Henry e colaboradores seus publicaram a maior parte das pesquisas sobre esse assunto. O foco do trabalho de Henry e colaboradores consistia em comparar o desempenho em duas capacidades motoras, o tempo de reação (TR) e a velocidade do movimento, ou o tempo do movimento (TM). De acordo com a predição das hipótese da especificidade, esses pesquisadores verificaram que, consistentemente, a correlação entre o TR e o TM era muito baixa.

Experimentos que compararam outras capacidade produziram resultados semelhantes. Um bom exemplo é apresentado por Drowatzky e Zuccato (1967) que examinaram o equilíbrio como uma capacidade. Seus resultados, apresentados na tabela 7.1-1, mostram que não há nenhuma capacidade geral de equilíbrio, ao contrário, há vários tipos específicos de equilíbrio Nesse experimento, os participantes desempenhavam seis tarefas de equilíbrio diferentes que em geral, tinham sido consideradas como medidas da capacidade de equilíbrio estático ou dinâmico. Os resultados das correlações entre todas as tarefas mostraram que a correlação mais alta foi de 0,31, entre a posição lateral e a posição abaixada. A maioria das correlações variaram entre 0,12 e 0,19. Com base nesses resultados, seria difícil concluir que existe um teste que pode ser considerado como uma medida válida da capacidade de equilíbrio. Obviamente, poderíamos subdividir até mesmo a capacidade que genericamente chamamos de "equilíbrio" em vários tipos de equilíbrio.

É interessante observar que a noção de especificidade pode ser estendida para abranger também habilidades motoras fundamentais. Por exemplo, quando Singer (1966) examinou a relação entre as duas habilidades motoras básicas ou fundamentais de lançar e chutar, ele encontrou uma relação muito baixa entre os desempenhos de um indivíduo num teste e em outro.

---

* O texto sobre testes e medidas, de Johnson e Nelson (1985), proporciona uma excelente revisão de pesquisas que investigaram a validade dos testes que avaliam a capacidade motora geral.

Tabela 7.1-1 Resultados do experimento de Drowatzky e Zuccato (1967) mostrando as correlações entre seis diferentes testes de equilíbrio estático e dinâmico

Teste	1 Posição de cegonha	2 Posição de mergulho	3 Posição ereta	4 Posição lateral	5 Posição abaixada	6 Posição de equilíbrio
1	—	0.14	–0.12	0.26	0.20	0.03
2		—	–0.12	–0.03	–0.07	–0.14
3			—	–0.04	0.22	–0.19
4				—	0.31	0.19
5					—	0.18
6						—

Fonte: Drowatzky J.N. e F.C. Zuccato, 1967. Interrelations between selected measures of static and dynamic balance. *Research Quarterly for Exercise and Sport*, 38, 509-510. Direitos autorais da Aliança Americana para a Saúde, Educação Física, Recreação e Dança, 1967. Reproduzido sob permissão.

O atleta "completo". Se as capacidades motoras são numerosas e independentes, então como podemos explicar o chamado "atleta completo", a pessoa que é muito competente em uma diversidade de atividades físicas? De acordo com o ponto de vista da especificidade, as capacidades se situam em algum ponto ao longo de uma faixa contendo quantidades baixa, médias e altas dentro dos indivíduos. Como as pessoas são diferentes, parece razoável esperar que algumas pessoas tenham um grande número de capacidades no nível médio e que outras pessoas tenham a maior parte das capacidades ou nos extremos altos ou nos extremos baixos da escala.

De acordo com a hipótese da especificidade, a pessoa que é excelente em um grande número de atividades físicas tem altos níveis de um grande número de capacidades. Podemos esperar que uma pessoa saia-se muito bem naquelas atividades para as quais as capacidades subjacentes exigidas para o desempenho bem-sucedido situem-se no nível mais alto da escala.

Na verdade, é raro encontrar um atleta verdadeiramente completo. Normalmente, quando uma pessoa mostra altos níveis de desempenho em uma grande variedade de atividades físicas, uma inspeção mais aprofundada dessas atividades revela diversas capacidades motoras fundamentais em comum. Seria de se esperar que uma pessoa que possuísse altos níveis para uma grande variedade de capacidades, se saísse bem em atividades em que essas capacidades fossem fundamentais para o desempenho. No entanto, esperaríamos um desempenho médio, se essa pessoa se envolvesse em atividades em que aquelas capacidades fossem menos importantes, ou então, em atividades baseadas em outras capacidades, das quais a pessoa possuísse somente níveis médios.

Identificação de capacidades motoras

Como uma qualidade, uma capacidade é um atributo relativamente permanente de um indivíduo. Os pesquisadores que se dedicam ao estudo de diferenças individuais admitem que podemos descrever as habilidades envolvidas em atividades motoras complexas em termos de capacidades subjacentes ao seu desempenho. Fleishman (1972) verificou, por exemplo, que a capacidade chamada de visualização espacial está relacionada ao desempenho em tarefas tão diversas como navegação aérea, leitura de cópias heliográficas e odontologia. Um passo importante para compreender como as capacidades e o desempenho de habilidades estão relacionados consiste em identificar as capacidades e associá-las às habilidades envolvidas. Para realizair isso, Fleishman decidiu identificar não o maior número de possível de capacidades, mas o menor número possível de categorias de capacidades e aplicá-las ao desempenho de uma ampla variedade de tarefas.

Uma taxonomia de capacidades motoras. A partir dos resultados de uma bateria enorme de testes perceptivo-motores aplicados à várias pessoas, Fleishman desenvolveu uma "taxonomia das capacidades perceptivo-motoras humanas"(Fleishman, 1972; Fleishman e Quintance, 1984). Segundo eles parecem existir onze **capacidades perceptivo-motoras** identificáveis e mensuráveis. Fleishman identificou essas capacidades da seguinte forma: (1) *coordenação de múltiplos membros*, a capacidade de coordenar o movimento de vários membros simultaneamente; (2) *precisão de controle*, a capacidade de fazer ajustes musculares altamente controlados e precisos, quando houver o envolvimento de grandes grupos de músculos, como na tarefa da perseguição rotativa; (3) *orientação da resposta*, a capacidade de escolher rapidamente onde uma resposta deve ser dada, como numa situação de tempo de reação de escolha; (4) *tempo de reação*, a capacidade de responder rapidamente na presença de um estímulo; (5) *velocidade de movimento do braço*, a capacidade de fazer um movimento rápido e global do braço; (6) *controle do grau de velocidade* a capacidade de alterar a velocidade e a direção das respostas com *timing* preciso, como no caso do acompanhamento de um alvo continuamente em movimento; (7) *destreza manual*, a capacidade de executar habilidosamente movimentos bem orientados da mão e do braço, como os que estão envolvidos na manipulação de objetos sob condições de velocidade; (8) *destreza dos dedos*, a capacidade de executar manipulações hábeis, controladas, de objetos pequenos envolvendo basicamente os dedos; (9) *estabilidade da mão e braço*, a capacidade de executar movimentos precisos de posicionamento da mão e braço, nas quais a força e a velocidade tem um envolvimento mínimo; (10) *rapidez de pulso e dedos*, a capacidade de mover o pulso e os dedos rapidamente, como na tarefa de tamborilar; e (11) *pontaria*, a capacidade de apontar com precisão um pequeno objeto no espaço.

Além das capacidades perceptivo-motoras, Fleishman também identificou nove capacidades que ele denominou **de capacidades de proficiência física**. Essas capacidades são diferentes das capacidades perceptivo-motoras porque estão relacionadas mais genericamente com o desempenho esportivo e o desempenho físico global. A maioria das pessoas considera essas capacidades como capacidades de aptidão física. As capacidades de proficiência física identificadas por Fleishman são as seguintes: (1) *força estática*, a força máxima que uma pessoa pode exercer sobre objetos externos; (2) *força dinâmica*, a resistência muscular usada ao exercer a força repetidamente, como numa série de flexões; (3) *força explosiva*, a capacidade de mobilizar energia efetivamente para explosões de esforço muscular, como num salto em altura; (4) *força do tronco*, a força dos músculos do tronco; (5) *flexibilidade de extensão*, a capacidade de flexionar ou distender os músculos do tronco e das costas; (6) *flexibilidade dinâmica*, a capacidade de executar movimento rápidos e repetidos de flexão do tronco, como numa série para alcançar a ponta do pé; (7) *coordenação geral do corpo*, a capacidade de coordenar a ação de várias partes do corpo enquanto o este se movimenta; (8) *equilíbrio geral do corpo*, a capacidade de manter o equilíbrio sem pistas visuais; e (9) *estamina*, a capacidade de manter o esforço cardio-vascular máximo, como no caso de uma corrida de longa distância.

Não devemos considerar as listas de Fleishman como um inventário exaustivo de todas as capacidades relacionadas ao desempenho de habilidades motoras, porque Fleishman queria identificar o menor número de capacidades que poderiam descrever as tarefas desempenhadas na bateria de testes. Embora ele tivesse usado centenas de tarefas para

> **SAIBA MAIS**
>
> **A importância de identificar capacidades motoras**
>
> A identificação e a avaliação das capacidades motoras pode permitir ao professor, treinador ou terapeuta
>
> • identificar a fonte dos problemas ou dificuldades no desempenho de uma habilidade. Freqüentemente uma pessoa tem dificuldade em aprender uma nova habilidade porque lhe falta a experiência adequada que envolve a capacidade motora fundamental ao desempenho daquela determinada habilidade.
>
> *Exemplo:* Uma criança pode ter dificuldades em apanhar uma bola lançada por causa de uma capacidade desenvolvida de forma insuficiente para acompanhar visualmente um objeto em movimento.
>
> • desenvolver atividades físicas adequadas para melhorar o desempenho numa variedade de habilidades envolvendo a mesma capacidade motora.
>
> *Exemplo:* O equilíbrio é uma capacidade fundamental para várias habilidades diferentes. Como resultado, as experiências de movimento que dão às pessoas a oportunidade de desenvolver sua capacidade de equilíbrio numa variedade de situações de movimento, podem beneficiar a aprendizagem de habilidades que exigem equilíbrio.
>
> • predizer o potencial que uma pessoa tem para obter sucesso numa habilidade específica. (*Observação*: este ponto constitui a base da discussão no Conceito 7.2).

identificar essas capacidades, a inclusão de tipos adicionais de tarefas, além daquelas que Fleishman introduziu, poderia levar à identificação de outras capacidades: equilíbrio estático, a capacidade de se equilibrar em uma superfície estável quando não é necessário executar nenhum movimento de locação; equilíbrio dinâmico, a capacidade de equilibrar-se em uma superfície em movimento ou durante o movimento; acuidade visual, a capacidade de ver com clareza e precisão; rastreio visual, a capacidade de seguir visualmente um objeto em movimento, e *coordenação olhos-mãos* ou *olhos-pés*, a capacidade de desempenhar habilidades que exigem a visão e a utilização precisa das mãos ou pés.

Ha algumas suposições importantes nessas abordagens das capacidades humanas. Uma delas é que todos os indivíduos possuem essas capacidades motoras. Uma outra admite que, como é possível medir essas capacidades motoras, também é possível determinar uma medida quantificada do nível de cada capacidade da pessoa. As pessoas diferem quanto à quantidade de cada habilidade que possuem. Suas capacidades motoras indicam limites que afetam seu potencial de realizar habilidades.

Relação entre capacidades motoras e desempenho de habilidades motoras

Uma abordagem apresentada por Ackerman (1988) nos ajuda a ver onde se encaixam as capacidades motoras na questão mais ampla do desempenho de habilidades motoras. Ele descreveu as capacidades motoras como uma das três categorias de capacidades humanas que afetam o desempenho das habilidades motoras. Uma categoria é a inteligência geral, ou a capacidade geral. Nela estão incluídas as capacidades orientadas cognitivamente e os processos relacionados à memória, tais como a aquisição, armazenamento, recuperação, combinação e comparação da informação baseada na memória, assim como o seu uso em novos contextos. A segunda categoria é a **capacidade de velocidade perceptiva**. Esta categoria inclui as capacidades associadas à facilidade da pessoa em resolver problemas de complexidade crescente, e com a velocidade em processar a informação que a pessoa precisa utilizar para resolver os problemas. Os testes dessas tarefas, como encontrar os Xs numa

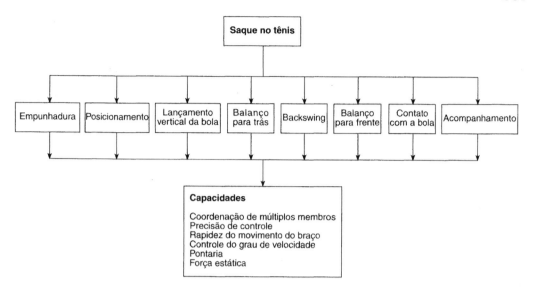

Figura 7.1-1 – *Uma análise de tarefa para o saque de tênis mostrando as partes componentes do saque e alguns exemplos de capacidades perceptivo-motoras subjacentes ao desempenho do saque.*

seqüência de letras e a transcrição de símbolos em uma lista, avaliam essas capacidades. Finalmente, a terceira categoria é a **capacidade psicomotora** (p.ex., capacidade motora). As capacidades dessa categoria, que são o foco de nossa discussão, estão relacionadas com a velocidade e a precisão dos movimentos que impõem pouca ou nenhuma demanda cognitiva à pessoa. Para entender perfeitamente as diferenças individuais, precisamos ver o desempenho de todos os tipos de habilidades em termos dessas três categorias fundamentais de capacidades. Entretanto, nesta discussão, limitaremos nossa atenção às capacidades motoras.

A figura 7.1-1 ilustra a abordagem de que as capacidades motoras subjacentes são os componentes fundamentais do desempenho de habilidades motoras. Essa figura mostra como podemos analisar as habilidades motoras complexas através de um processo conhecido como *análise da tarefa*, a fim de identificar as capacidades que estão subjacentes em qualquer habilidade. Por exemplo, para sacar uma bola de tênis com sucesso, o tenista precisa desempenhar certos componentes da habilidade adequadamente. A figura 7.1-1 identifica esses componentes, que são o primeiro nível da análise do saque de tênis, na linha central do diagrama. A identificação desses componentes nos ajuda a identificar mais prontamente as capacidades motoras subjacentes que estão envolvidas no desempenho bem-sucedido dessa tarefa. A linha inferior do diagrama apresenta essas capacidades. Com base na lista de Fleishman, elas incluem capacidades como a coordenação múltipla de membros, precisão de controle, velocidade do movimento do braço, controle do grau de velocidade, pontaria e força estática. Não há dúvida de que você poderia acrescentar outras. Entretanto, esses poucos exemplos servem para ilustrar o papel fundamental que as capacidades perceptivo-motoras e de proficiência física representam no desempenho de habilidades motoras.

Resumo

A pesquisa das diferenças individuais no comportamento motor está relacionada ao estudo das capacidades motoras. Nesse contexto, *capacidade* se refere a um traço geral ou qualidade do indivíduo que está relacionado ao desempenho de uma variedade de habilidades ou tarefas. Uma diversidade de capacidades motoras está subjacente ao desempenho de habilidades motoras. Diferentes pessoas possuem diferentes níveis dessas capacidades. Uma questão importante que os pesquisadores tem debatido durante vários anos procura entender como essas capacidades se relacionam entre si num mesmo indivíduo. A hipótese da capacidade motora geral alega que as capacidades estão altamente relacionadas, enquanto que a hipótese da especificidade afirma que as capacidades são relativamente independentes umas das outras. As evidências experimentais apoiam de forma consistente a hipótese da especificidade.

Uma abordagem para identificar as capacidades perceptivo-motoras e de proficiência física é a taxonomia de Fleishman. Essas capacidades desempenham um papel fundamental no desempenho de habilidades motoras. Já que é possível medir essas capacidades, um profissional envolvido em habilidades motoras pode fazer uma avaliação do nível de cada capacidade da pessoa. As evidências experimentais mostram que as pessoas diferem na quantidade de cada capacidade que possuem. Os níveis de capacidades motoras indicam os limites que afetam o potencial da pessoa para a aquisição de habilidades.

Leituras relacionadas

Cronbach, L. 1957. The two disciplines of scientific psychology. *American Psychologistic* 12: 671–84.

Fleishman, E. A. 1978. Relating individual differences to the dimensions of human tasks. *Ergonomics* 21: 1007-19.

Fleishman, E. A. 1982. Systems for describing human tasks. *American Psychologist* 37: 821-34.

Thomas, J. R., and W. Halliwell. 1976. Individual differences in motor skill acquisition. *Journal of Motor Behavior* 8: 89-99.

CAPÍTULO 7 ■ CAPACIDADES   **309**

Conceito 7.2

A identificação dos níveis de capacidades motoras pode ajudar o profissional a predizer o potencial da pessoa para a aprendizagem e o desempenho bem-sucedidos de habilidades motoras

Termos-chave

Variância explicada   Forma superdiagonal

Aplicação

Uma das características comuns às áreas industrial, desportiva e militar é que, aqueles investidos de autoridade, devem selecionar pessoas para executar determinados serviços que exigem desempenho de habilidades motoras. Esse processo de seleção envolve a *predição* de que a pessoa selecionada é a que melhor executará aquela atividade. Esse processo de predição também supõe que o indivíduo selecionado fará o serviço melhor que qualquer outra pessoa não selecionada. Se as pessoas certas estiverem executando as tarefas certas, então, muito tempo e dinheiro serão economizados e as pessoas que executam o serviço estarão desempenhando suas tarefas com maior satisfação. Uma etapa-chave do processo de predição nessas situações é o desenvolvimento de maneiras apropriadas de avaliar as capacidades motoras dos candidatos para os serviços e depois orientar as pessoas que mostram potencial para serem bem-sucedidas em serviços específicos, para treinamentos naqueles serviços.

Um evento que ocorre a cada quatro anos traz contribuições interessantes para certos aspectos de predição de desempenhos futuros. Durante a preparação para os Jogos Olímpicos, torna-se prioritária a seleção e o desenvolvimento dos melhores atletas de um país. Certos países parecem ter processos de seleção bem desenvolvidos, enquanto outros tem processos abaixo do esperado. A idéia básica é que o país que conseguir predizer com maior precisão quais, dentre os atletas mais jovens, serão aqueles que atingirão nível internacional, terão vantagens em competições como os Jogos Olímpicos.

Em aulas de atividades físicas ocorrem situações de predição quando um instrutor deseja dividir uma classe grande em grupos menores e mais homogêneos. É comum juntar num mesmo grupo pessoas que exibem níveis de desempenho inicial mais alto e pessoas que apresentam um nível de desempenho inicial mais baixo em outro grupo, e assim por diante. O instrutor pode justificar esse procedimento com base nas relações entre os níveis de desempenho inicial e o sucesso posterior na atividade. Mas uma pessoa que começa a desempenhar uma atividade com dificuldades, tem alguma chance de ter sucesso no futuro? Ou ao contrário, uma pessoa que inicia uma atividade desempenhando-a bem, garante efetivamente que atingirá um alto nível de sucesso no futuro?

Discussão

O foco dessa discussão se concentra na predição do *potencial* da pessoa em obter sucesso no futuro e não no seu real sucesso futuro. O fato de uma pessoa realmente atingir seu potencial ou não, depende de vários fatores como motivação, treinamento, oportunidades, etc. Assim, aqueles que fazem predições com base nas capacidades motoras precisam limitar seu julgamento à avaliação do potencial que uma pessoa tem para ser bem-sucedida, dadas as oportunidades adequadas para o desenvolvimento desse potencial.

Precisão da predição

Antes de considerar como um instrutor pode utilizar a informação das capacidades motoras para fins de predição, precisamos considerar algumas das limitações da precisão dessas predições. Embora a precisão da predição dependa de vários fatores, dois deles são extremamente críticos.

Primeiro, a predição do potencial para o sucesso em uma habilidade motora depende da identificação e avaliação precisas das capacidades essenciais que a pessoa deve ter para desempenhar a habilidade com sucesso. Nos referiremos a essa habilidade como a *habilidade-alvo*. O primeiro passo consiste em desenvolver uma análise da tarefa para essa habilidade-alvo, como foi discutido no Conceito 7.1. Essa análise deve identificar as capacidades que parecem estar subjacentes ao desempenho bem-sucedido da habilidade. O passo seguinte consiste em aplicar uma bateria de testes das capacidades identificadas nessa análise da tarefa a uma grande amostra de pessoas. Finalmente, o instrutor precisa comparar os escores dos testes de capacidades com o desempenho real na habilidade-alvo dessa amostra de pessoas, utilizando uma medida de desempenho adequada.

Uma medida estatística muito útil nesse processo de predição é conhecida como a **variância explicada**, que consiste simplesmente na porcentagem da variância estatística dos escores do desempenho na habilidade-alvo, que será explicada pelos escores nos testes de capacidade. Se a variância explicada pelos testes no desempenho da habilidade-alvo for alta (70 % ou melhor), você pode garantir que identificou as capacidades fundamentais subjacentes ao desempenho na habilidade-alvo. Se, por outro lado, a variância considerada for abaixo de 70 %, então há outras capacidades que ainda não foram identificadas.

O segundo fator crítico da precisão da predição do sucesso é *a validade e a precisão dos testes de capacidade* aplicados. Se esses testes não forem medidas válidas e precisas, não haverá base suficiente para se esperar uma precisão razoável da predição do desempenho em habilidades motoras.

Ainda há muito a ser investigado tanto para a identificação de capacidades importantes envolvendo o desempenho bem-sucedido de habilidades, como o desenvolvimento de testes de capacidade válidos e confiáveis. Entretanto, como veremos, os pesquisadores têm tido bastante sucesso em muitas situações, de modo a apoiar a idéia da utilização de testes de capacidades motoras para predizer o potencial de sucesso futuro.

Relação entre realização inicial e realização posterior

Um importante fator envolvido em usar capacidades motoras para predizer a futura realização em habilidades, está na relação entre o desempenho da habilidade durante o início da aprendizagem e o seu desempenho numa etapa posterior. Uma baixa correlação entre os estágios inical e posterior da aprendizagem indica que pode haver diferenças entre as capacidades subjacentes ao desempenho em cada etapa da aprendizagem. Por outro lado, uma alta correlação simplifica as coisas, permitindo a identificação de capacidades críticas independentemente da etapa da aprendizagem.

CAPÍTULO 7 ■ CAPACIDADES

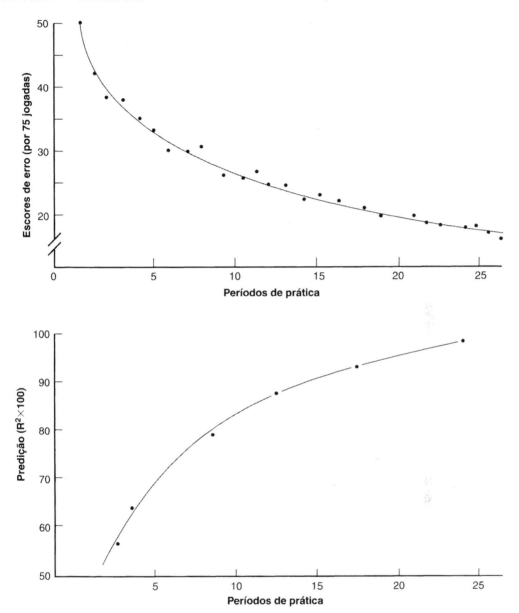

Figura 7.2-1– O gráfico da parte superior mostra a curva de desempenho do experimento de Trussell numa tarefa de malabarismo. São indicados os números de erros para os períodos de prática. O gráfico da parte inferior mostra a precisão da predição do desempenho final na tarefa de malabarismo em função da quantidade de prática utilizada para a predição. (De E. Trussell, "Prediction of Success in a Motor Skill on the Basis of Early Learning Achievement", em Research Quarterly for Eexercise and Sport, Vol. 36, pp. 342-347, 1965. Direitos autorais 1965 da American Alliance for Health, Physical Education, Recreation and Dance. Reprodução autorizada.)

Correlação entre os escores de desempenho inicial e final. Uma forma de determinar a relação entre o desempenho inicial de uma habilidade e seu desempenho posterior, consiste em correlacionar os escores do desempenho da pessoa à medida que ela evolui ao longo das etapas da aprendizagem. O método mais simples consiste em correlacionar os escores do desempenho inicial com os escores posteriores. Essa correlação, na maioria dos casos, é baixa, evidenciando uma baixa relação entre os desempenhos inicial e posterior.

Um experimento clássico, desenvolvido por Ella Trussell (1965), fornece um exemplo de evidências experimentais que mostram exatamente esses resultados. Universitárias praticaram malabarismos com três bolas de tênis durante 27 sessões de prática (3 sessões por semana durante 9 semanas). Cada sessão incluía 75 lançamentos. A autora definiu o desempenho do malabarismo como o número de erros ou de queda das bolas. Como era esperado, o desempenho das moças melhorou com a prática. Como mostra o painel superior da figura 7.2-1, os escores de erros caíram de 50 erros em 75 lançamentos no primeiro período de prática para 20 erros em 75 lançamentos na sessão final. Mais importante, foram os resultados apresentados no gráfico da parte inferior da figura 7.2-1, que mostra até onde a autora pode predizer os escores finais (as 4 últimas sessões de prática) com base nos escores de erros para cada período de prática. Durante as 5 primeiras sessões de prática, essa predição dos escores finais seria correta somente em 50 a 60 % do tempo. As probabilidades são praticamente as mesmas que as obtidas quando se joga cara e coroa. Mas essa capacidade de predição aumentou com o número de sessões de práticas. Depois de 15 sessões, ou 1,025 lançamentos, a autora predisse o desempenho da sessão final com uma porcentagem de acerto de 85 %.

Tabela 7-2.1 A matriz de correlação intertentativas obtida a partir do desempenho em uma tarefa de movimento rítmico do braço relatado por Thomas e Halliwell. (As correlações se baseiam nos resultados do erro espacial da tarefa).

Tentativa	1	2	3	4	5	6	7	8	9	10	11	12	13	14	15
1	—	27	-.05	.33	.23	.08	.27	.15	.00	-.04	-.09	.11	-.05	.13	-.12
2		—	.63	.71	.57	.57	.64	.54	.57	.38	.54	.29	.15	.67	.25
3			—	.60	.46	.18	.56	.50	.45	.53	.48	.12	.09	.37	.24
4				—	.73	.45	.61	.62	.45	.29	.51	.15	.17	.49	.12
5					—	.37	.67	.57	.59	.32	.52	.22	.28	.52	.21
6						—	.53	.54	.50	.39	.68	.52	.41	.61	.35
7							—	.71	.67	.70	.65	.51	.57	.80	.50
8								—	.67	.67	.65	.52	.43	.59	.48
9									—	.47	.73	.54	.61	.78	.41
10										—	.56	.59	.63	.62	.64
11											—	.49	.57	.72	.62
12												—	.63	.58	.47
13													—	.71	.63
14														—	.53
15															—

Fonte: Thomas, J.R. e W. Halliwell, 1976. Individual differences in motor skill.acquisition, *Journal of Motor Behavior*, 8, 89-100, 1976. Direitos autorais " de Heldref Publications Inc., Washington, DC. Reproduzido sob permissão.

Correlações intertentativas. Um procedimento de correlação um pouco mais complicado envolve a correlação de tentativas de prática umas com as outras. Essa abordagem informa sobre a relação entre os escores de desempenho de quaisquer duas

> **SAIBA MAIS**
>
> **Diferenças individuais na aprendizagem de habilidades de uma perspectiva dos sistemas dinâmicos**
>
> De acordo com a abordagem dos sistemas dinâmicos da aprendizagem de habilidades (e.g., Zanone e Kelso, 1994), uma pessoa inicia a prática para aprender uma nova habilidade utilizando um padrão de coordenação que lhe é familiar ainda que seja similar de alguma forma ao padrão que a pessoa precisa aprender. O padrão que a pessoa utiliza espontaneamente na tentativa de prática inicial decorre de sua tentativa de atingir a meta da ação da nova habilidade.
>
> Devido às experiências anteriores do desempenho de habilidades e certas restrições psicológicas e biomecânicas, a pessoa desenvolveu preferências de padrão de coordenação distintos (chamadas de *estados atratores*). Essas preferências representam padrões estáveis que a pessoa pode repetir com pequenas variações e que envolvem a eficiência ideal do uso da energia. Os exemplos incluem os passos e as velocidades preferenciais da caminhada e da corrida, assim como os movimentos rítmicos bimanuais dos membros que estão ambos em fase (com a ativação alternada dos músculos homólogos) e em antifase (com ativação alternada dos músculos homólogos).
>
> A aprendizagem de uma nova habilidade envolve uma transição entre o padrão de coordenação estável, preferencial e o novo padrão. Se a dinâmica da coordenação da nova habilidade for semelhante àquela que caracteriza o padrão preferencial, a competição entre os estados atratores levará a uma aprendizagem pior da nova habilidade, que se os padrões fossem diferentes. Assim, o profissional deve considerar as tendências do padrão de coordenação do indivíduo no momento em que ele inicia a prática da aprendizagem de uma nova habilidade. Essas tendências constituem um fator de diferenças individuais que afetam a avaliação da aprendizagem da habilidade.

tentativas. O resultado mais comum dessa análise, é que as tentativas que estão temporalmente próximas umas das outras, estão melhor correlacionadas do que tentativas que estejam afastadas umas das outras. Essa relação entre tentativas assume o que tem sido chamado de **forma superdiagonal**. Esse termo descreve como as correlações entre uma tentativa e outra aparecem numa matriz de correlação que compara todas as tentativas entre si, com as mesmas tentativas localizadas tanto no eixo vertical quanto no eixo horizontal da matriz. A correlação de uma tentativa com a tentativa seguinte, como a da tentativa 2 com a da 3, se encontra exatamente acima da diagonal da matriz, onde uma tentativa se correlaciona consigo mesma. De acordo com a forma superdiagonal, as correlações mais altas na matriz encontram-se ao longo da diagonal que está logo acima da diagonal principal da matriz.

Um exemplo dessa abordagem pode ser encontrado no experimento conduzido por Thomas e Halliwell (1976). Nele, os participantes aprenderam três habilidades motoras: a tarefa de perseguição do rotor, a tarefa do medidor de estabilidade e a tarefa do movimento rítmico do braço. A matriz de correlação da tabela 7.2-1 provêm dos resultados das 15 tentativas iniciais dos participantes ao praticar a tarefa de movimento rítmico do braço. A tarefa envolvia aprender a mover uma alavanca mantida ao lado do corpo para um alvo visual seguindo o compasso de um metrônomo. O escore do desempenho era medido em função dos erros espaciais e temporais. Como é possível ver na tabela 7.2-1, as mais altas correlações entre as tentativas para o desempenho do erro espacial nas tentativas de prática para essa tarefa, encontram-se normalmente ao longo da diagonal localizada logo acima da diagonal principal da matriz de correlação. Como pode-se ver olhando para a sua direita para comparar uma determinada tentativa com outras, a correlação entre as tentativas mais

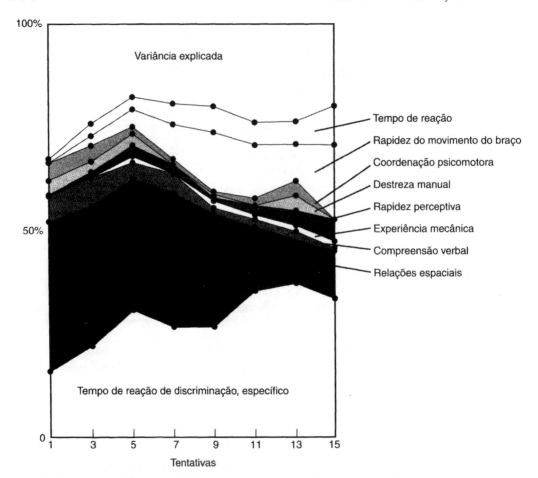

Figura 7.2-2 – Resultados do experimento de Fleishman e Hempel mostrando a porcentagem de variância explicada pelas diferentes capacidades, em diferentes etapas da prática, numa tarefa complexa de discriminação de tempo de reação. A porcentagem de variância é representada pelo tamanho das áreas sombreadas para cada capacidade. (Fonte: E. A. Fleishman e W. E. Hempel, "The Relationship Between Abilities and Improvement with Practice in a Visual Discrimination Reaction Task", em Journal of experimental Psychology, Vol. 49, 1955, American Psychological Association.)

afastadas, geralmente é mais baixa. Por exemplo, a correlação entre as tentativas 4 e 5 é de 0,73, enquanto que a correlação entre as tentativas 4 e 12 cai para 0,15. Assim, esses resultados fornecem evidências adicionais de que o desempenho no início da prática é um preditor pobre do desempenho posterior.

Explicação para a predição pobre. A partir da constatação de que o desempenho na prática inicial prediz de forma precária o desempenho posterior, surge a seguinte questão: O que explica essa predição precária? Embora algumas idéias ainda sejam discutidas pelos psicólogos que estudam as diferenças individuais (consulte Ackerman, 1989; Henry e Hulin, 1987, para obter argumentos sobre os dois lados da controvérsia), uma visão dominante afirma que *o repertório de capacidades que uma pessoa necessita para desempenhar uma habilidade se altera à medida que a pessoa a pratica*. Isso significa que as capacidades relacionadas ao desempenho inicial da prática são diferentes daquelas relacionadas com o desempenho posterior.

> **Saiba Mais**
>
> **Implicações para o ensino e para a reabilitação das capacidades motoras da prática inicial para a prática posterior**
>
> • Uma pessoa eventualmente pode ter um desempenho melhor do que mostrava seu desempenho inicial. Isto significa que você não pode "desistir" de uma pessoa unicamente por causa dessa evidência não-dependente do desempenho inicial.
>
> • A consciência das características da coordenação das tentativas de prática iniciais da pessoa pode ajudar o professor ou terapeuta a determinar a facilidade ou dificuldade que a pessoa terá para aprender a nova habilidade. É mais difícil mudar o próprio padrão de coordenação do que os componentes dos parâmetros do padrão.
>
> • As análises das habilidades são importantes para ajudar o professor ou o terapeuta a distinguir entre os fatores de capacidades individuais que contribuirão para o maior ou menor sucesso na aprendizagem da habilidade durante as tentativas de prática iniciais e posteriores.
>
> • Os testes de "peneiramento" para avaliar o potencial para o sucesso em desempenhos futuros devem enfatizar nos principiantes a avaliação de capacidades específicas que estejam relacionadas ao desempenho bem-sucedido de pessoas habilidosas.

Ackerman (1988) possibilitou um atendimento dessas alterações ao propor três princípios para descrever as capacidades responsáveis pelo desempenho em cada uma das três etapas da aprendizagem, de acordo com o modelo de Fitts e Posner (discutido no Conceito 4.2). O *princípio n.º 1* é que na primeira etapa da aprendizagem, a etapa cognitiva, as capacidades gerais são mais críticas para o desempenho. As capacidades gerais estão basicamente relacionadas à inteligência geral ou à capacidade cognitiva. O *princípio n.º 2* afirma que na segunda etapa da aprendizagem, a etapa associativa, a capacidade de rapidez perceptiva explica o desempenho. Esta capacidade se refere à facilidade de resolver problemas, especialmente problemas que solicitem a utilização da busca visual e da memória rapidamente. Finalmente, o *princípio n.º 3* estabelece que na terceira etapa da aprendizagem, a etapa autônoma, predominam as capacidades motoras não-cognitivas específicas à tarefa que permitem o desempenho bem-sucedido da habilidade. Durante o desempenho dos componentes do movimento de uma habilidade, a velocidade e a precisão são as capacidades mais comuns.

De acordo com esses três princípios, poderíamos esperar que as capacidades cognitivas tivessem uma correlação mais alta com a prática inicial de uma habilidade que com a prática posterior. Opostamente, as capacidades motoras específicas à tarefa deveriam produzir correlações mais baixas durante a prática inicial do que a posterior. Um grande número de experimentos reforçam essas expectativas. Fleishman e Hempel (1955) relataram um dos experimentos clássicos que fornecem evidências experimentais desses tipos de relações entre as etapas da aprendizagem.

Os participantes foram submetidos a uma bateria de testes de nove capacidades motoras. Depois, praticaram a habilidade motora complexa de discriminação e coordenação de empurrar chaves o mais rapidamente possível em resposta a um padrão de sinais luminosos. Os autores estabeleceram a complexidade dessa tarefa solicitando certas respostas de movimentos para diferentes padrões dos sinais luminosos. Os participantes tinham que aprender a combinação correta entre os padrões dos sinais luminosos e as respostas enquanto praticavam a tarefa. A prática abrangeu 16 sessões de 20 tentativas cada uma. Os participantes melhoraram os tempos de suas respostas de quase 500 ms durante a primeira sessão de prática até menos que 250 ms durante a sessão de prática final.

A figura 7.2-2 apresenta os resultados que mostram a relação entre as nove capacidades e os níveis de desempenho durante as sessões de prática. A figura mostra a porcentagem de variância explicada em cada uma das nove capacidades. Nesse gráfico, uma área demarcada mostra a porcentagem de variância total explicada para uma determinada capacidade. Quanto maior a porcentagem de variância total explicada para uma capacidade, maior a importância da capacidade no desempenho da tarefa.

Durante a primeira seção de prática, as relações espaciais (36 %), tempo de reação de discriminação (17 %), compreensão verbal (6 %) e coordenação psicomotora (5 %) foram responsáveis por 64 % da variância total do desempenho de uma tarefa complexa. O lado direito do gráfico, que registra as capacidades referentes à variância do desempenho durante a última sessão de prática, mostra que a importância relativa das diversas capacidades, em muitos casos, sofreu mudanças desde a prática inicial. Na última sessão de prática, as capacidades mais importantes relacionadas ao desempenho da tarefa foram o tempo de reação de discriminação (35 %), a rapidez do movimento do braço (17 %), relações espaciais (11 %), tempo de reação (9 %) e rapidez perceptiva (5 %).

Esses resultados reafirmam os princípios de Ackerman que mostram que, no início da prática capacidades mais gerais como as relações espaciais são fatores importantes que explicam o desempenho de uma tarefa. À medida que a pessoa evolui ao longo das etapas da aprendizagem, essas capacidades mais gerais passam a ter menor importância, enquanto que as capacidades mais específicas à tarefa aumentam de importância. Observe como o experimento de Fleishman e Hempel reafirma essa predição. Na última sessão de prática, a importância da capacidade das relações espaciais diminuiu significativamente (de 36 % para 11 %), enquanto que a rapidez de movimento do braço, que tinha uma importância desprezível no início da prática, foi responsável por 30 % da variância do desempenho da tarefa.

O ponto-chave é que é muito difícil predizer o desempenho futuro na aprendizagem de habilidades motoras quando baseamos a predição somente no desempenho inicial. As capacidades responsáveis pelo nível de desempenho da pessoa variam de importância à medida que a pessoa passa da etapa inicial para as etapas posteriores da aprendizagem. Essas capacidades importantes, responsáveis pelos escores de desempenho da pessoa no início da prática, geralmente não são tão importantes em etapas posteriores da prática. No entanto, a predição do desempenho futuro melhora se o professor, treinador ou terapeuta estiver consciente das capacidades específicas essenciais ao desempenho nas diferentes etapas da aprendizagem e, também, das capacidades correspondentes do próprio aprendiz.

Utilização dos testes de capacidades para predizer o potencial de desempenho

Embora haja problemas associados à predição do potencial de um indivíduo em ter sucesso numa habilidade motora, o teste de capacidades desempenha um papel importante no processo de predição. Essa importância é notada na indústria, por exemplo, onde o processo é conhecido como "pré-seleção". Geralmente é aplicada uma bateria de testes específicos visando à determinação do potencial de sucesso de candidatos a trabalhos específicos. Serão considerados três estudos, cada um relativo a um contexto diferente de desempenho, para exemplificar como o peneiramento pode ser importante.

Para predizer o desempenho de subida em postes de pessoas em treinamento em empresas de telefonia, Reilly, Zedeck e Tenopyr (1979) aplicaram uma bateria de catorze medidas de capacidade motora e física como altura, peso, densidade corporal, força das pernas, tempo de reação, força dos braços, equilíbrio e força estática. A partir dessa bateria de testes, os autores encontraram três medidas para predizer o desempenho bem-sucedido de subida em postes: a densidade corporal, o equilíbrio e a força estática. Como conseqüência, eles sugeriram que os candidatos a cursos de treinamento fossem submetidos a três testes como uma forma de peneiramento inicial, para determinar quem poderia participar do curso. Isto é, uma pessoa que conseguisse um escore acima de um valor predeterminado na bateria de testes teria 90 % de probabilidade de passar no curso de treinamento.

A Força Aérea Americana esteve interessada em predizer o sucesso de pilotos em treinamento durante muitos anos. A Força Aérea estimou que tinha um prejuízo de aproximadamente 65.000,00 dólares por "trainee" que não conseguia concluir o programa de treinamento. Assim, um programa de pré-seleção válido, muito simples e com boa predição de sucesso, economizou quantias significativas para a Força Aérea. Cox (1988), relatou um bom exemplo de esforço para obter uma pré-seleção bem sucedida. Os pesquisadores analisaram o desempenho de 320 prováveis pilotos do Programa de Treinamento para Pilotos Graduados da Força Aérea, que dura cerca de um ano. Os dois principais testes de capacidade aplicados foram o da Tarefa de Coordenação Bimanual e o Teste de Coordenação Complexa. Cada um desses testes exige o movimento coordenado das duas mãos para acompanhar alvos em movimento na tela de um computador. Analisando o desempenho nessas tarefas, Cox pode fazer uma predição do sucesso no programa de treinamento, com uma precisão significativa.

No campo esportivo, um estudo conduzido por Landers, Boutcher e Wang (1986), fornece um exemplo do uso de testes de capacidade. Eles mostraram que, para as pessoas envolvidas em programas de treinamento em arco e flecha, certas características físicas, perceptivo-motoras e psicológicas prediziam com precisão o desempenho do arqueiro. Os resultados de uma bateria de testes físicos e psicológicos aplicados em 188 arqueiros amadores mostraram que os indivíduos com maior força relativa da perna, mais baixas porcentagens de gordura corporal, tempo de reação mais rápido, melhor percepção de profundidade, maior capacidade de imaginar, maior confiança e melhor aproveitamento dos erros cometidos, atingiam escores mais altos no desempenho do arco e flecha. De fato, reunindo as características da força da perna, porcentagem de gordura corporal, tempo de reação, percepção de profundidade e o aproveitamento dos erros cometidos, prediziam corretamente como 81 por cento dos arqueiros seriam classificados (ou seja, na média ou acima da média). Certamente, as pessoas precisam ter certas capacidades e características para atingir diferentes níveis de desempenho no esporte.

Uma restrição relativa ao desenvolvimento na predição do sucesso futuro

Quando avaliações destinadas a predizer o sucesso futuro são aplicadas a crianças, os responsáveis por essa avaliação devem dispensar especial atenção a um aspecto crítico das diferenças individuais no desenvolvimento de crianças. É muito importante o fato de que crianças amadurecem com velocidades diferentes. Isso é, uma criança de 12 anos pode parecer-se mais fisicamente com uma criança típica de 8 ou 9 anos ou com uma criança típica de 12 ou 13 anos. As que amadurecem mais cedo são fisicamente mais adiantadas para a idade e podem ser melhor sucedidas, mais por sua vantagem física do que por sua vantagem de habilidades. Quando aquelas que amadurecem mais tarde, ou seja, aquelas que não são tão bem dotadas fisicamente para a faixa etária, as alcançam, as diferenças aparentes nos níveis de habilidade quase sempre desaparecem. Assim, as predições de sucesso futuro para os pré-adolescentes e adolescentes são frágeis. Por isso, é fundamental que aqueles que trabalham com crianças e jovens forneçam as melhores experiências e oportunidades de desempenho de habilidades a todos e não somente àqueles que parecem já ter sucesso devido ao seu desempenho atual.

Resumo

A avaliação de capacidades motoras pode ser muito útil na predição do potencial de sucesso das pessoas em habilidades motoras específicas. A predição do potencial de sucesso depende da precisão da identificação das capacidades essenciais relacionadas com o desempenho bem-sucedido das habilidades motoras de interesse e ao desenvolvimento e aplicação de testes válidos e confiáveis de capacidades motoras. As capacidades relacionadas ao desempenho de uma habilidade nas etapas iniciais da aprendizagem freqüentemente são diferentes daquelas que são importantes ao desempenho da habilidade posteriormente na aprendizagem. Os pesquisadores especificaram os tipos de capacidades relacionadas ao desempenho, de acordo com a etapa da aprendizagem: capacidades mais gerais explicam o desempenho no início da aprendizagem, enquanto que capacidades motoras mais específicas à tarefa estão relacionadas ao sucesso em etapas posteriores. Para os profissionais predizerem o sucesso futuro, devem procurar identificar que capacidades da tarefa estão relacionadas com o desempenho bem-sucedido da tarefa, e também, que níveis de capacidade no indivíduo são essenciais ao desempenho bem-sucedido da tarefa. Testes de pré-seleção para fazer esse tipo de predição tem sido usados com sucesso em situações industriais, militares e esportivas.

Leituras relacionadas

Ackerman, P. L. 1987. Individual differences in skill learning: An integration of psychometric and information processing perspectives. *Psychological Bulletin* 102: 3-27.

Fleishman, E. A. 1982. Systems for describing human tasks. *American Psychologist* 37: 821-24.

Henry, R. A., and C. L. Hulin. 1987. Stability of skilled performance across time: Some generalizations and limitations on utilities. *Journal of Applied Psychology* 72: 457-62.

Levine, E. L., P. E. Spector, S. Menon, L. Narayanan, and J. Cannon-Bowers. 1996. Validity generalization for cognitive, psychomotor, and perceptual tests for craft jobs in the utili-ly industry. *Human performance* 9: 1-22.

Malina, R. M. 1984. Physical growth and maturation. In J. R. Thomas (Ed.), *Motor develoment during childhood and adolescente*(pp. 2-26). Minneapolis: Burgess.

Questões de estudo para o capítulo 7

1. Como o estudo das diferenças individuais difere do estudo do comportamento normativo ou médio?
2. (a) Como as pessoas que se dedicam ao estudo das diferenças individuais definem o termo *capacidades*? (b) Faça uma distinção entre o significado dos termos *capacidades* e *habilidades*.
3. (a) Qual a diferença entre a hipótese da capacidade motora geral e a hipótese da especificidade das capacidades motoras. (b) Dê um exemplo de evidências experimentais que mostre qual das duas hipótese é mais válida.
4. Como a abordagem da especificidade das capacidades motoras explica que uma pessoa possa ser muito bem-sucedida no desempenho de uma série de habilidades motoras diferentes?
5. Nomeie e descreva cinco capacidades perceptivo-motoras identificadas por Fleishman. (b) Que outras capacidades motoras você é capaz de identificar?
6. Descreva como Ackerman apresentou as capacidades motoras como uma categoria de capacidades envolvendo o desempenho de habilidades motoras?
7. Quando uma pessoa é bem-sucedida no desempenho de uma habilidade motora no início da prática, quão bem podemos predizer o seu sucesso final no desempenho daquela habilidade?
8. (a) O que é a forma *superdiagonal* que caracteriza as relações entre as tentativas de prática de muitas habilidades motoras? (b) O que esse padrão de correlação informa sobre as relações entre o desempenho inicial e posterior da prática?
9. Quais são os três princípios de Ackerman que relacionam as capacidades motoras do desempenho e as três diferentes etapas da aprendizagem de habilidades?
10. Descreva como o estudo de Fleishman e Hempel forneceu as evidências experimentais que mostram que as capacidades responsáveis pelo desempenho bem-sucedido de habilidades no início da aprendizagem de uma habilidade normalmente diferem daquelas responsáveis pelo desempenho bem-sucedido posterior na aprendizagem.
11. (a) Descreva como os profissionais que se dedicam às habilidades motoras podem avaliar as capacidades motoras de uma pessoa para fornecer informações úteis na predição do seu potencial de sucesso em uma habilidade motora específica. (b) Dê um exemplo.
12. Por que dispensar uma criança de 10 anos da equipe esportiva devido ao seu pobre desempenho é uma política desaconselhável? Pense nisso em termos das diferenças no grau de maturação de crianças e relacione-a à predição do sucesso futuro no desempenho de habilidades motoras.

Bibliografia

Abernethy, B., and D. G. Russell. 1987. Expert-novice differences in an applied selective attention task. *Journal of Sport Psychology* 9: 326—45.

Ackerman, P. L. 1988. Determinants of individual differences during skill acquisition: Cognitive abilities and information processing. *Journal of Experimental Psychology: General* 117: 288—318.

Ackerman, P. L. 1989. Within-task intercorrelations of skilled performance: Implications for predicting individual differences? (A comment on Henry & Hulin. 1987). *Journal of Applied Psychology* 74: 360—64.

Ada, L., N. J. O'Dwyer, and P. D. Neilson. 1993. Improvement in kinematic characteristics and coordination following stroke quantified by linear systems analysis. *Human Movement Science* 12: 137—53.

Adam, J. J. 1992. The effects of objectives and constraints on motor control strategy in reciprocal aiming movements. *Journal of Motor Behavior* 24: 173—85.

Adams, J. A. 1978. Theoretical issues for knowledge of results. In G. E. Stelmach (Ed.), *Information processing in motor control and learning* (pp. 87—107). New York: Academic Press.

Adams, J. A. 1986. Use of the model's knowledge of results to increase the observer's performance. *Journal of Human Movement Studies* 12: 89—98.

Adams, J. A. 1987. Historical review and appraisal of research on the learning, retention, and transfer of human motor skills. *Psychological Bulletin* 101: 41—74.

Adams, J. A., and B. Reynolds. 1954. Effects of shift of distribution of practice conditions following interpolated rest. *Journal of Experimental Psychology*, 47: 32—36.

Allport, D. A. 1980. Attention and performance. In G. Claxton (Ed.), *Cognitive psychology: New directions* (pp. 112—53). London: Routledge & Kegan Paul.

Anderson, D. I., R. A. Magill, and H. Sekiya. 1994. A reconsideration of the trials-delay of knowledge of results paradigm in motor skill learning. *Research Quarterly for Exercise and Sport* 65: 286—90.

Anderson, D. I., and B. Sidaway. 1994. Coordination changes associated with practice of a soccer kick. *Research Quarterly Exercise and Sport* 65: 93—99.

Annett, J. 1959. Learning a pressure under conditions of immediate and delayed knowledge of results. *Quarterly Journal of Experimental Psychology* 11: 3—15.

Annett, J., and J. Piech. 1985. The retention of a skill following distributed training. *Programmed Learning and Educational Technology* 22: 182—86.

Annett, J., and J. Sparrow. 1985. Transfer of training: A review of research and practical implications. *Programmed Learning and Educational Technology* 22: 116—24.

Anson, J. G. 1982. Memory drum theory: Alternative tests and explanations for the complexity effects on simple reaction time. *Journal of Motor Behavior* 14: 228—46.

Ash, D. W., and D. H. Holding. 1990. Backward versus forward chaining in the acquisition of a keyboard skill. *Human Factors* 32: 139—46.

Assaiante, C., A. R. Marchand, and B. Amblard. 1989. Discrete visual samples may control locomotor equilibrium and foot positioning in man. *Journal of Motor Behavior* 21: 72—91.

Baddeley, A. D., and D. J. A. Longman.]978. The influence of length and frequency of training session on the rate of learning to type. *Ergonomics* 21: 627—35.

Bahill, A. T., and T. LaRitz. 1984. Why can't batters keep their eyes on the ball? *American Scientist* 72: 249—52.

Bandura, A. 1984. *Social foundations of thought and action: A social cognitive theory*. Englewood Cliffs, NJ: Prentice-Hall.

Bard, C., J. Paillard, Y. Lajoie, M. Fleury, N. Teasdale, R. Forget, and Y. Lamarre. 1992. Role of afferent information in the timing of motor commands: A comparative study with a deafferented patient. *Neuropsychologia* 30: 201—6.

Bartlett, F. C. 1932. *Remembering: A study in experimental and social psychology*. Cambridge: Cambridge University Press.

Barton, J. W. 1921. Smaller versus larger units in learning the maze. *Journal of Experimental Psychology* 4: 414—24.

Battig, W. F. 1979. The flexibility of human memory. In L. S. Cermak and F. I. M. Craik (Eds.), *Levels of processing in human memory* (pp. 23—44). Hillsdale, NJ: Erlbaum.

Beek, P. J., C. E. Peper, and D. F. Stegeman. 1995. Dynamical models of movement coordination. *Human Movement Science* 14: 573—608.

Beek, P. J., and M. T. Turvey. 1992. Temporal patterning in cascade juggling. *Journal of Experimental Psychology: Human Perception and Performance* 18: 934—47.

Beek, P. J., and P. C. W. van Wieringen. 1994. Perspectives on the relation between information and dynamics: An epilogue. *Human Movement Science* 13: 519—33.

Benedetti, C., and P. McCullagh. 1987. Post-knowledge of results delay: Effects of interpolated activity on learning and performance. *Research Quarterly for Exercise and Sport* 58: 375—81.

Berg, W. P., M. G. Wade, and N. L. Greer. 1994. Visual regulation of gait in bipedal locomotion: Revisiting Lee Lishman, and Thomson (1982). *Journal of Experimental Psychology: Human Perception and Performance* 20: 854—63.

Bernstein, N. 1967. *The co-ordination and regulation of movement*. Oxford: Pergamon Press.

Bilodeau, E. A., and I. M. Bilodeau. 1958a. Variation of temporal intervals among critical events in five studies of knowledge of results. *Journal of Experimental Psychology* 55: 603—12.

Bilodeau, E. A., and I. M. Bilodeau. 1958b. Variable frequency of knowledge of results and the learning of a simple skill. *Journal of Experimental Psychology* 55: 379—83.

Bilodeau, E. A., I. M. Bilodeau, and D. A. Schumsky. 1959. Some effects of introducing and withdrawing knowledge of results early and late in practice. *Journal of Experimental Psychology* 58: 142—44.

Bilodeau, I. M. l969. Information feedback. In E. A. Bilodeau (Ed.), *Principles of skill acquisition* (pp. 225—85). New York: Academic Press.

Bizzi, E., and A. Polit. 1979. Processes controlling visually evoked movements. *Neuropsychologia* 17: 203—13.

Blais, C. 1991. Instructions as constraints on psychomotor performance. *Journal of Human Movement Studies* 21: 217—31.

Blouin, J., C. Bard, N. Teasdale, J. Paillard, M. Fleury, R. Forget, and Y. Lamarre. 1993. Reference systems for coding spatial information in normal subjects and a deafferented patient. *Experimental Brain Research* 93: 324—31.

Bootsma, R. J., and P. C. W. van Wieringen. 1990. Timing an attacking forehand drive in table tennis. *Journal of Experimental Psychology: Human Perception and Performance* 16: 21—29.

Boulter, L. R. 1964. Evaluations of mechanisms in delay of knowledge of results. *Canadian Journal of Psychology* 18: 281—91.

Bouzid, N., and C. M. Crawshaw. 1987. Massed versus distributed wordprocessor training. *Applied Ergonomics* 18: 220—22.

Boyce, B. A. 1991. The effects of an instructional strategy with two schedules of augmented KP feedback upon skill acquisition of a selected shooting task. *Journal of Teaching in Physical Education* 11: 47—58.

Brady, J.I., Jr. 1979. Surface practice, level of manual dexterity, and performance of an assembly task. *Human Factors* 21: 25—33.

Bransford, J. D., J. J. Franks, C. D. Morris, and B. S. Stein. 1979. Some general constraints on learning and memory research. In L. S. Cermak and F. I. M. Craik (Eds.), *Levels of processing in human memory* (pp. 331—54). Hillsdale, NJ: Erlbaum.

Broadbent, D. E. 1958. *Perception and communication*. Oxford: Pergamon Press.

Brown, R. W. 1928. A comparison of the whole, part, and combination methods for learning piano music. *Journal of Experimental Psychology* 11: 235—47.

Brown, T. G. 1911. The intrinsic factors in the act of progression in the mammal. *Proceedings of the Royal Society of London (Biology)* 84: 308—19.

Bryan, W. L., and N. Harter. 1897. Studies in the physiology and psychology of the telegraphic language. *Psychological Review* 4: 27—53.

Buekers, M. J., R. A. Magill, and K. G. Hall. 1992. The effect of erroneous knowledge of results on skill acquisition when augmented information is redundant. *Quarterly Journal of Experimental Psychology* 44A: 105—17.

Bullock, D., and S. Grossberg. 1991. Adaptive neural networks for control of movement trajectories invariant under speed and force rescaling. *Human Movement Science* 10: 3—53.

Campbell, K. C., and R. W. Proctor. 1993. Repetition effects with categorizable stimulus and response sets. *Journal of Experimental Psychology: Learning, Memory, and Cognition* 19: 1345—62.

Carlton, L. G., M. J. Carlton, and K. M. Newell. 1987. Reaction time and response dynamics. *Quarterly Journal of Experimental Psychology* 39A: 337—60.

Carroll, W. R., and A. Bandura. 1987. Translating cognition into action: The role of visual guidance in observational learning. *Journal of Motor Behavior* 19: 385—98.

Carroll, W. R., and A. Bandura. 1990. Representational guidance of action production in observational learning: A causal analysis. *Journal of Motor Behavior* 22: 85—97.

Carron, A. V. 1969. Performance and learning in a discrete motor task under massed vs. distributed practice. *Research Quarterly* 40: 481—89.

Cauraugh, J. H., D. Chen, and S. J. Radlo. 1993. Effects of traditional and reversed bandwidth knowledge of results on motor learning. *Research Quarterly for Exercise and Sport* 64: 413—17.

Cavanagh, P. R., and R. Kram. 1985. The efficiency of human movement—A statement of the problem. *Medicine and Science in Sports and Exercise* 17: 304—8.

Chieffi, S., and M. Gentilucci. 1993. Coordination between the transport and the grasp components during prehension movement. *Experimental Brain Research* 50: 7—15.

Chollet, D., J. P. Micallef, and P. Rabischong. 1988. Biomechanical signals for external biofeedback to improve swimming techniques. In B. E. Ungerechts, K. Wilke, and K. Reichle IEds.), *Swimming science V* (pp. 389-96). Champaign, IL: Human Kinetics.

Christina, R. W. 1973. Influence of enforced motor and sensory sets on reaction latency and movement speed. *Research Quarterly* 44: 483—87.

Christina, R. W., M. G. Fischman, A. L. Lambert, and J. F. Moore. 1985. Simple reaction time as a function of response complexity: Christina et al. (1982) revisited. *Research Quarterly for Exercise and Sport* 56: 316—22.

Christina, R. W., M. G. Fischman, M. J. P. Vercruyssen, and J. G. Anson. 1982. Simple reaction time as a function of response complexity: Memory drum theory revisited. *Journal of Motor Behavior* 14: 301—21.

Christina, R. W., and D. J. Rose. 1985. Premotor and motor response time as a function of response complexity. *Research Quarterly for Exercise and Sport* 56: 306—15.

Cockrell, D. L., H. Carnahan, and B. J. McFayden. 1995. A preliminary analysis of the coordination of reaching, grasping, and walking. *Perceptual and Motor Skills* 81: 515—19.

Cook, T. 1936. Studies in cross education. V. Theoretical. *Psychological Review* 43: 149—78.

Corbin, C. 1972. Mental practice. In W. P. Morgan (Ed.), *Ergogenic aids and muscular performance* (pp. 93—118). New York: Academic Press.

Cox, R. H. 1988. Utilization of psychomotor screening for USAF pilot candidates: Enhancing prediction validity. *Aviation, Space, and Environmental Medicine* 59: 640—45.

Crossman, E. R. F. W. 1959. A theory of the acquisition of speed skill. *Ergonomics* 2: 153—66.

Crossman, E. R. F. W., and P. J. Goodeve. 1983. Feedback control of hand movements and Fitts' Law. *Quarterly Journal of Experimental Psychology* 35A: 251—78. (Original work published in 1963.)

Cutting, J. E. 1986. *Perception with an eye for motion*. Cambridge, MA: MIT Press.

Cutting, J. E., and L. T. Kozlowski. 1977. Recognizing friends by their walk: Gait perception without familiarity cues. *Bulletin of the Psychonomic Society* 9: 353—56.

Cutting, J. E., P. M. Vishton, and P. A. Braren. 1995. How we avoid collisions with stationary and moving objects. *Psychological Review* 102: 627—51.

Cutton, D. M., and D. Landin. 1994. *The effects of two cognitive learning strategies on learning the tennis forehand*. Paper presented at the annual meeting of the Southern District American Alliance for Health, Physical Education, Recreation, and Dance, Nashville, TN.

Czerwinski, M., N. Lightfoot, and R. A. Shiffrin. 1992. Automatization and training in visual search. *American Journal of Psychology* 105: 271—315.

Damos, D., and C. D. Wickens. 1980. The identification and transfer of timesharing skills. *Acta Psychologica* 46: 15—39.

Daniels, F. S., and D. M. Landers. 1981. Biofeedback and shooting performance: A test of disregulation and systems theory. *Journal of Sport Psychology* 3: 271—82.

Davids, K. 1988. Developmental differences in the use of peripheral vision during catching performance. *Journal of Motor Behavior* 20: 39—51.

Davis, R. C. 1942. The pattern of muscular action in simple voluntary movements. *Journal of Experimental Psychology* 31: 437—66.

den Brinker, B. P. L. M., J. R. L. W. Stabler, H. T. A. Whiting, and P. C. van Wieringen. 1986. The effect of manipulating knowledge of results in the learning of slalom-ski type ski movements. *Ergonomics* 29: 31—40.

Doody, S. G., A. M. Bird, and D. Ross. 1985. The effect of auditory and visual models on acquisition of a timing task. *Human Movement Science* 4: 271—81.

Drowatzky, J. N., and F. C. Zuccato. 1967. Interrelationships between selected measures of static and dynamic balance. *Research Quarterly* 38: 509—10.

Duncan, J. 1977. Response selection rules in spatial choice reaction tasks. In S. Dornic (Ed.), *Attention and performance VI* (pp 49—61). Hillsdale, NJ: Erlbaum.

Durand, M., V. Geoffroi, A. Varray, and C. Préfaut. 1994. Study of the energy correlates in the learning of a complex self-paced cyclical skill. *Human Movement Science* 13: 785—99.

Eason, R. G., A. Beardshall, and S. Jaffee. 1965. Performance and physiological indicants of activation in a vigilance situation. *Perceptual and Motor Skills* 20: 3—13.

Edwards, R. V., and A. M. Lee. 1985. The relationship of cognitive style and instructional strategy to learning and transfer of motor skills. *Research Quarterly for Exercise and Sport* 56: 286—90.

Eghan, T. 1988. *The relation of teacher feedback to student achievement*. Unpublished doctoral dissertation. Louisiana State University.

Elliott, D. 1985. Manual asymmetries in the performance of sequential movements by adolescents and adults with Down Syndrome. *American Journal of Mental Deficiency* 90: 90—97.

Elliott, D., and F. Allard. 1985. The utilization of visual information and feedback information during rapid pointing movements. *Quarterly Journal of Experimental Psychology* 37A: 407—25.

Elliott, D., S. Zuberec, and P. Milgram. 1994. The effects of periodic visual occlusion on ball catching. *Journal of Motor Behavior* 26: 113—22.

Ellis, H. C. 1978. *Fundamentals of human learning, memory, and cognition* 2d ed. Dubuque, IA: Wm. C. Brown.

Ericsson, K. A., R. T. Krampe, and C. Tesch-Romer. 1993. The role of deliberate practice in the acquisition of expert performance. *Psychological Review* 100: 363—406.

Ericsson, K. A., and J. Smith. 1991. Prospects and limits of the empirical study of expertise: An introduction. In K. A. Ericcson and J. Smith (Eds.), *Toward a general theory of expertise: Prospects and limits* (pp. 1—38). Cambridge: Cambridge University Press.

Fairweather, M. M., and B. Sidaway. 1993. Ideokinetic imagery as a postural development technique. *Research Quarterly for Exercise and Sport* 64: 385—92.

Feltz, D. L. 1992. Understanding motivation in sport: A self-efficacy perspective. In G. C. Roberts (Ed.), *Motivation in sport and exercise* (pp. 93-127). Champaign, IL: Human Kinetics.

Feltz, D. L., and D. M. Landers. 1983. The effects of mental practice on motor skill learning and performance: A meta-analysis. *Journal of Sport Psychology* 5: 25—57.

Feltz, D. L., D. M. Landers, and B. J. Becker. 1988. A revised meta-analysis of the mental practice literature on motor skill learning. In D. Druckman and J. Swets (Eds.), *Enhancing human performance: Issues, theories, and techniques* (pp. 1—

Fischman, M. G. 1984. Programming time as a function of number of movement parts and changes in movement direction. *Journal of Motor Behavior* 16: 405—23.

Fischman, M. G., and T. Schneider. 1985. Skill level, vision, and proprioception in simple one-hand catching. *Journal of Motor Behavior* 17: 219—29.

Fishman, S., and C. Tobey. 1978. Augmented feedback. In W. Anderson and G. Barrette (Eds.), *What's going on in gym: Descriptive studies of physical education classes* (pp. 51—62). Monograph 1 in *Motor Skills: Theory into Practice*.

Fitts, P. M. 1954. The information capacity of the human motor system in controlling the amplitude of movement. *Journal of Experimental Psychology* 47: 381—91.

Fitts, P. M., and M. I. Posner. 1967. *Human performance*. Belmont, CA: Brooks/Cole.

Fitts, P. M., and C. M. Seeger. 1953. S-R compatibility: Spatial characteristics of stimulus and response codes. *Journal of Experimental Psychology* 46: 199—210.

Fleishman, E. A. 1972. On the relationship between abilities, learning, and human performance. *American Psychologist* 27: 1017—32.

Fleishman, E. A., and W. E. Hempel. 1955. The relationship between abilities and improvement with practice in a visual discrimination reaction task. *Journal of Experimental Psychology* 49: 301—11.

Fleishman, E. A., and M. K. Quaintance. 1984. *Taxonomies of human performance*. Orlando, FL: Academic Press.

Flinn, N. 1995. A task-oriented approach to the treatment of a client with hemiplegia. *American Journal of Occupational Therapy* 49: 560—69.

Forssberg, H., B. Johnels, and G. Steg. 1984. Is parkinsonian gait caused by a regression to an immature walking pattern? *Advances in Neurology* 40: 375—79.

Franks, I. M., and R. W. Wilberg. 1982. The generation of movement patterns during the acquisition of a pursuit tracking task. *Human Movement Science* 1: 251—72.

Franks, I. M., R. B. Wilberg, and G. J. Fishburne. 1982. Consistency and error in motor performance. *Human Movement Science* 1: 109—24.

Gallagher, J. D., and J. R. Thomas. 1980. Effects of varying post-KR intervals upon children's motor performance. *Journal of Motor Behavior* 12: 41—46.

Gentile, A. M. 1972. A working model of skill acquisition with application to teaching. *Quest, Monograph* 17: 3—23.

Gentile, A. M. 1987. Skill acquisition: Action, movement, and the neuromotor processes. In J. H. Carr, R. B. Shepherd, J. Gordon, A. M. Gentile, and J. M. Hind (Eds.), *Movement science: Foundations for physical therapy in rehabilitation* (pp. 93—154). Rockville, MD: Aspen.

Gentner, D. 1987. Timing of skilled motor performance: Tests of the proportional duration model. *Psychological Review* 94: 255—76.

Geurts, A. C. H., and T. W. Mulder. 1994. Attention demands in balance recovery following lower limb amputation. *Journal of Motor Behavior* 26: 162—70.

Gibson, J. J. 1966. *The senses considered as perceptual systems*. Boston: Houghton Mifflin.

Gibson, J. J. 1979. *The ecological approach to visual perception*. Boston: Houghton Mifflin.

Glass, L., and M. C. Mackey. 1988. From clock to chaos: *The rhythms of life*. Princeton, NJ: Princeton University Press.

Gleick, J. 1987. *Chaos: Making a new science*. New York: Viking Penguin.

Glencross, D. J. 1973. Response complexity and latency of different movement patterns. *Journal of Motor Behavior* 5: 95—104.

Godwin, M. A., and R. A. Schmidt. 1971. Muscular fatigue and discrete motor learning. *Research Quarterly* 42: 374—83.

Goldberger, M., and P. Gerney. 1990. Effects of learner use of practice time on skill acquisition of fifth grade children. *Journal of Teaching Physical Education* 10: 84—95.

Goode, S. L., and R. A. Magill. 1986. The contextual interference effect in learning three badminton serves. *Research Quarterly for Exercise and Sport* 57: 308—14.

Gopher, D., M. Weil, and D. Siegel. 1989. Practice under changing priorities: An approach to the training of complex skills. *Acta Psychologica* 71: 147—77.

Goss, S., C. Hall, E. Buckolz, and G. Fishburne. 1986. Imagery ability and the acquisition and retention of motor skills. *Memory and Cognition* 14: 469—77.

Gould, D., R. Weinberg, and A. Jackson. 1980. Mental preparation strategies, cognitions, and strength performance. *Journal of Sport Psychology* 2: 329—35.

Goulet, C., C. Bard, and M. Fleury. 1989. Expertise differences in preparing to return a tennis serve: A visual information processing approach. *Journal of Sport and Exercise Psychology* 11: 382—98.

Green, T. D., and J. H. Flowers. 1991. Implicit versus explicit learning processes in a probabilistic, continuous fine-motor catching task. *Journal of Motor Behavior* 23: 293—300.

Grillner, S., and P. Zangger. 1979. On the central generation of locomotion in the low spinal cat. *Experimental Brain Research* 34: 241—61.

Hadden, C. M., R. A. Magill, and B. Sidaway. 1995, June. Concurrent vs. terminal augmented feedback in the acquisition and retention of a discrete bimanual motor task. Presented at the annual meeting of the North American Society for the Psychology of Sport and Physical Activity, Asilomar, CA. [Abstract published: *Journal of Sport & Exercise Psychology* 17 (1995), Supplement, p. S54].

Hale, B. D. 1982. The effects of internal and external imagery on muscular and ocular concomitants. *Journal of Sport Psychology* 4: 379—87.

Hall, C. R. 1980. Imagery for movement. *Journal of Human Movement Studies* 6: 252—64.

Hall, C. R. 1985. Individual differences in the mental practice and imagery of motor skill performance. *Canadian Journal of Applied Sport Sciences* 10: 17S—21S.

Hall, C. R., E. Buckolz, and G. Fishburne. 1989. Searching for a relationship between imagery ability and memory for movements. *Journal of Human Movement Studies* 17: 89—100.

Hall, C. R., and J. Pongrac. 1983. *Movement Imagery Questionnaire*. London, Ontario, Canada: University of Western Ontario.

Hall, C. R., J. Pongrac, and E. Buckolz. 1985. The measurement of imagery ability. *Human Movement Science* 4: 107—18.

Hall, C. R., W. M. Rodgers, and K. A. Barr. 1990. The use of imagery by athletes in selected sports. *The Sport Psychologist*, 4: 1—10.

Hall, K. G., D. A. Domingues, and R. Cavazos. 1994. Contextual interference effects with skilled baseball players. *Perceptual and Motor Skills* 78: 835—41.

Hamilton, W. 1859. *Lectures on metaphysics and logic*. Edinburgh, Scotland: Blackwood.

Hancock, G. R., M. S. Butler, and M. G. Fischman. 1995. On the problem of two-dimensional error scores: Measures and analyses of accuracy, bias, and consistency. *Journal of Motor Behavior* 27: 241—50.

Hand, J., and B. Sidaway. 1993. Relative frequency of modeling effects on the performance and retention of a motor skill. *Research Quarterly for Exercise and Sport* 65: 250—57.

Hatze, H. 1976. Biomechanical aspects of successful motion optimization. In P. V. Komi (Ed.), *Biomechanics V-B* (pp. 5—12). Baltimore: University Park Press.

Hautala, R. M. 1988. Does transfer of training help children learn juggling? *Perceptual and Motor Skills* 67: 563—67.

Hautala, R. M., and J. H. Conn. 1993. A test of Magill's closed-to-open continuum for skill development. *Perceptual and Motor Skills* 77: 219—26.

Hebert, E. P., and D. Landin. 1994. Effects of a learning model and augmented feedback on tennis skill acquisition. *Research Quarterly for Exercise and Sport* 65: 250—57.

Heise, G. D. 1995. EMG changes in agonist muscles during practice of a multijoint throwing skill. *Journal of Electromyography and Kinesiology* 5: 81—94.

Helsen, W., and J. M. Pauwels. 1990. Analysis of visual search activity in solving tactical game problems. In D. Brogan (Ed.), *Visual search* (pp. 177—84). London: Taylor & Francis.

Henry, F. M. (1960). Influence of motor and sensory sets on reaction latency and speed of discrete movements. *Research Quartely* 31: 459—68.

Henry, F. M. 1961. Stimulus complexity, movement complexity, age, and sex in relation to reaction latency and speed in limb movements. *Research Quarterly* 32: 353—66.

Henry, F. M., and D. E. Rogers. 1960. Increased response latency for complicated movements and the "memory drum" theory of neuromotor reaction. *Research Quarterly* 31: 448—58.

Henry, R. A., and C. L. Hulin. 1987. Stability of skilled performance across time: Some generalizations and limitations on utilities. *Journal of Applied Psychology* 72: 457—62.

Heuer, H. 1991. Invariant relative timing in motorprogram theory. In J. Fagard and P. H. Wolff (Eds.), *The development of timing control and temporal organization in coordinated action* (pp. 37—68). Amsterdam: Elsevier.

Hick, W. E. 1952. On the rate of gain of information. *Quarterly Journal of Experimental Psychology* 4: 11—26.

Hicks, R. E., J. M. Frank and M. Kinsbourne. 1982. The locus of bimanual skill transfer. *Journal of General Psychology* 107: 277—81.

Hicks, R. E., T. C. Gualtieri, and S. R. Schroeder. 1983. Cognitive and motor components of bilateral transfer. *American Journal of Psychology* 96: 223—28.

Higgins, J. R., and R. A. Spaeth. 1972. Relationship between consistency of movement and environmental conditions. *Quest* 17: 61—69.

Hird, J. S., D. M. Landers, J. R. Thomas, and J. J. Horan. 1991. Physical practice is superior to mental practice in enhancing cognitive and motor task performance. *Journal of Sport & Exercise Psychology* 13: 281—93.

Hoenkamp, H. 1978. Perceptual cues that determine the labeling of human gait. *Journal of Human Movement Studies* 4: 59—69.

Hogan, J., and B. Yanowitz. 1978. The role of verbal estimates of movement error in ballistic skill acquisition. *Journal of Motor Behavior* 10: 133—38.

Holding, D. H. 1965. *The principles of training*. Oxford: Pergamon Press.

Holding, D. H. 1976. An approximate transfer surface. *Journal of Motor Behavior* 8: 1—9.

Holding, D. H. 1987. Concepts of training. In G. Salvendry (Ed.), *Handbook of human factors* (pp. 939—62). New York: Wiley.

Hubbard, A. W., and C. N. Seng. 1954. Visual movements of batters. *Research Quarterly* 25: 42—57.

Jacobson, E. 1931. Electrical measurement of neuromuscular states during mental activities: VI. A note on mental activities concerning an amputated limb. *American Journal of Physiology* 43: 122—25.

Jaegers, S. M. H. J., R. F. Peterson, R. Dantuma, B. Hillen, R. Geuze, and J. Schellekens.1989. Kinesiologic aspects of motor learning in dart throwing. *Journal of Human Movement Studies* 16: 161—71.

Jakobson, L. S., and M. A. Goodale. 1991. Factors influencing higher-order movement planning: A kinematic analysis of human prehension. *Experimental Brain Research* 86: 199—208.

James, W.1890. *Principles of psychology*. New York: Holt.

Janelle, C. M., J. Kim, and R. N. Singer. 1995. Subjectcontrolled performance feedback and learning of a closed motor skill. *Perceptual and Motor Skills* 81: 627—34.

Jeannerod, M. 1981. Intersegmental coordination during reaching at natural visual objects. In J. Long and A. Baddeley (Eds.), *Attention and Performance IX* (pp. 153—68). Hillsdale, NJ: Erlbaum.

Jeannerod, M. I 984. The timing of natural prehension. *Journal of Motor Behavior* 16: 235—54.

Johansson, G. 1973. Visual perception of biological motion and a model for its analysis. *Perception and Psychophysics* 14: 201—11.

Johnson, B., and J. K. Nelson. 1985. *Practical measurement for evaluation in physical education*. 4th ed. Minneapolis: Burgess.

Jongsma, D. M., D. Elliott, and T. D. Lee. 1987. Experience and set in the running sprint start. *Perceptual and Motor Skills* 64: 547—50.

Kahneman, D. 1973. *Attention and effort*. Englewood Cliffs, NJ: Prentice-Hall.

Kamon, E., and J. Gormley. 1968. Muscular activity pattern for skilled performance and during learning of a horizontal bar exercise. *Ergonomics* 11: 345—57.

Kantowitz. B. H., and J. L. Knight, Jr. 1976. Testing tapping timesharing: II. Auditory secondary task. *Acta Psychologica* 40: 343—62.

Karlin, L., and R. G. Mortimer. 1963. Effect of verbal, visual, and auditory augmenting cues on learning a complex skill. *Journal of Experimental Psychology* 65: 75—79.

Keele, S. W. 1968. Movement control in skilled motor performance. *Psychological Bulletin* 70: 387—403.

Keele, S. W., and M. I. Posner. 1968. Processing of visual feedback in rapid movements. *Journal of Experimental Psychology* 77: 153—58.

Kelso, J. A. S. 1977. Motor control mechanisms underlying human movement reproduction. *Journal of Experimental Psychology: Human Perception and Performance* 3:529—43.

Kelso, J. A. S. 1984. Phase transitions and critical behavior in human bimanual coordination. *American Journal of Physiology: Regulatory, Integrative, & Comparative Physiology* 15: R1000—4.

Kelso, J. A. S., and K. G. Holt. 1980. Exploring a vibratory systems analysis of human movement production. *Journal of Neurophysiology* 43: 1183—96.

Kelso, J. A. S., K. G. Holt, and A. E. Flatt. 1980. The role of proprioception in the perception and control of human movement: Toward a theoretical reassessment. *Perception and Psychophysics* 28: 45—52.

Kelso, J. A. S., and J. P. Scholz. 1985. Cooperative phenomena in biological motion. In H. Haken (Ed.), *Complex systems: Operational approaches in neurobiology, physical systems, and computers* (pp. 124—49). Berlin: Springer-Verlag.

Kelso, J. A. S., and G. Schöner. 1988. Self-organization of coordinative movement patterns. *Human Movement Science* 7: 27—46.

Kelso, J. A. S., D. L. Southard, and D. Goodman. 1979. On the coordination of two-handed movements. *Journal of Experimental Psychology: Human Perception and Performance* 5: 229—38.

Kelso, J. A. S., B. H. Tuller, E. Vatikiotis-Bateson, and C. A. Fowler. 1984. Functionally specific articulatory cooperation following jaw perturbations during speech: Evidence for coordinative structures. *Journal of Experimental Psychology: Human Perception and Performance* 10: 812—32.

Kernodle, M. W., and L. G. Carlton. 1992. Information feedback and the learning of multiple-degree-offreedom activities. *Journal of Motor Behavior* 24: 187—96.

Knapp, C. G., and W. R. Dixon. 1952. Learning to juggle: II. A study of whole and part methods. *Research Quarterly* 23: 398—401.

Kohl, R. M., and D. L. Roenker. 1980. Bilateral transfer as a function of mental imagery. *Journal of Motor Behavior* 12: 197—206.

Kugler, P. N., J. A. S. Kelso, and M. T. Turvey. 1980. On the concept of coordinative structures as dissipative structures: I. Theoretical lines of convergence. In G. E. Stelmach and J. E. Requin (Eds.), *Tutorials in motor behavior* (3—47). Amsterdam: North-Holland.

Landers, D. M., S. H. Boutcher, and M. Q. Wang. 1986. A psychobiological study of archery performance. *Research Quarterly for Exercise and Sport* 57: 236—44.

Landers, D. M., and D. M. Landers. 1973. Teacher versus peer models: Effect of model's presence and performance level on motor behavior. *Journal of Motor Behavior* 5: 129—39.

Landin, D. 1994. The role of verbal cues in skill learning. *Quest* 46: 299—313.

Landin, D., and E. Hebert. 1995. *Investigating the impact of attention-focusing cues on collegiate tennis players' volleying*. Paper presented at the annual meeting of the Association for the Advancement of Applied Sport Psychology, New Orleans.

Lang, P. J., M. J. Kozak, G. A. Miller, D. M. Levin, and A. McLean, Jr. 1980. Emotional imagery: Conceptual structure and pattern of somato-visceral response. *Psychophysiology* 17: 179—92.

Larish, D. D., and G. E. Stelmach. 1982. Preprogramming, programming, and reprogramming of aimed hand movements as a function of age. *Journal of Motor Behavior* 14: 322—40.

Lashley, K. S. 1917. The accuracy of movement in the absence of excitation from the moving organ. *American Journal of Physiology* 43: 169—94.

Lashley, K. S. 1951. The problem of serial order in behavior. In L. A. Jeffress (Ed.), *Cerebral mechanisms in behavior* (pp. 112—36). New York: John Wiley.

Laszlo, J. L. 1966. The performance of a single motor task with kinesthetic sense loss. *Quarterly Journal of Experimental Psychology* 18: 1—8.

Laszlo, J. L. 1967. Training of fast tapping with reduction of kinesthetic, tactile, visual, and auditory sensation. *Quarterly Journal of Experimental Psychology* 19: 344—49.

Laurent, M., and J. A. Thomson. 1988. The role of visual information in control of a constrained locomotor task. *Journal of Motor Behavior* 20: 17—38.

Leavitt, J. L. 1979. Cognitive demands of skating and stickhandling in ice hockey. *Canadian Journal of Applied Sport Sciences* 4: 46—55.

Lee, D. N. 1974. Visual information during locomotion. In R. B. MacLeod and H. Pick (Eds.), *Perception: Essays in honor of J. J. Gibson* (pp. 250—67). Ithaca, NY: Cornell University Press.

Lee, D. N. 1976. A theory of visual control of braking based on information about time-to-collision. *Perception* 5: 437—59.

Lee, D. N. 1980. Visuo-motor coordination in spacetime. In G. E. Stelmach and J. Requin (Eds.), *Tutorials in motor behavior* (pp. 281—95). Amsterdam: North-Holland.

Lee, D. N., and E. Aronson. 1974. Visual proprioceptive control of standing in human infants. *Perception & Psychophysics* 15: 527—32.

Lee, D. N. J. R. Lishman, and J. A. Thomson. 1982. Regulation of gait in long jumping. *Journal of Experimental Psychology: Human Perception and Performance* 8: 448—59.

Lee, T. D. 1988. Testing for motor learning: A focus on transfer-appropriate-processing. In O. G. Meijer and K. Roth (Eds.), *Complex motor behaviour: 'The' motor-action controversy* (pp. 210—15). Amsterdam. Elsevier.

Lee, T. D., and H. Carnahan. 1990. Bandwidth knowledge of results and motor learning: More than just a relative frequency effect. *Quarterly Journal of Experimental Psychology* 42A: 777—89.

Lee, T. D., and E. D. Genovese. 1988. Distribution of practice in motor skill acquisition: Learning and performance effects reconsidered. *Research Quarterly for Exercise and Sport* 59: 59—67.

Lee, T. D., and E. D. Genovese. 1989. Distribution of practice in motor skill acquisition: Different effects for discrete and continuous tasks. *Research Quarterly for Exercise and Sport* 59: 277—87.

Lee, T. D., and R. A. Magill. 1983a. Activity during the post-KR interval: Effects upon performance or learning. *Research Quarterly for Exercise and Sport*, 54: 340—45.

Lee, T. D., and R. A. Magill. 1983b. The locus of contextual interference in motor skill acquisition. *Journal of Experimental Psychology: Learning, Memory, and Cognition* 9: 730—46.

Lee, T. D., and R. A. Magill. 1985. Can forgetting facilitate skill acquisition? In D. Goodman, R. B. Wilberg, and I. M. Franks (Eds.), *Differing perspectives in motor learning, memory and control* (pp. 3—22). Amsterdam: North-Holland.

Lee, T. D., S. P. Swinnen, and S. Verschueren. 1995. Relative phase alterations during bimanual skill acquisition. *Journal of Motor Behavior* 27: 263—74.

Lee, T. D., M. A. White, and H. Carnahan. 1990. On the role of knowledge of results in motor learning: Exploring the guidance hypothesis. *Journal of Motor Behavior* 22: 191—208.

Leonard, S. D., E. W. Karnes, J. Oxendine, and J. Hesson. 1970. Effects of task difficulty on transfer performance on rotary pursuit. *Perceptual and Motor Skills* 30: 731—36.

Lindahl, L. G. 1945. Movement analysis as an industrial training method. *Journal of Applied Psychology*, 29: 420—36.

Linden, C. A., J. E. Uhley, D. Smith, and M. A. Bush. 1989. The effects of mental practice on walking balance in an elderly population. *Occupational Therapy Journal of Research* 9: 155—69.

Lintern, G., and S. N. Roscoe. 1980. Visual cue augmentation in contact flight simulation. In S. N. Roscoe (Ed.), *Aviation psychology* (pp. 227—38). Ames, IA: Iowa State University Press.

Lintern, G., S. N. Roscoe, and J. Sivier. 1990. Display principles, control dynamics, and environmental factors in pilot training and transfer. *Human Factors* 32: 299—317.

Little, W. S., and P. M. McCullagh. 1989. Motivation orientation and modeled instruction strategies: The effects on form and accuracy. *Journal of Sport and Exercise Psychology* 11: 41—53.

Locke, E. A., N. Cartledge, and J. Koeppel. 1968. Motivational effects of knowledge of results: A goalsetting phenomenon. *Psychological Bulletin* 70: 474—85.

Loeb, J. 1890. Untersuchungen uber die Orientirung im Fuhlraum der Hand und im Blickraum. *Pflueger Archives of General Physiology* 46: 1—46.

Logan, G. D. 1982. On the ability to inhibit complex movements: A stop-signal study of typewriting. *Journal of Experimental Psychology: Human Perception and Performance* 8: 778—92.

Logan, G. D. 1985. Skill and automaticity: Relations, implications, and future directions. *Canadian Journal of Psychology* 39: 367—86.

Loken, W. J., A. E. Thornton, R. L. Otto, and C. J. Long. 1995. Sustained attention after severe closed head injury. *Neuropsychology* 9: 592—98.

Mackworth, N. H. 1956. Vigilance. *Nature* 178: 1375—77.

Magill, R. A. 1977. The processing of knowledge of results for a serial motor task. *Journal of Motor Behavior* 9: 113—18.

Magill, R. A. 1988. Activity during the post-knowledge of results interval can benefit motor skill learning. In O. G. Meijer and K. Roth (Eds.), *Complex motor behavior: 'The' motor-action controversy* (pp. 231—46). Amsterdam: Elsevier.

Magill, R. A., C. J. Chamberlin, and K. G. Hall. 1991. Verbal knowledge of results as redundant information for learning an anticipation timing skill. *Human Movement Science* 10:485—507.

Magill, R. A., and M. N. Dowell. 1977. Serial position effects in motor short-term memory. *Journal of Motor Behavior* 9: 319—23.

Magill, R. A., and K. G. Hall. 1989. *Implicit and explicit learning in a complex tracking task*. Paper presented at the annual meeting of the Psychonomics Society, Atlanta, Georgia.

Magill, R. A., and K. G. Hall. 1990. A review of the contextual interference effect in motor skill acquisition. *Human Movement Science* 9: 241—89.

Magill, R. A., and P. F. Parks. 1983. The psychophysics of kinesthesis for positioning responses: The physical stimulus-psychological response relationship. *Research Quarterly for Exercise and Sport* 54: 346—51.

Magill, R. A., and B. Schoenfelder-Zohdi. 1996. A visual model and knowledge of performance as sources of information for learning a rhythmic gymnastics skill. *International Journal of Sport Psychology* 27: 7—22.

Magill, R. A., B. Schoenfelder-Zohdi, and K. G. Hall. 1990. *Further evidence for implicit learning in a complex tracking task*. Paper presented at the annual meeting of the Psychonomics Society, New Orleans, LA.

Magill, R. A., and C. A. Wood. 1986. Knowledge of results precision as a learning variable in motor skill acquisition. *Research Quarterly for Exercise and Sport* 57: 170—73.

Mahoney, M. J., and A. Avener. 1977. Psychology of the elite athlete: An exploratory study. *Cognitive Therapy and Research* 1: 135—41.

Mané, A., and E. Donchin. 1989. The Space Fortress game. *Acta Psychologica* 71: 17—22.

Mark, L. S. 1987. Eyeheight-scaled information about affordances: A study of sitting and stair climbing. *Journal of Experimental Psychology: Human Perception and Performance* 13: 361—70.

Marteniuk, R. G. 1986. Information processes in movement learning: Capacity and structural interference. *Journal of Motor Behavior* 5: 249—59.

Marteniuk, R. G., and S. K. E. Romanow. 1983. Human movement organization and learning as revealed by variability of movement, use of kinematic information and Fourier analysis. In R. A. Magill (Ed.), *Memory and control of action* (pp. 167—97). Amsterdam: North-Holland.

Martens, R., L. Burwitz, and J. Zuckerman. 1976. Modeling effects on motor performance. *Research Quarterly* 47: 277—91.

Masser, L. S. 1993. Critical cues help first-grade students' achievement in handstands and forward rolls. *Journal of Teaching in Physical Education* 12: 301—12.

Mathiowetz, V., and M. G. Wade. 1995. Task constraints and functional motor performance of individuals with and without multiple sclerosis. *Ecological Psychology* 7: 99—123.

McBride, E., and A. Rothstein. 1979. Mental and physical practice and the learning and retention of open and closed skills. *Perceptual and Motor Skills* 49: 359—65.

McCloy, C. H. 1934. The measurement of general motor capacity and general motor ability. *Research Quarterly* 5, Supplement: 46—61.

McCloy, C. H., and N. D. Young. 1954. *Tests and measurements in health and physical education.* 3d ed. New York: Appleton-Century-Crofts.

McCullagh, P., and J. K. Caird. 1990. Correct and learning models and the use of model knowledge of results in the acquisition and retention of a motor skill. *Journal of Human Movement Studies* 18: 107—16.

McCullagh, P., J. Stiehl, and M. R. Weiss. 1990. Developmental modeling effects on the quantitative and qualitative aspects of motor performance. *Research Quarterly for Exercise and Sport* 61: 344—50.

McCullagh, P., M. R. Weiss, and D. Ross 1989. Modeling considerations in motor skill acquisition and performance: An integrated approach. In K. B. Pandolf (Ed.), *Exercise and sport science reviews* (Vol. 17, pp. 475—513). Baltimore: Williams & Wilkins.

McDonald, P. V., S. K. Oliver, and K. M. Newell. 1995. Perceptual-motor exploration as a function of biomechanical and task constraints. *Acta Psychologica* 88: 127—65.

Meeuwsen, H., and R. A. Magill. 1987. The role of vision in gait control during gymnastics vaulting. In T. B. Hoshizaki, J. Salmela, and B. Petiot (Eds.), *Diagnostics, treatment, and analysis of gymnastic talent.* (pp. 137—55). Montreal: Sport Psyche Editions.

Melnick, M. J. 1971. Effects of overlearning on the retention of a gross motor skill. *Research Quarterly* 42: 60—69.

Meyer, D. E., R. A. Abrams, S. Kornblum, C. E. Wright, and J. E. K. Smith. 1988. Optimality in human motor performance: Ideal control of rapid aimed movements. *Psychological Review* 95: 340—70.

Meyer, D. E., A. M. Osman, D. E. Irwin, and S. Yantis. 1988. Modern mental chronometry. *Biological Psychology* 26: 3—67.

Miller, G. A., E. Galanter, and K. H. Pribram. 1960. *Plans and the structure of behavior.* New York: Holt, Rinehart, and Winston.

Montes, R., M. Bedmar, and M. Martin, 1993. EMG biofeedback of the abductor pollicis brevis in piano performance. *Biofeedback and Self-Regulation* 18: 67—77.

Moore, S. P., and R. G. Marteniuk. 1986. Kinematic and electromyographic changes that occur as a function of learning a time-constrained aiming task. *Journal of Motor Behavior* 18: 397—426.

Mourant, R. R., and T. H. Rockwell. 1972. Strategies of visual search by novice and experienced drivers. *Human Factors* 14: 325—35.

Mowbray, G. H. 1960. Choice reaction times for skilled responses. *Quarterly Journal of Experimental Psychology* 12: 193—202.

Mowbray, G. H., and M. U. Rhoades. 1959. On the reduction of choice reaction times with practice. *Quarterly Journal of Experimental Psychology* 11: 16—23.

Mulder, T., and W. Hulstijn. 1985. Delayed sensory feedback in the learning of a novel motor skill. *Psychological Record* 47: 203—9.

Navon, D., and D. Gopher. 1979. On the economy of the human processing system. *Psychological Review* 86: 214—55.

Naylor, J., and G. Briggs. 1963. Effects of task complexity and task organization on the relative efficiency of part and whole training methods. *Journal of Experimental Psychology* 65: 217—44.

Newell, K. M. 1974. Knowledge of results and motor learning. *Journal of Motor Behavior* 6: 235—44.

Newell, K. M. 1985. Coordination, control, and skill. In D. Goodman, R. B. Wilberg, and I. M. Franks (Eds.), *Differing perspectives in motor learning, memory and control* (pp. 295—317). Amsterdam: North-Holland.

Newell, K. M. 1986. Constraints on the development of coordination. In M. G. Wade and H. T. A. Whiting (Eds.), *Motor development in children: Aspects of coordination and control* (pp. 341—60). The Hague, The Netherlands: Nijhoff.

Newell, K. M., M. J. Carlton, A. T. Fisher, and B. G. Rutter. 1989. Whole-part training strategies for learning the response dynamics of microprocessor driven simulators. *Acta Psychologica* 71: 197—216.

Newell, K. M., J. T. Quinn, Jr., W. A. Sparrow, and C. B. Walter. 1983. Kinematic information feedback for learning a rapid arm movement. *Human Movement Science* 2: 255—69.

Newell, K. M.. and R. E. A. van Emmerik. 1989. The acquisition of coordination: Preliminary analysis of learning to write. *Human Movement Science* 8: 17—32.

Nideffer, R. M. 1993. Attention control training. In R. N. Singer, M. Murphey, and L. K. Tennant (Eds.), *Handhook of research on sport psychology* (pp. 542—56). New York: Macmillan.

Norman, D. A. 1968. Toward a theory of memory and attention. *Psychological Review* 75: 522—36.

Norrie, M. L. 1967. Practice effects on reaction latency for simple and complex movements. *Research Quarterly* 38: 79—85.

Paulignan, Y., M. Jeannerod, C. MacKenzie, and R. Marteniuk. 1991. Selective perturbation of visual input during prehension movements. 2: The effects of changing object size. *Experimental Brain Research* 87: 407—20.

Peper, C. E., P. J. Beek, and P. C. W. van Wieringen. 1995. Multifrequency coordination in bimanual tapping: Asymmetrical coupling and signs of supercriticality. *Journal of Experimental Psychology: Human Perception and Performance* 21: 1117—38.

Peters, M. 1977. Simultaneous performance of two motor activities: The factor of timing. *Neuropsychologia* 15: 461—65.

Peters, M. 1985. Perforrnance of a rubato-like task: When two things cannot be done at the same time. *Music Perception* 2: 471—82.

Pew, R. W. 1974. Levels of analysis in motor control. *Brain Research* 71: 393—400.

Pieron, M. 1982. Effectiveness of teaching a psychomotor task: Study in a microteaching setting. In M. Pieron and J. Cheffers (Eds.), *Studying the teaching in physical education* (pp. 79—89). Liege, Belgium: Association Internationale des Supérieures d'Education Physique.

Polit, A., and E. Bizzi. 1978. Processes controlling arm movements in monkeys. *Science* 201: 1235—37.

Polit, A., and E. Bizzi. 1979. Characteristics of motor programs underlying arm movements in monkeys. *Journal of Neurophysiology* 42: 183—94.

Pollock, B. J., and T. D. Lee. 1992. Effects of the model's skill level on observational learning. *Research Quarterly for Exercise and Sport* 63: 25—29.

Posner, M. I., and S. W. Keele. 1969. Attention demands of movements. Proceedings of the 16th *Congress of Applied Psychology*. Amsterdam: Swets & Zeitlinger.

Poulton, E. C. 1957. On prediction in skilled movements. *Psychological Bulletin* 54: 467—78.

Proctor, R. W., and T. G. Reeve. 1988. The acquisition of task-specific productions and modification of declarative representations in spatial precuing tasks. *Journal of Experimental Psychology*: General 117: 182—96.

Proctor, R., and T. G. Reeve (Eds.), 1990. *Stimulusresponse compatibility: An integrated perspective*. Amsterdam: North-Holland.

Proteau, L., and L. Cournoyer. 1990. Vision of the stylus in a manual aiming task: The effects of practice. *Quarterly Journal of Experimental Psychology* 42B: 811—28.

Proteau, L., R. G. Marteniuk, Y. Girouard, and C. Dugas. 1987. On the type of information used to control and learn an aiming movement after moderate and extensive training. *Human Movement Science* 6: 181—99.

Queseda, D. C., and R. A. Schmidt. 1970. A test of the Adams-Creamer decay hypothesis for the timing of motor responses. *Journal of Motor Behavior* 2: 273—83.

Rabbitt, P. M. A., and S. M. Vyas. 1979. Signal recency effects can be distinguished from signal repetition in serial CRT tasks. *Canadian Journal of Psychology* 33: 88—95.

Raibert, M. 1977. *Motor control and learning by the state-space model*. Technical Report, Artificial Intelligence Laboratory, Massachusetts Institute of Technology (Al-TR-439).

Reeve, T. G. 1976. *Processing demands during the acquisition of motor skills reguiring different feedback cues*. Unpublished doctoral dissertation, Texas A&M University.

Reilly, R. R., S. Zedeck, and M. L. Tenopyr. 1979. Validity and fairness of physical ability tests for predicting performance in crafl jobs. *Journal of Applied Psychology* 64: 262—74.

Richardson, A. 1967a. Mental practice: A review and discussion. Part I. *Research Quarterly* 38: 95—107.

Richardson, A. 1967b. Mental practice: A review and discussion. Part 11. *Research Quarterly* 38: 263—73.

Roberts, W. H. 1930. The effect of delayed feeding on white rats in a problem cage. *Journal of Genetic Psychology* 37: 35—38.

Rogers, C. A. 1974. Feedback precision and postfeedback interval duration. *Journal of Experimental Psychology* 102: 604—8.

Rosenbaum, D. A. 1980. Human movement initiation: Specification of arm, direction, and extent. *Journal of Experimental Phychology: General* 109: 444—74.

Rosenbaum, D. A. 1983. The movement precuing technique: Assumptions, applications, and extensions. In R. A. Magill (Ed.), *Memory and control of action* (pp. 251—74). Amsterdam: North-Holland.

Rosenbaum, D. A. 1991. *Human motor control*. San Diego, Academic Press.

Rosenbaum, D. A., and M. J. Jorgensen. 1992. Planning macroscopic aspects of manual control. *Human Movement Science* 11: 61—69.

Rosenberg, K. S., H. L. Pick, and C. von Hofsten. 1988. Role of visual information in catching. *Journal of Motor Behavior* 20: 150—64.

Rothstein, A. L., and R. K. Arnold. 1976. Bridging the gap: Application of research on videotape feedback and bowling. *Motor Skills: Theory Into Practice* 1: 36—61.

Roy, E. A., and D. Elliott. 1986. Manual

asymmetries in visually directed aiming. *Canadian Journal of Psychology* 40: 109—21.

Ryan, E. D., and J. Simons. 1983. What is learned in mental practice of motor skills? A test of the cognitive-motor hypothesis. *Journal of Sport Psychology* 5: 419—26.

Salmoni, A. W., R. A. Schmidt, and C. B. Walter. 1984. Knowledge of results and motor learning: A review and reappraisal. *Psychological Bulletin* 95: 355—86.

Sanders, R. H., and J. B. Allen. 1993. Changes in net torques during accommodation to change in surface compliance in a drop jumping task. *Human Movement Science* 12: 299—326.

Schendel, J. D., and J. D. Hagman. 1982. On sustaining procedural skills over a prolonged retention interval. *Journal of Applied Psychology* 67: 605—10.

Schmidt, R. A. 1975a. A schema theory of discrete motor skill learning theory. *Psychological Review* 82: 225—60.

Schmidt, R. A. 1975b. *Motor skills.* New York: Harper & Row.

Schmidt, R. A. (1985). The search for invariance in skilled movement behavior. *Research Quarterly for Exercise and Sport* 56: 188—200.

Schmidt, R. A. 1987. Motor control and learning: *A behavioral emphasis* 2d ed. Champaign, IL: Human Kinetics.

Schmidt, R. A. 1988. Motor and action perspectives on motor behavior. In O. G. Meijer and K. Roth (Eds.), *Complex motor behaviour: 'The' motor-action controversy* (pp. 3—44). Amsterdam: Elsevier.

Schmidt, R. A., and J. L. White. 1972. Evidence for an error detection mechanism in motor skills: A test of Adams' closed-loop theory. *Journal of Motor Behavior* 4: 143—53.

Schmidt, R. A., and D. E. Young. 1987. Transfer of movement control in motor skill learning. In S. M. Cormier and J. D. Hagman (Eds.), *Transfer of learning* (pp. 47—79). Orlando, FL: Academic Press.

Schmidt, R. A. D. E. Young, S. Swinnen, and D. C. Shapiro. 1989. Summary knowledge of results for skill acquisition: Support for the guidance hypothesis. *Journal of Experimental Psychology: Learning, Memory, and Cognition* 15: 352—59.

Schmidt, R. A., H. N. Zelaznik, B. Hawkins, J. S. Frank, and J. T. Quinn, Jr. 1979. Motor output variability: A theory for the accuracy of rapid motor acts. *Psychological Review* 86: 415—51.

Schmidt, R. C., and M. T. Turvey. 1992. Long-term consistencies in assembling coordinated rhythmic movements. *Human Movement Science* 11: 349—76.

Schneider, K., R. F. Zernicke, R. A. Schmidt, and T. J. Hart. 1989. Changes in limb dynamics during the practice of rapid arm movement. *Journal of Biomechanics* 22: 805—17.

Schoenfelder-Zohdi, B. G. 1992. *Investigating the informational nature of a modeled visual demonstration.* Ph.D. Dissertation, Louisiana State University.

Scully, D. M., and K. M. Newell. 1985. Observational learning and the acquisition of motor skills: Toward a visual perception perspective. *Journal of Human Movement Studies* 1 1: 169—86.

Sekiya, H., R. A. Magill, B. Sidaway, and D. I. Anderson. 1994. The contextual interference effect for skill variations from the same and different generalized motor programs. *Research Quarterly for Exercise and Sport* 65: 330—38.

Selder, D. J., and N. Del Rolan. 1979. Knowledge of performance, skill level and performance on the balance beam. *Canadian Journal of Applied Sport Sciences* 4: 226—29.

Shaffer, L. H. 1981. Performances of Chopin, Bach, and Beethoven: Studies in motor programming. *Cognitive Psychology* 13: 326—76.

Shank, M. D., and K. M. Haywood. 1987. Eye movements while viewing a baseball pitch. *Perceptual and Motor Skills*, 64: 1191—97.

Shapiro, D. C., R. F. Zernicke, R. J. Gregor, and J. D. Diestel M 981. Evidence for generalized motor programs using gait-pattern analysis. *Journal of Motor Behavior* 13: 33—47.

Shea, C. H., and R. M. Kohl. 1990. Specificity and variability of practice. *Research Quarterly for Exercise and Sport* 61: 169—77.

Shea, C. H., and R. M. Kohl. 1991. Composition of practice: Influence on the retention of motor skills. *Research Quarterly for Exercise and Sport* 62: 187—95.

Shea, C. H., R. Kohl, and C. Indermill. 1990. Contextual interference contributions of practice. *Acta Psychologica* 73: 145—57.

Shea, J. B., and R. L. Morgan. 1979. Contextual interference effects on the acquisition, retention, and transfer of a motor skill. *Journal of Experimental Psychology: Human Learning and Memory* 5: 179—87.

Shea, J. B., and S. T. Zimny. 1983. Context effects in memory and learning in movement information. In R. A. Magill (Ed.), *Memory and control of action* (pp. 345—66). Amsterdam: North-Holland.

Shepherd, M., J. M. Findlay, and R. J. Hockley. 1986. The relationship between eye movements and spatial attention. *Quarterly Journal of Experimental Psychology* 38A: 475—91.

Shepherd, R. B., and A. M. Gentile. 1994. Sit-to-stand: Functional relationship between upper and lower body limb segments. *Human Movement Science* 13: 817—40.

Sheridan, M. R. 1984. Response programming, response production, and fractionated reaction time. *Psychological Research* 46: 33—47.

Sherrington, C. S. 1906. *Integrative action of the nervous system*. New York: Scribner.

Sherwood, D. E. 1988. Effect of bandwidth knowledge of results on movement consistency. *Perceptual and Motor Skills* 66: 535—42.

Sherwood, D. E. 1994. Hand preference, practice order, and spatial assimilation in rapid bimanual movement. *Journal of Motor Behavior* 26: 123—34.

Shumway-Cook, A., and M. Woollacott. 1995. *Motor control: Theory and practical applications*. Baltimore: Williams & Wilkins.

Sidaway, B., G. Heise, and B. Schoenfelder-Zohdi. 1995. Quantifying the variability of angle-angle plots. *Journal of Human Movement Studies* 29: 181—97.

Sidaway, B., J. McNitt-Gray, and G. Davis. 1989. Visual timing of muscle preactivation in preparation for landing. *Ecological Psychology* 1: 253—64.

Sidaway, B., B. Moore, and B. Schoenfelder-Zohdi. 1991. Summary and frequency of KR presentation effects on retention of a motor skill. *Research Quarterly for Exercise and Sport* 62: 27—32.

Sidaway, B., H. Sekiya, and M. Fairweather. 1995. Movement variability as a function of accuracy demands in programmed aiming responses. *Journal of Motor Behavior* 27: 67—76.

Siedentop, D. 1983. *Developing teaching skills in physical education*. 2d ed. Boston: Houghton Mifflin.

Siegel, D. 1986. Movement duration, fractionated reaction time, and response programming. *Research Quarterly for Exercise and Sport* 57: 128—31.

Silverman, S., L. A. Tyson, and J. Krampitz. 1991. *Teacher feedback and achievement in physical education: Interaction with student practice*. Paper presented at the annual meeting of the American Educational Research Association, Chicago, Illinois.

Singer, R. N. 1966. Comparison of inter-limb skill achievement in performing a motor skill. *Research Quarterly* 37: 406—10.

Singer, R. N. 1986. Sports performance: A five-step mental approach. *Journal of Physical Education and Recreation* 57: 82—84.

Singer, R. N., J. Cauraugh, L. K. Tennant, M. Murphey, R. Chen, and R. Lidor. 1991. Attention and distractors: Considerations for enhancing sport performances. *International Journal of Sport Psychology* 22: 95—114.

Singer, R. N., and S. Suwanthada. 1986. The generalizability effectiveness of a learning strategy on achievement in related closed motor skills. *Research Quarterly for Exercise and Sport* 57: 205—14.

Slater-Hammel, A. T. 1960. Reliability, accuracy, and refractoriness of a transit reaction. *Research Quarterly* 31: 217—28.

Smyth, M. M., and A. M. Marriott. 1982. Vision and proprioception in simple catching. *Journal of Motor Behavior* 14: 143—52.

Smyth, M. M., and G. Silvers. 1987. Functions of vision in the control of handwriting. *Acta Psychologica* 65: 47—64.

Solmon, M. A., and J. Boone. 1993. The impact of student goal orientation in physical education classes. *Research Quarterly for Exercise and Sport* 64: 418—24.

Solmon, M. A., and Lee, A. M. 1996. Entry characteristics, practice variables, and cognition: Student mediation of instruction. *Journal of Teaching in Physical Education* 15: 136—50.

Southard, D., and T. Higgins. 1987. Changing movement patterns: Effects of demonstration and practice. *Research Quarterly for Exercise and Sport* 58: 77—80.

Southard, D., and A. Miracle. 1993. Rhythmicity, ritual, and motor performance: A study of free throw shooting in basketball. *Research Quarterly for Exercise and Sport* 64: 284—90.

Sparrow, W. A., E. Donovan, R. E. A. van Emmerik, and E. B. Barry. 1987. Using relative motion plots to measure changes in intra-limb and inter-limb coordination. *Journal of Motor Behavior* 19: 115—19.

Sparrow, W. A., and V. W. Irizarry-Lopez. 1987. Mechanical efficiency and metabolic cost as measures of learning a novel gross motor task. *Journal of Motor Behavior* 19: 240—64.

Sparrow, W. A., and J. J. Summers. 1992. Performance on trials without knowledge of results (KR) in reduced relative frequency presentations of KR. *Journal of Motor Behavior* 24: 197—209.

Staum, M. J. 1983. Music and rhythmic stimuli in the rehabilitation of gait disorders. *Journal of Music Therapy* 20: 69—87.

Steenbergen, B., R. G. Marteniuk, and L. E. Kalbfleisch. 1995. Achieving coordination in prehension: Joint freezing and postural contributions. *Journal of Motor Behavior* 27: 333—48.

Stelmach, G. E. 1970. Learning and response consistency with augmented feedback. *Ergonomics* 13: 421—25.

Summers, J. J. 1975. The role of timing in motor program representation. *Journal of Motor Behavior* 7: 229—42.

Summers, J. J., and T. M. Kennedy. 1992. Strategies in the production of a 5:3 polyrhythm. *Human Movement Science* 11: 101—12.

Summers, J. J., D. A. Rosenbaum, B. D. Burns, and S. K. Ford. 1993. Production of polyrhythms. *Journal of Experimental Psychology: Human Perception and Performance* 19: 416—28.

Swinnen, S. P. 1990. Interpolated activities during the knowledge of results delay and post-knowledge of results interval: Effects of performance and learning. *Journal of Experimental Psychology: Learning, Memory, and Cognition* 16: 692—705.

Swinnen, S. P., R. A. Schmidt, D. E. Nicholson, and D. C. Shapiro. 1990.

Information feedback for skill acquisition: Instantaneous knowledge of results degrades learning. *Journal of Experimental Psychology: Learning, Memory, and Cognition* 16: 706—16.

Swinnen, S. P., C. B. Walter, J. M. Pauwels, P. F. Meugens, and M. B. Beirinckx. 1990. The dissociation of interlimb constraints. *Human Performance* 3: 187—215.

Taub, E., and A. J. Berman. 1963. Avoidance conditioning in the absence of relevant proprioceptive and exteroceptive feedback. *Journal of Comparative and Physiological Psychology* 56: 1012—16.

Taub, E., and A. J. Berman. 1968. Movement and learning in the absence of sensory feedback. In S. J. Freedman (Ed.), *The neuropsychology of spatially oriented behavior* (pp. 173—92). Homewood, IL: Dorsey Press.

Taylor, H. G., and K. M. Heilman. 1980. Lefthemisphere motor dominance in righthanders. *Cortex* 16: 587—603.

Teichner, W. H. 1954. Recent studies of simple reaction time. *Psychological Bulletin* 51: 128—49.

Terzuolo, C., and P. Viviani. 1980. Determinants and characteristics of patterns used for typing. *Neuroscience* 5: 1085—103.

Thomas, J. R., and W. Halliwell. 1976. Individual differences in motor skill acquisition. *Journal of Motor Behavior* 8: 89—100.

Thorndike, E. L. 1914. *Educational psychology: Briefer course.* New York Columbia University Press.

Treisman, A. 1988. Features and objects: The fourteenth Bartlett Memorial Lecture. *Quarterly Journal of Experimental Psychology* 40A: 201—37.

Treisman, A., and G. Gelade. 1980. A feature integration theory of attention. *Cognitive Psychology* 12: 97—136.

Tresilian, J. R. 1994. Approximate information sources and perceptual variables in interceptive timing. *Journal of Experimental Psychology: Human Perception and Performance* 20: 154—73.

Trowbridge, M. H., and H. Cason. 1932. An experimental study of Thorndike's theory of learning. *Journal of General Psychology* 7: 245—58.

Trussell, E. 1965. Prediction of success in a motor skill on the basis of early learning achievement. *Research Quarterly* 39: 342—47.

Turvey, M. T. 1977. Preliminaries to a theory of action with reference to vision. In R. Shaw and J. Bransford (Eds.), *Perceiving, acting, and knowing* (pp. 211—65). Hillsdale, NJ: Erlbaum.

Turvey, M. T. 1990. Coordination. *American Psychologist* 45: 938—53.

Twitmeyer, E. M. 1931. Visual guidance in motor learning. *American Journal of Psychology* 43: 165—87.

Van Galen, G. P. 1991. Handwriting: Issues for a psychomotor theory. *Human Movement Science* 10: 165—91.

Van Gyn, G. H., H. A. Wenger, and C. A. Gaul. 1990. Imagery as a method of enhancing transfer from training to performance. *Journal of Sport & Exercise Psychology* 12: 366—75.

Vander Linden, D. W., J. H. Cauraugh, and T. A. Greene. 1993. The effect of frequency of kinetic feedback on learning an isometric force production task in nondisabled subjects. *Physical Therapy* 73: 79—87.

Vereijken, B., R. E. A. van Emmerik, H. T. A. Whiting, and K. M. Newell. 1992. Free(z)ing degrees of freedom in skill acquisition. *Journal of Motor Behavior* 24: 133—42.

Vereijken, B., and H. T. A. Whiting. 1990. In defence of discovery learning. *Canadian Journal of Sport Science* 15: 99—106.

Vishton, P. M., and J. E. Cutting. 1995. Wayfinding. displacements, and mental maps: Velocity fields are not typically used to determine one's aimpoint. *Journal of Experimental Psychology: Human Perception and Performance* 21: 978—95.

Vorro, J., F. R. Wilson, and A. Dainis. 1978. Multivariate analysis of biomechanical profiles for the coracobrachialis and biceps brachii (caput breve) muscles in humans. *Ergonomics* 21: 407—18.

Wadman, W. J., J. J. Dernier van der Gon, R. H. Geuze, and C. R. Mol. 1979. Control of fast goal-directed arm movements. *Journal of Human Movement Studies* 5: 3—17.

Wagenaar, R. C., and W. J. Beek. 1992. Hemiplegic gait: A kinematic analysis using walking speed as a basis. *Journal of Biomechanics* 25: 1007—15.

Wagenaar, R. C., and R. E. A. Van Emmerik. 1994. Dynamics of pathological gait. *Human Movement Science* 13: 441—71.

Wallace, S. A., and R. W. Hagler. 1979. Knowledge of performance and the learning of a closed motor skill. *Research Quarterly* 50: 265—71.

Wallace, S. A., E. Stevenson, D. L. Weeks, and J. A. S. Kelso. 1992. The perceptual guidance of grasping a moving object. *Human Movement Science* 11: 691—715.

Wallace, S. A., and D. L. Weeks. 1988. Temporal constraints in the control of prehensile movement. *Journal of Motor Behavior* 20: 81—105.

Walter, C. B., and S. P. Swinnen. 1992. Adaptive tuning of interlimb attraction to facilitate bimanual coupling. Journal of Motor Behavior 24: 95-104.

Wann, J. P., and I. Nimmo-Smith. 1991. The control of pen pressure in handwriting: A subtle point. *Human Movement Science* 10: 223—46.

Warren, W. H., Jr. 1987. An ecological conception of action. *European Journal of Cognitive Psychology* 7: 199—203.

Warren, W. H., Jr., D. S. Young, and D. N. Lee. 1986. Visual control of step length during running over irregular terrain. *Journal of Experimental Psychology: Human Perception and Performance* 12: 259—66.

Watters, R. G. 1992. Retention of human sequenced behavior following forward chaining, backward chaining, and whole task training procedures. *Journal of Human Movement Studies* 22: 117—29.

Weeks, D. J., and R. W. Proctor. 1990. Salient-features coding in the translation between orthogonal stimulus and response dimensions. *Journal of Experimental Psychology: General* 119: 355—66.

Weeks, D. L., and D. E. Sherwood. 1994. A comparison of knowledge of results scheduling methods for promoting motor skill acquisition and retention. *Research Quarterly for Exercise and Sport* 65: 136—42.

Weeks, D. L., and S. A. Wallace. 1992. Premovement posture and focal movement velocity effects on postural responses accompanying rapid arm movement. *Human Movement Science* 11: 717—34.

Weinberg, D. R., D. E. Guy, and R. W. Tupper. 1964. Variations of post-feedback interval in simple motor learning. *Journal of Experimental Psychology* 67: 98—99.

Weir, P. L., and J. L. Leavitt. 1990. The effects of model's skill level and model's knowledge of results on the acquisition of an aiming task. Human Movement Science 9: 369-83.

Weir, P. L., C. L. Mackenzie, R. G. Marteniuk, and S. L. Cargoe. 1990. Is object texture a constraint on human prehension kinematic evidence? *Journal of Motor Behavior* 23: 205—10.

Welford, A. T. 1952. The psychological refractory period and the timing of high-speed performance— A review and a theory. *British Journal of Psychology* 43: 2—19.

Welford, A. T. 1967. Single channel operations in the brain. *Acta Psychologica* 27: 5—22.

Whiting, H. T. A. 1988. Imitation and the learning of complex cyclical actions. In O. G. Meijer and K. Roth (Eds.), *Complex motor behaviour: 'The' motoraction controversy* (pp. 381—401). Amsterdam: North-Holland.

Whiting, H. T. A., E. B. Gill., and J. M. Stephenson. 1970. Critical time intervals for taking in-flight information in a ball-catching task. *Ergonomics* 13: 265—72.

Wickens, C. D. 1980. The structure of processing resources. In R. Nickerson (Ed.), *Attention and performance VII* (pp. 239—57). Hillsdale, NJ: Erlbaum.

Wickens, C. D. 1984. Processing resources in attention. In R. Parasuraman and D. R. Davies (Eds.), *Varieties of attention* (pp. 63—102). Orlando, FL: Academic Press.

Wickens, C. D., D. L. Sandry, and M. Vidulich. 1983. Compatibility and resource competition between modalities of input, control processing, and output: Testing a model of complex performance. *Human Factors* 25: 227—48.

Wickstrom, R. L. 1958. Comparative study of methodologies for teaching gymnastics and tumbling stunts. *Research Quarterly* 29: 109—15.

Wiese-Bjornstal, D. M., and M. R. Weiss. 1992. Modeling effects on children's form kinematics, performance outcome, and cognitive recognition of a sport skill. *Research Quarterly for Exercise and Sport* 63: 67—75.

Wightman, D. C., and G. Lintern. 1985. Part-task training strategies for tracking and manual control. *Human Factors* 27: 267—83.

Williams, A. M., K. Davids, L. Burwitz, and J. G. Williams. 1994. Visual search strategies in experienced and inexperienced soccer players. *Research Quarterly for Exercise and Sport* 65: 127—35.

Williams, J. G. 1988. Perception of a throwing action from point-light demonstrations. *Perceptual and Motor Skills* 67: 273—74.

Williams, J. G. 1989. Throwing action from full-cue and motion-only video-models of an arm movement sequence. *Perceptual and Motor Skills* 68: 259—66.

Williams, J. G., and N. McCririe. 1988. Control of arm and fingers during ball catching. *Journal of Human Movement Studies*, 14: 241—47.

Winstein, C. J., P. S. Pohl, and R. Lewthwaite. 1994. Effects of physical guidance and knowledge of results on motor learning: Support for the guidance hypothesis. *Research Quarterly for Exercise and Sport* 65: 316—23.

Winstein, C. J., and R. A. Schmidt. 1990. Reduced frequency of knowledge of results enhances motor skill learning. *Journal of Experimental Psychology: Learning, Memory, and Cognition* 16: 677—91.

Wood, C. A., J. D. Gallagher, P. V. Martino, and M. Ross. 1992. Alternate forms of knowledge of results: Interaction of augmented feedback modality on learning. *Journal of Human Movement Studies* 22: 213—30.

Wood, C. A., and C. A. Ging. 1991. The role of interference and task similarity on the acquisition, retention, and transfer of simple motor skills. *Research Quarterly for Exercise and Sport* 62: 18—26.

Woodrow, H. 1914. The measurement of attention. *Psychological Monographs* (No. 76).

Wrisberg, C. A., and Z. Liu. 1991. The effect of contextual variety on the practice, retention, and transfer of an applied motor skill. *Research Quarterly for Exercise and Sport* 62: 406—12.

Wrisberg, C. A., and M. R. Ragsdale. 1979. Further tests of Schmidt's schema theory: Development of a schema rule for a coincident timing task. *Journal of Motor Behavior* 11: 159—66.

Wrisberg, C. A., and C. H. Shea. 1978. Shifts in attention demands and motor program utilization during motor learning. *Journal of Motor Behavior* 10: 149—58.

Wulf, G., and T. D. Lee. 1993. Contextual interference in movements of the same class: Differential effects on program and parameter learning. *Journal of Motor Behavior* 25: 254—63.

Wuyts. I. J., and M. J. Buekers. 1995. The effects of visual and auditory models on the learning of a rhythrnical synchronization dance skill. *Research Quarterly for Exercise and Sport* 66: 105—15.

Young, D. E., R. A. Magill, R. A. Schmidt, and D. C. Shapiro. 1988. *Motor programs as control structures for reversal movements: An examination of rapid movements and unexpected perturbations.* Paper presented at the annual meeting of the North American Society for the Psychology of Sport and Physical Activity, Knoxville, Tennessee.

Zanone, P. G., and J. A. S. Kelso. 1994. The coordination dynamics of learning: Theoretical structure and experimental agenda. In S. Swinnen, H. Heuer, J. Massion, and P. Casaer (Eds.), *Interlimb coordination: Neural, dynamical, and cognitive constraints* (pp. 461—90). San Diego: Academic Press.

Zelaznik, H. N., and E. Franz. 1990. Stimulus-response compatibility and the programming of motor activity: Pitfalls and possible new directions. In R. Proctor and T. G. Reeve (Eds.), *Stimulus-response compatibility: An integrated perspective* (pp. 279—95). Amsterdam: North-Holland.

Zelaznik, H. N., B. Hawkins, and L. Kisselburgh. 1983. Rapid visual feedback processing in single-aiming movements. *Journal of Motor Behavior* 15: 217—36.

Glossário

Abordagem dinâmica do modelamento Uma abordagem teórica que explica as vantagens de se observar visualmente um modelo. Ela propõe que o sistema visual tem condições de processar o movimento observado de maneira tal a obrigar o sistema de controle motor a agir de acordo, de modo que a pessoa não precisa se envolver na mediação cognitiva.

Aceleração Uma medida cinemática que descreve a mudança em velocidade durante o movimento. É deduzida a partir da velocidade dividindo a mudança em velocidade pela mudança do tempo.

Ação Uma resposta dirigida para uma meta que consiste de movimentos do corpo e/ou dos membros.

Amplitude do desempenho No contexto do fornecimento do *feedback* aumentado, é um limite de tolerância para o erro de desempenho que especifica quando o *feedback* aumentado será ou não fornecido.

Aprendizagem por observação Aprendizagem de uma habilidade observando uma pessoa desempenhando aquela habilidade. Também conhecida como *modelamento*.

Aprendizagem Uma mudança na capacidade da pessoa em desempenhar uma habilidade. Deve ser inferida a partir de uma melhoria relativamente permanente do desempenho decorrente da prática ou da experiência.

Aspectos invariantes Um conjunto único de características que define um programa motor generalizado. Características fixas de um programa motor que não variam do desempenho de uma ação para outro.

Atenção No desempenho humano, o envolvimento consciente ou não-consciente em atividades perceptivas, cognitivas e/ou motoras, antes, durante e depois de desempenhar habilidades. O sistema de processamento de informações humano inclui limitações ao número dessas atividades que podem ser desempenhadas simultaneamente.

Atraidores Estados estacionários comportamentais estáveis de sistemas. Em termos do movimento coordenado humano, os atraidores caracterizam estados comportamentais preferenciais, como os estados em fase e fora de fase para os movimentos rítmicos bimanuais dos dedos.

Automatismo Uma característica do desempenho hábil; indica que uma pessoa utiliza conhecimentos e procedimentos automaticamente, sem exigir recursos da atenção.

Auto-organização Emergência de um padrão de comportamento específico

GLOSSÁRIO

estável devido a certas condições que caracterizam a situação, em vez de um mecanismo de controle específico que organiza o comportamento, p.ex., no mundo real, os furacões se auto-organizam quando ocorrem certas condições particulares de vento e temperatura da água.

Biofeedback Um tipo de *feedback* aumentado que fornece informações sobre os processos fisiológicos através do uso de instrumentos.

Busca visual Envolvimento ativo da visão na procura de informações do ambiente que capacitem o praticante a determinar o que fazer numa dada situação.

Capacidade Traço geral ou qualidade de um indivíduo que constitui um elemento fundamental para o desempenho de uma variedade de habilidades motoras.

Capacidade de imaginar Uma característica de diferença individual que diferencia as pessoas que podem imaginar uma ação com um alto grau de nitidez e de controle, daquelas que têm dificuldade imaginar uma ação.

Capacidade psicomotora Uma categoria das capacidades humanas relacionada à velocidade e precisão de movimentos em que pouca ou nenhuma demanda cognitiva é exigida da pessoa.

Capacidades de proficiência física As capacidades físicas e desportivas de um indivíduo, incluindo por exemplo, força estática, força dinâmica, estamina, etc.

Capacidades perceptivo-motoras Capacidades de um indivíduo que incluem entre outras a coordenação de múltimembros, destreza manual, etc.

"Captar a idéia do movimento" O primeiro estágio da aprendizagem no modelo de Gentile. Refere-se à necessidade de o aprendiz estabelecer um padrão de movimento adequado para atingir a meta da habilidade.

CD descritivo Uma afirmação verbal a respeito do conhecimento do desempenho (CD), que descreve somente o erro que a pessoa cometeu durante o desempenho de uma habilidade.

CD prescritivo Uma afirmação verbal a respeito do conhecimento do desempenho (CD), que descreve os erros cometidos durante o desempenho de uma habilidade e estebelece (i.e., prescreve) o que deve ser feito para corrigi-los.

Cinemática A descrição do movimento sem considerar a força ou a massa. Abrange o deslocamento, a velocidade e a aceleração.

Cinética O estudo do papel da força como causa do movimento.

Compatibilidade estímulo-resposta Uma característica da relação da distribuição espacial entre um estímulo e uma resposta. Essa relação afetará a quantidade de tempo de preparação em uma tarefa de tempo de reação envolvendo opções de estímulo e resposta.

Condições não-reguladoras Características do ambiente do desempenho que não afetam as características de movimento de uma ação.

Condições reguladoras Característica do contexto ambiental do desempenho de habilidade que determina (i.e., regula) a ação exigida e as características de movimento necessárias para o desempenho da ação.

Congelamento dos graus de liberdade Uma estratégia comum para iniciação de principiantes quando uma habilidade requer a coordenação de vários segmentos de um membro. Para controlar os diversos graus de liberdade dos segmentos dos membros, a pessoa enrijece algumas articulações (i.e., as "congela") durante o desempenho da habilidade.

Conhecimento do desempenho (CD) Um tipo de *feedback* aumentado que dá informação a respeito das características do movimento que levam ao resultado do movimento ou ao desempenho da habilidade.

Conhecimento de resultados (CR) Um tipo de *feedback* aumentado que fornece informação sobre o resultado de um movimento ou o desempenho de uma habilidade.

Coordenação A padronização dos movimentos do corpo e dos membros em relação à padronização dos objetos e eventos ambientais.

Coordenação bimanual Uma exigência do desempenho de habilidades em que o sucesso depende da utilização simultânea dos dois braços. A habilidade pode exigir que os dois braços tenham características espaciais e/ou temporais iguais ou diferentes durante o desempenho.

Curva de desempenho Um gráfico que retrata o desempenho no qual o nível de realização de uma medida do desempenho é representada graficamente para uma seqüência específica de tempo (p.ex., segundos, minutos, dias) ou tentativas. Os níveis da medida do desempenho são indicados no eixo Y (eixo vertical) e as unidades de tempo ou de tentativas são indicadas no eixo X (eixo horizontal).

Deaferenciação Um procedimento que os pesquisadores utilizam para tornar o *feedback* proprioceptivo indisponível (através de remoção ou extirpação cirúrgica dos trajetos neurais aferentes envolvidos no movimento). Também pode resultar de danos ou cirurgia dos trajetos neurais aferentes envolvidos na propriocepção.

Desempenho O ato comportamental de desempenhar uma habilidade.

Deslocamento Uma medida cinemática que descreve as alterações nas localizações espaciais de um membro ou de uma articulação durante o decorrer do movimento.

Despertar O estado geral de excitabilidade de uma pessoa envolvendo os sistemas psicológico, emocional e mental.

Efeito da interferência contextual O benefício que a prática de múltiplas habilidades num esquema de prática de interferência contextual alta (como na prática aleatória) traz para a aprendizagem, contrapondo-se à prática de habilidades num esquema de interferência contextual baixa (como na prática em blocos).

Efeito da posição serial Um efeito percebido quando o aprendiz precisa se lembrar de uma série de itens em seqüência. Os primeiros e os últimos poucos itens são lembrados com maior facilidade, enquanto que os intermediários são mais difíceis de serem lembrados.

Eletromiografia (EMG) Uma técnica de registro da atividade elétrica de um músculo ou de um grupo de músculos.

Erro absoluto (EA) Desvio, sem, sinal do alvo ou critério, representando a quantidade de erro. Uma medida da magnitude do erro de resposta independentemente da direção do desvio.

Erro constante (EC) Desvio do alvo ou critério, com sinal (+/-). Representa a quantidade e a direção do erro e também é uma medida do viés da resposta.

Erro quadrático médio (EQM) Uma medida do erro que indica a quantidade de erro entre a curva de deslocamento produzida e a curva de deslocamento do critério.

Erro variável (EV) Um escore de erro que representa a variabilidade (ou inversamente, a consistência) das respostas de uma pessoa.

Escores de economia Uma medida da quantidade de transferência que indica o tempo de prática que uma pessoa economiza ao aprender uma determinada habilidade devido à experiência anterior.

Esquema Uma regra ou um conjunto de regras que fornece a base para uma decisão. Na teoria do esquema de Schmidt, uma represen-tação abstrata de regras que governam o movimento.

Estabilidade Na abordagem dos sistemas dinâmicos de controle do movimento coordenado, é um estado estacionário comportamental de um sistema. Representa um estado comportamental preferencial e incorpora a noção de invariância salientando que um sistema estável voltará espontaneamente para um estado estável depois de ser levemente perturbado.

Estimativa subjetiva do erro Indicação da pessoa que está desempenhando uma habilidade do que ela acha que estava errado em seu desempenho.

Estruturas coordenativas Coletivos de músculos e articulações funcionalmente específicos, que são obrigados pelo sistema nervoso a atuar cooperativamente para produzir uma ação.

Estágio associativo O segundo estágio da aprendizagem do modelo de Fitts e Posner. Um estágio intermediário no continuum dos estágios da aprendizagem.

Estágio autônomo O terceiro estágio da aprendizagem no modelo de Fitts e Posner. O estágio final do continuum da aprendizagem. Também chamado de *estágio automático*.

Estágio cognitivo O primeiro estágio da aprendizagem no modelo de Fitts e Posner. O estágio inicial do continuum da aprendizagem.

Feedback **aumentado** Informação sobre o desempenho de uma habilidade que é acrescentada ao *feeedback* sensorial e que provam de uma fonte externa à pessoa que está desempenhando a habilidade.

Feedback **aumentado concomitante** *Feedback* aumentado fornecido enquanto a pessoa está desempenhando uma habilidade ou fazendo um movimento.

Feedback **aumentado qualitativo** *Feedback* aumentado de natureza descritiva (p.ex., utilização de termos como *bom*, *longo*) que revela qualidade do desempenho.

Feedback **aumentado quantitativo** *Feedback* aumentado que indica uma quantidade do desempenho, como a quantidade de erros cometidos no desempenho.

Feedback **aumentado resumido** Um método de reduzir a freqüência do *feedback* aumentado, em que é fornecido à pessoa o *feedback* aumentado para um certo número de tentativas, ao término dessas tentativas (p.ex., CR para cada uma de cinco tentativas depois da conclusão da quinta tentativa).

Feedback **aumentado terminal** *Feedback* aumentado fornecido depois que a pessoa concluiu o desempenho de uma habilidade ou executou um movimento.

Feedback **intrínseco à tarefa** *Feedback* sensorial disponível durante o desempenho de parte de uma habilidade, que ocorre naturalmente na própria situação de desempenho da habilidade.

Fixação/diversificação O segundo estágio da aprendizagem no modelo da aprendizagem de Gentile. A *fixação* se refere a habilidades fechadas em que os aprendizes refinam os padrões de movimento de modo tal a produzí-los correta, consistente e eficientemente de resposta para resposta. A *diversificação* se refere a habilidades abertas em que os aprendizes desenvolvem amplos repertórios de padrões motores.

Foco da atenção A orientação da atenção para características específicas ou pistas em situações de desempenho, a fim de melhorar a qualidade do desempenho mantendo as solicitações da atenção dentro dos limites da capacidade.

Forma superdiagonal Um termo que descreve a forma como correlações tentativa-a-tentativa aparecem numa matriz de correlação em que todas as tentativas estão correlacionadas entre si. Tentativas que estão mais próximas umas das outras apresentarão escores mais altamente correlacionados. A correlação diminui à medida que as tentativas se distanciam.

Fracionamento Um método de treinamento de partes da tarefa que envolve práticas separadas de componentes de uma habilidade completa.

Graus de liberdade O número de elementos ou componentes independentes num sistema de controle e o número de maneiras que cada componente pode atuar.

Habilidade (a) Uma ação ou tarefa com uma meta específica a ser atingida. (b) Um indicador da qualidade do desempenho.

Habilidade motora Uma habilidade que requer a coordenação do movimento do corpo e/ou dos membros para atingir sua meta.

Habilidade motora aberta Uma habilidade que envolve um ambiente mutável imprevisível, em que o ambiente determina quando iniciar a ação.

Habilidade motora discreta Uma habilidade com pontos inicial e final bem definidos, geralmente exigindo um movimento simples.

Habilidade motora fechada Uma habilidade desempenhada em um ambiente previsível e estável, onde o praticante determina quando iniciar a ação.

Habilidade motora fina Uma habilidade que requer o controle de pequenos músculos do corpo para atingir a meta da habilidade e envolve normalmente a coordenação óculo-manual.

Habilidade motora grossa Uma habilidade que envolve grandes grupos musculares para atingir a meta da habilidade.

Habilidade motora serial Uma habilidade que envolve uma seqüência de habilidades discretas.

Habilidades motoras contínuas Uma habilidade com pontos inicial e final arbitrários.

Hipótese da especificidade de capacidades motoras Hipótese que afirma que as diversas capacidades de um indivíduo são relativamente independentes.

Hipótese da capacidade motora geral Hipótese que afirma existir no indivíduo uma única capacidade motora global.

Hipótese orientadora Hipótese de que o papel do *feedback* aumentado na aprendizagem é de orientação para desempenho correto durante a prática. Entretanto, se ele for fornecido com muito freqüência, pode fazer com que o aprendiz se torne dependente dessa disponibilidade e, assim, a ter um desempenho pobre quando o *feedback* aumentado não for apresentado.

Imaginário externo Uma forma de prática mental em que a pessoa imagina vendo-se desempenhando uma habilidade da perspectiva de um observador.

Imaginário interno Uma forma de prática

mental em que a pessoa se imagina dentro de seu próprio corpo enquanto desempenha uma habilidade, vivenciando sensações que são esperadas na situação real.

Índice de dificuldade (ID) De acordo com a Lei de Fitts, uma medida quantitativa da dificuldade de desempenhar uma habilidade que envolve solicitações de velocidade e de precisão. É calculada como o $\log_2(2D/L)$, onde L = largura do alvo e D = distância do ponto de partida ao alvo.

Interferência contextual Interferência que resulta de praticar variações de uma habilidade no contexto de uma situação de prática.

Intervalo de atraso CR O intervalo de tempo entre a conclusão do movimento e a apresentação do *feedback* aumentado.

Intervalo pós-CR O intervalo de tempo entre a apresentação do *feedback* aumentado e o início da tentativa seguinte.

Lei de Fitts Lei que especifica o tempo de movimento para uma resposta de direcionamento quando são conhecidas a distância a ser percorrida e o tamanho do alvo. É traduzida matematicamente em $TM = a + b \log_2(2D/L)$, onde a e b são constantes e L = largura do alvo e D = distância do ponto de partida ao alvo.

Lei de Hick Lei de desempenho humano que estabelece que o TR aumenta logaritmicamente com o número de opções de estímulo-resposta.

Lei de potência da prática Lei matemática que descreve as alterações no grau de melhoria do desempenho durante a aprendizagem de habilidades. Grandes melhorias são observadas rapidamente durante o início da prática e graus mais baixos de melhoria caracterizam as práticas subseqüentes.

Medida dos resultados do desempenho Medidas do movimento que indicam os resultados do desempenho de uma habilidade motora (p.ex., até onde uma pessoa caminhou, com que velocidade uma pessoa percorreu uma certa distância ou quantos graus uma pessoas flexionou o joelho).

Medidas de produção de desempenho Medidas do movimento que se referem a como vários aspectos do sistema de controle motor como estão funcionando durante o desempenho de uma ação (p.ex., cinemática dos membros, força, EEG, EMG, etc.).

Método das partes progressivo Um método de treinamento de tarefa em partes que envolve a prática de partes de uma habilidade na ordem em que cada parte ocorre no desempenho da habilidade, praticando as partes progressivamente em conjunto.

Modelamento A utilização de demonstração como meio de transmitir informações sobre como desempenhar uma habilidade.

Movimentos Características de comportamento de membros específicos ou uma combinação de membros que são partes componentes de uma ação ou habilidade motora.

Organização Quando aplicado a uma habilidade motora complexa, é a relação entre os componentes da habilidade, quando aplicado a uma habilidade motora complexa.

Parâmetros de controle Variáveis de controle do movimento coordenado (p.ex., ritmo, velocidade e força) que variam livremente de acordo com as características de uma situação de ação. De acordo com a abordagem dos sistemas dinâmicos de controle motor, quando um parâmetro de controle varia sistematicamente (p.ex., a velocidade aumenta de baixa para alta), uma variável coletiva pode permanecer estável ou mudar sua característica de estado estável até um certo nível de mudança do parâmetro de controle.

Parâmetros Aspectos do programa motor generalizado que podem ser variados de um desempenho de uma habilidade para outro. Os aspectos de uma habilidade que devem ser acrescentados aos aspectos invariantes de um programa motor generalizado antes de uma pessoa poder desempenhar uma habilidade para atender as demandas específicas de uma situação.

Período de resistência psicológica (PRP) Um período de atraso em que a pessoa parece manter uma resposta planejada "em compasso de espera", enquanto executa uma resposta já iniciada

Período prévio Num paradigma de tempo de reação, é o intervalo de tempo entre um sinal de alerta e o sinal de largada ou o estímulo.

Pistas verbais Frases curtas e concisas que orientam a atenção do praticante para importantes características reguladoras do ambiente ou que preparam a pessoa para desempenhar os elementos-chaves do padrão do movimento, durante o desempenho de uma habilidade.

Platô de desempenho Durante a aprendizagem de uma habilidade, um período em que o aprendiz não apresenta nenhuma melhora no desempenho, depois de ter vivenciado melhoras consistentes. Normalmente, o aprendiz vivencia, então, uma melhora posterior com o decorrer da prática.

Porcentagem de transferência Uma medida da quantidade de transferência indicativa da porcentagem de melhoria na situação de transferência devido à experiência anterior.

Prática distribuída Um esquema de prática em que o período de repouso entre as tentativas ou grupos de tentativas é relativamente grande.

Prática maciça Um esquema de prática em que o intervalo de repouso entre as tentativas ou grupos de tentativas é, ou muito curto ou inexistente, de modo que a prática se torna relativamente contínua.

Prática mental Recapitulação cognitiva de uma habilidade física na ausência de movimentos físicos manifestos. Geralmente envolve imaginar-se desempenhando uma habilidade.

Preensão A ação de alcançar e agarrar um objeto que pode estar parado ou em movimento.

Preparação do movimento A atividade que ocorre entre a intenção de desempenhar e o início de uma ação. Às vezes, o termo programação motora é utilizado para se referir a essa atividade.

Problema dos graus de liberdade Um problema de controle que ocorre no planejamento de um sistema complexo destinado a produzir um resultado específico. O problema do planejamento implica em determinar como restringir os muitos graus de liberdade do sistema para que ele possa produzir os resultados específicos.

Procedimento de atraso de tentativas Um procedimento experimental utilizado no estudo do *feedback* aumentado. Trata-se de fornecer o *feedback* aumentado para uma tentativa, não logo depois que a pessoa concluiu aquela tentativa, mas depois da conclusão de uma tentativa posterior. P.ex., para um atraso de duas tentativas, o experimentador fornece *feedback* aumentado referente às tentativas 1, 2 e 3 depois das tentativas 3, 4 e 5 respectivamente.

Procedimento de tarefa dupla Um procedimento experimental utilizado no estudo da atenção para determinar o grau de interferência causado por uma tarefa quando a pessoa está desempenhando simultaneamente uma outra tarefa.

Processamento adequado de transferência Uma explicação da transferência positiva segundo a qual a transferência se deve às semelhanças nas características do processamento cognitivo exigido por duas situações de desempenho ou por duas habilidades.

Programa motor generalizado Uma representação geral na memória de uma classe de ações que compartilham características invariantes comuns. Fornece a base para o controle de uma ação.

Programa motor Uma representação na memória que armazena a informação necessária para o desempenho de habilidades motoras. Fornece as bases para enviar comandos ao sistema motor, de modo que a pessoa possa desempenhar as habilidades que lhe permitam atingir as metas de suas ações. Também é conhecido como *programa motor generalizado*.

Propriocepção Percepção das características de movimento do corpo e dos membros. As vias neurais aferentes enviam ao sistema nervoso central informação proprioceptiva sobre características como a direção do movimento do corpo e/ou dos membros, velocidade, localização espacial e ativação muscular.

Psicologia diferencial O estudo das diferenças individuais em psicologia.

Relação custo-benefício O custo (em termos de TR mais lento) e o benefício (em termos de TR mais rápido) que ocorre como resultado de enviesar a preparação de uma resposta favorecendo uma entre várias respostas possíveis (oposto à preparação em que se considera que cada resposta possível é igualmente provável).

Relação entre velocidade e precisão Uma característica do desempenho de habilidades motoras em que a velocidade do desempenho da habilidade é influenciada pelas demandas de precisão do movimento de tal forma que, aumentando a velocidade diminui a precisão, e vice-versa.

Segmentação Um método de treinamento de partes que envolve separar as habilidades em partes e, então, praticar as partes em separado, de forma tal que, após uma parte ter sido praticada, é então praticada em conjunto com a parte seguinte e assim por diante. *Consulte* também método das partes, progressivo.

Simplificação Um método de treinamento de partes que consiste em reduzir o grau de dificuldade de diferentes partes da habilidade.

Sistema de controle de circuito aberto Um sistema de controle em que toda a informação necessária para iniciar e realizar uma ação da forma planejada está contida nos comandos iniciais aos executores.

Sistema de controle de circuito fechado Um sistema de controle que em o *feedback* é comparado contra um padrão ou referência para permitir que uma ação especificada seja realizada conforme foi planejada.

Superaprendizagem Prática que continua além da quantidade necessária para atingir um certo critério de desempenho.

Técnica de esmaecimento Um método para diminuir a freqüência de *feedback* aumentado reduzindo sistematicamente a freqüência no decorrer da prática de modo que a pessoa vai sendo "libertada" gradativamente de sua dependência.

Técnica do ponto de luz Um procedimento de pesquisa utilizado para determinar a informação relativa que as pessoas utilizam para perceber e identificar ações humanas coordenadas. Envolve a colocação de LEDs ou material refletor de luz em certas articulações da pessoa e, depois, filmar ou gravar em videoteipe a pessoa desempenhando uma ação. Quando um partici-pante de um projeto de pesquisa assiste ao filme ou ao vídeo, ele vê somente os pontos brilhantes, i.e., somente as articulações em movimento.

Tempo de movimento (TM) O intervalo de tempo entre o início e a conclusão de um movimento.

Tempo de reação (TR) O intervalo de tempo entre o início de um sinal (estímulo) e o início de uma resposta.

Tempo de resposta O intervalo de tempo que envolve tanto o tempo de reação quanto o tempo de movimento; isto é, o tempo desde o início de um sinal (estímulo) até a conclusão da resposta.

Teoria da mediação cognitiva Uma teoria que procura explicar as vantagens do modelamento propondo que, quando a pessoa observa um modelo, ela traduz a informação do movimento observado em um código cognitivo que armazena na memória e utiliza quando o observador desempenha a habilidade.

Teoria de sistemas dinâmicos Abordagem que procura descrever o controle do movimento coordenado enfatizando o papel da informação no ambiente e as propriedades dinâmicas do corpo e dos membros.

Teoria dos elementos idênticos Explicação para a transferência positiva que afirma ser a transferência devida ao grau de semelhança entre as partes componentes ou às características de duas habilidades ou de duas situações de desempenho.

Teorias de recurso central Teorias da capacidade da atenção que propõem uma reserva central de recursos da atenção pela qual todas as atividades competem.

Teorias de recursos múltiplos Teorias da atenção que propõem a existência de vários mecanismos de processamento de informação, cada um deles com capacidade limitada de processar a informação simultaneamente durante o desempenho e a aprendizagem

Teste de retenção Teste de uma habilidade desempenhado por um principiante após um intervalo de tempo subseqüente ao término da prática.

Teste de transferência Teste em que uma pessoa deve desempenhar uma habilidade diferente da habilidade que praticou ou deve desempenhar a habilidade praticada numa situação diferente da situação original.

Timing **relativo** A proporção de tempo exigida pelos diversos componentes de uma habilidade durante o seu desempenho.

Transferência assimétrica Transferência bilateral em que há uma quantidade maior de transferência de um membro que de outro.

Transferência bilateral Transferência da aprendizagem que ocorre entre membros.

Transferência de aprendizagem O efeito de ter praticado ou desempenhado anteriormente uma habilidade sobre a aprendizagem de uma nova habilidade.

Transferência intertarefa Transferência entre tarefas ou habilidades.

Transferência intratarefa Transferência que ocorre dentro de uma tarefa ou habilidade como resultado de uma experiência interveniente.

Transferência negativa O efeito negativo da experiência prévia no desempenho de uma habilidade, de modo que a pessoa apresenta um desempenho pior do que desempenharia sem a experiência prévia.

Transferência positiva Melhora da qualidade do desempenho de uma habilidade devido à experiência anterior.

Transferência simétrica Transferência bilateral em que a quantidade de transferência de um membro para outro é semelhante, independentemente de que membro seja utilizado primeiro.

Variabilidade da prática Variedade de características do contexto e do movimento que a pessoa vivencia enquanto pratica uma habilidade.

Variabilidade intertentativas Uma característica ambiental na taxonomia de Gentile de habilidades motoras. Trata-se de verificar se as condições reguladoras existentes para o desempenho de uma habilidade em uma situação ou para uma tentativa estão presentes ou ausentes na situação ou tentativa seguinte.

Variância explicada A quantidade, representada por uma porcentagem da variância estatística do escore de um desempenho explicado por algum fator como o escore num teste de capacidade.

Variáveis coletivas Variáveis funcionalmente específicas e abstratas que definem o comportamento global de um sistema. Permitem que um padrão coordenado do movimento seja reproduzido e diferenciado de outros padrões. Também conhecido como parâmetros de ordem.

Velocidade Uma medida cinemática que descreve como a posição do movimento varia relativamente ao tempo. É calculada, dividindo o deslocamento pelo tempo.

Vigilância Manutenção da atenção em uma situação de desempenho em que é baixa a freqüência dos estímulos que solicitam uma resposta.

Índice de nomes

Abernethy, B., 123, 124, 126
Abrams, R. A., 77
Ackerman, P. L., 306, 314, 316
Ada, L., 158
Adams, J. J., 78, 148, 190, 201, 229, 262, 263, 264
Allard, F., 45, 64
Allen, J. B., 29
Allport, D. A., 111
Amblard, B., 70
Anderson, D.1., 38, 157, 231, 232, 254
Annett, J., 175, 207, 212, 261
Anson, J. G., 96, 97
Arnold, R. K., 218
Aronson, E., 62
Ash, D.W., 279
Assaiante, C., 70
Avener, A., 286

Baddeley, A. D., 259, 260, 261
Bahill, A.T., 72, 73
Bandura, A., 185, 190, 192, 193, 194
Bard, C., 61
Bard, D., 127
Barr, K. A., 291
Barrow, H., 302
Barry, E B., 30
Bartlett, F. C., 44
Barton, J. W., 275
Battig, W. F., 249
Beardshall, A., 99
Becker, B. J., 286

Bedmar, M., 223
Beek, P.J., 51, 54, 84, 85, 86
Beirinckx, M. B., 82, 83
Benedetti, C., 234
Berg, W.P., 67
Berman, A.J, 58
Bernstein, N., 39, 80, 155, 159
Bilodeau, E. A., 203, 229, 235
Bilodeau, I. M. A., 203, 229, 235
Bird, A. M., 191
Bizzi, E., 45, 58, 59
Blais, C., 194
Blouin, l., 60
Boone, J., 201
Bootsma, R. J., 72
Boulter, L. R., 229
Boutcher, S. H., 317
Bouzid, N., 262
Boyce, B. A., 240
Brace, D., 302
Brady, J. I., Jr., 170
Brandsford, J. D., 170
Braren. P. A., 129
Briggs, G., 275
Broadbent. D. E., 108
Brown, R. W., 275
Brown, T.G., 86
Bryan, W. L., 148
Buckholz, E., 293
Buekers, M. J., 191, 208
Bullock. D., 41

ÍNDICE DE NOMES 353

Burns, B. D., 84
Burwitz, L., 190
Bush, M. A., 287
Butler, M. S., 23

Caird, J. K.. 190
Campbell, K. C., 97
Cargoe, S. L., 64
Carlton, L. G., 102, 220
Carlton, M. J.. 102, 276
Carnahan, H., 129, 216, 240
Carroll,W. R., 190, 193, 194
Carron, A. V., 264, 265
Cartledge, N., 201
Cason, H., 203
Cauraugh, J. H., 116, 216, 217, 227
Cavanagh, P. R., 161
Cavazos, R., 252
Chamberlin, C. J., 204, 208
Chen, D., 216, 217
Chen, R., 116
Chieffi, S., 79
Chollet, D., 223
Christina, R. W., 96, 97, 100, 102
Cockrell, D. L., 129
Conn, J. H., 14
Cook, T.. 178
Corbin, C., 286
Cournoyer, L., 207
Cox, R. H., 317
Crawshaw, C. M., 262
Crossman, E. R. F. W., 71, 156, 157
Cutting, J. E., 87, 187
Cutting, J. W., 129
Cutton, D. M., 195
Czerwinski, M., 129

Dainis, A., 160
Damos,D., 174, 175
Daniels, F. S., 223
Dantuma, R., 160
Davids, K., 70
Davis, G., 68

Davis, R. C., 181
Del Rolan, N., 219, 220
den Brinker, B. P. L. M., 213
Dernier van der Gon, J. J., 46
Diestel, J. D., 47, 54, 87
Dixon, W. R., 275, 277
Domingues, D. A., 252
Donchin, E., 282
Donovan, E.. 31
Doody, S. G., 191
Dowell, M. N., 196
Drowatzky, J. N., 303, 304
Dugas, C., 207
Duncan, J., 101
Durand,M., 161

Eason, R. G., 99
Eghan, T., 205, 237
Elliott, D., 45, 64, 70, 100, 179
Ellis, H. C., 262
Ericsson, K. A., 164, 165, 268

Fairweather, M. M., 46, 97, 289
Feltz, D. L., 201, 286
Findlay, J. M, 124
Fischman, M. G., 23, 70, 71, 96, 97
Fishburne, G. J.. 144, 148, 295
Fisher, A. T., 276
Fishman, S., 205, 237
Fitts, P. M., 75, 95, 151, 163, 315
Flatt,A.E., 59
Fleishman, E. A., 302, 304, 315, 316
Fleury,M., 60, 61, 127
Flinn, N., 159
Flowers, J. H., 120
Ford, S. K., 84
Forget, R., 60, 61
Forssberg, H., 67
Fowler. C. A, 52
Frank. J. M., 181
Frank, J. S., 77
Franks, l. M., 146, 148
Franks, J. J., 170
Franz. E., 95

Galanter, E., 44
Gallagher, J. D., 221, 233
Gaul, C. A., 289
Gelade, G., 125
Genovese, E. D., 263, 265
Gentile, A. M., 9, 10, 85, 152, 154, 169, 190, 244, 245
Gentilucci, M., 79
Gentner, D., 47
Geoffroi, V., 161
Gerney, P., 270
Geurts, A. C. H., 114
Geuze, R. H., 46, 160
Gibson, J. J., 192
Gill, E. B., 69
Ging. C. A., 253, 254
Girouard, Y., 207
Glass, L., 87
Gleick, J., 50, 54
Glencross, D. J., 96
Godwin, M. A., 147
Goldberger, M., 270
Goodale, M. A., 78
Goode, S. L., 251, 252
Goodeve, P. J., 77, 78
Goodman, D., 81
Gopher, D., 111, 282
Gormley, J., 161
Goss, S., 295
Gould, D., 291
Goulet, C., 127
Green, T.D., 120
Greene, T. A., 227
Greer, N. L., 67
Gregor, R. J., 47, 48, 54, 88
Grillner, S., 87
Grossberg, S., 41
Gualtieri, T. C., 181
Guy, D.E., 233

Hadden, C. M., 227, 228
Hagler, T. W., 206, 208
Hagman, J. D., 269, 272

Hale, B. D., 292
Hall, C. R., 253, 291, 295
Hall, K. G., 119, 120, 204, 208, 218, 251, 253, 256
Halliwell, W., 312
Hamilton, W., 107
Hancock, G. R., 23
Hand, J., 191
Hart, T. J., 160
Harter, N., 148
Hatze, H., 221
Hautala, R. M., 14, 279, 280
Hawkins, B., 64, 77
Haywood, K. M., 127
Hebert, E. P., 191, 195, 205
Heilman, K. M., 179
Heise, G. D., 30, 31, 161
Helsen, W., 128
Hempel, W. E., 314, 315, 316
Henry, F. M., 21, 44, 46, 96, 97, 100, 303, 314
Hesson. J., 281
Heuer. H., 47
Hick, W. E., 92
Hicks, R. E., 181
Higgins, J. R., 153, 154
Higgins, T., 157
Hillen, B., 160
Hird, J. S., 287, 288
Hockley, R. J., 124
Hoenkamp, H., 187
Hogan, J., 231
Holding, D. H., 173, 276, 279
Holt, K. G., 59, 61
Horan, J. J., 287, 288
Hubbard, A. W., 72
Hulin, C. L., 314
Hulstijn, W., 223

Indermill, C., 251, 253, 254
Irizarry-Lopez, V. W., 161
Irwin, D. E., 92

Jackson, A., 291
Jacobson, E., 292

ÍNDICE DE NOMES 355

Jaegers, S. M. H. J., 160
Jaffe, S., 99
Jakobson, L. S., 78
James, W., 44, 107
Janelle, C. M., 238
Jeannerod, M., 78
Johansson, G., 187
Johnels, B., 67
Johnson, B., 303
Jongsma, D. M., 100
Jorgensen, M. J., 105

Kahneman, D., 109, 110, 125
Kalbfleisch, L. E., 79
Kamon. E., 161
Kantowitz, B. H., 113
Kardin, L., 228
Karnes, E. W., 281
Keele, S. W., 49, 64, 115
Kelso, J.A.S., 50, 52, 59, 60, 65, 81, 155, 313
Kennedy, T. M., 280
Kennodle, M. W., 219
Kim, J., 238
Kinsbourne, M., 181
Kisselburgh, L., 64
Knapp, C. G., 275, 277
Knight, J. L., Jr., 113
Koeppel, J., 201
Kohl, R. M., 179, 180, 251, 253, 254, 271
Kornblum, S., 77
Kozlowski, L. T., 187
Kram, R., 161
Krampe, R. T., 164, 165, 268
Krampitz, J., 205, 237
Kugler, P. N., 155

Lajoie, Y., 60
Lamarre, Y., 60, 61
Lambert, A. L., 97
Landers, D. M., 189, 223, 286, 288, 317
Landin, D., 191, 194, 195, 205
Larish, D. D., 95
LaRitz, T., 72, 73

LashLey, K. S., 44
Laszlo, J. L., 60
Laurent, M., 68
Leavitt, J. L., 162, 190
Lee, A. M., 202
Lee, D.N., 62, 63, 66, 68, 86, 87, 117
Lee, T. D., 82, 100, 144, 145, 159, 174, 190, 216, 232, 234, 238, 250, 251, 254, 255, 263, 265
Leonard, S. D., 281
Lewthwaite, R., 127, 237
Lidor, R., 116
Lightfoot, N., 129
Lindahl, L. G., 220, 221
Linden, C. A., 287
Lintern, G., 207, 212, 228, 276
Lishman, J. R., 66, 117
Little, W. S., 201
Liu, Z., 252
Locke, E. A., 201
Loeb, J., 108
Logan, G.D., 46, 117
Loken, W. J., 100
Long, C.J., 100
Longman, D. J. A., 259, 260, 261

MacKenzie, C. L., 64, 78
Mackey, M. C., 87
Mackworth, N. H., 99
Magill, R. A., 46, 58, 68, 119, 120, 141, 189, 196, 204, 205, 208, 214, 215, 218, 227, 228, 231, 232, 233, 251, 252, 253, 256
Mahoney, M. l., 286
Mané, A., 282
Marchand, A. R., 70
Mark, L. S., 68
Marriott, A. M., 70
Marteniuk, R. G., 64, 78, 79, 141, 142, 161, 162, 207, 229
Martens, R., 190
Martin, M., 223
Martino, P. V., 221
Masser, L. S., 195
Mathiowetz, V., 281
McBride, E., 287

McCloy, C. H., 302
McCririe, N., 69
McCullagh, P. M., 185, 190, 194, 201, 234
McDonald, P. V., 244
McFayden, B. J., 129
McNitt-Gray, J., 68
Meeuwsen, H., 68
Melnick, M. J., 270
Meugens, P. F., 82, 83
Meyer, D. E., 77, 92
Micallef, J. P., 223
Milgram. P., 70
Miller. G. A., 44
Miracle, A., 105
Mol, C. R., 46
Montes, R., 223
Moore, B., 240
Moore, J. F., 97
Moore, S. P., 161
Morgan, R. L., 249, 251, 253, 255
Morris, C. D., 170
Mortimer, R. G., 228
Mourant, R. R., 128
Mowbray, G. H., 101
Mulder, T. W., 114, 224
Murphey, M., 116

Navon, D., 111
Naylor, J., 275
Neilson, P. D., 158
Nelson, J. K., 303
Newell, K. M., 30, 31, 55, 102, 155, 158, 185, 192, 203, 206, 221, 244, 276
Nicholson, D. E., 82, 229
Nideffer, R. M., 116
Nimmo-Smith, l., 104, 105
Norman, D. A., 108
Norrie, M. L., 101

O'Dwyer, N. J., 158
Oliver, S. K., 244
Osman, A. M., 92
Otto, R. L., 100
Oxendine, J., 281

Paillard, J., 60, 61
Parks, P. F., 58
Paulignan, Y., 78
Pauwels, J. M., 82, 83, 128
Peper, C. E., 84, 85
Peters, M., 118
Peterson, R. F., 160
Pew, R.W., 118
Pick. H. L., 70
Piech, J., 261
Pieron, M., 205
Pohl, P. S., 127, 237
Polit, A., 46, 59
Pollock, B. J., 190
Pongrac, J., 295
Posner, M.1., 64, 115, 151, 163, 315
Poulton, E. C., 9
Prefaut, C., 161
Pribram, K. H., 44
Proctor, R. W., 94, 95, 97, 105
Proteau, L., 207

Quaintance, M. K., 302, 305
Queseda, D. C., 95
Quinn, J. T., Jr., 73, 206, 221

Rabbitt, P. M. A., 97
Rabischong, P., 223
Radlo, S. J., 216, 217
Ragsdale, M. R., 248
Raibert, M., 180
Reeve, T. G., 94, 95, 118
Reilly, R. R., 316
Reynolds, B., 263, 264
Rhoades, M. U., 101
Richardson, A., 286
Roberts, W. H., 229
Rockwell, T. H., 128
Roenker, D. L., 179, 180
Rogers, C. A., 233
Rogers, D. E., 44, 46, 95, 96
Rogers, W. M., 291

ÍNDICE DE NOMES

Romanow, S. K. E., 142, 162
Roscoe, S. N., 207, 212, 228
Rose, D. J., 96, 102
Rosenbaum, D. A., 84, 87, 93, 105
Rosenberg, K. S., 70
Ross, D., 185, 191
Ross, M., 221
Rothstein. A. L., 218, 287
Roy, E.A., 64
Russell, D.G., 123, 124, 126
Rutter, B. G., 276
Ryan, E. D., 292, 293

Salmoni, A. W., 214, 235, 236
Sanders, R. H., 29
Sandry, D. L., 112
Schellekens, J., 160
Schendel, J. D., 269, 272
Schmidt, R.A., 44, 45, 47, 77, 83, 95, 147, 161, 164, 175, 207, 214, 230, 235, 236, 238, 239, 244, 262
Schmidt, R. C., 7
Schneider, K., 161
Schneider, T., 71
Schoenfelder-Zohdi, B. G., 30, 31, 119, 120, 185, 188, 189, 205, 218, 240
Scholz, J. P, 50
Schöner, G., 49, 50
Schroeder, S. R., 181
Schumsky, D. A., 203
Scully, D. M., 185, 192
Seeger, C. M., 95
Sekiya, H., 46, 97, 232, 254
Selder, D. J., 219, 220
Seng, C. N., 72
Shaffer, L. H., 84
Shank, M. D., 127
Shapiro, D. C., 46, 47, 48, 54, 88, 239
Shea, C. H., 118, 239, 250, 255, 271
Shea. J. B., 249, 251, 253, 254, 255
Shepherd, M., 124
Shepherd, R. B., 85
Sheridan, M. R., 102
Sherrington, C. S., 86

Sherwood, D. E., 216, 240, 278
Shiffrin, R. A., 129
Shumway-Cook, A., 87
Sidaway, B., 29, 30, 38, 46, 68, 97, 157, 190, 227, 228, 231, 240, 256, 289
Siedentop, D., 213
Siegel, D., 102, 282, 283
Silverman, S., 205, 237
Silvers, G., 65
Simons, J., 292, 293
Singer, R. N., 116, 238, 292, 303
Sivier, J., 207, 228
Slater-Hammel, A. T., 46
Smith, D., 287
Smith, J., 164
Smith, J.E.K., 77
Smyth, M. M., 65, 70
Solomon, M. A., 201
Southard, D. L., 81, 105, 157
Spaeth, R. A., 153, 154
Sparrow, J., 175
Sparrow, W. A., 30, 161, 206, 221, 237
Stabler, J. R. L. W., 212
Staum, M. J., 281
Steenbergen, B., 79
Steg, G., 67
Stegeman, D. F., 85
Stein, B. S., 170
Stelmach, G. E., 95, 206
Stephenson, J. M., 69
Stichl, J., 194
Summers, J. J., 84, 177, 237, 280
Suwanthada, S., 290
Swinnen, S. P., 82, 83, 144, 145, 159, 229, 230, 234, 239

Taub, E., 58
Taylor, H. G., 179
Teasdale, N., 60, 61
Teichner, W. H., 98
Tennant, L. K., 116
Tenopyr, M. L., 316
Terzuolo, C., 48
Tesch-Romer, C., 164, 165, 268
Thomas, J. R., 233, 287, 288, 312

Thomson, J. A., 66, 68, 117
Thorndike, E. L., 173
Thornton, A. E., 100
Tobey, C., 205, 237
Treisman, A., 125
Tresilian, J. R., 63
Trowbridge, M. H., 203
Trussell, E., 311, 312
Tuller, B. H., 52
Tupper, R. W., 233
Turvey, M.T., 7, 38, 40, 54, 85, 155, 192
Twitmeyer, E. M., 190
Tyson, L. A., 205, 237

Uhley, D., 287

van Emmerik, R. E. A., 30, 31, 86, 158, 244
van Galen, G. P., 80
Van Gyn, G. H., 289
van Wieringen, P. C. W., 51, 72, 84, 213
Vander Linden, D. W, 227, 228
Vatikiotis-Bateson, E., 52
Vercruyssen, J. P., 97
Vereijken, B., 30, 31, 244
Verschueren, S., 82, 144, 145, 159
Vidulich, M., 112
Vishton, P. M., 87, 129
Viviani, P., 48
von Hofsten, C., 70
Vorro, J., 161
Vyas, S. M., 97

Wade, M. G., 67, 281
Wadman, W. J., 46
Wagenaar, R. C., 86
Wallace, S. A., 68, 79, 103, 104, 206, 208
Walter, C. B., 82. 83, 206, 214, 221, 235, 236
Wang, M. Q., 317
Wann, J. P., 104, 105
Warren, W. H., Jr., 68, 86, 87
Watters, R. G., 279
Weeks, D. J., 95, 105
Weeks, D L., 68, 79, 103, 104, 240

Weil, M., 282, 283
Weinberg, D. R., 233
Weinberg, R., 291
Weir, P. L., 64, 190
Weiss, M. R., 185, 194
Weiss, M. T., 194
Welford, A. T., 108
Wenger, H A., 289
White, J. L., 164
White, M. A., 216
Whiting, H. T. A., 30, 31, 69, 186, 193, 213, 244
Wickens, C. D., 111, 112, 174, 175
Wickstrom, R. L., 275
Wiese-Bjornstal, D. M., 194
Wightman, D. C., 276
Wilberg, R. W., 140, 148
Williams, J. G., 69, 186
Wilson, F. R., 161
Winstein, C. J., 127, 207, 235, 236, 237, 238
Wood, C. A., 214, 215, 221, 253, 254
Woodrow, H., 99
Woollacott, M., 87
Wright, C. E., 77
Wrisberg, C. A., 118, 248, 252
Wulf, G., 254
Wundt. W., 107
Wuyts, I. J., 191

Yanowitz, B., 231
Yantis, S., 92
Young, D. E., 46, 175, 239
Young, D. S., 68, 86, 87
Young, N. D., 302

Zangger, P., 87
Zanone, P. G., 313
Zedeck, S., 316
Zelaznik, H. N., 64, 77, 95
Zernicke, R. F., 47, 48, 54, 87, 160
Zimny, S. T., 255
Zuberec, S., 70
Zuccato, F. C., 303, 304
Zuckerman, J., 190

Índice

Abordagem dinâmica, modelamento, 191-192
Ação de levantar e sentar, 85
Aceleração, como medida cinemática, 25-27
Ações, significado das, 7
Acompanhamento auditivo e método de simplificação, 280
Adaptabilidade e desempenho, 138
Ambidestreza e informação visual, 63
Apreensão e experiência, 70
    estágios da ação, 69
    e visão, 69-71
Aperfeiçoamento e desempenho, 137
Aprendizagem
    alterações na ativação muscular, 160
    comparada ao desempenho, 137
    definição da, 137
    e atenção visual, 162-163
    e condições reguladoras/não-reguladoras, 152, 153
    e coordenação do segmento do membro, 156-159
    e detecção de erro, 163-164
    e eficiência do movimento, 161
    e metas cinemáticas da habilidade, 162
    e padrões de coordenação preferencial, 159-160
    e taxa de aperfeiçoamento, 155-156
    especialidade, 164-165
    estágio associativo, 151
    estágio autônomo, 151
    estágio cognitivo, 151
    feedback na. Consulte Feedback aumentado
    fixação/diversificação em, 153
    mal representada pelo desempenho da prática, 144-146
    modelo de dois estágios, 152-154, 155
    modelo de estágios de controle e de coordenação, 155
    transferência da. Consulte Transferência da aprendizagem,
Aprendizagem de habilidades motoras. *Consulte* Aprendizagem
Aprendizagem observacional. Consulte Modelamento
Aspectos cognitivos
    na prática mental, 291
    na transferência bilateral, 177
Aspectos invariantes na teoria do programa motor, 42-47
Atirar com rifle,
    e *feedback* resumido, 240
    uso do *biofeedback* ao, 223
Atenção,
    automatismo, 117
    como limitação do desempenho humano, 108
    deslocamento de atenção, 116
    e aprendizagem, 162-163
    e busca visual, 125
    e conscientização, 117-120
    e despertar, 110
    e *feedback* aumentado, 213
    e pistas ambientais, 118-120
    e instruções verbais, 193
    e método das partes progressivo, 282-283
    e modelamento, 192
    estudo da, 107-108
    focalização, 115-117

intenções momentâneas, 282
significado da, 108
teoria de filtro, 108
teorias de recurso centrais, 109-111
teorias de recursos múltiplos, 111-112
Atingir objetos em movimento e visão, 71-72
Atleta completo e capacidade motora, 303-304
Atraidores na teoria de sistemas dinâmicos, 50
Aulas de Educação Física
feedback aumentado nas, 201-202
superaprendizagem nas, 271
variabilidade da prática nas, 250
Auto-conversa como pistas verbais, 195
Auto-eficácia e expectativas de desempenho, 201
Automatismo,
atenção, 117-118
significado da, 117
Auto-organização na teoria de sistemas dinâmicos, 52
Avaliação da aprendizagem
dinâmica da coordenação, 144-146
observação do desempenho, 138-142
testes de retenção, 142-143
testes de transferência, 143-144
Avaliação da atenção
método da tarefa secundária contínua, 113
método da sondagem de tarefa secundária, 113-115
procedimento da tarefa dupla, 113-115
Avaliação da busca visual
métodos de simulação por vídeo, 123
registro do movimento dos olhos, 123-124
Avaliação da capacidade motora
capacidades e prática inicial versus prática posterior, 315-316
correlações intertentativas, 312-314
escores iniciais/ posteriores, correlação dos, 311-316
importância da, 307
precisão da predição, 310
predição do potencial de desempenho, 316-317
variância explicada, 310
Avaliação da coordenação, 29-30
abordagens quantitativas, 31
resultados da medidas, 29, 30

Avaliação do desempenho de habilidades motoras
avaliação da coordenação, 29-31
cinética, 28
eletromiografia (EMG), 19, 29
medidas cinemáticas, 25-28
medidas de erros, 21-25
medida dos resultados do desempenho, 18
medidas da produção do desempenho, 18
tempo de reação, 18-19

Badminton e busca visual, 126
Batida no tênis de mesa e visão, 72
Biofeedback como *feedback* aumentado, 212
Busca visual
e atenção, 125, 126
e *badminton*, 126
e batida no beisebol, 127
e dirigir carro, 128
e futebol, 128
e jogo de tênis, 127-128
e movimentação em ambientes com obstáculos, 129-130
e preparação da ação, 126-129
e preensão durante a caminhada, 128
estratégias de ensino para a, 129
restrições de tempo na, 126
significado da, 122

Capacidade
Consulte também Capacidade motora
definição de, 302
Capacidade de proficiência física
tipos de, 305-306
Capacidade de pontaria, 305
Capacidade de imaginar
avaliação da, 294, 295
definição da, 295
e prática mental, 292-294
Capacidade motora
capacidades perceptivo-motoras, 305
capacidades de proficiência física, 305-306
capacidade psicomotora, 302
e atleta completo, 303-304
hipótese da capacidade motora geral, 302

ÍNDICE

hipótese da especificidade da capacidade motora, 302-303
Capacidade motora, significado da, 302
Capacidade psicomotora, natureza da, 307
CD descritivo, 217, 222
CD prescritivo, 217, 222
Cinemática
    como *feedback* aumentado, 220-222
    significado da, 25
Cinética, 28-29
    como medida de força, 28
    significado da, 28
Cirurgia para substituição de articulações, 59
Classificação das habilidades motoras, 6-16
    classificação bidimensional, 10-15
    classificação unidimensional, 7-10
    contexto ambiental, 11-12
    dezesseis categorias da habilidade, 12-13
    função da ação, 12
    habilidades motoras abertas, 9-10
    habilidades motoras contínuas, 9
    habilidades motoras discretas, 8
    habilidades motoras fechadas, 9
    habilidades motoras finas, 8
    habilidades motoras grossas, 8
    habilidades motoras seriais, 8
    usos da taxonomia, 13
Codificação espacial, preparação do movimento, 105
Comandos do movimento, 41
Compatibilidade estímulo-resposta e tarefas de movimento, 95
Complexidade do movimento e preparação do movimento, 96-97
Compromisso custo-benefício e tarefas de movimento, 95
Compromisso velocidade-precisão (Lei de Fitts)
    aspectos básicos do, 75-78
    e manual, 77
    restrições da tarefa/objetivos do desempenho como variáveis, 79
Conscientização, e atenção, 117-120
Condições não-reguladoras e aprendizagem, 153, 247
Condições reguladoras
    e aprendizagem, 152
    e movimento, 11-12
    e variabilidade da prática, 245-248

Conforto do estado final, 105
Confusão cognitiva e transferência negativa, 177
Congelamento dos graus de liberdade, 157
Conhecimento de desempenho (CD) baseado na análise de habilidades, exemplo de, 218
    CD descritivo, 218
    CD prescritivo, 218
    CD verbal, 216-218
    exemplos de utilização, 206, 208, 212
    natureza do, 200
Conhecimento de resultados (CR)
    exemplos de utilização, 203-205, 207-209
    intervalo de atraso do CR 226, 229-234
    intervalo pós-CR, 226
    natureza do, 200
Controle do circuito fechado
    e propriocepção, 57
    exemplos de, 42
    para o controle do movimento, 39-41
Coordenação
    coordenação bimanual, 80-85
    definição de, 38
    problema dos graus de liberdade, 39
    sistema de controle de circuito aberto, 39-41
    sistema de controle de circuito fechado, 39-41
    teorias da. *Consulte* Teorias do controle motor,
Coordenação bimanual, 80-85
    malabarismo, 85
    movimentos da alavanca bimanual assimétrica, 82-83
    ordem na prática de práticas parciais, 276-282
    preferência pelo sincronismo dos membros, 81-82
    tamborilamento, 84
    tocar piano, 83, 278
Coordenação e modelo das etapas de controle, aprendizagem, 155
Curva acelerada negativamente
    curvas de desempenho, 139, 140
Curva acelerada positivamente
    curvas de desempenho, 139, 140
Curva em ogiva (forma de S)
    curvas de desempenho, 139, 140

Curva linear
  curvas de desempenho, 139, 140
Curvas de desempenho
  curva acelerada negativamente, 139, 140
  curva acelerada positivamente, 139, 140
  curva em ogiva (em forma de S), 139, 140
  curva linear, 139, 140
  função da, 139
  para medidas cinemáticas, 140-142
  para medidas de resultados, 138-140

Deaferenciação, na pesquisa proprioceptiva, 58, 60
Decerebração, em pesquisa de locomoção, 86
Demonstração. *Consulte* Modelamento
Desempenho
  característico durante a aprendizagem de habilidades, 138
  comparado à aprendizagem, 137
  definição de, 136
  desempenho da prática, 146-148
  e prática mental, 287-288
  platôs de desempenho, 146, 148
Deslocamento, como medida cinemática, 25
Despertar
  e atenção, 110
  significado da, 110
Destreza dos dedos, 305
Destreza manual, 305
Detecção de erros e aprendizagem, 163-164
Diferenças individuais
  estudo das, 301-302
  na aprendizagem de habilidades, 313
  teorias da capacidade motora, 302-303
Digitação
  distribuição de prática, 259-262
  prática parcial, 281
Dinâmica da coordenação, avaliação da aprendizagem, 144-146
Direcionamento manual
  e preensão, 78-79
  e visão, 62-64
  fases do movimento, 63
  fatores de controle do, 63-64
  relação velocidade-precisão (Lei de Fitts), 75-78
Dirigir carro e busca visual, 130

Distribuição da prática
  benefícios de sessões mais curtas, 259-262
  controvérsia relacionada a, 262-263
  definição da, 259, 262
  duração das sessões, 259-262
  intervalo intertentativas, 262-266
  para habilidades contínuas, 263, 266
  para habilidades discretas, 264-266
  prática maciça versus prática distribuída, habilidades relacionadas à, 266
Diversificação e aprendizagem, 153

Efeito da posição na série, instrução nas habilidades seriais, 198
Efeito de interferência contextual, 249-256
  hipótese de reconstrução do plano de ação, 255-256
  hipótese da elaboração, 255
  prática de alta interferência contextual, efeitos positivos, 252-255, 255-256
  prática de baixa interferência contextual, efeitos negativos, 250-251
  significado do, 250
  variações de habilidades, 253
Efeito de precedência-recenticidade, instrução em habilidades seriais, 196
Eficiência do movimento e aprendizagem, 161
Eletromiografia (EMG)
  avaliação do desempenho de habilidades motoras, 19, 29
  biofeedback EMG como *feedback* aumentado, 222-223
  estudos do movimento, 46
Equilíbrio, 306
  equilíbrio dinâmico, 306
  equilíbrio estático, 306
Equilíbrio estático, 306
Equivalência motora e escrita à mão, 80
Erro absoluto (EA), 21-23
Erro constante (EC), 22
Erro quadrático médio (EQM), 24-25, 31
Erro variável (EV), 23
Escores de economia, significado do, 171
Escrever à mão, 79-80, 144-145
  capacitação da equivalência motora, 80
  e visão, 65
  escrevendo com a mão não-dominante, 157-158

ÍNDICE

interação cotovelo-pulso-caneta, 157
problemas da força ao segurar a caneta e da pressão sobre o papel, 105
processo de, 79-80
Especialidade, 164-165
   estrutura de conhecimento de especialistas, 165
   fases na aquisição da, 165
   fatores temporais da, 165
   visão, uso da, 165
Esquema, significado do, 44
Estabilidade
   na teoria de sistemas dinâmicos, 41
   no desempenho, 144-146
Estados atraidores, 313
Estágios associativos, aprendizagem, 151
Estágios autônomos, aprendizagem, 151
Estágios cognitivos, aprendizagem, 151
Estamina, 305
Estimativa subjetiva do erro, 231
Estruturas coordenativas, em teorias de sistemas dinâmicos, 52
Eventos de corrida de fundo e prática mental, 288-289

Fatores ambientais, na taxonomia de habilidades motoras, 11-12
Fatores neuromusculares, prática mental, 292
Fatores perceptivos
   e ações, 53
   propriocepção, 57-61
   visão, 61, 73
Feedback
   Consulte também Feedback aumentado, 199
   feedback intrínseco à tarefa, 199
   tipos de, 199
Feedback de aumento concomitante, 200, 225, 226-228
   e resultados da aprendizagem, 226-228
   implementação do, 226-228
   versus feedback aumentado terminal, 226-228
Feedback aumentado e atenção, 211-212
   biofeedback como, 222-223
   cinemática como, 220-222
   como impedimento para a aprendizagem, 206-212

como motivação, 201
conhecimento de desempenho, CD, 200, 216-218
conhecimento de resultados, CR, 200
conteúdo do *feedback*, 212-216
diretries para uso do, 222
e amplitudes do desempenho, 215
e processos de aprendizagem de habilidades, 201-202
feedback aumentado concomitante, 200, 225-226, 226-228
feedback aumentado qualitativo, 213-215, 217
feedback aumentado quantitativo, 213-215
feedback aumentado terminal, 200, 226, 228-234
   situações para uso do, 202-203, 205-206
   situações que não requerem, 203, 205, 206-209
   vídeoteipe como, 218-220
Feedback aumentado qualitativo, *feedback* aumentado, 213-215, 217
Feedback aumentado resumido, 238-240
   benefícios do, 238-240
Feedback aumentado terminal, 200, 226, 228-234
   intervalo de atraso de CR, 226, 229-233
   intervalo pós-CR, 228, 233-234
   versus *feedback* aumentado concomitante, 226
Feedback aumentado quantitativo, 213-215
Feedback intrínseco à tarefa, 199
Fixação/diversificação, e aprendizagem, 153
Flexibilidade, 305
Focalização, atenção, 115-117
Força, cinética como medida da, 28
Força dinâmica, 305
Força estática, 305
Força explosiva, 305
Forma da superdiagonal, 313
Fracionamento
   e habilidades bimanuais, 277-278
   exemplos de utilização, 276-277
   ordem da prática para a, 278
Freqüência absoluta, 235
Freqüência do *feedback* aumentado, 234-240
   abordagem da amplitude baseada no desempenho, 238
   feedback aumentado resumido, 238-240
   freqüência absoluta, 235

freqüência regulada pelo aprendiz, 238
freqüência relativa, 235-236
hipótese de orientação, 236
implicações do efeito da freqüência, 239
técnica de esmaecimento, 236
Freqüência relativa, 235-236
freqüência relativa ideal, 236
Função da ação, em taxonomia de habilidades motoras, 12
Futebol e busca visual, 128

Graus de liberdade
congelamento dos graus de liberdade, 157
controle na reabilitação, 159
problema dos graus de liberdade, 157
significado dos, 39

Habilidades
Consulte também Habilidade motora
definição da, 302
Habilidades de pontaria, *Consulte* Pontaria manual
Habilidades de equilíbrio dinâmico, 306
e superparendizagem, 270
Habilidades de procedimento, e superaprendizagem, 269-270
Habilidades motoras
características das, 6
complexidade das, 12-13
definição de, 6
habilidades fundamentais, 8
organização da habilidade, 275
termos relacionados à, 6
tipos de. *Consulte* Classificação das habilidades motoras
Habilidades motoras abertas
ensino das, 13
natureza da, 9-10
variabilidade da prática, 247-248
Habilidades motoras contínuas e prática maciça, 263-266
natureza das, 9
Habilidades motoras discretas
natureza das, 8
e prática maciça, 263-266
Habilidades motoras fechadas
natureza da, 9-10
variabilidade da prática, 245-248
Habilidades motoras finas, natureza da, 8
Habilidades motoras grossas, natureza da, 8
Habilidades motoras seriais, natureza da, 8-9
Habilidades perceptivo-motoras, tipos de, 305
Hipótese da capacidade motora geral, 302-303
Hipótese de elaboração, efeito de interferência contextual, 255
Hipótese da especificidade das habilidades motoras, 302
Hipótese de reconstrução do plano de ação, efeito de interferência contextual, 255-256
Hipótese orientadora, freqüência do *feedback* aumentado, 236

Idéia de movimento, aprendizagem da, 152
Imaginário externo, significado do, 286
Imaginário interno, significado do, 286
Imaginário, interno e externo, 286
Índice de dificuldade (ID), para habilidades de direcionamento, 72
Instrução da habilidade
Consulte também Aprendizagem; Prática
e efeito de posição na série, 196
e *feedback* aumentado, 198-209
instrução verbal, 193-196
modelamento, 184-193
Instrução verbal, 193-196
e atenção, 193
e estratégias para obtenção da meta, 194
problemas da, 194
Intenções momentâneas, 282
Intervalo de atraso do CR, 226, 233-34
aplicações práticas do, 233
duração do, 229
efeitos negativos durante o, 230
efeitos positivos durante o, 229
resultados da atividade durante o, 233-234
Intervalo intertentativas, distribuição da prática, 262-266
Intervalo pós-CR, 226, 233-234
aplicações práticas do, 233
duração do, 233
efeitos negativos durante o, 233
efeitos positivos durante o, 233
resultados da atividade durante, 233-234

ÍNDICE

Jogo de tênis
  aprendizagem observacional no, 190
  e busca visual, 127-128
  habilidades bimanuais no,
  pistas verbais na aprendizagem do, 195

Lançamento
  dardos, ativação muscular, 160
  display do ponto de luz, 186
Lei de Fitts. *Consulte* Relação da velocidade-precisão (Lei de Fitts),
Lei de Hick, 92-93
  aplicação no desempenho esportivo, 93
  aspectos da, 93
Lei de potência da prática, função de potência na, 155
Locomoção
  ações cotidianas, 67
  e visão, 66-68
  em ambientes com obstáculos e busca visual, 128
  modo de andar, 86-88

Mal de Parkinson, visão e passo da caminhada, 67
Malabarismo
  coordenação bimanual, 84
  método de simplificação para, 279, 280-182
Medida dos Sistemas de Análise do Movimento, 25
Medida Optitrack, 25
Medida Watsmart, 25
Medidas cinemáticas, 26-28
  aceleração, 26-27
  curvas de desempenho para as, 140-142
  de movimentos lineares versus movimentos da ação, 27-28
  deslocamento, 25
  medidas comerciais, 25
  velocidade, 25-26
Medidas da produção do desempenho, 18
Medidas de resultados do desempenho, 18
Medidas de erros, 21-25

erro absoluto (EA), 21-22
erro constante (EC), 22
erro desvio quadrático médio (ECRM), 24
erro variável (EV), 23
  para habilidades contínuas, 24-25
  para metas de ação bidimensional, 23-24
  para metas de ação unidimensional, 21-22
Medidas de resultados, curvas de desempenho para, 138-140
Mergulho de profundidade, treinamento em terra seca, 170
Método da simplificação, 279-280
  elementos do, 279-280
Método da tarefa secundária contínua, avaliação da atenção, 113-115
Método de sondagem de tarefa secundária, avaliação da atenção, 113-115
Método das partes progressivo, 278-280
  e atenção, 282-283
  exemplos do, 280
  vantagens do, 281
Métodos de simulação por vídeo, avaliação de busca visual, 123
Mímica, problemas da, 281
Modelamento auditivo, 191
Modelamento, 184-193
  e características da habilidade, 189
  e modelos não treinados, 189
  e percepção do observador, 185-190
  freqüência de demonstração, 190
  implementação em programações instrucionais, 193
  modelamento auditivo, 190
  precisão da demonstração, 193
  suporte experimental para o, 187-188
  teoria da mediação cognitiva, 192
  visão dinâmica, 191-193
Modelo de dois estágios, aprendizagem, 152-154
Modelo do *timing* do impulso, 77
Motivação, *feedback* aumentado como, 201
Movement Imagery Questionnaire, (MIQ), 293-294
Movimento de parada, 46
Movimento, significado do, 7
Músculos, dimensões e tipos de habilidades motoras produzidas, 7

Natação
   coordenação bimanual, 278
   método das partes progressivo, 278
   uso do *biofeedback* na, 222-224

Organização de habilidades
   significado da, 277
   e tipo de prática, 275
Orientação do corpo, significado da, 12

Parâmetros de controle na teoria de sistemas dinâmicos, 51
Parâmetros, 42, 44
Passo, (modo de andar), 86-88
   e visão, 87
   evitando obstáculos, 87
   mecanismos de controle do, 87
Passos de dança, modelamento auditivo dos, 191
Período de resistência psicológica (PRP), preparação do movimento, 98
Período prévio, significado do, preparação, 95
Pistas ambientais e atenção, 118-120
Pistas verbais, 193-196
   combinadas com demonstração, 194
   como auto-conversação, 195
   diretrizes para uso, 195
   e partes importantes de habilidades, 194-196
   efeitos das, 194
   exemplos de uso das, 193
Polirritmia, coordenação bimanual, 84-85
Porcentagem de transferência
   cálculo da, 171
   significado da, 171
Prática
   condições e complexidade da habilidade, 169
   Consulte também Aprendizagem
   desempenho da prática, 146-148
   e organização da habilidade, 275
   e superaprendizagem, 269-271
   e tempo de preparação do movimento, 100
   e transferência de aprendizagem, 270-272
   fracionamento, 276-278
   métodos de prática parcial, 276-282
   método das partes progressivo, 278-280
   método de simplificação, 280-281
   prática mental, 285-295
   prática total, versus prática parcial, 276-277
Prática distribuída. *Consulte* Distribuição da prática
Prática maciça
   definição da, 259, 261-262
   para habilidades discretas, 264-266
   prática maciça versus prática distribuída, habilidades relacionadas, 266
Prática mental
   base neuromuscular para a, 292
   como estratégia de aprendizagem, 289
   definição da, 285
   e aquisição de habilidades, 286-290
   e capacidade de imaginar, 293-295
   e preparação do desempenho, 291
   e problemas de postura, 289
   e reabilitação, 287
   fatores cognitivos na, 292-293
   imaginário interno/externo, 286
   para treinamento de potência, 288-289
   usos da, 286
Prática parcial
   fracionamento, 276-278
   método de simplificação, 280-282
   método das partes progressivo, 278-280
Prática total versus prática parcial, 276-278
Preensão
   adaptabilidade da, 79
   durante a caminhada e busca visual, 128-129
   e direcionamento manual, 77-78
   e visão, 64-65
   fases da ação na, 64, 78-79
   significado da, 64
Preparação da postura, para o movimento, 102-104
Preparação do movimento
   ações enviesadoras do atleta, 94
   características do controle de objetos, 105
   características do movimento dos membros, 104
   codificação espacial, 105

e a lei de Hick, 92-93
e complexidade do movimento, 96-97
e prática, 101
e precisão do movimento, 97
e tempo de movimento (TM), 100-101
e tempo de reação (TR), 92, 95, 97, 101-102
e vigilância, 99-100
fases da, 101-105
movimentos repetitivos, 97
padrões de ritmo, 106
período de recusa psicológica (PRP), 98
preparação da postura, 102-104
regularidade da duração do período prévio, 95
significado da, 92
tarefa do praticante, 98-101
variáveis da tarefa/situação na, 92-96
Problema da postura, e prática mental, 289
Procedimento de oclusão do evento, avaliação da busca visual, 123
Procedimento de atraso de tentativas, 233
Procedimento de oclusão temporal, avaliação da busca visual, 123
Procedimento de tarefa dupla, avaliação da atenção, 113
Processo de transferência adequado, 174
Programa motor generalizado, 42, 43, 44
Programa motor, utilização do termo, 44
Propriocepção, 57-61
    e controle de circuito fechado, 58
    definição da, 57
    fatores de *timing* e de movimento, 61
    feedback proprioceptivo, papel da, 60-61
    métodos de estudo da, 58-60
    teste com procedimento de deaferenciação, 60
    teste com técnica de bloqueio do nervo, 60
Psicologia diferencial, natureza da, 301

Rastreio visual, 306
Reabilitação
    acompanhamento auditivo na, 280
    controle dos graus de liberdade, 159
    e prática mental, 287
    e transferência bilateral, 181
    e transferência positiva, 176

mímica, 281
modelo de aprendizagem de duas etapas, 154
Registro do movimento dos olhos, avaliação da busca visual, 123-124

Saltando
    de alturas e visão, 68
    salto em distância e visão, 66-68
Salto em distância, dinâmica do, 66-68
Segmentação, 278
    Consulte também Método das partes progressivo
Sem RMS, (não RMS), 31
Sistema de controle de circuito aberto
    exemplos do, 42
    para o controle do movimento, 39-40
Superaprendizagem, 269-271
    e habilidades de equilíbrio dinâmico, 270
    e habilidades de procedimento, 269-270
    e testes precários de desempenho, 271-272
    em aulas de Educação Física, 270-271
    definição da, 269

Tacada de beisebol
    e busca visual, 127
    e visão, 71-72, 73
Tamborilar
    coordenação bimanual, 84-85, 269
    método de simplificação, 280-281
Tau, 63, 68
Técnica do ponto de luz, 186-187
    elementos da, 187
    exemplos de uso, 186
Técnica de bloqueio do nervo, na pesquisa da propriocepção, 60
Técnica de esmaecimento
    e freqüência do CR, 235-236
        freqüência do *feedback* aumentado, 236, 238
Técnica de pré-estímulo, 93
Técnica de sondagem, avaliação da atenção, 113-115
Tempo de movimento (TM), 21
Tempo de reação (TR), 18-21
    componentes do intervalo, 19-20

e preparação do movimento, 92, 97, 98, 101-102
significado do, 18
situações experimentais, 18-19
tempo de movimento (TM), 21
tempo de resposta (TR), 21
Tempo de resposta (TR), 21
Tempo motor, 102
Tempo pré-motor, 101-102
Teoria da mediação cognitiva, modelamento, 192
Teoria de filtro, atenção, 108
Teoria de sistemas dinâmicos, 49-54
    atraidores na, 51
    avaliação da, 53
    auto-organização na, 52
    estabilidade na, 50-51
    estruturas coordenativas na, 52-53
    parâmetros de controle na, 51-52
    passo humano como exemplo, 51
    percepção na, 53
    variáveis coletivas na, 51-52
Teoria do gargalo, atenção, 108
Teoria do programa motor
    aspectos invariantes da, 42-48
    avaliação da, 47-49
    e teoria do esquema, 44-45
    evolução da, 44
    programa motor generalizado, 42, 43, 44
    timing relativo, 43-44, 47-49
Teoria dos elementos idênticos e transferência da aprendizagem, 173
Teorias de recurso central, atenção, 109-111
Teorias de recursos múltiplos, atenção, 111-112
Teorias do controle motor
    avaliação das teorias, 47-49
    teoria do esquema, 44-45
    teoria do programa motor, 41-49
    teoria dos sistemas dinâmicos, 49-52
Teoria do esquema, coordenação, 44-45
Testes de retenção, avaliação da aprendizagem, 142
Testes de transferência, avaliação da aprendizagem, 143-144
Timing relativo, teoria do programa motor, 43-44, 47-49
Tocar piano, 118
    biofeedback, utilização ao, 223

coordenação bimanual, 83
prática parcial, 275-276
Transferência assimétrica, 177
Transferência bilateral, 177-182
    base cognitiva da, 179-180
    base cognitiva-motora da, 181-191
    base do controle motor da, 180-181
    e reabilitação, 181
    evidências experimentais da, 177-178
    simetria versus assimetria da, 178-179
Transferência de aprendizagem
    avaliação da, 170-172
    conexão estímulo-resposta, 173-174
    definição da, 168
    e condições de prática, 168
    e métodos instrucionais, 169
    e semelhanças de habilidade/contexto, 173-174
    e seqüenciamento de habilidades, 168-169
    e teoria dos elementos idênticos, 173-174
    importância da, 168-170
    porcentagem de transferência, 171
    processamento adequado de transferência, 174
    transferência bilateral, 177-182
    transferência intertarefas, 171
    transferência intratarefas, 171-172
    transferência negativa, 168, 175-177
    transferência positiva, 168, 172-175
    transferência zero, 168
Transferência intertarefas, 171
    avaliação da, 171-172
Transferência intratarefas, 171
    avaliação da, 172
Transferência negativa, 175-177
    da aprendizagem, 168
    significado da, 168
    situações de exemplo da, 176-177
    teorias da, 175-177
Transferência positiva
    da aprendizagem, 157
    e reabilitação, 176
    significado da, 157
    teorias da, 172-175
Transferência simétrica, 178
Treinamento de potência, prática mental para o, 288-289

Variabilidade da prática
    benefícios da, 245
    efeito de interferência contextual, 249-256
    exemplo das aulas de Educação Física, 249
    para as condições de desempenho, 247-248
    para contexto da prática, 245-247
    para habilidades fechadas, 247
    para habilidades abertas, 247-248
    organização de sessões de prática variável, 248-253
    significado da, 255
Variância explicada, avaliação da capacidade motora, 310
Variáveis coletivas na teoria de sistemas dinâmicos, 51
Vídeoteipe, como *feedback* aumentado, 218-220

Vigilância
    e danos cerebrais, 100
    e preparação do movimento, 98-100
Visão, 61-72
    e agarrar, 69-71
    e aprender por observação, 191-193
    e atingir um objeto em movimento, 71-72
    e direcionamento manual, 63-64
    e escrever à mão, 65-66
    e locomoção, 66-68
    e modo de andar, 86
    e preensão, 64-65
    e saltar de alturas, 68
    papel nas habilidades motoras, 61-62
    sistemas para detecção do movimento, 62
    tau, 63-68
    utilização por especialistas, 165
    visão central e periférica, 61